D1918287

Springer-Lehrbuch

Springer
Berlin
Heidelberg
New York
Barcelona
Hongkong
London
Mailand
Paris
Singapur
Tokio

Gunther Tichy

Konjunkturpolitik

Quantitative Stabilisierungspolitik bei Unsicherheit

Vierte, neubearbeitete Auflage

Mit 47 Abbildungen
und 26 Tabellen

Springer

Professor Dr. Gunther Tichy
Karl-Franzens-Universität Graz
Institut für Volkswirtschaftslehre
und Volkswirtschaftspolitik
Schubertstraße 6a
A-8010 Graz, Österreich

ISBN 3-540-65910-2 Springer-Verlag Berlin Heidelberg New York
ISBN 3-540-53984-0 3. Aufl. Springer-Verlag Berlin Heidelberg New York

Die Deutsche Bibliothek – CIP-Einheitsaufnahme
Tichy, Gunther: Konjunkturpolitik: quantitative Stabilisierungspolitik bei Unsicherheit; mit 26 Tabellen / Gunther Tichy. – 4., neubearb. Aufl. – Berlin; Heidelberg; New York; Barcelona; Hongkong; London; Mailand; Paris; Tokio: Springer, 1999
(Springer-Lehrbuch)
ISBN 3-540-65910-2

SPIN 10701103 42/2202-5 4 3 2 1 0 – Gedruckt auf säurefreiem Papier

„When I read the surveys of the wiser economic commentators, I recognize that much of what I shall be saying is well known to them; they have been finding it out by experience. It is nevertheless possible that it may be of use to them - and should certainly be of use to students, who will be the economic commentators of the next generation - to have set it out in fairly formal terms. ... A theory which is up-to-date - which does not forget the most pressing problems of the present day - should make communication easier.“

Sir John Hicks, 1974

Vorwort zur vierten Auflage

Der Markt hat die ersten drei Auflagen der „Konjunkturpolitik" erfreulicherweise gut aufgenommen; der Versuch eines Brückenschlags zwischen traditioneller Lehrbuch-Konjunkturpolitik und moderner Theorie hat Interesse gefunden. Seit der dritten Auflage hat die Europäische Integration rasche Fortschritte gemacht. Mit der Einführung der Währungsunion ist die Ära der nationalen Geldpolitik in Europa zu Ende gegangen und für die Fiskalpolitik wurden durch Maastricht-Abkommen und Stabilitätspakt neue Rahmenbedingungen gesetzt. Die Schaffung des großen Wirtschaftsraums impliziert den Übergang vom Modell der kleinen offenen zu dem der großen, weitgehend geschlossenen Wirtschaft. Der Aktionsspielraum der Stabilisierungspolitik wird dadurch erheblich ausgeweitet; andererseits mangelt es – außerhalb der Geldpolitik – noch an den entsprechenden Institutionen.

Außer der Berücksichtigung dieser institutionellen Änderungen wurden einige Fehler und Ungenauigkeiten ausgebessert und Passagen, die sich in der Praxis des Lehrbetriebs als schwer verständlich erwiesen, neu formuliert. Selbstverständlich wurden auch neuere empirische Erkenntnisse über die Wirkung der Stabilisierungspolitik eingearbeitet und das Datenmaterial aktualisiert.

Es bleibt der Dank an alle, die durch Kritik und Fragen zur Verbesserung beigetragen haben, an Frau Waltraud Popp für die Anfertigung der neuen Zeitreihengrafiken sowie an Frau Anita Pauritsch für die Schreibarbeiten.

Aus dem Vorwort zur ersten Auflage

Wenn ein neues Lehrbuch über Konjunkturpolitik auf dem Markt erscheint, muß es sich zweifellos der berechtigten Frage stellen, was es Neues und Anderes bieten kann als seine am Markt bereits eingeführten Konkurrenten. Die Antwort auf diese Frage versucht der Untertitel dieses Buches anzudeuten: „Quantitative Stabilisierungspolitik" steht für die Absicht, die im allgemeinen doch recht simple Lehrbuch-Konjunkturpolitik, einerseits an die moderne Konjunkturtheorie heranzuführen, andererseits an die angewandte Wirtschaftspolitik der Gegenwart. Den

Bedarf für eine Erweiterung in die eine Richtung signalisiert die Spaltung der wirtschaftspolitischen Literatur, den Bedarf für eine Erweiterung in die andere Richtung die zunehmenden Kommunikationsschwierigkeiten zwischen theoretischer und angewandter Wirtschaftspolitik.

Die Spaltung der theoretischen Wirtschaftspolitik in eine „Lehrbuch-" und eine „Journal-Welt" der modernen Theorie hat zahllose Nachteile: daß Studenten den Weg von Vorlesung und Lehrbuch zur Zeitschriftenliteratur - wenn überhaupt - bloß sehr mühsam und mit hohen Kosten finden; daß Praktiker der aktuellen (Zeitschriften-) Diskussion vielfach verständnislos gegenüberstehen; daß das Niveau der wirtschaftspolitischen Diskussion, insbesondere der Diskussion über angewandte Wirtschaftspolitik, sehr viel niedriger ist als das der Diskussion über Theorie und auch bescheidener als die intuitiven Maßnahmen der Praktiker rechtfertigen; daß die Diskussion zwischen Theoretikern und Praktikern nicht richtig läuft, und akademische Berater der praktischen Wirtschaftspolitik unter diesen Voraussetzungen oft mehr schaden als nützen.

Das wäre nicht notwendig, würden sich alle Beteiligten bemühen, stärker aufeinander zuzugehen: Einerseits, indem Studium und Lehrbücher versuchen, die beiden Welten zu integrieren - bzw. solange das nicht möglich ist - wenigstens die Schnittstellenprobleme aufzuzeigen und die Sprache von Theoretikern und Praktikern zu vereinheitlichen. Andererseits, indem wirtschaftspolitische Beratung weder als Abfallprodukt theoretischer Erkenntnisse noch als theorielose Anwendung von Lehrbuchfloskeln verstanden wird, sondern als ernster Versuch, die Institutionen und Entscheidungsprozesse zu verstehen und in das jeweils passende theoretische Modell einzubauen.

Dieses Buch stellt sich die Aufgabe, den Brückenschlag zwischen den beiden Welten wenigstens einzuleiten: Einen Brückenschlag, einerseits zwischen der Ziel- und Instrumentenlehre deutschen und der makrotheoretischen Wirkungslehre amerikanischen Stils, andererseits zwischen der theoretisch-abstrakten Beschreibung der Instrumentenwirkung und den bereits vorliegenden empirisch-quantitativen Ergebnissen. Es gilt eine Brücke zu bauen zwischen dem blauäugigen, keynesianistischen Aktivismus der undifferenzierten Nachfragesteuerung und der autistisch-modellabstrakten Politikverweigerung der Politikineffektivitäts-Hypothese; es gilt die Erfahrungen mit neuen Instrumenten und die „neue" Gegebenheit der offenen Wirtschaft zu berücksichtigen. Es gilt aber auch aus den Erfahrungen der angewandten Konjunkturpolitik der letzten drei Jahrzehnte zu lernen, die als Reaktion auf Störungen im Bereich der Nachfrage, des Angebots, der monetären oder außenwirtschaftlichen Bedingungen, des Sozialsystems usw. ein breites Spektrum von Experimenten geliefert hat: Interventionismus, Feinsteuerung, Zinsziele, Geldmengenziele, Wechselkursziele, Verstetigungsstrategien, Angebotssteuerung usw. Es ist nicht mehr unmöglich, Argumente zusammenzustellen, welche Strategien unter welchen Bedingungen günstigere Ergebnisse liefern.

Natürlich ist die Zeit - und jedenfalls der Autor - für eine volle Integration noch nicht reif; insbesondere mangelt es an der Basis einer ausgearbeiteten mikroökonomisch-kompatiblen Makro-(Konjunktur-)theorie, an Erkenntnissen über das strategische Verhalten der Träger der Wirtschaftspolitik, über die Reaktionen der von wirtschaftspolitischen Maßnahmen Betroffenen, es mangelt selbst an grundlegenden Vorstellungen über Bildung und Revision von Erwartungen usw. Ein Brückenschlag kann in diesem Buch daher bloß in der Weise eingeleitet werden, daß zunächst in einem einführenden Teil A das Konjunkturphänomen beschrieben und der Bedarf an Stabilisierungspolitik abgeleitet wird; weiters wird der Wandel von Konjunktur und Stabilisierungsbedarf herausgearbeitet. Teil B wendet sich dem traditionellen Lehrbuchmodell der Stabilisierungspolitik zu, das auf der theoretischen Basis der Neoklassischen Synthese beruht und die angewandte Wirtschaftspolitik bis in die siebziger Jahre geprägt hat. Im Rahmen dieses Modells werden die Ziele und ihre tradeoffs, die Instrumente und ihre Wirkungen beschrieben. Neuere theoretische Konzepte werden insoweit einbezogen, als sie die Praxis der Wirtschaftspolitik tatsächlich beeinflußten. Obwohl sich dieser Teil zunächst bloß mit dem traditionellen Lehrbuchmodell befaßt, geht er über die üblichen Darstellungen insoweit hinaus, als er auch neuere Instrumente und die Größenordnung der tradeoffs zu geben versucht. Teil C analysiert das Versagen der traditionellen Stabilisierungspolitik und skizziert die neuen theoretischen Ansätze, die das gesamte Lehrgebäude der traditionellen Theorie, insbesondere aber die Effektivität der traditionellen Stabilisierungspolitik in Frage stellen. Die Untersuchung der theoretischen und empirischen Schwächen der neueren Ansätze, insbesondere auch unter Unsicherheit, bildet die Grundlage für den Versuch, die Bedingungen herauszuarbeiten, unter denen Stabilitätspolitik dennoch notwendig und wirksam ist. Teil D schließlich versucht aus den Argumenten der Teile B und C Konsequenzen für die praktische Stabilisierungspolitik zu ziehen und Bereiche halbwegs gesicherten Wissens von noch offenen Fragen abzugrenzen.

Der Versuch einer Integration zeigt, daß die traditionelle Theorie und Praxis der Stabilisierungspolitik keineswegs völlig überholt sind, ihre breite Darstellung also nicht bloß von historischem Interesse ist. Allerdings gelten die traditionellen wirtschaftspolitischen Empfehlungen bloß unter einer Reihe von Nebenbedingungen, die bisher von (guten) Praktikern eher beachtet wurden als von traditionellen Lehrbüchern.

Inhaltsverzeichnis

TEIL A: EINFÜHRUNG

1 Was ist quantitative Stabilisierungspolitik? *3*

2 Was sind Konjunkturschwankungen? *8*
2.1 Die stilisierten Fakten der Konjunktur 8
2.2 Die Ursachen von Konjunkturschwankungen 12
2.3 Die Stabilisierungspolitik im Wandel der Stabilisierungstheorie 17

TEIL B: THEORIE UND PRAXIS DER TRADITIONELLEN STABILISIERUNGSPOLITIK

3 Die theoretische Basis: Neoklassische Synthese und Fiskalismus *21*

4 Die Ziele: Endogen vorgegebene magische Vielecke *26*
4.1 Die Inkompatibilität der Ziele und die tradeoff-Analyse 27
4.2 Die Bestimmung der stabilisierungspolitischen Ziele und ihres Erreichungsgrades 32
4.2.1 Zielbestimmung außerhalb des ökonomischen Modells 32
4.2.2 Wohlfahrtsfunktionen und kontrolltheoretische Modelle 36
4.3 Die Ziele der Stabilisierungspolitik im Wandel 40

5 Die Ziele des Magischen Fünfecks: Bedeutung, Messung, Tradeoffs *43*
5.1 Vollbeschäftigung 44
5.1.1 Ursachen der Zielverletzung 45
5.1.2 Quantifizierung und Messung 47
5.1.3 Die quantitative Kompatibilität von Vollbeschäftigung mit Preisstabilität 52
5.1.4 Die qualitative Kompatibilität von Vollbeschäftigung mit den anderen Zielen 57
5.2 Wirtschaftswachstum 59
5.3 Preisstabilität 64
5.4 Außenwirtschaftliches Gleichgewicht 70
5.5 Gerechte Einkommensverteilung 73
5.6 Zusammenfassung 74

6 Das traditionelle Instrument: Nachfragesteuerung *76*

7 Nachfragesteuerung I: Fiskalpolitik *79*
7.1 Variation von Staatsausgaben und Staatseinnahmen 80
7.2 Stabilisierungspolitik und Budgetsalden 90

7.3 Träger der Fiskalpolitik ... 93
7.4 Funktionsprobleme der Fiskalpolitik ... 94
7.5 Zusammenfassung ... 101

8 Nachfragesteuerung II: Geldpolitik ... *103*
8.1 Die Wirkung von Geldmengen- und Zinsänderungen in der Theorie ... 105
8.2 Die Steuerbarkeit von Geldmenge und Zinssatz ... 112
8.3 Die Wirksamkeit der Geldpolitik in der Empirie ... 122
8.4 Funktionsprobleme der Geldpolitik ... 130
8.5 Schuldenstrukturpolitik ... 132
8.6 Zusammenfassung ... 135

9 Probleme der traditionellen Nachfragesteuerung ... *136*
9.1 Die mangelnde Differenzierung der beiden Instrumente ... 136
9.2 Der Mangel an Instrumenten ... 140
9.3 Das Problem der Verzögerungen ... 143
9.4 Zusammenfassung ... 146

10 Unkonventionelle Instrumente im traditionellen Modell der Wirtschaftspolitik ... *147*
10.1 Einkommenspolitik ... 147
10.2 Wechselkurspolitik ... 156
10.3 Angebotspolitik ... 162
10.4 Zusammenfassung ... 165

11 Die Assignation im traditionellen Modell ... *167*

12 Kritik am traditionellen Ansatz ... *173*
12.1 Kritik an Voraussetzungen und Anwendung des traditionellen Modells ... 174
12.2 Kritik am traditionellen Modell ... 176

TEIL C: DIE MODERNE DISKUSSION ÜBER THEORETISCHE BASIS UND EFFEKTIVITÄT DER STABILISIERUNGSPOLITIK

13 Die großen wirtschaftspolitischen Kontroversen der Gegenwart ... *185*

14 Die neueren konjunkturtheoretischen Konzepte ... *187*
14.1 Monetarismus ... 189
14.2 Neue Klassische Makroökonomie (NCM) ... 191
14.3 Angebotsökonomie (supply-side economics) ... 200
14.4 Neue Keynesianische Makroökonomik (NKM) ... 202
14.4.1 Neue Keynesianische Makroökonomik I ... 203
14.4.2 Neue Keynesianische Makroökonomik II ... 209
14.4.3 Postkeynesianismus ... 214

14.5 Neue Politische Ökonomie (NPÖ) 217
14.6 Zusammenfassung 220

15 Kann Stabilisierungspolitik reale Effekte auslösen? *222*
15.1 Verdrängungseffekte der Fiskalpolitik? 224
15.1.1 Die unterschiedlichen Formen des crowding-out 224
15.1.2 Die realen Wirkungen der Fiskalpolitik 232
15.2 Wirken bloß unerwartete Maßnahmen der Wirtschaftspolitik? 235
15.2.1 Die theoretische Basis der Politikineffektivitäts-Hypothese 235
15.2.2 Der Spielraum der Wirtschaftspolitik 241
15.3 Kompensierende Änderungen der Verhaltensweisen? 243
15.4 Regelgebundener oder diskretionärer Einsatz der stabilisierungspolitischen Instrumente? 248
15.4.1 Regeln versus diskretionäre Politik 249
15.4.2 Wenn Regeln, dann welche? 256

16 Die vernachlässigte Rolle der Unsicherheit *261*

17 Zusammenfassung *269*

TEIL D: ANSÄTZE EINER NEUEN KONSENSSTRATEGIE DER STABILISIERUNGSPOLITIK

18 Die wiedererkannte Bedeutung der Stabilisierungspolitik *273*
18.1 Empirische Argumentation 273
18.2 Plausibilitätstheoretische Argumentation 275
18.3 Schwächen der NCM-Theorie als Ansatzpunkt der Wirtschaftspolitik 277

19 Ein neues Konsensmodell? *280*
19.1 Der neue Grundkonsens 281
19.2 Stabilisierungspolitik in der Kleinen Offenen Wirtschaft (SOE) 286
19.2.1 Feste Wechselkurse und perfekte Kapitalmobilität 288
19.2.2 Feste Wechselkurse, beschränkte Kapitalmobilität 289
19.2.3 Flexible Wechselkure, volle Kapitalmobilität 291
19.2.4 Zusammenfassung 293
19.3 Stabilisierungspolitik im Zwei-Länder-Modell 294
19.4 Internationale Koordinierung der Wirtschaftspolitik? 302
19.5 Zusammenfassung: Möglichkeiten und Grenzen der Stabilisierungspolitik im neuen Konsensmodell 309
19.6 Stabilisierungspolitik in der Europäischen Währungsunion 310

20 Stabilisierungspolitische Strategien bei beschränkter Kenntnis des „wahren" Modells *315*
20.1 Unterschiedliche Arten beschränkter Kenntnis der stabilisierungspolitischen Instanz 316

20.2 Stabilisierungspolitik bei beschränkter Information 318
20.2.1 Politische Unsicherheit 318
20.2.2 Unsicherheit in bezug auf Verhaltensänderungen 319
20.2.3 Beschränkte Kenntnis des „wahren“ Modells 322
20.2.4 Beschränkte Kenntnis der Instrumentenwirkungen 323
20.3 Die besondere Bedeutung der Assignation 324
20.4 Drei Beispiele stabilisierungspolitischer Strategien 327

Literatur *335*

Namenverzeichnis *351*

Sachverzeichnis *357*

TEIL A

EINFÜHRUNG

1 Was ist quantitative Stabilisierungspolitik?

Die Geschichte der Marktwirtschaft, ob frei oder gelenkt, ob liberal oder sozial, hat gezeigt, daß die wirtschaftliche Entwicklung nicht gleichmäßig, sondern in charakteristischen Schüben verläuft, daß Perioden der Unter- und der Überbeschäftigung, hoher und niedrigerer Kapazitätsauslastung, tragbarer und untragbarer Inflation, raschen und langsamen Produktivitätswachstums einander ablösen; sie hat auch gezeigt, daß vor allem Perioden der Unterbeschäftigung relativ lange anhalten und zu unangenehmen wirtschaftlichen, sozialen und politischen (Radikalisierungs-) Folgen führen können. In der zynisch-harten Formulierung von Hahn (1982, 1): „Smith proposed that the market system acted like a guiding - an invisible - hand. It was invisible since, in fact there was no actual hand on the rudder". Daher ist die Dämpfung der Konjunkturschwankungen und die Beseitigung von Unterbeschäftigung Ziel der wirtschaftspolitischen Praxis fast aller Staaten, in manchen Staaten ist sie sogar explizit formulierter Gesetzesauftrag: In Großbritannien seit einem White Paper aus dem Jahre 1944, das „active use of policy instruments to pursue high employment, low inflation, economic growth and a sustainable external balance" vorschreibt; in den USA seit dem Employment Act von 1946, in der Bundesrepublik Deutschland seit dem „Gesetz zur Förderung der Stabilität und des Wachstums der Wirtschaft" aus dem Jahre 1967, mit der Verpflichtung zu Vollbeschäftigung, Preisniveaustabilität und außenwirtschaftlichem Gleichgewicht. In allen diesen Gesetzesvorschriften wird der Wirtschaftspolitik die Verstetigung der Konjunkturschwankungen, die Erreichung eines möglichst hohen Grades von Beschäftigung, Preisstabilität, Wachstum und außenwirtschaftlichem Gleichgewicht vorgeschrieben. Die Rangordnung dieser Ziele, die anzustrebenden Zielbereiche oder Meßvorschriften für die Zielerreichung werden jedoch nicht gegeben; angesichts der zumindest teilweisen Inkompatibilität der Ziele ist das ein schwerer Mangel, der die wirtschaftspolitische Relevanz dieser Gesetze erheblich beeinträchtigt.

Mit der zunehmenden Öffnung der Volkswirtschaften hat die nationale Stabilisierungspolitik vor allem in den kleineren Staaten zunehmend an Effizienz verloren: Sickerverluste verringerten die Multiplikatoreffekte, sodaß die Politik wenn schon nicht wirkungslos so doch jedenfalls teuer wurde. Statt sich jedoch um Koordinierung der Wirtschaftspolitik benachbarter Staaten zu kümmern – was angesichts der erheblichen Synchronisation der europäischen Konjunkturschwankungen sehr effizient gewesen wäre –, verzichtete man weitgehend auf Stabilisierungspolitik, und trug dadurch nicht unerheblich zu der hohen Arbeitslosigkeit der neunziger Jahre bei.

Das europäische Koordinierungsproblem wurde durch die gemeinsame Währung und die Beschränkungen der nationalen Fiskalpolitik durch das Maastricht-Abkommen weitgehend überwunden; Prinzipien und Institutionen einer gemeinsamen Fiskalpolitik gilt es allerdings erst zu erarbeiten. Ein weiteres, grundlegendes Problem der Stabilisierungspolitik bleibt hingegen in vollem Umfang bestehen: Zur Diskussion stand in der Regel und steht weiterhin primär Stabilisierung ganz bestimmter wirtschaftspolitischer Einzelziele, nicht die Stabilisierung des Systems als solches. Die Gefahr, der die Wirtschaftspolitik entgegenwirken sollte, ist jedoch der kumulative Prozeß, der sich aus Ablaufstörungen in einer unsicheren Welt mit träge reagierenden Preisen und Löhnen ergibt. Demgemäß spricht auch der Titel dieses Buches ganz bewußt von *Stabilisierungspolitik*, ein Begriff, der im deutschen Sprachraum nicht üblich ist (eher schon der Begriff *Stabilitäts*politik, der jedoch die Konzentration auf ein einziges Ziel, die Stabilisierung des Preisniveaus, betont); die traditionelle deutsche Literatur verwendet eher den Titel Konjunktur- und Beschäftigungspolitik bzw. Ablaufspolitik.[1]

Wenn hier der Begriff Stabilisierungspolitik dem traditionellen der Konjunktur- und Beschäftigungspolitik vorgezogen wird, dann nicht aus semantischen Überlegungen, sondern um einen neuen Inhalt und eine geänderte Betrachtungsweise anzudeuten: Erstens das eben erwähnte Element der Systemstabilisierung: Die traditionelle Konjunktur- und Beschäftigungspolitik war im wesentlichen eine Instrumentenlehre, eine qualitative Beschreibung von Wirkungen der Instrumente der Fiskal- und der Geldpolitik. Es ging ihr stets um die *Stabilisierung* einer Größe - des Ziels - durch *Destabilisierung* einer anderen - des Instruments. Die Theorie der Stabilisierungspolitik hingegen konzentriert sich - wenigstens der Idee nach - auf die *Stabilisierung des Systems* als solchem, als Kompromiß jedenfalls auf die Beeinflussung von Ziel*bündeln* mittels Instrumenten*bündeln*. In diesem Sinn steht die Theorie der Stabilisierungspolitik - trotz ihrer größeren Komplexität - der praktisch angewandten Politik näher als die deterministische, komparativ-statische, isolierende Abstraktion der traditionellen Instrumentenlehre.

Das Konzept der modernen, über eine Instrumentenlehre hinausgehenden, Stabilisierungspolitik geht auf Tinbergen (1952) zurück. Er schuf Begriff und Konzept der „Quantitativen Wirtschaftspolitik" als *laufende* Anpassung der Wirtschaft an unaufhörliche Änderungen der Bedingungen, die ihr Gleichgewicht bedrohen (Ernteschwankungen, Änderungen der Wirtschaftspolitik anderer Länder, technischer Wandel, Änderung der Altersstruktur des Kapitalbestands, Folgen geänderten menschlichen Verhaltens). Zukunftsweisend - und zwar von 1952 aus gesehen in eine *ferne* Zukunft weisend - war, daß Tinbergen versuchte, die Störungen und die wirtschaftspolitischen Maßnahmen zu ihrer Neutralisierung nicht isoliert, sondern im makroökonomischen Systemzusammenhang zu untersuchen.

Der zweite Unterschied zwischen der modernen Theorie der Wirtschaftspolitik und der traditionellen - neben der Betonung der Systemzusammenhänge - ist der

[1] Zur Problematik der Unterscheidung von Ordnungs- und Ablaufspolitik ebenso wie von qualitativer und quantitativer Politik siehe Riese 1972, 39ff.

Versuch der *Quantifizierung zentraler Zusammenhänge*: Es hilft wenig, zu betonen, daß die Ziele des Magischen Fünfecks in Konkurrenz zueinander stehen; es gilt vielmehr herauszuarbeiten, welche Ziele unter welchen Bedingungen in welcher quantitativen Relation zueinander stehen. Das ist zwar keine Frage, die bereits „endgültig" geklärt ist (und das wohl auch nie sein wird), zu deren Beantwortung inzwischen jedoch erhebliches Material erarbeitet wurde.[2] Auch sollte nicht bloß qualitativ nach der Richtung der Wirkung der Instrumente gefragt werden, sondern auch Größenordnungen abgetastet werden; deren Kenntnis ist für den praktischen Wirtschaftspolitiker unabdingbar und für den Studenten nützlich, aus der (Über-)Fülle der empirischen Studien aber nicht leicht zu kondensieren.

Stärker als in der traditionellen Theorie gilt es drittens *dynamische* und viertens *unsicherheitstheoretische Elemente* zu berücksichtigen. Die traditionelle Theorie der Instrumentenwirkungen ist vorwiegend komparativ-statisch, die Transmissionsprozesse sind inzwischen theoretisch und empirisch jedoch genügend erforscht, und sie sind von so zentraler Bedeutung, daß ihre Vernachlässigung nicht mehr gerechtfertigt werden kann. Solches gilt - leider - nicht für Unsicherheit (in bezug auf die Stabilität der Verhaltensgleichungen, der Instrumentenwirkungen usw.); dennoch muß wenigstens grob abgeschätzt werden, welche wirtschaftspolitischen Konzepte beim Übergang von Sicherheit zu Unsicherheit mehr und welche weniger betroffen werden.

Neben diesen alten, in der Glanzzeit der Konjunktur- und Beschäftigungspolitik aber nicht - oder nicht genügend - behandelten Fragen sind neue Fragestellungen aufgetaucht, die in der Literatur inzwischen mehr Platz beanspruchen als die traditionelle Instrumentenlehre:

* Zunächst die Frage nach den Möglichkeiten der Stabilisierungspolitik in einer (kleinen) offenen Wirtschaft und den dafür nötigen Instrumentenkombinationen, ein Thema, das traditionell unter dem Titel „Außenwirtschaftliche Absicherung" in ein paar Zeilen abgehandelt wurde;
* zweitens die Frage: Wirtschaftspolitischer Aktivismus versus Regelbindung, sowie die Diskussion alternativer wirtschaftspolitischer Regeln, ein Thema, das inzwischen eng mit der Frage nach den Ursachen der Zielverletzungen und des Handlungsbedarfs verwoben ist;
* drittens die scheinbare Alternative: Angebots- versus Nachfragesteuerung;
* viertens die Frage nach den Folgen von Erwartungs- und Verhaltensänderungen, die durch die Wirtschaftspolitik ausgelöst werden, auf die Wirkung der Maßnahmen; sowie

---

2 Ähnliches vollzog sich in den International Economics viel früher: Caves/Johnson (1968, v) schrieben 1968 in der Einleitung zu den „Readings in International Economics": „...the editors in the Readings in the Theory of International Trade (1949, G.T.) felt compelled to eschew, sadly but firmly, the inclusion of quantitative empirical work, for fear it would prove too perishable to warrant enshrining into an archive that aspired to lasting interest. The views of international economists have probably altered on this point in the intervening years, during which several important pieces of quantitative work have provided powerful stimuli for further research, both theoretical and empirical, as well as treasured issues for classroom discussion".

* fünftens die Frage der Assignation, der Zuordnung von Zielen zu Instrumenten, eine Frage, die durch neu erforschte Wirkungszusammenhänge, neue Instrumente und die größere Offenheit der Volkswirtschaften erhebliche Bedeutung erlangt hat.

Es ist nun leider keineswegs so, daß es *die* neue Theorie der Stabilisierungspolitik bereits gäbe, die alle diese Probleme zugleich berücksichtigt; die alte qualitative Lehre der Instrumentenwirkungen, ergänzt durch quantitative Untersuchungen, steht weitgehend unverbunden neben sehr abstrakten kontrolltheoretischen Untersuchungen, die die Systemzusammenhänge ansatzweise berücksichtigen, neben Untersuchungen über die Wirkung bestimmter Regeln, oder über unterschiedliche Auswirkungen erwarteter oder unerwarteter Maßnahmen der Wirtschaftspolitik. Für die angewandte Wirtschaftspolitik scheint ein tradeoff zu bestehen zwischen traditionellem Wissen, das einen durch Erfahrungen wenigstens teilweise abgesicherten Handlungspielraum verspricht, der jedoch von der modernen Theorie in Frage gestellt wird, und modernen Ansätzen, die den traditionellen Handlungsspielraum der Wirtschaftspolitik vielfach ganz erheblich begrenzen; letztere sind theoretisch zwar rigid formuliert, erscheinen dem angewandten Wirtschaftspolitiker und seiner Klientel aber - nicht ganz zu Unrecht - wenig plausibel. Die folgenden Kapitel werden sich bemühen aufzuzeigen, daß der Gegensatz in dieser Schärfe nicht besteht, daß das traditionelle Wissen großteils nicht obsolet geworden ist, daß es aber umsichtiger angewendet werden muß als in der Vergangenheit: daß die Ursachen der jeweiligen Zielverletzung bei der Wahl der wirtschaftspolitischen Strategie mehr beachtet, daß (unbeabsichtigte) Nebenwirkungen, und vor allem Änderungen von Erwartungen und Verhaltensweisen der von der Wirtschaftspolitik Betroffenen stärker berücksichtigt werden müssen. Für *gute angewandte* Wirtschaftspolitik waren diese Qualifikationen schon in der Vergangenheit (unbewußt) selbstverständlich; der *theoretischen* Wirtschaftspolitik wurden sie erst durch den Fortschritt der Makrotheorie bewußt, ausgelöst durch Fehler der einseitigen Strategie der Feinsteuerung der sechziger Jahre.

Nach dem einführenden Teil A, in dem die Grundbegriffe und Hauptprobleme dargestellt werden, beschäftigt sich Teil B mit der Theorie und Praxis der traditionellen Stabilisierungspolitik, mit den Zielen und Instrumenten. Im wesentlichen geht es dabei um das Modell der Neoklassischen Synthese; allerdings werden diejenigen Elemente vernachlässigt, die seither an Bedeutung und Gültigkeit verloren haben und neu entwickelte Instrumente berücksichtigt. An Hand zahlreicher empirischer Illustrationen soll der Leser bereits hier einen Eindruck von quantitativer Instrumentenwirkung, Zielkompatibilität und Zielerreichung erhalten. Der Teil schließt mit einer Darstellung des zumeist vernachlässigten Assignationsproblems und einer Kritik an dem traditionellen Ansatz. Teil C stellt die moderne Diskussion über die theoretische Basis und Effektivität der Stabilisierungspolitik an Hand der Kritik des Monetarimus, der Neuen Klassischen und der Neuen Keynesianischen Makroökonomie sowie der Neuen Politischen Ökonomie dar. In dem zentralen Kapitel 15 wird an Hand der neueren theoretischen und empirischen Literatur der Frage nachgegangen, wieweit Stabilisierungspolitik tatsächlich reale

Effekte auslösen kann, und wieweit Regelbindung hilfreich ist. Der Teil endet mit einer Untersuchung der vernachlässigten Rolle der Unsicherheit in de modernen Literatur. Der abschließende Teil D versucht aus der Theorie der traditionellen Konjunkturtheorie und der Kritik der modernen Theorie Elemente einer Konsensstrategie der Stabilisierungspolitik abzuleiten; besonderer Wert wird dabei auf Elemente von Strategien bei beschränkter Information und Unsicherheit gelegt. Es zeigt sich, daß es weniger auf den Instrumenteneinsatz als solchen ankommt, als auf die Entwicklung konsistenter und glaubwürdiger Strategien; drei solcher Strategien werden abschließend illustrativ beschrieben.

2 Was sind Konjunkturschwankungen?

Obwohl - oder vielleicht gerade weil - der Begriff der Konjunktur jedem Laien vertraut ist, sind weder die Definition der Konjunkturschwankungen noch ihre Ursachen unumstritten. Beide haben sich im Laufe der Zeit mehrfach geändert, und für beide sind letztlich mehrdimensionale, eklektische Ansätze unverzichtbar.

2.1 Die stilisierten Fakten der Konjunktur

Unter Konjunkturschwankungen werden hier mehrjährige, mehr oder weniger regelmäßige *Schwankungen der gesamtwirtschaftlichen Aktivität* verstanden. Die ältere Literatur legte auf die Regelmäßigkeit der Form und die konstante Länge der Auf- und Abschwünge verhältnismäßig großen Wert; man glaubte sogar, einander überlagernde Wellen unterschiedlicher Länge feststellen zu können: Bekannt ist etwa das Schumpeter'sche Drei Wellen-Schema (38-monatige Kitchin-Wellen, 9½-jährige Juglar-Wellen und 57-jährige Kondratieff- Wellen[1] (siehe Schumpeter 1939, 161ff); Kusnetz (1930, 206) glaubte rund 20-jährige Wellen erkennen zu können.

Heute beschränkt sich die Diskussion fast ausschließlich auf drei- bis siebenjährige Wellen; wenn längere Wellen diskutiert werden, dann jedenfalls nicht im Zusammenhang mit der Stabilisierungspolitik. Im Durchschnitt dauert „die" Konjunkturschwankung 5 Jahre, mit einer signifikant längeren Aufschwungsphase und einer Neigung zu Plateaubildung in der Hochkonjunktur; ihre Amplitude entspricht etwa 5 Prozentpunkten der gesamtwirtschaftlichen Kapazitätsauslastung (Tichy 1994, 50ff). Länge und Form der Konjunkturschwankungen sind für die moderne Literatur allerdings von untergeordneter Bedeutung; entscheidend sind *regelmäßige und wiederkehrende Muster* in den einzelnen Aggregaten und der einzelnen Aggregate zueinander (Tichy 1976, 81f, 144ff; Lucas 1977, 9ff; Zarnowitz 1985, 525; Tichy 1994, 16, 156ff), die sogenannten stylized facts. Damit hat die moderne Theorie an die Tradition des amerikanischen National Bureau of Economic Research angeschlossen, das sich seit seiner Gründung im Jahre 1920 mit der Erarbeitung einer Konjunkturchronologie, der Herausarbeitung des Kon-

---

[1] Die merkwürdige Länge ergibt sich daraus, daß 3 Kitchinzyklen einen Juglar-, und 6 Juglarzyklen einen Kondratieffzyklus bilden.

junkturverhaltens der verschiedenen Aggregate und der Messung des Vorauseilens (lead) bzw. Nachhinkens (lag) einzelner Reihen gegenüber einer Konjunktur-Referenzreihe bemüht (Burns/Mitchell 1946).[2]

Die stilisierten Fakten betreffen in erster Linie die Regelmäßigkeit der Konjunkturkomponenten der einzelnen Reihen und die Stärke der Schwankungen, die zeitlichen Muster des Vorauseilens und Nachhinkens oder die Korrelation mit anderen Reihen.

Reihen mit deutlich geprägter und kräftiger konjunktureller Komponente werden vielfach als Konjunkturindikatoren bezeichnet. *Vorauseilende Konjunkturindikatoren* sind vor allem

Auftragseingänge,
Lieferzeiten,
Produktionserwartungen,
Lagereinschätzung,
Entwicklung der Lager (real),
Arbeitszeit in der Industrie,
Beginn von Bauten,
Gewinneinkommen,
Aktienkurse,
Geldmenge (real).

Zu den etwa *gleichlaufenden Indikatoren* zählen

Industrieproduktion,
Beschäftigung,
Arbeitslosenquote,
Reallohn.

An *nachhinkenden Indikatoren* sind

Lohnstückkosten,
Verbraucherpreise,
Beschäftigung,
Dauer der Arbeitslosigkeit, oder
Lager/Umsatz-Relation

zu erwähnen (Tichy 1994, 16ff). Besonders *kräftige Amplitude* zeigen etwa die Konjunkturschwankungen von

---

2 Burns/Mitchell (1946, 3) definierten bereits damals durchaus im modernen Sinn: „Business cycles are a type of fluctuation, found in the aggregate activity of nations that organize their work mainly in business enterprises: a cycle consists of expansions occurring at about the same time in many economic activities, followed by similar general recessions, contractions, and revivals which merge into the expansion phase of the next cycle; this sequence is recurrent but not periodic; in duration business cycles vary from more than one year to ten or twelfe years; they are not divisible in cycles of similar character with amplitudes approximating their own.“

dauerhaften Konsumgütern,
Anlageinvestitionen,
Lagerinvestitionen,
Gewinnen,
Arbeitszeit, oder von
Aktienkursen.

Zu den meist genannten *Korrelations-Konjunkturmustern bezüglich Gleichlauf* (co-movement) (Lucas 1977) gehört vor allem die Korrelation

des Output der verschiedenen Sektoren (+),
von Entlassungen und Arbeitslosigkeit (+),
von Arbeitskräfteangebot und offenen Stellen (+),
von Arbeitskräfteangebot und Arbeitslosigkeit (-) (Tobin 1980a, 43), oder
von Tiefe der Rezession und Stärke des Aufschwunges (Perry/Schultze 1993, 149).

Tabelle 2.1/1: *Schwankungen der Nachfrageaggregate*[1]

	USA			BRD		Österreich		Schweiz
	1	2	3	1	4	1	4	5
Privater Konsum	1.8	1.2	0.7	1.8	1.5	0.6	1.5	1.7
Öffentlicher Konsum	.	.	3.5	.	1.5	.	1.1	.
Investitionen	.	6.0	2.6	5.1	4.6	3.0	3.6	9.4
Ausrüstungen	6.9	.	.	8.5	.	4.8	.	.
Bauten	.	.	.	4.4	.	2.1	.	.
Exporte	.	6.3	.	2.7	3.2	3.7	.	3.5
Importe	.	5.3	.	3.7	.	3.2	.	5.4
Handelsbilanz	.	.	0.4	.	4.3	.	3.5	.
BNP	2.1	2.0	2.3	1.7	1.6	0.8	1.2	2.4

[1] Standardabweichungen der Konjunkturkomponente

Q: 1: Strukturelles Zeitreihenmodell USA: 1960-92, BRD 1960-91, A 1964-92; Hahn/Walterskirchen 1992, Ü 2; 2: HP 1600: 1947-86; Baxter 1991; 3: HP 100: „Postwar"-1983; Backus/Kehoe 1992; 4: HP 1600: BRD 1960-89, A 1964-88; Brandner/Neusser 1992; 5: HP 1600: 1967-84; Danthine/Girardin 1989.

Diese Konjunkturmuster (stylized facts) sind über die Zeit und über die Länder hinweg erstaunlich stabil, wenn auch wohl nicht identisch - wie Lucas (1977, 8: „business cycles are all alike") impliziert. *Historische Studien* lassen vermuten, daß einzelne Aggregate, insbesondere Zinssätze, Preise und Aktienkurse früher sehr viel schwächer, andere wie Netto-Sozialprodukt und Investitionsquote hingegen sehr viel stärker schwankten (Borchardt 1976, 78ff). Perry/Schultze (1993) arbeiteten für die USA recht *unterschiedliche Rezessionsverläufe* heraus. Schebeck/Tichy (1984, 217ff) fanden Indizien für *nationale Unterschiede* in den Konjunkturmustern. Zarnowitz/Moore (1984) stellten bei einem Vergleich der Vorkriegs- (1846/1945) und der Nachkriegsschwankungen (1945/82) zwar die gleiche durchschnittliche Länge der Zyklen und gleiche lead/lag-Muster fest, jedoch *unterschiedliche Verlaufsmuster*: In der Nachkriegszeit relativ zu den Aufschwüngen erheblich kürzere Abschwünge, eine einheitlichere Länge der Rezessionen, geringere Variabilität der Wachstumsraten, insbesondere schwächere Konjunktureinbrüche, ein Steigen des Preisniveaus auch in der Rezession und stärkere Zinsschwankungen (siehe auch Tichy 1994, Kap. 4.1).

Tabelle 2.1/2: ***Schwankungen[1] wichtiger gesamtwirtschaftlicher Größen***

	USA		BRD		Österreich	
	σ	σ/x	σ	σ/x	σ	σ/x
			1969/1997			
Privater Konsum	1.76	0.58	2.24	0.78	1.95	0.67
Öffentlicher Konsum	1.44	1.17	1.90	0.80	1.75	0.85
Brutto-Anlageninvest.	6.01	1.86	5.22	2.51	5.14	1.51
Ausrüstungen	6.56	1.24	8.40	2.36	7.64	1.84
Bauten	6.54	3.80	4.39	3.65	4.59	1.49
Lagerveränderung	21744.35	0.94	12.87	0.19	12092.70	0.73
Exporte i.w.S.	5.78	0.80	4.71	0.88	4.83	0.72
Importe i.w.S.	7.15	1.14	6.01	1.01	5.44	0.88
Brutto-Inlandsprodukt	2.21	0.79	2.32	0.82	1.97	0.67
Unselbst. Besch.	1.77	0.86	1.44	3.54	1.14	1.18
Löhne und Gehälter[1]	2.74	0.34	4.13	0.65	4.23	0.54
Unverteilte Gewinne[2]	15.24	1.90	15.74	1.17	12.67	1.51
Verbraucherpreise	3.01	0.55	1.93	0.54	2.19	0.51
BIP-Deflator	2.39	0.48	1.73	0.49	2.06	0.47

[1] Streung der Wachstumsraten
[2] 1969/1992
σ Varianz
σ/x Variationskoeffizient

Die stilisierten Fakten betreffend die *Amplitude* der Konjunkturschwankungen sind nicht leicht zu evaluieren, da sie entscheidend von der Trennung der Konjunktur-Komponente von Trend und Saison abhängen; insbesondere für die Trennung von Konjunktur und Trend gibt es kein unproblematisches Verfahren (siehe Tichy 1994, Kap. 2.3 und 4.1), das theoretischen und statistischen Ansprüchen genügt. Tabelle 2.1/1 stellt einige Versuche zusammen: sie zeigt, daß sich wenigstens die Rangfolge mit der Methode nicht nennenswert ändert. Allerdings sind, entgegen vielfach geäußerten Meinungen, die Muster der Amplituden der Einzelreihen ebenso wie ihre Länge sehr viel weniger ausgeprägt, als die Korrelation der Einzelreihen mit der gesamtwirtschaftlichen Aktivität einerseits, und das jeweilige zeitliche Muster des Vorauseilens oder Nachhinkens andererseits. Dennoch ist charakteristisch, daß etwa die Außenhandelsaggregate, die Anlage-Investitionen und vor allem die dort nicht berücksichtigten Lagerinvestitionen sehr viel stärker schwanken als das Brutto-Nationalprodukt. Tabelle 2.1/2 läßt weitere Muster erkennen, etwa daß die Industriebeschäftigung merklich stärker schwankt als die

Gesamtbeschäftigung, die Gewinne stärker als die Löhne, die Verbraucherpreise stärker als der Deflator des Brutto-Inlandsprodukts.[3]

2.2 Die Ursachen von Konjunkturschwankungen

Auch wenn die neuere Literatur somit zu einer grundsätzlichen Übereinstimmung über Definition und Erscheinungsform der Konjunkturschwankungen gekommen ist, besteht nach wie vor wenig Übereinstimmung über die Ursachen der Konjunkturschwankungen. Nicht etwa daß es an Erklärungen mangelte, wie Konjunkturschwankungen entstehen könnten; ganz im Gegenteil: es gibt eine zu große Zahl mehr oder weniger plausibler Konjunkturerklärungen (und darauf basierender unterschiedlicher Bekämpfungsstrategien), zwischen denen es schwer fällt zu diskriminieren, und zwar theoretisch wie empirisch. Die einzelnen Ansätze können hier bloß ganz kurz charakterisiert werden; eine detaillierte Beschreibung der älteren Ansätze (bis zur Neoklassischen Synthese der sechziger Jahre) findet sich in jedem Lehrbuch der Konjunkturtheorie, und auch die jüngere Diskussion ist inzwischen befriedigend aufgearbeitet, u.a. von Ramser (1987) analytisch, von Gabisch-Lorenz (^{2}1989) referierend und von Tichy (1994) in bezug auf die Übereinstimmung mit den stilisierten Fakten. Grundsätzlich sollen im folgenden traditionsgemäß vorkeynesianische Konjunkturtheorien, die Marx'sche Krisen- und die keynesianische Stagnationstheorie, sowie die Konjunkturtheorie der Neoklassischen Synthese unterschieden werden; unter den neueren Ansätzen werden die Polititschen Ansätze, die Konjunkturtheorie der Neuen Klassischen Makroökonomie (NCM), die Konjunkturtheorie der Neuen Keynesianischen Makroökonomie (NKM) und des Postkeynesianismus skizziert.

Vorkeynesianische Theorien explizit zu berücksichtigen mag inzwischen als veraltet gelten; doch betonen sie, anders als viele moderne Ansätze, ökonomische Ursachen der Konjunkturschwankungen anstelle formaler Mechanismen.[4] Gemäß der *monetären Konjunkturtheorie* Hawtreys regen in der Rezession niedrige Zinssätze und die Erwartung von Preisssteigerungen einen Lageraufbau an. Die zusätzliche Nachfrage induziert einen Aufschwung, der mit zunehmender Stärke die Kreditzinsen verteuert und die Preise steigen läßt; dadurch wird wieder ein Lagerabbau und in der Folge ein Abschwung ausgelöst. Die *monetären Überinvestitionstheorien* (Wicksell, Hayek) sehen den Auslöser für einen Aufschwung in einer positiven Zinsdifferenz zwischen natürlichem Zins (Ertragsrate der Investition) und Geld-(Kredit-)zins, die zusätzliche Investitionen auslöst. Mit zunehmender Dauer des Aufschwungs treibt die Nachfrage nach Leihkapital den Geldzins je-

---

3 Für eine genauere Analyse siehe Tichy 1994, Kap. 4.

4 Die Darstellung stützt sich auf die nach wie vor aktuelle Darstellung von Haberler (1937).

doch über den natürlichen Zins, die Investitionen geraten ins Stocken, der Abschwung setzt ein - als unmittelbare Folge der Strukturungleichgewichte, die aus der Zinsdifferenz entstanden sind. Die verschiedenen Varianten der *nichtmonetären Überinvestitionstheorie* machen gleichfalls Disproportionalitäten zwischen Konsum- und Investitionsgütersektor zur Ursache von Konjunkturschwankungen, die in diesem Fall entweder aus akzeleratorähnlichen Mechanismen (Clark) stammen, aus exogenen Faktoren, wie der Erschließung neuer Märkte (Spiethoff, Cassel), oder aus Imitationsschüben, die der, bloß in Perioden der Preisstabilität möglichen, Innovation folgen (Schumpeter; siehe dazu Tichy 1985a, 12ff). Die *Unterkonsumtionstheorien* (Foster/Catchings) schließlich sehen die Rezession als Folge unzureichender Konsumnachfrage, die ihre Ursache in ungleicher Einkommensverteilung und in der höheren Sparneigung der Bezieher der Gewinneinkommen hat.

Marx sieht zwar den Untergang des Kapitalismus in immer rascher aufeinanderfolgenden, zunehmend kräftigeren Krisen, hat aber eigentlich keine Konjunkturtheorie: Denn erstens sind die konjunkturtheoretischen Bruchstücke über sein gesamtes Werk verstreut, und zweitens handelt es sich bei dem, was sich daraus als Konjunkturtheorie konstruieren ließe - wie bei allen Theorien dieser Zeit - um eine Krisentheorie (die fallweise Einbrüche erklärt) und nicht um eine Konjunkturtheorie, bei der der Aufschwung zwangsläufig aus der Krise und diese wiederum zwangsläufig aus dem Aufschwung folgt. Spätere Versuche, den Klassenkampf als Ausgangspunkt von Konjunkturschwankungen zu nehmen, finden sich bei Kalecki (1943) und bei Sherman (1979).

Auch *Keynes* selbst sollte man eher als Vertreter einer Stagnationstheorie bzw. einer Theorie eines potentiell-persistenten Unterbeschäftigungsgleichgewichts denn als Konjunkturtheoretiker im eigentlichen Sinne betrachten. Denn es mag bei Keynes zwar Mechanismen geben, die die Konjunktur zwangsläufig überhitzen und damit zu einer Rezession führen,[5] kaum jedoch Mechanismen, die aus einem Unterbeschäftigungsgleichgewicht zwangsläufig einen neuen Aufschwung generieren. Die Ursachen des potentiell-persistenten Unterbeschäftigungsgleichgewichts gehen weit über die Starrheit der Löhne und Preise nach unten sowie die verzögerte Anpassung verschiedener Aggregate hinaus; auch ohne diese Rigiditäten wäre das Modell instabil, als Folge der Koordinierung der Spar- und Investitionsentscheidungen über das Einkommen (statt über den Zinssatz) sowie der Wertaufbewahrungsfunktion des Geldes.[6] Zusätzliches Sparen führt unter diesen Bedingungen zwangsläufig zu einem Rückgang und nicht - wie im klassischen Modell - zu einer Umschichtung der effektiven Nachfrage, da es kein Signal für die Vornahme zusätzlicher Investitionen abgibt (Böhm 1982).

---

5 Etwa mit Preisstabilität bei Vollbeschäftigung unvereinbare Lohnforderungen.

6 Da Geld eine Produktionselastizität von fast Null und eine Substitutionselastizität von Null hat (steigt sein Preis, wird es nicht *zugunsten anderer Güter* weniger nachgefragt), führen Veränderungen in der Geldhaltung zum vollen Durchschlagen der negativen Einkommenseffekte.

Was üblicherweise als „keynesianische“ Konjunkturtheorie bezeichnet wird, ist eigentlich die Konjunkturtheorie der *Neoklassischen Synthese.* Sie geht eher auf Samuelson und Hicks zurück als auf Keynes. Samuelson zeigte 1939, daß die Verbindung von Multiplikator und Akzelerator persistente Konjunkturschwankungen erzeugen kann. Maßgebend dafür sind - in diesem einfachen Modell - Anpassungsprozesse, die um mindestens zwei Perioden verzögert sind. Eine Verzögerung stammt aus der Konsumgleichung (Multiplikator)

$$C_t = c\,Y_{t-1}$$

mit C und Y als Konsum und Einkommen zu konstanten Preisen und c als marginaler Konsumneigung; die zweite Verzögerung stammt aus der Investitionsgleichung (Akzelerator)

$$I_t = k\,(C_t - C_{t-1}) + \bar{I},$$

mit I und $\bar{I}$ als gesamter und autonomer (nicht einkommensabhängiger) realer Investition und als k als Akzeleratorkoeffizient. In die Einkommensidentität

$$Y_t = C_t + I_t$$

eingesetzt, ergibt sich eine Differenzengleichung zweiter Ordnung

$$Y_t - c\,(1+k)\,Y_{t-1} + ck\,Y_{t-2} = \bar{I},$$

deren Lösung für $c(1+k)^2 < 4k$ komplexe Wurzeln und wellenförmige Anpassungspfade ergibt.

Die spätere Literatur hat herausgearbeitet, daß eine Vielzahl von Verzögerungen als Auslöser für Konjunkturschwankungen in Frage kommen: Die Verzögerung der Ausgaben gegenüber dem Einkommen (Robertson-lag), der Produktion gegenüber der Nachfrage (Lundberg-lag), der Löhne gegenüber der Produktion, der Investitionen gegenüber der Investitionsentscheidung (Kalecki-lag) usw. Je nach der relativen Größe von Multiplikator- und Akzeleratorkoeffizient (das heißt eigentlich der charakteristischen Wurzel der Differenzengleichungen zweiter Ordnung) können exogene Schocks eine dauerhafte Erhöhung des Niveaus der autonomen Ausgaben, einen gleichmäßigen expansiven Prozeß, eine asymptotische Annäherung an ein höheres Niveau oder Schwankungen mit zu- oder abnehmender Amplitude auslösen. Nach dem Samuelson-Modell wären Konjunkturschwankungen mit konstanter Amplitude ein Grenzfall zwischen dem Bereich zu- und abnehmender Schwankungen, letztlich also ein Zufall. Realitätsnähere Modifikationen des Modells ergeben konstante Amplituden der Schwankungen, durch Einführung eines Plafonds (Hicks 1950) im explosiven Fall (an und für sich absterbender) Schwankungen durch die Verbindung mit dem Modell von R. Frisch (1933) bzw. Haberler (1937), nämlich einer *laufenden* Störung durch exogene Schocks (exogeneous impulse, endogenous propagation bzw. Schaukelstuhl) im gedämpften Fall. In den sechziger Jahren war die Entwicklung dieses Modelltyps abgeschlossen (für eine breite Darstellung siehe Allen (^{2}1965) oder Assenmacher (^{4}1990); die Zeit war reif für neue Ansätze.

Die *Politischen Konjunkturtheorien* [7]entstanden aus der Diskrepanz zwischen der Ablehnung der Konjunkturtheorie der Neoklassischen Synthese mit ihrem theoretisch unzureichend begründeten Verzicht auf Preis-(Lohn-)flexibilität sowie Mangel an Markträumung und der unleugbaren Existenz von Konjunkturschwankungen in der Realität, die nach dem Theorieverständnis der Vertreter dieser Schulen gar nicht existieren dürften. Nach der *monetaristischen Variante* ergeben sich Konjunkturschwankungen aus prozyklisch wirkenden Maßnahmen der Wirtschaftspolitik (Brunner 1973): Die Wirtschaftspolitik orientiert sich gerne an nachhinkenden Indikatoren, weil gerade diese politisch relevant sind (Arbeitsmarkt, Preise), und vernachlässigt die lange Wirkungungsverzögerung ihrer Maßnahmen. Antizyklisch gemeinte Maßnahmen können infolge ihrer Verspätung daher prozyklisch wirken. Regelmäßig wiederkehrende Konjunkturschwankungen setzen nach dieser Erklärung allerdings laufende, systematische Fehler der Wirtschaftspolitik ohne jeden Lerneffekt voraus.

Von einer genau konträren Einschätzung der Möglichkeiten und der Effizienz staatlich-wirtschaftspolitischen Handelns geht die zweite Variante der Politischen Konjunkturtheorie aus, die *Wahlzyklentheorie* (Nordhaus 1975): An ihrer Wiederwahl interessierte Politiker produzieren durch expansive Politik („Wahlgeschenke") zum Wahlzeitpunkt Vollbeschäftigung, deren verzögerte inflatorische Begleiterscheinungen nach der Wahl restriktive Wirtschaftspolitik mit der Folge einer Unterbeschäftigung erzwingen. Bei der nächsten Wahl haben die Wähler die Rezession bereits wieder vergessen, und mit neuen Wahlgeschenken beginnt das Spiel von neuem. Wesentlicher Bestandteil dieser Theorie ist das Vergessen der Wähler, das es möglich macht, dieses Spiel Wahl für Wahl zu wiederholen. Bei Vorherrschen Rationaler Erwartungen sind - wenn schon nicht Zyklen - so doch wenigstens Sprünge in der wirtschaftlichen Aktivität möglich, wenn die Ankündigung expansiverer Fiskalpolitik durch die Oppositionspartei vor der Wahl die Zinssätze steigen läßt und zu einer Aufwertung der Währung führt, die die herrschende Rezession somit verstärkt. Nach der Wahl kommt es dann - je nach dem Ergebnis - zu einem neuen Entwicklungspfad (Ploeg 1985).

Die Entwicklung und Verbreitung der auf den Annahmen jederzeit vollständiger Markträumung und Rationalen Erwartungen basierenden Neuen Klassischen Makroökonomie (NCM),[8] sowie das Versagen der „keynesianischen" Konjunkturtheorie und -politik (richtiger der Konjunkturtheorie und -politik der Neoklassischen Synthese) in den siebziger Jahren führten zur Entwicklung der *Konjunkturtheorie der Neuen Klassischen Makroökonomie* (Lucas 1981; Jäger 1984a): Sie sieht wirtschaftspolitische Schocks, insbesondere unerwartete Veränderungen des Geldangebots als die dominierenden Schwankungsimpulse; damit diese jedoch nicht bloß einperiodige Anpassungen sondern persistente Konjunkturschwankun-

---

[7] Siehe dazu auch Abschnitt 14.5.
[8] **N**ew **C**lassical **M**acroeconomics.

gen erzeugen, benötigt die Konjunkturtheorie der Neuen Klassischen Makroökonomie darüber hinaus mehr oder weniger ad hoc angenommene Anpassungskosten, Informationsbeschränkungen, Lager- bzw. Kapitalbestandsänderungen oder verzögerte Nachfragereaktionen (siehe dazu Abschnitt 14.2). Dadurch entsprechen diese Modelle *formal* jedoch weitgehend denjenigen der Neoklassischen Synthese, betonen allerdings die Impulse gegenüber den kumulativen Prozessen (propagation) sehr viel stärker. Wichtig für die wirtschaftspolitischen Folgen ist die Unterscheidung von erwarteten und unerwarteten Maßnahmen der Wirtschaftspolitik; nur letztere können gemäß diesem Ansatz reale Folgen auslösen, erstere nicht (Politikineffektivitäts-Hypothese; siehe Abschnitt 15.2). Unerwartete monetäre Schocks als ausschließliche oder auch bloß dominierende Ursache der Konjunkturschwankungen werden jedoch aus logischen Überlegungen wie auf Grund von empirischen Tests zunehmend für unplausibel gehalten. Demgemäß basieren die neuen Konjunkturerklärungen der NCM auf *realen Schocks* (Real Business Cycles = RBC), die die Angebotsfunktion verschieben (Kydland/Prescott 1982; Long/Plosser 1983). Bezüglich Persistenz ergeben sich dieselben Probleme wie bei der monetären Version; dazu kommt noch die grundsätzliche Unbeobachtbarkeit der Schocks (siehe Abschnitt 14.2).

Die *Neue Keynesianische Konjunkturtheorie* (NKM)[9] beharrt auf einer langsameren Reaktion der Preise gegenüber den Mengen und damit auf unvollständiger Räumung der Märkte (Mengenrationierung); die Rationierungen können den Gütermarkt, den Arbeitsmarkt und den Geld- bzw. Kreditmarkt betreffen (Malinvaud 1980; Ramser 1984b). Bereits durch das Zusammenspiel von rationiertem Arbeits- und Gütermarkt lassen sich zeitliche Abläufe generieren, die zahlreichen stilisierten Fakten der Konjunktur entsprechen, erst recht gelingt das bei Ausdehnung der Rationierung auf den Kreditmarkt. Um das Erfordernis zahlreicher ad hoc-Annahmen kommt allerdings auch dieser Ansatz nicht herum. Neuere Ansätze bemühen sich besonders um die Begründung der Preis- und Lohnrigiditäten (überlappende Verträge, Effizienzlöhne - siehe Abschnitt.14.4.2) und des Paradoxons, daß geringe Anpassungsmängel große reale Effekte haben können (Akerlof/Yellen 1985), sowie um den Einfluß von Ineffizienzen auf den Kreditmärkten (Greenwald/Stiglitz 1987).

---

9 Siehe dazu auch Abschnitt 14.4 .

2.3 Die Stabilisierungspolitik im Wandel der Stabilisierungstheorie

Die Vielzahl der Ansichten über die theoretische Erklärung der Konjunkturschwankungen - von denen die meisten zumindest einen wahren Kern enthalten - und der Wandel der Ansichten über die dominierenden Ursachen der Konjunkturschwankungen im Zeitverlauf änderten natürlich auch die jeweils empfohlenen Stabilisierungskonzepte. Die Änderungen in den theoretischen wie in den politischen Konzeptionen hatten manches mit Ideologie und Mode, mehr jedoch mit dem Fortschreiten der Analysemethoden und am meisten mit der Änderung der Struktur der Wirtschaft zu tun. Es ist evident, daß die originär keynesianische Konzeption am besten auf die durch tiefe Unsicherheit geprägte Wirtschaftslage der Weltwirtschaftskrise paßte. In den späten vierziger Jahren befürchteten viele Ökonomen eine säkuläre Stagnation nach dem Wegfall der staatlichen Militärausgaben als Folge langfristig unzureichender Konsumneigung. Das entsprechende wirtschaftspolitische Konzept war das der kompensatorischen Finanz (Hansen 1941). Als an Stelle der erwarteten Stagnation das kräftige, aber zunächst unstabile und ungesicherte Wiederaufbau-Wachstum der Wirtschaftswunderjahre trat, war die Neoklassische Synthese bzw. der Hydraulische Keynesianismus mit ihrem unbegrenzten, in der geschlossenen Wirtschaft der damaligen Zeit auch nicht so unrichtigen Glauben an Instrumenteneinsatz und Instrumentenwirkung das passende Konzept. Es stellte sich allerdings die Frage nach der Bestimmung der Ziel-/Mittelkombination: Tinbergen (1952) folgend, wurden zunächst *feste*, vom Politiker festgelegte *Ziele* angenommen. Das Konzept der Feinsteuerung erzwang jedoch, auch die Interdependenz der Ziele zu berücksichtigen: Theil (1964) konzipierte das Modell der, aus einer gesamtwirtschaftlichen Wohlfahrtsfunktion abgeleiteten, *flexiblen Ziele* und schuf damit den Ausgangspunkt einer breiten Literatur kontrolltheoretischer Ansätze (Chow 1975), die wegen zahlreicher konzeptueller Mängel und grob vereinfachender Annahmen allerdings für die praktische Wirtschaftspolitik nie nennenswerte Bedeutung erlangte.

Das kräftige, überwiegend quantitative Wachstum der sechziger Jahre drängte Beschäftigungs- und Strukturprobleme in den Hintergrund, ließ allerdings das Ziel der Preisstabilität zunehmend als gefährdet erscheinen. Die *monetaristische Konzeption* marktmäßiger Anpassung im Rahmen einer inflationshemmenden, starren Geldmengenregel entsprach dieser Situation weitgehend. Theoretisch verfeinert wurde sie im Rahmen der Modelle der Neuen Klassischen Makroökonomie zur *Politikineffektivitäts-Hypothese* ausgebaut. Zu dieser Zeit hatte sich die Wirtschaftslage weltweit allerdings bereits dramatisch gewandelt: Langsames Wachstum, Strukturverwerfungen, hohe Arbeitslosigkeit, außenwirtschaftliche Probleme, Unsicherheit von Unternehmern und Konsumenten. Lange Verzögerungen der marktmäßigen Anpassung werden nun nicht mehr bloß von Autoren keynesianischer Herkunft (Malinvaud 1980; Blanchard/Fischer 1989), sondern auch von solchen der klassischen Schule (McCallum 1988) betont, unsicherheitstheoretische Überlegungen gewinnen wieder an Bedeutung; allgemein akzeptierte Schlußfolgerungen für die Wirtschaftspolitik konnten aber noch nicht entwickelt werden. Demgemäß wird im folgenden zunächst das traditionelle Modell der Wirtschaftspolitik dargestellt; Abschnittt C wird die modernen Alternativen vorstellen und Abschnitt D nach Elementen einer den heutigen Erfordernissen entsprechenden Integration suchen.

TEIL B

THEORIE UND PRAXIS DER TRADITIONELLEN STABILISIERUNGSPOLITIK

3 Die theoretische Basis: Neoklassische Synthese und Fiskalismus

Theorie und Praxis der traditionellen Stabilisierungspolitik stützen sich im großen und ganzen auf ein erweitertes IS-LM-Modell, in den anwendungsorientierten Arbeiten und in den Beschreibungen der Instrumentenwirkungen meist auf das Modell des Hydraulischen Keynesianismus (Coddington 1976).

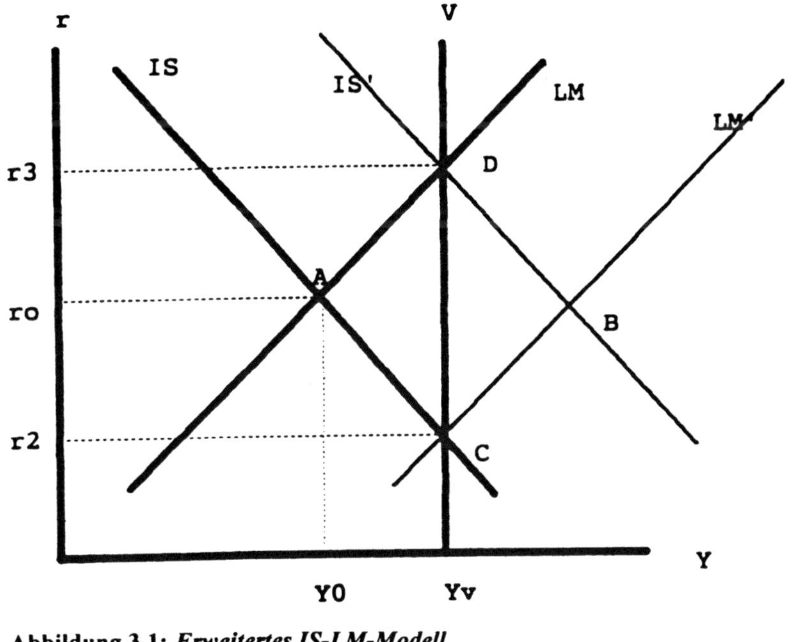

Abbildung 3.1: ***Erweitertes IS-LM-Modell***

In der abstrakten Form der erweiterten IS-LM-Grafik (Abbildung 3.1) wird das Gütermarktgleichgewicht durch die IS-Kurve und das Geldmarktgleichgewicht durch die LM-Kurve dargestellt. Der Punkt A stellt somit die Kombination von Einkommen (Y_0) und Zinssatz (r_0) dar, bei dem Güter- und Geldmarkt geräumt sind. Anders als im einfachen IS-LM-Modell ist allerdings der Arbeitsmarkt nicht geräumt;[1] das wäre erst bei Y_V der Fall, und zwar unabhängig vom Zinssatz, sodaß die Räumung des Arbeitsmarktes durch die V-Linie dargestellt wird. Es ist offensichtlich, daß Vollbeschäftigungsgleichgewicht auf unterschiedliche Arten erreicht werden kann: Durch eine Rechtsverschiebung der LM-Kurve auf LM', also durch expansive Geldpolitik, durch eine Rechtsverschiebung der IS-Kurve auf IS', also expansive Fiskalpolitik, oder eine beliebige Kombination von beiden. In allen Fällen wird das Vollbeschäftigungseinkommen Y_V erreicht, im Falle geldpolitischer Maßnahmen jedoch im Punkt C zum niedrigen Zinssatz r_2,[2] im Falle fiskalpolitischer im Punkt D zum höheren Zinssatz r_3.[3]

Als kurzfristiges Modell stützt sich das erweiterte IS-LM-Modell ebenso wie das Modell des hydraulischen Keynesianismus primär auf die Beziehungen zwischen Stromgrößen, Geldlohn- und Preisniveau werden als exogen angenommen; dem folgten die ökonometrischen Modelle der sechziger Jahre, die wirtschaftspolitisch sehr bedeutsam wurden. Diese Modelle bestehen in der Regel aus einer stark disaggregierten Nachfrageseite, einer Liquiditätspräferenzfunktion, einer eher rudimentären Angebotsseite, einer Lohngleichung, die auf der Phillips-Kurve und einer Preisgleichung, die auf einem Aufschlagsprozeß (mark-up) beruht. Die Nachfrageseite bilden Gleichungen zur Bestimmung des Konsums als verzögerter Funktion des Einkommens, der Investition als verzögerter Funktion der Nachfrageänderung (Akzelerator), der Lagerveränderung als Funktion von Absatz und Kapazitätsauslastung, der Exporte als Funktion der ausländischen, sowie der Importe als Funktion der inländischen Nachfrage. Die Angebotsseite ist meist wenig disaggregiert, sodaß Strukturprobleme vernachlässigt werden müssen; die Auslandsbeziehungen und damit die internationalen Konjunktur-Übertragungsmechanismen werden - wenn überhaupt - stark vereinfacht modelliert. Bestandsgrößen und Bestandsanpassungsprozesse werden vernachlässigt.

Konjunkturschwankungen entstehen in Modellen dieses Typs - wie das Samuelson-Modell (Abschnitt 2.2) exemplarisch zeigt - als verzögerte Anpassung (des Konsums an das Einkommen, der Investition an die Nachfrage, der Löhne an die Arbeitsmarktlage usw.); die Preise können die Märkte nicht sofort räumen, weil sie als Folge der Aufschlagskalkulation bei verzögert reagierenden Kosten selbst stark verzögert reagieren. Grundsätzlich können solche Modelle, wie schon weiter vorne erwähnt wurde, Schwingungen produzieren, und zwar sowohl gedämpfte als auch explosive; letztere können modellmäßig durch Kapazitätsplafonds (Hicks 1950), Sperrklinken (Smithies 1957) oder andere Nicht-Linearitäten gezähmt

---

[1] Die Ursache dafür sind Rationierungen, die IS- und LM-Gleichgewichte sind somit bloß temporär. Siehe dazu Abschnitt 14.4.

[2] Die Anpassung erfolgt in der Weise, daß die zusätzliche Geldmenge den Zinssatz auf r_1 drückt (allein bei einem so niedrigen Zinssatz sind die Wirtschaftssubjekte bereit, die Geldmenge zunächst zu halten), wodurch zinsinduzierte Investitionen angeregt und der Konsum stimuliert wird (Sparen weniger attraktiv). Dadurch steigt Y, und der steigende Transaktionskassenbedarf läßt den Zinssatz allmählich auf r_2 steigen. Siehe Abschnitt 8.1.

[3] Die zusätzlichen Staatsausgaben steigern - bei unveränderter Geldmenge - den Zinssatz und verdrängen private zinsabhängige Investitionen. Siehe Abschnitt 7.4.

werden. Nach den Erfahrungen der Empirie dürfte die Wahrscheinlichkeit explosiver Schwingungen im Rahmen dieser Modelle allerdings nicht sehr groß sein: Bereits 1959 wiesen Adelman/Adelman nach, daß das Klein/Goldberger-Modell bloß stark gedämpfte Schwingungen erzeugt und allein durch serienkorrelierte Schocks längerfristig in Bewegung gehalten werden kann; spätere Untersuchungen anderer, auch größerer und raffinierterer Modelle (Howrey 1972) bestätigten diese Tendenz.[4] Das sollte nicht allzusehr überraschen, weil die unzureichende Berücksichtigung von Außenbeziehungen und Bestandsanpassungsprozessen wichtige Destabilisierungselemente ausschließt. Auch können die Modelle echte Unsicherheit im Sinne von Keynes zwangsläufig nicht berücksichtigen; sie würde die Koeffizienten destabilisieren bzw. die Form der Funktionen laufend verändern.

Die Konjunkturmodelle der neoklassischen Synthese sind somit zwar inhärent instabil, doch sind Konjunkturschwankungen in ihnen kein besonders großes Problem, da sie offenbar zu merklich gedämpften Schwingungen neigen. Damit mögen sie die Situation der sechziger Jahre tatsächlich recht gut dargestellt haben, sehr viel weniger die der siebziger und achtziger Jahre. Das aber wirft die Frage auf, warum gerade diese Modelle als Ausgangspunkt konjunkturpolitischer Analysen gewählt wurden bzw. umgekehrt, warum die Konjunkturpolitik gerade in einer Wirtschaft, die durch diese Modelle abgebildet wurde, so sehr im Zentrum der politischen Diskussion stand. Dafür scheint es fünf Begründungen zu geben:

* An erster Stelle ist wohl festzuhalten, daß es an *Alternativen weitgehend mangelt*, wie Abschnitt C noch genauer zeigen wird.
* Zweitens dürfte das Modell zahlreiche *zentrale Mechanismen* tatsächlich halbwegs *befriedigend abbilden*, und Ergänzungen, wie Bestandsanpassungsprozesse, detailliertere Außenbeziehungen oder Angebotselemente sind grundsätzlich möglich. Infolge seiner Einfachheit ist das Modell durchschaubar und analytisch handhabbar.
* Daß Konjunkturpolitik für sehr bedeutend gehalten wird, obwohl das Grundmodell keine schweren konjunkturellen Fehlentwicklungen erwarten läßt, hängt damit zusammen, daß das *Modell* bloß als *Analyserahmen* dient; es wurde nie ausgeschlossen, daß eine schwere Erschütterung andere, sehr viel stärker destabilisierende, Mechanismen in Gang setzen könnte (Leijonhufvud 1973).[5] Die Angst vor einem (echt) *keynesianischen Unterbeschäftigungsgleichgewicht* und die daraus resultierende fiskalistische Tradition einer kompensatorischen Budgetpolitik geriet offenbar unbemerkt - doch sehr wohl ge-

---

[4] Allerdings darf diese Evidenz nicht ohne weiteres als Beweis der (neoklassisch-monetaristischen) These genommen werden, daß der private Sektor der Wirtschaft inhärent stabil ist; denn in die Konstruktion der ökonometrischen Modelle gehen sehr viele arbiträre Entscheidungen ein (siehe dazu Evans/Haitowsky/Treyz 1972), und die Ökonometriker haben offenbar eine Präferenz für nicht-explodierende Modelle (Krelle et al 1969, 2).

[5] In der - außerhalb der gängigen Lehre stehenden - (Post-)Keynes-Literatur wurden solche Elemente sehr viel stärker herausgearbeitet. Siehe dazu Minsky 1977; 1980.

rechtfertigt - aus dem unsicherheitstheoretischen Modell der unmittelbaren Keynes-Nachfolge in die heile Welt der Neoklassischen Synthese.

* Viertens sprach für eine explizite Konjunkturpolitik, daß selbst im neoklassischen Modell *Anpassungsprozesse* nach Störungen ohne Eingriffe der Wirtschaftspolitik möglicherweise *lange dauern* - ein bis zwei Jahre, und sogar mehr - und zu unerwünschten Nebenwirkungen (Inflation, Unterbeschäftigung) führen können.
* Fünftens bedurfte es in den sechziger Jahren auch deswegen einer Konjunkturpolitik, weil die Öffentlichkeit unter der Ideologie der Feinsteuerung sehr *ambitionierte Zielvorstellungen* für erreichbar hielt: eine Produktion nahe der Vollauslastung der Kapazitäten und fast vollständige Preisstabilität.

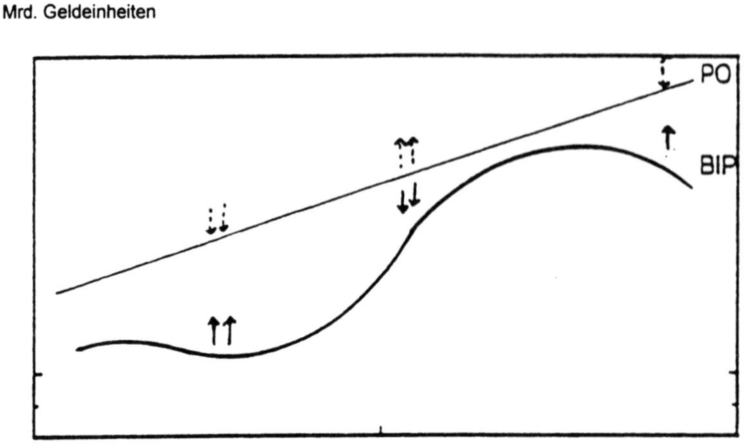

↑↑ Angebots-, ↓↓ Nachfragepolitik

Abbildung 3.2: ***Angebots- und Nachfragepolitik***

Konjunkturpolitischer Handlungsbedarf wird in Modellen der Neoklassischen Synthese überwiegend von *Nachfrage*schocks ausgelöst: Modellimmanent insbesondere durch Erhöhung der Sparneigung oder durch Senkung der Investitionsneigung, in der Realität kleiner offener Volkswirtschaften meist durch Nachfrageausfälle im exponierten Sektor (Exporte und Importe i.w.S.). Es gilt die gesamtwirtschaftliche Nachfrage (Brutto-Inlandsprodukt) zu heben (Linie BIP in Abbildung 3.2), um die gesamtwirtschaftliche Kapazitätsauslastung (Relation zwischen BIP und PO[6]) zu verbessern. Grundsätzlich wäre es natürlich auch möglich, die Kapazitätsauslastung durch Senkung des Potentialprodukts, etwa durch Arbeitszeitverkürzung, durch Besteuerung von Überstunden o.ä. zu verbessern. Solche angebotspolitischen Maßnahmen waren zur Überwindung der für die fünfziger und sechziger Jahre typischen temporären Nachfrageausfälle jedoch wenig

---

6 Potentialprodukt = Brutto-Inlandsprodukt, das bei „befriedigender“ Auslastung der Arbeitskräfte und des Kapitalbestands erreicht werden könnte (siehe Abschnitt 5.2).

zweckmäßig und standen daher auch nicht zur Diskussion (weder in den Lehrbüchern noch in der Praxis). Sehr wohl aber gab es angebotspolitische Maßnahmen zur Vergrößerung des Wachstumsspielraums (Hebung von PO in Abbildung 3.2), wie Anwerbung von Gastarbeitern, Investitionsförderung, Förderung der Qualifikation u.s.w., doch wurden diese Maßnahmen üblicherweise unter dem Titel Wachstumspolitik abgehandelt.

4 Die Ziele: Endogen vorgegebene magische Vielecke

Die Ziele der Stabilisierungspolitik sind für das traditionelle Modell exogen vorgegeben; sie werden im politischen Bereich festgelegt: Stabilisiert werden die Größen, deren Schwankungen von entscheidenden Gruppen der Bevölkerung als unangenehm empfunden werden (siehe dazu Abschnitt 4.3). Instrumente sind demgemäß Größen, deren Schwankungen als weniger unangenehm empfunden werden, die bewußt „destabilisiert“ werden, um die Zielgrößen zu stabilisieren. Der Theorie war jedoch stets bewußt, daß auch die Ziele bloß Instrumente zur Erreichung von Zielen höherer Ordnung darstellen und die Instrumente selbst einen gewissen Eigenwert haben; Veränderungen der Instrumente über ein gewisses Maß hinaus werden also gleichfalls als negativ empfunden. Die Ambivalenz der Ziel-Instrument-Abgrenzung zeigt sich auch darin, daß mit dem Wandel der gesellschaftlichen Präferenzen und mit zunehmender Erfahrung mit dem Einsatz wirtschaftspolitischer Instrumente immer wieder Ziele zu Instrumenten wurden und Instrumente zu Zielen: Der Zinssatz etwa war im 19. Jahrhundert Ziel, im 20. Jahrhundert wurde er zunächst Instrument, dann (weitgehend) irrelevante Nebengröße; zuletzt dürfte er wieder an Bedeutung gewinnen. Der Budgetsaldo war im dritten Viertel unseres Jahrhunderts ein Instrument, in den achtziger Jahren scheint der ausgeglichene Staatshaushalt, wie vor Keynes, wieder zum Ziel (an sich) zu werden (siehe dazu 4.3). Entsprechend dieser Ambivalenz und des Eigenwertes der Instrumente wurden in der theoretischen Wirtschaftspolitik und vor allem in der Kontrolltheorie Ziele wie Instrumente in die Wohlfahrtsfunktion aufgenommen (Theil 1964, 32ff).

Unbeschadet all dessen legte das stabilisierungspolitische Lehrbuchmodell, und zum Teil auch die angewandte Stabilisierungspolitik, Preisniveau, Beschäftigungsgrad, außenwirtschaftliches Gleichgewicht, Wirtschaftswachstum und bis zu einem gewissen Grad gerechte Einkommensverteilung als Ziele fest; diese galt es sowohl zu stabilisieren - möglichst geringe Schwankungen von Inflationsrate, Arbeitslosenrate, Wachstumsrate usw. - als auch zu maximieren - möglichst hoher Grad an Preisstabilität, Beschäftigung und Wirtschaftswachstum. Bei dieser vielleicht etwas naiven Aufgabenstellung traten zumindest drei Gruppen von Problemen auf, die von der traditionellen Theorie und Praxis nur unzureichend berücksichtigt werden konnten und die im folgenden genauer untersucht werden sollen: Das Problem der zumindest teilweisen Inkompatibilität der Ziele, daraus resultierend, zweitens, die Frage nach der Bestimmung der Ziele und des Zielerreichungsgrades, sowie drittens, die Frage der Systemstabilisierung: Ob die Stabilisierung der Einzelziele zur Stabilisierung des Systems führt, bzw. wieweit ein Gegensatz zwischen Stabilisierung und Maximierung besteht, und wenn, wie er zu lösen ist.

4.1 Die Inkompatibilität der Ziele und die tradeoff-Analyse

Die Inkompatibilität der Ziele wurde schon in den fünfziger Jahren bewußt; damals prägte Kromphardt (Ott 1967a, 93f zufolge) den Begriff des Magischen Dreiecks, der auf diese Problematik drastisch aufmerksam machen sollte. Der Begriff mag trivial, die Unmöglichkeit gleichzeitig-vollständiger Erreichung der Ziele als selbstverständlich erscheinen - sie sind es nicht! Keines der Notenbankgesetze der Industriestaaten erweckt den Eindruck, daß ihre Schöpfer von der Inkompatibilität der Preisstabilität mit anderen Zielen je gehört hätten, die Währungspolitiker erhalten vom Gesetzgeber nicht einmal Hinweise darauf, welche gesamtwirtschaftliche Kosten sie verursachen dürfen, um das Ziel Preisstabilität weitgehend oder vollständig zu erreichen; die Beschäftigungs- (USA, GB) und Stabilitätsgesetze (BRD) umgehen das Problem der Inkompatibilität durch Gummiformulierungen („möglichst hoher Grad an ..."). Daß sich bei einer solchen Gesetzeslage Politikerreden an der Inkompatibilität vorbeischwindeln, ist fast selbstverständlich - wenn auch vielfach Gegenstand von Witzen. Es muß aber auch zugegeben werden, daß die empirische Forschung darüber, welche Ziele unter welchen Bedingungen, mit welchen Kosten in bezug auf die Verwirklichung konkurrierender Ziele verwirklicht werden können (tradeoff-Analyse), bisher mit zuwenig Nachdruck betrieben wurde. Die Gleichstellung der weitgehend inkompatiblen Ziele ist eine grobe (und unzulässige) Vereinfachung und vernachlässigt die Probleme der Ziel/Instrumenten-Zuordnung und der Bestimmung des Zielerreichungsgrades.

Die Herausstellung, Gleichsetzung und - indirekt - Verabsolutierung der Ziele des Magischen Drei-, Vier- oder Fünfecks ist insofern eine verschiedentlich irreführende *Vereinfachung* als sie den Blick auf die Hierarchie der Ziele[1] verstellt. Eine solche existiert aber als Ergebnis eines komplexen Zusammenspiels logischer, instrumenteller, gesellschaftlich-evolutorischer und ethischer Überlegungen. Sie kann sich wandeln, sofern sie nicht logische oder ethische Prinzipien zur Grundlage hat, etwa dann, wenn wissenschaftliche Erkenntnisse neue Funktionalzusammenhänge erkennen lassen[2] oder wenn sich gesellschaftliche Wertungen ändern.[3] In einer solchen Zielhierarchie sind die ablaufspolitischen Ziele des

---

1 Siehe dazu etwa Gäfgen 1975 oder Berg/Cassel 1985.

2 Etwa zwischen Vollbeschäftigung und Preisstabilität.

3 Etwa die Rolle der Arbeit als ethisches Prinzip oder als Notwendigkeit zwecks Einkommenserzielung; die Überbetonung von Zwischenzielen (Geldmenge, Budgetsaldo)

Magischen Fünfecks bloß eine relativ niedrige Zielebene; *unter* ihr stehen eigentlich nur noch die instrumentalen Zwischenziele (Geldmenge, Zinsniveau, Budgetsaldo usw.). Die Ziele des Magischen Fünfecks sind ihrerseits Zwischenziele zur Erreichung höherer ökonomischer Ziele, wie effiziente Allokation, privater Wohlstand, zufriedenstellendes Angebot Öffentlicher Güter, Zufriedenheit mit der Arbeit, die ihrerseits wieder Voraussetzung für die Erreichung der gesellschaftlichen Grundwerte (Freiheit, Gerechtigkeit, Sicherheit, Ordnung, Überwindung der Knappheit bzw. Fortschritt) sind, Größen, die *für den Volkswirt* exogen vorgegeben sind.

Selbst innerhalb des Magischen Fünfecks fällt es schwer, eine Gleichwertigkeit der Ziele zu akzeptieren: Aus ökonomisch-logischer Sicht (siehe auch Abschnitt 5) erscheint gerechte Einkommensverteilung als ein in der Hierarchie sehr hoch angesiedeltes Ziel (gesellschaftlicher Grundwert), Vollbeschäftigung und Wirtschaftswachstum erscheinen instrumental zur Erreichung des wirtschaftlichen Oberziels Wohlstand, wogegen Geldwertstabilität und außenwirtschaftliches Gleichgewicht eher als Zwischenziele einer unteren Ebene anzusehen sind: Sie tragen nicht direkt zu den gesellschaftlichen und wirtschaftlichen Zielen bei, sondern bloß indirekt, indem ihre Verwirklichung Verteilungsverzerrungen, Allokationsstörungen oder Unterbeschäftigung vermeidet.[4] Das sagt natürlich nichts über die Bedeutung dieser Ziele aus, sehr wohl aber über die Gefahr ihrer Verabsolutierung.

Die Existenz jeweils mehrerer, potentiell inkompatibler Ziele auf denselben Hierarchieebenen wirft das Problem ihrer *tradeoffs* auf, ihrer quantitativen (In-) Kompatibilität. Dabei geht es um die Frage, wieviel Mehr-Erreichung eines Ziels durch wieviel Minder-Erreichung eines oder mehrerer anderer erkauft werden kann. Der quantitative Aspekt dieser Frage wird in Kapitel 5 behandelt. Hier sei bloß auf einen wichtigen Punkt verwiesen: Die tradeoff-Zusammenhänge sind sicherlich nicht linear, die zunehmende Erreichung eines Ziels wird also mit steigenden Kosten der Minder-Verwirklichung anderer Ziele verbunden sein; die vollständige Erreichung eines Ziels auf Dauer käme in diesem Sinne wohl recht teuer. Beobachtungen von tradeoffs und Erfahrungen liegen allerdings meist bloß für einen mittleren Bereich der Zielverwirklichung vor; sie dürfen nicht ohne weiteres in den Bereich der vollen Verwirklichung eines Ziels extrapoliert werden.

Neben den traditionellen - und in der Literatur relativ gut behandelten - tradeoffs zwischen den einzelnen Zielen des magischen Vielecks gibt es wohl auch tradeoffs zwischen Niveau und Amplitude der Schwankungen derselben Zielgröße, die für die Stabilitätspolitik außerordentlich wichtig, praktisch jedoch kaum

gegenüber den Zielen des Magischen Fünfecks, die im letzten Jahrzehnt vielfach zu beobachten war, hat überwiegend nicht Wertewandel, sondern kurzfristige politische Taktik zur Ursache.

[4] Anderer Meinung - und zwar wegen abweichender Einschätzung der instrumentellen Zusammenhänge - sind erhebliche Teile der deutschen Lehrbuchliteratur. Siehe dazu etwa Woll 1984, 167.

behandelt sind. Ist eine wenig schwankende aber etwas höhere Arbeitslosenquote (U_1 in Abbildung 4.1) einer stärker schwankenden aber im Durchschnitt niedrigeren (U_2) vorzuziehen? Ist eine wenig schwankende aber niedrigere Wachstumsrate (des realen BIP) einer stärker schwankenden höheren vorzuziehen? Mit wieviel Niveauverlust muß die Verringerung der Amplitude erkauft werden? In den meisten Fällen wissen wir weder die Stärke des tradeoff, vielfach nicht einmal das Vorzeichen, noch wissen wir, was die Bevölkerung eigentlich vorzieht.

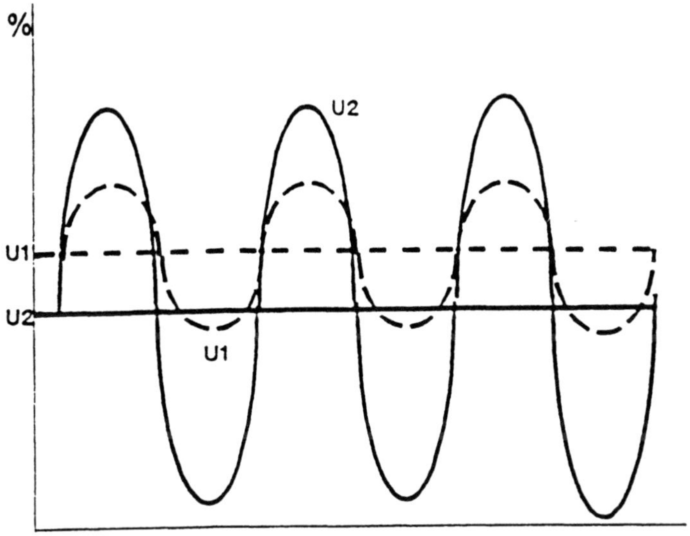

Abbildung 4.1: ***Niveau und Amplitude der Zielerreichung (Arbeitslosenquote)***

Im Prinzip gibt es für die Bestimmung der erwünschten Werte konkurrierender Ziele mehrere Lösungen. Die berühmteste von Tinbergen (1952) definiert das Problem weg: Die Ziele sind vorgegeben, und jede beliebige Zahl von Zielen kann grundsätzlich zu jedem beliebigen Grad erreicht werden, wenn eine gleich große Zahl voneinander unabhängiger Instrumente zur Verfügung steht. Allerdings sollte der Mitteleinsatz koordiniert werden, um optimale Ergebnisse zu erreichen; setzen voneinander unabhängige Instanzen, denen jeweils ein Ziel und ein Instrument zugewiesen ist, ihre Maßnahmen unkoordiniert ein, bleiben die Ergebnisse suboptimal. Sind weniger Instrumente vorhanden als Ziele, können die Ziele bloß teilweise erreicht werden, und es bedarf einer sozialen Verlustfunktion, um den optimalen Zielerreichungsgrad ermitteln zu können. Ist die Zahl der Instrumente größer als die der Ziele, hat die Politik zusätzliche Freiheitsgrade, d.h. sie kann auf einzelne Instrumente verzichten oder mehrere Instrumente schwächer dosiert einsetzen. Dieser Fall ist besonders dann wichtig, wenn die Instrumente einen gewissen Eigenwert oder starke Nebenwirkungen haben, sodaß ihr beliebig starker Einsatz zumindest unzweckmäßig, wenn nicht unmöglich ist.

Tinbergens Lösungsvorschlag für das Problem der Zielbestimmung und Instrumenten-Zuordnung ist jedoch deswegen wenig hilfreich, weil er das Problem der Auswahl der optimalen Zielkombination bloß um eine Ebene verschiebt: es stellt sich dann eben für den Politiker, der die Ziele vorgibt. Überdies sind die Ziele voneinander meist ebensowenig unabhängig wie die Instrumente, und die Instrumente haben vielfach einen gewissen Eigenwert: Zinssätze über eine bestimmte Höhe, Budgetsalden, die ein gewisses Ausmaß überschreiten, erhebliche Lohnsenkungen usw. sind entweder politisch nicht durchsetzbar oder wegen ihrer Nebenwirkungen de facto keine sinnvolle Strategie. Dementsprechend wendete man sich bald einem zweiten Ansatz zu, der Optimierung flexibler Ziele im Rahmen einer gesellschaftlichen Präferenzfunktion (Theil 1964, 1ff); allerdings war auch dieser Ansatz für die wirtschaftspolitische Praxis nie wirklich anwendbar, weil er neben anderen Problemen (siehe Abschnitt 4.2) die institutionell/politische Zuordnung bestimmter Ziele und bestimmter Instrumente zu bestimmten Institutionen vernachlässigt: Etwa der Preisstabilität und der Geldpolitik zur unabhängigen Notenbank, der Vollbeschäftigung und der Budgetpolitik zur Zentralregierung. Auch führte die simplifizierte Übernahme des theoretischen Gedankenguts der Neoklassischen Synthese dazu, undifferenziert in Kategorien der Nachfragesteuerung zu argumentieren, wodurch infolge gemeinsamer Betrachtung der Wirkungen von Geld- und Budgetpolitik (als *ein* Instrument) ein Freiheitsgrad verlorenging, und etwa Stagflationsprobleme grundsätzlich unlösbar wurden, was sie im Tinbergen-Konzept natürlich nicht waren.

Sind die Instrumente somit nicht unbeschränkt einsetzbar und damit der tatsächliche Grad der Zielerreichung geringer als theoretisch mögliche, so blieb der akademischen wie der angewandten Wirtschaftspolitik doch jedenfalls die Vorstellung des traditionellen Ansatzes, die Wirtschaftspolitik könnte aus einer von ihr selbst oder von ökonomischen Beratern zusammengestellten *Liste von Zielkombinationen frei wählen*; die lange Diskussion über die Phillips-Kurve und die kurz- oder längerfristige Wahlmöglichkeit zwischen Inflation und Arbeitslosigkeit hat die Vorstellung eines solchen „menu of choice“ deutlich gezeigt. Tatsächlich gibt es unbeschränkte Wahlmöglichkeiten der Wirtschaftspolitik zwischen beliebigen Zielkombinationen jedoch bestenfalls auf kurze Sicht; schon auf mittlere Sicht sind sie erheblich beschränkt. Soweit Wahlmöglichkeiten existieren, beziehen sie sich eher auf Gesamtkonzeptionen der Wirtschaftspolitik („Regimes“), in deren Rahmen generelle Präferenzen in bezug auf Zielbündel und Instrumentenbündel festgelegt werden. Beschränkungen der Wahlmöglichkeiten ergeben sich aus Auslandseinflüssen,[5] Erwartungsbildung[6] und Rückkopplungsmechanismen

[5] So etwa erzwingt die Wahl einer Inflationsrate unter der ausländischen eine laufende Aufwertung, die ihrerseits zu Allokationsstörungen (Bevorzugung des geschützten Sektors gegenüber dem exponierten) und dadurch längerfristig möglicherweise zu Strukturproblemen führt.

[6] Die Senkung der Arbeitslosenquote kann z.B. zur Erwartung von Lohn- und Preissteigerungen und damit zu einer Verschiebung der tradeoffs (der Phillips-Kurve) führen.

verschiedener Art,[7] aber auch daraus, daß die Kompatibilität der Ziele mit den Ursachen der Zielverletzung variiert.[8]

Abgesehen von der beschränkten Wahlmöglichkeit zwischen den Zielen und den zum Teil erheblichen Kosten der Erreichung hoher Zielverwirklichungsgrade, gibt es auch *Probleme der Operationalisierung* der Ziele: Wachstum, Vollbeschäftigung, Geldwertstabilität, außenwirtschaftliches Gleichgewicht usw. können nicht ohne weiteres gemessen werden: Es bedarf der Konstruktion bzw. der Verwendung von nicht unproblematischen Zielindikatoren wie Brutto-Inlandsprodukt, Arbeitslosenquote, Verbraucherpreisindex oder Leistungsbilanz- bzw. Zahlungsbilanzsaldo; problematisch sind diese Indikatoren zumindest insoweit, als sie wichtige Teilaspekte des jeweiligen Ziels nicht abdecken können (Art des Wachstums, Struktur der Arbeitslosigkeit, Ursache der Inflation, Niveau der Währungsreserven etc.). Versuche, komplexe Zielindikatoren zu konstruieren (z.B. Sozialindikatoren), scheitern zwangsläufig an der mangelnden Meßbarkeit und der mangelnden Aggregierbarkeit der individuellen Nutzenvorstellungen.

Hat das traditionelle Modell der Stabilisierungspolitik, wie die angewandte Wirtschaftspolitik der sechziger und frühen siebziger Jahre, die Wahlmöglichkeiten der Wirtschaftspolitik und die tradeoffs zum Teil erheblich überschätzt, so ist die Theorie der achtziger Jahre genau in den umgekehrten Fehler verfallen: Sie leugnet jede Wahlmöglichkeit und jedes längerfristige tradeoff. Wie später noch gezeigt werden wird (Abschnitt 19.1), mehrt sich jedoch die Evidenz dafür, daß Marktkräfte allein die optimale Zielkombination durchaus nicht immer - und zumeist nicht rasch genug - erreichen können, daß es dafür in vielen Fällen stabilisierungspolitischer Hilfe bedarf und daß diese - in Grenzen - auch tatsächlich möglich ist. Schließlich sollte nicht übersehen werden, daß selbst das steady-state tradeoff, die längerfristig erreichbare Zielkombination durchaus verbessert werden kann, allerdings kaum durch stabilisierungspolitische, sondern eher durch ordnungspolitische Maßnahmen.

---

7 Zum Beispiel bringt ein scharfer Einsatz der Geldpolitik (diskretionärer oder regelgebundener Art), der zu kräftigen Schwankungen der Zinssätze führt, die von festen Zinsversprechungen betroffenen Gläubiger und Schuldner in Schwierigkeiten, führt zu einer Veränderung der Finanzinstitutionen (variabler statt fester Zinssatz) und zu einer geringeren Verschuldungsbereitschaft, die ihrerseits wieder eine schwächere Wirkung der traditionellen Geldpolitik bedingt.

8 Rasches Wirtschaftswachstum etwa führt zu Leistungsbilanzüberschüssen, wenn es angebotsinduziert ist, zu Leistungsbilanzdefiziten, wenn es nachfrageinduziert ist.

4.2 Die Bestimmung der stabilisierungspolitischen Ziele und ihres Erreichungsgrades

Grundsätzlich gibt es - wie erwähnt - zwei Möglichkeiten zur Bestimmung der Ziele der Stabilisierungspolitik: Sie können modellexogen durch „den" Politiker erfolgen, wobei meist offen bleibt, wie der Politiker diese Ziele bestimmt; oder sie können modellendogen direkt aus den Nutzenvorstellungen der Wirtschaftssubjekte (Wähler) abgeleitet werden. Zwischen diesen idealtypischen Extremen existieren natürlich zahllose Zwischenformen und zahllose Formen der Implementierung in der Praxis; sie gilt es, im folgenden zu untersuchen.

4.2.1 Zielbestimmung außerhalb des ökonomischen Modells

Gemäß der Theorie der Quantitativen Wirtschaftspolitik (Tinbergen 1952) werden die stabilisierungspolitischen Ziele durch „den" (Wirtschafts-)Politiker vorgegeben; an dieses Modell hielt sich die Theorie und Praxis der traditionellen Stabilisierungspolitik auch tatsächlich, ohne zu fragen, woher „der" Politiker die Voraussetzungen zur Bestimmung der Ziele, zu ihrer Gewichtung, zur Art der Zielvorgabe und zur Auswahl der Zielindikatoren nimmt.

Demoskopische Befragungen als Grundlage der Bestimmung der Zielfunktion scheitern schon an den Problemen, die die Schätzung einer globalen Präferenzfunktion unmöglich machen: daß nämlich die Wirtschaftssubjekte die Nutzen der Ziele bloß reihen aber nicht quantifizieren können, und daß daher deren Aggregierung nicht möglich ist (siehe 4.2.2); darüberhinaus gibt es ein quantitatives Problem, das diese Methode praktisch nicht handhabbar macht und zugleich aufzeigt, daß diese Aufgabenstellung auch für die Befragten unlösbar ist: Sollen auch bloß drei Zielvariable z.B. die Arbeitslosenquote, die Inflationsrate und die Wachstumsrate (des realen BIP) mit jeweils sechs möglichen Zielwerten (0 bis 5) in allen möglichen Kombinationen verglichen werden, sind dazu $6^3 = 216$ Vergleiche nötig[9] (Heal 1973). Auf diese Weise bilden normale Staatsbürger ihre Präferenzen wohl kaum!

Gewisse Anhaltspunkte über die Zielpräferenzen der Bevölkerung mag der Politiker aus Versuchen der Schätzung von *Popularitätsfunktionen* der Regierung erhalten (Frey 1981 b, 136),[10] doch erscheint es unwahrscheinlich, daß solche Funktionen über lange Perioden stabil sind - vor allem in Perioden der Unsicherheit und erheblicher Zielverletzungen, gerade dann also, wenn sie für den Politiker besonders wichtig wären. Weiters ist zu vermuten, daß zwischen der Verletzung einzelner wirtschaftspolitischer Ziele und der Popularität der Regierung kein einfacher linearer Zusammenhang besteht, sondern daß auch die jeweiligen trade-

9 Bei 10 Zielvariablen sind es bereits $6^{10} = 60.5$ Mill. Vergleiche.
10 Siehe dazu auch Abschnitt 14.5.

offs gegenüber den anderen Zielen berücksichtigt werden müssen - d.h., daß die Popularität der Regierung auch vom Erreichungsgrad der anderen Ziele beeinflußt wird.

Ein Modell, das einen wenigstens partiellen Ausweg aus diesem Dilemma bietet, ist das *Modell der Parteien als Politische Unternehmer* (Downs 1957); diese übernehmen die auf andere Weise unlösbare Aufgabe der Formulierung der gesamtgesellschaftlichen Zielfunktion: Sie erstellen in Konkurrenz zueinander Programme, die sie den Wählern zur Abstimmung unterbreiten. Läßt sich daraus jedoch eine Zielfunktion gewinnen, die den Präferenzen der Wirtschaftssubjekte entspricht?

Tabelle 4.2: ***Präferenzen der politischen Gruppierungen***

Ziele	Sozialisten	Zentrum	Konservative
Dominierend	Vollbeschäftigung	--	Preisstabilität
Dominierend oder signifikant	Kollektivgüter (ohne Verteidigung) Produktionsausweitung	Preisstabilität	Verteidigung
Signifikant	Arbeitszeitverkürzung	Vollbeschäftigung Kollektivgüter Internationale Arbeitseinteilung Verbesserung der Einkommensverteilung	Verbesserung der Zahlungsbilanz Internationale Arbeitsteilung
Signifikant oder weniger bedeutend	Preisstabilität Internationale Arbeitsteilung Internationale Wettbewerbsfähigkeit	Internationale Wettbewerbsfähigkeit Verbesserung der Zahlungsbilanz	Produktionsausweitung Vollbeschäftigung
Weniger bedeutend	Verbesserung der Zahlungsbilanz Verteidigung	Allokation (Koordinierung) Mobilität der Produktionsfaktoren Arbeitszeitverkürzung	Internationale Wettbewerbsfähigkeit Kollektivgüter Mobilität der Produktionsfaktoren
Vernachlässigbar	Mobilität der Produktionsfaktoren	--	Verbesserung der Einkommensverteilung
Vernachlässigbar oder feindlich	--	--	Arbeitszeitverkürzung Allokation (Koordinierung)

Q: Kirschen 1964, Bd.1, 227.

Zunächst läßt sich zeigen, daß die Parteien tatsächlich Programme vorlegen, die nach wirtschaftlichen Zielen und wirtschaftspolitischen Programmen deutlich differenziert sind: Kirschen (1964) konnte zu Beginn der sechziger Jahre in einer Untersuchung von acht Ländern nachweisen, daß für sozialistische Parteien Vollbeschäftigung und Verbesserung der Einkommensverteilung, für Zentrumsparteien Preisstabilität und Produktionsausweitung und für konservative Parteien Preisstabilität die wichtigsten Ziele sind. Umgekehrt waren (zumindest damals) Mobilität der Produktionsfaktoren für sozialistische wie für Zentrumsparteien unwichtige Ziele, ebenso wie Verkürzung der Arbeitszeit für Zentrums- und konservative Parteien. Deutsche und österreichische Erfahrungen in einer politischen Landschaft, in der die großen Parteien sehr weit in die Mitte gerückt sind, lassen weitgehend in Geltung, legen jedoch Differenzierungen nahe, die auch den Instrumentenbereich miteinbeziehen: Im Zweifelsfall ziehen sozialistische Parteien direkt wirkende Maßnahmen, bürgerliche indirekt wirkende vor. Im Bereich der Stabilisierungspolitik ziehen die sozialistischen Parteien, für die Stabilisierungspolitik generell einen höheren Stellenwert hat, diskretionäre Maßnahmen, bürgerliche Parteien automatische Stabilisatoren vor. Im Bereich der diskretionären Maßnahmen liegt die Präferenz der Sozialisten bei der Fiskalpolitik, und hier wieder eher bei ausgabenseitigen Maßnahmen, die Präferenz der bürgerlichen Parteien bei der Geldpolitik, innerhalb dieser wieder bei der Offenmarktpolitik. Im Bereich der Fiskalpolitik ziehen bürgerliche Parteien die Einnahmenpolitik, im Rahmen der Geldpolitik sozialistische Parteien Mindestreservenpolitik oder Kreditkontrolle vor. Im Bereich der Transferpolitik betonen sozialistische Parteien die Begünstigung der „Armen", bürgerliche Parteien die der Familien, eventuell der Kranken.

Die Hypothese, daß Parteien als Politische Unternehmer unterschiedliche Programme vorlegen und dadurch wichtige Funktionen für die wirtschaftspolitische Willensbildung leisten, läßt sich somit durchaus belegen. Aber das allein genügt nicht, um die Probleme der Präferenzbestimmung und -aggregation zu überwinden, und zwar aus zahlreichen Gründen:

* Die Abstimmung kann bloß über das jeweilige Programm der Partei als Ganzes erfolgen, nicht über einzelne Ziele, ja nicht einmal über den wirtschaftspolitischen Teil getrennt; es ist nicht möglich, Teile der Programme „abzuwählen".
* Daß Abstimmungen selbst bei widerspruchsfreien individuellen Präferenzen nicht zu konsistenten gesellschaftlichen Präferenzordnungen führen müssen (Arrow ^{2}1951; Frey 1981b, 129-53; Bernholz/Breyer ^{3}1994, Bd.2), gilt innerhalb der Parteien (für die Parteimitglieder) genauso wie für die gesamte Bevölkerung; Parteiprogramme müssen daher nicht einmal für die Mitglieder optimal sein.
* Daß die Interessen von Minderheiten nicht berücksichtigt werden, selbst wenn ihre Berücksichtigung der Mehrheit kaum Nachteile brächte, gilt bei der „Vorsortierung" der Interessen durch Parteiprogramme sogar in besonderem Maße.
* In bestimmten Situationen können durch Stimmentausch (logrolling) bestimmte Interessen überproportionales Gewicht erlangen (Bernholz/Breyer ^{3}1994, Bd. 2, 72ff).
* Organisierte Interessen erhalten größeres Gewicht, unorganisiertere gehen vielfach unter (Olson 1965).

* Die Parteien vertreten als Organisationen, ähnlich wie Bürokratien, auch Eigeninteressen, die nicht die Interessen ihrer Mitglieder sind (Frey 1981b, 156ff; Bernholz/Breyer ^{3}1994, Kap. 14).

Das aus allen diesen Einwänden resultierende Politikversagen bedeutet, daß auch das Modell des Politischen Unternehmers keine (voll) befriedigende Grundlage für die Ableitung einer gesamtwirtschaftlichen Zielfunktion bilden kann. Wirtschaftspolitische Ziele können somit auch durch den politischen Prozeß der Parteiendemokratie grob bestimmt werden. Andererseits darf die Gefahr des Politikversagens auch nicht übertrieben werden: Weichen die Programme zu stark von den Zielen größerer Wählergruppen ab, kommt es zu Abspaltungen von den Parteien oder zur Gründung neuer Parteien, die entsprechende Programme vorlegen. Die Bildung „grüner" Parteien war ein diesbezügliches Beispiel.

Dennoch hat „der" Politiker erhebliche Schwierigkeiten, die Wünsche seiner Wähler konsistent zu aggregieren und in wirtschaftspolitische Ziele umzusetzen - selbst wenn er keine Eigeninteressen verfolgt. Welche Ziele aber verfolgen Wirtschaftspolitiker tatsächlich? Der Versuch, diese Ziele aus einer *Analyse der Reden von Politikern*, aus einer Analyse der *Parteiprogramme* oder selbst aus tiefergehenden politologischen Analysen zu gewinnen, scheitert, wenn schon nicht an der Unverbindlichkeit oder Inkonsequenz der Zielvorstellungen,[11] so doch spätestens an der mangelnden Quantifizierbarkeit der Zielvorstellungen. R. Frisch schlug die Konstruktion von Präferenzfunktionen durch Experten auf Grund von Interviews mit Politikern vor (Johansen 1974, 43ff), blieb dabei jedoch ohne merklichen Widerhall. Gewisse Teilerfolge brachten Versuche, die bekundeten Präferenzen der Wirtschaftspolitik (revealed preferences) im Wege von ökonometrischen Zielfunktionen zu schätzen (Dewald/Johnson 1963; Reuber 1964; Wood 1967; Friedlaender 1977), zumindest was die Gewichtung der Ziele betrifft. Allerdings kommen auch diese Studien um die Vor-Auswahl der Ziele und der anzustrebenden Zielwerte eines (Zwischen-)Zielindikators der Wirtschaftspolitik sowie um die Hypothese einer quadratischen Nutzenfunktion nicht herum; ökonometrisch gibt es Probleme mit instabilen Koeffizienten. Eine *Handlungsanalyse der Wirtschaftspolitik* (Tichy 1970) kann zwar diese restriktiven Annahmen vermeiden, ist aber auf die Untersuchung diskretionärer Maßnahmen und in der Regel auf qualitative Aussagen beschränkt. Immerhin läßt die ökonometrische Analyse der bekundeten Präferenzen, wie die Handlungsanalyse, vermuten, daß zumindest die Währungsbehörden nicht ein im vorhinein festgelegtes, starres Zielbündel zu verwirklichen suchen, sondern sich jeweils den Zielen zuwenden, die am stärksten gefährdet sind: Steigende Inflationsraten lösen weniger heftige Reaktionen der Währungsbehörden aus, wenn sie in einer Zeit hoher Arbeitslosigkeit auftreten,

---

[11] Dasselbe Problem wurde schon weiter vorne (Abschnitt 4.1) in bezug auf die Notenbank- und Stabilitätsgesetze aufgezeigt.

ten, als wenn sie Folge einer überhitzten Hochkonjunktur sind; weiters hängt der angestrebte Zielerreichungsgrad auch von seiner Erreichbarkeit ab.[12]

In der Realität geht es jedoch vielfach gar nicht so sehr darum, das *gesellschaftliche* Optimum zu erreichen, sondern das *Optimum für den Politiker selbst, als den Träger der Wirtschaftspolitik*. Dieses Problem wurde von den Modellen der Neuen Politischen Ökonomie angegangen, die das Verhalten der Regierung (Frey/Schneider 1979) oder der Zentralbank (Frey/Schneider 1981) untersuchen. Die Ergebnisse spielen für die wirtschaftspolitische Debatte im Rahmen des traditionellen Modells jedoch keine entscheidende Rolle (siehe Abschnitt 14.5). Noch schwieriger werden die Probleme, wenn mehrere politische Instanzen über unterschiedliche Instrumente verfügen und unterschiedliche Zielvorstellungen verwirklichen wollen. Erste Versuche zur Behandlung dieser Probleme finden sich in spieltheoretischen Ansätzen (Driffill 1985), derzeit allerdings methodisch noch auf Zwei-Personen-Spiele und einfache Strategien beschränkt.

4.2.2 Wohlfahrtsfunktionen und kontrolltheoretische Modelle

Die exogene Festlegung der (Einzel-)Ziele der Stabilisierungspolitik durch „den" Wirtschaftspolitiker ist in zweifacher Weise unbefriedigend. Erstens werden die Nutzenvorstellungen der einzelnen Staatsbürger über den politischen Wahlprozeß höchst unzureichend berücksichtigt, und zweitens ist fraglich, ob ein befriedigendes Ergebnis auf diese Weise überhaupt erreicht werden kann: Einerseits, weil die so ausgewählten Ziele miteinander nicht kompatibel sein müssen, und andererseits, weil die Stabilisierung von Einzelzielen keineswegs die Stabilisierung des Systems bedeuten muß. Der erste Fragenkomplex wurde mit Hilfe von Wohlfahrtsfunktionen, der zweite mit Hilfe von kontrolltheoretischen Methoden untersucht.

Gesamtwirtschaftliche Wohlfahrtsfunktionen leiten die Ziele der Wirtschaftspolitik unmittelbar aus den Nutzenfunktionen der Individuen ab. Das stößt allerdings auf Schwierigkeiten, weil der individuelle Nutzen nicht kardinal, sondern bloß ordinal meßbar ist, da das beobachtbare Handeln Rückschlüsse zwar auf die Wahlakte, nicht jedoch auf ein interpersonell vergleichbares Nutzenniveau zuläßt. Eine Aggregierung individueller Präferenzprofile zu einer widerspruchsfreien sozialen Wohlfahrtsfunktion setzt aber kardinale Nutzenvergleiche voraus. Überdies sei auf die Ausführungen über demoskopische Befragungen im vorhergehenden Abschnitt verwiesen, die es überaus fraglich erscheinen lassen, ob und wie weit durchschnittliche Staatsbürger rationale und detaillierte Vorstellungen über den Nutzen der Erreichung oder Nicht-Erreichung stabilisierungspolitischer Ziele außerhalb erheblicher Zielverletzungen überhaupt bilden können; von der

[12] „...the authorities will want to protect the existing exchange rate against external or internal shocks until they see whether these shocks are permanent, while at other times they will deliberately change the exchange rate in order to a achieve some larger macroeconomic goal" (Prachowny 1984, 7).

unübersehbar großen Zahl der Kombinationen einmal abgesehen, ist es auch deswegen wenig wahrscheinlich, daß die einzelnen Wirtschaftssubjekte quantifizierte Vorstellungen über den Nutzen alternativer Kombinationen ablaufpolitischer Ziele haben, da ein einheitlicher Bewertungsmaßstab nicht leicht zu finden ist.

Als Ausweg schien sich die Konzeption des *sozialen Optimums im Sinne von Pareto* anzubieten, nach der eine Situation dann als optimal gilt, wenn durch Veränderung der Tausch- und Produktionsverhältnisse keine Person besser gestellt werden kann, ohne wenigstens eine andere schlechter zu stellen. Die Mängel dieses Konzepts sind jedoch erheblich: Erstens liefert das Pareto-Kriterium bloß eine Teilordnung sozialer Zustände; (unendlich) viele Zustände sind Pareto-indifferent. Zweitens kann es Verteilungsprobleme nicht bewerten, drittens können Pareto-effiziente Allokationen dezentral, also über ein Preissystem, bloß erreicht werden, wenn Öffentliche Güter und externe Effekte fehlen, und viertens machen Nutzeninterdependenzen die Orientierung an ordinalem Nutzen problematisch. Dazu kommen die bescheidenen Kenntnisse der Staatsbürger über tradeoffs der Ziele und Zusammenhänge zwischen Zielen und Instrumenten, die vielfach erhebliche Verzögerung der Folgen von Ziel-Verletzungen und der Charakter der Wirtschaftspolitik als Öffentliches Gut, der dem Einzelnen mögliche Vorteile aus der Nicht-Enthüllung seiner Präferenzen verspricht.

Unbeschadet der Unmöglichkeit ihrer mikroökonomischen Fundierung wurde vielfach versucht, makroökonomische Wohlfahrtsfunktionen zur Endogenisierung der Zielformulierung im Rahmen eines ökonometrischen Modells zu verwenden, das die Zielbeziehungen darstellt. Die Wohlfahrtsfunktionen werden aus technischen Gründen meist in quadratischer Form als Verlustfunktion aufgestellt, die es zu minimieren gilt:

$$V = \sum^{i} [g_1(U_i - U^*)^2 + g_2 (p_i - p^*)^2 + g_3 (y_i - y^*)^2 + g_4 LB^2].$$

U: Arbeitslosenquote	LB: Leistungsbilanz
p: Inflationsrate	*: Zielwerte
y: Wachstumsrate des realen BIP	g_n: Gewichte

Anders als in Tinbergens Modell fester, vorgegebener Ziele werden hier die Interdependenzen zwischen den Zielen durch das zugrundeliegende ökonometrische Modell berücksichtigt (flexible Ziele). Theil (1958) bezog auch die Instrumente in die Verlustfunktion ein, da auch sie Eigenwert haben können.[13] Damit schien für die quantitative Wirtschaftspolitik das Optimum erreicht zu sein: Das Zusammenspiel einer Ziel-(Verlust-)funktion, die angibt, was erwünscht ist, mit einem ökonometrischen Modell, das angibt, was möglich ist. Damit glaubte man auch zwei andere Fragen angehen zu können, die von der Standardtheorie und -praxis der

[13] Budgetdefizite etwa oder Zinssätze über einer gewissen Höhe werden als ebenso negativ empfunden wie Inflationsraten über der jeweils gewünschten. Daß nicht nur „Zwekke", sondern auch „Mittel" Gegenstand von Wertschätzungen sind, findet sich schon 1933 bei Myrdal.

Einzelziel-Stabilisierung zwangsläufig vernachlässigt wurden: Erstens die Frage, welche Folgen die Bemühungen um eine Verringerung der Amplitude der Schwingungen auf das Niveau der Zielgrößen haben, wieweit also eine Milderung der Konjunkturschwankungen z.B. die Wachstumsrate senkt (Seidl 1984a) oder die Inflationsrate erhöht (Taylor 1981, 78); zweitens die Frage, ob die Stabilisierung einzelner Ziele nicht unter Umständen das System als ganzes destabilisiert (Phillips 1954). Beide Probleme versuchen die *kontrolltheoretischen Ansätze* in den Griff zu bekommen, die zwar während der Zeit der Geltung der traditionellen Theorie und Praxis der quantitativen Wirtschaftspolitik entwickelt wurden, für die angewandte Politik jedoch damals - wie auch seither - wenig praktische Bedeutung erlangten. Die Kontrolltheorie bezieht die Wirtschaftspolitik in die Theorie der Wahlhandlungen ein: So wie der rationale Konsument theoriegemäß seinen Nutzen unter der Beschränkung seiner Budgetrestriktion maximiert, so maximiert „der" Wirtschaftspolitiker den gesamtwirtschaftlichen Nutzen.[14]

Die Vorteile des um eine Wohlfahrtsfunktion erweiterten ökonometrischen Modells, wie des kontrolltheoretischen Ansatzes, mußten allerdings mit verschiedenen Nachteilen erkauft werden, die die Anwendung in der angewandten Wirtschaftspolitik bisher verhinderten. Dazu gehört erstens die Wahl der Verlustfunktion: Was als Ziel bzw. als Instrument in sie aufgenommen wird, ist ebenso arbiträr wie die Wahl der Gewichte, die bestenfalls experimentell bestimmt werden können (Fox/Sengupta/Thorbecke 1973, 11, 40); befriedigende Lösungen dieser Fragen setzen eine Überwindung der vorne erwähnten Probleme des interpersonellen Nutzenvergleichs und der Aggregation voraus. Auch die Form eines quadratischen Ansatzes läßt sich, außer mit der stärkeren Gewichtung größerer Abweichungen, allein rechentechnisch begründen. Zweitens können solche Ansätze in der Regel bloß die unmittelbaren Wirkungen wirtschaftspolitischer Maßnahmen erfassen (Culbertson 1974, 261); drittens können sie Unsicherheit bestenfalls durch additive Störglieder berücksichtigen, und sie sind auch insofern deterministisch, als sie eine sehr umfassende Kenntnis nicht bloß des ökonomischen Modells, sondern auch der (politischen) Verhaltens- und Reaktionsweisen der von Wirtschaftspolitik Betroffenen voraussetzen. In der Regel sind die kontrolltheoretischen Modelle als Spiele gegen die Natur konstruiert (Prescott 1977), vernachlässigen also die Reaktionen der Betroffenen.[15] Die zunehmende Erfahrung mit

---

[14] Der „Wirtschaftspolitiker" ist in diesem Modell allerdings bloß ein Automat, der die Instrumente so setzt, daß die von der Verlustfunktion angegebenen Ziele auch tatsächlich erreicht werden.

[15] Orosel (1984, 57f) formulierte das klassisch: „Sollen Wirtschaftspolitiker in ihren Handlungsmöglichkeiten eingeschränkt werden? ... Zur Beantwortung dieser Frage müssen wir zwei Typen von Optimierungsproblemen unterscheiden: Kontrollprobleme und strategische Probleme. Bei einem *Kontrollproblem* beeinflussen zukünftige Entscheidungen nicht die heutigen Nebenbedingungen, kurz gesagt: Das meiner Optimierung zugrundeliegende System hat keine Erwartungen über mein Handeln. Ein strategisches Problem zeichnet sich gerade durch solche Erwartungen aus. Ein typisches Kontrollproblem ist eine Mondlandung. Der Mond erwartet keine Mondlandung, und es ist ihm egal, wer auf ihm landet. Bei einem Kontrollproblem wäre eine Einschränkung der Handlungsmöglichkeiten der Wirtschaftspolitik sinnlos ... Ganz anders ist die

Stabilisierungspolitik zeigte jedoch, wie problematisch es ist, den Lernprozeß der von der Wirtschaftspolitik Betroffenen zu vernachlässigen, also Erwartungs- und Verhaltensänderungen als Reaktion auf wirtschaftspolitische Maßnahmen (Lucas 1976): Wenn die von der Wirtschaftspolitik Betroffenen das Modell - einschließlich des Verhaltens der Wirtschaftspolitik - voll kennen, ändern sie ihr Verhalten entsprechend und können unter der Annahme jederzeit-vollständiger Markträumung erwartete Maßnahmen, der Wirtschaftspolitik voll unterlaufen (Politikineffektivitäts-Hypothese).[16] Zumindest die Anhänger regelgebundener Wirtschaftspolitik - genauer von starren Regeln (ohne Rückkopplung) - erwarten sehr erhebliche Änderungen der Verhaltensweisen als Reaktion auf wirtschaftspolitische Maßnahmen und sie glauben auch, die erforderliche Kenntnis des Modells nicht zu besitzen (und auch nicht besitzen zu können); sie lehnen demgemäß kontrolltheoretische Methoden grundsätzlich ab (siehe dazu Abschnitt 15.4).

Im Bereich der anwendungsorientierten Wirtschaftspolitik[17] wurden kontrolltheoretische Ansätze bisher kaum verwendet: Die meisten Modelle dienen der Illustration der Methoden (siehe z.B. Holly/Corker 1984). Als eines der wenigen anwendungsorientierten Beispiele sei die Arbeit von Kalchbrenner/Tinsley (1976) erwähnt. Der - gemessen an den Verwendungsmöglichkeiten - noch immer niedrige Entwicklungsstand der Methoden der optimalen Kontrolle hängt damit zusammen, daß für die aus der Welt der technischen Kontrolle stammenden kontrolltheoretischen Methoden zunächst die für die wirtschaftspolitische Anwendung nötigen Modifikationen entwickelt werden mußten. Kaum war das jedoch wenigstens teilweise erfolgt, erschütterte die Modellierung Rationaler Erwartungen und vor allem die Betonung der Instabilität der Modelle durch Änderung der Verhaltensweisen der Wirtschaftssubjekte als Folge wirtschaftspolitischer Maßnahmen die gesamte Theorie der Stabilisierungspolitik.[18] Erst allmählich werden den neuen ökonomischen Erkenntnissen entsprechende Formulierungen versucht (siehe dazu Turnovsky/Stemp 1984 und Karp/Havenner 1984).

Hochgestochene Erwartungen wären allerdings fehl am Platz. Eine gesamtwirtschaftliche Ziel-(Nutzen-)Funktion gibt es nicht, sie ist weder aus den Zielen der Individuen noch aus den Zielen der Politiker ableitbar. Doch selbst wenn es sie gäbe, würde sie nicht ausreichen: „Der“ Wirtschaftspolitiker muß nämlich nicht bloß die Ziele auswählen und den Zielerreichungsgrad bestimmen, er muß auch

---

Situation bei einem *strategischen* Problem. Hier kann es durchaus optimal sein, auf Handlungsmöglichkeiten zu verzichten. So wird beispielsweise ein vorausschauender Kaufmann vielleicht *manche* Kunden *manchmal*, aber nicht *alle* Kunden bei *jeder* sich bietenden Gelegenheit übers Ohr hauen, weil seine Kunden, wenn sie dieses Verhalten *erwarten*, seine Kunden nicht bleiben werden. Das kurzfristig optimale Verhalten ist insgesamt suboptimal.“

16 Die neuere Theorie bemüht sich daher, die Voraussetzungen für Spielräume der Wirtschaftspolitik abzutasten und das strategische Verhalten der Beteiligten, u.a. auch mit Hilfe spieltheoretischer Modelle, zu formulieren (Driffill 1985).

17 Anwendungsorientiert im Gegensatz zur rein theoretischen Wirtschaftspolitik einerseits und der praktischen, de facto ausgeübten, andererseits..

18 Das Standardwerk von Turnovsky etwa erschien 1977 zugleich mit Kydland/Prescott und lange nach den entscheidenden Arbeiten von Lucas.

festlegen, ob ganz bestimmte Werte der Zielindikatoren pro Periode (feste Ziele im dynamischen Modell) oder flexible Ziele (abhängig etwa von Begrenzungen der Instrumente betreffend ihre Zahl oder Variationsmöglichkeit) angestrebt werden sollen; er müßte festlegen, ob das jeweilige Ziel, bzw. einzelne Zielindikatoren, erreicht werden sollen, oder ob - angesichts von Unsicherheit über die Höhe der Optimalwerte und eventueller Nebenwirkungen bei Erreichung der Optima - bloß „ausreichende" Werte (satisficing behavior) festgelegt werden sollen.[19] Bei der Wahl eines solchen satisfiszierenden Verhaltens konkurrieren die Ziele miteinander weniger stark, wodurch auch weniger unerwünschte Nebenwirkungen ausgelöst werden. Wenn aber die Ziele selbst und ihr Verwirklichungsgrad bloß sehr grob - und nie unbestritten - festgelegt werden können, wenn es eine gesamtwirtschaftliche Zielfunktion gar nicht gibt oder sie jedenfalls nie zweifelsfrei bestimmt werden kann, dann ist es wohl gar nicht so falsch, wenn die Theorie der Wirtschaftspolitik - zunächst - davon ausgeht, daß die Ziele von Wirtschaftspolitikern - aufgrund der Parteiprogramme, die ihrer Wahl zugrunde lagen, von Vorurteilen und politischem Gefühl - festgelegt werden.[20] Unter diesen Voraussetzungen sollten allerdings auch die tradeoff-Analyse und die Untersuchung der Instrumentenwirkungen zweckmäßigerweise keinen allzu hohen Perfektionsgrad anstreben.

4.3 Die Ziele der Stabilisierungspolitik im Wandel

Die Schwierigkeiten der Bestimmung einer globalen wirtschaftspolitischen Zielfunktion werden dadurch nicht gerade erleichtert, daß auch die Ziele des Magischen Drei-, Vier- oder Fünfecks als solche und mehr noch ihre relative Bedeutung (Gewicht in der Zielfunktion) keineswegs als gegeben angesehen werden dürfen. Die Ziele und ihr relatives Gewicht wandeln sich nach Maßgabe der gesellschaftlichen Voraussetzungen und Wertungen, sowie der jeweils dominierenden Vorstellungen über das Funktionieren des Wirtschaftssystems. Versteht man unter Stabilisierungspolitik nicht bloß - wie in den fünfziger und sechziger Jahren – die Verstetigung der Konjunkturschwankungen, dann gab es Stabilisierungspo-

19 „Ausreichende" Werte bedeutet, daß deren Erreichung keine weiteren Verbesserungsbestrebungen der Wirtschaftspolitik auslöst.

20 Im günstigsten Fall kann es zu einem iterativen Prozess der Art kommen, daß der (Wirtschafts-) Politiker seine Zielvorstellungen dann ändert, wenn ihm die Berater die Unerreichbarkeit (aufgrund von tradeoff-Analysen) oder die Kosten der Erreichbarkeit (Extremwerte bestimmter Instrumente) des zunächst angestrebten Zielbündels klarmachen.

litik bereits im 19. Jahrhundert:[21] Ziel war die Verstetigung des Zinssatzes und die Verhinderung inflatorischer Entwicklungen; an der Stabilisierung von Produktion und Beschäftigung bestand kein besonderes wirtschaftspolitisches Interesse. Die Stabilisierung des (längerfristigen) Zinssatzes hatte im 19. Jahrhundert deswegen zentrale Bedeutung, weil die Altersversorgung der damals dominierenden Schichten auf den Zinserträgen festverzinslicher Wertpapiere beruhte und somit durch stärkere Zinsschwankungen und durch Inflation gefährdet worden wäre. Das geringe - aus unserer Sicht sträflich geringe - Interesse an der Stabilisierung der Beschäftigung ergab sich daraus, daß noch vier Fünftel der Erwerbstätigen in der Landwirtschaft tätig waren, der Anteil der außerhalb der Landwirtschaft tätigen *Un*selbständigen somit sehr gering war;[22] vielen, die ihren Arbeitsplatz verloren, war es möglich, auf den Hof ihrer Eltern oder Geschwister zurückzukehren, wo zumindest ihre Existenz gesichert war. Erst mit der Durchsetzung des allgemeinen gleichen Wahlrechts (BRD 1871, Österreich 1907), der Zunahme der Zahl der in Industrie und Gewerbe *un*selbständig Tätigen sowie mit dem Verlust der Geldvermögen im und nach dem 1. Weltkrieg gewann die Stabilisierung der Beschäftigung gegenüber der des Zinssatzes (und damit des Vermögens) an Bedeutung; die wissenschaftliche Begründung für den Wandel der Stabilisierungspolitik lieferte insbesondere Keynes. Dementsprechend war in den fünfziger und sechziger Jahren unseres Jahrhunderts nicht mehr die Stabilisierung des Zinsniveaus, sondern die Stabilisierung von Beschäftigung und Preisniveau mittels Geld- und Fiskalpolitik der Inbegriff der Stabilisierungspolitik; der Ausgleich der Leistungsbilanz wurde zunächst als Ziel der Strukturpolitik, nicht der Stabilisierungspolitik[23] gesehen. In den sechziger Jahren wurde mit der Liberalisierung des Warenverkehrs und der dadurch bedingt größeren Offenheit der Volkswirtschaften zunächst der Ausgleich der Leistungsbilanz, später mit zunehmender Bedeutung des grenzüberschreitenden Kapitalverkehrs der Ausgleich der Zahlungsbilanz (im Sinne von Devisenbilanz) Ziel der Stabilisierungspolitik (siehe dazu Abschnitt 5.4). Mit der immer stärkeren wirtschaftlichen Konkurrenz der Staaten untereinander und mit zunehmendem Glauben an die Macht der Feinsteuerung wurde zuletzt auch Wirtschaftswachstum in den Zielkatalog der Stabilisierungspolitik aufgenommen.

---

21 Zum folgenden siehe Borchardt 1976.

22 Deutschland (1849) nach Hoffman (1965):

	Landwirtschaft	Sonstige	Insgesamt
Selbständige	8,3 Mill.	2,2 Mill.	10,5 Mill.
Unselbständige	11,5 Mill.	2,8 Mill.	14,3 Mill.
Insgesamt	19,8 Mill.	5,0 Mill.	24,8 Mill.

23 Es dominierte der Elastizitätsansatz; der Absorptionsansatz wurde erst im Rahmen der monetaristischen Zahlungsbilanztheorie weithin akzeptiert.

In den frühen siebziger Jahren ließ die Überbeschäftigung in den europäischen Industriestaaten, die damit verbundenen inflatorischen Tendenzen, die enorme Zunahme der Geldvermögen[24] und die Internationalisierung der Finanzmärkte gemeinsam mit dem vielzitierten Wertewandel[25] das Ziel der Stabilisierung des Geldwerts gegenüber den Zielen Vollbeschäftigung und Wirtschaftswachstum wieder stark in den Vordergrund rücken. Zugleich traten neben die traditionellen Instrumente der Nachfragesteuerung - in manchen Vorstellungen auch an Stelle dieser - weitere Instrumente: Einkommenspolitik, Wechselkurspolitik, Angebotspolitik, und es bildeten sich neue Vorstellungen über die Verstetigung des Instrumenteneinsatzes. Besonders deutlich läßt sich der Wandel der Vorstellungen an der Ziel/Instrumenten-Beziehung ablesen: Die Geldmenge und der Budgetsaldo, zwei Instrumente bzw. Zwischenziele der Stabilisierungspolitik, die in den fünfziger und sechziger Jahren stark variiert wurden, haben inzwischen den Charakter von eigenständigen Zielen erlangt; die Einhaltung von selbstgesetzten Geldmengenregeln und die Sanierung des Budgets galten in den achtziger und frühen neunziger Jahren in vielen Staaten als die wichtigste Aufgabe der Stabilisierungspolitik, nicht der Abbau der erheblichen Arbeitslosigkeit oder die Verbesserung der unbefriedigenden Kapazitätsauslastung. An dieser Eigenständigkeit der (Zwischen-)Ziele: (langsames) Geldmengenwachstum und Sanierung des Staatshaushalts (Abbau der Netto-Defizite), änderte auch das Bewußtsein nichts, daß die Beschäftigungslage mit großer Wahrscheinlichkeit in den nächsten zehn Jahren unbefriedigend bleiben wird. Es ist ein charakteristisches Beispiel für das Zusammenspiel von Werturteilen, Gruppeninteressen und Vorstellungen über das politisch und wirtschaftlich (Theorie!) Machbare bei der Bestimmung von Zielen, Instrumenten und satisfiszierendem Zielerreichungsgrad.

---

24 Die Bankguthaben des privaten Sektors nahmen in der Periode 1966/84 in der BRD auf das 12½-fache und in Österreich auf das 14½-fache, der Wertpapierbesitz der Nichtbanken auf das 12½-fache und 13½-fache zu. Das nominelle Brutto-Inlandsprodukt hingegen stieg in demselben Zeitraum in Deutschland bloß auf das 5¾-, in Österreich auf das 7¾-fache.

25 Obwohl die Parteiprogramme der Sozialistischen Parteien in den sechziger und siebziger Jahren immer weiter nach „rechts" rückten, verloren die sozialistischen Parteien in vielen Staaten Stimmenanteile und/oder Regierungseinfluß. „Konservative" Programme gewannen an Attraktivität, die Zentrumsparteien rückten nach rechts.

5 Die Ziele des Magischen Fünfecks: Bedeutung, Messung, Tradeoffs

Während der Periode der Geltung des traditionellen Modells der Neoklassischen Synthese, also bis in die frühen siebziger Jahre, verfolgte die angewandte Wirtschaftspolitik das Zielbündel des Magischen Fünfecks: Vollbeschäftigung, Wirtschaftswachstum, Preisstabilität, außenwirtschaftliches Gleichgewicht, und als Nebenbedingung, die mit den traditionellen stabilisierungspolitischen Instrumenten zwar nicht unmittelbar verfolgt werden kann, auf die jedoch Bedacht genommen wurde, gerechte Einkommensverteilung. Die Bedeutung der einzelnen Ziele wechselte zwar im Zeitablauf (siehe Abschnitt 4.3) und sie differierte von Land zu Land; nie allerdings wurde eines dieser Ziele völlig vernachlässigt. Danach wurde die Zielkombination des Magischen Fünfecks vielfach in Frage gestellt: Die Hypothese der Natürlichen Wachstumsrate bzw. der Natürlichen Arbeitslosenquote stellte deren Steuerbarkeit in Frage, der Preisstabilität wurde Vorrang gegenüber allen anderen Zielen des Magischen Fünfecks gegeben, und Zwischenziele, wie Geldmenge und Budgetsaldo, wurden vielfach den ablaufpolitischen Zielen des Magischen Fünfecks gleichgestellt. Zum Teil war das eine Überreaktion auf das übertriebene Vertrauen in die Feinsteuerung und die Überbetonung des Vollbeschäftigungsziels in den späteren sechziger Jahren, zum Teil beruhte es auf Mißverständnissen: Stabilisierungspolitik kann nie die langfristige Wachstumsrate oder Arbeitslosenquote dauerhaft verändern, und jedenfalls den besseren akademischen wie angewandten Wirtschaftspolitikern war das auch stets bewußt: Stabilisierungspolitik kann bestenfalls Rezessionen verhindern. Durch die Vermeidung der Produktionsverluste und den durch die Kontinuität der Investitionen höheren Kapitalstock führt das allerdings auch zu einem höheren Niveau des Volkseinkommens.

Im folgenden wird für jedes einzelne der Ziele des Magischen Fünfecks zunächst seine Bedeutung skizziert, dann werden die Folgen erheblicher Verletzungen dieses Ziels herausgearbeitet, die Möglichkeiten aufgezeigt, es zu definieren und zu quantifizieren, und es wird versucht, den quantitativen Grad seiner Vereinbarkeit mit den anderen Zielen (tradeoff) abzustecken. Letzteres ist ein heikles Unterfangen, weil die Ansichten darüber zwischen den Schulen, zwischen einzelnen Autoren und im Zeitablauf stark differieren. Das Thema kann aber nicht übergangen werden, weil es für die angewandte Politik außerordentlich wichtig ist; da dieser Fragenkomplex von neueren theoretischen Entwicklungen stark betroffen wurde, sei jedoch auf die weiteren Ausführungen (insbesondere Kapitel 15) verwiesen.

5.1 Vollbeschäftigung

Das Ziel Vollbeschäftigung zeigt deutlicher als andere den langfristigen Wandel in der Setzung und Bewertung von Zielen: Vollbeschäftigung, nach heutiger Auffassung das Vorhandensein eines Arbeitsplatzes für jeden („arbeitswilligen")[1] Staatsbürger im erwerbsfähigen Alter, ist ein Ziel der Industriegesellschaft. Vorher galt Lohnarbeit keineswegs als erstrebenswertes Ziel: Im Altertum hatte Arbeit einen negativen Eigenwert; wer es sich leisten konnte, suchte eine *Beschäftigung*, keine (bezahlte) *Arbeit*. Im Mittelalter galt Arbeit als von Gott auferlegte Pflicht,[2] als Last, und nicht als Recht, wie das seit den vierziger Jahren unseres Jahrhunderts zumeist formuliert wurde.

Nach der gegenwärtigen Einschätzung des überwiegenden Teils der Bevölkerung der Industrieländer, reicht der Wert des Ziels Vollbeschäftigung weit über den materiellen Bereich hinaus: Vollbeschäftigung trägt nicht bloß über das dadurch erzielte Einkommen zum Wohlstand bei, und durch die Tätigkeit zur Erhaltung der Qualifikation der Beschäftigten, vielmehr wird der Arbeitsplatz selbst als Wert an sich und als der übliche Weg der Teilnahme am Gesellschaftsleben empfunden. Unzählige Umfragen haben gezeigt, daß Arbeitslose nicht nur - und zum Teil nicht einmal so sehr - den Verlust des Einkommens als Nachteil der Arbeitslosigkeit empfinden, sondern das verringerte Selbstwertgefühl, den Kontaktverlust, die Ziellosigkeit und das Gefühl ihres Versagens.

Doch nicht bloß der ethische Wert der Arbeit, auch das, was in der Praxis unter Vollbeschäftigung verstanden und angestrebt wird, wandelte sich offenbar mit der Wahrscheinlichkeit seiner Erreichbarkeit: In den späten vierziger und in den fünfziger Jahren dürfte man unter Vollbeschäftigung Arbeitslosenquoten von etwa 3% bis 4% verstanden haben, in den sechziger Jahren eher von etwa 1%. In den achtziger Jahren trat Vollbeschäftigung als Ziel weit zurück: Auch Arbeitslosenquoten von 1% ohne Aussicht auf nennenswerte Änderung im darauffolgenden Jahrzehnt lösten offensichtlich keinen Handlungsbedarf der Wirtschaftspolitik aus (siehe

---

1 „Arbeitswillig" ist in diesem Zusammenhang deswegen unter Anführungszeichen zu setzen, weil der Entscheidungsspielraum dabei außerordentlich klein ist; „arbeitsunwillig" ist für große Teile der Bevölkerung i. d. R. gleichbedeutend mit der Entscheidung für eine Position „außerhalb der Gesellschaft".

2 „Im Schweiße Deines Angesichtes sollst Du Dein Brot essen" (1 Mose 3,19); „und da wir bei euch waren, geboten wir euch solches, daß so jemand nicht will arbeiten, der soll auch nicht essen" (2. Brief des Apostels Paulus an die Thessalonicher 3,10); beide Zitate in der „zeitgenössischen" Übersetzung durch Luther.

dazu Abschnitt 5.1.2). In den beginnenden neunziger Jahren scheint sich jedoch auch diesbezüglich ein Wandel anzubahnen.[3]

5.1.1 Ursachen der Zielverletzung

Die *Ursachen von Arbeitslosigkeit* können vielfältig sein: Sieht man von den, für die Stabilisierungspolitik wenig relevanten Formen der Friktions- und der Saisonarbeitslosigkeit ab,[4] können nachfragebedingte (konjunkturelle), lohnbedingte und strukturelle Arbeitslosigkeit unterschieden werden.

Nachfragebedingte Arbeitslosigkeit, vielfach auch konjunkturelle oder keynesianische Arbeitslosigkeit genannt, entsteht in einem System, in dem die Löhne und die Preise zu langsam reagieren, um die Märkte jederzeit voll räumen zu können, sodaß Rationierungsphänomene auftreten (siehe dazu Abschnitt 14.4); sie kann unter bestimmten Voraussetzungen (die in den Kapiteln 15, 19 und 20 noch genauer erläutert werden) durch Nachfragesteuerung, insbesondere durch Geld- und Fiskalpolitik in Verbindung mit Einkommenspolitik, bekämpft werden.

Die *lohnbedingte*, vielfach auch als *klassisch* bezeichnete *Arbeitslosigkeit* hingegen, deren Ursachen in einer Verzerrung der Preise der Produktionsfaktoren zulasten des Faktors Arbeit zu suchen sind („überhöhte" Löhne),[5] kann nicht durch Nachfragepolitik, sondern allein durch Wiederherstellung der entsprechenden Preisrelationen beseitigt werden.

Strukturelle Arbeitslosigkeit schließlich entsteht durch qualitative Inkongruenz zwischen Angebot und Nachfrage nach Arbeitskräften in bezug auf Ausbildungsgrad, Alter, Geschlecht oder Region. Auch hier kann die Wirtschaftspolitik - was von der Praxis gerne übersehen wird - gegensteuern, allerdings *nicht* durch Nachfragepolitik, sondern allein durch Strukturpolitik, sei es durch Anpassung der Struktur der Wirtschaft an die Struktur der Arbeitskräfte (Struktur- bzw. Industriepolitik), sei es durch Anpassung des Ausbildungsstands der Arbeitskräfte an die Struktur der Wirtschaft (Ausbildungspolitik).

---

3 „Die Arbeitslosigkeit ist wohl das gefürchtetste Phänomen unserer Zeit. Keine Gesellschaftsschicht bleibt von ihm verschont. In den OECD-Ländern sind 35 Millionen Menschen ohne Arbeit, und weitere 15 Millionen ungefähr haben die Arbeitssuche entweder aufgegeben oder gegen ihren eigentlichen Willen eine Teilzeitarbeit angenommen." (OECD 1994, 7).

4 Entgegen manchmal geäußerten Meinungen ist natürlich auch die Bekämpfung dieser beiden Formen der Arbeitslosigkeit Ziel der Wirtschaftspolitik. Als Instrument dafür kommen jedoch nicht Nachfragesteuerung, sondern institutionelle Maßnahmen, etwa die Verbesserung des Vermittlungssystems, die Gestaltung der Arbeitslosenversicherung, die Verwendung von Mitteln der Arbeitslosenversicherung zur Förderung saisonaler Beschäftigung, etwa Winterbau, Förderung des Zwischensaisontourismus oder ähnliches in Frage.

5 Solche Verzerrungen können sich insbesondere auch aus unterschiedlich hoher Besteuerung der Produktionsfaktoren (Arbeit, Kapital, Energie) ergeben. 1998 begannen die EU-Staaten stärker in den Blickpunkt ihrer wirtschaftspolitischen Aktivität zu rükken.

Insbesondere die Konzeption der Neoklassischen Synthese übersieht gern, daß der Arbeitsmarkt ein sehr inhomogener Markt ist; das Ausmaß der Inhomogenität zeigen nicht bloß die enormen Lohnunterschiede selbst innerhalb eines Landes (Walterskirchen 1987), sondern auch die starke Variation der Höhe der Arbeitslosenraten und der Dauer der Arbeitslosigkeit nach Branchen, Ausbildungsstand, Alter, Geschlecht und Region (Hardes 1981). Auch im internationalen Vergleich dürften die Arbeitsmärkte unterschiedlicher sein als meist angenommen wird: Das zeigen nicht bloß - oberflächlich - die sehr unterschiedlich hohen gemessenen Arbeitslosenquoten,[6] sondern auch internationale Vergleiche von Art und Ursachen der Arbeitslosigkeit: Coen/Hickman (1987) etwa fanden, daß die Arbeitslosigkeit ab der Mitte der siebziger Jahre in den USA, in Großbritannien und in Deutschland erheblich über das hinausging, was in irgendeiner Form als notwendig („natürliche" Arbeitslosigkeit) bezeichnet werden könnte, nicht jedoch in Österreich, wo eine solche Fehlentwicklung erst in den frühen achtziger Jahren einsetzte. Unter den Ursachen der Arbeitslosigkeit dominierte gemäß dieser Untersuchung die Schwäche der globalen Nachfrage ab der Mitte der siebziger Jahre in allen Ländern; Elemente einer Hochlohnarbeitslosigkeit hatten in den USA und Österreich größere Bedeutung als in Großbritannien und Deutschland, sodaß in diesen beiden erstgenannten Ländern Beschäftigungsprogramme zur Verringerung der registrierten Arbeitslosigkeit weniger erfolgreich gewesen wären als in den beiden anderen.

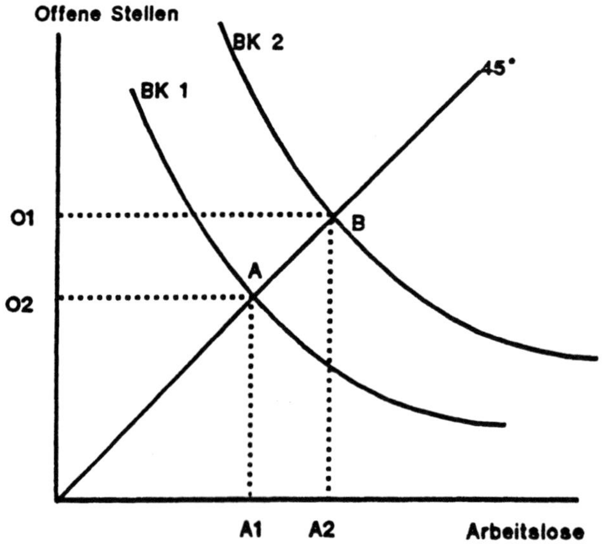

Abbildung 5.1/1: ***Beveridge-Kurve***

[6] Dabei sind allerdings die unterschiedlichen Konzepte zu beachten; siehe dazu Hardes 1981, 219ff.

Die analytische Trennung von Friktions- und Strukturarbeitslosigkeit einerseits, nachfragebedingter und lohnbedingter Arbeitslosigkeit andererseits, wird durch das empirische Konzept der Beveridge-Kurve erleichtert (Abbildung 5.1/1). Auf der senkrechten Achse zeigt sie die Zahl der offenen Stellen, auf der waagrechten die der Arbeitslosen; die 45°-Linie ist der geometrische Ort aller Punkte, auf denen Arbeitsangebot (Arbeitslose) und Arbeitsnachfrage (offene Stellen) gleich groß sind. Je weiter die Punkte auf dieser Linie vom Ursprung entfernt sind, desto höher die Zahl von Arbeitslosen *und* offenen Stellen, desto größer also friktionelle oder strukturelle Arbeitslosigkeit. Punkte rechts der 45°-Linie zeigen zu geringe Nachfrage nach Arbeitskräften, links davon zu hohe. Die Ursachen dafür können lohn- wie nachfragebedingt sein. Erste Hinweise auf eine Unterscheidung nach diesen Kriterien bietet der Auslastungsgrad, die Höhe der Auftragsbestände und die zeitliche Entwicklung der Löhne. Eine analytisch exakte Unterscheidung ist schwierig und ohne Modelluntersuchung kaum möglich.

5.1.2 Quantifizierung und Messung

Quantifizierungsversuche der Zielvorstellungen in bezug auf Vollbeschäftigung sind schon deswegen umstritten, weil der in der Praxis fast ausschließlich verwendete Zielindikator, die Arbeitslosenquote (häufig auch als Arbeitslosenrate bezeichnet), weder eindeutig noch unumstritten ist. Das betrifft zunächst die Messung der Arbeitslosenquote und hier sowohl den Zähler als auch den Nenner: Der Zähler, die Zahl der Arbeitslosen, müßte grundsätzlich alle Personen umfassen, die arbeitsfähig sind aber keine Erwerbstätigkeit ausüben, kurzfristig zur Arbeitsaufnahme bereit wären und aktiv nach Arbeit suchen. Das jedoch ist kein (einfach) quantifizierbares statistisches Konzept, und es ist auch inhaltlich in mancher Weise unbefriedigend. Statistisch *nicht einfach erfaßbar* ist es, weil „keine Erwerbstätigkeit ausüben" vielfach nicht leicht gegenüber kurzer unfreiwilliger Teilzeitarbeit abzugrenzen ist und weder die Bereitschaft zur kurzfristigen Arbeitsaufnahme noch die aktive Suche nach Arbeit leicht zu überprüfen sind. *Inhaltlich wenig befriedigend* ist das Konzept, weil es Teilzeitbeschäftigte ausklammert, die volle Arbeitszeit anstreben, weiters grundsätzlich Arbeitswillige, die die Suche nach Arbeit als aussichtslos aufgegeben haben, oder die statt arbeitslos zu werden, freiwillig oder unfreiwillig in den vorzeitigen Ruhestand versetzt wurden.

Statistisch erhoben wird die Zahl der Arbeitslosen meist durch Stichprobenerhebungen (Umfragen); Ungenauigkeiten und Fehler ergeben sich dabei aus der Antwortverweigerung wie aus der Bereitschaft, „peinliche" Fragen richtig zu beantworten. In manchen Ländern werden die Personen als arbeitslos betrachtet, die beim Arbeitsamt registriert sind. Auch das sind nicht alle wirklich Arbeitslosen: nicht registriert werden vielfach Lehrstellensuchende, Teilzeitarbeit Suchende, Ausländer, Personen im Rentenalter oder Personen, die keinen Anspruch auf Arbeitslosenunterstützung haben (zum Beispiel mangels entsprechender Beitragszeit); de facto nicht registriert werden meist auch die Personen, die keine Chance sehen, durch das Arbeitsamt eine Stelle vermittelt zu bekommen (und die keinen Anspruch auf Unterstützung haben). Bei beiden Erhebungsarten gibt es somit eine nennenswert große (aber z.T. unterschiedlich zusammengesetzte) Gruppe von verdeckten oder versteckten Arbeitslosen.[7]

Im Nenner der Arbeitslosenquote kann sowohl die Zahl der abhängig erwerbstätigen Personen stehen (unselbständig Beschäftigte plus registrierte Arbeitslose) oder - häufiger - alle erwerbstätigen Personen (also einschließlich der Selbständigen), und zwar beide manchmal beschränkt auf die im zivilen Bereich Erwerbstätigen.

Abbildung 5.1/2: ***Systematik von Beschäftigung und Arbeitslosigkeit***

Während die Zahl der erfaßten Arbeitslosen - bei aller Problematik der Definition - der amtlichen Statistik wenigstens näherungsweise entnommen werden kann, kann die Zahl der *versteckt Arbeitslosen* bloß geschätzt werden. Die Schätzungen ermitteln die versteckt Arbeitslosen in der Regel aus der Differenz zwischen dem Erwerbspersonen-Potential („Arbeitsfähige") und den Erwerbstätigen, wobei bei der Schätzung des Erwerbspersonen-Potentials die Erwerbsquoten eines „normalen" Basisjahres zugrundegelegt werden. Die Entwicklung von Erwerbspersonen-Potential, Arbeitslosen und Erwerbstätigen zeigt Tabelle 5.1. Sie läßt erkennen, daß nicht bloß die Erwerbsquote (hier definiert als Erwerbstätige = Beschäftigte

[7] Da das in Zeiten längerer Rezession und hoher Arbeitslosigkeit mehr Personen sind als in der Hochkonjunktur, unterschätzt die Arbeitslosenquote die konjunkturellen Schwankungen der Arbeitslosigkeit. Andererseits gibt es natürlich auch registrierte Arbeitslosengeldempfänger, die nicht arbeitswillig sind und die Zahl der Arbeitslosen aufblähen; ihre Zahl dürfte jedoch zyklisch weniger stark schwanken.

plus Arbeitslose durch Bevölkerung im erwerbsfähigen Alter) deutlich schwankt, sondern daß zwischen der Veränderung der Zahl der Erwerbstätigen und der Arbeitslosen kein deutlicher Zusammenhang besteht: Zum Teil hängt das mit demografischen Schüben zusammen,[8] zum Teil führt schlechte Konjunkturlage zu freiwilligem Verzicht auf Arbeit (sinkende Erwerbsquote)[9] oder zu versteckter Arbeitslosigkeit.[10] Tabelle 5.1 wie Abbildung 5.1/3 lassen erkennen, daß in den letzten 20 Jahren in den hier stets als Beispiel gewählten Ländern Beschäftigung *und* Arbeitslosigkeit gestiegen sind; die steigende Arbeitslosenquote (Abbildung 5.1/4) kann also nicht primär als „jobless growth" oder als technologische Arbeitslosigkeit bezeichnet werden, sondern ist teils demografisch (steigende Erwerbsquote und steigender Anteil der Bevölkerung im erwerbsfähigen Alter), teils strukturell bedingt.

Trotz der oben angezeigten Problematik erfolgt die *Quantifizierung* der Zielvorstellung Vollbeschäftigung in der Regel durch Festlegung eines bestimmten Zahlenwerts der Arbeitslosenquote. Beveridge, der Vater aller quantitativen Vollbeschäftigungsziele, schlug 1944 3 % vor, Meade (1948) 4 %; Keynes hielt so niedrige Werte für nicht erreichbar (Hahn 1972, 98; 1980b, 293). In der wirtschaftspolitischen Praxis der fünfziger und sechziger Jahre hielt man sich in den USA etwa an die Vorstellungen von Beveridge und Meade, in Europa ging man zum Teil erheblich darunter.[11] Es zeigte sich - ganz im Sinne satisfiszierenden Verhaltens - eine Tendenz, die Zielvorstellungen an den jeweils erreichten Werten zu orientieren: In den USA etwa erhöhte man schon in den siebziger Jahren die Definition von Vollbeschäftigung von 4 % auf 5½ % mit der Begründung, der Anteil der Frauen und Jugendlichen an der Beschäftigung sei gestiegen, deren Arbeitslosigkeit strukturell höher wäre (Dornbusch/Fischer ^{3}1984, 10). In der BRD galt in der mittelfristigen Projektion 1967/71 0.8 % Arbeitslosenquote als Vollbeschäftigung; seit 1973 gibt es zwar keine mittelfristigen Projektionen mehr, die jeweilige Jahresprojektion der Arbeitslosenquote ist aber von 1 % zu Beginn der siebziger Jahre kontinuierlich bis auf das Zehnfache hinaufgesetzt worden.

Das stark arbiträre Element der Festlegung eines bestimmten Zahlenwerts der Arbeitslosenquote, die als „Vollbeschäftigung" gelten soll, ließ alternative Zielindikatoren entstehen: Zu nennen wäre die *Andrangziffer*, die Relation der Zahl der Arbeitslosen zur Zahl der offenen Stellen.[12] Sie ist allerdings eher ein Maß für Strukturprobleme und Mobilitätshemmnisse, bzw. für die Effizienz des Arbeitsmarkts; es fällt schwer von Vollbeschäftigung in einer Situation zu sprechen, in der es zwar viele Arbeitslose gibt, zugleich aber auch gleich viele offene Stellen

---

[8] Die kräftige Zunahme der Arbeitslosigkeit im letzten Jahrzehnt z.B. hat in sehr erheblichem Maße demografische Ursachen.

[9] Etwa weil die Lohnangebote zu niedrig sind.

[10] Etwa unfreiwillige Teilzeitarbeit oder Verzicht auf Arbeitssuche, weil diese aussichtslos wäre.

[11] Z.B. BR Deutschland ¾ %, Großbritannien 1%, und zwar unter einer konservativen Regierung (Hahn 1972, 98).

[12] Siehe dazu auch das verwandte Konzept der Beveridge-Kurve in Abbildung 5.1/1.

(wahrscheinlich in ganz anderen Branchen mit ganz anderen Qualifikationserfordernissen).

Aus theoretischer Perspektive sah Keynes die Grenze zwischen unfreiwilliger und freiwilliger Arbeitslosigkeit - und damit Vollbeschäftigung - dort, wo die Arbeitskräfte nicht mehr bereit sind, einen höheren Beschäftigungsgrad oder die

Tabelle 5.1: ***Entwicklung des Arbeitsmarktes (in 1.000 Personen)***

Deutschland [1]

	Bevölkerung im erwerbsfähigen Alter	Erwerbstätige	Unselbständige	Selbständige	Arbeitslose
1960	37.698	26.063	20.073	5.990	256
1965	38.350	26.755	21.625	5.130	147
1970	38.602	26.560	22.138	4.422	149
1975	39.606	26.020	22.377	3.643	1.074
1980	40.828	26.980	23.818	3.162	889
1985	42.740	26.489	23.455	3.034	2.304
1986	42.798	26.856	23.806	3.050	2.228
1987	42.826	27.050	24.034	3.016	2.229
1988	42.960	27.261	24.260	3.001	2.242
1989	43.258	27.658	24.647	3.011	2.038
1990	43.947	28.479	25.453	3.026	1.883
1991	55.302	36.510	33.086	3.424	2.602
1992	55.149	35.844	32.359	3.485	2.979
1993	55.244	35.221	31.688	3.533	3.419
1994	55.549	34.986	31.399	3.587	3.698
1995	55.714	34.871	31.248	3.623	3.612
1996	55.823	34.460	30.809	3.651	3.965
1997	55.961	34.008	30.332	3.676	4.381

[1] Bis 1990 Westdeutschland

Österreich

	Bevölkerung im erwerbsfähigem Alter	Erwerbstätige	Unselbständige	Selbständige	Arbeitslose
1960	4.634	3.195	2.259	936	79
1965	4.615	3.167	2.357	809	62
1970	4.597	3.051	2.365	686	45
1975	4.691	3.176	2.630	546	56
1980	4.845	3.263	2.779	484	53
1985	5.099	3.202	2.760	442	139
1986	5.113	3.215	2.780	435	152
1987	5.123	3.214	2.785	429	165
1988	5.132	3.234	2.811	423	159
1989	5.145	3.282	2.862	420	149
1990	5.206	3.345	2.929	416	166
1991	5.272	3.407	2.997	410	185
1992	5.302	3.457	3.056	401	193
1993	5.395	3.446	3.055	391	222
1994	5.411	3.452	3.071	381	215
1995	5.433	3.440	3.068	371	216
1996	5.454	3.416	3.047	368	231
1997	5.476	3.425	3.056	369	233

Schweiz

	Bevölkerung im erwerbsfähigem Alter	Erwerbstätige	Unselbständige	Selbständige	Arbeitslose
1960	3.600	2.707	2.408	299	1
1965	3.829	3.014	2.681	333	0
1970	4.089	3.132	2.787	346	0
1975	4.183	3.107	2.764	343	10
1980	4.263	3.166	2.815	351	6
1985	4.482	3.354	2.981	373	30
1986	4.518	3.430	3.051	379	26
1987	4.555	3.515	3.126	389	25
1988	4.593	3.607	3.208	399	22
1989	4.556	3.704	3.294	410	18
1990	4.593	3.821	3.398	423	18
1991	4.650	3.891	3.413	478	39
1992	4.689	3.826	3.347	479	92
1993	4.718	3.793	3.308	485	163
1994	4.750	3.784	3.300	484	171
1995	4.771	3.796	3.323	473	152
1996	4.782	3.807	3.321	486	171
1997	4.805	3.799	3.314	485	189

Q: OECD, ÖSTAT, Wifo

höhere Wahrscheinlichkeit einer Beschäftigung gegen einen niedrigeren Reallohn einzutauschen, eine Definition, die weitgehend der der Natürlichen Arbeitslosenrate von Friedman (1977) entspricht (Hahn 1980b, 293). Einen Versuch, ein solches Konzept empirisch zu implementieren, stellt die NAIRU (non-accelerating-inflation-rate-of-unemployment) dar, die Arbeitslosenquote, die mit einer dauerhaft konstanten Inflationsrate vereinbar ist; ein solches Konzept wurde für verschiedene Länder empirisch geschätzt.[13] Größenordnungsmäßige Vorstellungen solcher Art mögen für die Formulierung der Wirtschaftspolitik durchaus hilfreich sein; sie dürfen allerdings nicht zu der Vorstellung verleiten, es gäbe so etwas wie eine stabile, von den Ursachen der Zielverletzung unabhängige NAIRU, oder zu dem Fatalismus, der Wert dieser NAIRU könnte durch wirtschaftspolitische Maßnahmen - wie zusätzliche Instrumente oder durch Änderung der Institutionen - nicht dauerhaft beeinflußt werden (siehe dazu Abschnitt 5.1.3).

[13] Layard et al. 1986; Franz 1983; 1987.

5.1.3 Die quantitative Kompatibilität von Vollbeschäftigung mit Preisstabilität

Die Frage der Definition des Beschäftigungsgrades, der als Vollbeschäftigung bezeichnet und damit als stabilisierungspolitisches Ziel gesetzt werden soll, hängt eng von der Kompatibilität dieses Wertes mit den anderen Zielen des magischen Fünfecks und deren Zielwerten ab. Für das Ausmaß dieser Kompatibilität ist die jeweilige Ursache der Arbeitslosigkeit von entscheidender Bedeutung. Die Neoklassische Synthese und die auf ihr beruhende Wirtschaftspolitik hat diese Einschränkung beim Entwurf von Zielfunktionen und Zielkatalogen gerne übersehen, weil sie unterschwellig stets bloß von Über- und Unternachfrage als Ursache von Verletzungen des Ziels Vollbeschäftigung ausging. Unter dieser Voraussetzung ist Vollbeschäftigung mit Preisstabilität und außenwirtschaftlichem Gleichgewicht negativ, mit Wirtschaftswachstum und gerechter Einkommensverteilung positiv verbunden. Ausführlich diskutiert wurde die quantitative Inkompatibilität von Vollbeschäftigung und Preisstabilität in der Debatte um die sogenannte Phillips-Kurve. Die Keynes-Schule war stets der Meinung, daß Vollbeschäftigung ohne Begleitmaßnahmen insbesondere der Einkommenspolitik unvermeidlich zu Inflation führen müsse.[14]

Die Diskussion um die Phillips-Kurve und das implizite tradeoff zwischen Preisstabilität und Arbeitslosigkeit erscheint rückblickend in mehrfacher Hinsicht merkwürdig: Phillips (1958) hatte eine *langfristige*[15] empirische Beziehung zwischen *Nominallohn* und Arbeitslosigkeit gefunden, deren theoretische Begründung zwar stets umstritten blieb, die aber leidenschaftlich diskutiert wurde. Theoretische Arbeiten analysierten die langfristige Stabilität der Phillips-Kurve und ihre negative Neigung; müßte die langfristige Phillips-Kurve nicht senkrecht sein? Ökonometrische Arbeiten diskutierten nicht so sehr die langfristige Stabilität der Relation von Nominallohn und Arbeitslosigkeit, als vielmehr die zwischen Preisen und Arbeitslosigkeit und den Schnittpunkt dieser neuen Phillips-Kurve mit der Abszisse (welche Arbeitslosenrate herrscht bei Preisstabilität?).[16] Die wirtschaftspolitische Praxis interessierte sich hingegen mehr für die kurzfristigen tradeoffs, also die Folgen einer *Veränderung* der Arbeitslosenrate um 1 %-Punkt (in bezug auf das jeweils herrschende mittlere Niveau) auf die Inflationsrate.

In gewisser Hinsicht scheint damit die Praxis vernünftigere Fragen gestellt zu haben als die ökonometrischen Arbeiten. Denn: Erstens ist der Schnittpunkt der Phillips-Kurve mit der Abszisse besonders unzuverlässig, weil sich die Beobachtungen - wie jedes Phillips-Streudiagramm aus der Zeit vor 1973 zeigt - im mitt-

---

14 „The general upshot of our argument is that the point of full employment, so far from being a resting place, appears to be a precipice over which, once it has reached the edge, the value of money must plunge into a bottomless abyss". (J. Robinson 1935, 188f).

15 Konjunkturdurchschnitte über annähernd ein Jahrzehnt.

16 Siehe etwa Evans 1969, Kap. 10.3.

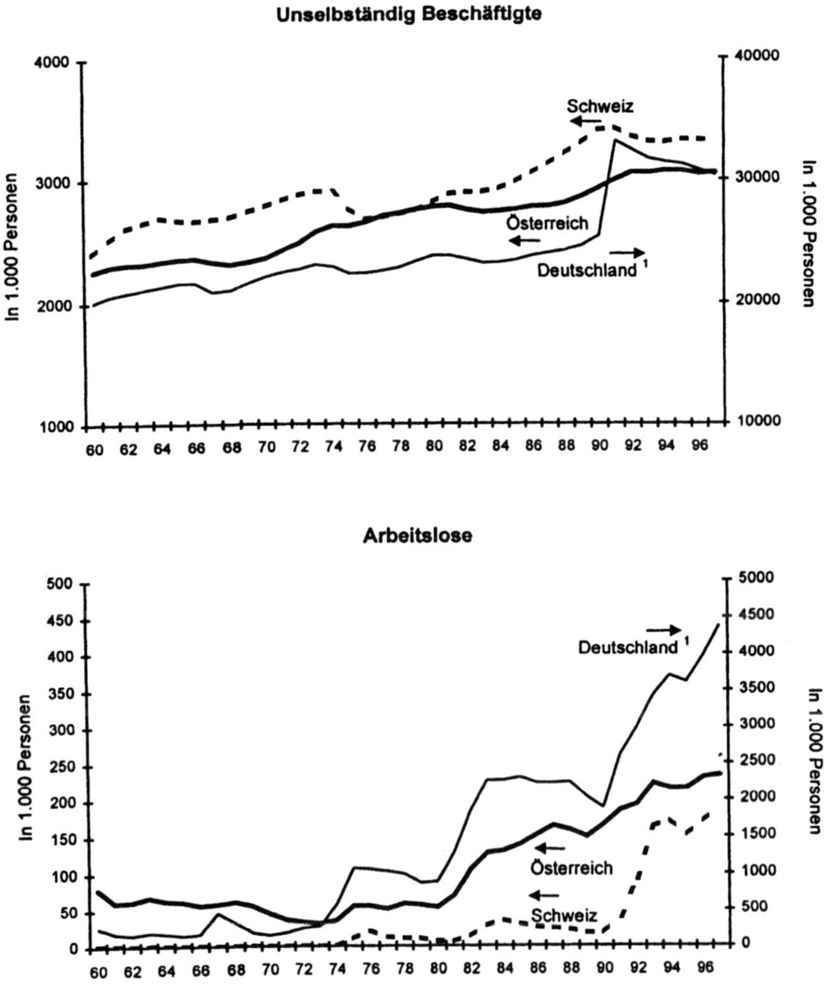

[1] Bis 1990 Westdeutschland

Q: OECD, Wifo

Abbildung 5.1/3: ***Entwicklung von Beschäftigung und Arbeitslosigkeit***

leren Bereich häufen und Schätzungen von tradeoffs außerhalb des Bereichs der Beobachtungen (bzw. im Bereich spärlicher Beobachtungen) erheblich von der (in Grenzen beliebigen) Wahl der Kurvenform (Nichtlinearität) abhängen. Zweitens werden sowohl die Löhne (und die Preise) als auch die Arbeitslosenquoten natürlich von zahlreichen Faktoren bestimmt, und die Phillips-Kurve kann als Relation zwischen zweien von ihnen natürlich bloß dann stabil bleiben, wenn sich die anderen Einflußgrößen nicht ändern, was normalerweise nicht der Fall ist; langfristige Stabilität der Phillips-Kurve ist daher kaum zu erwarten, eher schon kurzfristige.[17] Drittens bestärken neuere zeitreihenanalytische Untersuchungen die Vermutung, daß die einzelnen nationalen Arbeitsmärkte je nach ihren institutionellen-Voraussetzungen durch unterschiedliche Funktionen beschrieben werden müssen, und demgemäß in unterschiedlichen Volkswirtschaften unterschiedliche Beziehungen zwischen Arbeitsmarkt und Inflationsrate bestehen (siehe dazu Neusser 1986; Coen/Hickman 1987).

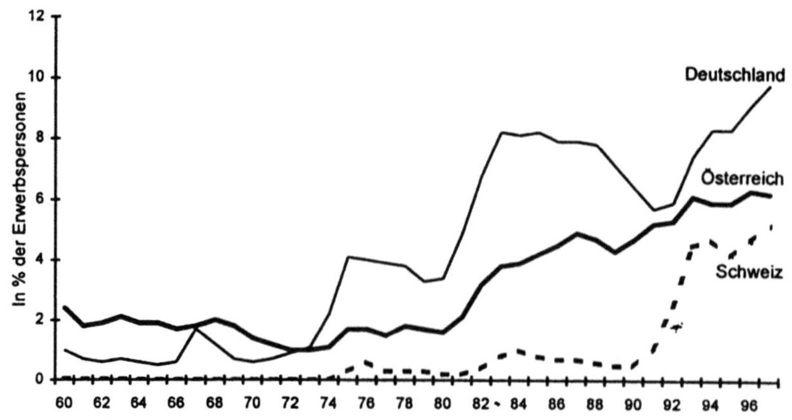

Q: *OECD*

Abbildung 5.1/4: ***Arbeitslosenquoten***

Unter den Faktoren, die die Stabilität der Phillips-Kurve besonders bedrohen, wurden gegen Ende der unbestrittenen Gültigkeit des traditionellen Modells vor allem die Rückwirkungen auf die Preise und die Preiserwartungen betont: Der Versuch den Beschäftigungsgrad zu erhöhen, also auf der Phillips-Kurve nach links oben zu rutschen, bedinge höhere Löhne, die die bisher freiwillig Arbeitslosen veranlaßten, Arbeit nachzufragen. Die Erhöhung der Löhne lasse aber auch die Preise steigen, wodurch der Reallohn reduziert würde und die Beschäftigung wiederum auf den ursprünglichen Stand zurückkehre (siehe dazu Abbildung 14.1). Langfristig wäre die Phillips-Kurve senkrecht (Friedman 1977) oder jedenfalls steiler als die kurzfristige (Tobin 1980b); um die Beschäftigung dauerhaft zu erhöhen, bedürfe es einer laufenden Steigerung der Lohnsätze und damit einer laufenden Erhöhung der Inflationsrate (siehe dazu Kapitel 14.1 und 14.2). Empirisch führte das - später - zur Schätzung der bereits erwähnten inflationsstabilen Arbeitslosenrate (NAIRU), die sich jedoch als keineswegs stabil erwies: Sie spiegelt die jeweilige Geschichte der Arbeitslosigkeit, ist also in Perioden hoher Arbeitslosigkeit hoch und in solchen niedriger niedrig, ein Phänomen, das als Hyste-

[17] Für Fragen des konjunkturellen tradeoff ist der kurzfristige Phillips-tradeoff natürlich zu kurz, der langfristige hingegen zu lang; der gesuchte Wert liegt irgendwo dazwischen.

resis oder Persistenz bezeichnet wird.[18] Ob das mit Schätzfehlern, der Dequalifikation Arbeitsloser, der Struktur des Arbeitsmarktes oder mit Kapitalknapp--knappheit[19] erklärt werden kann, ist umstritten; auch ist die NAIRU desto höher, je stärker die Arbeitslosenraten schwanken (Baily 1978). Alles das zeigt, daß es die inflationskonstante bzw. *die* „natürliche" Arbeitslosenrate als fest gegebene, wirtschaftspolitisch nicht beeinflußbare Größe offenbar doch nicht gibt - zumindest nicht auf kurze und mittlere Sicht.

Die Frage der Praxis nach den inflatorischen Folgen einer Veränderung der Arbeitslosenquote um einen Prozentpunkt im Bereich der beobachteten Werte ist daher doch nicht so sinnlos, wie es die Theorie zeitweise darstellt. Sie kann wegen ihres kurzfristigen Aspekts eher eine Konstanz der übrigen Faktoren annehmen, und sie profitiert von der Beobachtung, daß sich die Phillips-Kurve im Zeitverlauf eher parallel verschiebt als dreht.[20] Insofern dürfte die Information, die die in den sechziger und siebziger Jahren verwendeten Phillips-Kurven lieferten, nicht gar so falsch gewesen sein: Daß nämlich im Bereich der üblichen Zielverwirklichung (etwa 3 bis 5 % Arbeitslosigkeit und 2 bis 5 % Inflation) 1 %-Punkt weniger Arbeitslosigkeit, eine um 1 bis 3 %-Punkte höhere Inflationsrate mit sich bringt (siehe dazu Samuelson/Solow 1960, 189; Evans 1969, 273; Okun 1981, 238). Diese Erfahrung dürfte auch heute nicht völlig falsch sein: Zwar haben die siebziger Jahre eine drastische Verschiebung der meisten Phillips-Kurven nach rechts gebracht, die, wie Abb. 5.1/5 zeigt, vor allem in Deutschland sehr markant ausfiel. An der Steigung im relevanten Bereich (nämlich im Bereich der Häufung der Werte) hat diese Verschiebung – vor allem in der Schweiz und in Österreich – jedoch nicht allzuviel geändert. Zwar gilt es, bei der Abschätzung der inflatorischen Folgen von (mäßigen) Beschäftigungsprogrammen eventuelle Wirkungen auf die Preiserwartungen und deren Zeithorizont zu berücksichtigen; weiters spielen für den tradeoff neben der Nachfrage auch andere Faktoren, wie die Effektivität des Arbeitsmarkts, Wettbewerbssituation, Auslandseinflüsse usw. eine erhebliche Rolle. Da aber die Anpassungsfristen der Löhne und Preise relativ lang sein dürften,[21] liegt die für konjunkturelle Fragen relevante Phillips-Kurve etwa zwischen der kurz- und der langfristigen. Für die BRD fand Franz (1986, 38), daß eine Senkung der NAIRU von 4 % auf 3 % von einer um 1½ %-Punkte höheren Inflationsrate begleitet ist; Buiter/Miller (1983, 340f) schätzten für Großbritannien, daß der Versuch einer Senkung der steady-state Inflationsrate um 1 %-Punkt (bei etwa 5 % Arbeitslosigkeit) ½ bis 2 %-Punkte zusätzliche Arbeitslosigkeit für einen Zeitraum von ⅓ bis 2¼ Jahren bedingt.

---

18 Solow 1986 b; Franz 1987; 1990; Jaeger/Parkinson 1994.

19 Hohe Arbeitslosigkeit senkt die Löhne und verteuert Kapital relativ, wodurch Investitionen eingeschränkt werden; oder: Hohe Löhne führen außer zu (klassischer) Arbeitslosigkeit auch zu niedrigen Investitionen, und die daraus resultierende Kapitalknappheit zu weiterer Arbeitslosigkeit.

20 Die Verschiebungen haben zum Teil mit Inflationserwartungen zu tun, zum Teil aber auch mit demografischen Faktoren: Bei relativ starren Löhnen führt eine Steigerung des Anteils der Bevölkerung im erwerbsfähigen Alter zu steigender Arbeitslosigkeit.

21 Siehe dazu Coe/Holtham 1983 und die dort zitierte Literatur.

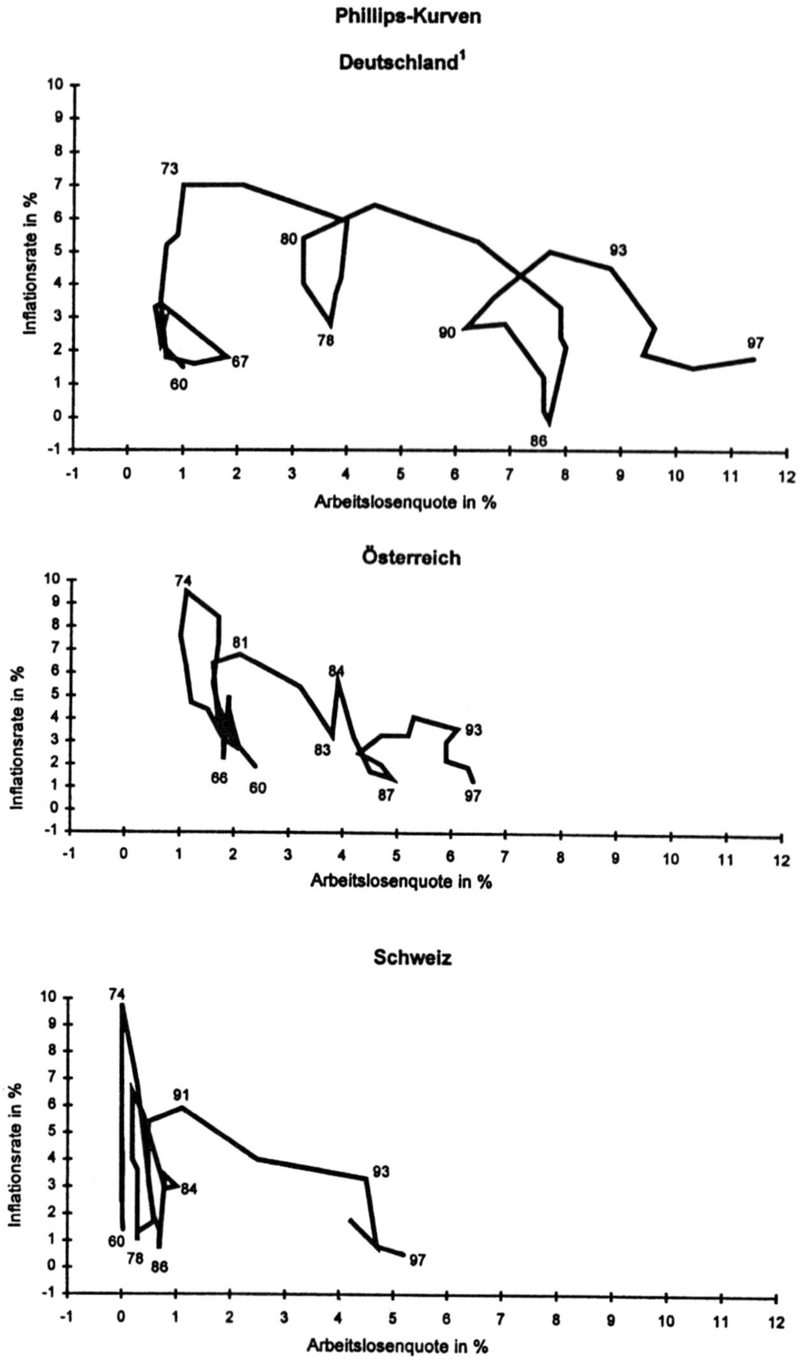

[1] Inflationsrate: Bis 1991 Westdeutschland

Q: OECD

Abbildung 5.1/5: ***Phillips-Kurven***

Trotz der offenbar nicht unrealistischen Vorstellungen über kurz- und mittelfristige tradeoffs war der Versuch der praktischen Wirtschaftspolitik, die Phillips-Kurve als „Speisekarte“ für die Zielauswahl zu verwenden, problematisch, und er ist es heute nach wie vor:

* Erstens hängt der tradeoff zwischen Preisstabilität und Arbeitslosigkeit, wie bereits erwähnt wurde, von den Ursachen der Verletzung beider Ziele ab: Der Versuch etwa, strukturelle Arbeitslosigkeit durch expansive Geldpolitik zu beseitigen, würde ein sehr ungünstiges Austauschverhältnis zwischen den beiden Zielen bedingen, also sehr hohe zusätzliche Inflation; der Versuch, nachfragebedingte Arbeitslosigkeit durch expansive Geldpolitik zu bekämpfen, wird wohl einen erheblich günstigeren tradeoff implizieren, ebenso der Versuch, Strukturarbeitslosigkeit durch Strukturpolitik zu bekämpfen. Es gibt keine allgemeingültigen konstanten, sondern bloß ursachenspezifische und situationsspezifische tradeoffs zwischen Arbeitslosigkeit und Inflation.
* Zweitens war es wohl bis in die frühen sechziger Jahre möglich, Änderungen der Verhaltensweisen der Wirtschaftssubjekte als Folge der Wirtschaftspolitik zu vernachlässigen - in diesem Fall insbesondere Geldillusion anzunehmen (siehe dazu Abschnitt 15.3); seither ist das nicht mehr möglich, es gilt, Preisänderungserwartungen zu berücksichtigen.
* Drittens ist bei stärkerer internationaler Verflechtung der Volkswirtschaften die bewußte Wahl einer eigenständigen nationalen Inflationsrate selbst bei flexiblen Wechselkursen bloß beschränkt möglich; es gilt, den Aktionsspielraum der Stabilisierungspolitik abzutasten.
* Viertens schließlich ist der tradeoff zwischen Arbeitslosigkeit und Inflation dann wirtschafts*politisch* nicht auswertbar, wenn er mittelfristig sehr viel ungünstiger ist als kurzfristig.

5.1.4 Die quantitative Kompatibilität von Vollbeschäftigung mit den anderen Zielen

Die tradeoffs der Vollbeschäftigung mit den anderen Zielen wurden weniger intensiv diskutiert als die mit Preisstabilität, und es liegen wenig empirische Schätzversuche vor. Die Beziehung zwischen *Vollbeschäftigung und außenwirtschaftlichem Gleichgewicht* - im Sinn von Ausgleich der *Leistungsbilanz* - ist nach absorptionstheoretischen Überlegungen zweifellos negativ: Eine Steigerung des Beschäftigungsgrades durch Nachfragesteigerung passiviert die Leistungsbilanz bzw. erhöht den Wechselkurs (Abwertung). In diesem Sinne wirkten Zahlungsbilanzdefizite in mehreren europäischen Ländern in der Bretton-Woods-Ära fester Wechselkurse als Beschränkung der Nachfragepolitik (Thirlwall 1978). Umgekehrt behauptet die monetaristische Zahlungsbilanztheorie für die - für sie relevante - lange Frist eine positive Beziehung zwischen Wirtschaftswachstum und Zahlungsbilanz (Johnson 1972, 239): Höheres Wachstum ist in diesen Modellen angebotsbedingt und führt bei unveränderter Geldmenge zu sinkenden

Preisen, besserer Konkurrenzfähigkeit und Zahlungsbilanzüberschüssen. Demgemäß werden Maßnahmen zur Steigerung des Wirtschaftswachstums von der Angebotsseite (Produktivitätssteigerung) ceteris paribus zu Leistungsbilanzüberschüssen, von der Nachfrageseite (expansive Geld- und Fiskalpolitik) zu Leistungsbilanzdefiziten führen. Die Erfahrung der europäischen Länder in der Bretton-Woods-Periode entsprechen weitgehend diesen Erwartungen; systematische Schätzungen liegen jedoch nicht vor. Die Warnungen in bezug auf die wirtschaftspolitische Ausnutzbarkeit der Phillips-Aussagen sollten jedoch auch in diesem Fall beachtet werden: Die tradeoffs gelten bestenfalls für mittlere Zielerreichungsgrade, sie variieren je nach den Ursachen der Zielverletzung, sie ändern sich, wenn sich die Verhaltensweisen der Wirtschaftssubjekte ändern, und sie differieren je nach der Situation im Ausland.

Zwischen *Vollbeschäftigung und Wirtschaftswachstum*[22] besteht wohl ein positiver tradeoff, die beiden Ziele fördern einander. Allerdings ist auch hier ein „Kaufpreis" insofern zu entrichten, als die Relation durchaus nicht 1 zu 1 beträgt. Nach den „Gesetzen" von Okun (1962) bzw. von Verdoorn (1951)/Kaldor (1967b, 3) - die aus theoretischer wie empirischer Sicht ähnlich vorsichtig einzuschätzen sind wie die Phillips-Relation - senkt eine Erhöhung des Wirtschaftswachstums um 1 %-Punkt die Arbeitslosenquote bloß um $^1/_3$ %-Punkt, teils weil sich die Zahl der versteckt Arbeitslosen und die Erwerbsbeteiligung ändern, teils weil rasches Wirtschaftswachstum die Arbeitsproduktivität steigert.[23]

Ein positiver tradeoff zwischen *hohem Beschäftigungsgrad und gerechter - im Sinne von gleichmäßigerer - Einkommensverteilung* ist wahrscheinlich, wenn man davon ausgeht, daß gerade die Bezieher niedriger Einkommen von Arbeitslosigkeit besonders betroffen sind; empirische Schätzungen sind spärlich: Pollan (1980; 1983) konnte zeigen, daß eine steigende Arbeitslosenquote die Löhne in den Niedriglohnbranchen relativ zurückfallen läßt, wogegen eine Anspannung auf dem Arbeitsmarkt die Lohndifferentiale tendenziell verringert. In dieselbe Richtung weist die Untersuchung von Lawrence/Lawrence (1985), die zeigte, daß in der Periode 1970/84, in der das Wachstum (in den USA) nicht ausreichte, ein kräftiges Steigen der Arbeitslosenquote zu verhindern, die Streuung der Löhne um etwa ein Drittel zunahm.

---

22 Zur Definition siehe Abschnitt 5.2 .

23 Für die BRD schätzten Richter/Schlieper/Friedman (^{3}1978, 177f) einen etwas ungünstigeren tradeoff ($^1/_4$ %).

5.2 Wirtschaftswachstum

Wirtschaftswachstum ist ein relativ neues und vielfach umstrittenes Ziel der Wirtschaftspolitik. Als Kind der sechziger Jahre findet sich diese Zielsetzung sehr wohl im deutschen Stabilitätsgesetz („... bei stetigem und angemessenem Wirtschaftswachstum"), nicht aber in den älteren englischen und amerikanischen Zielkatalogen. Die Umstrittenheit des Wirtschaftswachstums als Ziel der Wirtschaftspolitik resultiert nicht bloß aus unterschiedlichen Wertvorstellungen, sondern auch aus Unterschieden in der Definition und in den verwendeten Indikatoren. In der Praxis werden zwei Arten von *Zielindikatoren* verwendet, hinter denen unterschiedliche Konzepte und Definitionen des Wachstum stehen: Die Wachstumsrate des realen Brutto-Inlandsprodukts (manchmal ohne Land- und Forstwirtschaft) und die Wachstumsrate des Potentialprodukts (pro Kopf). Die *Wachstumsrate des realen Brutto-Inlandsprodukts (BIP)* ist eher ein *konjunkturelles* Konzept und wird vielfach als Hilfsgröße für die gesamtwirtschaftliche Kapazitätsauslastung verstanden: Die Wachstumsrate ist im frühen Aufschwung hoch und sinkt zwangsläufig mit der Annäherung an die volle Kapazitätsauslastung. Wirtschaftswachstum im Sinne dieser Definition meint ein *Nachfrage*konzept: Wirtschaftswachstum, das ausreicht, um die Kapazitäten voll auszulasten, also hohe Beschäftigung der personellen und maschinellen Kapazitäten sicherzustellen; in diesem Sinn sind Wachstums- und Vollbeschäftigungsziel kaum voneinander zu unterscheiden und können auch weitgehend durch dieselben Instrumente erreicht werden. Der zweite Zielindikator: *Wachstumsrate des Potentialprodukts (PO) pro Kopf*[24] stellt hingegen nicht auf ein Nachfragekonzept, sondern auf ein *Angebots*konzept ab; es geht nicht um die bessere Auslastung vorhandener Kapazitäten, sondern um die ausreichende Schaffung neuer Kapazitäten und um die effiziente Nutzung der vorhandenen. Instrument dafür ist nicht Nachfragesteuerung, sondern Angebotspolitik, vor allem Investitionspolitik, Ausbildung der Arbeitskräfte, Forschungs- und Entwicklungspolitik, eventuell Wettbewerbspolitik. Als Angebotskonzept ist diese Zieldefinition vom Vollbeschäftigungsziel deutlich unterschieden, was beim Nachfragekonzept keineswegs der Fall ist.

Die Problematik beider Zielindikatoren, BIP wie PO, liegt darin, daß sie nur marktmäßige Transaktionen erfassen und den Wert des Ressourcenverzehrs und der Wohlstandsminderung durch negative externe Effekte, etwa auf Umwelt oder Gesundheit, nicht berücksichtigen (können). Sie sind somit eher Indikatoren der Expansion der Wirtschaft i.e.S. als der Wohlstandsmehrung. Das ist vor allem deswegen unangenehm, weil der *Wert der Zielerreichung* gerade darin besteht, den Wohlstand der Bevölkerung zu steigern: Höhere Produktion vergrößert nicht bloß das Gütervolumen, das der Bevölkerung zur Verfügung steht, sondern auch

---

24 Zu Konzept und Berechnung des Potentialprodukts für Österreich siehe: Breuss 1982; für die BRD Deutsche Bundesbank, Monatsberichte Oktober 1973; Sachverständigenrat: Anhang zu den Jahresgutachten (Methodische Erläuterungen); die verwendeten Daten stammen aus der OECD-Datenbank.

die Dynamik der Anpassung der Produktion an neue und wachsende Bedürfnisse; das Entstehen neuer Produktionszweige und neuer Berufe, die damit zwangsläufig verbunden sind, eröffnen Aufstiegschancen und damit das Erlebnis persönlichen Erfolgs.[25] Zumindest in unserem gegenwärtigen Wertesystem ist das Gefühl „es zu etwas gebracht zu haben", „daß es die Kinder besser haben", ein wesentlicher Bestandteil des Wohlbefindens. Ist daher ein gewisses Maß an Wirtschaftswachstum sicherlich wohlstandsfördernd, so darf andererseits nicht übersehen werden, daß „übermäßiges" Wirtschaftswachstum nicht bloß wegen des damit verbundenen Ressourcenverbrauchs (im weitesten Sinn) längerfristig wohl kaum aufrechtzuerhalten ist, sondern wegen seiner Nebeneffekte unter Umständen sogar wohlstandsmindernd wirken kann. Zu den negativen Effekten zählen nicht bloß die vielzitierten Effekte auf Umwelt und Gesundheit, sondern auch die viel weniger

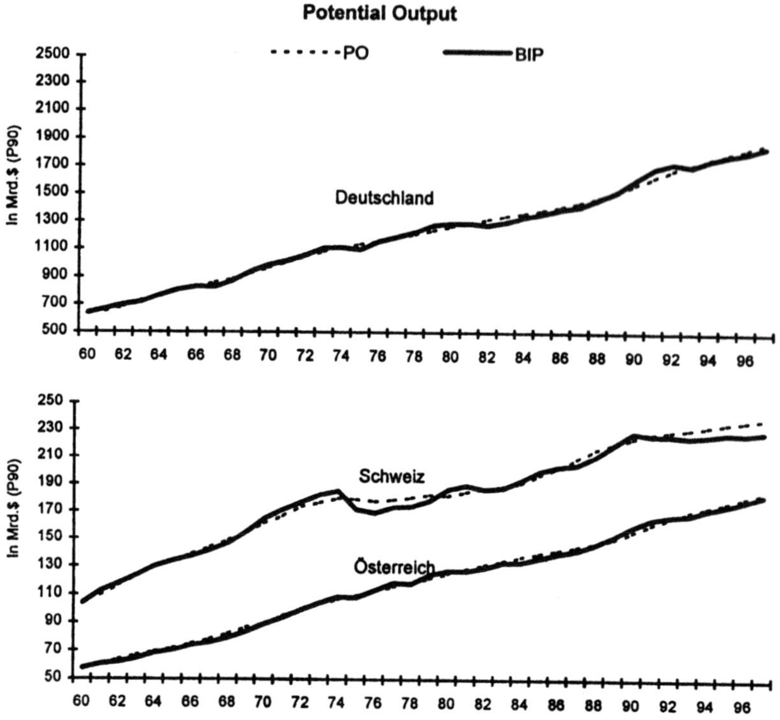

Q: BRD, CH: OECD; A: Wifo

Abbildung 5.2/1: ***Potentialprodukt (PO) und Brutto- Inlandsprodukt (BIP)***

[25] Ein charakteristisches Beispiel für die Folgen des Fehlens von Wachstum („Nullwachstum") ist das ausgehende Mittelalter in Deutschland; die Stagnation verkrustete die gesamte Wirtschaft, Beschäftigungsmöglichkeiten und Dienstposten waren rationiert, die Zunftordnungen wurden zunehmend defensiv-monopolistisch und beschränkten die Zahl der Handwerker, da die stagnierende Nachfrage nur wenigen Unterhalt bieten konnte; zweite Söhne auch von Besitzenden waren letztlich chancenlos, unterlagen folgerichtig Heiratsbeschränkungen u.s.w.

betonten, doch sehr relevanten sozialen Grenzen (Hirsch 1977): Wirtschaftswachstum erscheint vielen Menschen gerade deswegen erstrebenswert, weil es ihnen Positionsgüter verspricht, die jedoch dann keine Positionsgüter mehr sind, wenn sie diese erworben haben (weil sie die anderen auch erlangt haben). Überdies erfordern die Veränderungen, die mit raschem Wirtschaftswachstum zwangsläufig verbunden sind, vom einzelnen auch ein hohes Maß an Anpassungsfähigkeit und Anpassungsbereitschaft; wird das Wachstumstempo zu rasch, erzeugt der Zwang zur Anpassung Angst, mit dem Tempo nicht (oder nicht mehr lange) Schritt halten zu können, was natürlich das Wohlbefinden reduziert.

Wegen der im Zeitverlauf wohl unterschiedlichen Anpassungsfähigkeit und Anpassungsbereitschaft (also wegen eines tradeoff zu anderen Werten als denen des Magischen Vielecks) ist es schwierig, die *Zielvorstellung:* angemessenes Wirtschaftswachstum inhaltlich aufzufüllen. Historisch wird gerne zwischen Perioden unterschiedlich raschen Wirtschaftswachstums als Folge unterschiedlicher Innovationsaktivität unterschieden (Kondratieff-Wellen),[26] doch ist diese Periodisierung schon wegen der geringen Zahl der Beobachtungen (maximal zweieinhalb Wellen) bei erheblichen exogenen Störungen problematisch. Demgemäß empfiehlt sich eher zwischen Perioden „normalen“ Wachstums und Aufholperioden zu unterscheiden. In Perioden „normalen“ Wachstums wächst das Produktionspotential pro Kopf nach den Erfahrungen der letzten ein bis zwei Jahrhunderte um etwa 1¾ % bis 2 % pro Jahr; in Aufholperioden hingegen, in denen die Inventionen und Innovationen weiter fortgeschrittener Länder übernommen werden können[27] oder Rückstände nach Krisen und Kriegen aufgeholt werden,[28] erlauben temporär sehr viel höhere Wachstumsraten.

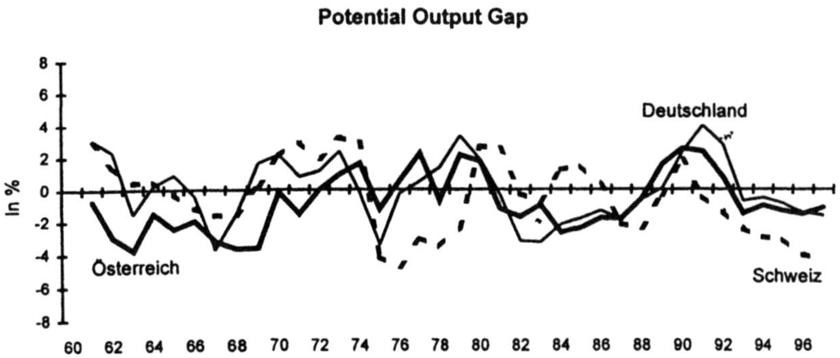

Q: OECD, WIFO

Abbildung 5.2/2: ***Gesamtwirtschaftliche Kapazitätsauslastung (PO-GAP)***

---

26 Siehe dazu van Duijn 1983.

27 Industrialisierung Deutschlands und Österreichs nach dem englischen Vorbild, Südostasiens nach dem US-Vorbild.

28 Viele europäische Staaten von 1945 bis in die siebziger Jahre.

Ursachen der *Zielverletzung* sind bei der Definition des Wachstumsziels als rasches Wachstum der Produktion/Kopf dieselben wie bei der Verletzung des Beschäftigungsziels (siehe dazu Abschnitt 5.1); bei der Definition als rasches Wachstum des Produktionspotentials pro Kopf können es zu geringe Spar-/Investitionsquote, zu geringe Aufwendungen für Forschung, falsche Preisrelationen oder Strukturprobleme sein. In sehr vielen Fällen stecken dahinter jedoch tieferliegende Probleme: Rasches Wirtschaftswachstum verlangt laufenden Strukturwandel und laufende Ersetzung alter Produkte durch neue; mit wachsendem Einkommen wandelt sich nämlich nicht bloß die Nachfrage (von Nahrungsmitteln über Verbrauchsgüter zu längerlebigen Konsumgütern und Dienstleistungen), sondern auch die Produktionsvoraussetzungen: Je reicher eine Volkswirtschaft, desto ungünstiger werden die Produktionsvoraussetzungen für material- und lohnintensive Produkte, desto günstiger für technologie- und skillintensive Produkte. Die Anpassung erfordert jedoch ein erhebliches Angebot an differenzierter Information (Casson 1982), erhebliche unternehmerische Initiative und gesellschaftliche Mobilität, deren Vorhandensein insbesondere in monostrukturierten Produktionssystemen (Tichy 1987b; Tichy 1991) und in älteren Gesellschaften (Olson 1982) nicht ohne weiteres gegeben sind. In solchen Fällen reicht das Wachstumspotential der Volkswirtschaft nicht aus, um einen entsprechenden Beschäftigungsgrad bei den gegebenen Verteilungsansprüchen zu befriedigen; die Probleme Großbritanniens in den sechziger und siebziger Jahren und der meisten europäischen Industriestaaten, insbesondere ihrer Schwerindustriegebiete in den siebziger und achtziger Jahren, belegen diese Gefahr.

Quantitative Inkompatibilitäten (tradeoffs) zwischen Wachstum und anderen Zielen des Magischen Vielecks bestehen bloß in geringem Maße, vor allem wenn Wirtschaftswachstum als Ausweitung des Produktionspotentials definiert wird. In diesem Sinn ist Wachstum nicht nur - unbestritten - mit hohem Beschäftigungsgrad kompatibel als auch mit außenwirtschaftlichem Gleichgewicht und mit Preisstabilität: Die mit der Produktivitätssteigerung verbundene Ausweitung des Angebots schafft Spielraum für Preissenkungen bei industriell-gewerblichen Waren und verbessert die Konkurrenzfähigkeit. Wird Wirtschaftswachstum hingegen nicht angebots- sondern nachfrageseitig definiert, hat es negative Auswirkungen auf Preisniveau und Leistungsbilanz.[29] Daraus ergibt sich, daß restriktive Wirtschaftspolitik zur Inflationsbekämpfung zwangsläufig mit Output-Verlusten verbunden ist, deren Höhe vom Tempo der Preisanpassung abhängt. Nach Schätzungen der OECD (Coe/Holtham 1983) erleidet etwa die Hälfte der OECD-Mitgliedsländer bei einer Preisdämpfung um einen Prozentpunkt einen Output-Verlust um ½ %-Punkt, ein Viertel zwischen ½ bis 1 %-Punkt und ein Viertel

[29] Schwierigkeiten, diese beiden Wachstumsbegriffe auseinander zu halten, führten in den siebziger Jahren zu längeren Diskussionen zwischen den mainstream economics und den Monetaristen über die außenwirtschaftlichen Folgen einer Wachstumsbelebung. Die mainstream-Ökononomen erwarteten in einem Land mit überdurchschnittlichem Wachstum Leistungsbilanzdefizite (ihre Hypothese: höheres Wachstum = höhere Nachfrage), die Monetaristen Leistungsbilanzüberschüsse (ihre Hypothese: höheres Wachstum = raschere Zunahme der Produktivität).

einen noch größeren; andere Studien (Lucas 1973; Ball/Mankiw/Romer 1988) kommen zu durchaus ähnlichen Ergebnissen.[30] Besonders langsam ist die Preisanpassung nach allen Schätzungen in der BRD, so daß dort die Output-Verluste mit ½ % bis 10 % pro Prozentpunkt Inflationsreduktion am höchsten sind, eine Schätzung, die auch von Franz (1986, 38f) bestätigt wird. Für die Schweiz streuen die Schätzwerte sehr stark, die Anpassungskosten liegen jedoch in allen Fällen über ½ %-Punkt Output-Verlust bei 1 %-Punkt Inflationsreduktion. Österreich hingegen hat erstaunlicherweise eine sehr rasche Preisanpassung und demgemäß Output-Verluste von bloß ½ bis 1 %-Punkt pro Prozentpunkt Inflationsreduktion.[31]

Unabhängig von der Fragestellung nach den kurzfristigen Output-Folgen einer Veränderung der Inflationsrate ist die längerfristig orientierte nach dem Zusammenhang zwischen Inflation bzw. NAIRU und Natürlicher Wachstumsrate im Sinn des Angebotskonzepts: Friedman (1977) nimmt einen negativen Zusammenhang an, daß somit eine Senkung der langfristigen Inflationsrate das Wachstum erhöhe; ein solcher konnte jedoch bisher empirisch nicht verifiziert werden. Bruno/Sachs (1985, 273) betonen ganz im Gegenteil, daß auch in der Periode weltweiter Stagflation die positiven tradeoffs zwischen Wachstum und Inflation erhalten geblieben sind; Campbell/Mankiw (1987) schätzten für die USA, daß Rezessionen den langfristigen Wachstumspfad drücken, und Franz (1986) fand für die BRD, daß ein längerfristiges Inflationsziel (NAIRU) von 4 % - anstelle eines von 3 % - die Wachstumsrate dauerhaft um 1¾ %-Punkte erhöhen würde.

Zielkonkurrenz kann - und wird auch sehr häufig - zwischen Wirtschaftswachstum (Angebotswachstum) und *gerechter Einkommensverteilung* bestehen, vor allem wenn der Kapitalmarkt schlecht entwickelt ist. Dann setzt nämlich die, für kräftiges Wirtschaftswachstum nötige, hohe Investitionsquote hohe Unternehmereinkommen voraus. Ein negativer tradeoff kann sich weiters - wie bereits erwähnt - zwischen sehr kräftigem Wirtschaftswachstum und *Wohlbefinden* großer Teile der Bevölkerung ergeben, infolge des Anpassungszwangs und der damit verbundenen subjektiven Unsicherheit.

---

30 Ball/Mankiw/Romer (1988, 37ff) finden weiters, daß der Zusammenhang nicht linear ist, sodaß der Output/Inflations-tradeoff bei hohen Inflationsraten (über etwa 10%) de facto verschwindet.

31 Die Schätzungen sollten generell mit wohlwollender Skepsis betrachtet werden. Der tradeoff wird nicht nur sehr erheblich von der Kapazitätsauslastung beinflußt (Coe/Holtham 1983, 109), sondern wohl auch von den Ursachen der Zielverletzung, die in den Schätzungen nicht berücksichtigt wurde.

5.3 Preisstabilität

Preisstabilität gilt seit eh und je in deutschen Lehrbüchern, seit den siebziger Jahren auch in der monetaristischen und neoklassischen (NCM-) Literatur, als *der* Inbegriff der Stabilität und als *das* vorrangige Ziel der Stabilisierungspolitik. „Der ordnungspolitische Rang der Preisniveaustabilisierung ergibt sich insbesondere aus der Erfahrungstatsache, daß mit einer Zerrüttung des Geldwerts die Marktwirtschaft, in der Regel auch die gesellschaftliche und staatliche Ordnung, beseitigt wird. Im Hinblick auf ihren ordnungspolitischen Rang hat die Preisniveaustabilisierung eine eindeutige Priorität unter den Zielen der Stabilitätspolitik." (Woll 1984, 166f). Die negativen Folgen einer Zerrüttung des Geldsystems und ihre Folgen für gesellschaftliche und staatliche Ordnung sind unbestritten; strittig war jedoch stets und ist auch weiterhin, bei welchem Grad an Verletzung des Ziels Preisstabilität die Zerrüttung des Geldsystems beginnt. Liegt dieser Wert sehr niedrig, dann müßte dem Ziel Preisstabilität tatsächlich eine Sonderstellung eingeräumt werden; liegt er hingegen relativ hoch, dann unterscheiden sich Verletzungen des Ziels Preisstabilität nicht nennenswert von Verletzungen anderer Ziele, etwa des Ziels Vollbeschäftigung,[32] oder auch des Ziels außenwirtschaftliches Gleichgewicht,[33] deren gesellschaftszerrüttende Kraft die Vergangenheit leider nur zu deutlich gezeigt hat. Der Definition des Ziels Preisstabilität kommt daher besondere Bedeutung zu.

Als *Zielindikator* für Preisstabilität verwendet man üblicherweise den Verbraucherpreisindex, in manchen Fällen auch den Deflator des Brutto-Inlandsprodukts. Die Verwendung des Deflators wird entweder damit begründet, daß damit ein größerer Bereich von Preissteigerungen (auch von Investitions- und Exportgütern) erfaßt wird, oder damit, daß er die Preissteigerung der im Inland erzeugten Güter erfaßt (nicht jedoch der Importe); sie ist allerdings methodologisch bedenklich: Im Gegensatz zu Preisindizes haben Deflatoren - und somit natürlich auch der Deflator des Brutto-Inlandprodukts - nämlich keinen festen, sondern einen variablen Warenkorb und messen damit nicht Preissteigerungen sondern Aufwandssteigerungen;[34] Aufwandssteigerungen sind aber nicht zwangsläufig Verletzungen des Ziels Preisstabilität. Ein weiterer Vorteil des Verbraucherpreisindex als Zielindikator für Preisstabilität ist darin zu sehen, daß er monatlich verfügbar ist, und

---

32 Die Radikalisierung der Zwischenkriegszeit mit ihren verheerenden Folgen vor allem in der BRD und in Österreich wäre ohne die enorm hohe Arbeitslosigkeit im Gefolge der Weltwirtschaftskrise wohl kaum erklärbar.

33 Siehe dazu die destruktiven Wirkungen der hohen Verschuldung auf Gesellschaft und Wirtschaft der lateinamerikanischen und einiger südostasiatischer Staaten; allerdings sollte auch nicht übersehen werden, daß umgekehrt auch die hohe Verschuldung wiederum Folge eben dieser gesellschaftlichen Instabilität ist.

34 Das kann aus verschiedenen Gründen falsch sein: Etwa, weil der Aufwand als Folge von Einkommenssteigerungen zunimmt (Kauf von aufwendigeren Autos), wodurch der Preisanstieg *über*schätzt wird, oder weil Veränderungen der relativen Preise zu Verbrauchsverlagerungen führen (Kauf verbilligter Orangen anstelle von verteuerten Äpfeln), wodurch der Aufwandsindex den Preisauftrieb *unter*schätzt.

somit Zielverletzungen sehr viel rascher anzeigt, als der, bestenfalls quartalsweise und dann mit erheblicher Verzögerung verfügbare Deflator.

Bei der üblichen Berechnung von Inflationsraten tritt allerdings ein Phänomen besonders deutlich auf, das grundsätzlich auch andere Zuwachsraten betrifft, bei der Inflationsrate jedoch besonders problematisiert wurde: der sogenannte *Preisüberhang*. Die monatlichen Inflationsraten werden nämlich in Europa nicht im Vormonats- sondern im Vorjahresvergleich errechnet, einerseits um sie auf Jahresbasis verfügbar zu haben, andererseits um eventuelle Zufallsfehler weniger stark durchschlagen zu lassen.[35] In Abbildung 5.3/1 wird angenommen, daß der Preisindex im Jahr I und in der ersten Hälfte des Jahres II auf 100 verharrt; zwischen Juli II und Juni III beträgt die Inflationsrate ½ % pro Monat, dann herrscht 12 Monate Preisstabilität, worauf wiederum Preissteigerungen von ½ % p.m. einsetzen. In der Periode Juli II bis Juni III, in der die Inflationsrate im Vormonatsvergleich konstant ½ % beträgt, beschleunigt sich die Inflation im Vorjahresvergleich, der in Europa üblichen Methode, scheinbar von 0 % auf 6 %, um dann in der Periode neuerlicher Preisstabilität - Juli III bis Juni IV - allmählich wieder auf 0 % zu sinken. Die Vorjahresrate zeigt die Inflationsentwicklung somit deutlich verspätet an; verwendet man sie naiv als stabilisierungspolitischen Indikator, können daraus leicht politische Konjunkturzyklen entstehen (siehe dazu Abschnitt 14.5).

Absolute Preisstabilität, also eine Steigerung des Verbraucherpreisindex von Null, wird zwar manchmal gefordert,[36] wäre aber schon aus statistischen Gründen übertrieben, weil die Verbraucherpreisindizes die Preissteigerungen üblicherweise um etwa einen Prozentpunkt überschätzen.[37] Auch läßt sich keine Evidenz dafür finden, daß Preissteigerungen in einer Größenordnung von etwa 3 bis 5 %, möglicherweise sogar höhere, zu einer Zerrüttung des Geldsystems führen. Eher schon lassen sich negative *Folgen von mittelhohen Inflationsraten* auf andere Ziele feststellen:[38] Am wahrscheinlichsten sind *Leistungsbilanzprobleme* als Folge von Inflationsraten, die über denen der Konkurrenten liegen (relative, nicht absolute Inflation). *Distributionsstörungen* größeren Ausmaßes gehen vor allem von *unerwarteten* Preissteigerungen aus, also von einer Beschleunigung oder einer Verlangsamung der Inflation, da zumindest in den entwickelten Industriestaaten längst Mechanismen entwickelt wurden, um die unangenehmsten Folgen einer laufenden (gleichbleibenden) Inflation zu vermeiden:[39]

---

35 In den USA werden vielfach tatsächlich Monatsraten berechnet und multiplikativ auf Jahresraten umgerechnet. Dadurch tritt zwar das Problem des Preisüberhangs nicht auf, wohl aber das einer Aufblähung der Zufallsfehler.

36 Z.B.Sachverständigenrat 1987/88, TZ 235ff.

37 Kravis/Lipsey (1971) konnten zeigen, daß die bei Berechnung von Preisindizes unvermeidlichen Abschätzungen des Werts von Qualitätsverbesserungen stets zu niedrig ausfallen.

38 Einen Überblick über die möglichen Folgen von Inflation bieten Fischer/Modigliani 1978.

39 Schließlich gab es leider genug Erfahrung mit wirklich hohen Inflationsraten.

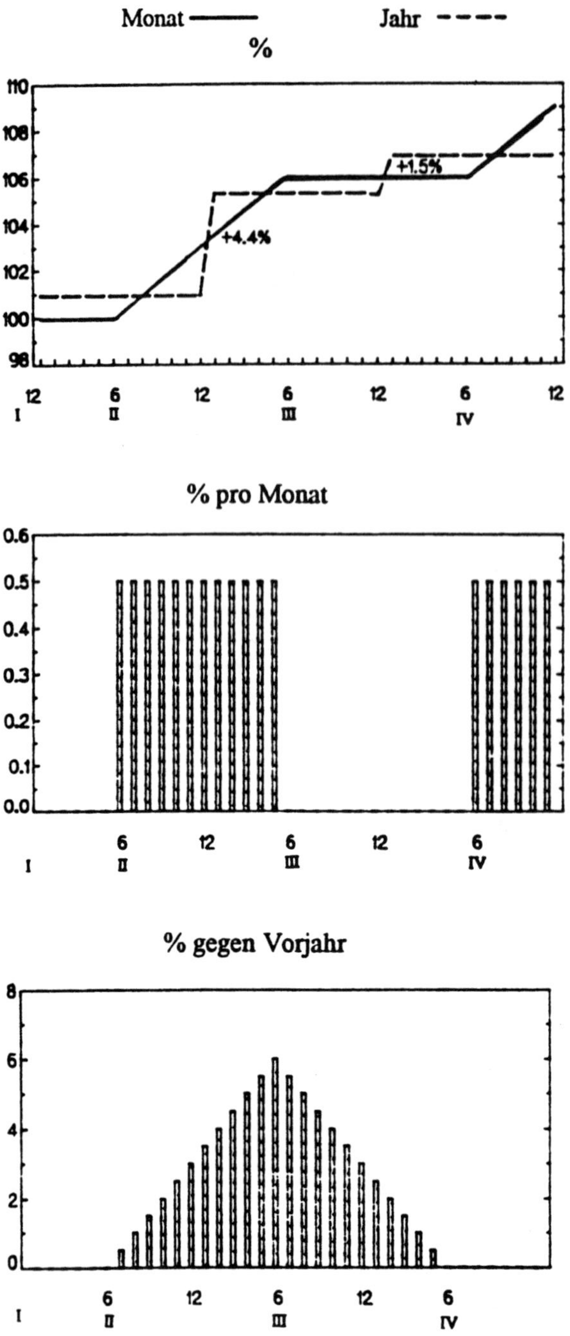

Abbildung 5.3/1: ***Preisüberhang***

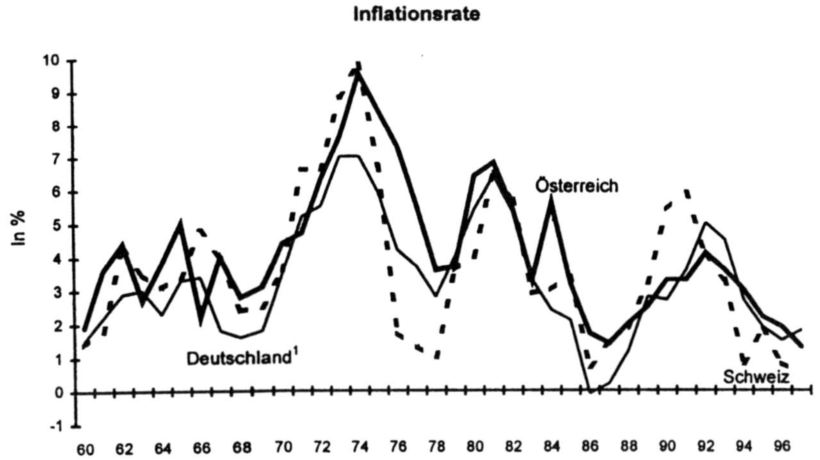

¹ Bis 1991 Westdeutschland

Q: OECD, Wifo

Abbildung 5.3/2: ***Inflationsrate***

Die Bezieher fester Einkommen werden durch periodische Lohnanpassungen und meist sogar automatische Anpassungen zumindest der Renten, wenn schon nicht anderer Transferzahlungen abgesichert; Schuldner und Gläubiger sind durch eine entsprechende Inflationsreagiblität der Zinssätze abgesichert. Im Bereich der Verteilung können daher bloß kleinere und politisch schwache Gruppen von Transfereinkommensempfängern mittel- oder langfristig durch Inflation geschädigt werden;[40] unvorhergesehene Änderungen des Inflationstempos allerdings haben unvermeidlich (vorübergehende) Distributionsfolgen.

Allokationsstörungen können sich einerseits daraus ergeben, daß mit zunehmender Inflation auch die Variabilität der Preise erheblich zunimmt und damit deren Informationsfunktion gemindert wird,[41] andererseits aus der mit steigenden Inflationsraten zunehmenden Scheingewinnbesteuerung[42] als Folge der Nominalwertorientierung so gut wie aller Steuersysteme.

---

40 Die Unternehmer verlieren im allgemeinen trotz der Scheingewinnbesteuerung infolge zu geringer Abschreibungen vielfach durch Inflation wenig, weil Vorteile etwa bei der Bewertung der Lager die zu geringe Abschreibung kompensieren dürften.

41 Daß die Variabilität der Preise mit höherer Inflation zunimmt, ist unbestritten (Coe/Holtham 1983, 105); strittig sind allein die Folgen der Preisvariabilität auf das Wachstum: Friedman (1977) und Barro (1977) erwarten aus theoretischen Überlegungen einen negativen Zusammenhang, und Gahlen (1984) findet ihn auch empirisch bestätigt; Coe/Holtham (1983, 105) finden keinen Zusammenhang.

42 Da Abschreibungen nach den Steuersystemen fast aller Länder bloß vom Anschaffungswert vorgenommen werden dürfen, der bei Inflation zum Teil erheblich niedriger liegen kann als die Kosten der Ersatzinvestition, wird der steuerliche Gewinn infolge der zu geringen Abschreibung zu hoch ausgewiesen, wodurch eine Besteuerung der Substanz eintritt; der Effekt kann beachtliches Ausmaß erreichen (siehe dazu Sinn 1983b, 128ff).

Es ist jedoch wahrscheinlich, daß die allokativen und unvermeidbaren distributiven Folgen von niedrigen Inflationsraten gering sind, mit steigendem Inflationstempo allerdings zunehmend merkbar werden, und zwar wahrscheinlich schon lange bevor sie zu einer „Zerrüttung des Geldwesens" führen. In diesem Sinne besteht wenig Grund, das Ziel Preisstabilität nennenswert anders zu behandeln als die anderen Ziele des Magischen Vielecks, jedenfalls solange die Inflationsraten Werte von vielleicht 5 % nicht nennenswert und dauerhaft übersteigen.[43] Es ist allerdings festzuhalten, daß in manchen europäischen Ländern auch nennenswert höhere Inflationsraten in der Vergangenheit offenbar nicht zu unlösbaren Problemen geführt haben.[44]

Als *Ursachen der Verletzung des Ziels Preisstabilität* werden in der jüngeren Literatur vor allem Inflationserwartungen und „monetäre Schocks", insbesondere die Zunahme des Geldmengenwachstums, angeführt (siehe dazu die Abschnitte 14.1 und 14.2). Selbstverständlich ist eine Ausweitung der Geldmenge in den meisten Fällen notwendige Voraussetzung einer anhaltend starken Inflation, doch muß bezweifelt werden, daß die Geldmengenausweitung tatsächlich letzte Ursache - und nicht bloß Begleiterscheinung - *jeder* Inflation ist. Der neoklassisch-keynesianische Kompromiß der sechziger Jahre, der, wie erwähnt, hinter Theorie und Praxis der traditionellen Stabilisierungspolitik stand, unterschied zwischen Nachfrageinflation, Kosteninflation und importierter Inflation, eine Unterscheidung, die ihre Bedeutung vor allem in bezug auf Zielkompatibilität und Instrumenteneinsatz zur Bekämpfung auch heute noch nicht verloren hat. Bei *Nachfrageinflation* steigen die Preise, weil die Kapazitäten nicht ausreichen, die gesamte in- und ausländische, private und staatliche Nachfrage zu befriedigen;[45] bei *Kosteninflation*, weil gewerkschaftliche Machteinflüsse die Löhne über Produktivitätsfortschritt und Inflationsrate hinaus steigen lassen, weil Marktmacht der Unternehmer die Preisaufschläge generell hinaufdrückt oder Rohstoff- (und Vorprodukt-)monopole Preise über dem Niveau bei marktmäßiger Bildung erzwingen.[46] *Importierte Inflation* entsteht aus ausländischen Preissteigerungen und wird

[43] Wie Abbildung 5.3/2 zeigt, war die Inflationsrate in den sechziger Jahren niedrig (D 2.4 %, CH 3.0 %, A 3.2 % pro Jahr), stieg unter dem Einfluß der Ölkrise in den Jahren 1970-86 erheblich an (D 4.8 %, CH 4.5 %, A 5.5 %), erreichte seither jedoch wieder niedrigere Werte (1987-98 D 2.4 %, CH und A 2.5%).

[44] Im Durchschnitt der Jahre 1955/87 betrug die Inflationsrate in Schweden 6,4 %, in Frankreich 6,8 % und in Italien 8,2 %. Die Wachstumsraten waren im Durchschnitt derselben Jahre in Frankreich und in Italien mit 4,1 % am höchsten, erreichten in Österreich und Deutschland mit jeweils 3,8 % mittlere Werte und lagen in Schweden mit 3,0 % und in der Schweiz mit 2,9 % am niedrigsten. Ein einfacher Zusammenhang ist nicht erkennbar; Wachstum und Inflation hängen eben sehr wohl auch von anderen Faktoren ab, und die Rangfolge läßt auch vermuten, daß es doch ausnützbare tradeoffs gibt.

[45] Dabei ist es weniger die Knappheit auf den Konsumgütermärkten selbst, die zur Hinaufsetzung der Preise führt, als die in der Regel viel früher auftretende Knappheit auf den Märkten der Produktionsfaktoren, die als Kostensteigerung auf die Konsumgütermärkte weitergegeben wird.

[46] Macht-(Monopol-)einflüsse als solche bedingen natürlich ein höheres Preis-(Lohn-) *niveau* und nicht eine höhere Inflationsrate. Zu einer höheren Inflationsrate führen bloß Steigerungen des Monopolgrads bzw. Steigerungen der Aufschläge.

entweder direkt über zusätzliche Nachfrage des Auslands oder über die Verteuerung nicht-substituierbarer Güter auf das Inland übertragen.

Von den *Zielkonflikten* spielt vor allem der zwischen Preisstabilität und *Vollbeschäftigung* eine entscheidende Rolle, derjenige also, der von der Neoklassischen Synthese in der Phillips-Kurve dargestellt wurde; dieser Zielkonflikt wurde in Abschnitt 5.1.3 bereits ausführlich behandelt. Hier muß bloß ergänzt werden, daß ein tradeoff zwischen Preisstabilität und hohem Beschäftigungsgrad vor allem bei Nachfrageinflation besteht, weniger deutlich bei Kosteninflation, die häufig zur Verletzung *beider* Ziele führt (Stagflation). Versucht man Kosteninflation durch Einkommenspolitik zu bekämpfen, kann durch Beruhigung der Verteilungskämpfe und Verbesserung der Allokation der Beschäftigungsgrad sogar steigen; versucht man allerdings Kosteninflation mit Nachfragedämpfung zu bekämpfen, dann wird - wegen des falschen Instrumenteneinsatzes - eine Senkung der Inflationsrate mit besonders hoher Arbeitslosigkeit erkauft werden müssen. Bei importierter Nachfrageinflation (zu hohe Auslandsnachfrage) wird die Bekämpfung (durch Aufwertung) zweifellos beschäftigungssenkend wirken, was jedoch in diesem Fall durchaus erwünscht ist.

Das langfristige *Wirtschaftswachstum* (Angebotswachstum) wird durch die Bekämpfung einer hohen Inflation (welchen Typs auch immer) sicherlich verbessert, weil allokative Verzerrungen beseitigt werden; der Versuch einer Senkung mäßiger Inflationsraten wirkt (wie in Abschnitt 5.2 gezeigt wurde) eher wachstumsdämpfend: Erstens, weil mäßige Inflationsraten eine Senkung der relativen Preise auch bei Rigidität der Preise ermöglichen; zweitens, weil die einzelnen Produktionsfaktoren infolge beschränkter Mobilität unterschiedlich ausgelastet sind und die Beschränkung der Nachfrage auf eine mit Preisstabilität vereinbare Kapazitätsauslastung in den höchst ausgelasteten Sektoren zu erheblicher Unterauslastung in den schwächer ausgelasteten führen müßte.

Das Ziel *außenwirtschaftliches Gleichgewicht* wird zweifellos verbessert, wenn nachfrage- und kostenbedingte Inflation verringert werden, bei der Bekämpfung von importierter Inflation durch Aufwertung hingegen wird sich die Leistungsbilanz in der Regel verschlechtern.[47] Der tradeoff zwischen Preisstabilität und gerechter *Einkommensverteilung* schließlich kann - wie schon vorne erwähnt wurde - nur dann abgeschätzt werden, wenn die institutionellen Vorkehrungen bekannt sind. Unter den in den meisten entwickelten Industriestaaten derzeit herrschenden Voraussetzungen dürften die Verteilungsfolgen mäßiger Inflation gering sein, wenn sie stetig und erwartet ist.

---

[47] Bei zu hoher Auslandsnachfrage als Ursache ist das durchaus erwünscht, nicht allerdings bei Preissteigerungen nicht-substituierbarer Auslandsgüter (etwa Öl).

5.4 Außenwirtschaftliches Gleichgewicht

Das Ziel außenwirtschaftliches Gleichgewicht ist schon von seiner Definition her nicht eindeutig und vielfach werden in der Praxis eindeutig falsche Zielindikatoren gewählt. Grundsätzlich müßte man unter außenwirtschaftlichem Gleichgewicht eine Situation verstehen, die es einem Land gestattet, seinen bereits bestehenden sowie den aus Markttransaktionen laufend neu entstehenden Zahlungsverpflichtungen gegenüber dem Ausland kurz- wie langfristig nachzukommen. Bei flexiblen Wechselkursen ist diese Situation jederzeit automatisch gegeben,[48] bei festen Kursen kann man darunter bestandsmäßig-statisch ein angemessenes Niveau der Währungsreserven verstehen; unter Stromgesichtspunkten wird in den Lehrbüchern meist der Ausgleich von Zahlungs- oder Leistungsbilanz angeführt. Beide Definitionen sind ohne genauere Spezifizierung jedoch unzureichend: Da die Zahlungsbilanz in buchhalterischer Darstellung ohnedies stets ausgeglichen ist, bedarf es der Definition eines Ausgleichsposten, dessen Gestaltung Ziel der Zahlungsbilanzpolitik ist (Machlup 1964b): In Frage kommen dafür die Devisenbestände der Zentralbank[49] oder die Devisenbestände von Zentralbank plus Geschäftsbanken, wobei bei den Aktiva der Zentralbank häufig längere Bindungsfristen toleriert werden als bei denen der Geschäftsbanken. Fristengleiche Auslandsverbindlichkeiten der Geschäftsbanken werden stets, solche der Zentralbanken häufig von den Devisenbeständen abgezogen. Vielfach sind die Währungsbehörden mit einer ausgeglichenen Zahlungsbilanz im Sinne unveränderter Netto-Devisenbestände in der einen oder anderen der oben erwähnten Definitionen nicht zufrieden: In einer wachsenden und/oder inflatorischen Wirtschaft ist in der Regel ein Anwachsen des Devisenbestands, also ein leichter Überschuß der Zahlungsbilanz, Ziel der Währungsbehörden, etwa in der Form, daß die Währungsreserven in einer konstanten Relation zu den Importen verbleiben (eine Vorstellung, die für die Gesamtheit der Staaten bloß bei Schaffung zusätzlicher internationaler Liquidität erreichbar ist). Vielfach wird eine ausgeglichene oder leicht positive Zahlungsbilanz als zwar notwendige, nicht jedoch als hinreichende Bedingung außenwirtschaftlichen Gleichgewichts angesehen: Gefordert wird darüber hinaus ein Ausgleich der Leistungsbilanz;[50] denn eine ausgeglichene Zahlungsbilanz bei laufend passiver, wenn auch durch Kapitalimporte finanzierter Leistungsbilanz würde rasch zu einer untragbaren Zinsenbelastung (in Devisen) und damit zwangsläufig zu einem außenwirtschaftlichen Ungleichgewicht führen.

---

48 Wenn auch um den Preis von terms of trade-Änderungen, also möglichen Wohlfahrtsverlusten.

49 Mit oder ohne Sonderziehungrechte des Internationalen Währungsfonds.

50 Siehe z.B. die Praxis des Internationalen Währungsfonds (Allen 1984, 57).

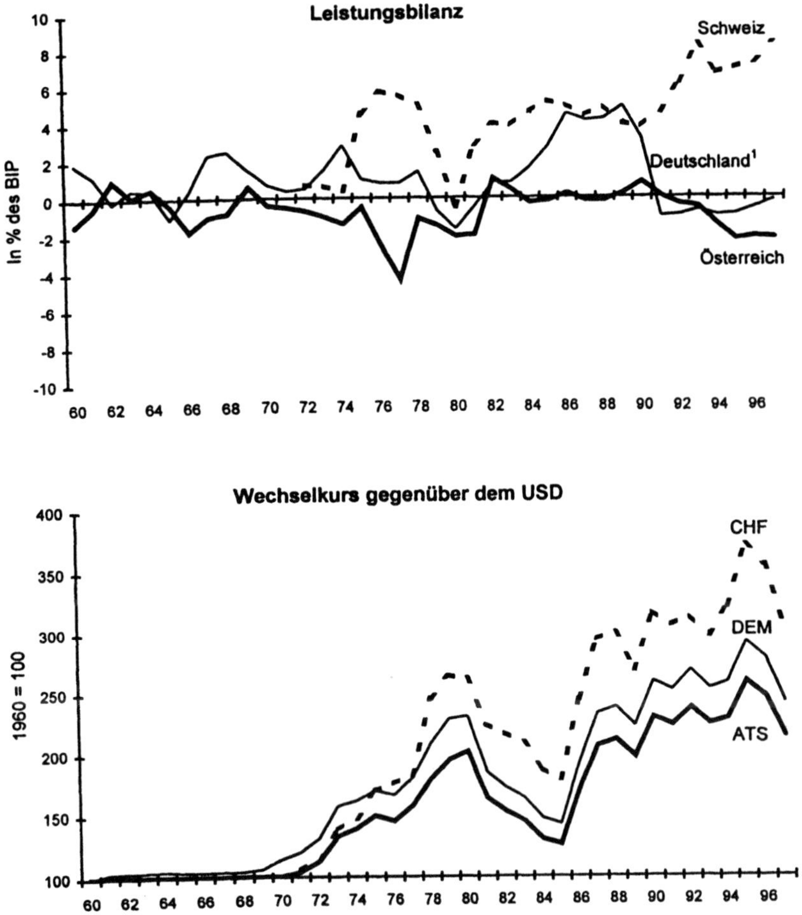

[1] Bis 1990 Westdeutschland

Q: DBB, IMF, OECD, Wifo

Abbildung 5.4: ***Leistungsbilanz- und $-Wechselkurs***

Spätestens diese Überlegung zeigt die Problematik aller vorhergehenden Definitionen des außenwirtschaftlichen Gleichgewichts: Relevant ist nicht die Höhe irgendwelcher Bestände oder die Gleichheit irgendwelcher Ströme, sondern die Relation von Ertragsraten und Zinssätzen: Solange für Kapitalimporte Zinssätze *unter* den Ertragsraten der Investitionen gezahlt werden, mit denen diese Kapitalimporte finanziert werden,[51] ist das außenwirtschaftliche Gleichgewicht nicht in Gefahr. Allerdings wurden solche Überlegungen von den Trägern der Wirtschafts-

[51] Voraussetzung ist natürlich, daß die Investitionen im offenen Sektor der Volkswirtschaft erfolgen, so daß in der Zukunft entsprechende Devisenerträge aus Exporten anfallen; weiters muß eine Sicherheitsmarge für Zinsschwankungen bei variablen Sätzen eingebaut werden.

politik weder während der Geltung des Paradigmas der Neoklassischen Synthese noch heutzutage explizit angestellt.

In neuerer Zeit wird das Ziel außenwirtschaftliches Gleichgewicht von vielen Staaten durch „flexible" Wechselkurse scheinbar dem Marktmechanismus überlassen. Tatsächlich wurden in den meisten dieser Fälle bloß Zahlungsbilanzziele durch Wechselkursziele ersetzt. Für die Periode der Geltung des traditionellen Modells der Stabilisierungspolitik spielt das aber keine entscheidende Rolle; die Diskussion wird daher auf Abschnitt 10.2 verschoben.

Schon die Definitionsprobleme zeigen, daß das Ziel außenwirtschaftliches Gleichgewicht eigentlich kein eigenständiges Ziel ist, sondern bloß Hilfsziel zur Erreichung anderer Ziele des Magischen Fünfecks; ist dieses Ziel verletzt, muß durch Abwertung, Deflationspolitik oder Strukturpolitik Abhilfe gesucht werden, was meist nicht ohne Beeinträchtigung anderer Ziele möglich ist. Als *Ursachen der Verletzung des Ziels außenwirtschaftliches Gleichgewicht* kommen relativ[52] zu hohe Nachfrage im Inland, höhere Inflationsraten als im Ausland, Strukturprobleme oder ein relativ zum Ausland zu niedriges Zinsniveau in Frage. Aber auch die umgekehrten Vorzeichen: zu niedrige Inflation, zu niedrige Nachfrage, zu hohes Zinsniveau sind Zielverletzungen, da sie zu außenwirtschaftlichen Überschüssen mit fast unvermeidbar inflatorischen Wirkungen führen. Permanente Leistungsbilanzüberschüsse, die aus – relativ zum Ausland – niedrigeren Inflationsraten oder höherer Produktivitätssteigerung stammen,[53] führen zwangsläufig zu einer Aufwertung der Währung, wie das Abbildung 5.4 für Deutschland und die Schweiz zeigen.

Die *Kompatibilität des außenwirtschaftlichen Gleichgewichts mit den anderen Zielen* hängt von den Ursachen der Störung ab. Ist das Ungleichgewicht strukturbedingt, wird sich die Beseitigung der Strukturprobleme nicht bloß auf die Erreichung des Ziels außenwirtschaftliches Gleichgewicht, sondern auch auf die meisten anderen Ziele des Magischen Vielecks positiv auswirken. Die Beseitigung nachfrage- oder inflationsbedingter Leistungsbilanzdefizite durch Nachfragedämpfung wird das Beschäftigungsziel negativ, Wachstum und Preisstabilität positiv beeinflussen; bei einer Bekämpfung solcher Defizite durch eine Abwertung (falsche Strategie!) werden die Effekte auf Beschäftigung und Wachstum vermutlich gleichfalls dämpfend ausfallen, die Preise werden infolge der Verteuerung der Importe hingegen kräftig steigen (Tichy 1985d, 226 ff). Die Wirkung einer Zinserhöhung (bei Kapitalbilanzdefiziten) auf die übrigen Ziele des Magischen Fünfecks ist unklar, weil den wachstumsdämpfenden und beschäftigungssenkenden Zinswirkungen expansive Effekte aus der dann nicht nötigen Kreditrationierung bzw. aus geringerer Inflation gegenüberstehen.

---

[52] Und zwar relativ zum Ausland, nicht relativ zur inländischen Kapazität; selbst bei einer Rezession im Inland kann es zu einer Leistungsbilanzpassivierung kommen, wenn im Ausland Depression herrscht.

[53] Siehe dazu auch Fußnote 29 auf Seite 62.

5.5 Gerechte Einkommensverteilung

Das Ziel gerechte Einkommensverteilung ist weder auch nur einigermaßen werturteilsfrei zu definieren, noch ist es mit den traditionellen Mitteln der Stabilisierungspolitik zu verwirklichen. Wenn das Ziel - oft - mit in das Magische Vieleck aufgenommen wird, dann deswegen, weil eine als gerecht empfundene Einkommensverteilung ebenso wie Wohlstand zu den höherrangigen Wirtschaftszielen gehört und manche der stabilitätspolitischen Instrumente erhebliche verteilungspolitische Nebenwirkungen haben.

Im allgemeinen wird unter gerechter Einkommensverteilung die personelle (und weniger die funktionelle) Einkommensverteilung betrachtet und darunter eine akzeptable Kombination von Elementen der Leistungsgerechtigkeit und der Bedarfsgerechtigkeit verstanden. Was als akzeptabel empfunden wird, variiert zwischen den Ländern erheblich und ändert sich auch im Zeitablauf.

Inkompatibilitäten bestehen nicht so sehr mit den anderen Zielen des magischen Fünfecks als solchen, als mit den Instrumenten zu deren Erreichung: Im allgemeinen wird ein steigender Beschäftigungsgrad die Gerechtigkeit der Einkommensverteilung im Sinne größerer Gleichheit erhöhen, weil die Nachfrage auch nach weniger leistungsfähigen Arbeitskräften steigt. Eine Forcierung des Wirtschaftswachstums wird in der Regel bloß durch stärkere Leistungsanreize und eine Akzentuierung der Einkommensunterschiede möglich sein; andererseits schafft rascheres Wirtschaftswachstum auch mehr Umverteilungsmöglichkeiten. Ob mehr Preisstabilität zu mehr oder weniger Verteilungsgerechtigkeit führt, hängt - wie bereits erwähnt - von den institutionellen Voraussetzungen ab, und dasselbe gilt auch für das Ziel außenwirtschaftliches Gleichgewicht.

Von den unterschiedlichen Instrumentenwirkungen seien bloß einige beispielhaft aufgezählt: Expansive Wirtschaftspolitik zur Erreichung von Vollbeschäftigung kann entweder die Einkommenssteuersätze im oberen Bereich der Skala senken und wird dann die Einkommensunterschiede akzentuieren; sie kann aber auch die niedrigsten Einkommen via Transfers erhöhen, wodurch die Unterschiede verringert werden. Im ersten Fall baut die Wirtschaftspolitik auf Angebotseffekte (hohe Investitionen), im zweiten auf Nachfrageeffekte (hoher Konsum). Welche Politik gewählt wird, hängt natürlich vor allem von den Ursachen der Zielverletzung ab; eine gute Wirtschaftspolitik wird aber auf die Verteilungsfolgen Rücksicht nehmen, sei es auch bloß darum, um kontraproduktive Verteilungskonflikte zu vermeiden. Maßnahmen zur Förderung des Wirtschaftswachstums und zur Verbesserung der Kapitalbildung können versuchen, die Gewinne zu erhöhen (vermögenskonzentrierende Wirkung) oder den Kapitalmarkt zu fördern. Maßnahmen zur Eindämmung einer Kosteninflation können durch Schwächung der Gewerkschaften und restriktive Nachfragepolitik oder durch Instrumente der staatlichen Einkommenspolitik (oder konsensual durch Einkommensselbstverwaltung)[54] erfolgen, der Ausgleich eines Leistungsbilanzungleichgewichts durch Luxussteuern oder durch restriktive Lohnpolitik, eine Strategie, die erfahrungsgemäß die schwächeren Gruppen besonders stark trifft.

5.6 Zusammenfassung

Im traditionellen Modell der Stabilisierungspolitik waren die *Ziele* exogen vorgegebene Werte der Indikatoren des Magischen Vielecks. Die quantitative Inkompatibilität dieser Ziele bei voller Erreichung war von Anfang an bewußt: Die Zahl der Ziele und damit das Problem ihrer Inkompatibilität nahm im Laufe der Zeit dennoch zu. Modellgemäß festgelegt wurden die jeweiligen *Zielwerte* von „dem" Wirtschaftspolitiker, der sich der Hilfe wissenschaftlicher Berater in den Bereichen der Vereinbarkeit, der Ziel/Instrumentenbeziehungen und der Wirkungsprognose bediente. Wie „der" Wirtschaftspolitiker selbst zu seinen *Zielvorstellungen* kam, konnte nie befriedigend geklärt werden: Der technokratische Ansatz der Bestimmung über gesamtwirtschaftliche Nutzenfunktionen scheiterte an den bekannten Problemen der Nutzenmessung und der interpersonellen Nutzen-Vergleichbarkeit; der politische Ansatz des Politischen Unternehmers, der Zielbündel anbietet, um mit Hilfe der von ihm angebotenen Kombination quantifizierter Ziele gewählt zu werden, ist in dieser Form zu wenig realitätsbezogen, in der Form des Angebots eines Programms qualitativer Priorititäten hingegen zu unbestimmt und führt nicht zu eindeutigen Ergebnissen (Arrow-Paradoxon). Demgemäß dürfte in der Praxis satisfiszierendes Verhalten dominiert haben: Die politischen Parteien boten bloß grob umrissene Zielbündel an und sie orientierten sich bei der Zielbestimmung an den in der Vergangenheit jeweils erzielten Erreichungsgraden (der Zielindikatoren). Die Politiker wandten sich jeweils den Zielen zu, die am stärksten gefährdet waren. Die Konzentration auf die *Stabilisierung von Einzelzielen* ließ allerdings die Frage der Systemstabilisierung weitgehend offen und verleitete zu einer stop-go-policy, die später als „Aktivismus" heftig kritisiert wurde;[55] angesichts des rudimentären Standes der Kontrolltheorie zu dieser Zeit und der mangelnden Existenz einer implementierten gesamtwirtschaftlichen Nutzenfunktion wäre eine andere Vorgangsweise allerdings schwer vorstellbar gewesen.

Im Bereich der *Zielsetzung* ging die Neoklassische Synthese grundsätzlich davon aus, daß jede beliebige Zahl von Zielen zu jedem beliebigen Grad erreicht

---

[54] Siehe dazu Abschnitt 10.1.
[55] Siehe dazu Abschnitt 15.4.

werden kann, wenn dazu die entsprechend große Zahl voneinander unabhängiger Instrumente zur Verfügung steht. In der Realität mangelte es allerdings an dieser Unabhängigkeit, die Instrumente haben selbst einen gewissen Eigenwert, und die Nebenwirkungen der Instrumente auf andere Ziele erwiesen sich vielfach als beachtlich; man erkannte, daß die volle Erreichung eines Ziels meist bloß durch erhebliche Mindererreichung anderer erkauft werden kann (tradeoff). An der grundsätzlichen Wahlmöglichkeit (menu of choice) hielt man jedoch fest. Insbesondere die Diskussion des tradeoff zwischen Vollbeschäftigung und Preisstabilität erlangte Berühmtheit.

Obwohl die Existenz von *tradeoffs* von den Monetaristen und der Neuen Klassischen Makroökonomie grundsätzlich bestritten wird, sind die diesbezüglichen empirischen Schätzversuche keineswegs nutzlos. Zwar sind die tradeoffs wohl kaum im Sinne einer autonomen Festlegung von langfristigen Zielen ausnutzbar; sehr wohl aber können sie Größenordnungen der zu erwartenden Effekte für die Planung von Maßnahmen gegen Zielverletzungen angeben. Selbstverständlich dürfen die jeweiligen Zahlenwerte nicht als Kochrezept verwendet werden; stets ist zu überprüfen, wie weit die Ursachen der Zielverletzung und die jeweilige Wirtschaftslage „normale" Reaktionen erwarten lassen, wie weit die Wirtschaftsubjekte, die von den Maßnahmen betroffen sind, im jeweiligen Einzelfall anders reagieren könnten wie in der Vergleichsperiode, die der tradeoff-Schätzung zugrunde liegt, und es dürfen insbesondere die Erwartungen nicht vernachlässigt werden. Streng formal sind das derzeit zwar weitgehend unlösbare Aufgaben; informell-analytisch, zum Teil auch bloß gefühlsmäßig, wurden solche Überlegungen allerdings bei allen guten stabilisierungspolitischen Maßnahmen der Vergangenheit stets angestellt.

6 Das traditionelle Instrument: Nachfragesteuerung

Nachfragesteuerung war im Standardmodell der Neoklassischen Synthese wie in der wirtschaftspolitischen Wirklichkeit *die* traditionelle Form der Stabilisierungspolitik, und sie ist es weitgehend noch immer: Dämpfung der Nachfrage in der Hochkonjunktur, Stützung der Nachfrage in der Rezession, und zwar mit Hilfe der Fiskal- wie der Geldpolitik, - bei allen Auffassungsunterschieden über die relative Bedeutung einzelner Instrumente im Detail waren sich Theoretiker und Praktiker darüber die längste Zeit einig. Dennoch stehen hinter dieser scheinbar trivial-einfachen Handlungsanweisung zahlreiche Probleme:

* Zunächst einmal das Problem der *Verzögerungen*: Um in der Hochkonjunktur tatsächlich bremsend bzw. in der Rezession anregend wirken zu können, müssen die dämpfenden bzw. stimulierenden Maßnahmen *vor* dem Auftreten merklicher Zielverletzungen, also bereits im mittleren Auf- oder Abschwung, gesetzt werden. Das ist nicht bloß prognostisch eine schwierige Aufgabe, sondern vor allem auch politisch, weil in dieser Phase das Problembewußtsein drohender Inflation bzw. drohender Arbeitslosigkeit noch fehlt - bei der Öffentlichkeit und daraus abgeleitet bei den Politikern.
* Zweitens stößt diese Handlungsanweisung auf das *steuerungstheoretische Problem,* daß ein Ziel durch jeweils ein Instrument erreicht werden kann, daß also die Konzentration von Fiskal- *und* Geldpolitik auf ein Ziel, nämlich Nachfragesteuerung, ein Instrument „verschwendet", das besser zur Erreichung anderer Ziele eingesetzt werden könnte.
* Dazu kommt drittens, daß die wirtschaftspolitische Praxis *nicht an Nachfragesteuerung als solcher interessiert* ist, sondern an einer Dämpfung der Inflation in der Hochkonjunktur und an einer Verhinderung von Arbeitslosigkeit in der Rezession; die Verhinderung einer Überhitzung der Nachfrage ist für sie bestenfalls ein Zwischenziel, dessen Zusammenhang mit dem wirklichen Ziel wegen der Verzögerungen bloß unklar bewußt ist bzw. verdrängt wird.
* Viertens sind die *nationalen Auswirkungen* wirtschaftspolitischer Maßnahmen durch internationalisierungsbedingt steigende Sickerverluste ins Ausland relativ schwach geworden (kleine Multiplikatoren) und sie variieren je nach Bedingungen auch erheblich.
* Fünftens darf nicht übersehen werden, daß nicht bloß der Verzicht auf Stabilisierungspolitik *Kosten* (der Arbeitslosigkeit oder der Inflation) verursacht, sondern gleichermaßen auch der Einsatz der stabilisierungspolitischen Instrumente: Vor allem große und häufige Änderungen der Instrumente verursachen

Anpassungskosten und Verzerrungen in weiten Teilen der Wirtschaft, die zwar in statischen Modellen kaum bemerkt werden, in dynamischer Betrachtung allerdings außerordentlich wichtig sind.

Wegen dieser Probleme wurden zahlreiche *institutionelle Vorkehrungen* entwickelt, um dennoch sinnvoll Stabilisierungspolitik betreiben zu können:

* Zuweisung besonders gefährdeter Ziele an unabhängige Institutionen, die auf die Sicherung des jeweiligen Ziels spezialisiert sind (z.B. Geldwertstabilität an die unabhängige Notenbank);
* Schaffung von Zwischenzielen (Geldmenge, Budgetsaldo) überall dort, wo der Weg vom wirtschaftspolitischen Instrument zur erwünschten Wirkung besonders lang ist;
* nationale und internationale Koordinierung der Konjunkturpolitik, um die Sickerverluste zu verringern;
* Schaffung von (halbstaatlichen) Konjunkturforschungsinstituten, die Konjunkturprognosen erstellen und die Wirkungen der Maßnahmen erforschen;
* Assignationsregeln zur Erleichterung der Koordinierung der unterschiedlichen Träger der Stabilisierungspolitik, etwa Verantwortung der Geldpolitik für das Ziel Preisniveaustabilität und der Fiskalpolitik für das Ziel Vollbeschäftigung, oder der Geldpolitik für das Ziel Zahlungsbilanzausgleich und der Fiskalpolitik für das Ziel Nachfragesteuerung (siehe dazu die Kapitel 11, 19 und 20).

Die Konzentration der Lehrbuch-Theorie wie der Tagesdiskussion über angewandte Wirtschaftspolitik auf Fragen der Nachfragesteuerung erweckt vielfach den Eindruck, daß erst die Konterrevolution der Neuen Klassischen Makroökonomie bzw. der Supply-Side Economics die Bedeutung der Angebotssteuerung erkannt hätte. Das ist jedoch keineswegs der Fall: Maßnahmen zur Erhaltung der Angebotsflexibilität (Mobilität), zur Erhöhung des Angebots (Investitionsförderung, Sparförderung), zur Verbesserung der Struktur des Angebots und der Wettbewerbsfähigkeit (Forschungspolitik, Förderung der Ausbildung, aktive Arbeitsmarktpolitik) oder zur Vergrößerung der Preiselastizität (Verbesserung der Markttransparenz) haben als Ergänzung der Nachfragepolitik in der Wirtschaftspolitik der fünfziger, sechziger und siebziger Jahre eine wichtige Rolle gespielt. Dennoch dominierten in der traditionellen Wirtschaftspolitik Maßnahmen, die Nachfrageschocks als Störungsursache bekämpfen sollten; Angebotsschocks wurden in dem Umfeld der sechziger und frühen siebziger Jahre zu Recht für weniger wichtig gehalten.[1] Auch ist die Bekämpfung von Nachfrageschocks mit Hilfe nachfragesteuernder Maßnahmen viel unproblematischer als die Überwindung der

---

1 Die große Bedeutung von Angebotsschocks in der neuen Literatur ergibt sich nicht (nur) daraus, daß Angebotsschocks in Form der beiden Öl-(Preis-)Krisen in den siebziger Jahren tatsächlich auftraten, sondern (vor allem) daraus, daß die Annahmen über Erwartungsbildung und jederzeitig vollständige Markträumung im Konzept der Neuen Klassischen Makroökonomie Nachfrageschwankungen verhindern, sodaß allein Angebotsschocks Konjunkturschwankungen auslösen können. Empirisch scheint ihre Bedeutung viel geringer zu sein als neuere Theorien erwarten lassen (Tichy 1994, 184 ff).

Folgen von Angebotsschocks: Stabilisierungspolitische Maßnahmen können vor allem bei permanenten Angebotsschocks (z.B. dauerhafte Erhöhung von Inputpreisen) den letztlich unvermeidlichen Anpassungsprozeß zwar kaum erleichtern aber sehr wohl hemmen; unter diesen Voraussetzungen können sie sich nicht nur nicht positiv, sondern sogar negativ auswirken; andererseits können wirtschaftspolitische Maßnahmen bei transitorischen Angebotsschocks (z.B. Mißernte im Ausland) das Entstehen eines kumulativen Prozesses sehr wohl verhindern.

Unbeschadet aller dieser Probleme war die Nachfragesteuerung mittels fiskal- und geldpolitischer Maßnahmen der Inbegriff der Stabilisierungspolitik des traditionellen Modells, und dementsprechend breit werden die Instrumente der Fiskal- und Geldpolitik in den traditionellen Lehrbüchern dargestellt.

7 Nachfragesteuerung I: Fiskalpolitik

Fiskalpolitik ist der Einsatz der öffentlichen Finanzen zur Erreichung stabilisierungspolitischer Ziele. Allerdings darf nicht übersehen werden, daß die öffentlichen Finanzen primär öffentliche Bedürfnisse befriedigen und die dafür nötigen Finanzierungsmittel aufbringen müssen; stabilisierungspolitische - aber auch verteilungspolitische - Zielsetzungen können sie daher nur soweit verfolgen, als ihre primären Zielsetzungen dadurch nicht gefährdet werden.[1] Zur eindeutigen Zurechenbarkeit der Effekte geht die moderne Theorie stets von einer Änderung der Staatseinnahmen und/oder -ausgaben bei unveränderter Geldmenge aus; ändert sich die Geldmenge infolge fiskalpolitischer Maßnahmen, wird das als gleichzeitige Maßnahme von Geld- und Fiskalpolitik interpretiert.[2] Zahlreiche traditionelle Analysen - insbesondere die Multiplikatoranalyse - sind allerdings rein partialanalytisch und vernachlässigen die Frage der Finanzierung der zusätzlichen Staatsausgaben ohnedies. Auch beschränkt sich die Wirkungsanalyse im ersten Schritt auf die geschlossene Wirtschaft oder eine Wirtschaft mit einem bloß rudimentären Außensektor (Importe). Alle diese Annahmen sollen es erleichtern, die zentralen Zusammenhänge zu erkennen; sie müssen in einem zweiten Analyseschritt natürlich aufgehoben werden (siehe Kapitel 15). Weiters sollte schon einleitend darauf hingewiesen werden, daß eine sinnvolle Analyse von Maßnahmen der Wirtschaftspolitik voraussetzt, daß diese ausschließlich in einer Situation des *Un*gleichgewichts ergriffen werden: expansive Maßnahmen also bei Unterbeschäftigung, restriktive Maßnahmen bei Übernachfrage. Die Wirkung wirtschaftspolitischer Maßnahmen - insbesondere in expansiver Richtung - in Situationen eines Vollbeschäftigungs-Gleichgewichts zu untersuchen - oder in Modellen, die bloß kleine und sehr kurzfristige Abweichungen davon zulassen und rasche Anpassungsautomatismen vorsehen -, ist wenig sinnvoll[3] und für die Analyse der Wirkungen wirtschaftspolitischer Maßnahmen meist grob irreführend.[4]

---

1 Gegen dieses Postulat verstieß nicht nur die Theorie der functional finance (Lerner 1944, Kap. 24), sondern vielfach auch die stabilisierungspolitische Praxis.

2 Analytisch - zur Trennung der Wirkungen - ist dieses Vorgehen selbstverständlich das einzig richtige. In der angewandten Wirtschaftspolitik hingegen wird es bloß in seltenen Fällen empfehlenswert sein, generell expansive Fiskalpolitik mit generell neutraler Geldpolitik zu kombinieren; meist sind solche Kombinationen Folgen von (kontraproduktiven) Konflikten zwischen Regierung und Notenbank.

3 Sofern expansive Wirtschaftspolitik bei Vollbeschäftigung überhaupt betrieben wird, gibt es dafür entweder außerökonomische Beweggründe oder Einschätzungsdifferenzen, wie weit Vollbeschäftigung bereits erreicht ist.

4 Der Hinweis wäre überflüssig, hätte nicht die Neue Klassische Makroökonomik (siehe Abschnitt 14.2) auf genau diese Weise die Politikineffektivitäts-Hypothese abgeleitet.

7.1 Variationen von Staatsausgaben und Staatseinnahmen

Wesentlich für die Analyse der Fiskalpolitik aus stabilisierungspolitischer Sicht ist, daß die expansive bzw. restriktive Wirkung von Änderungen der Staatsausgaben nicht auf den Betrag dieser zusätzlichen Ausgaben beschränkt ist: Zusätzliche Ausgaben des Staates in Höhe von $\Delta\bar{G}$ führen nämlich zu zusätzlichen Einnahmen anderer Wirtschaftssubjekte in derselben Höhe, die sich früher oder später zur Gänze in Einkommen (Löhne, Gewinne) niederschlagen. Die Empfänger der höheren Einkommen sparen einen Teil (s) der zusätzlichen Einkommen ($s\Delta\bar{G}$) und geben den Rest $[(1\text{-}s)\Delta\bar{G}]$ wieder aus. Dieser Teil wird dadurch wieder zu Einkommen für andere Wirtschaftssubjekte, die wiederum einen Teil $[s(1\text{-}s)\ \Delta\bar{G}]$ sparen, den Rest $[(1\text{-}s)(1\text{-}s)\ \Delta\bar{G}] = [(1\text{-}s)^2\Delta\bar{G})]$ ausgeben, usw. Dem Erstrundeneffekt folgt also ein (kleinerer) Zweitrundeneffekt, diesem ein abermals kleinerer Drittrundeneffekt $[s(1\text{-}s)^3\Delta\bar{G}]$, usw. Es entsteht eine unendliche geometrische Reihe

$$\Delta G + (1\text{-}s)\Delta\bar{G} + (1\text{-}s)^2\Delta\bar{G} + (1\text{-}s)^3\Delta\bar{G} + ...+ (1\text{-}s)^n\Delta\bar{G};$$

die Darstellungsform läßt deutlich erkennen, daß sich der Prozeß in der Zeit abspielt, letztlich ewig weiterwirkt und sich dem endgültigen Wert bloß asymptotisch nähert. Das Endergebnis kann als Summe der geometrischen Reihe:

$$[1/1\text{-}(1\text{-}s)]\Delta\bar{G} = (^1/_s)\Delta\bar{G} = [1/(1\text{-}c)]\Delta\bar{G}$$

dargestellt werden. Aus einer (dauerhaften) Erhöhung der Staatsausgaben um 100 entsteht bei einer Sparneigung $s = {}^1/_{10}$ (unter den Annahmen dieses Modells) letztlich eine Nachfrage- und Einkommenssteigerung von 1000. Dieser als Multiplikator bezeichnete Prozeß ist desto kräftiger, je rascher und je vollständiger die Empfänger die zusätzlichen Einkommen wieder ausgeben, und - was in der obigen Formel nicht berücksichtigt wurde - je vollständiger die Einkommen *im Inland* ausgegeben werden.[5] Wichtig ist, den partial-analytischen Charakter der Multiplikatoranalyse nicht zu übersehen. Sie geht davon aus, daß die inländischen Kapazitäten nicht ausgelastet sind und berücksichtigt nicht, daß der beschriebene originäre expansive Prozeß weitere (abgeleitete) Expansionsprozesse auslösen kann, etwa Investitionen, um die Kapazitäten auszuweiten (Akzelerator),[6] oder daß er durch Anstoßen an den Kapazitätsplafonds (zumindest real) abbrechen kann. Sie läßt auch offen, wodurch die zusätzlichen Staatsausgaben (Budgetdefizit) finanziert werden: Ursprünglich nahm man ein relativ elastisches Kreditangebot oder eine Finanzierung der Staatsausgaben durch die Zentralbank an. Ersteres

---

5 Der Teil der Ausgaben, der im Laufe des Multiplikatorprozesses in das Ausland abfließt, löst zwar dort einen Multiplikatorprozeß aus, geht aber für die Wirkungskette im Inland verloren.

6 Diese Investitionsausgaben werden ihrerseits der Auslöser für einen weiteren Multiplikatorprozeß, der den ursprünglichen verstärkt.

mag in einer Rezession durchaus zutreffen, letzteres ist in den meisten Staaten nicht zulässig und analytisch zu wenig exakt.[7]

Um die Multiplikatoranalyse auszuweiten, empfiehlt es sich, auf die Darstellung des Anpassungsprozesses zu verzichten und sich auf das Endergebnis zu konzentrieren. Unter dieser Einschränkung läßt sich der Multiplikator der *Staatsausgaben für Güter und Dienstleistungen* (Transformationsausgaben) folgendermaßen ableiten: Der reale Konsum (C) ist eine Funktion des realen Einkommens (Y):

(1) $C_t = a + cY_t.$

Die realen Importe (M) hängen von Y ab:[8]

(2) $M_t = mY_t.$

Investitionen I, Exporte X und Staatsausgaben G sind exogen. Die Einkommensidentität lautet:

(3) $Y_t = C_t + \bar{I} + \bar{G} + \bar{X} - M_t.$

Im steady state ($Y^* = Y_t = Y_{t-1} = Y_{t-2}$), also nach Abschluß aller Anpassungsprozesse, ergibt sich daraus

(4) $Y^* = (a + \bar{I} + \bar{X} + \bar{G})/(s+m).$

Eine dauerhafte Änderung der Staatsausgaben $\Delta\bar{G}$ erhöht das Einkommen um

(5) $\Delta Y = [1/(s+m)]\, \Delta\bar{G}.$

Der langfristige Multiplikator [1/(s + m)] hängt in diesem einfachen Modell von den Sickerverlusten durch Sparen[9] und Importe ab.

Der Zusammenhang läßt sich graphisch verdeutlichen: Abbildung 7.1/1 zeigt im oberen Teil auf der Abszisse die Einkommen, auf der Ordinate die Nachfrage. Die 45°-Linie ist der geometrische Ort aller Punkte, für die das Einkommen gleich hoch ist wie die Nachfrage, in denen also der Prozeß der gegenseitigen Aufschaukelung von Einkommen und Nachfrage zum Stillstand gekommen ist (steady state

---

7 Denn eine Finanzierung durch die Zentralbank würde ein entsprechendes Steigen der Zentralbankgeldmenge bedeuten. Die dadurch induzierte Ausweitung der Geldmenge hängt von der Höhe des Giralgeldschöpfungsmultiplikators ab, die Ausweitung der Transaktionen von der Höhe des Staatsausgabenmultiplikators; selbst wenn beide - zufällig - gleich groß wären, wäre die Geldmenge in der ersten Phase des Prozesses zu groß, weil der Giralgeldschöpfungsmultiplikator rascher wirkt als der Staatsausgabenmultiplikator.

8 Richtiger vom verfügbaren Einkommen, doch wird das in den üblichen Darstellungen aus Gründen der Vereinfachung vernachlässigt.

9 Sparen führt zu Sickerverlusten, weil in diesen Modellen die zusätzlichen Ersparnisse nicht zu zusätzlichen Investitionen führen. Die Investitionen hängen allein von der Einkommenssteigerung ab, und es gibt keine Finanzierungsprobleme; das wird in der Regel mit geringer Zinselastizität der Ersparnisse oder damit begründet, daß infolge großer Unsicherheit die Risikoprämien viel stärker schwanken als der monetäre Zinssatz.

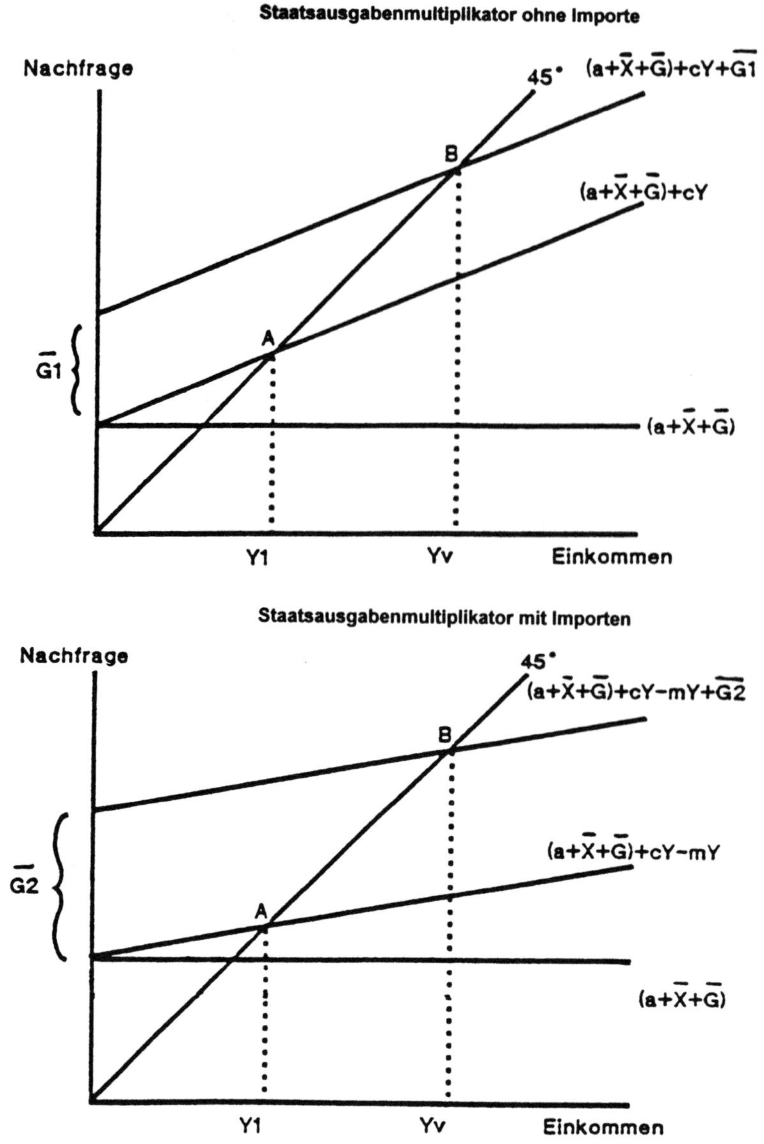

Abbildung 7.1/1: ***Staatsausgabenmultiplikator mit und ohne Importe***

Y*). $(a + \bar{X} + \bar{G})$ ist die einkommensunabhängige Nachfrage, cY die einkommensabhängige, [(a + X + G) + cY] somit die Gesamtnachfrage. Diese schneidet die 45°-Linie im Punkt A (steady state); der Multiplikatorprozeß kommt also in A bei einem Einkommen Y_1 zur Ruhe. Y_1 ist jedoch kleiner als Y_v, das Vollbeschäftigungseinkommen, dem eine steady-state-Nachfrage von B entspricht. Es gilt daher die Gesamtnachfrage $[(a+\bar{X}+\bar{G}) + cY]$ durch zusätzliche Staatsausgaben

$\overline{G}_1$ so stark anzuheben, daß - unter Berücksichtigung der Mulitplikatorwirkung - B erreicht wird.

Der untere Teil von Übersicht 7.1/1 zeigt dieselbe Darstellung unter Berücksichtigung der Importe. Die Steigung der Gesamtnachfrage-Geraden ist jetzt flacher, und zwar wegen der zusätzlichen Sickerverluste durch die Importe; der Multiplikator ist also kleiner; die Gerade wurde (willkürlich) so eingezeichnet, daß sie die 45°-Linie im selben Punkt A schneidet wie im oberen Teil. Dadurch ist leicht zu erkennen, daß es bei gleichem Grad an Unterbeschäftigung (Y_v - Y_1) es jetzt einer höheren Staatsausgabenausweitung $\overline{G}_2$ bedarf, um Vollbeschäftigung zu erreichen.

Im Sinne abnehmender Abstraktion gilt es, in einem weiteren Schritt *Steuern* zu berücksichtigen. Um die Wirkung von Staatsausgaben und Staatseinnahmen (Steuern) exakt trennen zu können, wird angenommen, daß die Staatsausgaben unabhängig von den Steuereingängen sind.[10] Es wird zwischem einer festen (also exogenen) Kopfsteuer $\overline{TK}$ und einer einkommensabhängigen, direkten Steuer TD mit dem Steuersatz t

(6) $TD_t = tY,$

unterschieden. Durch die Steuern ändert sich die Konsumfunktion auf

(1') $C_t = a + c\,(Y_t - TD_t - \overline{TK})$
$\quad = a + c(1\text{-}t)\,Y_t - \overline{TK}$

und die Multiplikatorbeziehung auf

(5') $\Delta Y = [1/(s+m+ct)]\Delta G$

Die Existenz einer Kopfsteuer ändert somit an der Wirkung zusätzlicher Staatsausgaben nichts, die Multiplikatorformel bleibt unverändert; das ist durchaus plausibel, da das Einkommen vorher wie nachher um denselben festen Betrag verringert wird. Die Existenz einer einkommensabhängigen Steuer hingegen verringert den Multiplikator um (1/ct), da von jeder Einkommenssteigerung in jeder Runde die Steuerleistung (t Δy) abgezogen wird.

Der Multiplikator ist also desto größer, je kleiner Sparneigung, Importneigung und Steuersatz sind. Je offener somit eine Wirtschaft und je größer der Anteil des Staatssektors,[11] desto kleiner der Multiplikator, desto „teurer" somit stabilisierungspolitische Maßnahmen der Fiskalpolitik, desto höhere Staatsausgaben sind erforderlich, um eine Einkommenssteigerung in gewünschter Höhe zu induzieren. Schon das zeigt, warum man zu Keynes' Zeiten, aber auch noch in den fünfziger

---

[10] Es erscheint wichtig darauf hinzuweisen, daß das keine Annahme über faktisches Verhalten ist, sondern eine analytische Trennung. Die Verwendung zusätzlicher Staatseinnahmen für zusätzliche Ausgaben kann ohne weiteres durch einen zweiten Multiplikatorprozeß dargestellt werden, der durch diese zusätzlichen Ausgaben ausgelöst wird.

[11] Es sei daran erinnert, daß die Staatsausgaben im üblichen Multiplikatormodell autonom sind, d.h. daß zusätzliche Staatseinnahmen *nicht* zu zusätzlichen Ausgaben führen.

und frühen sechziger Jahren in die Wirkungen der Fiskalpolitik - zu Recht - viel mehr vertraute als heute.

Empirische Schätzungen des Staatsausgabenmultiplikators differieren je nach Modell und Land (unterschiedliche Importneigung!) nicht unerheblich. Die höchsten Werte erreichen die Staatsausgabenmultiplikatoren (für Transformationsausgaben) den meisten Schätzungen zufolge nach eineinhalb bis zwei Jahren mit Werten zwischen 1¼ und 2, dann nimmt die Höhe des Multiplikators rasch ab und liegt langfristig vielfach nur wenig über, manchmal sogar unter 1.[12] Der langfristige Wert ist aber aus zwei Gründen wenig relevant: Erstens, weil mit zunehmender Länge der Simulationsperiode die Genauigkeit der Schätzung immer stärker abnimmt, und zweitens, weil der Planungshorizont für stabilisierungspolitische Maßnahmen (zu Recht) die kurze und mittlere Frist ist. Unter diesem Aspekt ist es daher wenig problematisch, daß der Wert des Multiplikators nach vier Jahren möglicherweise bereits wieder sehr klein ist; relevant ist die unmittelbare Wirkung der raschen Überwindung der Rezession bzw. der Übernachfrage (impact multiplier). Problematisch gerade unter diesem Aspekt ist hingegen, daß die Wirkungen bloß langsam einsetzen und nach zwei Quartalen bestenfalls ein Drittel ihres Maximalwertes (nach eineinhalb bis zwei Jahren) erreicht haben.

Etwas kleiner und unsicherer in der Wirkung ist der Multiplikator, wenn die öffentliche Hand nicht die Transformationsausgaben, sondern die *Transferausgaben* erhöht. Bei Staatsausgaben für Güter und Dienstleistungen steigt nämlich das Brutto-Inlandsprodukt in der ersten Runde (bei Ausgaben im Inland) zwangsläufig um den vollen Betrag der zusätzlichen Ausgaben; bei den Transfers hingegen bloß um den Betrag, den die Transferempfänger ausgeben, also um den Betrag der zusätzlichen Ersparnis weniger. Am vorne angeführten Modell ändert sich bloß die Konsumfunktion, in die die Transfers ($\overline{TR}$) aufgenommen werden müssen:

(1") $C_t = a + c\,(Y_t + \overline{TR})$,

woraus sich im einfachsten Fall die Multiplikatorbeziehung

(7) $\Delta Y = [c/(s+m)]\,\Delta\overline{TR}$

ergibt, bzw. bei Einführung von einkommensabhängigen Steuern

(7') $\Delta Y = [c/(s+m+ct)]\,\Delta\overline{TR}$.

[12] Für die USA Ball/Burns/Miller (1975) oder Evans/Riley (1975); für Österreich Schebeck/Thury (1982); für internationale Vergleiche OECD (1982 a, 42f), Larsen et al (1983, 70) und Richardson (1987b, Annex Table C); siehe dazu auch Fußnote 26. Es muß betont werden, daß die Multiplikatoren, die aus ökonometrischen Modellen berechnet werden, sehr viel komplizierter sind als die hier dargestellten „Lehrbuchmultiplikatoren"; sie basieren auf komplexeren Modellen mit mehr Gleichungen und berücksichtigen demgemäß zusätzliche Interaktionen. Formel 5' gibt dennoch kein unrealistisches Bild: Für s = 0.1, m = 0.4 und t = 0.3 beträgt der Staatsausgabenmultiplikator 1.3; vernachlässigt man ct, d.h. nimmt man an, daß die zusätzlichen Steuern ausgegeben werden, beträgt er 2.0.

Die Konsumneigung ($c < 1$) im Zähler (anstelle von 1 im Fall der Transformationsausgaben), die die Reduzierung des Erstrundeneffekts angibt, verringert den Transfermultiplikator gegenüber dem Transformationsausgabenmultiplikator.

Der Multiplikator der *Veränderung der Sätze nicht einkommensabhängiger Steuern* (Senkung einer Kopfsteuer, Erhöhung eines Steuerfreibetrags) entspricht - mit negativem Vorzeichen - dem der Transfers:

(7") $\Delta Y = [-c/(s+m+ct)]\, \Delta\overline{TK}$.

Auch hier wird der Erstrundeneffekt um den Betrag der zusätzlichen Ersparnis (bei Steuersenkung) bzw. des zusätzlichen Entsparens (bei Steuererhöhung) verringert.

Die Veränderung der Sätze *einkommensabhängiger Steuern* (t) ergibt einen anderen Multiplikator, und zwar

(9) $\Delta Y = [c/(s+m+ct)]\, Y\Delta t$.

Zur leichteren Interpretation läßt sich (9') umformulieren zu

(9') $\Delta Y = (c - m - ct)\, \Delta Y - cY\Delta t$.

Der Ausdruck ($- cY\Delta t$) gibt die Änderung der Ausgaben durch die Änderung des Steuersatzes, bezogen auf das ursprüngliche Einkommensniveau, an, also den Betrag, der den Multiplikatorprozeß auslöst; der Ausdruck $(c-m-ct)\Delta Y$ entspricht der induzierten Einkommensänderung. Vergleicht man eine in der Ausgangsperiode betragsmäßig gleiche Reduzierung einer Kopfsteuer ($\overline{TK}$) und einer einkommensabhängigen Steuer (TD), so ist der Multiplikatoreffekt der letzteren kleiner: Denn der Betrag der Steuerzahlungen steigt von Periode zu Periode, da auch die induzierten Einkommenssteigerungen besteuert werden, wodurch in jeder Periode ein *zusätzlicher* negativer Steuerimpuls wirkt.

Wie bereits erwähnt, geht die einfache Multiplikatoranalyse davon aus, daß entsprechende *Finanzierungsmittel* verfügbar sind. Nimmt man an, daß die zusätzlichen Finanzierungsmittel auf dem Geld- oder Kapitalmarkt beschafft werden müssen, dann wird der expansive Effekt der zusätzlichen Staatsausgaben durch Verdrängung privater Ausgaben im allgemeinen verringert (siehe dazu Abschnitte 7.4 und 15.1).[13] Werden die zusätzlichen Staatsausgaben durch zusätzliche nichteinkommensabhängige Steuern finanziert, läßt sich aus der Kombination von Transformationsausgaben- und Steuermultiplikator leicht der entsprechende Effekt in der geschlossenen Wirtschaft ableiten (balanced-budget multiplier, Haavelmo-Theorem): Vom positiven Nachfrageeffekt der zusätzlichen Staatsausgaben $[\Delta\overline{G}/(1 - c)]$ muß der negative Nachfrageeffekt der zusätzlichen Steuern abgezogen werden $[c\Delta\overline{TK}/(1 - c)]$. Da $\Delta\overline{TK}$ annahmegemäß gleich $\Delta\overline{G}$ ist, ergibt das

$$[(1- c)\, \Delta\, \overline{G}]/(1- c) = \Delta\overline{G}.$$

---

13 Das wird nicht der Fall sein, wenn die Liquidität so hoch ist, daß die Finanzierung den Zinssatz nicht steigert, bei gleichzeitig expansiver Geldpolitik oder in einer offenen Wirtschaft bei hoher Kapitalmobilität (dort ist allerdings auch der Multiplikator klein).

Auch in diesem Fall steigt also die Gesamtnachfrage, jedoch bloß um den Betrag der zusätzlichen Staatsausgaben; der Multiplikator beträgt genau 1. Auch durch nicht-einkommensabhängige Steuern finanzierte Staatsausgaben wirken somit expansiv. Bei Finanzierung durch einkommensabhängige Steuern ist der balanced-budget-Multiplikator kleiner 1, da der expansiven Wirkung der Staatsausgaben eine - verglichen zur Kopfsteuer - stärkere restriktive Wirkung aus der höheren Besteuerung des induzierten Einkommens gegenübersteht, was der Vergleich der Multiplikatoren (5') und (9) zeigt:

$$\frac{\Delta Y}{\Delta G} - \frac{\Delta Y}{Y\Delta t} = \frac{1}{s+m+ct} - \frac{c}{s+m+ct} = \frac{1-c}{s+m+ct}$$

Der Wert dieses Multiplikators liegt für $c > 0$, $m > 0$ und $t < 1$ stets unter 1.

Die Größenordnung der Multiplikatoren erklärt, warum Transformationsausgaben als Instrumente der Stabilisierungspolitik sehr viel häufiger eingesetzt werden als Transfers oder Steuern: Transformationsausgaben wirken im allgemeinen kräftiger auf die Nachfrage, und sie wirken auch sicherer; denn die marginale Sparneigung mag zwar auf lange Sicht der durchschnittlichen entsprechen, in der für Stabilisierungsmaßnahmen wichtigen kurzen Sicht kann sie hingegen stark schwanken: der Betrag der Steuersenkung ebenso wie die zusätzlichen Transfers können zunächst weitgehend gespart werden, bzw. Steuererhöhungen (Transferverringerungen) können zunächst aus Ersparnissen finanziert werden, so daß sie nicht sofort zu einer Verringerung der Ausgaben führen. Bei der Änderung von Steuersätzen kommt noch hinzu, daß die Steuer vielfach überwälzt wird, sodaß Steuererhöhungen nicht die Nachfrage dämpfen, sondern die Löhne und Preise erhöhen, also möglicherweise gerade das herbeiführen, was sie verhindern sollten.

Allerdings darf nicht übersehen werden, daß die Aussagen der Multiplikatoranalyse: stärkere Wirkung von Änderungen der Transformationsausgaben, geringere von Änderungen der Transfers und der Steuern zunächst rein mechanisch gewonnen wurden und *mögliche Änderungen der Verhaltensweisen* nicht berücksichtigen. Insbesondere konservative Wirtschaftspolitiker weisen demgemäß stets darauf hin, daß der Sinn von Steuersenkungen gerade darin liege, die Verhaltensweisen zu ändern, daß die Steuern vor allem deswegen gesenkt würden, um den Leistungswillen anzuregen. Ob Steuersenkungen dieses Ziel tatsächlich erreichen, hängt neben dem Ausmaß der Steuersenkung vor allem von zahlreichen Nebenbedingungen, insbesondere auch solchen psychologischer Art, ab. Mit einer entsprechenden Änderung der Verhaltensweisen aber kann eine Steuersenkung - entgegen den Aussagen der einfachsten Multiplikatoranalyse - sogar expansiver wirken als eine betragsmäßig gleiche Erhöhung von Transformationsausgaben.[14] Wegen

[14] Allerdings ist die erwünschte Verhaltensänderung nicht unbedingt wahrscheinlich, da in der Rezession der Pessimismus und in der Hochkonjunktur der Optimismus gebrochen werden müßte. Auch betonen Mankiw/Summers (1984), daß Einkommenssteuer*senkungen* sogar restriktiv wirken können, zumindest wenn sie nicht von entsprechender Geldpolitik begleitet sind. Eine Steuersenkung läßt nämlich die Geldnachfrage steigen: Erstens, weil Konsumausgaben weniger „geldsparend“ sind als Unternehmensausgaben, zweitens, weil steigende Preise den Geldbedarf steigern. Aus der

der unsicheren und u.U. besonders verzögerten Wirkungsweise sind Steueränderungen jedoch eher als Instrument der Strukturpolitik als der Stabilisierungspolitik zu empfehlen.

Aus diesen Überlegungen läßt sich ein wichtiges Problem der Stabilisierungspolitik ableiten: Der Multiplikator ist keineswegs eine Konstante; er schwankt mit der Konjunkturlage ebenso wie mit sonstigen Änderungen von Wirtschaftslage und Wirtschaftsklima. Wie weiter vorne gezeigt wurde, hängt die Höhe des Multiplikators insbesondere von Sparneigung, Importneigung und Steuersatz ab, von Größen also, die keineswegs konstant sind. Die Sparneigung[15] etwa schwankte in der BRD zwischen 1976 und 1997 zwischen 10.9 % und 13.8 %, in Österreich zwischen 7.4 % und 13.2 %; die Importneigung[16] in der BRD zwischen 22 % und 33 % und in Österreich zwischen 31 % und 42 %. Allein daraus resultieren - mechanisch - Schwankungen des Multiplikators um mehr als 50 %; für Wirkungsprognosen wirtschaftspolitischer Maßnahmen muß daher der Multiplikator jedesmal neu geschätzt werden.[17] Berücksichtigt man weiters, daß dem Instrumenteneinsatz aus Gründen der Folgekosten, der Anpassungskosten, der Gefahr von Ausweichreaktionen und Verhaltensänderungen, der negativen Nebenwirkungen auf andere Ziele usw. enge Grenzen gesetzt sind, gewinnt man ein erstes Gefühl für die Schwierigkeiten „aktivistischer“ Stabilisierungspolitik, die von der scheinbar einfachen Mechanik der Multiplikatormodelle zunächst verdeckt werden.

Die Veränderung von Staatsausgaben und Staatseinnahmen muß nicht *diskretionär* („aktivistisch“) durch bewußt gesetzte Handlungen der Träger der Wirtschaftspolitik, sie kann auch automatisch erfolgen: *Automatische Stabilisatoren* sorgen dafür, daß bestimmte Staatsausgaben automatisch steigen und bestimmte Staatseinnahmen automatisch sinken, wenn sich die Konjunkturlage verschlechtert. Die beiden wichtigsten Beispiele für automatische Stabilisatoren sind das Arbeitslosenversicherungssystem und die Einkommensteuer. In Zeiten schwacher Konjunktur steigen die Zahlungen an Arbeitslose automatisch kräftig an und stützen als solche und mit ihren Multiplikatorfolgen die Konsumnachfrage; gleichzeitig sinkt die Belastung des Volkseinkommens mit Arbeitslosenversicherungsbeiträgen, da Arbeitslose keine Beiträge zahlen. Die Belastung mit Einkommenssteuerzahlungen sinkt in Perioden schwacher Konjunktur als Folge der Progression überproportional und setzt zusätzliche Kaufkraft für den Konsum frei; in Perioden höherer Auslastung steigt sie dementsprechend stärker und bindet private Kaufkraft.

Im Idealfall wirken automatische Stabilisatoren unverzögert; sie wirken selbst dann, wenn die wirtschaftspolitischen Behörden die Zielverletzung (noch) gar

Studie sollte aber bestenfalls der Schluß gezogen werden, daß Fiskalpolitik von entsprechender Geldpolitik begleitet sein sollte (siehe dazu Abschnitt 7.4).

15 Gemessen an der Haushaltssparquote.

16 Importe laut VGR in % des verfügbaren Güter- und Leistungsvolumens.

17 Ökonometrische Modelle entheben den Berater deswegen bloß scheinbar von dieser Aufgabe, weil dann anstelle des Multiplikators vielfach exogene Komponenten von Spar- und Importneigung geschätzt werden müssen.

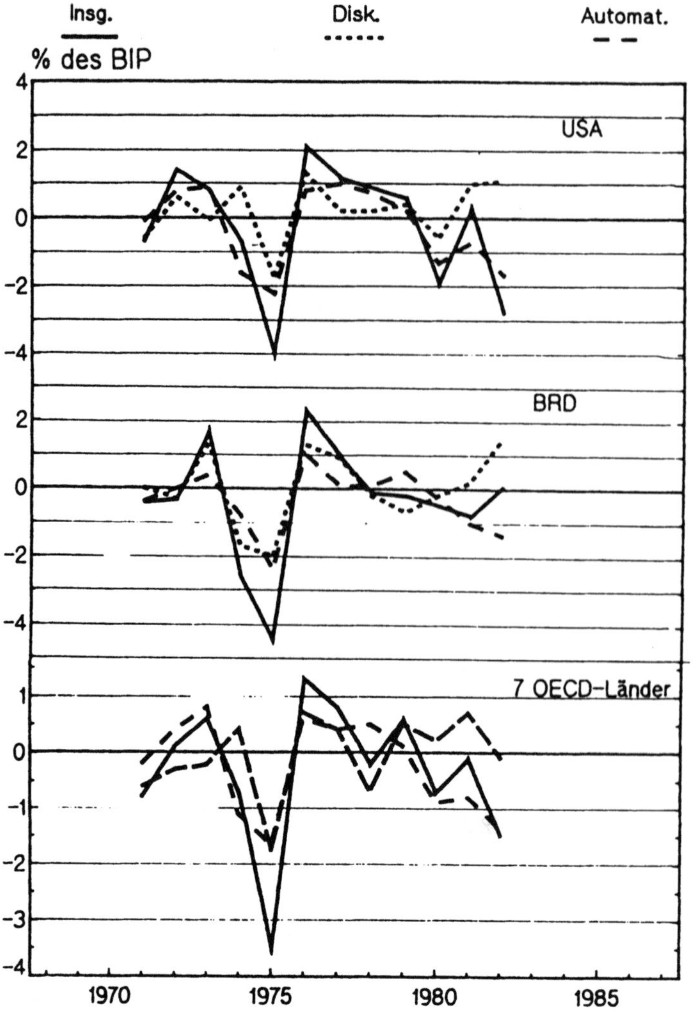

Q: Price/Chouraqui 1983, 19

Abbildung 7.1/3: ***Automatische Stabilisatoren***

nicht erkennen, und sie wirken automatisch in der richtigen Dosierung: Je stärker die Zielverletzung, desto stärker der Stabilisierungseffekt. Es bedarf allerdings zweier Voraussetzungen für die Wirksamkeit automatischer Stabilisatoren: Erstens müssen die entsprechenden Zahlungen (des Arbeitslosengeldes bzw. der Steuern und Beiträge) sofort entrichtet werden („pay as you go"), und zweitens muß die Öffentliche Hand die entsprechenden Mehrerträge stillegen bzw. die Mehraufwendungen nicht durch Kürzung anderer Ausgaben oder Erhöhung der Sätze kompensieren. Gegen beide Voraussetzungen wird in der Praxis gerne verstoßen: Die Stabilisierungswirkung der Einkommensteuer wird dadurch beeinträchtigt, daß gerade die besonders konjunkturreagible veranlagte Einkommensteuer (im Gegensatz zur einbehaltenen Einkommensteuer auf Lohneinkommen) vielfach erst lang verzögert eingehoben wird, sodaß sie unter Umständen sogar prozyklisch wirkt. Die Stabilisierungswirkung des Systems der Arbeitslosenversicherung wird häufig dadurch beeinträchtigt, daß die Mehreinnahmen in der Hochkonjunktur nicht stillgelegt, sondern für (aktive) Arbeitsmarktpolitik ausgegeben werden, sodaß demzufolge in der Rezession die Beiträge erhöht und manchmal sogar Leistungen gekürzt werden müssen.

Die relative Bedeutung von diskretionären Maßnahmen und automatischen Stabilisatoren ist umstritten. Die Aufkommenselastizität[18] des Steuersystems liegt in der Regel zwar über 1, doch meist nicht weit darüber: in der BRD für die Periode 1950/80 nach Körner (1983, 418) bei 1.02, wobei sie von 1.05 in der ersten Dekade auf 0.94 in der zweiten sank, um dann wieder auf 1.00 in der dritten zu steigen; in Österreich für die Periode 1954/66 nach Lehner (1987) bei 1.15, seither bei 0.8. Insbesondere bei der veranlagten Einkommenssteuer ist die Konjunkturreagibilität zwar größer, doch gibt es gerade bei dieser Steuer Probleme mit der verzögerten Fälligkeit bzw. Zahlung. In Österreich wird die automatisch-stabilisierende Wirkung der Einkommenssteuer dadurch erheblich gedämpft, daß zwar die direkt abgeführte Lohnsteuer dem pay-as-you-go System entspricht, nicht jedoch die veranlagte Einkommenssteuer, die der Konjunktur mit immer stärkerer Verzögerung folgt (1986 etwa 7 Quartale). Die automatisch stabilisierende Wirkung des österreichischen Arbeitslosenversicherungssystems leidet darunter, daß die Mehreinnahmen der Hochkonjunktur in der Vergangenheit meist ausgegeben wurden, sodaß die Beiträge in der Rezession hinaufgesetzt werden mußten.

Schätzungen der OECD zufolge (Price/Chouraqui 1983, 19) wirkten die eingebauten Stabilisatoren in den USA und in der BRD in der Periode 1971/82 expansiv, die diskretionären Maßnahmen waren über die gesamte Periode hinweg neutral. Abbildung 7.1/3 zeigt, daß diskretionäre und automatische Maßnahmen im allgemeinen in dieselbe Richtung wirkten, von der Sanierung des deutschen Budgets in den achtziger Jahren abgesehen. Simulationen mit dem Interlink-Modell der OECD[19] zeigten, daß automatische Stabilisatoren in Deutschland etwa die Hälfte, in Österreich wie im ungewichteten Durchschnitt der OECD-Länder zwei Fünftel eines rezessiven Einbruchs kompensieren (Leibfritz et al 1994, 45).

---

[18] Die für diesen Zweck häufig verwendete langfristige Steuerelastizität führt irre, weil sie stark von der Entwicklung der Steuerbasis (z.B. überdurchschnittlicher Anstieg der Löhne wegen Ansteigens des Unselbständigenanteils) beeinflußt wird.

[19] Für eine kurze Charakterisierung des Modells siehe Abschnitt 19.3.

7.2 Stabilisierungspolitik und Budgetsalden

Diskretionäre Veränderungen der Staatsausgaben und -einnahmen und die Wirkung der automatischen Stabilisatoren beeinflussen natürlich den Budgetsaldo; dieser selbst ist jedoch *kein Instrument* der Fiskalpolitik, wie etwa der Ausdruck Saldenpolitik suggerieren könnte: Der Saldo kann nämlich von den Trägern der Wirtschaftspolitik zwar beeinflußt aber nicht bestimmt werden; ihn beeinflussen auch andere Größen, etwa Entscheidungen der privaten Wirtschaftssubjekte oder die Konjunkturlage. In seiner einfachsten Form ist der Budgetsaldo nichts anderes als der Ausdruck der Finanzierungserfordernisse der Öffentlichen Hand, in modifizierten Versionen ist er *Zwischenziel oder Indikator der Fiskalpolitik.*

Als *Zwischenziel der Stabilisierungspolitik* eignen sich die zumeist verwendeten Salden wenig. Der Nettosaldo enthält Auslandstransaktionen, der Bruttosaldo zusätzlich noch Schuldentilgungen. Die einfachste Zwischenzielgröße ist der um Auslandstransaktionen und Schuldentilgungen bereinigte Saldo der inlandswirksamen Transaktionen, der allerdings die unterschiedliche Ausgabenwirksamkeit von Transformations-, Transferausgaben und Steuern nicht berücksichtigen kann. Um die Wirkungen von Änderungen der Budgetstruktur erfassen zu können, bedarf es der Berechnung von (mit Multiplikatoren) gewichteten Salden.

Unbeschadet dieser Qualifikationen ist der Budgetsaldo das wichtigste Zwischenziel der fiskalpolitischen Diskussion: Zuerst war es das jährlich ausgeglichene Budget als Inbegriff des stabilen, ordentlichen Haushalts, als Voraussetzung einer stabilen Wirtschaft; dann folgte das Zwischenziel des permanent-deficit-spending, als Ausfluß von Stagnationsbefürchtungen der Zwischenkriegszeit, denen zufolge die Nachfrage der privaten Wirtschaft nicht ausreiche, Vollbeschäftigung zu sichern (Lerner 1944). Die Neoklassische Synthese war dem Zwischenziel Budgetausgleich über den Konjunkturzyklus verpflichtet. Wenn die Budgets der meisten Staaten in den letzten drei Jahrzehnten in Zeiten guter Konjunktur, wenn überhaupt, dann bloß sehr bescheidene Überschüsse auswiesen, viel zu kleine jedenfalls, um die kumulierten Defizite in der Rezession auszugleichen, so ist das nicht Ausdruck eines neuen permanent deficit-spending und einer Stagnationsthese, sondern Ausdruck der geänderten Rolle der Öffentlichen Hand: Die Staatsquote (gemessen an den Ausgaben) hat sich in den meisten Staaten zwischen 1955 und 1985 (nominell) mehr als verdoppelt[20] und liegt derzeit (1993) zwischen einem Drittel (USA, Japan) und zwei Drittel (Dänemark, Finnland, Schweden); in Deutschland erreichte sie 51 %, in Österreich wie im Durchschnitt der europäischen OECD-Staaten 52 % (Leibfritz et al 1994, 78). Der Staat ist ein

---

[20] Betrachtet man statt der üblicherweise verwendeten nominellen die reale Staatsquote, ist der Anstieg sehr viel schwächer - wenn überhaupt vorhanden. Der Anstieg der Staatsquote geht daher überwiegend auf die Verteuerung - nicht Ausweitung - der Staatstätigkeit zurück und spiegelt neben den mangelnden Rationalisierungsmöglichkeiten des Dienstleistungssektors Staat auch die Probleme der Deflationierung (Output- und Produktivitätsmessung) in diesem Sektor.

bedeutender Investor und Kreditgeber geworden; als solcher partizipiert er am Sparvolumen der Privaten und finanziert einen Teil seiner (Investitions-)Ausgaben fremd. An die Stelle des Zwischenziels des ausgeglichenen Haushalts über den Konjunkturzyklus sind daher neue Varianten getreten; etwa: Budgetdefizit in einer Höhe, die das Wachstum der Staatsschulden im Ausmaß des Wachstums des nominellen Brutto-Inlandsprodukts hält, Nettodefizit mit oder ohne Berücksichtigung der Zinszahlungen als bestimmter Prozentsatz des Brutto-Inlandsprodukts (Seidel 1978, 93; Blanchard/Dornbusch/ Buiter 1986) usw. In Artikel 104c, Absatz 1 des Vertrags über die Europäische Union verpflichten sich die Mitgliedsstaaten „übermäßige öffentliche Defizite" zu vermeiden; gemäß Absatz 2 werden diesbezügliche Referenzwerte in einem Protokoll festgelegt. Gewählt wurden 3 % des Brutto-Inlandsprodukts (BIP) für das öffentliche Haushaltsdefizit und 60 % des BIP für die öffentliche Verschuldung.

Alle diese Regeln sollen sicherstellen, daß die Belastung des Budgets mit Zinszahlungen nicht übermäßig groß wird. Der deutsche Sachverständigenrat arbeitet mit dem vom Verstetigungsgedanken beeinflußten Konzept des *konjunkturneutralen Haushalts*, der „für sich genommen unmittelbar keine Abweichungen der Auslastung des gesamtwirtschaftlichen Produktionspotentials von dem bewirkt, was mittelfristig als normal angesehen wird".[21] Ausgehend von einem „Normaljahr" sollen die (nominellen) Staatsausgaben gleich stark wachsen wie das Potentialprodukt, und die Steuereinnahmen gleich stark wie das Brutto-Inlandsprodukt.[22] Durch die Notwendigkeit, ein „neutrales" Basisjahr und eine „unvermeidliche" Inflationsrate zu wählen, enthält das Konzept starke, nicht unumstrittene normative Aspekte.

Da die üblichen Budgetsalden nicht allein die Wirkungen des Budgets auf die Konjunktur, sondern umgekehrt auch die Rückwirkungen der Konjunktur auf das Budget zeigen, eignen sie sich *nicht* als *Indikator der Fiskalpolitik*, als Maßstab der Stärke fiskalpolitischer Impulse. Um das zu erreichen, muß ein *Konjunkturbereinigter Saldo* (structural balance oder *Vollbeschäftigungssaldo:* high-employment surplus) errechnet werden, der Saldo aus den nicht-konjunkturabhängigen Ausgaben in geplanter Höhe, und den Einnahmen sowie den konjunkturabhängigen Ausgaben in der Höhe, die sich bei dem langfristig erwünschten Beschäftigungsgrad ergeben würden. Veränderungen dieses Saldo von Jahr zu Jahr zeigen die durch diskretionäre Maßnahmen bewirkten Änderungen der Budgetwirkung, zugleich aber auch das nicht-konjunkturelle (= strukturelle) Budgetdefizit. Der Vollbeschäftigungssaldo ist - wie erwähnt - eine Indikatorgröße und kein Zwischenziel: Erstens, weil er eine rein hypothetische Größe ist, zweitens aber auch deswegen, weil ein Budget, dessen Vollbeschäftigungssaldo stets auf Null gehalten wird, nicht zwangsläufig neutral wirken muß (Musgrave/Musgrave 1974, 545); drittens schließlich, weil der Vollbeschäftigungssaldo die expansive Wirkung in Inflationsperioden überschätzt, da er zwar die zusätzlichen Ausgaben

---

21 Sachverständigenrat 1987/88, 214.

22 Bei einer Aufkommenselastizität über 1 erfordert das periodische Steuersenkungen.

Übersicht 7.1: ***Alternative Budgetsalden (in % des BIP)***

		Budgetsaldo[1]	Konjunktur bereinigt[2]	Inflationsbereinigt[3]	Zinsbereinigt[4]
BRD	1979	2.6	- 4.6	2.1	- 1.5
	1985	- 1.1	- 0.1	- 0.8	+ 1.2
	1988	- 2.2	- 1.6	- 1.9	+ 0.2
	1991	- 3.2	- 5.2	- 2.5	- 1.0
	1994	- 3.5	- 2.3	- 2.6	- 0.1
A	1979	- 2.4	- 4.0	- 1.1	- 0.6
	1985	- 2.5	- 2.1	- 1.2	+ 0.4
	1988	- 3.0	- 2.7	- 2.3	+ 0.2
	1991	- 2.5	- 3.4	- 0.8	+ 0.9
	1994	- 3.8	- 1.5	- 2.4	- 0.3

[1] General government financial balance
[2] General government structural balance
[3] General government inflation-adjusted financial balance
[4] General government primary balance

Q: Leibfritz et al 1994, 74 - 76

für die Bedienung der Staatsschuld einschließt, nicht aber die Entlastung durch Entwertung der Staatsschuld (Artis 1978, 168).[23]

Die Diskussion der Konzepte zeigt, daß der Bedeutungsverlust, den die Fiskalpolitik im letzten Jahrzehnt erlitten hat, nicht zuletzt auch mit Mängeln im technisch-analytischen Bereich zu tun hat. Die Indikator-Zwischenziel-Debatte, die im Bereich der Geldpolitik außerordentlich heftig und auf hohem wissenschaftlichen Niveau geführt wurde (siehe dazu Abschnit 8.1), berührte die Fiskalpolitik bloß am Rande. Die Fragen wurden nicht wirklich diskutiert, die empirisch entwickelten Zwischenziel- und Indikatorkonzepte sind wissenschaftlich noch nicht ausdiskutiert und wurden überdies von der angewandten Wirtschaftspolitik systematisch ignoriert, wie jede Budgetdebatte und die Berichterstattung darüber, selbst in Wirtschaftspublikationen, zeigt (siehe dazu auch Abschnitt 7.4).

[23] Demgemäß berechnet die OECD auch einen inflationsbereinigten Saldo, der den Teil der Zinszahlungen ausschließt, die inflationsbedingt sind und insofern letztlich eine Schuldenrückzahlung bedeuten (Leibfritz et al 1994, 75).

7.3 Träger der Fiskalpolitik

Träger der Fiskalpolitik sind formell die *Parlamente*, materiell in sehr hohem Maße die Regierungen, die die Budget- und sonstigen Gesetzentwürfe vorbereiten und die beschlossenen Budgets und Gesetze durchführen. Da die *nachgeordneten Gebietskörperschaften* (Gemeinden, in Bundesstaaten auch Länder) über einen erheblichen Teil der Gesamtausgaben verfügen (zwei Drittel in der BRD und in der Schweiz, die Hälfte in Österreich) und über einen noch sehr viel höheren Anteil an den konjunkturvariablen Ausgaben (insbesondere Investitionen), müßte eine wirkungsvolle Stabilisierungspolitik die Budgets *aller* Gebietskörperschaften umfassen. Dazu bedürfte es allerdings eines relativ starken Drucks der Zentralregierung: Denn erstens ist Stabilisierungspolitik ein Öffentliches Gut, das zum Trittbrettfahren einlädt,[24] und zweitens verfügen die nachgeordneten Gebietskörperschaften, zumindest in der BRD und in Österreich de facto über keine nennenswerten Einnahmen-Gestaltungsmöglichkeiten, was zu einer Parallelpolitik, oder vielfach noch schlechter, zu einer prozyklischen Ausgabengestaltung verleitet. Alle Versuche einer wirkungsvollen Koordinierung der Stabilisierungspolitik zwischen den verschiedenen Ebenen der Gebietskörperschaften müssen jedoch als weitgehend gescheitert betrachtet werden; vorgeschlagen und versucht wurden zu diesem Zweck Konsultationen („Finanzplanungsrat"), Begrenzung der Schuldenaufnahme der nachgeordneten Gebietskörperschaften („Schuldendeckelverordnung"), Neuaufteilung der Steuern (konjunkturunabhängige Steuern für Länder und Gemeinden), u.a.

Eines der Hauptprobleme der Stabilisierungspolitik des Zentralstaats - ebenso natürlich auch der der nachgeordneten Gebietskörperschaften, soweit es eine solche gibt - ist das der *Verzögerungen.*[25] Vor allem die Innenverzögerung (inside lag) ist bei der Fiskalpolitik sehr lang: Erstens dauert die Planung geraume Zeit, weil die Maßnahmen meist erhebliche allokative und distributive Nebenwirkungen haben und daher sorgfältig und unter Mitwirkung verschiedener Ministerien und Verbände vorbereitet werden müssen (Planungsverzögerung). Zweitens bedürfen Maßnahmen der Fiskalpolitik gesetzlicher Grundlagen, was entsprechende parlamentarische Arbeit und daraus resultierende Verzögerungen bedingt (Ent-

---

[24] Da vom Nutzen der Stabilisierungspolitik niemand ausgeschlossen werden kann, ist natürlich die Gruppe am besten dran, die die Lasten der Stabilisierungspolitik nicht mittragen muß. Dasselbe Problem zeigt sich zunehmend auch auf weltwirtschaftlicher Ebene: Mit zunehmender außenwirtschaftlicher Verflechtung wirken stabilisierungspolitische Maßnahmen zunehmend weniger auf das Inland und zunehmend stärker auf das Ausland; Versuche stabilisierungspolitischer Alleingänge, vor allem in expansiver Richtung, werden zunehmend schwieriger (siehe etwa die Erfahrungen Frankreichs im Jahr 1981; Larsen et al 1983, 57). Demgemäß schieben die einzelnen Länder die Last der Stabilisierungspolitik (insbesondere in expansiver Richtung) gerne den jeweils anderen zu (Lokomotivtheorien, bei denen die Amerikaner die Lokomotive in Deutschland und Japan, die Europäer hingegen in den USA suchen). Siehe dazu allerdings auch Abschnitt 19.4 .

[25] Siehe dazu Abschnitt 9.3.

scheidungsverzögerung). Sind sie endlich in Kraft gesetzt, benötigen die Maßnahmen weitere Zeit um wirksam zu werden (Wirkungsverzögerung). Es besteht daher die Gefahr, daß antizyklisch gemeinte Maßnahmen der Fiskalpolitik infolge ihrer Verzögerungen de facto prozyklisch wirken, eine Gefahr, auf die insbesondere die Monetaristen aufmerksam gemacht haben (Brunner/Meltzer 1976c). Die Planungsverzögerung kann durch Schubladenprogramme verkürzt werden (siehe z.B. §§ 10 f des deutschen Stabilitätsgesetzes), doch haben sich dabei auch Nachteile gezeigt: Fertige Programme ziehen einen sehr starken politischen Druck auf ihre Verwirklichung nach sich, und nicht verwirklichte Schubladenprogramme veralten sehr rasch, werden also von den Betroffenen nach einiger Zeit unverändert nicht mehr akzeptiert.

Zur Verkürzung der Entscheidungsverzögerung werden Formelflexibilität und Gestaltungsspielräume der Regierung vorgeschlagen. *Formelflexibilität* bedeutet (Musgrave 1959, 512) die Festlegung von Schwellenwerten der Zielverletzung, bei deren Überschreitung die Regierung mit vorherbestimmten Maßnahmen reagieren muß: Zum Beispiel muß ein beschlossenes Eventualbudget freigegeben werden, wenn die Wachstumsrate des Brutto-Inlandsprodukts x % unterschreitet. Dadurch wird zwar die Entscheidungsverzögerung verkürzt, der Nachteil solcher Regelungen besteht jedoch darin, daß sie die Ursachen der Zielverletzung nicht berücksichtigen können: Die erwähnte Formel für die Freigabe des Eventualbudgets etwa wäre richtig, wenn der Wachstumseinbruch Folge einer Konjunkturabschwächung ist; gehen die Wachstumsverluste jedoch auf einen Generalstreik oder auf den Verlust von Wettbewerbsfähigkeit als Folge überhöhter Lohnabschlüsse zurück, dann wären die von der Formel vorgesehenen Maßnahmen absolut falsch. Demgemäß ist das deutsche Stabilisierungsgesetz auch einen anderen Weg gegangen: Es hat der Bundesregierung *begrenzte Gestaltungsmöglichkeiten* gegeben, die keiner parlamentarischen Beschlußfassung, sondern bloß parlamentarischer Kontrolle unterliegen. So kann die Regierung Ausgabenpläne beschleunigen oder erstrecken, die Steuersätze der Einkommens- und Körperschaftssteuer für ein Jahr um maximal 10 % erhöhen oder senken, Investitionsprämien einführen oder Sonderabschreibungen aussetzen usw. In Österreich besteht kein dementsprechender Gestaltungsspielraum der Bundesregierung, weil ihn die Verfassung (Art. 18 BVG) nicht zuläßt.

7.4 Funktionsprobleme der Fiskalpolitik

Funktionsprobleme der Fiskalpolitik ergeben sich aus den zunehmenden Sickerverlusten, aus der Beschränkung der Steuerung auf relativ wenige Ausgabenkategorien, den erheblichen Verzögerungen, der Gefahr der Verdrängung privater Ausgaben sowie aus der zunehmenden Staatsverschuldung. Die ersten drei Probleme wurden schon weiter vorne behandelt und werden hier nur kurz zusammengefaßt, die beiden letzteren werden genauer ausgeführt.

Sickerverluste der Fiskalpolitik - wie gleichermaßen auch der Geldpolitik - ergeben sich in der zunehmend verflochtenen Wirtschaft der Industriestaaten aus der steigenden Bedeutung der Importe. Importquoten von 50 % und mehr reduzieren den Multiplikator auf ein Drittel seines Wertes in einer geschlossenen Wirtschaft (etwa von 4 auf 1⅓). Das gilt für einnahmenseitige Maßnahmen noch stärker als für Transformationsausgaben, weil bei letzteren wenigstens der Erstrundeneffekt durch administrative Maßnahmen auf das Inland konzentriert werden kann (wenn auch um den Preis von möglichen Effizienzverlusten). Bei Transfers und einnahmenseitigen Maßnahmen ergeben sich weitere Sickerverluste daraus, daß es der steigende Wohlstand ermöglicht, temporäre Veränderungen von Transfers und Steuersätzen durch Anpassungen im Sparverhalten zu kompensieren. Die Wirtschaftspolitik kann auf Sickerverluste via Importe bloß durch internationale Konzertierung der Aktionen und den Verzicht auf nationale Alleingänge im Bereich der Stabilisierungspolitik reagieren,[26] auf vorhersehbare Änderungen im Sparverhalten durch entsprechende Dimensionierung der Maßnahmen (soweit möglich) und durch stärkere Betonung mittelfristiger (Verstetigungs-)Strategien (siehe dazu Abschnitt 20.2).

Der *Aktionsspielraum der Fiskalpolitik ist beschränkt*, weil die Ausgaben, insbesondere des Zentralstaats, bloß wenige Ausgabenkategorien umfassen, gegen deren allzu starke Variation erhebliche Widerstände bestehen, weil Transfers zwar erhöht aber bloß außerordentlich schwer verringert werden, und Steuersatzänderungen vielfach überwälzt werden können. Die konjunkturell variierbaren Staatsausgaben für Güter und Dienstleistungen beschränken sich auf Bauausgaben, insbesondere auf den Straßenbau, auf Einrichtungen und Fahrzeuge für Bahn und Post,[27] auf medizinische Einrichtungen und bis zu einem gewissen Grad auf Subventionen (Wirtschaftsförderung). Diese relativ wenigen Kategorien, die bloß einen bescheidenen Anteil des gesamten Budgets (insbesondere des Zentralstaats) umfassen, müßten konjunkturell sehr stark variiert werden, um nennenswerte Wirkungen auf das Aggregat Staatsausgaben und über den Multiplikator auf die Gesamtausgaben erzielen zu können. Gegen eine solch starke Variation gibt es jedoch zahllose branchenstrukturelle, aber auch politische Widerstände bis zur Koalition von auftragsabwickelnden Beamten und auftragsausführenden Firmen, die beide an kontinuierlicher Arbeit interessiert sind.

---

26 Nach OECD-Schätzungen erreicht der Multiplikator für Nicht-Lohn-Staatsausgaben bei akkomodierender Geldpolitik und stabilitätspolitischen Alleingängen einen Wert (Maximalwert nach 2 Jahren) von 2.0 in den USA, von 1.5 in Deutschland, von 1.1 in Großbritannien und 1.0 in Schweden. Bei konzertierter Aktion aller OECD-Staaten steigt der Multiplikator nach dem 2. Jahr meist noch weiter an und erreicht in den USA 2.5, in der BRD 3.6, in Großbritannien 2.4 und in Schweden 3.2. (Larsen et al 1983). Siehe dazu Tabelle 15.1.

27 In der Volkswirtschaftlichen Gesamtrechnung werden Bahn und Post dem Unternehmenssektor zugerechnet. Für Fragen der Stabilisierungspolitik sind sie dem Staatssektor zuzurechnen, soferne ihre Ausgaben vom Träger der Wirtschaftspolitik gesteuert werden können.

Als man diese Rigiditäten im Ausgabenbereich in den sechziger Jahren erkannte, versuchte man, auf eine *konjunkturelle Variation der Steuersätze* auszuweichen. Es zeigte sich aber sehr rasch, daß Erhöhungen der Steuersätze, die zur Abkühlung der Nachfrage gedacht waren, vor allem zu Preissteigerungen führten, im Falle der Erhöhung indirekter Steuern direkt und sofort, im Fall der Erhöhung direkter Steuern über Lohndrift und höhere Lohnforderungen der Gewerkschaften, denen die Unternehmer in Zeiten angespannter Faktormärkte nur allzu leicht nachgeben, weil sie in einer Hochkonjunktur mit sicherer Überwälzung der höheren Lohnkosten auf die Preise durch die Konkurrenten rechnen können.

Diesen Problemen muß die Fiskalpolitik jedoch nicht hilflos gegenüberstehen: In einer auch bloß mäßig wachsenden und (mäßig) inflatorischen Wirtschaft genügt es, die größeren Ausgabenkategorien (auch solche, die nicht variierbar im engeren Sinn sind) konstant zu halten, die Progressionswirkungen der Steuern bei Inflation und Wachstum voll wirksam werden zu lassen („kalte Progression" oder fiscal drag), oder wachstums- und inflationsbedingte Steuersenkungen zum konjunkturell richtigen Zeitpunkt vorzunehmen, um damit stabilisierungspolitische Wirkungen zu erzielen. Ein solches Konzept setzt allerdings voraus, daß die Maßnahmen rechtzeitig gesetzt werden, nämlich bereits dann, wenn der Bedarf an Gegensteuerung noch gering ist. Im übrigen empfiehlt sich eine Beseitigung der Hemmnisse, die das Wirken der automatischen Stabilisatoren behindern (Anpassung der Steuervorauszahlungen, Stillegung konjunkturbedingter Mehrerträge, etc.; siehe dazu Abschnitt 7.1).

Was die *Verzögerungen* betrifft, haben Transformationsausgaben zwar eine besonders kurze Wirkungsverzögerung, und auch Transfers und Steueränderungen wirken rascher als Maßnahmen der Geldpolitik; die Planungs- und Entscheidungsverzögerungen sind aber sehr lang. Die wirkungsvollste Maßnahme zur Verringerung dieser Verzögerungen ist die Forcierung automatischer Stabilisatoren (siehe oben). Auf sie darf jedoch nicht voll vertraut werden, weil sie zwar bei Nachfrageproblemen (demand shocks) und vermutlich auch bei temporären Angebotsproblemen (supply shocks) hilfreich sind, kaum aber bei dauerhaften supply shocks. In Ergänzung der automatischen Stabilisatoren sind daher Schubladenprogramme und ein größerer Handlungsspielraum für die Regierung vorzusehen.

Die Hypothese der *Verdrängung privater Ausgaben durch zusätzliche Staatsausgaben* (crowding out) tritt in verschiedenen Varianten auf. Die einfachste Überlegung geht von Vollbeschäftigung aus: Zusätzliche Nachfrage des Staates läßt unter dieser Voraussetzung nicht das Angebot sondern bloß die Preise steigen und verdrängt dadurch die preiselastische private Nachfrage. Die traditionelle Variante des crowding out behauptet, daß die Finanzierung der zusätzlichen Staatsausgaben den Zinssatz erhöhe bzw. die verfügbaren Kreditspielräume aufzehre und dadurch zins- bzw kreditabhängige private Investitionen verdränge. In der Terminologie der üblichen IS-LM-Kurve (siehe Abb. 7.4) verschiebt sich die IS-Kurve durch Staatsausgaben einschließlich deren Multiplikatorwirkungen um den Betrag AG auf IS'; das Volkseinkommen würde von Y auf Y" steigen. Der

Zinssatz erhöht sich finanzierungsbedingt jedoch von i auf i'. Dadurch werden private Investitionen im Ausmaß von Y'Y" verdrängt; es kommt somit zwar zu einer Erhöhung des Volkseinkommens, doch nicht von YY", sondern zu der betragsmäßig kleineren von YY'.

Wesentlich für diese Argumentation ist die Annahme einer unveränderten LM-Kurve, also eines unveränderten Geldangebots. Eine solche Strategie expansiver Fiskal- und unverändert restriktiver Geldpolitik wäre in einer merkbaren Rezession problematisch; erhöht jedoch die Notenbank die Geldmenge so, daß der Zinssatz i unverändert bleibt, dann verschiebt sich die LM-Kurve nach rechts auf LM', und der Punkt G mit dem Einkommen Y" kann tatsächlich erreicht werden; es kommt auch im traditionellen Modell zu keinem crowding out, sondern zu der erwünschten Steigerung des Volkseinkommens auf Y". In einer mäßigen Rezession, in der die Geldpolitik zu Recht inflatorische Folgen einer monetären Expansion fürchten mag, kann crowding out vermieden werden, wenn die Fiskalpolitik nicht die Staatsausgaben für Güter und Dienstleistungen erhöht, sondern die privaten Investitionen fördert (Lindbeck 1974, 278; Blanchard/Dornbusch/Buiter 1986, 139f). In diesem Fall vermeidet sie crowding out, und in einer schwachen Rezession - mit geringer Unsicherheit der Unternehmer - wird eine Politik der Investitionsförderung auch tatsächlich zielführend sein.[28] Der Preis dieser Politik werden allerdings Mitnahmeeffekte sein - die Beanspruchung der Investitionsförderung für Projekte, die auch ohne sie realisiert worden wären - und damit etwas höhere Kosten der Fiskalpolitik.

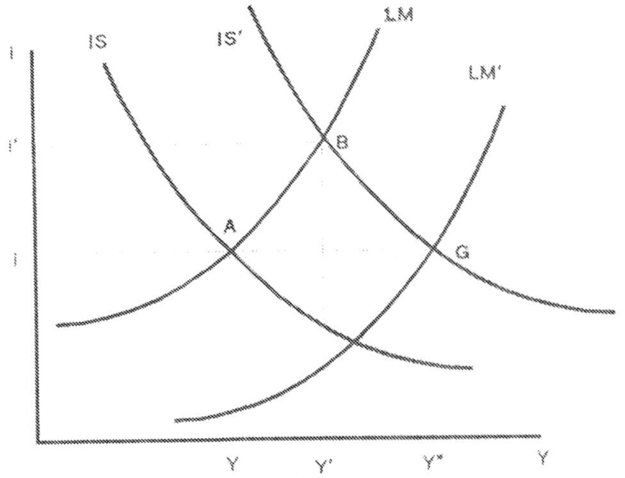

Abbildung 7.4: ***Crowding out und Geldpolitik***

---

[28] In einer tiefen Rezession wäre zu befürchten, daß die zusätzliche Investitionsförderung wirkungslos bleibt, weil die Unsicherheit der Unternehmer zu groß ist.

Eine zweite Gruppe von crowding out-Hypothesen geht von der *Erwartung höherer Zinssätze* oder einer *Aufwertung* als Folge des höheren Budgetdefizits aus (Blanchard/Dornbusch/Buiter 1986). Beides wird allerdings wiederum bloß dann eintreten, wenn die Geldpolitik restriktiv bzw. die Umlaufgeschwindigkeit konstant ist und der Beschäftigungsgrad zum Zeitpunkt der zusätzlichen Staatsausgaben relativ hoch ist. Auch hier läßt sich wieder die Schlußfolgerung ziehen, daß expansive Fiskalpolitik gerade dann private Ausgaben verdrängt, wenn die Kapazitätsauslastung hoch ist, für expansive Maßnahmen somit bloß wenig Spielraum besteht und die expansiven Maßnahmen besser hätten unterbleiben sollen. Diese Schlußfolgerungen, die sich aus den stärker theoretisch orientierten Arbeiten ziehen lassen, werden durch Modellsimulationen und Länderstudien weitgehend bestätigt.[29] Wenn die in Abschnitt 7.1 zitierten ökonometrischen Studien durchwegs Multiplikatoren über 1 ergeben, zeigt das, daß zumindest kein vollständiges crowding out stattgefunden hat, und auch Spezialstudien für einzelne Länder fanden keine überzeugende Evidenz für erhebliche Verdrängungseffekte (Tewes 1982; Handler 1983; Cäsar 1985).

Eine weitere Gruppe von crowding out-Hypothesen, die auf superrationalen Erwartungen basieren - Einschränkung der Privatausgaben wegen der in Zukunft erwarteten höheren Steuerzahlungen zur Schuldenbedienung -, gehört nicht mehr in das traditionelle Modell und wird in Abschnitt 15.1 behandelt.

Das letzte und vielleicht stärkste Argument gegen einen stabilisierungspolitischen Einsatz der Fiskalpolitik ist die *Belastung durch den Schuldendienst* als Folge der zusätzlichen Staatsverschuldung[30]. Die Öffentlichkeit fürchtet, daß zusätzliche Staatsschulden zu Zinsenzahlungen führen, die bei gegebenem Defizit ihrerseits wieder nur durch zusätzliche Verschuldung finanziert werden können, was zu einer laufenden Beschleunigung des Schuldenzuwachses führt. Diese populären Argumente implizieren - für die meisten offenbar unbewußt -, daß die Budgetdefizite (und damit die, die zusätzlichen Staatsschulden auslösenden Staatsausgaben bzw. Steuersenkungen) völlig wirkungslos bleiben. Zeigen sie nämlich Wirkungen, dann muß sich die Nachfrage beleben, und zusätzliche Steuereinnahmen müßten die künftigen Defizite verringern.[31] Betrachtet man stabilisierungspolitische Maßnahmen als Investitionen, so muß deren Ertragsrate größer

---

[29] Artis (1978, 175ff) fand in den englischen Modellen kein bzw. sogar negatives crowding out. Er führt das darauf zurück, daß die höheren Zinszahlungen für die gestiegene Staatsschuld das Einkommen des privaten Sektors erhöhen und dementsprechend hohe Ausgaben auslösen, die die negativen Wirkungen auf die Investitionen überkompensieren.

[30] „...optimal or even merely sensible, budgetary policy is bound to be characterized by systematic, predictable and sometimes persistent departures from budget balance. Even in long-run equilibrium, zero is not a uniquely interesting figure for the budget deficit. A constant debt-output ratio *is* a requirement of stationary long run equilibrium. The optimal value of this ratio is unlikely to be zero." (Buiter [1984] 1990, 42).

[31] Das Argument gilt in vollem Umfang bloß in der geschlossenen Wirtschaft. In der offenen Wirtschaft kommt der „Ertrag" der Stabilisierungspolitik bloß zum Teil dem Inland zugute (Sickerverluste). Das bedeutet jedoch nicht Verzicht auf Stabilisierungspolitik, sondern die Notwendigkeit der internationalen Koordinierung (siehe Abschnitt 19.4).

sein als der Zinssatz, der auf Staatschulden bezahlt wird. Ausgaben für stabilisierungspolitische Maßnahmen sind stets dann vorzunehmen, wenn ihre gesamtwirtschaftliche Rendite größer ist als der Anleihezinssatz. Das wird vor allem dann der Fall sein, wenn durch die fiskalischen Stabilisierungsmaßnahmen die Ursache der Zielverletzung beseitigt wird (etwa bei keynesianischer Arbeitslosigkeit), nicht hingegen, wenn durch diese Maßnahmen die Ursachen bloß überdeckt werden (etwa Nachfragemangel infolge von Konkurrenzunfähigkeit gegenüber dem Ausland wird durch Staatsaufträge überdeckt). Allerdings hilft diese Regel der angewandten Stabilisierungspolitik deswegen nicht sehr viel weiter, weil die Erfahrungen mit Kosten/Nutzenanalysen darauf hindeuten, daß solche Erträge wohl nie auch bloß größenordnungsmäßig berechnet werden können.[32]

Eher helfen Überlegungen darüber, unter welchen Bedingungen die Angst vor einem schneeballeffektartigen Anwachsen der Staatsschulden nicht gerechtfertigt ist. Bereits 1944 zeigte Domar, daß selbst anhaltende Budgetdefizite die Staatsschuld unter normalen Bedingungen zwar ansteigen lassen, jedoch ab einem gewissen Zeitpunkt nicht rascher als das Brutto-Inlandsprodukt. Die maximale („sustainable") Staatsschulden/Brutto-Inlandsprodukt-Relation (D/Y), der sich die Realität asymptotisch nähert, wird durch die Relation Budgetdefizit (netto) zu BIP (a), die reale Wachstumsrate (y) und den realen Zinssatz (r) bestimmt:

$$D/Y = (D_0/Y_0 e^{yt}) + (a/y)(1 - e^{yt})$$

$$\lim_{t\to\infty} (D/Y) = a/y$$

Die maximale Zinsbelastung (Dr) des Gesamteinkommens wird zusätzlich vom realen Zinssatz (r) bestimmt:

$$\lim_{t\to\infty} = Dr/(Y+Dr) = r/[y/a) + r]$$

Der Fehler, den diejenigen machen, die ein schneeballeffektartiges Anwachsen der Staatsschuld befürchten, besteht darin, daß sie bloß das Anwachsen der Staatsschuld, nicht aber auch das des Brutto-Inlandsprodukts (durch Wachstum *und* Inflation) sehen. Umgekehrt läßt sich fragen, wie hoch der Budgetüberschuß ohne Zinszahlungen sein müßte, um der dynamischen Budgetrestriktion - Gegenwartswert des Schuldendienstes gleich dem Wert der ausstehenden Staatsschuld - zu entsprechen (Blanchard/Dornbusch/Buiter 1986, 128ff). Es ergibt sich langfristig:

$$v^* = [(r-y)/(1+r)]b_0 + [(r-y)/(1+r-a(1+y))]x_0$$

v^*: langfristig erforderlicher Budgetüberschuß ohne Zinszahlungen in Prozent des BIP

r: realer langfristiger Zinssatz

y: reale Wachstumsrate

[32] Zur „Selbstfinanzierung" fiskalpolitischer Maßnahmen siehe Gandenberger (1983, 848) und Oberhauser (1985).

b_0: nominelle Staatsschuld/BIP im Ausgangszeitpunkt (Schuldenquote)
x_0: transitorisches Budgetdefizit ohne Zinszahlungen/BIP im Ausgangzeitpunkt
  $(x_0 = v^* - v_0)$
$a = x_t / x_{t-1}$: jährliche Abnahmerate von x_0

Bei einem Realzinssatz von 6 %, einer Wachstumsrate von 2 % und einer Schuldenquote von 50 % muß jährlich ein Budgetüberschuß ohne Zinsen von 1.9 % des BIP erzielt werden, um die Schuldenquote unverändert zu lassen; geht man hingegen von einem Budgetdefizit ohne Zinsen in Höhe von 3 % des BIP aus, das jährlich um 20 % sinkt, muß langfristig ein Überschuß (ohne Zinsen) von 2.4 % des BIP erzielt werden. Sinkt der reale Zinssatz bei sonst gleichen Annahmen auf 3 %, so sinkt der erforderliche Budgetüberschuß ohne Zinsen im ersten Fall auf 0.5 % des BIP, im zweiten Fall auf 0.6 %. Steigt die reale Wachstumsrate zusätzlich auf 4 %, ist nicht ein Budgetüberschuß ohne Zinsen erforderlich, sondern ein Budgetdefizit möglich, und zwar im ersten Fall in Höhe von 0.5 % des BIP, im zweiten in Höhe von 0.6 %. Es zeigt sich somit: Ist der (reale) Zinssatz höher als die (reale) Wachstumsrate (r > y), muß ein Budgetüberschuß (ohne Zinsen) erzielt werden, ist sie gleich (r = y), ist ein ausgeglichenes Budget (ohne Zinszahlungen) erforderlich; nur wenn der Zinssatz unter der Wachstumsrate liegt (r < y), sind laufende Budgetdefizite über den Betrag der Zinszahlungen hinaus möglich, ohne daß der gefürchtete Schneeballeffekt eintritt; ein intuitiv plausibles Ergebnis, das - obwohl schon mehr als fünf Jahrzehnte alt - der angewandten Wirtschaftspolitik nach wie vor zu wenig geläufig ist.

Außer der Zinsenbelastung wird als Argument gegen Staatsschulden gerne angeführt, daß dann der Staat zu einer Inflationspolitik geradezu gezwungen wäre, um dadurch seinen Schuldendienst zu verringern. Dieses Argument übersieht die Inflationsreagibilität der Zinssätze und die Fristigkeitsstruktur der Staatsschulden. Bei Geldillusion und sehr langer Laufzeit der Staatsschuld könnte die Öffentliche Hand aus einer Inflationspolitik vielleicht tatsächlich Nutzen ziehen. Die Kurzfristigkeit der heutigen Staatsverschuldung (USA 3 Jahre, Österreich 8 Jahre) bedingt jedoch, daß ein großer Teil der Staatsschuld jährlich umgeschuldet werden muß (was bei Inflation nur zu höheren Zinssätzen möglich ist), so daß sich eine Erleichterung bloß dann ergäbe, wenn die höheren Inflationsraten im Zins bloß sehr wenig abgegolten würden. Dafür, daß Inflationsraten im Zinssatz nicht *voll* abgegolten werden, gibt es zwar eine gewisse Evidenz (Summers 1983, 232), doch reicht sie sicher nicht aus und ist auch nicht verläßlich genug, um von einem Staat sinnvollerweise zur Basis seiner Politik genommen zu werden.

7.5 Zusammenfassung

Die Überbetonung der stabilisierungspolitischen Aufgaben der Finanzpolitik durch die functional finance hat ihre Spuren auch in der Assignation des traditionellen Modells der Neoklassischen Synthese hinterlassen. Die allokative Funktion des Budgets wurde übersehen, die Budgetpolitik überwiegend auf das Ziel Vollbeschäftigung ausgerichtet. Daraus ergaben sich verschiedene Funktionsstörungen und Fehlentwicklungen, die die Fiskalpolitik in den siebziger Jahren in Mißkredit brachten:

* Erstens erwies sich die auf Vollbeschäftigung ausgerichtete Fiskalpolitik in all den Fällen als nicht adäquat, in denen die Verletzung des Ziels Vollbeschäftigung nicht aus globalem Nachfragemangel, sondern aus anderen Ursachen resultierte (z.B. Verzerrung der relativen Preise, Strukturprobleme, Verlust der internationalen Wettbewerbsfähigkeit), Störungsursachen, die im Verlauf der siebziger Jahre an Bedeutung gewannen. Zwar war die Fiskalpolitik auch in diesen Fällen nicht völlig wirkungslos, weil durch die direkte Staatsnachfrage Arbeitsplätze geschaffen wurden; da jedoch die wahren Ursachen der Fehlentwicklung nicht beseitigt, sondern bloß überdeckt wurden, lösten die zusätzlichen Staatsausgaben keinen expansiven kumulativen Prozeß (Multiplikator über 1) aus; die Maßnahmen kamen demgemäß sehr teuer zu stehen.
* Zweitens verleitet die Fiskalpolitik zur Asymmetrie. Da - wie schon das Alte Testament betont - Geben seliger ist denn Nehmen, wurden expansive Maßnahmen (zu) früh ergriffen, und sie fielen (zu) kräftig aus, restriktive Maßnahmen wurden aufgeschoben und fielen dann vielfach (zu) bescheiden aus; die Feinsteuerung strebte ein Niveau der Kapazitätsauslastung und damit der Beschäftigung an, das auf Dauer nicht zu halten war. Die Folge waren Inflation und stark steigende Staatsschulden.
* Drittens ergab sich aus der auch theoretisch nicht völlig geklärten Aufteilung von Fiskalimpulsen auf Preis- und Mengenkomponente die Gefahr der stop-go-Politik. Auf Grund theoretischer Überlegungen wäre zu erwarten, daß bei expansiven Maßnahmen zuerst die Mengen, dann die Preise reagieren, bei restriktiven Maßnahmen zuerst die Preise und dann die Mengen.[33] In der Realität hingegen tritt jedoch häufig der umgekehrte Effekt auf,[34] sodaß Fehlreaktionen der Wirtschaftspolitik auftreten.

---

33 Diese Erwartung resultiert daraus, daß expansive Maßnahmen bei Unterauslastung der Kapazität ergriffen werden, die Preise aber erst steigen, wenn die Kapazitäten gut ausgelastet sind; restriktive Maßnahmen - bei überhöhter Auslastung - wirken auf die Mengen hingegen erst, wenn die nominelle Übernachfrage abgebaut ist.

34 Er ergibt sich im allgemeinen aus strukturellen Faktoren, und zwar daraus, daß durch expansive Maßnahmen bei Unterauslastung in einzelnen Bereichen Preise zu sinken aufhören, nicht, daß die Preise generell rascher steigen. Ähnlich treffen restriktive Maßnahmen in der Hochkonjunktur einzelne Bereiche mengenmäßig, schon bevor die Nachfrage global so stark abgenommen hat, daß die Preis-Lohnspirale gebrochen wird.

* Viertens bedingen die erwähnten Faktoren - überhöhte Staatsnachfrage, verstärkte Inflation, stop-go - die Gefahr einer Fehlallokation der Produktionsfaktoren, die ihrerseits - fälschlicherweise - Anlaß zu verstärktem Einsatz beschäftigungssichernder Fiskalpolitik geben kann.
* Daraus resultiert fünftens, daß die Budgetdefizite und damit die Staatsschulden außerordentlich stark anschwellen, ohne daß das Beschäftigungsziel tatsächlich erreicht wird; die Fiskalpolitik gerät in diesem Fall in den Ruf der Unwirksamkeit, wie das in den siebziger Jahren auch tatsächlich geschehen ist. Tatsächlich handelt es sich dabei aber nicht um Funktionsprobleme der Fiskalpolitik als solcher, sondern um Probleme, die aus dem falschen Einsatz der Fiskalpolitik (für ungeeignete Zwecke) entstehen.

8 Nachfragesteuerung II: Geldpolitik

Die Geldpolitik versucht Nachfrage und Preisniveau über die Ausgabenpläne der (privaten)[1] Wirtschaftssubjekte zu beeinflussen, für die die Gestaltung der Finanzierungsbedingungen relevant ist. Über die Finanzierungsbedingungen können Ausgabenpläne deswegen beeinflußt werden, weil ein Teil der Wirtschaftssubjekte (z.B. ältere Haushalte, institutionelle Geldanleger wie Versicherungen etc.) Einnahmenüberschüsse (*Finanzierungs*überschüsse) erzielt, andere Wirtschaftssubjekte (z.B. Unternehmungen, jüngere Haushalte, Öffentliche Hand) hingegen Ausgabenüberschüsse (*Finanzierungs*defizite); Solche *Finanzierungs*defizite, bei denen die *Ausgaben* die *Einnahmen* übersteigen, sind streng von betriebswirtschaftlichen Defiziten zu unterscheiden, bei denen die *Kosten* die *Erträge* übersteigen; ein Budgetdefizit der Öffentlichen Hand ist ebenso ein Finanzierungsdefizit wie das Finanzierungsdefizit eines Unternehmens, das - möglicherweise gerade wegen seiner *guten* Ertragslage - mehr investiert, als es selbst finanzieren kann, und so einen (investitionsbedingten) Ausgabenüberschuß mit Bankkrediten finanziert. Unbeschadet der Ursache ihres Entstehens (geplant, weil die Rendite der Ausgaben höher ist als der Kreditzinssatz, oder ungeplant als Folge unerwarteter Entwicklungen) müssen diese Defizite finanziert oder - wenn das nicht möglich oder zu teuer ist - die Ausgabenpläne geändert werden. Insoweit bestimmen die Finanzierungsbedingungen Ausmaß und Kosten der Finanzierungsmittel, die die Überschußeinheiten den Defiziteinheiten zur Verfügung stellen, also die Sparpläne der Überschußeinheiten und die Ausgabenpläne (Ausgabenüberschüsse) der Defiziteinheiten. In der Regel erfolgt das über die Portefeuillestruktur, indem die Geldpolitik durch zusätzliches Angebot eines Portefeuillebestandteils (i.d.R. Geld) das Portefeuillegleichgewicht bewußt stört und dadurch Anpassungsprozesse der Einnahmen- und Ausgabenpläne auslöst.

Schon diese grobe Skizzierung der Wirkungswege geldpolitischer Maßnahmen zeigt, daß die Geldpolitik auf die Nachfrage weniger direkt wirkt als die Fiskalpolitik: Sie kann nicht die Ausgaben selbst beeinflussen, sondern bloß einzelne der sie bestimmenden Determinanten, nämlich die Finanzierungsbedingungen auf dem Fremdmittelmarkt (Kredit-, Kapitalmarkt) und das Niveau einzelner Porte-

---

[1] Grundsätzlich ist es natürlich auch möglich, die Ausgabenpläne der Öffentlichen Hand durch Geldpolitik zu beeinflussen. Das ist jedoch eine suboptimale Lösung, weil weniger effizient als eine bewußte Koordinierung von Geld- und Fiskalpolitik. Die Schwächen resultieren aus der geringen Zinsempfindlichkeit der öffentlichen Ausgaben und den großen Verdrängungseffekten (crowding out), die mit einer solchen Politik verbunden wären.

feuillebestandteile (Geldmenge, Offenmarktpapiere). Nachfragewirksam werden die Maßnahmen der Geldpolitik bloß dann, wenn die Wirtschaftssubjekte ihre Ausgabenpläne als Reaktion auf die geänderten Daten auch tatsächlich ändern. Solche Reaktionen sind in restriktiver Richtung verläßlicher, weil die Verweigerung von Finanzierungsmitteln den Defiziteinheiten kaum Möglichkeiten offen läßt, ihre Ausgabenpläne beizubehalten; in expansiver Richtung hingegen führt das Angebot zusätzlicher Finanzierungsmittel und die Erleichterung der Finanzmarktkonditionen keineswegs zwangsläufig-automatisch zu einer Erhöhung der Ausgabenpläne; dazu bedarf es der Mitwirkung der Defiziteinheiten,[2] nämlich ihrer Bereitschaft, sich zu verschulden, oder der Überschußeinheiten, weniger zu sparen (= mehr auszugeben); solche Voraussetzungen, werden in ausgeprägten Rezessionen meist fehlen.

Die Gestaltung der Bedingungen für Finanzierung und Portefeuillezusammensetzung, genauer die Gestaltung von Zinssätzen, Bankliquidität, Geldmenge, Kreditmenge usw. betreffen Zwischenziele der Geldpolitik, und nur über diese Zwischenziele kann die Geldpolitik ihre endgültigen Ziele erreichen. Weil aber Finanzierungsmittel universell verwendbar sind („Geld hat kein Mascherl"), kann die Geldpolitik die Nachfrage bloß global steuern; selektive Steuerung ist ihr nicht möglich. Diesem Nachteil stehen allerdings die Vorteile einer breiten Wirkung auf nahezu alle Wirtschaftsbereiche und der leichteren Durchsetzbarkeit aus eben demselben Grund gegenüber, daß eben nicht von vornherein feststeht, wer von den Maßnahmen positiv oder negativ betroffen wird.

Träger der Geldpolitik sind überwiegend die Zentralbank (Notenbank), in zweiter Linie die Regierung (Finanzministerium) und in gewissem Maße auch die (privaten) Finanzierungsinstitute.[3] Um die Wirkungsweise der Geldpolitik zu erfassen, untersucht Abschnitt 8.1 zunächst die Konsequenzen der Veränderung von Zwischenzielen als Instrument zur Änderung der endgültigen Ziele, Abschnitt 8.2 beschreibt die Instrumente der Geldpolitik, Abschnitt 8.3 die Möglichkeiten der Geldpolitik, die Zwischenziele zu steuern. Abschnitt 8.4 wendet sich den Funktionsproblemen der Geldpolitik zu, und Abschnitt 8.5 untersucht die Schul-

---

2 Die Notwendigkeit der Mitwirkung Dritter ist kein Gegensatz zwischen Fiskal- und Geldpolitik: Ohne Mitwirkung Dritter funktioniert bloß das Instrument der Veränderung der Staatsausgaben für Güter und Dienstleistungen sowie die Instrumente der Geldpolitik in restriktiver Richtung; der Mitwirkung Dritter, nämlich ihrer Ausgabenentscheidung, bedürfen alle anderen Staatsausgaben (insbesondere Transfers) und Steuersatzänderungen ebenso wie die Geldpolitik in expansiver Richtung.

3 Siehe dazu Abschnitt 8.3.

denstrukturpolitik, eine (ergänzende) Form der Geldpolitik, deren Träger nicht die Notenbank sondern die Regierung ist.

8.1 Die Wirkung von Geldmengen- und Zinsänderungen in der Theorie

Die Wirkungskette vom Einsatz der geldpolitischen Instrumente der Notenbank über die Änderung der Finanzmarktbedingungen bis zu den Wirkungen auf Gütermarkt und Preise ist lang und unsicher: Lang, wegen der bloß indirekten Wirkung über zahlreiche Zwischenglieder, und unsicher, nicht bloß wegen der unzureichenden theoretischen Kenntnis über die Wirkungszusammenhänge, sondern auch wegen möglicher Änderungen von Parametern und Verhaltensweisen. Dementsprechend verwendet die Geldpolitik *Zwischenziele* als Steuergrößen, als Leitlinie für die jeweils laufenden Maßnahmen. Um diese Leitlinienfunktion erfüllen zu können, müssen die Zwischenziele von der Geldpolitik beeinflußt werden können (*Steuerungsfunktion*), und sie müssen erhebliche, prognostizierbare und nicht zu lang verzögerte Wirkungen auf das endgültige Ziel der Geldpolitik ausüben (*Transmissionsfunktion*).

In der traditionellen Literatur wurden vor allem vier Zwischenziele vorgeschlagen, deren Einschätzung im Zeitverlauf allerdings erheblich schwankte: Zinssatz, Kreditvolumen, Bankliquidität und Geldmenge. Auf welchem Weg beeinflussen diese Zwischenziele die endgültigen Ziele der Geldpolitik, Preisniveau und Niveau der gesamtwirtschaftlichen Nachfrage?

Der einfachste - wenn auch nicht wichtigste - Weg ist der kreditkostentheoretische Transmissionsmechanismus über die Zinssätze (Kreditkosten): Wenn die Geldpolitik die Zinssätze erhöht, verteuern sich die Fremdfinanzierungsmittel, bisher rentable Investitionsvorhaben werden unrentabel und müssen aufgegeben werden; allgemeiner: fremdfinanzierte Ausgabenpläne werden reduziert. Die Relevanz dieses Ansatzes leidet darunter, daß die Zinselastizität der Ausgaben (insbesondere der Investitionen) nicht sehr groß zu sein scheint; dahinter verbergen sich ein wirtschaftspolitischer und zwei theoretische Gründe:

* Erstens: Zins- bzw. finanzierungsabhängig sind vor allem Projekte mit sehr langer Laufzeit und relativ konstanten Erträgen (Wohnbau, Infrastruktur, Kraftwerke, Landwirtschaft). Diese Investitionen müßten in Zeiten hoher Zinssätze erheblich eingeschränkt werden (und sollten das auch aus stabilisierungspolitischer Sicht); allerdings sind gerade sie in vielen Fällen politisch relevant, und demgemäß bemühen sich die Interessenvertreter um Sonderfinanzierungsaktionen für diese Bereiche, die allzu oft auch bewilligt wurden und

gerade die zinsreagiblen Teile der Investitionen aus der geldpolitischen Steuerung herausnehmen.[4]

* Zweitens übersieht die Argumentation der kreditkostentheoretischen Transmission, daß für Ausgaben-(Investitions-)pläne nicht der Fremdkapitalzinssatz als solcher, sondern die *Differenz* zwischen der Ertragsrate (Rendite) des Projekts und dem monetären Zinssatz relevant ist. Nun gibt es gute Indizien für die Vermutung, daß die Ertragsrate der Investitionsprojekte vielfach stärker schwankt als der monetäre Zinssatz,[5] daß also die Verteuerung der Kredite in der Hochkonjunktur die höheren Ertragserwartungen in den meisten Fällen nicht einmal kompensiert, wogegen umgekehrt das Sinken der monetären Zinssätze in der Rezession von dem Verfall der Ertragsraten vielfach übertroffen wird. Trotz dieser Einwände sollte allerdings nicht übersehen werden, daß ein sinkendes Zinsniveau nicht bloß die Erträge, sondern auch die Verschuldungsspielräume beeinflußt, also nicht bloß auf die Dispositionen der Schuldner, sondern auch auf die der Gläubiger wirkt: Es kann Schuldner kreditwürdig machen, die das bisher nicht waren.
* Drittens hat die abnehmende Bedeutung von Kreditverträgen mit fester Zinsbindung (unkündbare Obligationen und langfristige Kredite mit festen Zinssätzen ohne Kündigungsrecht) die Wirkung der Geldpolitik geschwächt. Denn bloß ein niedriger Zinssatz über die *gesamte* Laufzeit des Projekts kann ein Unternehmen veranlassen, trotz der unsicheren Erwartungen gerade in der Rezession zu investieren, bzw. bloß über die *gesamte* Finanzierungsdauer höhere Zinskosten könnten es dazu bewegen, Investitionsprojekte in der Hochkonjunktur aufzuschieben. Ist es möglich und wahrscheinlich, daß der niedrige Zinssatz in der nächsten Anspannung hinaufgesetzt bzw. der hohe in der nächsten Rezession ermäßigt wird, besteht kein Anreiz zu der von der Geldpolitik erwünschten, für die Unternehmer aber riskanten antizyklischen Investitionspolitik.

Insgesamt sollte daher die Wirkung von Änderungen des monetären Zinssatzes und der Nachfrage nach Fremdmitteln auf das Investitionsverhalten und damit die Verläßlichkeit des Transmissionswegs über die Kreditkosten, insbesondere in expansiver Richtung, nicht überschätzt werden.

Der zweite Transmissionsmechanismus wirkt über die *Verfügbarkeit von Krediten* (Fremdmitteln); hier wählt die Geldpolitik nicht den Preis, sondern die Menge als Zwischenziel. Allerdings liegt die Entscheidung darüber, ob bei knapper Liquidität eher die Kredite rationiert oder die Zinssätze hinaufgesetzt, bzw. ob

---

[4] Es handelt sich dabei somit um einen typischen Fall der Änderung der Verhaltensweisen und der Struktur als Folge wirtschaftspolitischer Maßnahmen. Siehe dazu Abschnitt 15.3.

[5] Nach Chan-Lee (1986, 212f) schwankt selbst die Rendite des Kapital*bestands* der nicht-finanziellen Kapitalgesellschaften relativ stark, obwohl die Aggregation über alle Unternehmungen und Branchen ebenso wie die Verwendung von Bestandsdaten die Schwankungen stark dämpfen muß. Desto stärker müssen die Ertrags*erwartungen* einzelner Investitions*projekte* im Konjunkturverlauf schwanken, auf die es in diesem Zusammenhang ankommt.

bei reichlicher Liquidität die Rationierung gelockert, die Bonitätsanforderungen hinuntergesetzt oder die Zinssätze gesenkt werden, weitgehend bei den Geschäftsbanken, kaum bei den Währungsbehörden.[6] Für die Banken gibt es mehrere Gründe, die Steuerung eher über die Mengen als über die Preise zu versuchen: Der wohl wichtigste besteht darin, daß unter den gegenwärtigen institutionellen Voraussetzungen (überwiegend) kündbarer Kreditverträge mit variablen Zinssätzen Zinssenkungen nicht auf die neuen (zusätzlichen) Kredite beschränkt werden können, sondern rasch auf das gesamte Portefeuille der Bank durchschlagen. Der relativ geringe zusätzliche Ertrag aus dem Kreditzuwachs muß daher durch einen erheblich niedrigeren Ertrag auf das gesamte Kreditportefeuille erkauft werden; es wird für die Bank in vielen Fällen günstiger sein, statt des Zinssatzes die Bonitätsanforderungen leicht herabzusetzen und zusätzliche Kredite zum selben Zinssatz (wenn auch mit höherem Risiko) zu vergeben. Weiters zeigte Clemenz (1986), daß unter relativ allgemeinen Bedingungen ein negativer Zusammenhang zwischen Kreditzinssatz und Rückzahlungswahrscheinlichkeit besteht, was den Banken gleichfalls nahelegt, die Steuerung über die Bonitätsanforderungen und nicht über den Zinssatz durchzuführen.

Ein dritter, und zwar der nach der neueren Literatur wichtigste, Weg von den geldpolitischen Instrumenten über die Zwischenziele zu den Endzielen, ist der *portefeuilletheoretische Transmissionsmechanismus*, der nicht den Zinsatz sondern die Geldmenge als Zwischenziel wählt. Im Gegensatz zu den vorher besprochenen Konzepten, die sich auf die Entscheidungen der Wirtschaftssubjekte mit Finanzierungsdefiziten (Kreditnehmer) konzentrieren, beschäftigt sich dieses Konzept in erster Linie mit den Entscheidungen der Wirtschaftssubjekte mit Finanzierungs*überschüssen* (Sparen, institutionelle Anlagen). Diese Wirtschaftssubjekte bemühen sich, ihre Überschüsse so anzulegen, daß bei gegebenem Ertrag kein Portefeuille mit geringerem Risiko und bei gegebenem Risiko kein Portefeuille mit höherem Ertrag erreichbar ist; es läßt sich zeigen, daß gemischte Portefeuilles diesbezüglich überlegen sind (Markowitz 1959). In einem solchen gemischten Portefeuille befinden sich Geld mit dem Ertrag von Null und einem Nominalwertrisiko von Null, Einlagen bzw. kurzfristige Wertpapiere mit geringem Ertrag und geringem Nominalwertrisiko, langfristige Obligationen mit höheren Erträgen und höherem Nominalwertrisiko, sowie schließlich Aktien und reale Vermögenswerte (Grundstücke, Häuser, Unternehmensanteile) mit hohem Ertrag, geringem Geldwert- und hohem Sachkapital-(Ertrags-)Risiko. Das Portefeuille wird normalerweise so zusammengestellt, daß es sowohl in bezug auf Ertrag/ Risiko (Friedman), als auch in bezug auf Nominalwertrisiko/Sachkapitalrisiko (Tobin) ausgewogen ist. Will die Zentralbank expansiv wirken, stört sie das Portefeuillegleichgewicht, indem sie z.B. für kurzfristige Wertpapiere (Offenmarktpa-

---

6 Allerdings können die Währungsbehörden die Entscheidung in die eine oder andere Richtung unterstützen, indem sie eine Veränderung der *Zinssätze* durch Offenmarktpolitik, Diskont- oder Lombardpolitik nahelegen, oder durch die Wahl ihrer Instrumente primär *Mengen*reaktionen auslösen (Mindestreservenpolitik, Kreditplafondierung). Siehe dazu auch Abschnitt 8.3.

piere) höhere als die jeweiligen Marktkurse bietet. Um die Vermögensgewinne durch Verkauf zu höheren Kursen zu lukrieren, verkaufen die Portefeuillebesitzer (solche) kurzfristige Papiere und erhalten dafür Zentralbankgeld. Damit ist die Geldmenge gestiegen, und die Zinssätze sind zunächst am kurzen Ende des Marktes gefallen; die Portefeuilles der Verkäufer, infolge der geänderten Zinsstruktur aber auch der übrigen Anleger, befinden sich nun im Ungleichgewicht: Sie sind zu liquid und zu wenig ertragreich. Die Portefeuillebesitzer versuchen daher den Geldanteil wieder zu verringern und längerfristige Wertpapiere zu kaufen, deren Ertrag (Kurs) noch günstig ist.[7] Das kann ceteris paribus (bei unveränderter Haltung der Zentralbank) jedem einzelnen bloß auf Kosten der anderen gelingen. Die Portefeuilleumstrukturierungs-Bemühungen werden die Zinssätze demgemäß auch am längeren Ende des Obligationenmarktes fallen lassen; die Substitutionsbemühungen der Anleger erfassen daraufhin zunehmend auch Aktien und bestehende Sachvermögenswerte, mit dem Erfolg, daß auch deren Kurse bzw. Preise steigen und deren Renditen fallen. Demgemäß richten sich die Anlageentscheidungen zunehmend auf den Kauf neuer Vermögenswerte (Investitionsgüter, dauerhafte Konsumgüter), wodurch die gesamtwirtschaftliche Nachfrage steigt und somit die Intentionen der Geldpolitik erreicht werden. Im Gegensatz zum kredittheoretischen Transmissionsmechanismus wirkt der vermögenstheoretische bei Unsicherheit - und demgemäß in der Rezession - mit größerer Wahrscheinlichkeit; bei der Portefeuillegestaltung geht es um die Anlage *eigenen* Geldes bzw. die Umschichtung des *eigenen* Portefeuilles geht und nicht um Investitionsentscheidungen mittels Fremdfinanzierung; es kommt beim Entscheidenden zu keiner Kumulierung von Investitionsrisiko und Fremdfinanzierungsrisiko.

Der *Transmissionsmechanismus über die Bankliquidität* ist ein Unterfall des portefeuilletheoretischen, bei dem die Zentralbank die Zusammensetzung der Portefeuilles der *Banken* in Richtung höherer oder niedrigerer Liquidität verändert, wodurch wiederum Anpassungsprozesse ausgelöst werden, die letztlich in einer Steigerung (Verminderung) der Kreditvergabe durch die Banken und weiter über einen der beiden kredittheoretischen Transmissionsmechanismen zu höherer (niedriger) gesamtwirtschaftlicher Nachfrage führen sollen.

Die *Wahl* des einen oder anderen *Zwischenziels* hängt von den institutionellen Gegebenheiten und der Einschätzung der Stärke der Zusammenhänge ab. Historisch dominierte in den USA bis 1979 der Zinssatz als Zwischenziel, in Europa die Bankliquidität. In den USA war die Wahl Folge der enormen Höhe der Staatsschuld,[8] die das Budget und die Anleger zinsempfindlich machten, in Europa Folge der Bedeutung der Bankfinanzierung für Wiederaufbau und Nachholwachstum. In der ersten Hälfte der achtziger Jahre löste die Geldmenge (allerdings

---

7 Die erste Transaktion - Offenmarktpapiere gegen Zentralbankgeld - wurde ja nicht in der Absicht getätigt, endgültig mehr Zentralbankgeld zu halten, sondern war ein Zwischenschritt zur Umschichtung des Wertpapierportefeuilles.

8 Nach dem zweiten Weltkrieg betrug die amerikanische Staatsschuld über 100 % des Brutto-Inlandsprodukts, während der Periode des Zins-Zwischenziels sank sie allmählich bis auf zwei Fünftel.

in unterschiedlichen Definitionen) die anderen Konzepte als Zwischenziel ab: In den USA wurde das Zinsziel unter der Kritik der monetaristischen Theorie (siehe dazu Abschnitt 14.1) sowie aus taktisch-politischen Erwägungen[9] aufgegeben. In der Bundesrepublik Deutschland mußte das Zwischenziel Bankliquidität zugunsten des Zwischenziels Geldmengenwachstum 1975 aufgegeben werden, als die Internationalisierung des Kapitalverkehrs den Banken erlaubte, Liquiditätsüberschüsse und -defizite über die internationalen Geldmärkte auszugleichen; im Gegensatz zu den USA wählte die BRD, ähnlich wie die Schweiz, allerdings ein Zentralbankgeldmengen-Ziel (Jarchow [4]1983, 190). Italien ist eines der Länder, die das Kreditvolumen als Zwischenziel verwenden, Österreich, die Niederlande und Kanada wählten nominelle Wechselkurs-Ziele (siehe dazu Abschnitt 10.2).

Unter theoretischen Gesichtspunkten hängt die Wahl des Zwischenziels von der relativen Stabilität von Investitions- und Geldnachfragefunktion ab, von den Inflationserwartungen und von der Länge der Anpassungsverzögerungen an geldpolitische Maßnahmen. Ist die Investitionsnachfrage sehr instabil, jedenfalls weniger stabil als die Geldnachfrage, ist ein Geldmengenziel einem Zinsziel vorzuziehen.[10] Der obere Teil von Abbildung 8.1/1 zeigt, wie die, durch die instabile Investitionsnachfrage zwischen IS und IS' schwankende Gütermarktgleichgewichts-Kurve das Volkseinkommen bei gegebener, durch das Geldmengenziel bestimmter, LM-Kurve zwischen Y_1 und Y_2 schwanken läßt. Ein Zinssatzziel (i_3) würde unter diesen Bedingungen das Volkseinkommen stärker, nämlich zwischen Y_3 und Y_4, schwanken lassen. Ist umgekehrt die Geldnachfrage instabil („monetäre Schocks“), schwankt also die Geldmarktgleichgewichts-Kurve zwischen LM und LM', würde ein Geldmengenziel (wie Abbildung 8.1/1 im unteren Teil zeigt) Einkommenswerte zwischen Y_1 und Y_2, ein Zinsziel hingegen den festen Wert von Y_3 bedingen.

Gegen ein Zinsziel spricht, daß ein Überschießen des Zinssatzes für den Anpassungsprozeß instrumental ist: Bei einem *Geldmengenziel* läßt die Vergrößerung der Geldmenge (Abbildung 8.1/2 oben) den Zinssatz infolge der rascheren Anpassung des Geldmarkts (Liquiditätseffekt AB) zunächst von i_0 auf i_1 (zu) stark sinken; der Gütermarkt befindet sich zunächst nicht im Gleichgewicht.[11] Das über-

---

9 Die amerikanische Zentralbank hatte damals eine sehr hohe Inflation zu bekämpfen und erwartete, daß diese Aktivität unvermeidlich mit extrem hohen Zinssätzen verbunden sein würde. Um sich dem Vorwurf extrem hoher Zins-Zwischenziele (bis zu 20 %) zu entziehen, bestimmte die amerikanische Zentralbank eine Geldmengen-Zuwachsrate und überließ die Zinssätze „scheinbar“ dem Markt (Bryant 1983, 81ff; Solow 1986a, 24).

10 Die Analyse folgt Poole (1970); sie geht davon aus, daß das einzige Ziel der Geldpolitik darin besteht, das Vollbeschäftigungseinkommen zu erreichen und seine Schwankungen zu minimieren. Sie nimmt an, daß die Wirkung der Zwischenziele auf die Ziele voll determiniert ist, und vernachlässigt Verzögerungen. Ohne diese Annahmen lassen sich keine klaren Aussagen treffen (Smith 1974).

11 D.h. Punkt B liegt nicht auf der IS-Kurve. Die Annahme (verglichen zum Gütermarkt) rascherer Anpassung des Geldmarkts wird durch empirische Studien bestätigt: Nach Roth (1981) wird die erwünschte Kassenhaltung binnen fünf Monaten zu 90 % erreicht.

Geldmengen- und Zinsziel bei Investitionsvariabilität

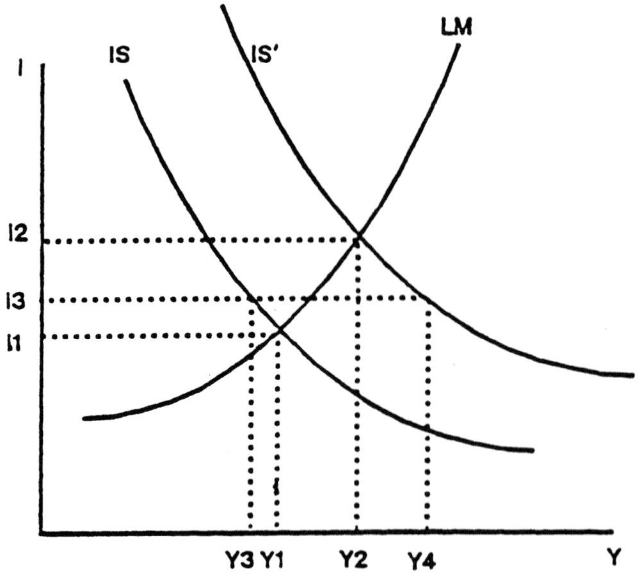

Geldmengen- und Zinsziel bei Geldmengenvariabilität

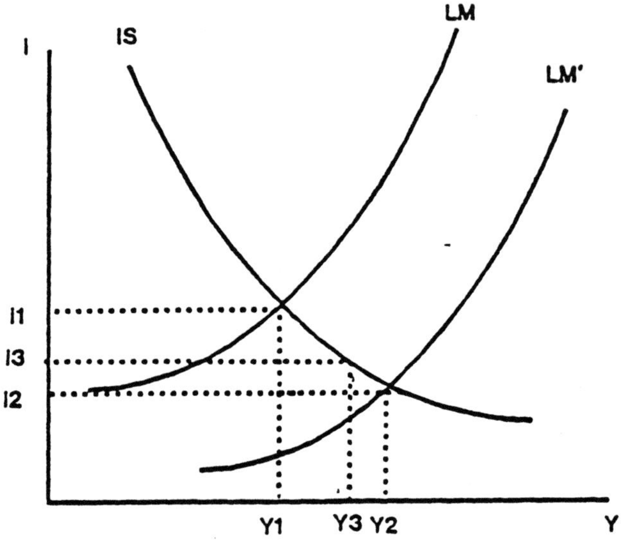

Abbildung 8.1/1: *Geldmengen und Zinsziel*

Anpassungsprozeß bei Geldmengenziel

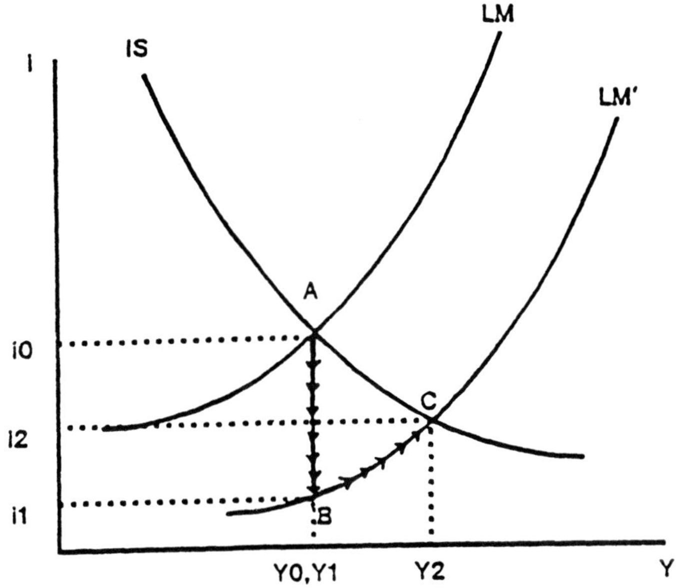

Anpassungsprozeß bei Zinsziel

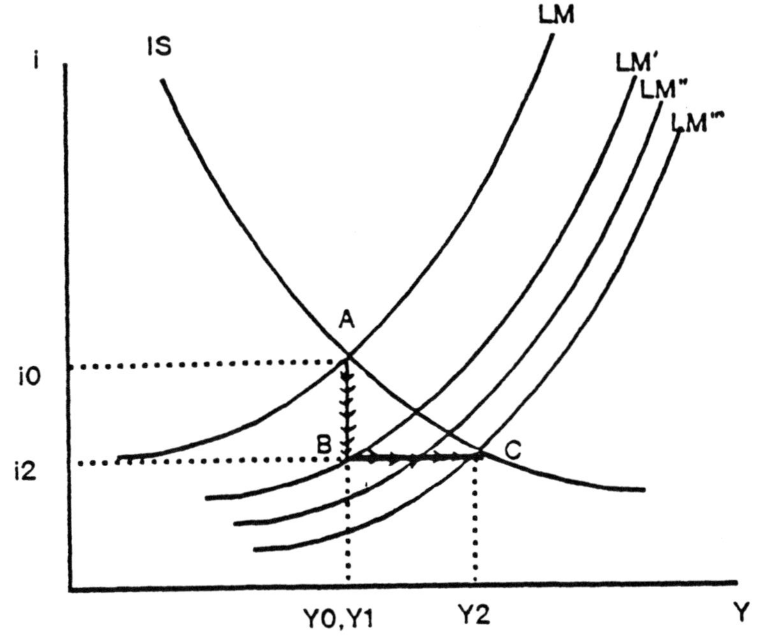

Abbildung 8.1/2: *Anpassungsprozeß*

starke Sinken des Zinssatzes ist erforderlich, um die für Transaktionszwecke zunächst nicht benötigte zusätzliche Geldmenge in den Portefeuilles (als Spekulationskasse) unterzubringen; zugleich aber löst dieser (zu) niedrige Zinssatz besonders starke Portefeulleumschichtungs- und Investitionseffekte aus. Dadurch steigt das Volkseinkommen von $Y_0 = Y_1$ auf Y_2, der Zinssatz bildet sich von i_1 auf i_2 zurück. Die Überreaktion des Zinssatzes beschleunigt die Anpassung. Bei einem *Zinsziel* ist ein Überschießen des Zinssatzes natürlich unmöglich: Die Zentralbank senkt den Zinssatz in diesem Fall von i_0 auf i_2, die Geldmenge steigt zunächst bloß weniger als im ersten Fall (LM' → LM'', erst später → LM'''). Der Portefeulleumschichtungseffekt und der Investitionsanreiz sind geringer, dementsprechend langsamer steigt Y mit der allmählichen Ausweitung der Geldmenge von $Y_0 = Y_1$ auf Y_2 (Abbildung 8.1/2 unterer Teil). Die ohnedies schon lange Wirkungsverzögerung der Geldpolitik ist bei der Verwendung von Zins-Zwischenzielen noch größer, die Gefahr steigt, daß die Wirtschaftspolitik unter dem Eindruck ihrer scheinbaren Erfolglosigkeit ein zunehmend niedrigeres Zins-Zwischenziel wählt, was schließlich zu einer überstarken Ausweitung der Geldmenge und zu Inflation führt (siehe dazu auch Abschnitt 14.1).

Letztlich ziehen insbesondere die Monetaristen die Geldmenge als Zwischenziel auch deswegen vor, weil nach ihrer Ansicht der nominelle Zinssatz stark von Inflationserwartungen beeinflußt wird: Der Versuch, einen hohen Zinssatz mittels expansiver Geldpolitik zu senken, würde zu steigender Inflationserwartung und damit zu einem weiteren Ansteigen des Zinssatzes führen. Dieser Gedanke gehört aber nicht mehr in das traditionelle Modell, er wird in Abschnitt 14.1 weiter verfolgt.

8.2 Die Steuerbarkeit von Geldmenge und Zinssatz

Wie kann die Zentralbank die Zwischenziele: Bankliquidität, Geldmenge, Kreditvolumen und Zinssatz steuern? Ein Blick auf die Bilanz der Zentralbank bzw. die kombinierte Bilanz von Zentralbank und Kreditapparat ist dafür hilfreich (siehe Tabelle 8.2/1).

Die *Bankliquidität* (BL) besteht aus den Einlagen der Banken bei der Zentralbank (RE), den Zwischenbankeinlagen bei inländischen Banken (ZE) sowie den kurzfristigen Guthaben bei ausländischen Banken (KA); dieser aktuellen Liquidität werden häufig noch die (unbedingten) Verschuldungsmöglichkeiten der Banken bei der Zentralbank als potentielle Liquidität zugerechnet, eine Größe, die aus den Bilanzen natürlich nicht ersichtlich ist. Von der Zentralbank steuerbar sind von diesen Größen bloß die Einlagen bei der Zentralbank (RE) und - über die Festlegung von Refinanzierungskontingenten - die potentielle Liquidität; die von der Geldpolitik nicht steuerbaren Zwischenbankeinlagen (ZE) sind allerdings in-

soweit irrelevant, als sie einander im Aggregat aufheben, somit nur für die einzelne Bank, nicht aber für den Kreditapparat in seiner Gesamtheit Liquidität darstellen.
Die *Geldmenge* (M1) als Summe von Bargeld (BG)[12] und Sichteinlagen (SI)

$$M1 = BG + SI$$

findet sich als solche weder in der Bilanz der Zentralbank noch in der der Banken, sondern bloß in deren kombinierter Bilanz;[13] schon daraus ergibt sich, daß die Geldmenge von der Zentralbank allein nicht gesteuert werden kann. Was die Zentralbank hingegen steuern kann, ist die *Monetäre Basis* (MB), die Summe von Bargeld (BG) und Einlagen der Banken bei der Zentralbank (RE)

$$MB = BG + RE.$$

Das *Kreditvolumen* (KV) schließlich befindet sich überwiegend in der Bilanz der Banken (KB), bloß ein relativ kleiner Teil haftet bei der Zentralbank aus, nämlich die rediskontierten Wechsel (WE); wiederum ist bloß ein indirekter Einfluß der Zentralbank auf die Größe KV zu erwarten.

Welche *Instrumente* stehen nun der Zentralbank zur Verfügung und auf welche Zwischenziele wirken sie? Im folgenden sollen Refinanzierungspolitik, Offenmarktpolitik, Einlagenpolitik, Mindestreservenpolitik und Kreditplafondierung behandelt werden; verschiedene Modifikationen dieser Instrumente wie Pensionsgeschäfte oder Swap-Geschäfte werden bloß erwähnt.

Refinanzierungspolitik ist der Kauf (Diskont) von Wechseln oder die Belehnung von Wertpapieren (Lombard) durch die Zentralbank. Solche Geschäfte tätigt die Zentralbank im allgemeinen bloß mit Banken;[14] die Steuerung der Ankaufsmenge erfolgt durch Variation des Diskontsatzes (Zinssatz, mit dem die Wechsel abdiskontiert werden) bzw. Lombardsatzes (Zinssatz für die Lombardkredite) und durch Refinanzierungskontingente; letztere gelten entweder für jede einzelne Bank (und werden dann nach den haftenden Mitteln, zusätzlich vielfach auch nach den Einlagen, nach der Fristigkeit des Kreditgeschäfts usw. bemessen), oder sie gelten für alle Banken gemeinsam. Durch den Ankauf von Wechseln bzw. die Belehnung von Wertpapieren steigt die Zentralbankgeldmenge MB (siehe Tabelle 8.2/1), damit die (aktuelle) Bankliquidität BL und die Möglichkeit der Banken, Kredite zu gewähren. Der Einfluß der Refinanzierungskonditionen auf den Zinssatz wird vielfach überschätzt: Wie Tabelle 8.2/1 zeigt, ist das Refinanzierungs-

---

12 Genau: ohne Kassenbestände der Banken.

13 Eine kombinierte Bilanz faßt zwei oder mehrere Bilanzen zahlenmäßig zusammen; in einer konsolidierten Bilanz werden identische Posten auf Aktiv- und Passivseite (etwa ZE aber auch RE) gegeneinander aufgerechnet, die Bilanzsumme wird dadurch deutlich kleiner.

14 Wechsel und Wertpapiere müssen in der Regel bestimmte Bedingungen hinsichtlich Laufzeit, Aussteller, Form usw. erfüllen. Diese Vorschriften mögen betriebstechnisch-risikopolitisch für die Zentralbank von Bedeutung sein, volkswirtschaftlich-wirtschaftspolitisch sind sie es keineswegs, sodaß sie in diesem Rahmen nicht weiter behandelt werden.

volumen verglichen mit dem Kreditvolumen oder mit den Wertpapierbeständen der Banken außerordentlich klein. Die Verbilligung des Refinanzierungsvolumens kann daher auf die Kredit- und Wertpapierzinssätze bestenfalls Signalwirkung haben, indem es die Absicht der Zentralbank anzeigt, auf die Zinssätze senkend zu wirken; sie hat aber keinen *direkten* Einfluß auf die Kreditkosten.

Tabelle 8.2/1: ***Bilanz von Zentralbank und Geschäftsbanken***

Deutschland 1997, Mrd. DM

Deutsche Bundesbank

GD	Gold und Devisen	117	BG	Bargeld	276
WE	Wechsel und Lombarde	65	RE	Einlagen Geschäftsbanken	49
OP	Kurzfristige Wertpapiere	170	OE	Einlagen d. Öffentl. Hand	0
	Sonstige Aktiva	18		Sonstige Passiva	45
		370			370

Geschäftsbanken

RE	Einl. b. Zentralbank	60	ZE	Zwischenbankeinlagen	1902
ZE	Inländ. Zwischenbankeinlagen	2398	SI	Sichteinlagen	699
KA + LA	Auslandsaktiva	1219	TE	Termineinlagen	1147
KW + LW	Wertpapiere	476	SP	Spareinlagen	1182
KB	Kredite an Nicht-Banken	4582	EE	Eigene Emissionen	2233
	Sonstige Aktiva	375	AP	Auslandspassiva	1004
				Sonstige Passiva	943
		9110			9110

Zentralbank und Geschäftsbanken

RE	60	RE } MB	49
GD	117	M1 { BG } MB	276
OP + KW + LW	646	M1 { SI	699
WE + KB = KV	4647	OE	0
KA + LA	1219	TE + SP	2329
Sonstige	393	EE	2233
		AP	1004
		Sonstige	988
		Ausgleichsposten[1]	- 496
	7082		7082

[1] Differenzen zwischen „Reserven der Geschäftsbanken" lt. Bundesbank und lt. eigener Bilanz sowie zwischen aktiv- und passivseitigen Zwischenbankeinlagen.

Österreich 1997, Mrd. S

Oesterreichische Nationalbank

GD	Gold und Devisen	210	BG	Bargeld	151
WE	Wechsel	17	RE	Einlagen d. Geschäftsbanken	46
OP	Kurzfr. Wertpapiere	49	OE	Einlagen d. Öffentl. Hand	0
	Sonstige Aktiva	99	GK	Grundkapital	134
				Sonstige Passiva	44
		375			375

Geschäftsbanken

RE	Einlagen bei Zentralbank	45	ZE	Zwischenbankeinlagen	926
ZE	Inländ. Zwischenbankeinlagen	891	SI	Sichteinlagen	306
KA + LA	Auslandsaktiva	1450	TE	Termineinlagen	101
KW	Kurzfristige Wertpapiere	46	SP	Spareinlagen	1618
LW	Langfristige Wertpapiere	474	EE	Eigene Emissionen	730
KB	Kredite an Nicht-Banken	2658	AP	Auslandspassiva	1648
	Sonstiga Aktiva	436		Sonstige Passiva	670
		6000			6000

Zentralbank und Geschäftsbanken

RE	45	M1 { RE } MB	46
GD	210	M1 { BG } MB	151
OP + KW	95	M1 { SI	306
LW	474	OE	0
WE + KB = KV	2675	TE + SP	1719
KA + LA	1450	EE	730
Sonstige	535	AP	1649
		Sonstige	848
		Ausgleichsposten[1]	35
	5484		5484

Die *Einlagenpolitik* liegt primär im Einflußbereich der Regierung: Wenn die Öffentliche Hand Einlagen von den Geschäftsbanken abzieht und bei der Zentralbank einlegt, sinken Einlagen und Reserven der Banken, damit auch Bankliquidität und Zentralbankgeldmenge. Umgekehrt kann die Öffentliche Hand durch Umschichtung von Einlagen von der Zentralbank zu den Geschäftsbanken Zentralbankgeldmenge und Bankliquidität vergrößern und dadurch expansiv wirken. Die Einlagenpolitik kann sowohl konjunkturell als auch zur kurzfristigen Steuerung des Geldmarkts eingesetzt werden. Ersteres ist von der Größenordnung der Beträge her (siehe Tabelle 8.2/1) bloß von beschränkter Bedeutung, letzteres ist wichtig, wenn man an die enormen Beträge denkt, die zu den Steuerterminen, den

Gehaltszahlungsterminen der öffentlich Bediensteten oder zu den Überweisungsterminen der Länderanteile durch den Staat bewegt werden.

Offenmarktgeschäfte betreffen den An- und Verkauf von Wertpapieren durch die Zentralbank am offenen Markt. Wiederum setzen die meisten Notenbanken - wie beim Rediskont - Bedingungen hinsichtlich Laufzeit, Schuldner, Art der Papiere usw., die jedoch wirtschaftspolitisch irrelevant sind.[15] Relevant ist jedoch, daß diese Papiere auf dem offenen Markt, also auf der Börse, gekauft werden, um zu verhindern, daß die Zentralbank der Öffentlichen Hand durch Offenmarktgeschäfte indirekt Kredithilfe gewährt.[16] Demgemäß richten sich Offenmarktoperationen - im Gegensatz zu den vorher beschriebenen Instrumenten - auch an das (Nichtbanken-)Publikum. Durch Offenmarktkäufe steigt die Zentralbankgeldmenge, nicht notwendigerweise jedoch die Bankliquidität; es kann auch die Liquidität des Publikums (der Nicht-Banken) zunehmen. Überdies wirken Offenmarktoperationen direkt auf den Zinssatz, da - wie erwähnt - die Notenbank bei Portefeullegleichgewicht überhaupt nur dann Wertpapiere angeboten erhält (absetzen kann), wenn sie einen höheren (niedrigeren) als den jeweils herrschenden Marktkurs anbietet (akzeptiert). Offenmarktkäufe lassen daher den Zinssatz unmittelbar sinken, Offenmarktverkäufe der Zentralbank erhöhen ihn unmittelbar.

Die Bedeutung der Offenmarktgeschäfte variiert von Land zu Land, je nach den institutionellen Gegebenheiten. In den USA machen die Offenmarktpapiere im Besitz der Zentralbank 85 % des Zentralbankgeldvolumens aus, in der Bundesrepublik Deutschland 30 %, in Österreich 15 %. Die sehr viel größere Bedeutung der Offenmarktgeschäfte in den USA hängt damit zusammen, daß die Devisenbestände der Zentralbank in dieser großen, relativ wenig offenen Wirtschaft klein sind; weiters basiert die Finanzierungsstruktur der gesamten US-amerikanischen Wirtschaft sehr stark auf titrierten Formen (Wertpapiere), sodaß dementsprechend umsatzstarke und gut funktionierende Wertpapiermärkte bestehen. In Europa hingegen wird die Struktur der Finanzmärkte durch nicht-titrierte Formen (Bankeinlagen, variabel ausnützbare Buchkredite) dominiert, die Intermediations-

---

[15] Vielfach behaupten die Zentralbanken, die Offenmarktgeschäfte müßten kurzfristige Papiere betreffen, weil der Verkauf größerer Posten längerfristiger Papiere auf dem Markt entweder überhaupt nicht möglich wäre, oder jedenfalls zu starken Kursschwankungen führen müßte; der Handlungsspielraum der Geldpolitik würde dadurch arg beschränkt. Demgemäß könnten für die Offenmarktpolitik bloß kurzfristige Papiere herangezogen werden, die sehr rasch fällig werden und infolgedessen nicht verkauft werden müssen. Diese Argumentation kann jedoch wenig überzeugen: Selbst wenn die Aktivseite der Notenbankbilanz ausschließlich aus zehnjährigen Papieren bestünde, würde davon ein Zehntel pro Jahr fällig, d.h. die Zentralbankgeldmenge könnte jährlich allein durch Ausnützen der Fälligkeiten, ohne zusätzliche Verkäufe, um 10 % eingeschränkt werden. Eine Einschränkung der Zentralbankgeldmenge um 10 % wäre jedoch eine geradezu dramatische Einschränkung, die zumindest in den letzten 25 Jahren weder in der Bundesrepublik Deutschland noch in Österreich nötig war.

[16] Erfahrungsgemäß kann dieser Schutz bloß die ärgsten Mißbräuche verhindern.

funktion[17] der Banken ist viel bedeutender, die Wertpapiermärkte sind weniger gut entwickelt. Demgemäß sind für die amerikanische Geldpolitik die Wertpapiermärkte der optimale Ausgangspunkt für Interventionen, für die europäische sind es eher die Banksysteme.

Die *Mindestreservepolitik* zwingt die Banken einen Teil ihrer Einlagen als unverzinsliche Mindestreserve bei der Zentralbank zu halten. Die Einlagen der Banken bei der Zentralbank (RE in Tabelle 8.2/1) müßten daher eigentlich in einen Teil Mindestreserve und einen Teil freiwillige Reserve aufgespalten werden. Eine solche Trennung ist jedoch nicht möglich, weil die Mindestreserve-Verpflichtungen im allgemeinen bloß im Monats*durchschnitt* erfüllt werden müssen, um den Banken eine gewisse Flexibilität zu ermöglichen, in den üblichen Bilanzen jedoch Stichtagspositionen (Ultimo) ausgewiesen werden.[18] Die Hinaufsetzung der Mindestreservesätze durch die Zentralbank wirkt restriktiv, weil sie einen größeren Teil der Reserven der Banken bindet, die freiwillige Reserve somit verringert wird und die Banken dadurch zu Portefeuilleumschichtungen gezwungen sind; am Ende dieses Portefeuilleanpassungsprozesses steht eine verringerte Kreditgewährung, sei es in Form von reduzierten Buchkrediten, sei es in Form von verringerten Wertpapierkäufen. Auch die Mindestreservepolitik wirkt somit über die Bankliquidität; Zinseffekte werden damit in der Regel verbunden sein, sie sind von der Zentralbank her jedoch nicht direkt steuerbar.

Die *Kreditplafondierung* ist ein Instrument das - wie schon der Name sagt - direkt auf das Zwischenziel Kreditvolumen wirkt. Der Plafond kann aktivseitig, also bei den Krediten selbst ansetzen (Beschränkung der monatlichen Zuwachsrate der Kredite jeder einzelnen Bank), oder passivseitig, also bei den Einlagen (Beschränkung der Kreditgewährung auf einen bestimmten Prozentsatz der Einlagen oder Beschränkung des monatlichen Kreditzuwachses auf einen Prozentsatz des Einlagenzuwachses). Das Instrument wirkt kurzfristig meist scharf, ermöglicht längerfristig jedoch Ausweichreaktionen und ist in verschiedener Hinsicht problematisch. Ausweichreaktionen sind möglich, weil die Kreditplafondierung bloß *eine* bestimmte Finanzierungsform, nämlich die Bankkredite, beschränkt; indirekt fördert sie dadurch andere Formen, insbesondere die titrierten Bankkredite und die Kredite der Kapitalsammelstellen. Die Großkunden der Banken werden im Einvernehmen mit den Banken rasch den Ausweg der Wertpapierkredite finden; eine Ergänzung der Kreditplafondierung durch Beschränkungen der Wertpapieremission und ähnliches sind bei längerer Geltung der Kreditplafondierung daher unvermeidlich. Problematische Nebenwirkungen ergeben sich weiters bei aktivseitiger Plafondierung dadurch, daß sie die Struktur des Bankensystems versteinert, indem sie die langsam wachsenden Banken begünstigt und die rasch wach-

---

17 Bei Intermediation vermittelt die Bank nicht bloß zwischen letztem Schuldner und letztem Gläubiger, wie etwa bei Wertpapierfinanzierung, sondern sie tritt haftend zwischen beide: Die Bank ist Schuldner des letzten Gläubigers und Gläubiger des letzten Schuldners.

18 Es ist daher möglich, daß die Gesamtreserve der Banken am Ultimo sogar niedriger ist als die Mindestreserve, weil die Mindestreserve-Verpflichtung schon in den vorhergehenden Tagen des Monats voll erfüllt wurde.

senden benachteiligt. In der passivseitigen Form zwingt die Kreditplafondierung jede einzelne Bank, sich eine eigene Einlagenbasis zu schaffen, und sie verhindert dadurch eine sinnvolle (kostensparende und effizienzsteigernde) Spezialisierung.

Da die Zentralbank die monetäre Basis und die Liquidität von Banken und/oder Publikum stets dann positiv beeinflußt, wenn sie etwas kauft, können natürlich auch die *Gold- und Devisenkäufe* der Zentralbank als Instrument der Geldpolitik eingesetzt werden, vor allem in Kleinen Offenen Volkswirtschaften, in denen die Devisenbestände quantitativ (relativ zur Geldmenge) bedeutend sind. Wenn die Devisenpolitik dennoch selten explizit als Instrument der Geldpolitik verwendet wird, dann deswegen, weil in der Regel der Gestaltungsspielraum fehlt: Bei festen Wechselkursen dienen Devisenankäufe durch die Zentralbank der Sicherung des Wechselkurses, die Zentralbankgeldmengen- und Liquiditätseffekte sind (vielfach unerwünschte) Nebenwirkungen. Bei flexiblen Wechselkursen hingegen tritt die Zentralbank auf dem Devisenmarkt überhaupt nicht auf, jedenfalls nicht um Geldpolitik zu betreiben, eher schon um unerwünschte Wechselkursentwicklungen hintanzuhalten (siehe dazu Abschnitt 10.2).

Die Untersuchung der Instrumente der Geldpolitik zeigt somit, daß die Zentralbankgeldmenge von der Zentralbank weitgehend autonom bestimmt werden kann; bei der Bankliquidität bestehen durch die Möglichkeit von Portefeuilleumschichtungen bereits gewisse Mitgestaltungsmöglichkeiten der Geschäftsbanken, vor allem durch Aufnahme bzw. Anlage kurzfristiger Mittel im Ausland. Geld- und Kreditvolumen sowie Zinssatz können hingegen von der Zentralbank bloß indirekt über Bankliquidität und Bankverhalten gesteuert werden.

Die Mitgestaltungsmöglichkeiten der Banken bestehen in der *Kredit- bzw. Giralgeldschöpfungsmöglichkeit*: Dieser Prozeß startet mit der Bereitstellung von zusätzlichem Zentralbankgeld, etwa durch eine Offenmarkttransaktion der Zentralbank im Ausmaß von 100 Währungseinheiten. Der Private, der das Wertpapier verkauft hat, wird einen Teil des Erlöses zunächst[19] in Bargeld halten, den anderen bei seiner Bank einlegen. Ist die übliche Aufteilung Bargeld /Bankeinlagen[20] dieses Wirtschaftssubjekts

$$BG/E = b\ ,$$

wofür beispielhaft 20 % angenommen werden, wird es

---

[19] Vom Portefeuilleanpassungsprozeß, der weiter vorne beschrieben wurde, soll nun abstrahiert werden; das ist deswegen möglich, weil zwar der Verkäufer des Offenmarktpapiers die Einlage möglicherweise bloß für einen Tag tätigt, bis er ein längerfristiges Papier gekauft hat. Am nächsten Tag stellt sich dasselbe Problem jedoch für den Verkäufer des längerfristigen Wertpapiers, der wiederum - bis zu einer besseren Anlage - den Erlös auf einem Bankkonto halten wird. Die Einleger mögen also wechseln, für den gesamten Bankapparat bleibt die Einlage zumindest dann erhalten, wenn man von einem konstanten, für alle Einleger gleichen Bargeld-/Bankeinlagenanteil b ausgeht.

[20] E müßte grundsätzlich *alle* Bankeinlagen umfassen; zwecks Vereinfachung wird hier von Spar- und Termineinlagen abstrahiert, sodaß unter E bloß Sichteinlagen verstanden werden; die Argumentation wird dadurch nicht beeinflußt.

[b/(1 + b)] = 16.7 Währungseinheiten (WE)

des Erlöses in Bargeld und

[1/(1 + b)] = 83.3 WE

in Einlagen halten. Die Bank, die die zusätzlichen Einlagen erhält - und dafür Zinsen zahlen muß - wird einen Teil

r = RE/E,

davon als freiwillige und als Mindestreserve halten, wofür in diesem Beispiel 10 % angenommen werden sollen. Demgemäß steigen die Reserven um

[r/(1 + b)] = 8.3 WE;

den Rest

[(1 - r)/(1 + b)] = 75.0 WE

kann die Bank in Form von Krediten verleihen. Der Kreditnehmer benötigt jedoch wiederum bloß einen Teil [b/(1 + b)] dieses Betrags [(1 - r)/(1 + b)], somit

[b/(1 + b)] [(1 – r)/(1+ b)] = 12.5 WE

in Bargeld, den Rest

[1/(1 + b) (1 - r)/(1 + b) = 62.5 WE

legt er bei einer (anderen?) Bank an. Diese hält davon wiederum Reserven und verleiht den Rest. Es entsteht eine unendliche geometrische Reihe gemäß Übersicht 8.2/2, deren zahlenmäßiges Ergebnis für die hier angenommenen Werte Übersicht 8.2/3 zeigt. Der Geldschöpfungsmultiplikator m und der Kreditschöpfungsmultiplikator k sind einander sehr ähnlich:

$$m = (1 + b) / (b + r) \rightarrow M = [(1 + b) / (b + r)] \, MB$$

$$k = (1 - r) / (b + r) \rightarrow K = [(1 - r) / (b + r)] \, MB$$

Genau derselbe Multiplikator entsteht, wenn der Prozeß mit einer Refinanzierungstransaktion der Zentralbank beginnt. In diesem Fall kann die Bank Kredite im vollen Ausmaß des zusätzlichen Zentralbankgeldes gewähren; für zusätzliche Reservehaltung besteht kein Anlaß, da weder das Einlagen-Abzugsrisiko, noch das Kreditrisiko gestiegen sind; die Kreditnehmer bzw. ihre Lieferanten halten

[b/(1 + b)]

in Bargeld und

[1/(1 + b)]

in Einlagen; die Bank, die die Depositen erhält, muß

[r/(1 + b)]

zusätzliche Reserven halten und kann

[(1 - r)/(1 + b)]

zusätzliche Kredite vergeben. Das ist genau der Prozeß, der in der ersten Zeile von Tabelle 8.2/2 und Tabelle 8.2/3 dargestellt ist.[21]

Tabelle 8.2/2: ***Folgen einer Erhöhung der Zentralbankgeldmenge um 1 Einheit***

Runde	Zusätzliches Bargeld Δ BG	Zusätzliche Bankeinlagen Δ E	Zusätzliche Reserven Δ RE	Zusätzliche Bankkredite Δ KB
1	$\frac{b}{1+b}$	$\frac{1}{1+b}$	$\frac{r}{1+b}$	$\frac{1-r}{1+b}$
2	$\frac{b}{1+b}(\frac{1-r}{1+b})$	$\frac{1}{1+b}(\frac{1-r}{1+b})$	$\frac{r}{1+b}(\frac{1-r}{1+b})$	$\frac{1-r}{1+b}(\frac{1-r}{1+b})$
3	$\frac{b}{1+b}(\frac{1-r}{1+b})^2$	$\frac{1}{1+b}(\frac{1-r}{1+b})^2$	$\frac{r}{1+b}(\frac{1-r}{1+b})^2$	$\frac{1-r}{1+b}(\frac{1-r}{1+b})^2$
. . .	. . .	. . .	. . .	. . .
n + 1	$\frac{b}{1+b}(\frac{1-r}{1+b})^n$	$\frac{1}{1+b}(\frac{1-r}{1+b})^n$	$\frac{r}{1+b}(\frac{1-r}{1+b})^n$	$\frac{1-r}{1+b}(\frac{1-r}{1+b})^n$
Σ[1]	$\frac{b}{b+r}$	$\frac{1}{b+r}$	$\frac{r}{b+r}$	$\frac{1-r}{b+r}$

[1] Summe der geometrischen Reihe

Da Geldmenge wie Kreditvolumen mit der monetären Basis über den Multiplikator verbunden sind, kann die Zentralbank beide Größen bloß *indirekt* steuern. Das Steuerungsproblem wird noch dadurch verschärft, daß die Bargeld/Einlagen-Relation b und der Reservesatz r *keine Konstanten* sind, sondern Verhaltensparameter der Nicht-Banken und der Banken. Die Bargeld/Einlagen-Relation ist eine Komponente der Portefeuillegestaltung[22] und wird von den relativen Zinssätzen, den Erwartungen über ihre Veränderung und durch die Einschätzung verschiedener Risken - Geldwertrisiko, Rückzahlungswahrscheinlichkeit, Risiko schleppender Zahlungseingänge - bestimmt. Der Reservesatz hängt vom Mindestreservesatz ab, von den Refinanzierungsbedingungen, insbesondere von der Differenz zwischen Refinanzierungssatz und Marktzinssatz, und wiederum von der Risikoeinschätzung. Die Prognose des Geldschöpfungsmultiplikators ist daher eine beson-

[21] Anders wäre hingegen die Multiplikatorformel wenn - was häufig geschieht - statt der Bargeld/Einlagen-Relation b, die Bargeldquote b_1 = BG/M verwendet wird; dann beträgt der Geldschöpfungsmultiplikator $m_1 = 1/[(b + r)(1 - b)]$.

[22] Siehe dazu die Ausführungen über den Portefeuille-Transmissionsmechanismus in Abschnitt 8.1.

ders wichtige, aber auch eine besonders schwierige Aufgabe der Geldpolitik (Johannes/Rasche 1979).

Tabelle 8.2/3: ***Geld- und Kreditschöpfungsprozeß***

Erhöhung der Zentralbankgeldmenge Z um 100
Bargeld/Einlagen-Relation BG/E = b = 20 %
Reservesatz RE/E = r = 10 %

Runde	Δ BG	Δ E	Δ RE	Δ KB
1	17	83	8	75
2	13	62	6	56
3	10	46	4	42
4	8	34	3	32
.	.	.	.	.
.	.	.	.	.
.	.	.	.	.
Σ	67	333	33	300

Es gilt somit festzuhalten, daß die Geldpolitik die Zwischenziele Geldmenge und Kreditvolumen, aber auch Bankliquidität und Zinssatz zwar *beeinflussen*, aber nicht steuern kann; Zentralbankeinflüsse und Marktfaktoren mischen sich bei der Beeinflussung dieser Größen. Demgemäß können diese auch nicht als Meßgrößen (Indikatoren) für Richtung und Stärke der Geldpolitik verwendet werden, sondern bloß dafür, ob sich die geldpolitischen Einflüsse gegenüber den Markteinflüssen letztlich durchgesetzt haben, die Zwischenziele also erreicht wurden. Will man Richtung und Stärke der Geldpolitik als solche messen, muß man dafür sogenannte *Indikatoren* heranziehen. Im Gegensatz zur *Steuerungsgröße* Zwischenziel ist der Indikator eine *Informationsgröße*; er ermöglicht sowohl die Wirkung unterschiedlicher geldpolitischer Aktionen gemeinsam zu messen bzw. zu vergleichen, als auch zwischen Markteinflüssen und Politikeinflüssen auf das Zwischenziel zu unterscheiden. Voraussetzung für die Eignung einer Größe als Indikator ist daher, daß diese ausschließlich von der Wirtschaftspolitik beeinflußt wird. Häufig verwendete Indikatorgrößen sind die monetäre Basis MB,[23] die erweiterte monetäre Basis[24] bzw. die Zentralbankgeldmenge,[25] ein Konzept, das vor allem die Deutsche Bundesbank vorzieht. Die Vorzüge und Nachteile der einzelnen Konzepte hängen von der genauen Fragestellung, den institutionellen Voraussetzungen und

---

23 Siehe Tabelle 8.2/1 .
24 Bereinigt um die Veränderung der Mindestreservesätze.
25 Zu konstanten Mindestreservesätzen (diese Größe eignet sich eher als Zwischenziel denn als Indikator); siehe Duwendag 1976, 283ff.

vom theoretischen Modell ab. Diesen Fragen kann hier ebensowenig nachgegangen werden wie der Frage, ob dieselbe Größe zugleich als Indikator und Zwischenziel dienen kann; dafür muß auf die Spezialliteratur verwiesen werden.[26]

8.3 Die Wirksamkeit der Geldpolitik in der Empirie

Die *Zentralbankgeldmenge (MB)* wächst, wie Abbildung 8.3/1 zeigt, etwas langsamer und gleichmäßiger als die Geldmenge M1; die unruhigere Entwicklung der *Geldmenge* hängt in erster Linie mit zinsbedingten Umschichtungen zwischen Sicht- und kurzfristigen Termin- sowie Spareinlagen zusammen; auch das breitere Aggregat *M3* (Bargeld + Sichteinlagen + kurzfristige Termineinlagen + Spareinlagen mit gesetzlicher Kündigungsfrist) wächst demgemäß gleichmäßiger und rascher.

Der *Zentralbankgeld-Multiplikator*, der in der unterschiedlichen Entwicklung von MB und M1 zum Ausdruck kommt und der in Abbildung 8.3/2 isoliert dargestellt ist, zeigt in den einzelnen Ländern einen unterschiedlichen Verlauf: In Deutschland ist er seit Beginn der sechziger Jahre von 1.4 auf 2.7 und in der Schweiz von 1.8 auf 3.6 gestiegen, in Österreich bloß von 1.4 auf 1.8. Für die Geldpolitik sind diese Schwankungen, soweit sie nicht prognostiziert werden können, viel unangenehmer als der Trend.

Eine weitere Quelle der Unsicherheit für die Gestaltung der Geldpolitik bedeuten Änderungen der *Umlaufsgeschwindigkeit* der Geldmenge, in der die relativ zu den Transaktionen mehr oder weniger sparsame Kassenhaltung der Wirtschaftssubjekte zum Ausdruck kommt. Die Umlaufsgeschwindigkeit der Geldmenge M1 (BIP/M1) ist in Deutschland seit den sechziger Jahren gesunken, in Österreich und in der Schweiz gestiegen. In den neunziger Jahren sank die Umlaufsgeschwindigkeit überall, am stärksten in Deutschland. Multiplikator und Umlaufsgeschwindigkeit dürfen daher keineswegs als konstant angesehen werden; die Gestaltung der Geldpolitik muß ihre Änderungen antizipieren.

Abbildung 8.3/4 gibt einen Überblick über die Entwicklung von Geldmenge und Zinssatz relativ zur Konjunkturlage, dargestellt durch die gesamtwirtschaftliche Kapazitätsauslastung (PO-Gap als Quotient von Brutto-Inlandsprodukt und Potentialprodukt). Die beiden Zinssätze zeigen in Deutschland bis in die neunziger Jahre eine eher prozyklische Entwicklung, bei der Geldmenge dominieren kräftige Schwankungen von Jahr zu Jahr mit leicht antizyklischer Tendenz. In Österreich, wo die Verschlechterung der gesamtwirtschaftlichen Kapazitätsauslastung weniger stark ausgeprägt war, folgt die Zinsentwicklung eher der

[26] Jarchow ^{4}1983, Kap. IV/2 und die dort zitierte Literatur.

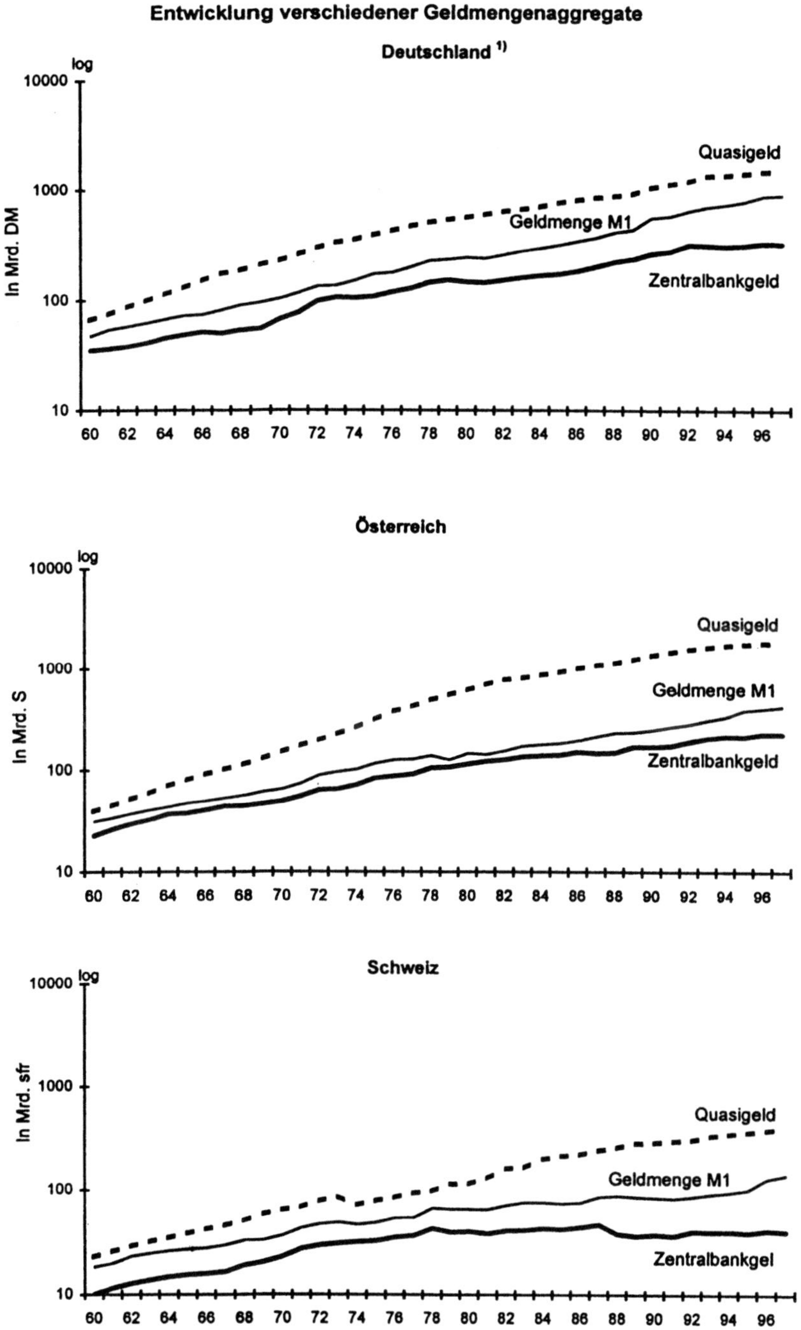

[1] Bis 1990 Westdeutschland

Q: IMF

Abbildung 8.3/1: ***Entwicklung verschiedener Geldmengenaggregate***

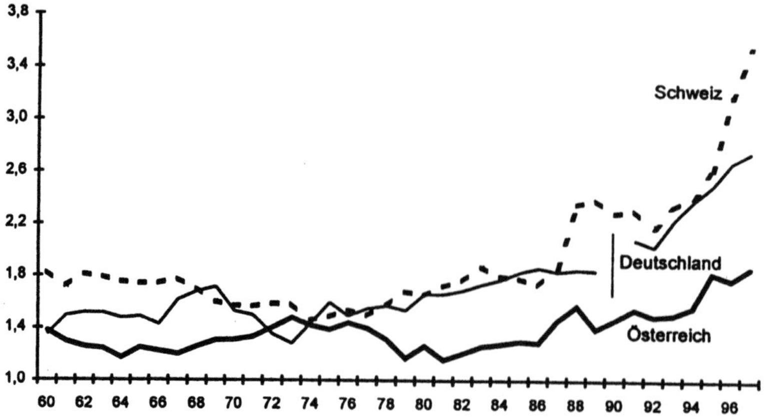

[1] Bis 1989 Westdeutschland

Q: IMF

Abbildung 8.3/2: ***Entwicklung des Zentralbankgeld-Multiplikators***

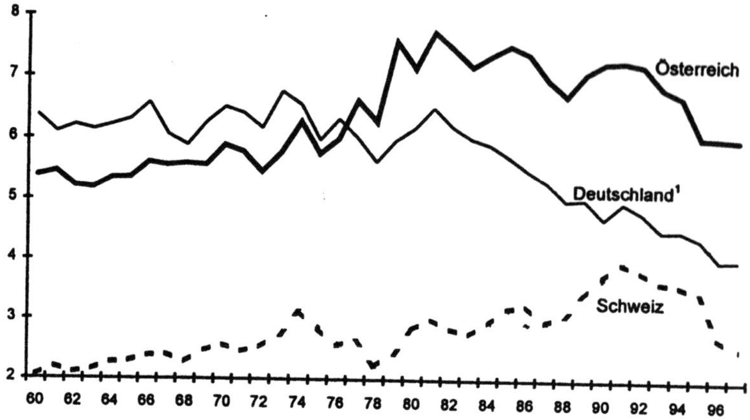

[1] Bis 1990 Westdeutschland

Q: IMF, WIFO

Abbildung 8.3/3: ***Entwicklung der Umlaufgeschwindigkeit***

deutschen Zinsentwicklung als der österreichischen Konjunktur, die Geldmenge entwickelt sich eher antizyklisch. In der Schweiz entwickelten sich die Zinssätze eher antizyklisch und die Geldmenge dominierten extrem starke Ausschläge. Den Beitrag der einzelnen Instrumente zur Entwicklung der Geldmengenveränderung illustriert Abbildung 8.3/5; sie trennt allerdings ebensowenig zwischen freiwilli-

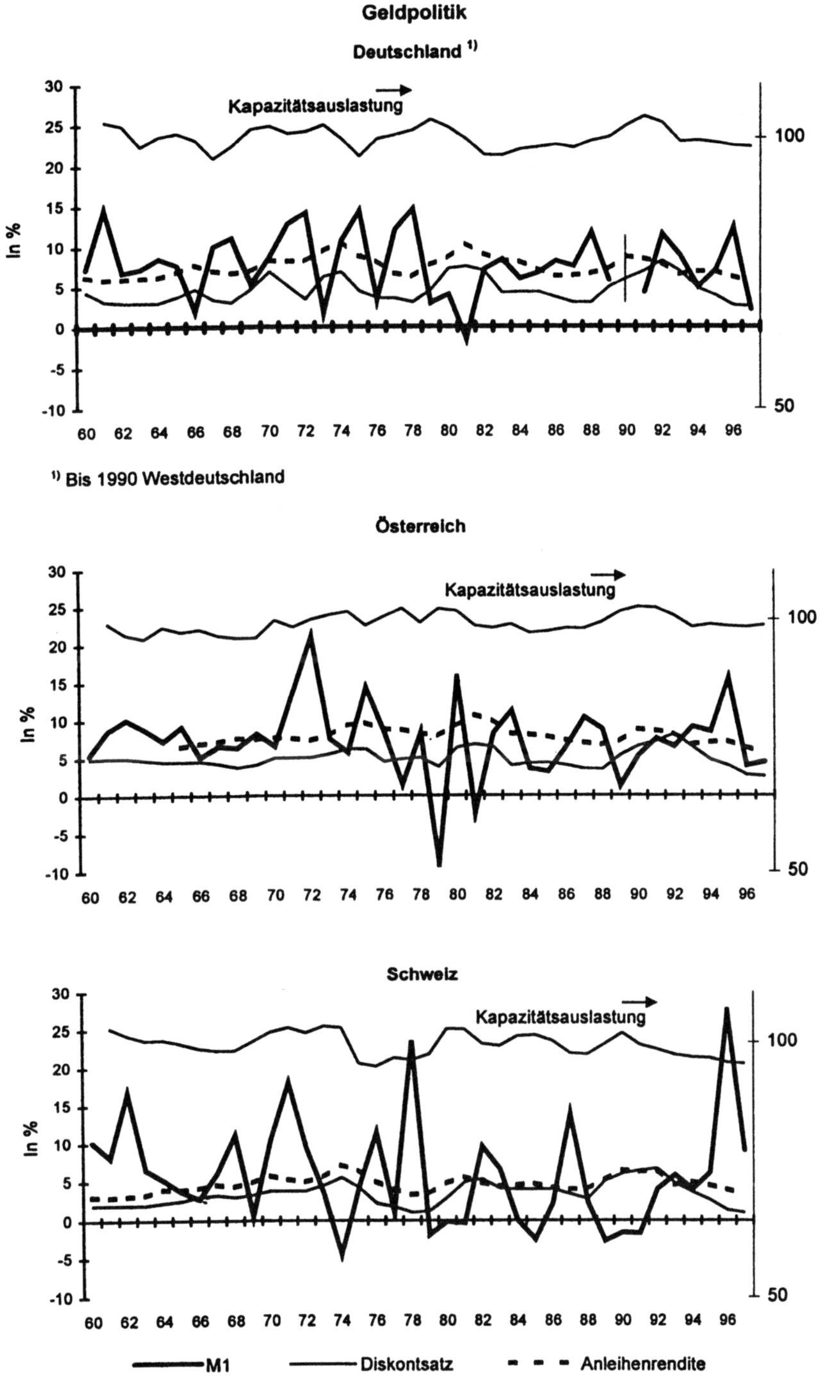

[1] Bis 1989 Westdeutschland

Q: IMF, OECD, WIFO

Abbildung 8.3/4: ***Geldpolitik***

BRD

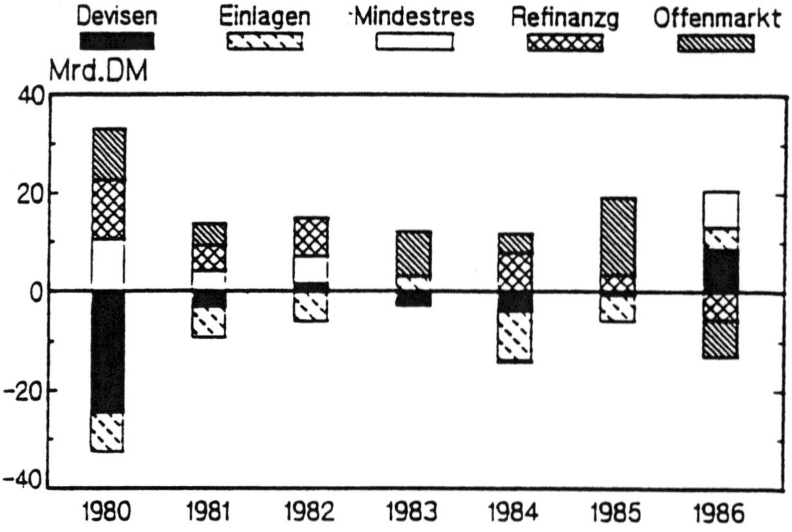

Österreich

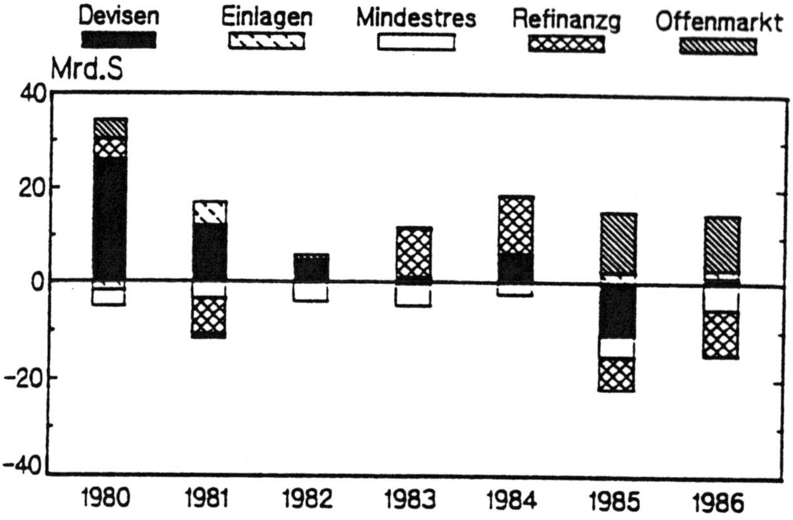

Q: DBB, Monatsberichte Tab. I; OeNB Monatsberichte

Abbildung 8.3/5: ***Beitrag einzelner Instrumente der Geldpolitik zur Veränderung der Geldmenge***

gen und erzwungenen Handlungen der Geldpolitik[27] wie zwischen diskretionären Maßnahmen und automatischen Wirkungen.[28] Solche Unterschiede wären nicht nur methodisch schwierig zu evaluieren, sondern möglicherweise sogar irreführend: Ein Ankauf von Devisen etwa mag zur Stützung des Wechselkurses erfolgen, die damit verbundene Ausweitung der Zentralbankgeldmenge kann aber sehr wohl erwünscht sein und andere Maßnahmen, etwa der Refinanzierungspolitik, ersparen. Ebenso mag die automatische Bindung von Mindestreserven durch Entscheidungen der Anleger (Umschichtung zwischen Einlagenkategorien) diskretionäre Maßnahmen der Geldpolitik erübrigen. Es zeigt sich, daß das Geldmengenwachstum in der BRD in den achtziger Jahren in erster Linie auf Offenmarkt-Transaktionen, in zweiter Linie auf Refinanzierungspolitik zurückging; Einlagenbewegungen der Öffentlichen Hand wirkten in der Untersuchungsperiode per Saldo restriktiv. In Österreich spielen demgegenüber Devisen- und Refinanzierungstransaktionen eine größere Rolle.

Tabelle 8.3/1: ***Wirkung der Geldpolitik auf Wirtschaftswachstum und Inflation***

		- 1 % M		- 1 % ΔM		+ 1 % i_K	
Land		GNP	P	GNP	P	GNP	P
US	k	- 0.5	- 0.1	- 0.8	- 0.3	- 0.5[1]	- 0.2[1]
	m	- 0.2	- 0.5	- 0.7	- 2.5	- 0.3[1]	- 1.3[1]
CA	k	- 0.2	- 0.2	- 0.4	- 0.5	- 0.6	- 0.6[1]
	m	- 0.1	- 0.6	- 0.4	- 4.0	- 0.6	- 2.6
J	k	.	.	.	.	- 0.4	- 0.2
	m	.	.	.	.	- 0.8	- 0.9
D	k	.	.	.	.	- 0.3	- 0.2
	m	.	.	.	.	- 0.4	- 0.5
F	k	.	.	.	.	- 0.4	- 0.8
	m	.	.	.	.	- 0.7	- 0.9
UK	k	.	.	.	.	- 0.2	- 1.0
	m	.	.	.	.	- 0.5	- 1.6[1]
I	k	.	.	.	.	- 0.2	- 0.6
	m	.	.	.	.	- 0.4	- 1.7
Ø	k	- 0.3	- 0.3	- 0.7	- 0.4	- 0.5	- 0.9
	m	- 0.0	- 0.6	- 0.6	- 3.0	- 0.8	- 2.4

[1] Ein Extremwert nicht berücksichtigt.
k: Wirkung im Durchschnitt der ersten drei Jahre.
m: Wirkung im Durchschnitt der Jahre fünf bis sieben.

Q: Clinton/Chouraqui 1987, 47f

[27] Z.B. Kauf von Devisen, um die Zentralbankgeldmenge wachsen zu lassen oder den Wechselkurs zu stützen.

[28] Z.B. Erhöhung der Mindestreservenverpflichtung durch Erhöhung der Mindestreservesätze oder durch Erhöhung der Einlagen.

Sehr viel strittiger als die Wirkung der Instrumente auf die Zwischenziele ist die *Wirkung der Geldpolitik auf die endgültigen Ziele*, insbesondere auf Wirtschaftswachstum (gemessen am Brutto-Inlandsprodukt) und Inflationsrate. Unterschiedliche Theorien bieten unterschiedliche Hypothesen über die Zusammenhänge, unterschiedliche Schätzverfahren liefern unterschiedliche empirische Ergebnisse, und überdies lassen unterschiedliche Maßnahmen der Geldpolitik unter unterschiedlichen Rahmenbedingungen in unterschiedlichen Ländern in unterschiedlichen Zeitperioden unterschiedliche Wirkungen erwarten. Hält man sich an die Ergebnisse der großen ökonometrischen Modelle, die von der OECD zusammengestellt wurden (Clinton/Chouraqui 1987), so zeigt sich ein mittleres Bild: Die Geldpolitik wirkt zwar auf den realen Sektor, doch nicht besonders stark und mit relativ langer Verzögerung; die Wirkung auf das Preisniveau ist kurzfristig eher schwach, längerfristig jedoch erheblich stärker als auf das Wirtschaftswachstum. Als grober Richtwert kann angenommen werden, daß eine dauerhafte Reduzierung der Geldmenge um 1 % das Wirtschaftswachstum und die Inflationsrate in den ersten drei Jahren um durchschnittlich ⅓ %-Punkt reduziert; mittelfristig (Durchschnitt der Jahre 5 bis 7 nach der Maßnahme) geht der reale Effekt weitgehend verloren, die Inflationsdämpfung steigt auf ⅔ %-Punkte. Eine dauerhafte Verringerung der Geldmengen*zuwachsrate* um 1 %-Punkt senkt die Wachstumsrate kurzfristig um ¾ %-Punkte, die Inflationsrate um etwa ½ %-Punkt; mittelfristig bleibt der reale Effekt zur Hälfte erhalten, die Verringerung der Inflationsrate steigt auf 3 %-Punkte. In ähnlicher Größenordnung liegen auch die Wirkungen einer dauerhaften Erhöhung des Zinssatzes um 1 %-Punkt (siehe Tabelle 8.3/1).

Wie bereits erwähnt, dürfen diese Schätzungen bloß als grobe Größenordnungen betrachtet werden. Wie Abbildung 8.3/6 zeigt, schwanken die Ergebnisse zwischen den Ländern und zwischen den Modellen sehr stark.[29] Die kurzfristigen Output-Effekte einer 1 %igen Erhöhung des kurzfristigen Zinssatzes etwa liegen in den drei untersuchten US-amerikanischen Modellen zwischen -0.3 und -2.1 %-Punkten, in den beiden deutschen zwischen -0.1 und -0.6 %-Punkten. Insgesamt dürften die Output- und die kurzfristigen Preiseffekte eher verläßlich sein als die längerfristigen Preiseffekte, die von den Modellen stark unterschiedlich eingeschätzt werden.

Der Zeitpfad bis zur maximalen Wirkung dürfte bei den einzelnen Instrumenten unterschiedlich verlaufen. Untersuchungen mit Hilfe des amerikanischen FMP-Modells (Modigliani 1975, 259ff) ergaben, daß die Transmissionsmechanismen bei Zinssatzänderungen langsamer arbeiten als bei Geldmengenänderungen: Bei einer Änderung des kurzfristigen Zinssatzes (unbeschadet der Richtung) sind nach 4 Quartalen erst 10 % und nach 8 Quartalen erst 40 % der vollen Wirkung (im sechsten Jahr) erreicht, bei einer Geldmengensenkung hingegen 60 % nach vier Quartalen und 90 % nach acht Quartalen.

---

[29] Die Unterschiede zwischen den Modellen sind so groß, daß es wenig Sinn hat, nach Unterschieden in der Instrumentenwirkung zwischen mehr oder weniger offenen Volkswirtschaften zu suchen.

Tabelle 8.3/2: *Zeitpfad der Instrumentwirkung*

	Wirkung nach dem 4.Q.	8.Q. (12 Q. = 100)	12.Q.
Senkung der Sichteinlagen	60	90	100
Erhöhung der Sichteinlagen	40	60	100
Veränderung der nicht-geborgten Reserve	20	50	100
Veränderung des Schatzwechselsatzes	10	40	100

Q: Modigliani, 1975, 259 ff.

Die Sickerverluste mangels Koordinierung der Geldpolitik zwischen den einzelnen Ländern dürften bei der Geldpolitik - im Gegensatz zur Fiskalpolitik - vernachlässigbar klein sein (Clinton/Chouraqui 1987, Anhang 1, Tabelle C).

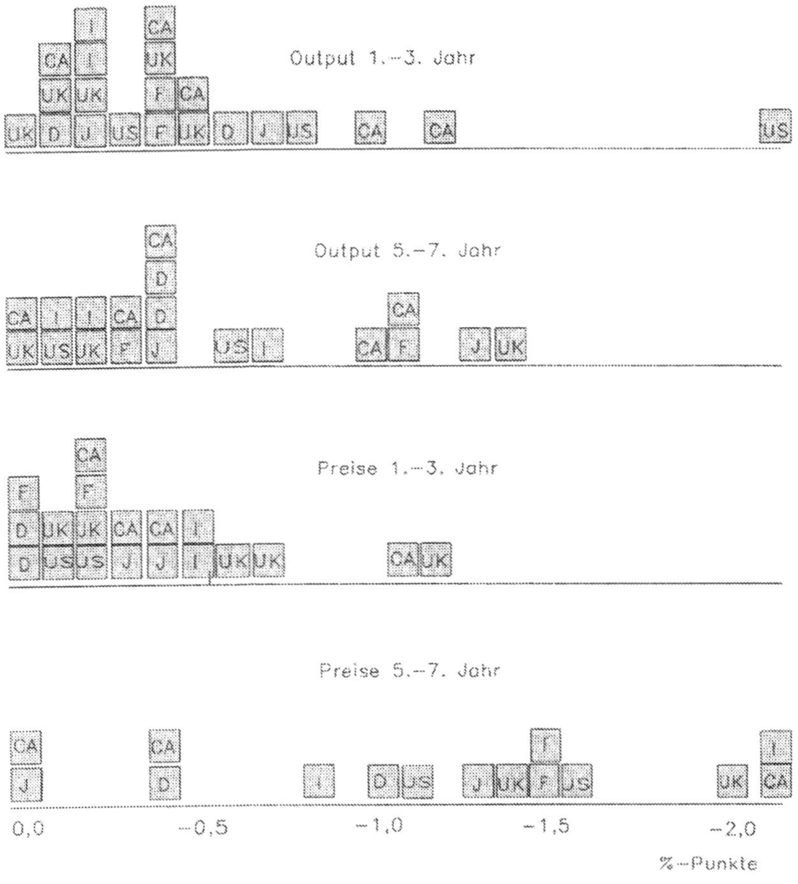

Q: Clinton/Chouraqui 1987, 47

Abbildung 8.3/6: *Folgen einer Erhöhung des Zinssatzes um 1 %-Punkt*

8.4 Funktionsprobleme der Geldpolitik

Funktionsprobleme der Geldpolitik ergeben sich aufgrund der bisherigen Überlegungen

* aus der Tatsache, daß durch sie bloß Daten verändert werden können, aufgrund derer andere reagieren müssen, um die gewünschen Effekte zu erzielen, was Instabilitäten in den Wirkungszusammenhängen, Verzögerungen und Asymmetrien (schwächere Wirkung in expansiver Richtung) bewirkt;
* aus ihren globalen, in den strukturellen Folgen unvorhersehbaren Wirkungen;
* aus der Gefahr entgegengerichteter Verhaltensänderungen, sowie
* aus den Schwierigkeiten der theoretischen Modellierung der Wirkungszusammenhänge.

Es treten somit ganz andere Probleme auf als bei der Fiskalpolitik (Abschnitt 7.4), wo Sickerverluste, crowding out und die Problematik des Schuldendiensts zur Diskussion standen; schon daraus ergibt sich, daß das traditionelle IS/LM-Schema, in dem Fiskal- wie Geldpolitik gleichermaßen der „Nachfragesteuerung" dienen, eine grobe Vereinfachung darstellt.

Die mangelnde Differenzierbarkeit der Wirkungen der Geldpolitik gibt sich zwangsläufig daraus, daß sie bloß die Rahmenbedingungen für Handlungen der Wirtschaftssubjekte ändern kann; aufgrund dieser kommt es zu einem Portefeuilleumschichtungsprozeß und zu Änderungen der Ausgabenpläne. Selbst wenn die Geldpolitik versucht, durch die Wahl des Ansatzpunkts (Geldmarkt, Kapitalmarkt, Bankliquidität, Zinssatz) unterschiedliche Wirkungen zu erzielen, steht dem doch die starke Reagibilität der Finanzierungsströme entgegen, die Änderungen der Konditionen rasch über den gesamten Markt verbreitet. Bloß innerhalb der Mobilitätsgrenzen sind Differenzierungen, etwa zwischen Konsumentenkrediten und Investitionskrediten, oder zwischen kurz- und langfristigen Märkten, möglich.

Die Tatsache, daß die Geldpolitik bloß die Entscheidungs*grundlagen*, nicht aber die Entscheidungen der Wirtschaftssubjekte selbst beeinflussen kann, führt zwangsläufig zu *Anpassungs- und Ausweichreaktionen.* Bei restriktiver Geldpolitik etwa kommt es zur Verringerung der Reservehaltung der Banken und der Kassenhaltung von Firmen und Haushalten, Direktkredite treten an die Stelle der Intermediation,[30] Handelskredite und Kredite der Finanzintermediäre (Versicherungen, Fonds, usw.) nehmen zu; für die Geldpolitik bedeutet das, daß ein Teil der Wirkungen - und zwar in der Regel ein nicht leicht abschätzbarer Teil - durch Erhöhung der Geld- und Kreditschöpfungsmultiplikatoren sowie der Umlaufsge-

---

[30] Vermittlung der Banken zwischen letztem Schuldner und letztem Gläubiger (siehe Fußnote 17).

schwindigkeit kompensiert wird. Weil aber Art und Umfang dieser Änderungen der Verhaltensweisen von der Wirtschaftslage, vom subjektiven Grad an Unsicherheit, den relativen Zinssätzen usw. abhängen, treten sie rasch und vielfach unvorhersehbar auf und führen zu den bekannten *langen und variablen Verzögerungen* der Wirkungen der Geldpolitik, die in Abschnitt 9.3 noch genauer behandelt werden. Andererseits führen sie auch zu *einer Asymmetrie der Wirkungen*: Bei restriktiver Geldpolitik haben die Betroffenen sehr viel weniger Ausweichmöglichkeiten. Die Wirkungen restriktiver Geldpolitik sind daher rascher und besser vorhersehbar, wogegen expansive Maßnahmen, die ja vor allem in Perioden der Rezession, also in Perioden überdurchschnittlicher Unsicherheit getroffen werden, oft lange unwirksam bleiben; die zusätzliche Geldmenge versickert in höherer Reserve- und Kassenhaltung, die gesenkten Zinssätze können die reduzierten Ertragsaussichten und die gestiegene Risikoprämie nicht überkompensieren.

Die lange und variable Wirkungsverzögerung der Geldpolitik hat vielfach zu der Empfehlung geführt, auf *aktivistische Geldpolitik* (diskretionäre Maßnahmen) überhaupt zu verzichten und die Geldmenge mit einer konstanten Rate wachsen zu lassen (Friedman 1970, 155); dadurch könnten die Erwartungen verstetigt und abrupte Verhaltensänderungen ausgeschlossen werden. Diese Frage wird in Kapitel 15 genauer behandelt, da sie für das traditionelle Modell der Geldpolitik ohne größere Bedeutung war. Sofern die Zentralbanken etwa der USA, der Bundesrepublik Deutschland oder der Schweiz Geldmengenregeln übernahmen, waren es jedoch jährlich wechselnde Ziele, die überdies vielfach nicht eingehalten wurden (siehe Abbildung 20.4/2), sodaß es *dadurch* wohl kaum zu einer langfristigen Verhaltensstabilisierung im Sinne von M. Friedman gekommen sein kann. Allerdings könnten - entgegen der monetaristischen Erwartung - gerade die Änderungen der Regeln von Jahr zu Jahr und die Abweichungen von den Regeln, soweit sie als Reaktion auf erheblichen Störungen von außen erfolgten, die Erwartungen stabilisiert haben (Emminger 1984, 51; Atkinson/Chouraqui 1986, 18).[31]

Schließlich bleibt als letztes und wohl schwierigstes Funktionsproblem der Geldpolitik die noch immer *beschränkte Kenntnis der theoretischen Zusammenhänge*, insbesondere unter den institutionellen Voraussetzungen in Europa. Das Standard-Modell der Geldpolitik geht davon aus, daß die Zentralbank dem Publikum Zentralbankgeld via Offenmarktoperationen zur Verfügung stellt, wodurch der vorne erwähnte portefeuilletheoretische Anpassungsprozeß ausgelöst wird, der grundsätzlich über Kursänderungen auf den Wertpapiermärkten abläuft. Dieses Modell mag die US-amerikanischen Institutionen verhältnismäßig gut abbilden und demgemäß die Wirkungen geldpolitischer Maßnahmen in den USA richtig anzeigen. In Europa, insbesondere in der Bundesrepublik Deutschland und in Österreich, sind die Institutionen jedoch grundlegend anders geartet: Für die Finanzierung ist die Intermediation über die Banken bedeutender als die Wertpapiermärkte, und die Zentralbank stellt zusätzliches Zentralbankgeld demgemäß in

---

[31] Siehe Fußnote 41 in Kapitel 15.

der Regel nicht dem Publikum via Wertpapiermarkt, sondern den Banken via Refinanzierungsgeschäfte zur Verfügung (siehe Abbildung 8.3/5); die Portefeuilleanpassungsprozesse konzentrieren sich somit auf die Banken und äußern sich in unterschiedlicher Kreditgewährungsbereitschaft.

Die Bedeutung der Banken für den Transmissionsmechanismus wird in Europa aber noch durch eine zweite institutionelle Besonderheit verstärkt: Die Rolle der variabel ausnützbaren Kreditlinien bzw. der wechselnd kreditorisch-debitorischen Konten für die Finanzierung und die Stellung des Bankkontos im Rahmen der Finanzvermögensanlage. Auch dadurch wird die Last der Portefeuilleanpassung vom Publikum auf die Banken überwälzt, wodurch sich besondere Probleme der Anpassung der Bankportefeuilles und damit besondere Transmissionswege der Geldpolitik ergeben: Da die Einlagenzinssätze in der Regel zwar niedriger, aber weniger leicht änderbar sind als die der (kündbaren) Kredite, bedingen Änderungen, insbesondere der *relativen* Zinssätze, einen erheblichen Anpassungszwang der Bankportefeuilles.[32] Unter diesen institutionellen Voraussetzungen paßten die traditionellen deutschen Liquiditätssaldokonzepte der Transmission (Köhler ^{2}1977, Band 1, 81ff, oder Schmölders 1969) wahrscheinlich besser als die derzeit üblichen amerikanischen Geldbasiskonzepte; allerdings bedürften die alten Liquiditätssaldokonzepte seit der Internationalisierung der Geldmärkte und des dadurch bedingten Verschwindens der Überschußreserven einer neuen portefeuilletheoretischen Fundierung.[33]

8.5 Schuldenstrukturpolitik

Schuldenstrukturpolitik (debt management) ist die Änderung der Zusammensetzung der Staatsschuld als wirtschaftspolitisches Instrument. Die Wirkungen können hier relativ kurz beschrieben werden, weil alle notwendigen Überlegungen im Rahmen des portefeuilletheoretischen Transmissionsmechanismus der Geldpolitik bzw. der Verdrängungseffekte zusätzlicher Staatsausgaben (crowding out) bereits behandelt wurden; letztlich geht es bei der Schuldenstrukturpolitik um eine Steuerung der Stärke des crowding out-Effekts. Die Analyse der Schuldenstrukturpolitik nimmt Staatsausgaben und -einnahmen bzw. den Budgetsaldo als unverändert an, um fiskalpolitische und schuldenstrukturpolitische Effekte trennen zu können; im folgenden soll daher stets von einer Änderung der Struktur

---

32 Andererseits kann die Geldpolitik diese Effekte bloß begrenzt nutzen, ohne erhebliche Insolvenzrisken für die Banken und damit potentielle Verhaltensänderungen auszulösen.

33 Vom unterschiedlichen Transmissionsweg abgesehen, deuten neuere amerikanische Untersuchungen auch unterschiedliche Wirkungen an: Unter bestimmten Voraussetzungen wirkt der Ankauf sicherer privater Aktiva durch die Zentralbank (= Refinanzierung der Banken) weniger inflatorisch als der Ankauf von Staatspapieren (Sargent/Wallace 1982).

der Staatsschuld bei unveränderter Höhe, also von bloßen Umschichtungen ausgegangen werden.

Schichtet die Öffentliche Hand von *längerfristigen Wertpapieren zu Notenbankfinanzierung* um,[34] und befanden sich die Wertpapiere vorher im Portefeuille des Publikums, dann ist der Effekt in jeder Weise demjenigen einer expansiven Offenmarktoperation gleichzuhalten; der einzige Unterschied besteht darin, daß die Initiative zu dieser wirtschaftspolitischen Maßnahme nicht von der Zentralbank, sondern von der Staatsschuldenverwaltung (Finanzministerium) ausgeht. Die Portefeuilles des Publikums sind nach der Transaktion zu liquide und zu wenig ertragreich; die Portefeuilleumschichtungen senken, vom kurzen zum langen Ende des Markts fortschreitend, die Zinssätze bzw. Ertragsraten, bis letztlich die erwartete Ertragsrate für Investitionen höher ist als die Rendite existierender Vermögenswerte. Die Umschichtung von Notenbankkrediten zu langfristigen Wertpapieren löst natürlich genau den umgekehrten Anpassungsprozeß aus und führt über Zinssteigerungen zu einer Verdrängung privater Investitionen.

Die Umschichtung von *längerfristigen Wertpapieren zu Auslandskrediten* ist bei festen Wechselkursen der Umschichtung zu Notenbankkrediten in jeder Weise gleichwertig: Da die Zentralbank bei festen Wechselkursen die zusätzlichen Devisen aus den Auslandskrediten aufkaufen muß, steigt die Zentralbankgeldmenge um genau denselben Betrag, um den sie auch gestiegen wäre, wenn die Notenbank die Kredite selbst gewährt hätte.[35] Bei flexiblen Wechselkursen hingegen ist die Richtung der Wirkung unbestimmt: Die Rückzahlung der Wertpapiere erhöht die Liquidität im privaten Sektor und wirkt expansiv; die zusätzliche Auslandsverschuldung hingegen führt zu einer Aufwertung der heimischen Währung und wirkt restriktiv. Es hängt vom Einzelfall ab, welcher der beiden Effekte überwiegt.

Die *Umschichtung der Staatsfinanzierung von längerfristigen zu kurzfristigen Papieren* wirkt schwach expansiv: Auch durch diese Transaktion werden die Portefeuilles des Publikums liquider, wenn auch nicht in dem Maße wie im vorhergehenden Beispiel bei festen Wechselkursen, weil die Geldmenge unverändert bleibt. Dementsprechend wirkt dieser Mechanismus schwächer, aber doch expansiv.

Verbindet man Schuldenstruktur- mit Fiskalpolitik, läßt sich die Wahl der Finanzierungsform als bewußte Steuerung des crowding out darstellen: Finanziert die Öffentliche Hand zusätzliche Ausgaben mit Auslandskrediten, tritt überhaupt kein crowding out auf; die monetäre Basis steigt im Ausmaß der zusätzlichen Staatsausgaben und reicht zur Finanzierung der zusätzlichen Transaktionen gerade aus, wenn Staatsausgaben- und Geldschöpfungsmultiplikator gleich groß sind und wenn überdies bei der Verwendung von Transaktionskasse keine Skaleneffekte

---

34 Eine solche Transaktion ist in den meisten Staaten allerdings bloß in begrenztem Rahmen und bloß für bestimmte Zwecke möglich.

35 Unterschiede ergeben sich im weiteren natürlich daraus, daß die Zinszahlungen für Auslandskredite in Devisen erfolgen müssen.

auftreten.[36] In den Portefeuilles des Publikums ändert sich nur dann etwas, wenn die zusätzliche Kasse als zusätzliches Geldvermögen angesehen wird. Finanziert die Öffentliche Hand ihre zusätzlichen Ausgaben hingegen durch den Verkauf langfristiger Wertpapiere, werden die Portefeuilles der Anleger zu illiquid, die Anleger werden daher versuchen, liquide Werte zu erwerben, was zinssteigernd wirkt und Investitionen verdrängt. Das Ausmaß des crowding out wird aber auch in diesem Fall möglicherweise nicht vollständig sein: Denn durch die zusätzlichen Staatspapiere - bei unveränderten Sachanlagen - sind die Portefeuilles geldkapitallastig geworden, das Risiko hat sich zum Geldwertrisiko verschoben, was zusätzliche Anlagen in Sachkapital auslösen mag, wodurch das Ausmaß des crowding out vermindert wird.[37]

Grundsätzlich könnte die Schuldenstrukturpolitik daher als Stabilisierungspolitik eingesetzt werden, und das wurde in den sechziger Jahren auch vielfach versucht. Man glaubte in der Schuldenstrukturpolitik eine Ergänzung oder gar einen Ersatz für die Fiskalpolitik gefunden zu haben, deren Grenzen damals erkannt wurden. Sehr rasch zeigten sich jedoch auch die Grenzen der Schuldenstrukturpolitik: In der Hochkonjunktur sollte die Öffentliche Hand zu langfristigen Wertpapieren umschichten; gerade in dieser Zeit ist jedoch die Rendite für Investitionen besonders hoch, und der Bedarf der Investoren und Konsumenten an Transaktionskasse steigt. Die Portefeuilles werden daher als zu wenig liquide empfunden, die Anleger sind kaum bereit, längerfristige Wertpapiere zu übernehmen - mit anderen Worten, sie wehren sich gegen die Verdrängung ihrer Ausgaben, auch wenn diese marktmäßig und systemkonform durch Beeinflussung der Grundlagen ihrer Wahlhandlungen erfolgt. In der Rezession sollte der Staat umgekehrt kurzfristige Wertpapiere begeben. Die Anleger sind in dieser Situation auch gerne bereit, diese zu übernehmen, da die Unsicherheit ihre Liquiditätsneigung steigen läßt und sie liquide sein wollen, um bei Einsetzen eines Aufschwungs rasch in Sachvermögen umschichten zu können. Gerade letzteres kann aber nicht im Interesse der Wirtschaftspolitik liegen, die zu dem Zeitpunkt, in dem die Privaten ihre kurzfristigen Wertpapiere abstoßen wollen, bereits wieder restriktiv wirken muß, also zu längerfristigen Wertpapieren umschichten müßte. Mit anderen Worten: Da es das Ziel der Schuldenstrukturpolitik sein müßte, die üblichen Dispositionen der Wirtschaftssubjekte umzukehren, könnte sie das bloß um den Preis sehr hoher Zinssätze in der Hochkonjunktur und einer nicht leicht wieder aufzusaugenden Überliquidität in der Rezession tun.

36 Diese keineswegs selbstverständlichen Annahmen werden gerne übersehen.

37 Siehe dazu Abschnitt 15.1.1.

8.6 Zusammenfassung

Der Geldpolitik wurde in der praktischen Anwendung des Modells der Neoklassischen Synthese die Aufgabe der Nachfragesteuerung völlig parallel zur Fiskalpolitik zugewiesen: Ob eine Nachfragedämpfung primär der Geld- oder der Fiskalpolitik übertragen wurde, hing mehr von der politischen Machbarkeit als von theoretischen Überlegungen ab. Die Geldpolitik wurde vielfach intensiver zur Steuerung des Gütermarkts eingesetzt als zur Steuerung des Preisniveaus, obwohl sie auf reale Größen schwächer wirkt als auf die Inflationsrate, und auf beide mit langen Verzögerungen. Zur Beeinflussung des Beschäftigungsgrades ist die Geldpolitik wegen der langen Verzögerungen, die in diesem Fall wegen des Nachhinkens des Arbeitsmarkts ganz besonders lang sind, überhaupt weniger gut geeignet als zur Schaffung der Rahmenbedingungen für eine tragbare Inflationsrate. Überdies wurde die Geldpolitik im Sinne der Feinsteuerung eingesetzt, d. h. die Instrumente wurden laufend verändert. Dementsprechend trat ein Funktionsverlust ein: Rasche Änderungen der Maßnahmen und allzu kräftiger Einsatz der Instrumente und/oder der Zwischenziele können die Verhaltensweisen der Wirtschaftssubjekte ändern[38] und damit die Effektivität der Geldpolitik beeinträchtigen. Stetigkeit der Geldpolitik darf allerdings nicht mit der Einhaltung starrer Regeln verwechselt werden. In Perioden erheblicher Schocks (etwa des Erdölschocks) können starre Regeln zu einer bedenklichen Anspannung mit extrem hohen Zinssätzen führen und gerade dadurch die Änderung der Verhaltensweisen auslösen, die die Regelbindung verhindern wollte (siehe dazu Abschnitt 15.4).

[38] Siehe dazu die Abschnitte 14.2 und 15.3.

9 Probleme der traditionellen Nachfragesteuerung

Die Bemühungen um eine Stabilisierung der Nachfrage mit Hilfe der Instrumente der Fiskal-, Geld- und Schuldenstrukturpolitik stießen auf zahlreiche Probleme: Mängel der theoretischen Analyse ließen die Instrumente zu einem undifferenzierten Block „Nachfragesteuerung" zusammenwachsen; zur Erreichung der verschiedenen Ziele standen dadurch zu wenig Instrumente zur Verfügung. Die Vernachlässigung von Nebenwirkungen und Langzeitfolgen des Instrumenteneinsatzes, die Annahme kontinuierlicher Reaktionsfunktionen sowie der häufig wenig ursachenadäquate Einsatz der Instrumente reduzierten oder beseitigten die positiven Effekte der Nachfragesteuerung. Überdies hatte die Nachfragesteuerung mit den Problemen der verzögerten Wirkung der Instrumente zu kämpfen. Diese Fragen sollen in den folgenden Abschnitten dieses Kapitels behandelt werden. Als Antwort auf diese Probleme versuchte man zunächst im Rahmen des traditionellen Modells neue Instrumente zu entwickeln (Kapitel 11). In weiterer Folge kam es zu dem nur teilweise erfolgreichen Versuch, das Modell der traditionellen Nachfragesteuerung aufzugeben und durch ein besseres zu ersetzen; damit wird sich Abschnitt C beschäftigen.

9.1 Die mangelnde Differenzierung der beiden Instrumente

Die theoretische Analyse der Wirkungen der Geld- und Fiskalpolitik erfolgte fast ausschließlich im Rahmen der für das traditionelle Modell typischen IS/LM-Analyse. Im Rahmen dieses Modells wirkt die Geldpolitik bloß über den Geldmarkt, Fiskalpolitik bloß über den Gütermarkt, und beide letztlich allein auf Zinssatz und Volkseinkommen. Nebenwirkungen auf andere Märkte und Ziele wurden vernachlässigt, die Anpassungsmechanismen vielfach unzureichend herausgearbeitet und dynamische Prozesse grundsätzlich vernachlässigt: Untersucht wurden bloß partielle Stromgleichgewichte; Bestandsgrößen und Bestandsanpassungsprozesse blieben außer Betracht (siehe dazu Abschnitt 12.2). Die Anwendung des Modells trivialisierte die Mechanismen weiter; die Nachfragesteuerung wurde zum Ein-Hebel-Mechanismus (Stützel) des Gasgebens und Bremsens, den Tobin (1980b, 24) rückblickend folgendermaßen beschreibt: „... at least to a first approximation any mix of fiscal and monetary policies that yields the same aggregate demand has the same impact on inflation and real activity. Changing the mix cannot appreciably alter the short-run trade-off between inflation and employment. The proportions of fiscal and monetary stimulus or restriction can and must be decided on other grounds". Tatsächlich wären selbst im traditionellen Modell differenziertere Analysen der Instrumentenwirkungen und ein sinnvoll kombinierter Einsatz der Instrumente möglich gewesen. Dasselbe Niveau des Vollbeschäftigungseinkommens läßt sich natürlich mit Fiskal- wie mit Geldpolitik erreichen; der Anpassungsprozess und die Nebenwirkungen sind jedoch ganz verschieden. Im ersten Fall in Abbildung 9.1/1 (oberer Teil links) wird das Vollbeschäftigungseinkommen Y_v mit einem höheren Budgetdefizit, einem kräftigen Steigen des Zinssatzes von i_0 auf i_1 und einer entsprechenden Verdrängung privater Ausgaben im Ausmaß von BC erreicht. Versucht man dasselbe Ergebnis Y_v mit Hilfe der Geldpolitik zu erreichen (oberer Teil rechts), muß die Geldmenge so stark ausgeweitet werden, daß sich die LM-Kurve auf LM' verschiebt; der Anpassungsprozeß wird über AEF verlaufen, das heißt, der Zinssatz wird zunächst sehr stark auf i_2 sinken, um dann im Zuge des Anpassungsprozesses auf i_3 zu steigen; bei Vollbeschäftigung liegt der Zins jedoch *unter* (und nicht wie bei Fiskalpolitik *über*) dem Ausgangszinssatz i_0. Die Nachfragesteigerung resultiert nicht aus einer Ausweitung der staatlichen Nachfrage, sondern der privaten zinsabhängigen Investitionen.

Die Wahl zwischen Fiskal- und Geldpolitik wird unter diesen Voraussetzungen davon abhängen, wieweit der Staatshaushalt belastbar erscheint, welche Verände-

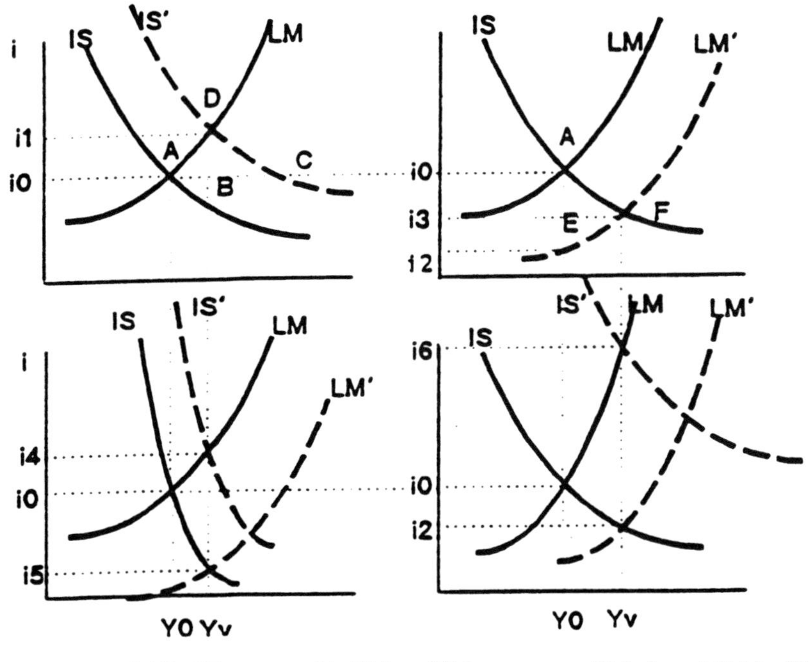

Abbildung 9.1/1: ***Die unterschiedlichen Wirkungen von Fiskal- und Geldpolitik***

rung der Angebotsfunktion die Verdrängung privater Ausgaben erwarten läßt, wie zinselastisch die privaten Investitionen sind, bzw. ob das mit der Ausweitung der Geldmenge verbundene Sinken des Zinssatzes nicht zu erheblichen Kapitalabflüssen in das Ausland führt. Die Entscheidung wird erleichtert, wenn entweder die IS- oder die LM-Kurve besonders steil sind: Ist die IS-Kurve besonders steil (unterer linker Teil von Abbildung 9.1/1), was einer sehr geringen Zinselastizität der privaten Ausgaben entspricht, dann ist die Fiskalpolitik genau so wirksam wie im ersten Fall, die Geldpolitik könnte das Vollbeschäftigungseinkommen aber bloß um den Preis eines extrem niedrigen Zinssatzes erreichen ($i_5 < i_3$); während der Anpassungsperiode wäre (unter den Annahmen der Zeichnung) ein gerade noch positiver Zinssatz erforderlich. Umgekehrt ist bei steiler LM-Kurve (rechts unten in Abbildung 9.1/1, also bei geringer Zinselastizität der Geldnachfrage) zwar die Geldpolitik so effizient wie im ersten Fall, die Fiskalpolitik könnte das Vollbeschäftigungseinkommen jedoch bloß um den Preis eines extrem hohen Zinssatzes ($i_6 > i_3$) erreichen. Die Zinselastizität von Investitions- und Geldnachfrage ist also *ein* Kriterium für die Wahl des Instrumenteneinsatzes, die Wirkung hoher oder niedriger Zinssätze auf grenzüberschreitende Kapitalströme in einer offenen Wirtschaft ein anderer. (Dieser Gesichtspunkt wird in Kapitel 11 weiter verfolgt).

Tabelle 9.1: ***Fiskalpolitik bei nicht-akkomodierender und bei akkomodierender Geldpolitik***[1]

Land/Politik		Brutto-Inlandsprodukt	Deflator
USA			
Nicht-akkomodierend[2]	1. Jahr	1.1	0.3
	3. Jahr	0.5	1.5
	5. Jahr	0.3	2.4
Akkomodierend[3]			
	1. Jahr	1.2	0.3
	3. Jahr	1.1	2.3
	5. Jahr	1.0	4.8
BRD			
Nicht-akkomodierend[2]	1. Jahr	0.9	0.1
	3. Jahr	0.6	0.8
	5. Jahr	0.5	0.7
Akkomodierend[3]			
	1. Jahr	1.0	0.1
	3. Jahr	1.5	1.1
	5. Jahr	0.5	0.6

1 Simulation 1983/87 einer Erhöhung der realen Staatsausgaben um 1 %, Abweichung des BIP von der Kontrollösung in %.
2 Unveränderte Geldmenge, fixe Wechselkurse.
3 Unveränderter Zinssatz, fixe Wechselkurse.

Q: Richardson 1987 b, 12f.

Sofern entsprechende Gestaltungsmöglichkeiten bestehen, sollten in der Praxis Fiskal- und Geldpolitik zumeist gemeinsam eingesetzt werden, weil theoretische Überlegungen und empirische Schätzungen vermuten lassen, daß die Multiplikatoren dann sehr viel größer sind. Tabelle 9.1 zeigt, daß bei nicht-akkomodierender Geldpolitik, also bei isolierter Fiskalpolitik der Multiplikator bloß um 1 beträgt und überdies rasch kleiner wird; daß die Multiplikatoreffekte in den USA zunächst etwas größer sind als in der Bundesrepublik Deutschland, hängt mit der geringen Offenheit der amerikanischen Wirtschaft zusammen.[1] Dementsprechend

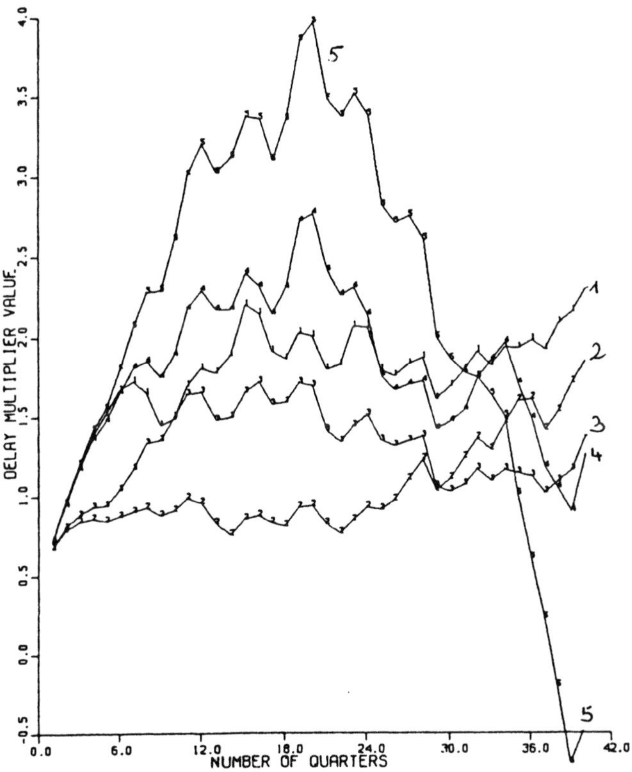

1 Monetary policy reaction function.
2 Fixed nominal money stock.
3 Fixed nominal nomey stock and no domestic wage-price responses.
4 Fixed nominal interest rate.
5 Fixed nominal interest rate and no domestic wage-price responses.

Q: Helliwell/Higgins 1976,232

Abbildung 9.1/2: ***Wirkungen der Fiskalpolitik bei unterschiedlicher Geldpolitik***

---

1 Der Anteil der Außenwirtschaft (Durchschnitt aus Exporten und Importen im weiteren Sinn laut volkswirtschaftlicher Gesamtrechnung) am Brutto-Inlandsprodukt macht in den USA wie in der EU bloß rund ein Zehntel aus, gegen etwa zwei Fünftel in den einzelnen EU-Staaten.

ist nicht bloß der reale Multiplikator, es sind auch die mit der Fiskalpolitik verbundenen Preissteigerungen in den USA erheblich größer offenen) Bundesrepublik Deutschland. Bei akkomodierender Geldpolitik, also bei einer Kombination von Fiskal- und Geldpolitik, ist der Multiplikator im dritten Jahr rund doppelt so hoch wie bei isolierter Fiskalpolitik. Allerdings sind auch die inflatorischen Begleiterscheinungen bei akkomodierender Geldpolitik stärker, vor allem in den USA. Sehr ähnliche Ergebnisse zeigt eine kanadische Simulation (Abbildung 9.1/2), bei der der Fiskalmultiplikator gleichfalls bei etwa 1 bleibt, bei akkomodierender Geldpolitik hingegen im dritten Jahr auf etwa 2¼ steigt und erst im zehnten Jahr wieder auf 1 fällt.

Der isolierte Einsatz der Instrumente der Nachfragesteuerung bringt somit zumeist wenig befriedigende Ergebnisse, es bedarf des kombinierten Einsatzes. Damit aber taucht das weitergehende Problem der *Trägervielfalt* und der *Koordinierung* auf. Selbst ein sehr abstraktes Modell kann kaum davon abstrahieren, daß Geld- und Fiskalpolitik unterschiedlichen Trägern zugeordnet sind; ein realistisches Modell muß darüberhinaus akzeptieren, daß es eine Regierung mit einheitlichem Willen nicht gibt und nicht geben kann, daß die Interessen selbst der einzelnen Ministerien zum Teil erheblich divergieren und daß auch Interessenvertreter Macht haben und Einfluß nehmen. Damit entstehen die Probleme der Willensbildung innerhalb der Regierung, der Koordinierung, der Kompromisse, der konzertierten Aktionen usw. Diese Probleme können hier bloß erwähnt werden; ihre analytische Behandlung ist im Rahmen der Spieltheorie, der Politischen Ökonomie und der Politologie grundsätzlich möglich, steckt aber noch in den Kinderschuhen.[2]

9.2 Der Mangel an Instrumenten

Die Aggregation der beiden Instrumente Fiskal- und Geldpolitik zu dem „Ein-Hebel-Mechanismus" Nachfragesteuerung warf das weitere Problem auf, daß damit ein „unabhängiges" Instrument verloren ging und damit auch ein Ziel weniger erreicht werden konnte. Denn, wie in Abschnitt 4.1 gezeigt wurde, muß pro Ziel, das die Wirtschaftspolitik erreichen möchte, zumindest ein unabhängiges Instrument zur Verfügung stehen. Nun sind an wichtigen Zielen zweifellos Vollbeschäftigung, Wirtschaftswachstum und Preisstabilität, also drei Ziele, in der offenen Wirtschaft als viertes auch außenwirtschaftliches Gleichgewicht zu erreichen. Selbst wenn Fiskal- und Geldpolitik völlig unabhängig wären - was sie keinesfalls sind - würde mindestens ein Instrument fehlen; mindestens zwei fehlen,

---

[2] Siehe dazu Abschnitt 4.2.1.

wenn sie zu „Nachfragesteuerung“ aggregiert werden. Zusätzliche Instrumente sind somit dringend erforderlich. Darüber hinaus sind manche Verletzungen der Ziele mit traditioneller Nachfragesteuerung nicht oder jedenfalls wenig zweckmäßig zu bekämpfen. Es galt daher, die zusätzlichen Ziele analytisch in das System der Nachfragesteuerung zu integrieren, neue Instrumente zu finden (Kapitel 10) und Instrumente und Ziele einander zuzuordnen, das relativ neue Problem der Assignation (siehe dazu Kapitel 11).

Analytisch wurde das Problem des zusätzlichen Ziels des außenwirtschaftlichen Gleichgewichts (zusätzlich zu Geldmarkt- und Gütermarktgleichgewicht) im traditionellen Lehrbuchmodell durch die Einführung der ZZ-Kurve in das IS/LM-Diagramm scheinbar gelöst. Die ZZ-Kurve in Abbildung 9.2 gibt alle Kombinationen von Zinssatz und Volkseinkommen an, bei denen außenwirtschaftliches Gleichgewicht im Sinne eines Ausgleichs der Devisenbilanz erreicht ist; sie steigt von links unten nach rechts oben an: Bei niedrigen Werten des Einkommens ist die Nachfrage nach Importen gering, die Leistungsbilanz hat Überschüsse; der Zinssatz muß niedrig sein, um Kapitalexporte zu ermöglichen, die die Devisenbilanz ausgleichen. Umgekehrt wird bei hohem Einkommen viel importiert, hohe Zinssätze müssen Kapitalimporte ermöglichen, die die Leistungsbilanzdefizite kompensieren. Die ZZ-Kurve wird in der Regel flacher angenommen als die LM-Kurve, weil Kapitalimporte als zinselastischer angesehen werden als Investitionen.

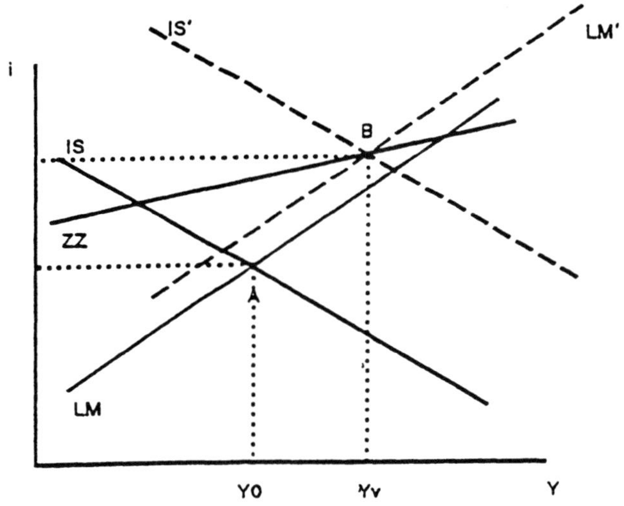

Abbildung 9.2: ***Geldmarkt-, Gütermarkt- und Devisenmarktgleichgewicht***

Die traditionelle Lehrbuchdarstellung (Abbildung 9.2) zeigt, daß es in diesem Fall - im Gegensatz zur geschlossenen Wirtschaft in Abbildung 9.1/1 - des Einsatzes von Fiskal- *und* Geldpolitik bedarf, um Vollbeschäftigung (Punkt B) zu erreichen. Tatsächlich täuscht diese Darstellung jedoch einen Aktionsspielraum der Wirtschaftspolitik vor, den es gar nicht gibt. Die Devisenmarktgleichgewichte der ZZ-Kurve, die durch eine Kompensation eines Leistungsbilanzdefizits durch einen Kapitalbilanzüberschuß (bzw. eines Leistungsbilanzüberschusses durch ein Kapitalbilanzdefizit) zustande kommen, sind nämlich nicht stabil: Die im Fall eines Leistungsbilanzdefizits ständig steigende Auslandsschuld fordert zunehmend höhere Zinszahlungen zu ihrer Bedienung; dadurch steigt das Defit der (Dienst-) Leistungsbilanz laufend weiter an, was höhere Kapitalimporte und noch höhere Zinszahlungen nach sich zieht. Der umgekehrte Fall - Leistungsbilanzüberschüsse und Kapitalexporte - ist weniger gefährlich, doch werden die durch die anhaltenden Kapitalexporte steigenden Zinseinnahmen den Überschuß der Leistungsbilanz laufend steigen lassen, was jedenfalls bei großen Ländern zu Reaktionen der Komplementärländer mit Leistungsdefiziten führen wird; doch auch in kleinen Ländern entsteht die Frage nach dem Sinn des extremen hohen Faktoreinsatzes zwecks Akumulation von Auslandsvermögen. Im Normalfall erfordert außenwirtschaftliches Gleichgewicht somit eine ausgeglichene Leistungsbilanz; das kann durch geringere (höhere) heimische Nachfrage oder durch Abwertung (Aufwertung) erreicht werden. Die Probleme werden in Abschnitt 10.2 sowie in den Kapiteln 9 und 11 weiter verfolgt.

Deutlicher noch zeigt sich der Mangel an geeigneten Instrumenten im Fall der *Kosteninflation.* Wenn die Preise nicht durch überhöhte Nachfrage, sondern als Folge einer Verteuerung der Importe, als Folge von Steuererhöhungen oder der Durchsetzung überhöhter Lohnforderungen steigen, hilft Nachfragesteuerung nichts; es ist schwer vorstellbar, daß die heimischen Preise so stark sinken können, daß sie die Verteuerungen der Importe überkompensieren, daß die Nachfrage so knapp gehalten wird, daß die Steuern nicht überwälzt werden können, bzw. daß die Gewerkschaft ihre Politik ändert. Zur Bekämpfung der Kosteninflation sind zusätzliche Instrumente, nämlich Einkommenspolitik (siehe Abschnitt 10.1) oder Wechselkurspolitik (siehe Abschnitt 10.2), erforderlich. Einkommens- und angebotspolitische Maßnahmen erweisen sich auch dann als unvermeidlich, wenn die Regierung eine Politik hoher Beschäftigung betreibt und/oder Vollbeschäftigung tatsächlich erreicht. In diesem Falle wird die Lohnpolitik für die Gewerkschaft asymmetrisch: Fordert sie zu wenig, ist das ein Nachteil für ihre Mitglieder, fordert sie zu viel, ist das kein Nachteil und führt jedenfalls nicht zu höherer Arbeitslosigkeit, weil zu erwarten ist, daß die Regierung in diesem Fall nachfragesteuernd eingreift. Rationales Verhalten empfiehlt der Gewerkschaft, Lohnforderungen an der Obergrenze des denkbaren Spielraums oder sogar darüber zu stellen, wodurch die Gefahr einer Lohn-Preisspirale entsteht. Die Alternative zu einer Kombination aus Einkommens- und Angebots-(Struktur-) politik wäre in einem solchen Fall ein relativ niedriger Beschäftigungsgrad, eine sicherlich suboptimale Lösung.

9.3 Das Problem der Verzögerungen

Abbildung 9.1/2 zeigte ein weiteres Problem der traditionellen Nachfragesteuerung, das der Verzögerungen, ein Problem, das Fiskal- wie Geldpolitik gleichermaßen betrifft, wenn auch in unterschiedlicher Form. Die verschiedenen Komponenten der Verzögerungen können Abbildung 9.3 entnommen werden: Die *Erkennungsverzögerung* wird für Fiskal- und Geldpolitik wohl gleich lang sein, da sie sich auf die Zielverletzung und nicht auf die Art der Instrumente bezieht. Die *Handlungsverzögerung* ist für die Geldpolitik relativ kurz, weil sich die entsprechenden Gremien der Zentralbank mindestens monatlich treffen und Entscheidungen sofort fällen und durchführen lassen können. Bei der Fiskalpolitik ist die Handlungsverzögerung hingegen sehr lange, da die Programme wegen ihrer unvermeidlichen allokativen und distributiven Nebenwirkungen meist umstritten sind und erst politisch ausbalanciert werden müssen; überdies bedürfen alle wichtigen Entscheidungen der Fiskalpolitik der Zustimmung des Parlaments; in der BRD allerdings können die Einkommens- und Körperschaftssteuersätze bei „Störungen des gesamtwirtschaftlichen Gleichgewichts" durch Rechtsverordnung (mit Zustimmung des Bundesrates) auf maximal ein Jahr um 10 % gesenkt oder erhöht werden; weiters können auf dieselbe Art und Weise Sonderabschreibungen und erhöhte Absetzungen ausgesetzt oder eine Investitionszulage gewährt werden, wodurch eine gewisse Verkürzung der Handlungsverzögerung möglich ist.

Zielverletzung		
	} Informationsverzögerung	
Erkenntnis der Zielverletzung		} Erkennungsverzögerung (recognition lag)
	} Diagnoseverzögerung	
Analyse der Zielverletzung		
	} Planungsverzögerung	
Entwurf von Maßnahmen		} Handlungsverzögerung (decision lag)
	} Entscheidungsverzögerung	
Wirtschaftspolitische Entscheidung		
	} Durchführungsverzögerung	
Instrumenteneinsatz		} Wirkungsverzögerung (action lag)
	} Wirkungsverzögerung	
Wirkung auf Ziele		

Abbildung 9.3: ***Komponenten der Verzögerung (time lag) wirtschaftspolitischer Maßnahmen***

Die *Wirkungsverzögerung* schließlich ist bei der Geldpolitik, wie in Abschnitt 8.3 genauer ausgeführt wurde, sehr lang, wogegen sie bei der Fiskalpolitik, vor allem bei Staatsausgaben für Güter und Dienstleistungen, relativ kurz ist. Ob insgesamt, unter Berücksichtigung aller drei Verzögerungen, die Fiskal- oder die Geldpolitik rascher wirkt, läßt sich generell nicht bestimmen. Im allgemeinen werden die Unterschiede wohl nicht sehr groß sein, und in keinem Fall darf eine merkliche Wirkung auf die globale Nachfrage früher als etwa drei Quartale nach dem Erkennen der Zielverletzung erwartet werden, erhebliche Wirkungen kaum vor sechs Quartalen.

Da die Wirkung der Wirtschaftspolitik im allgemeinen bloß auf die globale Nachfrage (reales Brutto-Inlandsprodukt) untersucht wird, wird gerne übersehen, daß die *Anpassungsgeschwindigkeiten verschiedener Komponenten der Nachfrage* unterschiedlich sind. Nach theoretischen und praktischen Überlegungen (Streißler 1972, 53ff), wie nach empirischen Untersuchungen (Helliwell/Higgins 1976, 222ff) bewirkt eine Nachfragesteigerung zunächst einen Lagerabbau und eine Steigerung der Importe. In weiterer Folge steigt zunächst die Produktivität der Beschäftigten, dann ihre Arbeitszeit, in weiterer Folge die Beschäftigung; erst relativ spät kommt es zu zusätzlichen Investitionen und damit zu einer Erhöhung des Kapitalbestands.

Die lange Verzögerung, insbesondere durch die Handlungsverzögerung im Bereich der Fiskalpolitik, ließ nach Möglichkeiten einer Verkürzung Ausschau halten; sie wurden einerseits in Schubladenprogrammen, andererseits in automatischen Stabilisatoren und in dem Instrument der Formelflexibilität gefunden. *Schubladenprogramme* sind fertige Planungsunterlagen für staatliche Ausgabenprogramme, die im Detail ausgearbeitet sind, doch erst in Auftrag gegeben werden, wenn die private Nachfrage auf Rezessionsniveau gesunken ist. In der Praxis zeigten Schubladenprogramme zahlreiche Mängel: Der politische Druck zu ihrer vorzeitigen Verwirklichung war sehr stark, die Planungsunterlagen veralteten rasch, und die Vorlaufzeit ermöglichte Gegnern der Projekte (Anrainern, Naturschützern, Konkurrenten), effiziente Verhinderungsstrategien aufzubauen. *Automatische Stabilisatoren* sind Mechanismen, die, je nach Zielverletzung, expansiv oder restriktiv wirken, ohne daß die Träger der Wirtschaftspolitik eingreifen müßten, ja selbst ohne daß ihnen die Zielverletzung bewußt geworden sein muß. Die bedeutendsten automatischen Stabilisatoren sind progressive einkommensabhängige Steuern und bestimmte Transfers, insbesondere die Arbeitslosenunterstützung. Die Belastung der Nachfrager mit progressiven einkommensabhängigen Steuern steigt im Aufschwung rascher als die Brutto-Einkommen; die Steuer schöpft damit Kaufkraft ab, sofern sie sofort bezahlt wird und die Erträge von der Öffentlichen Hand bei der Zentralbank stillgelegt werden; dasselbe gilt mit umgekehrtem Vorzeichen für den Abschwung. Bei der Arbeitslosenversicherung steigen die Beitragszahlungen im Aufschwung wegen der höheren Beschäftigung und der höheren Einkommen, und es müssen weniger Unterstützungszahlungen geleistet werden; umgekehrt sinken die Einnahmen der Arbeitslosenversicherung im Abschwung, und es steigen die Ausgaben für Unterstützungszahlungen.

Weniger üblich ist es, von automatischen Stabilisatoren im Bereich der Geldpolitik zu sprechen. Wenn jedoch die Geldpolitik die Geldmenge, gemäß den monetaristischen Vorschlägen, mit einer konstanten Rate wachsen läßt, geht von der angespannten Liquidität und dem steigenden Zinssatz in der Hochkonjunktur, ebenso wie von der Überliquidität und dem sinkenden Zinssatz in der Rezession, dieselbe Art von automatisch stabilisierenden Wirkungen aus wie von den erwähnten Steuern und Transfers.

Die Bedeutung der automatischen Stabilisatoren für die Stabilisierung der Konjunktur ist umstritten: Im Bereich der Geldpolitik wurde der automatische Stabilisator einer langfristig konstanten Geldmengenzuwachsrate nie wirklich realisiert (siehe dazu Abschnitt 15.4.1).

Automatische Stabilisatoren in der Fiskalpolitik werden aus theoretisch-analytischer Sicht eher skeptisch beurteilt:

* Erstens fällt es den Regierungen meist schwer, Steuermehrerträge in der Hochkonjunktur stillzulegen; sofern die Mehrerträge nicht überhaupt für zusätzliche Ausgaben verwendet werden, werden sie bestenfalls zu Schuldentilgung verwendet; sie wirken dadurch im privaten Sektor expansiv und kompensieren die automatisch-stabilisierende Wirkung. Umgekehrt geben Mindereinnahmen in der Rezession oft Anlaß für eine „Sanierung" des Staatshaushalts. Ähnlich werden die Arbeitslosenversicherungsbeiträge in der Hochkonjunktur gern für arbeitsmarktpolitische Maßnahmen ausgegeben, so daß in der Rezession dann die Beiträge erhöht werden müssen. In allen diesen Fällen fehlt jede automatisch stabilisierende Wirkung.
* Zweitens werden gerade die konjunkturreagiblen Steuern, vor allem die veranlagte Einkommenssteuer in vielen Ländern stark verzögert eingehoben: In Österreich folgen diese Einnahmen der Konjunktur mit einer Verzögerung von 7 Quartalen, in der BRD dürfte die Situation kaum anders sein. Daraus kann sich sogar eine prozyklische Wirkung ergeben, wenn die Auf- oder Abschwünge kürzer sind als die Steuerverzögerung.
* Drittens besteht gerade in der Hochkonjunktur die Gefahr der Überwälzung der steigenden Steuerlast: Lindbeck (1974, 284 ff) weist darauf hin, daß die von der kalten Progression Betroffenen in der Hochkonjunktur in der Lage sein werden, die Mehrbelastung zu überwälzen. Die Überwälzung führt zu Preissteigerungen, diese zu Lohnforderungen und damit zu einer weiteren (nominellen) Einkommenssteigerung, die die Progression zusätzlich erhöht. Bei starker Progression und erheblicher Inflationsreagibilität der Lohnforderungen können expansive Überwälzungsfolgen die restriktiven Wirkungen des automatischen Stabilisators leicht überkompensieren.

Empirische Untersuchungen der OECD (Leibfritz et al 1994, 13, 45) lassen allerdings vermuten, daß automatische Stabilisatoren der Fiskalpolitik die Rezession zu 15 % (Griechenland, Portugal) bis 70 % (USA), im Durchschnitt zu 40 % dämpften (siehe auch Abbildung 7.1/3).

Ein weiteres Instrument zur Verkürzung der Verzögerungen wurde in der sogenannten *Formelflexibilität* (formula flexiblity: Musgrave 1959, 512ff) gefunden. Hier wird vom Träger der Wirtschaftspolitik eine bedingte Entscheidung über den Instrumenteneinsatz getroffen, die bei Eintreten der Bedingungen ohne weitere Diskussion angewendet wird. Ein Beispiel wäre etwa, daß die Staatausgaben pro Prozentpunkt, um den die Inflationsrate einen Schwellenwert von 2 % übersteigt, um 1 % gesenkt werden müssen. Maßnahmen dieser Art haben sich allerdings kaum durchgesetzt, weil sie auf die Ursachen der Zielverletzung nicht eingehen können und die ergriffenen Maßnahmen daher meist suboptimal sind. In dem erwähnten Beispiel etwa wären die Maßnahmen richtig, wenn die Inflation nachfragebedingt ist; sie wären suboptimal, wenn die Inflationsursachen verteuerte Importe oder überhöhte Lohnforderungen wären; im letzteren Fall wären Aufwertung bzw. Einkommenspolitik, nicht aber Kürzung der Staatsausgaben die adäquaten Maßnahmen.

9.4 Zusammenfassung

Obwohl selbst das traditionelle Modell Differenzierungen zugelassen hätte, wurden im Lehrbuchmodell wie in der wirtschaftspolitischen Diskussion Fiskal- und Geldpolitik zum „Ein-Hebel-Mechanismus" der Nachfragesteuerung zusammengefaßt. Dadurch stand der Wirtschaftspolitik bloß ein Instrument zur Verfügung, um die drei bis fünf Ziele des Magischen Vielecks zu erfüllen. Da das traditionelle IS/LM-Modell darüberhinaus die Probleme der Inflation, des außenwirtschaftlichen Gleichgewichts und nicht-nachfragebedingter Zielverletzungen selbst analytisch nicht in den Griff bekam, waren zahlreiche Probleme der praktischen Wirtschaftspolitik in den späten sechziger und in den siebziger Jahren programmiert. Darüberhinaus traten vielfach starke und unerwartete Nebenwirkungen der Nachfragesteuerung auf, die sich aus der Vernachlässigung der Anpassungsprozesse, aus Bestandseffekten und Erwartungsbildung ergaben. Alle diese Mängel führten zunächst zur (rein pragmatischen) Erweiterung des Modells der isolierten Nachfragesteuerung durch zusätzliche Instrumente, später zu seiner theoretischen Erweiterung.

10 Unkonventionelle Instrumente im traditionellen Modell der Wirtschaftspolitik

Die angewandte Wirtschaftspolitik beschränkte sich selbst in den sechziger Jahren nicht in dem Maße auf Nachfragesteuerung durch Geld- und Fiskalpolitik, wie das das Lehrbuchmodell der Neoklassischen Synthese vermuten ließe. Allerdings wurden die über die traditionelle Nachfragesteuerung hinausgehenden Instrumente von der Praxis (durch trial and error) entwickelt und eingesetzt und ihre theoretische Analyse erfolgte - wenn überhaupt - bloß im Nachhinein. Dort jedoch, wo Stabilisierungspolitik in der Praxis halbwegs funktionierte, spielten die unkonventionellen Instrumente eine nicht unerhebliche Rolle.

10.1 Einkommenspolitik

Die grundlegenden Überlegungen zur Einkommenspolitik stammen aus den späten fünfziger und frühen sechziger Jahren; der Begriff wurde offenbar von Fellner (1961) geprägt. Zielsetzung der Einkommenspolitik ist nicht die Änderung der Einkommensverteilung, sondern die Stabilisierung der Volkswirtschaft; es geht um die Koordinierung der Kompetenzen der Lohn- und Preispolitik mit der staatlichen Wirtschaftspolitik (Faxén 1982, 365). Da die Lohn- und Preispolitik in den meisten Ländern den Gewerkschaften und den Unternehmerverbänden überlassen ist (Tarifautonomie), kann die Regierung auf überhöhte Lohn- und Preisforderungen und die dadurch bedingte Inflation bloß mit restriktiver Nachfragepolitik reagieren, was selten zu einem raschen Ende der Lohnpreis-Spirale, sondern meist zur Stagflation führt. Überdies erkannten die Gewerkschaften, vor allem dort, wo sie stark zentralisiert sind, daß sie durch Nominallohnforderungen die funktionale Einkommensverteilung bloß selten zugunsten ihrer Mitglieder ändern können; die Unternehmer versuchen nämlich, die höheren Lohnkosten auf die Preise zu überwälzen, und sie können das in der Regel auch als Folge der durch die Lohnerhöhung gestiegenen Kaufkraft. Aus diesen Erfahrungen entstanden verschiedene Formen der Einkommenspolitik, von freiwilliger Abstimmung der Verhaltensweisen über fallweise oder laufende Konsultationen und organisierte Kooperation bis zu staatlichen Preis- und Lohnvorschriften. Alle diese durchaus unterschiedlichen Konzepte werden unter dem Begriff Einkommenspolitik zusammengefaßt; demgemäß verwundert es wenig, daß die Einschätzung dieses Instruments von inbrünstiger Gläubigkeit bis zu emphatischer Ablehnung reicht: Es kommt darauf an, welches Instrument jeweils unter Einkommenspolitik verstanden wird.

Grundsätzlich müssen Modelle der *freiwilligen Verhaltensabstimmung* unter den Beteiligten von solchen unterschieden werden, bei denen die Öffentliche Hand als Träger der *Regierungsgewalt Einfluß auf die Lohn-Preisbildung* nimmt; die Differenzierung wird allerdings dadurch erschwert, daß es zahlreiche Mischformen gibt und daß es bei der Kooperation sehr oft nicht klar ist, wie weit und unter welchen Bedingungen die Regierung auf ihre hoheitlichen Zwangsmittel verzichtet („Rute im Fenster"). Ob in einem bestimmten Land eher das eine oder das andere Modell verwirklicht ist, hängt vor allem von den institutionellen Voraussetzungen ab: Je höher der gewerkschaftliche Organisationsgrad, je stärker zentralisiert die Gewerkschaft, je weiter die von der Gewerkschaft abgeschlossenen Lohnverträge verbindlich gelten (im Extremfall Kollektivverträge mit verbindlicher Wirkung auch für Nicht-Mitglieder), desto mehr dominieren Elemente des freiwilligen Modells.

Untersucht man das Spektrum der möglichen Formen von freiwilliger Verhaltensabstimmung bis hin zu staatlicher Lohnfestsetzung, so ist die wohl staatsfernste Form die *Einkommens-Selbstverwaltung der Sozialpartner*, wie sie etwa in Österreich, in ähnlicher Form aber auch in den Niederlanden und in Norwegen verwirklicht ist. Der Abschluß von Kollektivverträgen mit Wirkung auch für Nicht-Gewerkschaftsmitglieder ist voll in die Hände der Gewerkschaften[1] und der gesetzlichen Interessenvertretungen der Unternehmer (Kammer der gewerblichen Wirtschaft) gelegt. Die gesetzlichen Interessenvertretungen der Arbeitgeber, der Arbeitnehmer und der Landwirtschaft sowie der Gewerkschaftsbund arbeiten in der Paritätischen Kommission für Preis- und Lohnfragen zusammen. Grundprinzip der Zusammenarbeit ist die Verteilungsneutralität[2] der Lohnpolitik im allgemeinen, also eine Orientierung an der gesamtwirtschaftlichen Produktivitätssteigerung und an der Inflationsrate, mit Abweichungen im Fall erheblicher Änderung der übrigen Kosten.[3] Auch eine produktivitätsorientierte bzw. kostenniveauneutrale Lohnpolitik kann Verteilungsneutralität und Verhinderung von Kosteninflation jedoch bloß dann bewirken, wenn die Gewinnspanne unverändert

---

1 Grundsätzlich steht die Kollektivvertragsfähigkeit in Österreich den gesetzlichen Interessenvertretungen der Arbeitnehmer (Kammer für Arbeiter und Angestellte) und der Arbeitgeber (Kammer der gewerblichen Wirtschaft) zu. Die Kammer für Arbeiter und Angestellte hat ihre Kollektivvertragsfähigkeit allerdings den Fachgewerkschaften übertragen. Der Einfluß des zentralen Gewerkschaftsbundes auf die Lohnverhandlungen der Fachgewerkschaften resultiert daraus, daß er den Streikfonds verwaltet, sodaß gegen seinen Willen keine Streikgelder ausgezahlt werden können.

2 Auf Verteilungsneutralität einigte man sich nicht aus Zufriedenheit mit der gegenwärtigen funktionellen Einkommensverteilung, sondern als kleinsten gemeinsamen Nenner der zwangsläufig widerstreitenden Interessen.

3 „Offiziell" ging man die längste Zeit von einer Faustformel in Anlehnung an eine Produktivitätsorientierung aus (Benya-Formel: 3 % + Inflationsrate); tatsächlich aber wurde eine sehr viel differenziertere kostenniveauneutrale Lohnpolitik betrieben (Breuss 1983; Tichy 1988).

bleibt.[4] Als zweiten Hebel der Einkommenspolitik verwendeten die österreichischen Sozialpartner daher eine Preiskontrolle, richtiger eigentlich eine Gewinnspannenkontrolle (für Details siehe Suppanz 1971 und Suppanz/Robinson 1972); mit der zunehmenden Offenheit der österreichischen Wirtschaft hat die Preiskontrolle ihre Bedeutung inzwischen jedoch eingebüßt. Die Regierung nimmt auf die Lohn- und Preisverhandlungen der Paritätischen Kommission normalerweise keinen Einfluß, wenn auch in Einzelfällen die Lohn- und Preispolitik in Stabilisierungspakete der Regierung miteinbezogen wurde („tax bribery" im Sinne von Faxén 1982, 71; siehe auch weiter unten).

Einen Schritt weiter in Richtung Regierungseinfluß gehen die Modelle, in denen *Konsultationen mit der Regierung* vorgesehen sind, etwa das vom Sachverständigenrat 1965 vorgeschlagene und vom „Gesetz zur Förderung der Stabilität und des Wachstums der Wirtschaft" (1967) vorgesehene Modell der Konzertierten Aktion in der Bundesrepublik Deutschland. Im Rahmen dieser Einrichtung sollten die für die Wirtschaftspolitik Verantwortlichen (der Kreis wurde vom Stabilitätsgesetz offen gelassen) ihr Verhalten informell abstimmen. Zumindest seit 1977, als sich die Gewerkschaften zurückzogen, ist die Konzertierte Aktion als Träger einer Einkommenspolitik nicht mehr geeignet.[5]

Abermals einen Schritt weiter in Richtung staatlichen Einflusses geht eine *organisierte Kooperation* zwischen der Regierung und den Trägern der Lohnpolitik, etwa im Rahmen des finnischen Preis- und Lohnrats, sei es durch freiwillige Pakte, sei es durch Gesetz. In manchen Ländern, z. B. in der Schweiz, sind Regierungsbeauftragte für Preis- und Lohnfragen eingesetzt, von deren formellen und materiellen Kompetenzen die Einordnung dieser Form der Politik abhängt.

Eindeutig zu den zwangsweisen staatlichen und nicht mehr zu den kooperativen Formen der Einkommenspolitik gehören staatliche *Lohn- und Preisleitlinien*, die temporärer (Großbritannien) oder längerfristiger Art seien können. In diese Gruppe fallen auch *Indexklauseln* (Italien: scala mobile bis 1985), die allerdings meist nicht in Richtung einer Stabilisierung, sondern in die Gegenrichtung wirken, oder umgekehrt das Verbot von Indexklauseln (Bundesrepublik Deutschland). Der Extremfall von staatlichen Lohn- und Preisleitlinien sind Lohn- und Preisstops; sie sind wegen der unangenehmen Nebenwirkungen bei ihrer Ankündigung und Aufhebung bestenfalls als Notmaßnahme zu werten.

Eine interessante Zwischenform zwischen freiwilliger und zwangsweiser Einkommenspolitik ist die bereits erwähnte *tax bribery* („Steuerbestechung"; Faxén

---

[4] Diese Gefahr ist allerdings desto geringer, je offener die Volkswirtschaft ist und je mehr die Preise demgemäß vom Ausland bestimmt werden.

[5] Aufgrund der - etwa im Vergleich zu Österreich - unterschiedlichen institutionellen Regelungen ist die deutsche Entwicklung nicht unverständlich: In der BRD gibt es etwa 32000 Tarifverträge für 20 Mill. Arbeitnehmer (pro Jahr 5000 bis 7000 Neuabschlüsse), von denen bloß 500 (für 4.5 Mill. Arbeitnehmer) allgemein gültig sind. Tarifvertragsfähig sind auf Arbeitgeberseite auch einzelne Firmen, auf Arbeitnehmerseite nicht bloß Gewerkschaften i.e.S. sondern auch Gruppen die freiwillig gebildet, von der Gegenseite, von Parteien, Staat und Kirche unabhängig und demokratisch und überbetrieblich organisiert sind. Istlohnvereinbarungen sind rechtlich nicht zulässig (Franz 1991, 223-29).

1982, 371), bei der sich die Gewerkschaften bei Lohnforderungen zurückhalten und die Regierung als Gegenleistung die Steuern senkt. Beispiele dafür lassen sich in den skandinavischen Ländern, in Österreich und in den Niederlanden finden. Diese Form erweist sich in Phasen der späten Hochkonjunktur vor allem dann als zweckmäßig, wenn eine Senkung der Steuersätze als Folge der kalten Progression ohnedies politisch notwendig ist und bereits Anzeichen einer Abkühlung einer Konjunktur erkennbar sind. Wegen der verzögerten Reaktion von Arbeitsmarkt, Löhnen und Preisen sind gerade in dieser Phase die Lohnforderungen meist besonders hoch und würden einen kräftigen Inflationsschub auslösen.[6]

Indirekte Formen der staatlichen Einkommenspolitik sind Maßnahmen der Wettbewerbs- und Strukturpolitik; in diesem Zusammenhang sind insbesondere die Maßnahmen zu erwähnen, die die Regierung Thatcher in Großbritannien zur Reform der englischen Gewerkschaftsverfassung getroffen hat.[7]

Zu den *Vorteilen der Einkommenspolitik* zählt zweifellos, daß sie das einzige Instrument zur Bekämpfung einer Kosteninflation darstellt - wenn es dafür überhaupt ein Instrument gibt. Das gilt zwar für alle Formen der Einkommenspolitik, doch ist in bezug auf Stärke und Art der Wirkung zwischen kooperativer und zwangsweiser Einkommenspolitik einerseits, sowie zwischen permanenter und fallweiser andererseits zu unterscheiden. Die kooperativen und permanenten Formen mildern in der Regel die Konflikte um die Einkommensverteilung und verringern die Streikhäufigkeit, verstetigen die Lohnentwicklung[8] und machen sie leichter vorhersehbar, was wiederum positiv auf die Produktivitätsentwicklung wirkt.

Ob Einkommenspolitik zu geringeren Lohn- und Preissteigerungsraten führt, ist umstritten: Lipsey/Parkin (1970) und ihnen folgend weitere Studien[9] bestritten das für Großbritannien; in den Perioden, in denen Einkommenspolitik bzw. Lohnleitlinien angewendet wurden, stiegen die Löhne und Preise nicht signifikant schwächer als in der übrigen Zeit. Abgesehen davon, daß es auch dem widersprechende Evidenz gibt (Desai/Keil/Wadhwani 1984, 136), sind Fragestellung und Testmethoden von Lipsey/Parkin wenig überzeugend: Die beiden Stichproben sind in wesentlichen Punkten voneinander verschieden, denn Einkommenspolitik wurde natürlich bloß in besonders schwierigen Perioden angewendet. Die richtige - aber kontrafaktische und damit letztlich unbeantwortbare - Frage wäre, wie stark Löhne und Preise in *derselben* Periode mit und ohne Einkommenspolitik gestiegen wären. Weiters gehört die englische Einkommenspolitik dem temporär-zwangsweisen Typ an, der die geringsten Erfolgschancen erwarten läßt, weil durch diese

---

6 Im frühen Aufschwung erscheint tax bribery gefährlich, weil die Nachfrage nach Arbeitskräften die wage drift (Überzahlungen der Mindestlöhne) steigen ließe, wenn sich die Gewerkschaften bei Tariflohnforderungen zurückhielten.

7 Es soll keineswegs behauptet werden, daß damit ausschließlich einkommenspolitische Zielsetzungen verfolgt wurden.

8 Kooperative Formen der Einkommenspolitik ermöglichen es der Gewerkschaftsführung auf eine prozyklische Lohnpolitik zu verzichten (Kienzl 1973, 227; Breuss 1983; Tichy 1988).

9 Siehe dazu den Überblick in Parkin/Sumner/Jones 1972.

Form einkommenspolitische Konflikte bestenfalls überdeckt, aber nicht dem Grunde nach gelöst werden können. Die OECD (1980, 48) fand dennoch einige Indizien, denen zufolge selbst die temporär-zwangsweise Einkommenspolitik in

Tabelle 10.1/1: ***Entwicklung des Arbeitsmarktes (in 1.000 Personen)***

	Reallöhne/ Kopf	Verbraucher-preise	Industrie-produktion	Produktivität	Arbeitslosen-quote[2]
	Durchschnittliches Wachstum in % pro Jahr				Durchschnitt pro Jahr
Periode 1976/86					
Länder mit kooperativer Einkommenspolitik					
Dänemark	+ 0.3	+ 8.6	+ 3.5	+ 0.9	8.2
Finnland	+ 1.6	+ 8.5	+ 4.1	+ 2.5	5.4
Österreich	+ 1.7	+ 4.5	+ 2.5	+ 2.1	2.7
Schweden	- 0.2	+ 9.1	+ 0.8	+ 1.2	2.5
Durchschnitt[1]	+ 0.9	+ 7.7	+ 2.7	+ 1.7	4.7
Deutschland	+ 1.5	+ 3.5	+ 1.4	+ 1.5	5.5
Großbritannien	+ 2.0	+ 9.4	- 0.3	+ 2.2	8.3
Durchschnitt[1]	+ 1.2	+ 7.3	+ 2.0	+ 1.7	+ 5.4
Länder ohne kooperative Einkommenspolitik					
Frankreich	+ 1.4	+ 9.3	+ 1.1	+ 2.1	7.3
Niederlande	+ 0.5	+ 4.2	+ 2.0	+ 1.6	6.6
Italien	+ 1.3	+ 13.9	+ 1.5	+ 1.4	6.8
Belgien	+ 1.1	+ 5.8	+ 1.1	+ 1.7	9.9
Durchschnitt	+ 1.1	+ 8.3	+ 1.4	+ 1.7	7.7
Periode 1986/97					
Länder mit kooperativer Einkommenspolitik					
Dänemark	+ 1.5	+ 2.7	+ 1.9	+ 1.7	9.7
Finnland	+ 2.3	+ 3.2	+ 3.5	+ 3.0	11.0
Österreich	+ 1.4	+ 2.6	+ 3.1	+ 2.1	5.4
Schweden	+ 1.2	+ 4.4	+ 3.2	+ 2.1	5.0
Durchschnitt[1]	+ 1.6	+ 3.2	+ 2.9	+ 2.2	7.8
Länder ohne kooperative Einkommenspolitik					
Frankreich	+ 1.1	+ 2.5	+ 1.3	+1.8	10.8
Niederlande	+ 0.6	+ 1.9	+ 2.4	+ 1.4	6.6
Italien	+ 0.9	+ 4.9	+ 1.8	+ 2.0	10.5
Belgien	+ 1.3	+ 2.3	+ 1.9	+ 1.8	11.2
Durchschnitt[1]	+ 1.0	+ 2.9	+ 1.9	+ 1.8	9.8
Deutschland	+ 0.4	+ 2.5	+ 1.5	+ 1.1	8.4
Großbritannien	+ 1.3	+ 4.4	+ 1.8	+ 1,4	8.3
Durchschnitt[1]	+ 0.9	+ 3.1	+ 1.8	+ 1.6	9.4

1 Ungewichtet
2 In % der Erwerbspersonen

Q: OECD, ÖSTAT, Wifo

den USA und in Großbritannien zumindest vorübergehend zu einer Bekämpfung der Lohn-Preis-Spirale beitragen konnte, wenn auch die Effekte nach Aufhebung der Maßnahmen wieder weitgehend kompensiert wurden.

Tabelle 10.1/1 versucht einige Indikatoren zur Beurteilung der Einkommenspolitik der letzten zehn Jahre zusammenzustellen.[10] Im allgemeinen zeigt sich, daß in den Ländern mit kooperativer Einkommenspolitik (Dänemark, Finland, Österreich, Schweden) Reallöhne und Preise in der Periode 1976/86 merklich langsamer stiegen, Produktion und Beschäftigung hingegen deutlich rascher. Das steht in Einklang mit den Erwartungen, ebenso die (nicht gezeigte) geringere Streikhäufigkeit. Nicht den Erwartungen entspricht die gleich starke Steigerung der Produktivität (der Industrie) und deren leicht überdurchschnittlichen Schwankungen. In der zweiten Periode 1986/97 stiegen die Löhne in den Ländern mit kooperativer Politik zwar rascher als in den übrigen, doch sehr wohl im Einklang mit der Produktivitätssteigerung; Produktion und Produktivität stiegen gleichfalls rascher, allerdings war auch die Inflationsrate etwas höher; die Arbeitslosenquote ist in den Ländern mit Einkommenspolitik nach wie vor niedriger. Die Reallöhne schwanken in Ländern mit kooperativer Einkommenspolitik geringfügig stärker (Standardabweichung), die Preise merklich schwächer. Das steht im großen und ganzen in Übereinstimmung mit ökonometrischen Untersuchungen: Metcalf (1987) konnte zeigen, daß die Anpassungsprozesse nach Störungen in Ländern bzw. in Perioden mit kooperativer Einkommenspolitik unproblematischer ablaufen: Die Reallöhne sind flexibler und passen sich den Beschäftigungsschwankungen besser an, Reallohnsteigerungen schlagen erheblich schwächer auf die Arbeitslosenrate durch (siehe Tabelle 10.1/2). Allerdings dürften die Mechanismen von Land zu Land differieren, und Einkommenspolitik ist weder eine notwendige, noch eine hinreichende Voraussetzung für flexible Reallöhne. Wie der obere Teil von Abbildung 10.1 zeigt, führt korporatistische Einkommenspolitik in Österreich, Schweden und Finnland zu Reallohnflexibilität, nicht jedoch in Dänemark und Deutschland; umgekehrt haben Japan und die nordamerikanischen Staaten Reallohnflexibilität ohne Einkommenspolitik. Demgemäß waren es ganz unterschiedliche Mechanismen, die die Länder mit Reallohnflexibilität im unteren Teil von Abbildung 10.1 zu einem Cluster zusammenfügen: Die Einkommenspolitik in Österreich, Schweden und Finnland, die Arbeitsmarktflexibilität und -mobilität in Japan und Nordamerika.

[10] Die Frage, ob ein Land Einkommenspolitik hat bzw. ob es korporatistisch organisiert ist oder nicht, wird unterschiedlich beurteilt. Für Tabelle 10.1 wurde die Einteilung der Länder in solche mit und ohne kooperative Einkommenspolitik (Faxén 1982, 387) entnommen. Abbildung 10.1 folgt Calmfors/Driffill (1988); eine weitere vielfach verwendete stammt von Lijphart/Crepaz (1991). Sie stimmen alle darin überein, daß Österreich, Schweden, Dänemark und Finnland am oberen Ende der Skala anzusiedeln sind, die von korporatistisch zu nicht-korporatistisch reicht, die USA und Kanada am unteren Ende; Deutschland befindet sich stets knapp oberhalb der Mitte. Die Schweiz wird extrem unterschiedlich eingeschätzt.

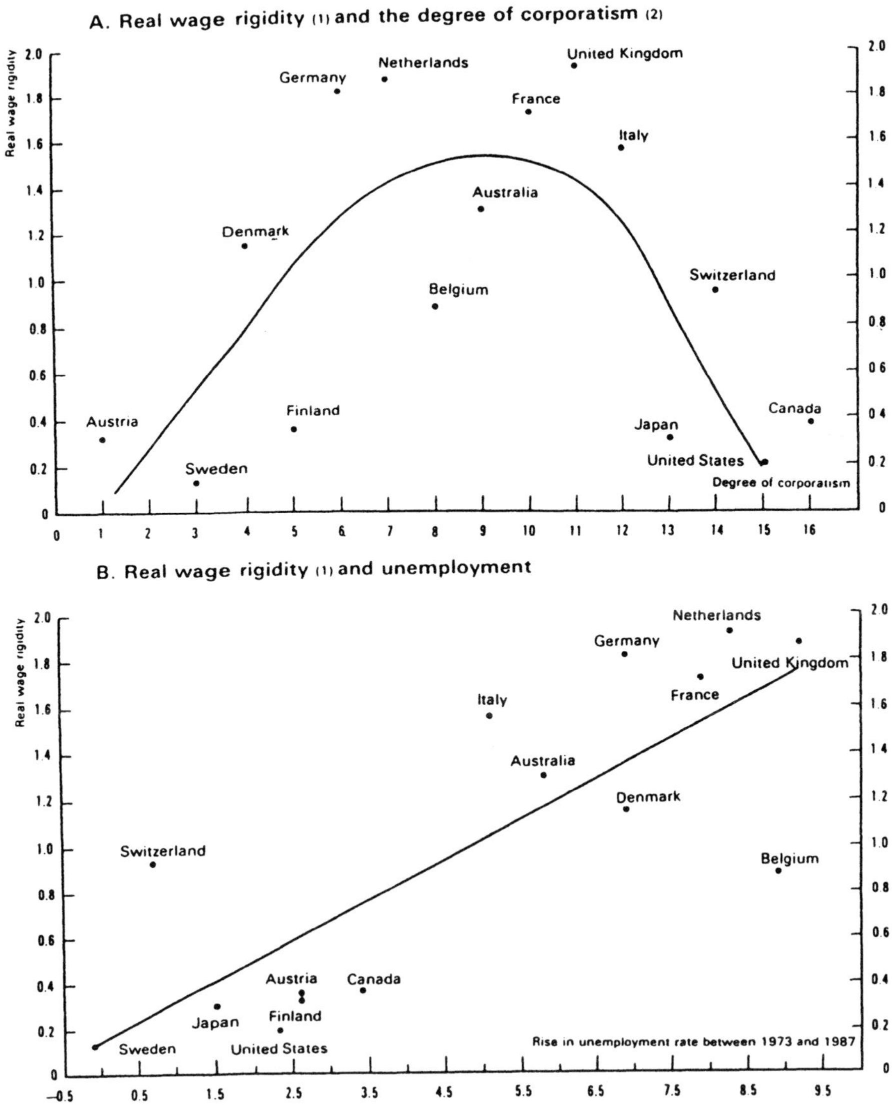

* Fußnoten auf der folgenden Seite

Abbildung 10.1: *Reallohnrigidität**

Tabelle 10.1/2: ***Einfluß der Einkommenspolitik auf die Anpassungsprozesse***

	Folgen einer 1 %igen		
	Reallohnsteigerung	Beschäftigungs-verringerung	Erhöhung der Arbeitslosigkeit
	auf die Arbeitslosenquote		auf den Reallohn
Länder mit kooperativer Einkommenspolitik			
Schweden	0.26 %	0.68 %	- 3.28 %
BRD bis 1977	0.51 %	0.96 %	- 1.53 %
Großbritannien bis 1979	0.48 %	0.51 %	- 1.90 %
Italien nach 1977	0.17 %	0.30 %	- 5.61 %
Durchschnitt	0.36 %	0.61 %	- 3.08 %
Länder ohne kooperative Einkommenspolitik			
USA	2.81 %	1.30 %	- 0.19 %
BRD nach 1977	1.27 %	2.36 %	- 0.38 %
Großbritannien nach 1979	3.10 %	3.33 %	- 0.14 %
Italien bis 1977	0.49 %	0.86 %	- 1.82 %
Durchschnitt	1.92 %	1.96 %	- 0.63 %

Q: Metcalf 1987, 60.

Die Vorteile der Einkommenspolitik müssen allerdings mit verschiedenen Nachteilen erkauft werden. Die *freiwillige Kooperation* setzt stark zentralisierte Gewerkschaften voraus und ist mit allen daraus resultierenden Problemen verbunden: Wirtschaftliche Nebenregierung, die nicht auf traditionelle Weise demokratisch legitimiert ist, Überbetonung der organisierten vor den nicht-organisierten Interessen, Gefahr einer Einigung zulasten Dritter, wobei der „Dritte“ durchaus auch die Mehrheit der Staatsbürger sein kann, Akzeptierung der jeweils gegebenen funktionalen Einkommensverteilung, usw. Dazu kommt als weiteres Problem, daß die Fähigkeit der Gewerkschaften „gesamtwirtschaftlich verantwortlich“ zu handeln, also ihre Macht tatsächlich oder scheinbar nicht voll auszuspielen, zwangsläufig

Fußoten zu Abb. 10.1:

1 Real wage rigidity is measured by the short-run rigidity indicator reported in Table 2.6. It is calculated *with* a productivity impact for the following countries: United States, Japan, Germany, Belgium, Denmark, Sweden and Switzerland, which increases measured flexibility. For the United Kingdom, real wage rigidity is calculated from the specification excluding the hypothesis of hysteresis; hysteresis itself is an indication low flexibility.

2 Countries are ranked from the most centralised (close to the origin) to the least centralised. The ranking is that used in Calmfors, Lars and John Drifill (1988), „Centralisation of wage bargaining and Macroeconomic performance", *Economic Policy*, April. Also see OECD, *Economic Outlook* 43, June 1988.

Q: OECD, 1989, 47

wenig innerorganisatorische Demokratie zuläßt (die Führung darf nicht leicht abgewählt werden können). Die österreichische und die skandinavische Erfahrung legen jedoch nahe, die Vorteile einer permanenten, freiwilligen Einkommenspolitik (Einkommens-Selbstverwaltung) dennoch größer einzuschätzen als die Nachteile.

Schwerer wiegen die Nachteile der *zwangsweisen Formen* der Einkommenspolitik, insbesondere der bloß temporären. Hier ist die Störung der Allokationsfunktion der Preise und Löhne, das Vorziehen und Aufschieben von Preis- und Lohnänderungen in Perioden außerhalb der Geltung der Einkommenspolitik, die Schwierigkeiten der Bewilligungsverfahren und der Kontrolle, sowie die Verschiebung der Konflikte um die Einkommensverteilung auf die staatliche Ebene zu erwähnen. Es überrascht daher wenig, daß die Staaten, in denen freiwillige Einkommenspolitik mangels genügend zentralisierter Verbände und Verhandlungen nicht möglich ist, dieser Form der Stabilisierungspolitik sehr reserviert gegenüberstehen. Dennoch spiegelt eine solch reservierte Haltung, z.T. auch mangelndes Verständnis gesellschaftlicher Prozesse: In konfliktfreien Situationen, vor allem wenn das Ziel Preisstabilität unumstritten ist und die zu seiner Erreichung nötigen gesamtwirtschaftlichen Kosten weithin akzeptiert werden, mag Nachfragesteuerung genügen *und* durchsetzbar sein. Wenn aber Nachfragesteuerung mit hohen gesamtwirtschaftlichen Kosten verbunden ist und/oder die Kosten möglicherweise nicht gleich verteilt sind, dann mag Einkommenspolitik mithelfen, die Nachfragesteuerung überhaupt erst durchzusetzen, und sie wird die Anpassungsperiode bis zur Erreichung des Ziels wahrscheinlich erheblich verkürzen (OECD 1980, 49).

Abschließend muß vor zwei gefährlichen Mißverständnissen gewarnt werden: Erstens ist Einkommenspolitik - in jeder der erwähnten Formen - ein *zusätzliches* Instrument; sie kann Nachfragesteuerung (und auch Angebotspolitik) *ergänzen*, aber *nicht ersetzen*. Der Versuch, überhöhte Nachfrage primär durch restriktive Einkommenspolitik zu bekämpfen, *muß* fehlschlagen, weil die Übernachfrage nach Produktionsfaktoren die Löhne und Preise auch bei niedrigen Tariflohnforderungen kräftig steigen ließe; statt der Tariflöhne würden dann eben die Überzahlungen steigen. Darüberhinaus würde sich die Einkommenspolitik in diesem Fall selbst aufheben, weil die Gewerkschaftsmitglieder der Gewerkschaftsführung zu Recht vorwerfen würden, viel zu niedrige Abschlüsse erzielt zu haben (Kienzl 1973, 29). Das Postulat der ursachenadäquaten Assignation (siehe dazu Kapitel 11 und Abschnitt 20.3) gilt für die Einkommenspolitik mindestens in dem Maß wie für andere Instrumente.

Das zweite Mißverständnis, vor dem gewarnt werden muß, ist die Erwartung, daß der Übergang zu den - in verschiedener Hinsicht offenbar recht zweckmäßigen - kooperativen Formen der Einkommenspolitik eine einfache institutionelle Änderung wäre. Sie ist es nicht! Neben verschiedenen institutionellen Vorbedingungen - wie hoher Organisationsgrad der Arbeitnehmer und Arbeitgeber, starke Zentralisierung der Führungsmacht in den Interessenvertretungen, Übertragung der Kompetenz zur Lohn- und Preispolitik an diese Gremien, homogene Branchenstruktur, Fehlen von politisch einflußreichen Unternehmen der Privatindustrie, nicht zu ungleiche Einkommensverteilung - bedarf es vor allem jahrzehntelang laufender, vertrauensbildender Kontakte auf möglichst vielen Ebenen der Sozialpartner-Funktionäre und -Bürokratien (siehe dazu Tichy 1984, 373ff).

10.2 Wechselkurspolitik

Idealtypisch ist zwischen zwei Wechselkursregimen zu unterscheiden: Flexible und feste (fixe) Wechselkurse. Flexible Wechselkurse bilden sich frei auf dem Devisenmarkt, allein durch marktmäßiges Angebot und marktmäßige Nachfrage; die Wirtschaftspolitik nimmt auf sie keinen Einfluß. Feste Wechselkurse werden von den wirtschaftspolitischen Instanzen festgelegt; sie müssen kurzfristig durch Interventionen der Notenbank auf dem Devisenmarkt, mittel- und langfristig durch entsprechende Gestaltung der Wirtschaftspolitik gehalten werden. In der Realität dominieren Zwischenformen: Feste Wechselkurse, die innerhalb von Bandbreiten schwanken dürfen,[11] wobei auch die Bänder bei Bedarf durch Ab- bzw. Aufwertung verschoben werden können (adjustable peg), grundsätzlich flexible Kurse mit relativ häufigen Interventionen (dirty floating),[12] oder bloß fallweise Interventionen;[13] es ist kein Staat bekannt, der auf Interventionen gänzlich verzichtet hat.

Von den europäischen Ländern hat die *Schweiz* am ehesten flexible Wechselkurse; ihr Ausgesetztsein gegenüber (ausländischen) Kapitaltransaktionen läßt ihr keine andere Wahl. Aber auch die Schweiz mußte feststellen, daß Wechselkursbewegungen Eigendynamik entfalten können, und war daher in einigen Fällen zu Interventionen gezwungen (z.B. 1978, 1986, 1987).

Die *Bundesrepublik Deutschland* hatte zwar bis zur Einführung des EURO Anfang 1999 gegenüber den europäischen Staaten durch das EWS gebundene Wechselkurse; diese durften jedoch innerhalb relativ großer Bandbreiten schwanken, und die BRD beeinflußt als Marktführer im EWS die Kurse der anderen Mitglieder. Der DM/Dollar-Kurs schwankt zum Teil erheblich, doch nicht ohne zeitweise massive Interventionen: Seit Frühjahr 1981 interessiert sich die Deutsche Bundesbank sehr wohl für die Entwicklung des Wechselkurses - im Gegensatz zu benign neglect dieser Größe vorher (Filc 1982, 499) - und seit der Mitte der achtziger Jahre sind Interventionen am Dollar-Markt keineswegs mehr seltene Ausnahme (Sachverständigenrat 1987/88, Tz 129).

Österreich hat seinen Wechselkurs seit 1971 an einem „Indikator“, an den Kursen der Währungen seiner wichtigsten Handelspartner, orientiert, aus diesem Indi-

[11] Ein Beispiel waren die EG-Staaten; heute sind es die nicht an der Währungsunion teilnehmenden EU-Mitglieder.
[12] Z.B. die Schweiz oder Japan.
[13] Z.B. die USA.

kator jedoch immer mehr Länder mit „weicher“ Währung entfernt, sodaß es seit 1976 einen DM-Standard hält (Socher 1987; Handler 1987, 36; Tichy 1995).

Anfang 1999 trat die *Europäische Währungsunion (EWU)* in Kraft, die bis Mitte 2002 zunächst ein System unverrückbar fester Wechselkurse zwischen ihren Mitgliedern darstellt, ab diesem Zeitpunkt eine einheitliche Währung mit eigenen Münzen und Noten. Zunächst gehören der Europäischen Währungsunion elf Mitglieder an; Dänemark, Großbritannien und Schweden bleiben auf eigenen Wunsch, Griechenland mangels Erfüllung der Eintrittsvoraussetzungen zunächst außerhalb. Die EWU-Mitglieder übertragen ihre Geld- und Wechselkurspolitik zwangsläufig auf die gemeinsame Europäische Zentralbank (EZB); wichtigstes geldpolitisches Entscheidungsgremium wird der EZB-Rat, in dem neben sechs Mitgliedern des EZB-Direktoriums die elf Präsidenten der nationalen Zentralbanken vertreten sind. Die Wechselkurse der nicht-teilnehmenden Staaten werden durch eine Fortsetzung des Währungsabkommens (EWR II) möglichst an den EURO gebunden. Gegenüber nicht-EU-Ländern sollen die Wechselkurse frei schwanken; vermutlich wird man um gelegentliche Interventionen jedoch noch weniger herumkommen wie in der Vergangenheit, da das Leitwährungs-Duopol (Dollar und EURO) die Spekulationsgefahr erhöht.

Die Verwendung des Wechselkurses als Instrument der Wirtschaftspolitik setzt ein System fester aber änderbarer Wechselkurse und eine erhebliche wirtschaftspolitische Beeinflußbarkeit des Wechselkurses voraus; in einem System völlig frei schwankender Wechselkurse ist aktive Wechselkurspolitik unmöglich, obwohl der Wechselkurs natürlich auch in einem solchen System von der Wirtschaftspolitik, insbesondere von der Geldpolitik, indirekt beeinflußt wird (Niehans 1981).[14] Die nötigen Voraussetzungen für den Einsatz des Wechselkurses als Instrument der Wirtschaftspolitik waren in der Vergangenheit in den meisten Ländern gegeben: Während der Geltung des Systems von Bretton Woods gab es fixe Wechselkurse, wenn auch die Wechselkurspolitik durch die Praxis des Internationalen Währungsfonds behindert wurde, die Wechselkursänderungen bloß im Notfall - bei „fundamental disequilibrium“ - zuließ. In den frühen siebziger Jahren konnte das starr gewordene System fixer Wechselkurse nicht weiter aufrechterhalten werden, und mangels gemeinsamer Vorstellungen wurde die Gestaltung der Wechselkurse den einzelnen Mitgliedsländern überlassen.[15] Obwohl die Wechselkurse in einigen Ländern zum Teil sehr erheblich schwanken, kann man *nicht* von einem *System* flexibler Kurse sprechen:

---

14 Die deutsche Sprache kann zwischen marktmäßigen und wirtschaftspolitischen Änderungen der Wechselkurse nicht differenzieren; im Englischen wird zwischen appreciation/depreciation als wirtschaftspolitisch-diskretionärer und revaluation/devaluation als marktmäßiger Wechselkursänderung deutlich unterschieden.

15 Die Theorie kritisierte zwar die fixen Kurse, machte sich aber recht dubiose Vorstellungen über das Funktionieren flexibler: „It was more a case of declaring a second performer the winner in a singing contest after hearing the first performer sing“ (Cooper 1985a, vii).

* erstens, weil die Erfahrung gezeigt hat, daß alle Länder, auch diejenigen, die am stärksten für flexible Wechselkurse plädieren, stets dann auf dem Devisenmarkt intervenierten, wenn die Kurse unerwünschte Entwicklungen nahmen bzw. unerwünschte Werte erreichten;[16]
* zweitens, weil das Ausmaß der Interventionen der Zentralbanken auf dem Devisenmarkt seit der Periode flexibler Wechselkurse eher zu- als abgenommen hat;[17]
* drittens, weil die Zentralbanken eifersüchtig denn je auf die Höhe ihrer Währungsreserven achten, die sie gar nicht benötigten, wären sie wirklich bereit, die Wechselkurse frei schwanken zu lassen;
* viertens, weil eine große Zahl von Staaten ihre Wechselkurse auch offiziell nicht frei schwanken läßt, sondern - gemäß der Theorie des Optimalen Währungsgebiets (Gandolfo 1986, Kap. 18.6) - feste Kursrelationen zu anderen Währungen hält. Gemäß den Erhebungen des Internationalen Währungsfonds (IMF 1993) orientierten 26 Länder ihren Wechselkurs am Dollar, 31 an einem Währungskorb, 15 am französischen Franc, 21 an anderen Währungen, 8 gehörten dem Europäischen Währungssystem (EWS) fester, aber anpassungsfähiger Paritäten an, 30 orientierten sich flexibel an Indikatoren oder anderen Währungen und 48, also bloß ein Viertel, orientierte sich - nach eigenen Angaben - nicht an anderen Wechselkursen;
* fünftens, weil zwischen den Ländergruppen, zwischen denen noch am ehesten flexible Wechselkurse bestehen, wenig Handelsverkehr besteht. (Die Warenexporte der USA nach der EG machen bloß etwa 1½ % des US- und 2¼ % der EG-BIP aus, die Importe der USA aus der EG 1½ % und 1¾ %.)

Es wird gerne übersehen, daß für (kleinere) Länder, die ihre Wechselkurse auch nur gegenüber *einem* anderen (großen) Land festhalten, das Modell fester Wechselkurse angewendet werden muß: Wenn etwa Österreich vor 1999 seinen DM-Kurs fixierte, bestimmte sich der Schilling/Dollar-Kurs nicht nach Angebot und Nachfrage auf dem Schilling/Dollar-Markt, sondern nach Angebot und Nachfrage auf dem DM/Dollar-Markt, umgerechnet zum festen Schilling/DM-Kurs; die Arbitrage sorgt rasch und wirkungsvoll für diesen Ausgleich. Der Schilling/Dollar-Kurs schwankte, aber er schwankte parallel zum DM/Dollar-Kurs. Um den Schilling/DM-Kurs stabilisieren zu können, mußte die Oesterreichische Na-

---

16 „... the exchange rate remains a target for economic policy, not a fixed target as before, but still a variable to which the authorities make some commitment. The important consideration here is the time horizon of policy-makers. The authorities generally feel that in the short run a nominal variable such as the exchange rate can influence real economic activity, but in the long run it is neutral. As a consequence, they will attempt to control the exchange rate for some time, not only with direct intervention in the foreign exchange market, but with the whole panoply of policy instruments in their arsenal. These considerations dictate a strategy where the exchange rate is policy-determined in the short run and market-determined in the long run." (Prachowny 1984, 6f).

17 In den Jahren 1973/84 schwankten die realen Wechselkurse 2½- bis 3-mal und die nominellen 6-mal so stark wie die in der Periode fester Wechselkurse 1961/70 (IMF 1984, 12, 38ff).

tionalbank das Überangebot (die Übernachfrage) auf dem gesamten Devisenmarkt beseitigen; die Zentralbankgeldmenge wurde dadurch, wie bei institutionell-fixen Wechselkursen, zur endogenen Größe.

Das Instrument des Wechselkurses wurde im traditionellen Modell, wie in der Praxis, zur Erreichung des Ziels außenwirtschaftliches Gleichgewicht eingesetzt: Eine Abwertung der heimischen Währung verbilligt diese und damit heimische Waren für Ausländer, andererseits verteuert sie ausländische Währungen und damit ausländische Waren für Inländer.[18] Dennoch verbessert eine Abwertung die Leistungsbilanz bloß dann, wenn die Elastizitäten groß genug sind (Marshall/Lerner-Bedingung), weil der Aufwand pro importiertem Stück größer wird und demgemäß höhere Netto-Deviseneinnahmen bloß durch entsprechend hohe Mehrexporte bzw. Minderimporte erzielt werden können. Empirische Untersuchungen zeigen, daß die Marshall/Lerner-Bedingung für die meisten Staaten sehr wohl erfüllt ist; wenn Abwertungen dennoch häufig nicht zu der erwünschten Verbesserung der Leistungsbilanz führen, dann einerseits deswegen, weil Abwertungen (ohne Begleitmaßnahmen) zu Preissteigerungen führen, sodaß die durch die Abwertung gewonnene Verbesserung der Konkurrenzfähigkeit rasch wieder verloren geht, und andererseits deswegen, weil die Ursachen häufig nicht beseitigt wurden, die zu dem Abwertungsbedarf geführt hatten (etwa stärkere Lohn-Preis-Dynamik als bei den Handelspartnern); werden diese Ursachen aber nicht beseitigt, führen sie nach einiger Zeit zu einem neuen Abwertungsbedarf, selbst wenn die vorhergegangene Abwertung als solche zielführend gewesen wäre.

Zu Preissteigerungen führen Abwertungen aus vier Gründen:

* Erstens werden durch die Abwertung Importe verteuert, was bei nicht perfekter Substituierbarkeit durch heimische Produkte direkt (Verbrauchsgüter) oder indirekt (Vorprodukte) zu Preissteigerungen führt.
* Zweitens steigert eine erfolgreiche Abwertung die Nachfrage des Auslands wie des Inlands nach heimischen Produkten (Substitution ausländischer Produkte durch inländische), was insbesondere bei normaler Kapazitätsauslastung Preiserhöhungen bedingt.
* Drittens erzwingt eine Verbesserung der Leistungsbilanz bei unveränderter Kapitalbilanz und festen Wechselkursen zusätzliche Devisenankäufe der Notenbank und damit cet. par. eine Erhöhung der Geldmenge, die die Preissteigerungen aus (1) und (2) alimentiert.
* Viertens wird die steigende Inflationsrate i.d.R. zu Lohnforderungen führen, die ihrerseits den Preisauftrieb verstärken, wodurch die abwertungsbedingte Verbesserung der Konkurrenzfähigkeit rasch verloren gehen kann. Ein Teufelskreis (vicious circle) entsteht, wenn eine nicht durch restriktive Wirtschaftspolitik abgesicherte Abwertung zu Preissteigerungen, diese zu Lohnerhöhungen, diese zu weiteren Preissteigerungen und zum Verlust der Wettbewerbsfähigkeit führen, sodaß eine weitere Abwertung mit denselben Folgen

---

18 Angenommen wird dabei, daß jedes Land in seiner eigenen Währung fakturiert und die Preise in der jeweiligen Inlandswährung durch die Abwertung nicht beeinflußt werden.

erforderlich wird; Abwertungen müssen einander dann zwangsläufig in immer rascherem Tempo folgen (Wallich/Gray 1980; Gandolfo 1986, Kap. 18.5).

In den achtziger und neunziger Jahren wurde das Instrument der Wechselkurspolitik vielfach als Instrument zur *Inflationsbekämpfung* eingesetzt. Eine solche Strategie ist allerdings auf kleinere Länder beschränkt, die auf dem Weltmarkt Preisnehmer sind und weniger leicht in eigener Währung fakturieren können; sie darf nicht mit der Hartwährungspolitik größerer Länder verwechselt werden, die ihre Geld- und Fiskalpolitik so restriktiv gestalten, daß sie mehr Preisstabilität erreichen als ihre Handelspartner, wodurch sich ihre Währung laufend aufwertet (Hartwährungspolitik der Bundesrepublik Deutschland). In den kleinen Ländern hingegen versuchte man umgekehrt durch Anlehnung an ein größeres Hartwährungsland (etwa im Rahmen des EWS) oder durch Aufwertung, die eigene Inflationsrate zu drücken oder die Auswirkungen ausländischer Preissteigerungen (importierte Inflation) abzuwehren. Einer solchen Politik hatten sich insbesondere Österreich und die Niederlande verschrieben. Sie wurde vielfach als „borrowing credibility by tying ones hands" (Giavazzi/Pagano 1987) bezeichnet. Tatsächlich jedoch zeigte die österreichisch-niederländische (positiv) wie die italienische Erfahrung der früheren neunziger Jahre (negativ), daß es solche Trittbrettfahrer-Vorteile nicht gibt; Österreich wie die Niederlande erreichten die Stabilität ihrer Preise wie des DM-Wechselkurses durch eine Ausrichtung ihrer gesamten Wirtschaftspolitik auf das Wechselkursziel, unter Inkaufnahme einer wenigstens temporären Verlangsamung des Wirtschaftswachstums (Tichy 1997).

Voraussetzung dafür, daß Wechselkursänderungen primär auf das Preisniveau und weniger auf die Leistungsbilanz wirken, sind die Fakturierung eines möglichst großen Teils des Außenhandels in Auslandswährung und die Gültigkeit des Gesetzes des einen Preises (Preisnehmerschaft auf den internationalen Märkten). Eine Aufwertung führt unter diesen Voraussetzungen dazu, daß im Ausland zwar nicht weniger abgesetzt wird (der Preis in *Auslandswährung* bleibt unverändert), daß aber die Exporterlöse in *Inlandswährung* dennoch geringer werden (weil die Devisen ungünstiger umgewechselt werden); umgekehrt bleiben unter diesen Voraussetzungen die Preise importierter Güter in Auslandswährung zwar unverändert, in Inlandswährung sinken sie jedoch, und die Importmenge steigt; ob die Importaufwendungen bzw. -erlöse gleich bleiben oder sinken, hängt von den Elastizitäten ab (Tichy 1981).[19] Der Effekt auf die Preise ist relativ groß, weil in einem kleinen Land die Importquote sehr viel höher ist als in einem großen, der Effekt auf die Leistungsbilanz hingegen kleiner, weil die Exporterlöse in Inlandswährung sinken. Anstelle einer Verschlechterung der Leistungsbilanz tritt im kleinen Land jedoch eine erhebliche Verschlechterung der Gewinnsituation des exponierten Sektors. Eine Aufwertung zur Inflationsbekämpfung wird daher bloß

---

[19] Im großen Land hingegen, in dem die Exporte in Inlandswährung fakturiert werden und das - im Extremfall - eine dem Aufwertungssatz entsprechende Verteuerung der Preise in Auslandswährung durchsetzen kann, sinkt die Exportmenge (bei einer Aufwertung um 10 % um vielleicht 15 %), und demgemäß sinken die Exporterlöse in Inlandswährung (gleichfalls um 15 %).

dann zu empfehlen sein, wenn sie durch eine wirksame Einkommenspolitik ergänzt wird. Die Erfolgsaussichten einer solchen Einkommenspolitik sind insofern nicht schlecht, als die Inflationsrate durch die Vorleistung der Aufwertung i.d.R. gesenkt wird und die schlechte Ertragslage im exponierten Sektor die Gefährdung der Arbeitsplätze und die Notwendigkeit eines einkommenspolitischen „Nachziehens“ klar vor Augen führt (Tichy 1984; 1988).

Empirische Studien über die Effekte von Wechselkursänderungen lassen vermuten, daß die meisten Länder tatsächlich „klein“ im Sinn der Theorie sind. Simulationen der OECD zufolge (Richardson 1987b, 21ff; siehe auch Tabelle 19.3/2) verbessert eine 10 %-ige Abwertung eines Landes seine reale Leistungsbilanz im Ausmaß von etwa 1 %-Punkt des Brutto-Inlandsprodukts und verstärkt den Preisauftrieb um etwa 6 %-Punkte, wobei die Wirkungen nach 3 bis 4 Jahren ihr volles Ausmaß erreichen. Die Wirkungen auf Produktion und Beschäftigung hängen von der begleitenden Geldpolitik ab: Hält diese die Zinssätze konstant, steigt das Brutto-Inlandsprodukt im Abwertungsland auf Kosten anderer Länder um etwa 1 %-Punkt, die Beschäftigung um etwa ½ %-Punkt. Hält die Geldpolitik die Geldmenge konstant, sinken Brutto-Inlandsprodukt und Beschäftigung um jeweils etwa ½ %-Punkt, dafür ist allerdings die Verbesserung der realen Leistungsbilanz um die Hälfte stärker als bei Zinskonstanz. Österreichische Schätzungen (Schebeck/Suppanz/Tichy 1980; Schebeck/Thury 1982) fanden eine schwächere Wirkung auf Preise und Leistungsbilanz, was zum Teil mit der Dämpfung von Inflationsübertragungsmechanismen durch die österreichische Einkommenspolitik, zum Teil mit der ungenügenden Spezifizierung der monetären Übertragungswege im Modell zusammenhängen dürfte.

Tabelle 10.2: ***Folgen einer Aufwertung***

	Fakturierung	Preis Inlandswährung	Preis Auslandswährung	Menge	Aufwand, Ertrag, Inlandsw.
Großes Land	Exporte Inlandswährung	=	↑	↓	↓↓
	Importe Auslandswährung	↓	=	↑	↑
Kleines Land	Exporte Auslandswährung	↓	=	=	↓
	Importe Auslandswährung	↓	=	↑	↑

Wechselkursänderungen von sehr großen Ländern (USA) oder von Ländergruppen (OECD, Europa) zeigen beachtliche internationale Rückkoppelungseffekte: So läßt eine 10 %ige Abwertung des Dollar das reale Brutto-Inlandsprodukt der europäischen OECD-Staaten um ¾ %-Punkte sinken (das der USA steigt um ½ %-Punkt), und entsprechend schwächer ist der Preiseffekt (Europa -2½ %-Punkte, USA + 4 %-Punkte). Die reale Leistungsbilanz verbessert sich in den USA bloß halb so stark wie im hypothetischen Fall fehlender internationaler Rückwirkun- gen, in den europäischen OECD-Staaten verschlechtert sie sich (fast) im Ausmaß der US-Verbesserung (Richardson 1987 b, 44 ff).

Es muß daher festgehalten werden, daß Wechselkursänderungen selbst in großen Ländern die Inflationsrate sehr erheblich beeinflussen und daß die Wirkungen auf die Leistungsbilanz mit erheblichen Konsequenzen für die Nachfrage verbunden sind; demgemäß können merkliche Leistungsbilanzeffekte einer Abwertung vor allem bei gleichzeitig restriktiver Geldpolitik erzielt werden.

In Zukunft werden Wechselkursänderungen als Instrument der Wirtschaftspolitik nur noch wenig Bedeutung haben. Durch die Schaffung der Europäischen Währungsunion ist ein Währungsblock von ähnlicher Bedeutung wie der Dollar-Block entstanden. EURO wie Dollar werden in Zukunft als Fakturierungs- wie als Reservewährungen verwendet werden. Da die Außenwirtschaftsquote dieser Blöcke bloß rund 10 % beträgt, werden bewußt vorgenommene Wechselkursänderungen (appreciation bzw. depreciation) wenig interne Wirkung aber erhebliche Rückkopplungs- und Retaliationseffekte haben. Zugleich bedeutet ein Reservewährungs-Duopol ein erhebliches Potential spekulativer Umschichtung und damit Wechselkursinstabilität (de- bzw. revaluation). Ihnen kann allein durch flexible Wechselkurse, abgestimmte Geldpolitik und strategische Interventionen bei spekulativen Attacken begegnet werden.

10.3 Angebotspolitik

Die traditionelle Nachfragesteuerung beseitigt in den meisten Fällen nicht die Ursache der Schwankungen der privaten Nachfrage, sondern sie überdeckt sie durch entgegengerichtete Schwankungen der öffentlichen Nachfrage, bzw. sie läßt die nach wie vor bestehende Übernachfrage an Finanzierungsgrenzen scheitern. Obwohl die Ursachen der Schwankungen auf diese Weise nicht beseitigt werden, handelt es sich dabei keineswegs um eine Scheintherapie: Erstens deswegen, weil die Folgen der Über- bzw. Unternachfrage, Inflation und Arbeitslosigkeit auf diese Weise sehr wohl verhindert oder wenigstens gemildert werden, und zweitens, weil die Dämpfung der Überhitzung jedenfalls zu einem schwächeren Abschwung führt.[20] Wenn es aber „nur“ darum geht, die Lücke zwischen Angebot und Nachfrage zu steuern, kann das mit genau demselben Erfolg wie durch eine antizyklische Variation der Nachfrage (oberster Teil von Abbildung 10.3) durch eine *antizyklische Angebotspolitik* erfolgen, die das Angebot in der Hochkonjunktur erhöht und in der Rezession dämpft (zweiter Teil von Abbildung 10.3). Tatsächlich wurden zahlreiche solcher Maßnahmen in den meisten Ländern auch angewendet: In der Hochkonjunktur wurde versucht, den Angebotsspielraum durch zusätzliche Gastarbeiter auszuweiten, durch Erleichterung von Überstunden (Steuerfreiheit der Zuschläge) oder durch Umschichtung von staatlichen Investi-

[20] Das läßt sich schon anhand ganz einfacher Multiplikator-Akzelerator-Modelle zeigen (Hicks 1950), und es wird desto deutlicher, je mehr Strukturverzerrungen berücksichtigt werden (Hayek 1929).

tionen mit geringem Kapazitätseffekt (und hohem Einkommenseffekt) zu privaten Investitionen mit hohem Kapazitätseffekt. Auch mit der Geldpolitik können angebotserhöhende Effekte verbunden sein, da hohe Zinssätze ebenso wie Finanzierungsengpässe nahelegen, die Lager abzubauen, dadurch das Angebot zu erhöhen und die durch den Lagerabbau freiwerdenden Finanzierungsmittel für Investitionen mit hohem Kapazitätseffekt zu verwenden. Umgekehrt kann der Angebotsspielraum in der Rezession etwa durch Abbau von Gastarbeitern, Frühpensionierungen, Verschrottungsprämien usw. verknappt werden.

Eine weitere Form der Angebotspolitik ist der Versuch einer *generellen Erhöhung des Angebots* (dritter Teil von Abbildung 10.3).[21] Dazu gehören einerseits Maßnahmen zur Erhöhung des Angebots an Produktionsfaktoren, andererseits Maßnahmen zur Verbesserung ihres Einsatzes und ihrer Qualität. So gut wie alle Länder verfügen diesbezüglich über reiche Erfahrung: Förderung der Forschung und Entwicklung, Förderung der Investitionen, Förderung der Berufstätigkeit der Frauen, Schulung und Umschulung von Arbeitskräften, aktive Arbeitsmarktpolitik, Förderung der Mobilität von Arbeitskräften und Kapital. Durch alle diese Maßnahmen wird der Angebotsspielraum erhöht, die Gefahr einer Überhitzung der Nachfrage vermindert und durch Abbau von Reibungsverlusten die Natürliche Arbeitslosenrate bzw. die NAIRU[22] gesenkt. Darüberhinaus ist eine Verbindung zur antizyklischen Angebotspolitik insoweit gegeben, als viele dieser Maßnahmen antizyklisch variiert wurden: Das trifft in den meisten Staaten insbesondere für die Investitionsförderung und die aktive Arbeitsmarktpolitik zu.

Schließlich ist noch eine letzte Form der Angebotspolitik zu erwähnen, die *Verstetigung der Erwartungen,* die sowohl die Angebots- als auch die Nachfrageseite betrifft (unterster Teil von Abbildung 10.3). Sie ist von allen Formen der Stabilisierungspolitik wohl diejenige, die am meisten dem Postulat der ursachenadäquaten Bekämpfung entspricht. Ein nicht unerheblicher Teil der Konjunkturschwankungen entsteht bekanntlich aus unsicheren Erwartungen: Die Investoren halten sich unter diesen Bedingungen zunächst zurück, bis klar wird, ob die Nachfrage wirklich steigt, die Konsumenten verschulden sich lieber nicht, solange die Arbeitsplätze gefährdet sind. Diese Unsicherheit der Erwartungen erfüllt sich zwangsläufig selbst: Weil nicht investiert und nicht konsumiert wird, sinkt die Nachfrage und Arbeitskräfte werden abgebaut. Auch hektische Maßnahmen der Wirtschaftspolitik (stop-go policy) können zur Verunsicherung der Bevölkerung erheblich beitragen.[23] In den Ländern, in denen gute Stabilisierungspolitik betrieben wurde, wurde schon im Rahmen des Modells der Neoklassischen Synthese auf eine Verstetigung der Erwartungen großer Wert gelegt. Vor allem die Größen, die für die Erwartungsbildung der Unternehmer, zum Teil auch der Konsumenten

---

21 Früher bezeichnete man das als Wachstumspolitik, heute vielfach als supply-management.

22 Siehe Abschnitt 5.1 .

23 Auf die Notwendigkeit einer Konstanz der Wirtschaftspolitik hat bereits Eucken (1952, 288) hingewiesen.

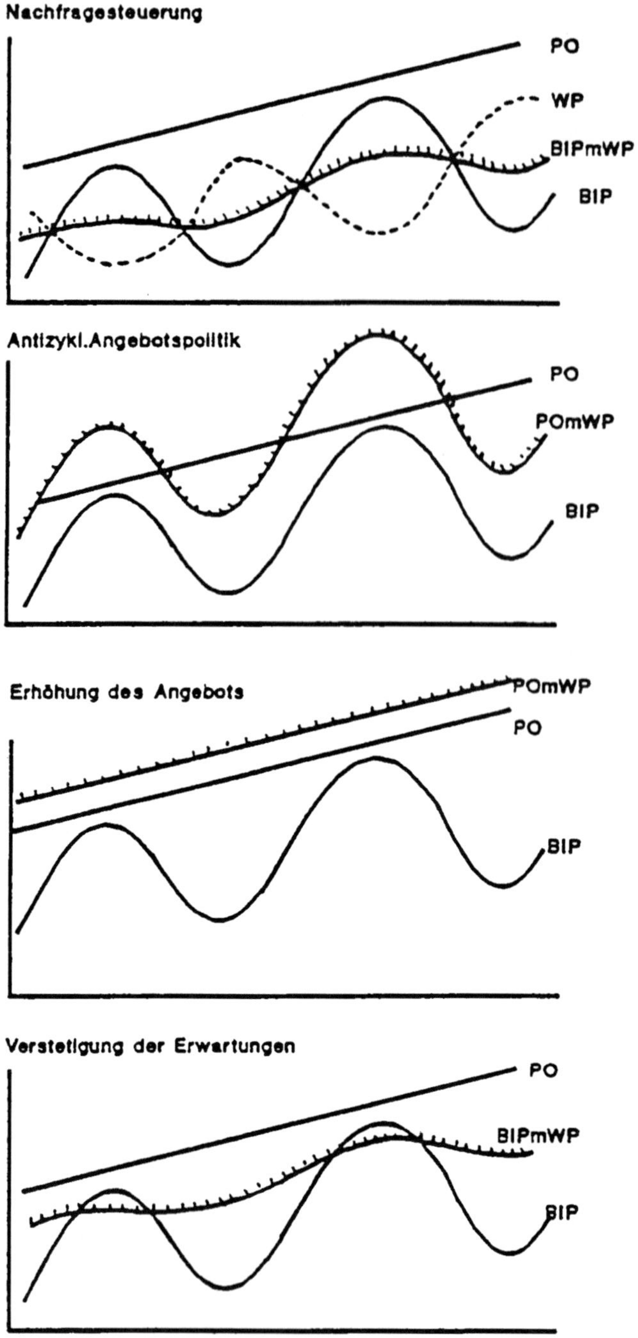

PO: Potentialprod., BIP: Btto.Inl.Prod., WP: Wirtsch.pol.

Abbildung 10.3: ***Alternativen der Stabilisierungspolitik***

besonders wichtig sind, sollten möglichst vorhersehbar gemacht werden: Manche Staaten versuchten das mit der Ankündigung der Rate der Geldmengenexpansion[24]; sehr viel älter ist jedoch die diesbezügliche Tradition der Einkommenspolitik (Faxén 1982, 365f), die die Erwartungen sogar in doppelter Weise stabilisiert: Die Erwartungen der Unternehmer bezüglich ihrer Lohnkosten, und die Erwartungen der Arbeitnehmer bezüglich ihrer Einkommen. Neben der Verstetigung der Erwartungen durch Einkommenspolitik versuchte vor allem die österreichische Wirtschaftspolitik, die Erwartungen der Unternehmer auch durch eine konsequente Wechselkurspolitik („Hartwährungspolitik") und durch eine vorhersehbare und über Jahrzehnte in den Grundzügen unveränderte Investitionsförderung zu stabilisieren (siehe dazu Tichy 1984, 368ff; 1988).

In der BRD wurde ein etwas anderer Weg zu demselben Ziel versucht, nämlich die *mittelfristige Orientierung der Wirtschaftspolitik*. Dazu gehören eine potentialorientierte Geldpolitik, eine konjunkturneutrale Fiskalpolitik und eine mittelfristige Finanzplanung. Die potentialorientierte Geldpolitik steuert die Geldmenge nach dem Wachstum des Produktionspotentials und der „unvermeidlichen" Inflationsrate, die Fiskalpolitik richtet das Wachstum der Ausgaben im Rahmen des Konzepts des Konjunkturneutralen Haushalts (siehe dazu Abschnitt 7.2) ebenfalls am Produktionspotential und an der unvermeidlichen Inflationsrate aus, das Wachstum der Einnahmen am nominellen Brutto-Inlandsprodukt; die mittelfristige Finanzplanung gemäß § 9 Stabilitätsgesetz soll Schwerpunktverlagerungen rechtzeitig erkennen lassen und ein ungeplantes Ansteigen der Staatsquote verhindern, was kontraproduktiv wirken könnte.[25] In der Periode des Übergangs zur EWU sind diese Konzeptionen relativ zum Ziel der Verringerung der – zweifellos überhöhten – Budgetdefizite in den Hintergurnd getreten.

10.4 Zusammenfassung

Die Argumente dieses Kapitels behaupten nicht, daß die Stabilisierungspolitik in den angeführten (oder anderen) Ländern in jeder Weise den Erfordernissen entsprach. Sehr wohl aber sollen sie zeigen, daß Stabilisierungspolitik auch in der Vergangenheit - in Theorie wie Praxis - keineswegs bloß Nachfragesteuerung oder gar bloß Staatsausgabenpolitik war. Vor allem Elemente der Angebotssteuerung hatten schon lange vor ihrer Neuerfindung und Propagierung in den USA Ende der siebziger Jahre ihren wichtigen Platz in der Stabilisierungspolitik vieler europäischer Länder.

---

[24] Siehe dazu die Abschnitte 10.1 und 11.2.

[25] Siehe dazu auch Abschnitt 20.2 .

Die unkonventionellen Instrumente, die in diesem Kapitel besprochen wurden, sind in zweifacher Hinsicht von Bedeutung: Erstens ergänzen sie die Instrumente der Geld- und Fiskalpolitik und ermöglichen dadurch, eine größere Zahl von Zielen zugleich anzustreben. Einkommenspolitik etwa kann einen wichtigen Beitrag zur Preisstabilisierung, Wechselkurspolitik zum außenwirtschaftlichen Gleichgewicht, Angebotspolitik zum Wirtschaftswachstum leisten. Zweitens aber - und vielleicht noch wichtiger - können diese Instrumente einen wichtigen Beitrag zur Bekämpfung derjenigen Zielverletzungen liefern, die nicht nachfragebedingt sind: Einkommenspolitik, insbesondere zur Bekämpfung von Kosteninflation bzw. zur Vermeidung von Verteilungskämpfen (Preisschocks), Wechselkurspolitik zur Bekämpfung außenwirtschaftlicher Störungen (Außenschocks), Angebotspolitik als Strategie gegen Allokationsstörungen (Angebotsschocks). Eine größere Zahl von Instrumenten setzt allerdings auch zusätzliche Koordinationsmechanismen voraus: Welches Ziel soll mit welchen Instrumenten in welchem Maße verfolgt werden? Dieses Problem, das Problem der Assignation, konnte im traditionellen Modell der Stabilisierungspolitik keineswegs befriedigend gelöst werden; Kapitel 11 wird diese Problematik aufzeigen, den gegenwärtigen Stand der Debatte beschreibt Abschnitt 20.3.

11 Die Assignation im traditionellen Modell

Unter Assignation versteht man die Zuordnung bestimmter Instrumente zu bestimmten Zielen. Im Grundmodell der Neoklassischen Synthese galt es meist zwei Ziele, Vollbeschäftigung und Preisstabilität mittels zweier Instrumente, Fiskalpolitik und Geldpolitik, zu erreichen; Abschnitt 9.1 hat die diesbezüglichen Assignationsargumente diskutiert. Mit der zunehmenden außenwirtschaftlichen Öffnung der Volkswirtschaften drängte sich als drittes Ziel außenwirtschaftliches Gleichgewicht auf, und damit entstand das Problem der Assignation. Die Überlegung, daß die Instrumente der *Fiskal- und der Geldpolitik* zur Erreichung der Ziele des *binnen- und außenwirtschaftlichen Gleichgewichts* nicht gleich gut geeignet sind, sondern bestimmte komparative Vorteile haben, geht auf Fleming (1962) und Mundell (1963) zurück. Das Grundprinzip bei *festen Wechselkursen* ist anhand von Abbildung 11 leicht zu erklären: Auf der Abszisse ist die Fiskalpolitik, auf der Ordinate die Geldpolitik aufgetragen. Die V_0-Linie gibt alle Kombinationen von Fiskal- und Geldpolitik an, bei denen Vollbeschäftigung erreicht ist, die Linie Z_0 die Kombinationen, bei denen die Zahlungsbilanz ausgeglichen ist. Die Z_0-Linie ist flacher als die V_0-Linie, weil angenommen wird, daß die Zahlungsbilanz auf Geldpolitik stärker reagiert, da die Zinselastizität der Kapitalbewegungen größer ist als die der Investitionen; der Beschäftigungsgrad hingegen reagiert auf Fiskalpolitik stärker, da der Gütermarkt weniger offen ist und der Staat seine Aufträge überwiegend im Inland vergibt. Rechts oberhalb der V_0-Linie herrscht Überbeschäftigung, rechts oberhalb der Z_0-Kurve Zahlungsbilanzdefizit. Geht man von einem Punkt F aus, der durch Vollbeschäftigung und Zahlungsbilanzüberschuß charakterisiert ist, wird der Zahlungsbilanzüberschuß durch expansive Geldpolitik über Zinssatzsenkung und Kapitalabfluß beseitigt; gleichzeitig führt der niedrige Zinssatz jedoch zu steigender Nachfrage und zu Überbeschäftigung (E); wird gegen diese Zielverletzung restriktive Fiskalpolitik eingesetzt, entsteht durch sinkende Importe wieder ein, allerdings kleinerer, Zahlungsbilanzüberschuß (D), der abermals durch expansive Geldpolitik bekämpft wird. Der Prozeß konvergiert gegen Punkt A, in dem Zahlungsbilanz- und Beschäftigungsgleichgewicht herrschen. Die Assignation: Geldpolitik zum Zahlungsbilanzausgleich, Fiskalpolitik zur Beschäftigungssicherung, erreicht somit beide Ziele. Die umgekehrte Assignation, nämlich Geldpolitik zur Beschäftigungssicherung und Fiskalpolitik zum Zahlungsbilanzausgleich, hätte unter den Übersicht 11 zugrundeliegenden Annahmen über Punkt G immer weiter weg vom Gleichgewicht geführt.

Die Assignation beruht - wie erwähnt - auf der Annahme einer relativ steileren V_0- und einer relativ flacheren Z_0-Kurve, die sich aus hoher Kapitalmobilität bei fixen Wechselkursen ergibt. Expansive Geldpolitik senkt den Zinssatz bloß wenig, weil sie sofort einen Kapitalabfluß in Höhe fast der gesamten zusätzlichen Geldmenge auslöst, und wegen des geringen Ausmaßes der Zinssenkung regt sie die Nachfrage am Gütermarkt kaum an. Die Fiskalpolitik hingegen wirkt auf die Nachfrage relativ kräftig, weil der Gütermarkt sehr viel weniger offen ist als der Geldmarkt (Nominallohnkonstanz).[1]

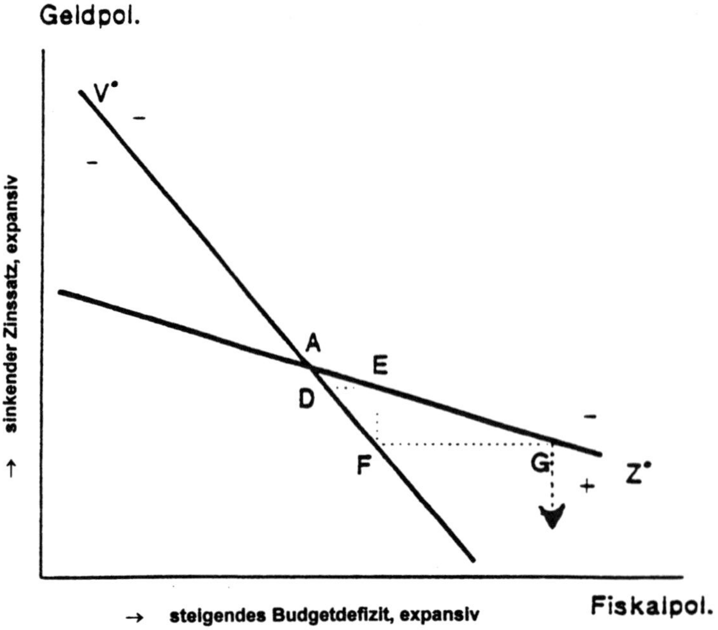

Abbildung 11: ***Assignation nach Mundell-Fleming***

Die Mundell-Fleming-Assignation bei festen Wechselkursen: Ausrichtung der Geldpolitik auf das Ziel Zahlungsbilanzausgleich und der Fiskalpolitik auf das Ziel Beschäftigungssicherung dominierte - trotz zahlreicher theoretischer Einwände - die theoretisch-wirtschaftspolitische Literatur des traditionellen Modells; in der Praxis konnte sich diese Assignation wegen ihrer zahlreichen Mängel nicht durchsetzen: Erstens bedeutet die Z_0-Linie - wie schon in Abschnitt 9.2 gezeigt wurde - kein langfristiges Gleichgewicht: Bestanden in Punkt F Leistungsbilanzüberschüsse, so werden diese durch die Kombination: expansive Geld-, restriktive Fiskalpolitik nicht beseitigt, sondern bloß kompensiert. Das bedeutet jedoch steigende Auslandsguthaben und damit eine weitere Verbesserung der

[1] Werden diese Annahmen aufgegeben, gilt auch diese Assignationsregel von Mundell-Fleming nicht (Sachs 1980).

Leistungsbilanz durch höhere Zinszahlungen, die Notwendigkeit abermals höherer Kapitalexporte zum Zahlungsbilanz-Ausgleich, usw. Längerfristig bedarf es eines Ausgleichs der *Leistungs*bilanz und nicht bloß der Zahlungsbilanz; dafür steht in diesem Modell jedoch kein Instrument zur Verfügung. Zweitens werden die Rückwirkungen dieser Assignation auf die Angebotsseite nicht berücksichtigt: Ein großes Leistungsbilanzdefizit etwa setzt zu seiner Finanzierung hohe Kapitalimporte und damit einen hohen Zinssatz voraus; dieser aber verdrängt private Investitionen, erschwert die Modernisierung der heimischen Wirtschaft und wird - vor allem, wenn eine solche Situation lange anhält - zu einer ungünstigen Wettbewerbsposition führen. Die mechanische, allzu vereinfachte Assignation des Mundell-Fleming-Modells - gemeinsam mit dem Glauben, die Beschäftigungssituation durch Budgetdefizite unbegrenzt steuern zu können - ist ein wichtiger Grund für die Ablehnung des traditionellen Modells der Wirtschaftspolitik durch Theorie und Praxis der späten siebziger und frühen achtziger Jahre.

Bei *flexiblen Wechselkursen* kehrt sich die erforderliche Assignation im Mundell-Fleming-Modell um: Geldpolitik muß zur Nachfragesteuerung verwendet werden, Fiskalpolitik zur Aufteilung der Nachfrage auf in- und ausländische Quellen. Expansive Geldpolitik führt nämlich im Modell flexibler Wechselkurse über sinkende Zinssätze und Kapitalexporte zu einer Abwertung der heimischen Währung, die über steigende Exporte und sinkende Importe die Nachfrage nach heimischen Produkten anregt und die Leistungsbilanz aktiviert. Expansive Fiskalpolitik hingegen führt über steigende Zinssätze und Kapitalimporte zu einer Aufwertung der Währung und damit zu einer Verringerung der Exporte und zu einer Steigerung der Importe im Ausmaß der zusätzlichen Nachfrage. Die Gesamtnachfrage steigt, die heimische Nachfrage bleibt unverändert, der Auslandsanteil erhöht sich. Im Regime flexibler Wechselkurse läßt das Mundell-Fleming-Modell bei expansiver Geldpolitik steigende Beschäftigung, bei expansiver Fiskalpolitik Leistungsbilanzdefizite erwarten. Allerdings haben zahlreiche Arbeiten gezeigt, daß diese Assignation durch Änderung der Annahmen über Lohnbildung, Handelbarkeit der Güter usw. vielfach in ihr Gegenteil verkehrt werden kann (Boyer 1975; Niehans 1975; Prachowny 1975), also keineswegs verläßlich ist.

Viel zu geringe Aufmerksamkeit wurde auch der *Koordination der einzelnen Instrumente*, vor allem der Geld- und Fiskalpolitik gewidmet, die zumeist unterschiedlichen Trägern – der unabhängigen Zentralbank bzw. Regierung/Parlament – zugeordnet sind. Schon Tabelle 9.1 wies darauf hin, daß nicht-akkomodierende Geldpolitik die Wirkung fiskalpolitischer Instrumente stark reduziert. Deutlicher noch zeigt sich der Koordinierungsbedarf an Hand einer saldenmechanischen Betrachtung (Tabelle 11): Sie illustriert die Situation der EU-Mitglieder vor Maastricht: Der Ausgabenüberschuß (negativer Finanzierungssaldo) der Öffentlichen Hände machte rund 6 % der Brutto-Nationalprodukts (BIP) aus, der der Firmen 4 %,[2] wogegen die Haushalte einen Einnahmenüberschuß (Netto-Sparen) von

[2] Der negative Finanzierungssaldo (Ausgabenüberschuß) der Firmen ergibt sich aus der (partiellen) Fremdfinanzierung der Investitionen.

rund 10 % des BIP hatten. Wenn nun der Ausgabenüberschuß der öffentlichen Hände gemäß dem Maastricht-Vertrag von 6 % auf 3 % reduziert werden sollte, mußte – bei weiterhin etwa ausgeglichener Leistungsbilanz – entweder der Ausgabenüberschuß der Unternehmen vergrößert oder der Einnahmenüberschuß der Haushalte verringert werden.[3] Ersteres (Finanzierungsdaldo III in Tabelle 11), also verstärkte fremdfinanzierte Investitionen, sind in einer rezessiven Situation schwacher Nachfrage und wenig ausgelasteter Kapazitäten wenig wahrscheinlich; wenn überhaupt können sie aber bloß bei sehr niedrigen Zinssätzen, also bei expansiver Geldpolitik erfolgen. Eher wäre es möglich, den Einnahmenüberschuß der Haushalte zu verringern (Finanzierungssaldo II): Niedrige Zinssätze könnten die Haushalte veranlassen, weniger zu sparen und mehr Konsumkredite aufzunehmen; wiederum jedoch bedürfte dafür expansiver Geldpolitik. Bleibt die Geldpolitik hingegen restriktiv, bleiben also die Zinssätze hoch, müssen die verringerten Staatsausgaben zu Einnahmeausfällen der übrigen Sektoren führen, damit zu kompensierenden Ausgabenkürzungen, zu Produktionseinschränkungen und letztlich zu Arbeitslosigkeit. Der Einnahmenüberschuß der Haushalte geht zwar auch auf diese Weise zurück, allerdings auf dem wenig attraktiven Weg verminderter Sparfähigkeit durch Einnahmenverluste und Arbeitslosigkeit.

Tabelle 11: ***Finanzierungssalden der Sektoren***

	Haushalte	Firmen	Öffentl. Hand	Ausland	Welt
Einnahmen - Ausgaben	. .	. .	. .	. .	. .
Finanzierungssaldo [1)]	+ 10 %	- 4 %	- 6 %	+ 0 %	0 %
ΔFin. Aktiva - ΔFin.passiva	. .	. .	. .	. .	. .
Finanzierungsaldo II [1)]	*+ 7 %*	*- 4 %*	*- 3 %*	*+ 0 %*	*0 %*
Finanzierungssaldo III [1)]	*+ 10 %*	*- 7 %*	*- 3 %*	*+ 0 %*	*0 %*

[1)] in % des BIP

Die Schwäche der theoretischen Arbeiten über Assignation schlug auf die wirtschaftspolitische Praxis durch: Welche Instrumente für welche Ziele eingesetzt wurden, hing von politischen Faktoren, von kontinuierlichen Suchprozessen (trial

[3] Anderes ist trivial-arithmetisch nicht möglich, da die Summe aller Salden stets Null sein muß.

and error) und von Zufällen ab. Die große Bedeutung der Fiskalpolitik etwa in Großbritannien scheint einerseits mit den großen Vollmachten der Regierung, andererseits mit dem beschränkten Aktionsspielraum der englischen Geldpolitik infolge hoher Kapitalmobilität (Finanzplatz London) und beschränkter Unabhängigkeit der Notenbank zusammenzuhängen; umgekehrt gibt die Schwerfälligkeit der amerikanischen Fiskalpolitik im Spannungsfeld zwischen Kongreß und Präsident der Geldpolitik sehr viel größere stabilisierungspolitische Chancen.

Die Suche nach einer passenden Assignation war in der Vergangenheit aber auch deshalb wenig erfolgreich, weil die Regimewechsel in den letzten zwanzig Jahren sehr rasch erfolgten und jedes Regime andere Assignationserfordernisse aufwies: Zuerst herrschte das Regime der noch weitgehend geschlossenen Wirtschaft, dann das Regime der teilweise (bezüglich Warenbewegungen) offenen Wirtschaft mit außenwirtschaftlicher Absicherung, nach der Liberalisierung des Kapitalverkehrs eine weitgehend offene Wirtschaft mit festen Wechselkursen. Es folgte die internationale Währungsordnung des ausgehenden Dollar-Standards mit ihren starken Kapital- und zunehmenden Wechselkursbewegungen; dann die Ölkrise mit ihren enormen Transferproblemen, mit neuerlichen Kapitalbewegungen und Wechselkursinstabilität; weiters das Regime der Währungsblöcke mit - innerhalb von Bandbreiten - festen, aber änderbaren Wechselkursen innerhalb der Blöcke und mehr oder weniger flexiblen Wechselkursen zwischen ihnen; zuletzt die Vision einer gemeinsamen Währung der EU. Die Regimewechsel erfolgten viel rascher als die Möglichkeiten der wirtschaftspolitischen Theorie und Praxis, die Wirkungen und den zweckmäßigen Einsatz der Instrumente kennenzulernen und damit Erfahrungen zu sammeln. Das hat dazu geführt, daß einzelne Ziele jahrelang dramatisch verfehlt wurden: In den siebziger Jahren war das vor allem das Ziel der Preisstabilität, in den achtziger und neunziger Jahren das Ziel Vollbeschäftigung. Beispielhaft soll die Assignation beschrieben werden, die in der Bundesrepublik Deutschland und in Österreich vor der Einführung der Währungsunion dominierte. Die *Bundesrepublik Deutschland* hatte gegenüber den USA weitgehend frei schwankende Wechselkurse mit temporär recht erheblichen Interventionen, hingegen weitgehend feste Wechselkurse im Rahmen des Europäischen Währungssystems (EWS). Die Geldpolitik war überwiegend auf das Ziel Preisstabilität ausgerichtet, das mit jährlich neu festgelegten Geldmengenzielen angestrebt wurde; die Geldmengenziele orientierten sich am Produktionspotential und an der „unvermeidlichen" Inflationsrate. Die Fiskalpolitik steuerte vor den Belastungen durch die Wiedervereinigung gleichfalls einen potentialorientierten Kurs mit einem konjunkturneutralen Defizit in der Größenordnung von etwa 1 % des Potentialprodukts. Im Rahmen des durch Geld- und Fiskalpolitik vorgegebenen Spielraums wurde die Beschäftigung nach der von der Wirtschaftspolitik anerkannten Assignation des Sachverständigenrats (Sachverständigenrat 1987/88, Tz 356ff; Jahreswirtschaftsbericht 1987, Tz 32) durch die Lohnpolitik der Gewerkschaften bestimmt; überschreiten die Lohnforderungen den von der Geldpolitik vorgegebenen Rahmen, entsteht eben Arbeitslosigkeit, für die die Gewerkschaft verantwortlich wäre. Diese Assignation wurde allerdings von den Gewerkschaften nicht anerkannt, wenn auch festgehalten werden muß, daß sich die Lohnforderungen der deutschen Gewerkschaften in der Regel dennoch in diesem Rahmen hielten. Ein Instrument, das explizit der Beschäftigungssicherung dient, gab es in der deutschen Assignation nicht.

Österreich hatte stets ein System de facto fester Wechselkurse, zunächst im Rahmen des Bretton Woods-Systems, dann durch Orientierung an einem Währungskorb, seit Beginn der achtziger Jahre durch freiwillige Bindung an die DM. Demgemäß beschränkte sich die Aufgabe der Geldpolitik weitgehend auf die Verfolgung des Wechselkursziels. Preisstabilität, ein Ziel, das in einer Kleinen Offenen Wirtschaft wie Österreich weitgehend mit internationaler Konkurrenzfähigkeit (Leistungsbilanzausgleich) gleichzuhalten ist, wurde vor allem durch Einkommenspolitik erreicht, ein hoher Beschäftigungsstand durch Fiskalpolitik. Diese Assignation wurde zumindest bis zu Beginn der achtziger Jahre insoweit flexibel gehandhabt, als die Instrumente ursachenadäquat, also nach den Ursachen der Zielverletzung differenziert, eingesetzt wurden: Die importierte Inflation der siebziger Jahre etwa wurde zunächst durch Aufwertung (z. T. sogar gegenüber der DM) gestoppt, wodurch sich zunächst die Gewinnlage der Exportindustrie verschlechterte, dann durch Einkommenspolitik konsolidiert (Tichy 1985b). Obwohl Österreich die Ziele des Magischen Fünfecks vielfach besser erreichte als andere Staaten, soll damit keineswegs behauptet werden, daß hier *die* Lösung des Assignationsproblems gefunden wurde. Die Staatsschuld wuchs rascher als erwünscht, steigende Arbeitslosenquoten konnten auch hier nicht verhindert werden, und das Tempo des Strukturwandels läßt zu wünschen übrig.

Die Europäische Währungsunion vergrößert die ungelösten Probleme der Assignation weiter. Die Geldpolitik ist der weitgehend unabhängigen Europäischen Zentralbank zugeordnet, die so gut wie ausschließlich auf das Ziel Preisstabilität festgelegt ist. Die Fiskalpolitik bleibt in nationaler Kompetenz, beschränkt allerdings durch die Maastricht-Kriterien.[4] Selbst wenn sich die Maastricht-Kriterien – bei entsprechender Reduktion der strukturellen Budgetdefizite – als nicht allzu beschränkend erweisen sollten (Url 1997), bleibt doch die traditionelle Ursache beschränkter Wirksamkeit: Die hohen Sickerverluste national-isolierter Maßnahmen und die geringe Wirksamkeit ohne akkomodierende Geldpolitik. Eine Koordinierung der Fiskalpolitik, die diese in der EU – als großer weitgehend geschlossener Volkswirtschaft – sehr wirksam sein müßte, ist derzeit nicht vorgesehen.

Zusammenfassend muß daher betont werden, daß die Assignation eines der großen ungelösten Probleme des traditionellen Modells der Nachfragesteuerung (mit Elementen der Einkommens- und Angebotspolitik) darstellt, ein Problem, das den Trägern der Wirtschaftspolitik z. T. noch nicht einmal voll bewußt geworden ist. Zur Lösung dieses Problems hat die Theorie der Wirtschaftspolitik derzeit noch wenig beizutragen. Es wird sich zeigen, daß dieses Problem auch in den neueren Ansätzen einer Lösung keineswegs nähergebracht wurde.

---

4 Beschränkung der Budgetdefizite auf maximal 3 % und der Staatsschulden auf maximal 60 % des BIP.

12 Kritik am traditionellen Ansatz

Der traditionelle Ansatz der Stabilisierungspolitik - am Modell der Neoklassischen Synthese orientiert, mit Nachfragesteuerung als zentralem Instrument - prägte zwar die Lehrbuchtheorie wie die Praxis der Stabilisierungspolitik der sechziger und siebziger Jahre, war aber nie völlig unumstritten. Schon in den sechziger Jahren wurde immer wieder *Kritik an der Anwendung dieses Modells* geäußert:

* daß die Stabilisierungsmaßnahmen aus politischen Gründen asymmetrisch eingesetzt würden und so zu Inflation und Staatsverschuldung führten;
* daß sie in der offenen Wirtschaft wegen kleiner Multiplikatoren und mangelnder Möglichkeiten außenwirtschaftlicher Absicherung nicht funktionierten bzw. sehr teuer kämen;
* daß sie den Eigenwert der Instrumente nicht berücksichtigten;
* daß die Überbetonung der Nachfragesteuerung übersehe, welch enge Grenzen ihr gesetzt wären, vor allem daß sie Zielverletzungen selten ursachenadäquat bekämpfen könne;
* schließlich, daß aktivistische (diskretionäre) Politik Konjunkturschwankungen nicht abschwäche, sondern eher verstärke, im Extremfall sogar überhaupt erst schaffe.

Im Laufe der siebziger Jahre und vor allem seit dem Erdölschock eskalierte diese Kritik unter dem Einfluß scheinbarer oder tatsächlicher Wirkungslosigkeit konjunkturpolitischer Maßnahmen, und sie wurde grundsätzlicher; zur Kritik an der Anwendung des Modells und den dafür nötigen Voraussetzungen trat *Kritik am Modell selbst*:

* Vor allem wurde der statische Charakter des Modells kritisiert, der es einerseits unmöglich mache, Verzögerungen adäquat zu berücksichtigen, und der andererseits Erwartungen zwangsläufig weitgehend vernachlässige;
* weiters, daß sich das Modell auf die Stabilisierung einzelner Elemente des Systems konzentriert hätte, statt auf die Stabilisierung des Systems selbst;
* auch wären nie Konsequenzen daraus gezogen worden, daß unterschiedliche Träger der Wirtschaftspolitik nebeneinander existierten und daß das System von Unsicherheit geprägt wäre.

Im folgenden sollen diese beiden Ebenen der Kritik weiter verfolgt werden. Bloß einige von ihnen stehen auch tatsächlich im Zentrum der modernen Theorie (diese werden in Teil C genauer behandelt), andere werden nach wie vor vernachlässigt.

12.1 Kritik an Voraussetzungen und Anwendung des traditionellen Modells

Ein häufig vorgebrachtes und auch wichtiges Argument der Kritik am traditionellen Modell ist die *Asymmetrie* von Einsatz und Wirkung der Instrumente sowie die daraus resultierenden Kosten: Instrumente wurden i.d.R. in expansiver Richtung rasch und kräftig, in restriktiver Richtung zögernd und schwach eingesetzt; im Durchschnitt wirkte die Stabilisierungspolitik dadurch zu expansiv, es kam zu Inflation und überhöhter Staatsverschuldung, da die Perioden mit Budgetdefiziten zu lang und die mit Überschüssen zu kurz waren. Dieser Kritikpunkt ist nicht bloß politisch begründet - expansive Maßnahmen sind beliebter als restriktive, Geben ist seliger denn Nehmen, und Politiker wollen wiedergewählt werden -, sondern auch ökonomisch-instrumental. Es gibt gute Gründe dafür, daß Maßnahmen der Stabilisierungspolitik asymmetrisch gesetzt werden: Zunächst das zeitliche Vorauseilen der Mengen- vor den Preiseffekten: Da bei expansiver Politik die Mengen-, bei restriktiver Politik hingegen die Preiseffekte Ziel der Wirtschaftspolitik sind, kommt erstere rascher und scheinbar ohne Kosten an ihr Ziel (da diese Kosten erst lang verzögert anfallen), restriktive Politik hingegen langsamer und mit hohen Sofort-Kosten (Weizäcker 1975, 6). Weiters besteht die Gefahr, daß stabilisierungspolitische Maßnahmen systematisch zu spät gesetzt werden: Als Zielverletzung wird nicht schon zu hohe oder zu niedrige Nachfrage empfunden, sondern erst Inflation bzw. Arbeitslosigkeit. Nun sind gerade Preis- und Arbeitsmarktdaten nachhinkende Indikatoren;[1] reagiert die Stabilisierungspolitik erst, wenn Preise oder Arbeitslosigkeit merklich zu steigen beginnen, dann kommen die Maßnahmen sicherlich zu spät. Doch gerade hier tritt abermals Asymmetrie auf: Schon erste Ansätze von Auftragsmangel werden von Arbeitgebern wie Arbeitnehmern besorgt zur Kenntnis genommen und veröffentlicht, und sie geben Anlaß für gute Ratschläge an die Träger der Wirtschaftspolitik, expansiver zu agieren. Überdurchschnittlich gut gefüllte Auftragsbücher werden hingegen mit satter Zufriedenheit akzeptiert, kein Ruf nach restriktiver Wirtschaftspolitik erschallt; wer nach restriktiven Maßnahmen ruft, macht sich unbeliebt und hat die Politiker ebenso wenig auf seiner Seite wie die Wähler.

Eine zweite Linie der Kritik leugnet nicht, daß das traditionelle Modell zu Keynes' Zeiten gut handhabbar gewesen wäre - allerdings wurde es damals nicht angewendet; spätestens seit den sechziger Jahren hätten sich jedoch die Voraussetzungen gewandelt. Das käme vor allem in kleinen *Multiplikatoren* zum Ausdruck, als Folge hoher Sickerverluste durch hohe Import- und Abgabenquoten: Eine zusätzliche Staatsausgabe von 1 Mrd. Rechnungseinheiten steigert die Nachfrage nicht mehr wie früher um 4 Mrd. Rechnungseinheiten, sondern bloß noch um 1½ Mrd., konjunkturpolitische Maßnahmen kämen daher sehr teuer und

---

[1] Siehe dazu Abschnitt 2.1.

führten demgemäß zu extrem hoher Staatsverschuldung, die auch in der Hochkonjunktur nicht mehr abgebaut werden könne, da die Steuereinnahmen aus der (geringen) induzierten Nachfrage dazu trotz höherer Steuersätze nicht ausreichen.[2] Allerdings sind die empirisch geschätzten Multiplikatoren nicht nur deswegen kleiner geworden, weil sich die Voraussetzungen geändert haben, sondern auch weil die Modelle ergänzt wurden: durch die stärkere Berücksichtigung des Finanzsektors und von Vermögenseffekten, die beide die Wahrscheinlichkeit von crowding out erhöhen, durch die Einführung von Rationalen Erwartungen und vor allem durch die Hypothese der „natürlichen" Wachstums-(Arbeitslosen-)rate. Wie weit diese Änderungen der Modelle „Mode" sind und wieweit sie die tatsächlichen Verhaltensweisen abbilden, bzw. wieweit sich die Voraussetzungen und Verhaltensweisen tatsächlich geändert haben, kann derzeit nicht ohne weiteres beantwortet werden; die Frage wird in Abschnitt C weiter verfolgt.[3]

Die zunehmende Offenheit der Volkswirtschaften und die dadurch bedingten kleineren Multiplikatoren haben drittens zunächst die Probleme der *außenwirtschaftlichen Absicherung* und in weiterer Folge der *internationalen Koordinierung der Stabilisierungspolitik* aufgeworfen. Beide Probleme wurden weder theoretisch noch praktisch gelöst; die Abschnitte 15.2, 15.3 und 19.4 werden auf diese Punkte zurückkommen.

Ein vierter Kritikpunkt setzt daran an, daß Stabilisierungspolitik in der Regel bedeutet, eine Größe (das Ziel), etwa Nachfrage, Beschäftigung oder Preisniveau dadurch zu stabilisieren, daß eine andere (das Instrument), etwa Geldmenge, Staatsnachfrage usw. destabilisiert wird. Nun haben viele der *Instrumente* zu Recht oder zu Unrecht einen gewissen *Eigenwert*: Die Sparer werden verunsichert, wenn die Zinssätze zu stark schwanken, rasche und kräftige Änderungen der Bankliquidität machen Fremdfinanzierung riskant, erhebliche Budgetdefizite gelten als unsolide und als Bedrohung der Zukunft usw. Überdies haben viele Instrumente außer den für die Stabilisierungspolitik wichtigen Wirkungen noch ungewollte und unangenehme Nebenwirkungen, die vielfach nicht beachtet wurden, etwa Effekte auf das Angebot, auf das Vermögen usw. Eine vernünftige Konjunkturpolitik kann viele dieser Nebenwirkungen durch richtige Auswahl, Kombination und Dosierung der Instrumente vermeiden, grundlegende Lösungen sind jedoch schwierig.

Fünftens wurde gegen das traditionelle Modell - in den meisten Fällen zu Recht - eingewendet, daß *es die Nachfrage überbetone*, Nachfrageelemente somit überdimensioniert und die Angebotselemente bloß rudimentär abbilde, daß das Gleichgewicht ganz überwiegend durch die Nachfrage bestimmt würde, daß

---

2 Überdies fließen auch die (geringen) zusätzlichen Abgaben bloß zum Teil dem Zentralstaat zu, der die konjunkturpolitischen Maßnahmen setzt und damit ihre Kosten trägt, zu einem sehr großen Teil den Ländern, den Gemeinden und der Sozialversicherung.

3 Die Bedeutung *langfristiger* Folgen für die Überlegungen der Wirtschaftssubjekte dürften in der modernen Literatur etwas zu stark betont werden; stabilisierungspolitisch relevant erscheinen vor allem die *mittelfristigen* Wirkungen.

gegen jede Erfahrung Strukturneutralität der Nachfragesteuerung angenommen würde und daß das Modell die Grenzen der Nachfragesteuerung zu wenig anerkenne. Diese Kritik hat in einigen Staaten zu einer intensiven und vielfach auch recht erfolgreichen Suche nach neuen Instrumenten geführt.[4] Dennoch aber bleibt sechstens der Kritikpunkt bestehen, daß die traditionelle Stabilisierungspolitik viel zu oft den Grundsatz der *ursachenadäquaten Bekämpfung der Zielverletzungen nicht berücksichtigt* hat, sei es aus Mangel an Instrumenten, sei es als Folge einer falschen Konzeption. Im Rahmen der Nachfragesteuerung wurden über die Variation von Zinssätzen und Staatsausgaben vielfach Schwankungen der Investitionen induziert, obwohl die Störungen auf Lager- und Exportschwankungen zurückzuführen waren, andererseits wurde Nachfragesteuerung auch dort eingesetzt, wo die Ursachen der Zielverletzung auf der Angebots- oder der Verteilungsseite lagen.

Die Gruppe von Kritikpunkten, die in diesem Abschnitt zusammengefaßt wurden, sind zwar ernst, aber insofern nicht schwerwiegend, als ihnen durch entsprechende Gestaltung der Stabilisierungspolitik weitgehend Rechnung getragen werden kann: Die Asymmetrie kann durch die Wahl geeigneter vorauseilender Indikatoren und durch den Ausbau des prognostischen Instrumentariums überwunden werden, die Sickerverluste infolge der Offenheit der Wirtschaft durch internationale Koordinierung der Konjunkturpolitik; Nebenwirkungen können durch schwächere Dosierung des Instrumenteneinsatzes im Rahmen von Instrumentenbündeln abgeschwächt werden, die ursacheninadäquate Bekämpfung durch entsprechende Analyse und Schaffung der notwendigen Instrumente (was allerdings Jahrzehnte dauern kann).

12.2 Kritik am traditionellen Modell

Ernster und nicht durch bessere Gestaltung behebbar ist die Kritik am traditionellen Modell der Wirtschaftspolitik selbst. Sie konzentriert sich auf den statischen Charakter dieses Modells, seine mangelhafte Behandlung des Problems der längerfristigen Erwartungsbildung und der darauf beruhenden Verhaltensänderungen, seine Konzentration auf die kurzfristige Stabilisierung von Systemelementen anstelle einer längerfristigen Stabilisierung des Systems selbst, sowie auf die Nichtberücksichtigung der Konsequenzen, die sich aus echter Unsicherheit und der Existenz zahlreicher Träger der Wirtschaftspolitik mit unterschiedlichen Zielsetzungen ergeben. Inwieweit ist diese Kritik berechtigt und inwieweit zeichnen sich Lösungsansätze für die einzelnen Versuche ab?

[4] Siehe dazu Kapitel 10.

An zentraler Stelle der Kritik steht die *Statik des Modells*: dem Problem der Verzögerungen und der Dynamik der Anpassung wurde nicht genügend Aufmerksamkeit geschenkt. Selbst wenn im traditionellen Modell gewisse Anpassungswege skizziert wurden, vernachlässigen sie wesentliche Elemente einer längerfristigen Anpassung, wie Vermögenseffekte, Niveaueffekte, Kapazitätseffekte usw. Allerdings sollte man diese Kritik nicht wiedergeben, ohne sofort hinzuzufügen: „We simply have no soundly based dynamics at the moment, and we had best to admit to that" (Hahn, 1980a, 13). Andererseits zeigte Phillips (1954), wie sehr die Wirkungen von Maßnahmen der Stabilisierungspolitik durch die Vernachlässigung der richtigen dynamischen Spezifizierung verfälscht werden können: Nach der üblichen Lehrbuchdarstellung muß eine deflatorische Lücke von a Mrd. Rechnungseinheiten durch Staatsausgaben von a.m Mrd. Rechnungseinheiten stabilisiert werden, wobei m für den Staatsausgabenmultiplikator steht. Die Auffüllung der Lücke mag etwas dauern, aber an der Auffüllung als solcher besteht im traditionellen Modell kein Zweifel. Phillips zeigte nun, daß für die sinnvolle Auffüllung einer deflatorischen Lücke (oder die Beseitigung einer inflatorischen Lücke) eine Kombination von drei Arten von Maßnahmen notwendig ist: Eine proportionale Strategie, bei der die zusätzlichen Staatsausgaben (G_p) *proportional* zur deflatorischen Lücke ($Y_{-1} - Y^*$) sind,

$$G_p = f_p (Y_{-1} - Y^*),\ f_p > 0,$$

durch die zwar das Niveau der Nachfrage gehoben, Y^* aber bloß asymptotisch erreicht werden kann; es ist möglich, daß die proportionale Strategie sogar zusätzliche Schwankungen generiert. Um das Niveau Y^* zu erreichen, bedarf es einer *integralen* Strategie

$$G_i = - f_i \int_0^t (Y_{-1} - Y^*)\, dt,\ f_i > 0,$$

bei der die zusätzlichen Staatausgaben (G_i) der kumulierten Abweichung der Nachfrage entsprechen. Bei dieser Strategie ist allerdings die Gefahr induzierter Schwankungen besonders groß. Demgemäß muß die *derivative* Strategie

$$G_d = - f_d (Y_{-1} - Y_{-2}),\ f_d > 0,$$

bei der die zusätzliche Staatsnachfrage G_d proportional zu den Änderungen des Einkommens ist, diese Schwankungen dämpfen; die derivative Strategie kann allerdings das Niveau des Einkommens nicht beeinflussen, ist also bloß zusätzlich anwendbar. Eine optimale Strategie bedarf - entgegen der Meinung der Praxis und der Lehrbücher - einer Kombination aller drei Strategien. Wird dieser Aspekt übersehen, kann Stabilisierungspolitik auch aus diesem Grunde zusätzliche

Schwankungen erzeugen und damit unter Umständen trotz bester Absichten destabilisierend wirken.[5]

Zusätzliche Gefahren einer Destabilisierung ergeben sich aus zu spät getroffenen antizyklischen Maßnahmen, sowie daraus, daß Maßnahmen, die zunächst scheinbar nicht wirken, weil die Verzögerung der Instrumentenwirkung nicht beachtet wurde, verstärkt werden, so daß sie bei Erreichen der vollen Gesamtwirkung zu stark dosiert sind („overkill"). Aus allen diesen Mängeln zog ein Teil der modernen Kritik am traditionellen Modell der Wirtschaftspolitik den Schluß, aktivistische Maßnahmen der Wirtschaftspolitik abzulehnen und sich allein auf Regeln ohne Rückkoppelung zu stützen.[6]

Ein ganz besonders wichtiger Teilaspekt der kritisierten Statik des traditionellen Modells der Wirtschaftspolitik ist die weitgehende *Vernachlässigung der Erwartungsbildung* und der Änderung der Verhaltensweisen als Folge von Maßnahmen der Wirtschaftspolitik. Soweit das traditionelle Modell Erwartungen überhaupt berücksichtigte, waren es *adaptive* Erwartungen:

$$E_t x_{t+1} = E_{t-1} x_t + a\,(x_t - E_{t-1} x_t),$$

ein Fehleranpassungsprozeß, bei dem pro Periode t ein Teil a der Differenz zwischen dem realisierten Wert x_t und der Erwartung dieses Wertes in der Vorperiode $E_{t-1}x_t$ abgebaut wird; die Alternative wären *regressive* Erwartungen

$$E_t x_{t+1} = x_t + a\,(x_t - x^*),$$

ein Anpassungsprozeß an einen erwarteten Normalwert x^*. Beide Verfahren sind natürlich sehr einfach und bloß dann plausibel, wenn die Wirtschaftssubjekte nicht lernen oder wenn erhebliche Anpassungsschwierigkeiten bestehen. Moderne Ansätze kombinieren gerne Rationale Erwartungen mit der Annahme jederzeitvollständiger Markträumung und kommen dann zu einem völlig anderen Modell mit der Konsequenz behaupteter völliger Ineffektivität erwarteter Maßnahmen der Wirtschaftspolitik.[7] Zur Lösung der Frage, wie Wirtschaftssubjekte ihre Erwartungen bilden, wäre eine Diskriminierung zwischen den verschiedenen Hypothesen sicherlich nur durch Zusammenarbeit mit anderen Sozialwissenschaften möglich. Es geht ganz generell um die Bereitschaft und Fähigkeit der Wirtschaftssubjekte, Informationen betreffend künftige Entscheidungen zu sammeln und zu bewerten. In einer unsicheren Welt ist das letztlich eine „rational" unlösbare Aufgabe. Lösungen sind nicht rasch zu erwarten; je nach Lage des Falls werden bis dahin unterschiedliche Ansätze verwendet werden müssen.

---

5 In diesem Fall gilt - wie so oft - die Warnung des Wiener Literaten Karl Kraus: „Gut gemeint ist das Gegenteil von gut".

6 Siehe dazu Abschnitt 15.4. Vorläufer dieser Tradition sind Mises (1926) und Simons (1936).

7 Richtiger der Ineffektivität der Nachfragesteuerung in bezug auf reale Größen; siehe dazu die Abschnitte 14.2 und 15.2.

Die Vernachlässigung von *Änderungen der Verhaltensweisen* der Wirtschaftssubjekte als Folge von Maßnahmen der Wirtschaftspolitik im traditionellen Modell war sicherlich falsch; die (gute) Praxis war sich der Möglichkeiten solcher Änderungen stets bewußt (siehe dazu z. B. Tichy 1984; 1986a).[8] Dennoch konnte sie das grundlegende Problem der Diskontinuität der Reaktionsfunktionen nicht in den Griff bekommen: daß nämlich ein bestimmter Schwellenwert der Instrumentenwirkung erreicht werden muß, bevor überhaupt mit Reaktionen gerechnet werden kann, daß diese aber bei Erreichen eines wechselnden und vielfach unvorhersehbaren Wertes heftig und überschießend eintreten. Die moderne Theorie hat auch hier wiederum einen Sprung in die genau entgegengesetzte und letztlich ebenso unplausible Annahme gemacht: daß nämlich die Reaktionen der Wirtschaftssubjekte auf Änderungen der Wirtschaftspolitik ganz generell nicht abgeschätzt werden könnten, weil sich die Verhaltensweisen jeweils so stark ändern, daß frühere Erfahrungen überhaupt nicht mehr genützt werden können (Lucas 1976). Hier geht es in Zukunft wohl darum, zwischen strategischen und Kontrollproblemen, zwischen erheblichen Änderungen und routinemäßigen Maßnahmen der Wirtschaftspolitik, zwischen einmaligen und häufigen Änderungen zu unterscheiden.[9]

Eine andere, wahrscheinlich noch relevantere, Form von Verhaltensänderungen sprechen Hahn (1967) und Seidl (1984a) an, die auf die Gefahr einer *„keynes'schen Demoralisation"* hinweisen: Demoralisiert durch Nachfragesteuerung werden die Politiker, die sich daran gewöhnen, alle Wünsche ihrer Wähler (insbesondere nach Vollbeschäftigung und Wachstum) durch „Nachfragesteuerung" befriedigen zu können, die Gewerkschaften, die durch das Vollbeschäftigungsversprechen der Regierung aus der Verantwortung der Lohnpolitik für den Beschäftigungsgrad entlassen werden, sowie die Unternehmer, die durch die Politik des leichten Geldes unter geringerem Konkurrenzdruck stehen und vom Zwang zur Strukturanpassung scheinbar entlastet werden.

Ein weiterer, besonders ernster Punkt der Kritik am traditionellen Modell der Wirtschaftspolitik ist sein *Determinismus* und die völlige *Vernachlässigung von Unsicherheit*: Fehlentwicklungen werden annahmegemäß von den Behörden stets rasch und richtig erkannt, die wirtschaftspolitischen Instanzen wissen genau, was sie erreichen können und erreichen wollen, Fehlentwicklungen werden rechtzeitig und mit den richtigen Instrumenten bekämpft, die Instrumente wirken sicher und vorhersehbar, die Multiplikatoren sind feste prognostizierbare Größen, die Verhaltensweisen ändern sich nicht. Nicht einmal Ansätze einer Berücksichtigung des unsicheren Charakters dieser Faktoren dringen in das allgemeine Bewußtsein der wirtschaftspolitischen Theorie und Praxis, obwohl es solche Ansätze durchaus

---

8 Beide Arbeiten lassen vermuten, daß wirtschaftspolitische Ziele bzw. Zwischenziele, nämlich Inflationsdämpfung (1984, 377ff) bzw. geringe Variabilität der Geldmenge (1986, 90) eben wegen der möglichen Reaktion der Wirtschaftssubjekte indirekt offenbar effizienter und mit größerer Wahrscheinlichkeit erreicht werden können als direkt.

9 Siehe dazu die Abschnitte 4.2.2 (insbesondere Fußnote 15) und 15.4 sowie Kapitel 20.

gäbe: Zu erwähnen wäre etwa die Berücksichtigung stochastischer Störungen von Investitions- und Geldnachfragefunktion durch Poole (1970)[10], die aus der Unsicherheit von Zielformulierung und Zielerreichung resultierenden Thesen des satisfiszierenden Verhaltens von Simon (1952) und Mosley (1976)[11] oder Erkenntnisse der Theorie des Second Best (Lipsey/ Lancaster 1956/57).
Völlig vernachlässigt bzw. bestenfalls in wenig operationalisierbaren Ansätzen erwähnt, ist schließlich das Problem der *Trägervielfalt der stabilisierungspolitischen Instrumente*. Parlament, Regierung, Zentralbank und Gewerkschaften verfolgen zwangsläufig unterschiedliche Interessen, aber auch innerhalb der Regierung besteht keineswegs eine Gleichheit der Interessen: Landwirtschafts-, Wirtschafts-, Finanz- und Sozialministerium haben meist recht unterschiedliche Vorstellungen davon, was wirtschaftspolitisch vordringlich nötig und machbar ist, und die Wahl der Instrumente ist für sie nicht bloß eine Frage der Effizienz, sondern auch der Macht und der Nebenwirkungen. Für die Behandlung der Probleme der Trägervielfalt ist das traditionelle Modell der Wirtschaftspolitik völlig ungeeignet; erste Versuche mit spieltheoretischen Ansätzen (Driffill 1985; Winckler/Amann 1986) konnten bisher nicht mehr als interessante Anregungen bringen. „The games that are analyzed bear as yet little resemblance to the 'true' game. The real-world objectives and constraints of policy makers (electoral system, party-political organization, ideological concern, class structure, interest groups, information, administrative bureaucracy resources, etc.) are still too far from these assumed in the formal models for the latter to give us useful parables, but there is hope that this may change." (Buiter 1989a, 36).

Bleibt schließlich das ganz entscheidende Problem der *Systemstabilisierung*, das in einem gewissen Sinn alle anderen Kritikpunkte zusammenfaßt. Das traditionelle Modell der Wirtschaftspolitik konzentrierte sich in seiner Statik ausschließlich auf die Stabilisierung einzelner, als wichtig erachteter Größen wie reales Brutto-Inlandsprodukt, Beschäftigung, Preisniveau, usw., ohne dabei zu berücksichtigen, welche Rückwirkungen die Verstetigung einzelner Größen einerseits auf deren Niveau hat (etwa die Milderung der Konjunkturschwankungen auf die Wachstumsrate oder die Milderung von Preisschwankungen auf die Inflationsrate), andererseits auf die Stabilität des Gesamtsystems. Es ist durchaus nicht auszuschließen, daß die Verringerung von Schwankungen einzelner Aggregate mit erheblichen gesamtwirtschaftlichen Wohlfahrtsverlusten verbunden ist. Als Illustration sei auf Abbildung 8.1/2 verwiesen, die die Bedeutung des Überschießens des Zinssatzes für einen raschen Anpassungsprozeß und für schwächere Schwankungen der realen Größen vor Augen führten. Neuere theoretische Ansätze und empirische Untersuchungen lassen weiters vermuten, daß Rezessionen insofern eine Funktion haben (könnten), als der Zwang zur Verschrottung alter Anlagen und zur Reallokation der Produktionsfaktoren die Produktivität kräftig steigert (Saint-Paul 1993); stärkere Schwankungen wären demzufolge längerfri-

[10] Siehe dazu Abschnitt 8.1.
[11] Siehe dazu Kapitel 4.

stig mit rascherem Wachstum verbunden. Voraussetzung für die Beantwortung solcher Fragen wäre ein Modell, das nicht bloß die kurz- und mittelfristigen, sondern auch die langfristigen Rückwirkungen modelliert, eine gesamtwirtschaftliche Nutzen- bzw. Verlustfunktion und eine entsprechende Rechentechnik. Letztere wurde inzwischen im Rahmen der Kontrolltheorie in Analogie zu technischen Steuerungsproblemen zumindest zur Lösung einfacher Ansätze entwickelt. Der Engpaß liegt im Bereich der gesamtwirtschaftlichen Nutzenfunktion und im Bereich der umfassenden Modelle. Die im Rahmen kontrolltheoretischer Ansätze üblicherweise verwendeten quadratischen Nutzenfunktionen[12] entbehren der ökonomisch-theoretischen Begründung; infolge der mangelnden Vergleichbarkeit und Aggregierbarkeit der Nutzenvorstellungen sind Fortschritte auf diesem Gebiet auch kaum zu erwarten.[13] Gleichermaßen stößt die Entwicklung entsprechend umfassender Modelle auf erhebliche Schwierigkeiten theoretischer wie empirischer Art. Wegen dieser Probleme an der Basis können kontrolltheoretische Ansätze zwar wichtige Beträge zur Erkenntnis von Teilzusammenhängen leisten, eine umfassende Lösung des Problems der Systemstabilisierung ist aber von diesen Ansätzen ebensowenig zu erwarten wie von den traditionellen Modellen. Teil C wird zeigen, daß auch die neueren theoretischen Ansätze auf diesem Gebiet wenig leisten können. In diesem Sinn wird erfolgreiche Stabilisierungspolitik auch weiterhin ein erhebliches Element der (Staats-)Kunst enthalten (müssen).

---

12 Siehe Abschnitt 4.2.2.
13 Siehe dazu Abschnitt 4.2.

TEIL C

DIE MODERNE DISKUSSION ÜBER THEORETISCHE BASIS UND EFFEKTIVITÄT DER STABILISIERUNGSPOLITIK

13 Die großen wirtschaftspolitischen Kontroversen der Gegenwart

Kapitel 12 hat gezeigt, daß das traditionelle Modell der Wirtschaftspolitik zahlreiche Schwächen und Mängel, z. T. sogar Fehler aufweist und insofern natürlich revisionsbedürftig war. Überraschenderweise hat die moderne Kritik jedoch nicht beim gravierendsten Mangel angesetzt, der Vernachlässigung des Einflusses der Unsicherheit auf Form und Wirkung wirtschaftspolitischer Entscheidungen; ganz im Gegenteil: die moderne Theorie vernachlässigt Unsicherheit sogar noch stärker als das traditionelle Modell. Andere Mängel hingegen, etwa die Rolle von Erwartungen und Verhaltensänderungen und vor allem die wenig befriedigend begründete Annahme der Preisrigiditäten wurden in das Zentrum einer heftigen Kontroverse gerückt: Aktivistische Stabilisierungspolitik ist nach Meinung, der mit den traditionellen konkurrierenden, neueren Modelle bestenfalls wirkungslos, eher jedoch wohlfahrtssenkend, da sie Strukturanpassungen über den Preismechanismus verzögert oder verhindert und Schwankungen eher verstärkt als abschwächt. Die Ablehnung des traditionellen Modells durch die neueren Ansätze stammt aus theoretischen, wirtschaftspolitischen und ideologischen Überlegungen: In der *Theorie* hat das Wiederaufleben klassischer und neoklassischer Strömungen den Glauben an das rasche und wirkungsvolle Arbeiten des Preismechanismus und an die jederzeit-vollständige Markträumung verstärkt und unsicherheitstheoretische Überlegungen in den Hintergrund treten lassen. Anhaltende Unterbeschäftigungsgleichgewichte und kräftige kumulative Prozesse werden für weniger wahrscheinlich gehalten, Anpassungsprozesse laufen nach moderner Ansicht rasch und in die richtige Richtung; Stabilisierungspolitik ist unter diesen Voraussetzungen nicht nötig, würde aber auch nicht wirken.

Ausgangspunkt für diesen Wandel der theoretischen Anschauungen dürfte die Erfahrung des strukturkonstanten und unproblematischen Wachstums der sechziger Jahre gewesen sein, einer Periode, in der auch die großen ökonometrischen Modelle durch nicht-serienkorrelierte Anstöße (Schocks) bloß in schwache und rasch absterbende Schwankungen versetzt werden konnten. Ausschlaggebend für Entstehen und Form der Konjunkturschwankungen der siebziger Jahre waren nicht so sehr kumulative Prozesse (propagation) als Schocks (Eckstein/Sinai 1986), und zwar vor allem Angebotsschocks.[1] Überdies stützte das gemeinsame Auftreten von anhaltender Inflation und hoher Arbeitslosigkeit die Meinung, daß

[1] Ernteausfälle im Jahre 1972, Rohstoffkrise von 1973, Erdölschocks von 1973 und 1979.

Wirtschaftspolitik entweder überhaupt nicht wirke oder daß jedenfalls ihre langfristigen Wirkungen mit ihren kurzfristigen in Widerspruch stünden. Unter diesen Voraussetzungen können nachfragesteuernde Maßnahmen - der Inbegriff der traditionellen Stabilisierungspolitik im Lehrbuchmodell und in der Praxis vieler Länder - Fehlentwicklungen bloß wenig und unter hohen Kosten beeinflussen.

Nicht zu unterschätzen als Ursache für das Vordringen neoklassischen Gedankenguts aber waren sicherlich auch *ideologische Überlegungen*: Mit der aktivistischen Stabilisierungspolitik sollte auch der Staatseinfluß zurückgedrängt werden. Dieser Gedankenstrang entspringt einer alten Chicago-Tradition, prägte Milton Friedman und drang über den Monetarismus und die theoretischen Arbeiten an seiner Verfeinerung direkt in die Schule der Rationalen Erwartungen ein. Bei zahlreichen Vertretern der Angebotsökonomie tritt diese Staatsfeindlichkeit geradezu krankhaft auf, verstärkt vielfach durch das kräftige - teils freiwillige, teils unfreiwillige - Anwachsen der Staatsschuld sowie die zunehmende Steuer- und Sozialabgabenbelastung. Dadurch haben sich die wirtschaftspolitischen Zielsetzungen teilweise gewandelt („Wertewandel); Sanierung des Staatshaushalts gilt jetzt in weiten Kreisen als vorrangig vor Bekämpfung von Arbeitslosigkeit und Armut, nicht zuletzt weil ein geringes Budgetdefizit als Voraussetzung für Wirtschaftswachstum gilt, Effizienz rangiert vielfach vor Ausgleich sozialer Härten. Nicht nur in der Wirtschaftspolitik kam es zu einer „gravitation towards consistency, continuity, and credibility...", zu einem „distrust of ad-hoc interventionism". In diesem Klima konzentriert sich die Diskussion vor allem auf Fragen der Wirksamkeit der Stabilisierungspolitik: wie weit sie eventuelle Zielverletzungen überhaupt beseitigen könne und wenn, mittels welcher Strategien. Im Bereich der Fiskalpolitik geht die Debatte um die Frage, bis zu welchem Grad crowding out die Wirkungen abschwäche, im Bereich der Geldpolitik, wieweit Änderungen von den Wirtschaftssubjekten (die jetzt agents heißen) antizipiert werden, und demgemäß bloß das Preisniveau, nicht aber reale Größen beeinflussen. Eine weitere, heftige Debatte tobt um die Frage, wieweit die Wirtschaftspolitik die Verhaltensweisen der Wirtschaftssubjekte ändere und welche Konsequenzen daraus gezogen werden müßten. Eng verbunden damit ist die Frage, ob Stabilisierungspolitik aktivistisch betrieben werden sollte, durch diskretionäre Maßnahmen oder regelgebunden - und wenn regelgebunden, ob eine Geldmengenregel, eine Zinsregel, eine Wechselkursregel oder eine Nominaleinkommensregel vorzuziehen wäre. Schließlich natürlich die Frage, ob Nachfragepolitik betrieben werden solle oder Angebotspolitik oder beide.

Es wird sich zeigen, daß die Fragen dieser Kontroverse nicht einfach mit Ja oder Nein beantwortet werden können; Angebots- oder Nachfragepolitik, Regeln oder diskretionäre Maßnahmen sollten nicht Fragen der Weltanschauung sein. Es wird sich zeigen, daß je nach den Ursachen der Zielverletzung, nach den Rahmenbedingungen, nach den zu erwartenden Verhaltensweisen, den zusätzlichen Begleitmaßnahmen usw., die eine oder andere Kombination vorzuziehen ist. Im folgenden sollen zunächst die neuen konjunkturtheoretischen Konzepte (in Kapitel 14) kurz dargestellt werden und - auf dieser Basis (in Kapitel 15) - die wirtschaftspolitischen Kontroversen verfolgt und überprüft werden.

14 Die neueren konjunkturtheoretischen Konzepte

Die neuere Entwicklung auf dem Gebiet der Makrotheorie, in die die Konjunkturtheorie inzwischen voll integriert wurde, verlief bis gegen Ende der siebziger Jahre unbestritten zentrifugal, zeigte um die Mitte der achtziger Jahre aber merkliche Tendenzen einer Konvergenz. Hinter den zentrifugalen Tendenzen standen letztlich die ideologischen Fragen, die im vorhergehenden Abschnitt erläutert wurden: Die Frage, ob die private Wirtschaft inhärent *stabil* wäre, demgemäß nach Störungen des Gleichgewichts rasch wieder dorthin zurückfände, ob Preise

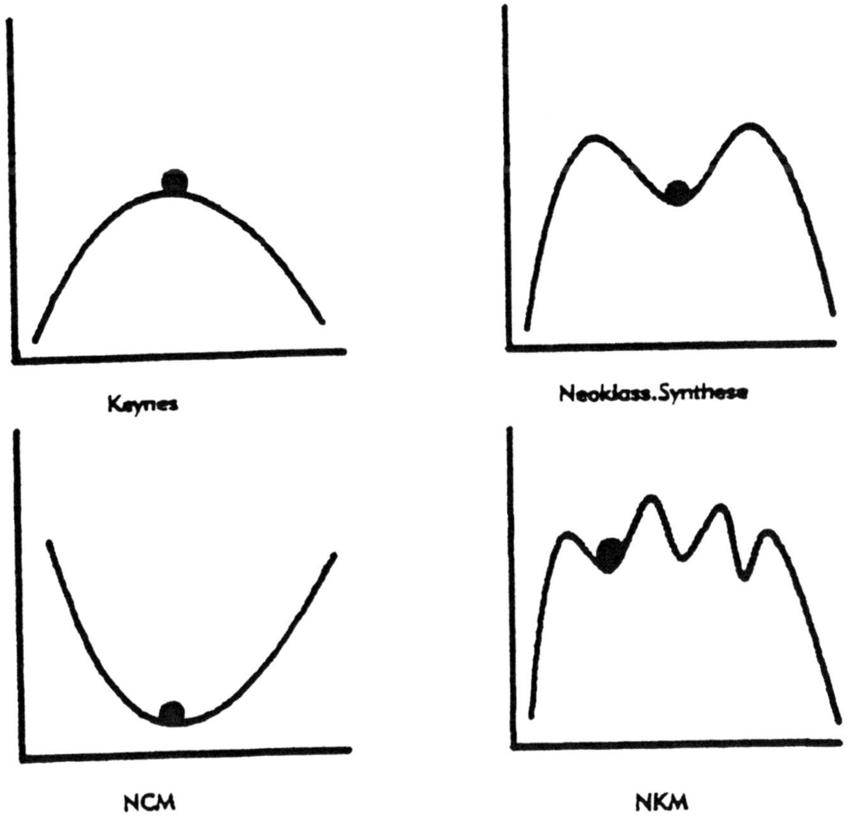

Abbildung 14: *Alternative Gleichgewichtskonzepte*

und Löhne genügend rasch reagierten, um die Märkte jederzeit zu räumen, ob diskretionäre Wirtschaftspolitik eher destabilisierend wirke oder ob die private Wirtschaft inhärent *instabil* wäre, zu anhaltenden Unterbeschäftigungsgleichgewichten und zu einer kumulativen Verstärkung eventueller Abweichungen vom Gleichgewicht tendiere, sodaß sie ohne stabilisierungspolitische Maßnahmen kaum auf einem akzeptablen Entwicklungspfad gehalten werden könne.

Das Modell der inhärenten Stabilität der privaten Wirtschaft wurde vom *Monetarismus* zunächst zögernd als eher langfristiges Konzept eingeführt. Die *Neue Klassische Makroökonomie* (NCM) hat es allerdings auch für die kurze Sicht übernommen und zur Politikineffizienz-Hypothese ausgebaut. In dem eher politischen als theoretischen Konzept der Angebotsökonomie hat die Stabilitätsthese dann die Radikalisierung erfahren, die die Kräfte zu seiner Überwindung und zur beginnenden Konvergenz der Konjunkturpolitik freisetzte. Im Gegensatz zur NCM baute die *Neue Keynesianische Makroökonomie* (NKM) auf den Gedankengängen des traditionellen Modells der Neoklassischen Synthese weiter, war allerdings unter den Angriffen der Neuen Klassischen Makroökonomie gezwungen, längerfristig und weniger ad hoc zu argumentieren, Erwartungsbildung wie Bestandsanpassungsprozessen größeres Augenmerk zu schenken und nach mikroökonomisch plausiblen Begründungen der Preis- und Lohnrigiditäten zu suchen. Das hat dazu geführt, daß zwischen den beiden Modellen kein grundsätzlicher ideologischer Unterschied mehr bestehen muß, daß sich die besseren Beispiele vielmehr als komplementäre Erklärungen herausstellen (Ramser 1987). Aus einer ganz anderen Richtung entwickelte sich die *Neue Politische Ökonomie*, der es um die Integration politischer Faktoren in das ökonomische Modell geht, allerdings unter Anwendung des ökonomischen Maximierungskalküls. Das Schwergewicht dieser Schule liegt weniger auf der Untersuchung der meist etwas gekünstelten Modelle, die sich um eine eigenständige Erklärung des Konjunkturphänomens bemühen, als auf den Ansätzen, die das Verhalten der Träger der Wirtschaftspolitik zu erfassen suchen.

Die folgenden Ausführungen müssen in zweifacher Weise als grobe Skizze verstanden werden: Erstens werden bloß die Punkte genauer angeführt, die für die in diesem Buch behandelten stabilisierungspolitischen Diskussionen relevant sind. Zweitens werden die grundlegenden Fragestellungen grob verallgemeinert. Jeder einzelne Autor vertritt ein viel reicheres Spektrum von Meinungen, als hier holzschnittartig dargestellt wird; jeder einzelne ließe sich bloß durch einen Vektor von Charakteristika darstellen, und seine Einordnung in eine Schule ist stets nur nach einzelnen, nicht nach allen Charakteristika möglich. Dazu allerdings muß auf die Spezialliteratur verwiesen werden.[1]

[1] Z.B. Ramser 1987; Gabisch/Lorenz ^{2}1989; Blanchard/Fischer 1989.

14.1 Monetarismus

Der Monetarismus im engeren Sinn oder Monetarismus Mark I[2] ist eine geistige Schöpfung von Milton Friedman, als Reaktion insbesondere auf die wirtschaftspolitischen Vorschläge von Keynes (Friedman 1953b). Kernpunkt ist eine monetäre Theorie der Bestimmung des *Nominal*einkommens: Es wäre primär die Geldmenge, die das Nominaleinkommensniveau bestimme, die Einflüsse der Fiskalpolitik wären „temporary and minor", wenn sie nicht von Änderungen der Geldmenge begleitet werden (Friedman 1976). Dahinter steht die Quantitätstheorie des Geldes, die von Friedman als Theorie der Nachfrage nach Realkasse umformuliert wurde (Friedman 1956b); die Kassenhaltungsfunktion wäre aus theoretischen und empirischen Gründen stabiler als die keynesianische Konsumfunktion. Der strikte Zusammenhang zwischen Geldmenge und Nominaleinkommen setzt sich aus einem temporären Einfluß auf das Realeinkommen und einem permanenten auf das Preisniveau zusammen. Friedman leugnet also keineswegs - wie später die Neue Klassische Makroökonomie - jeden Einfluß der Geldmenge auf reale Größen; ganz im Gegenteil: Schwankungen der Geldmenge führen zwangsläufig zu erheblichen Schwankungen des Realeinkommens. Insoweit gibt es im Monetarismus Mark I ausnützbare Phillips-tradeoffs. Wie lange es allerdings dauert, bis die realen Effekte eintreten, und wie lange sie anhalten, wann der Einfluß auf das Preisniveau einsetzt, das läßt sich theoretisch nicht ohne weiteres ableiten. Nach Friedmans Ansicht, die allerdings eher durch die empirische Erfahrung als durch theoretische Überlegungen geprägt ist,[3] sind die Verzögerungen lang und variabel; für die Gesamtwirkung von der Änderung der Geldmenge bis zur Änderung des Nominaleinkommens nimmt Friedman sechs Monate bis zwei Jahre an (Friedman 1982, 7f). Geht man davon aus, daß Konjunkturaufschwünge etwa 2½ Jahre und Abschwünge etwa 1½ Jahre dauern (siehe dazu Abschnitt 2.1), ist verständlich, daß Friedman jede Feinsteuerung durch diskretionäre Maßnahmen der Geldpolitik ablehnt, weil die Maßnahmen mit großer Wahrscheinlichkeit zu spät wirken und sich demgemäß als destabilisierend erweisen können.

Stabilisierungspolitik ist im monetaristischen Modell aber nicht bloß weniger erfolgversprechend, sie ist auch weniger wichtig, weil relativ rasch reagierende Preise und Löhne die private Nachfrage vom Vollbeschäftigungsgleichgewicht nie erheblich abweichen lassen. Zwar lehnt Friedman den Begriff der Vollbeschäftigung ab und spricht von einer Natürlichen Arbeitslosenrate, die durch Maßnahmen der Stabilisierungspolitik nicht reduziert werden könne, doch kommt sein Begriff der Natürlichen Arbeitslosenrate dem keynesianischen der Vollbeschäftigung sehr nahe (Hahn 1980b, 293). Stören Schocks das Gleichgewicht - infolge der inhärenten Stabilität des privaten Sektors und der geringen Bedeutung außenwirtschaftlicher Beziehungen handelt es sich im Friedman'schen System primär

---

2 Die Unterscheidung Monetarismus Mark I und Mark II stammt von Tobin 1980a.
3 Zumindest fehlen entsprechende Ausführungen in seinen (zahlreichen) Publikationen.

um monetäre Schocks -, erfolgt die Anpassung verzögert, weil die Wirtschaftssubjekte ihre Erwartungen adaptiv bilden: Eine Vergrößerung der Geldmenge führt über einen Portefeuilleanpassungsprozeß zu höherer Nachfrage nach Gütern und Produktionsfaktoren: In Abbildung 14.1 befindet sich die Wirtschaft in Punkt A im Gleichgewicht, zum Lohnsatz L_1 besteht die Natürliche Arbeitslosenquote (U_1), alle Arbeitslosen sind freiwillig arbeitslos. Expansive Geldpolitik führt zu dem in Abschnitt 8.1 beschriebenen Portefeuilleanpassungsprozeß, in dem die Zinssätze bereits bestehender Vermögenswerte sinken und die Nachfrage nach neuen Investitions- und dauerhaften Konsumgütern steigt. Damit steigt auch die Nachfrage nach Arbeitskräften, und zum höherem Lohn (L_2) sind bisher freiwillig Arbeitslose bereit, eine Beschäftigung aufzunehmen; die Arbeitslosenquote sinkt auf U_2 (B). Im Gefolge der Lohnsteigerung steigen jedoch (verzögert) auch die Preise, und die zusätzlich Beschäftigten müssen feststellen, daß ihr Reallohn wieder auf das ursprüngliche Niveau gesunken ist. Sie geben daher ihre Beschäftigung wieder auf (C), die Arbeitslosenquote sinkt auf das „natürliche" Niveau U_1; die Phillipskurve hat sich damit nach rechts oben auf P_2 verschoben. Bleibt die Geldpolitik expansiv, wiederholt sich derselbe Prozeß einer Bewegung, diesmal von C über D nach E auf die Phillipskurve P_3. Die Phillips-Kurve ist nach Friedman auf kurze Sicht flach (P_1, P_2), längerfristig jedoch senkrecht (P_L).

Wegen der bloß kurzfristigen und unkalkulierbaren Wirkungen auf die realen Größen, bei kräftiger und dauerhafter Wirkung auf das Preisniveau, schlägt

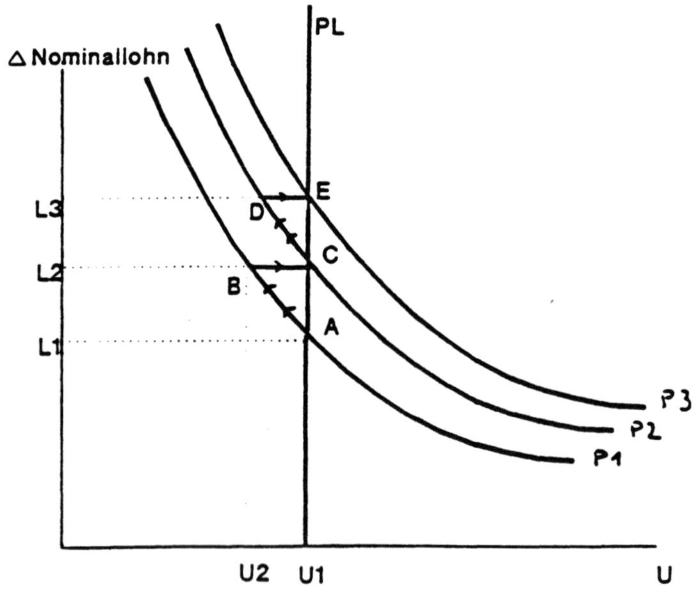

Abbildung 14.1: ***Folgen einer monetären Expansion im monetaristischen Modell***

Friedman (1959) die berühmte Geldmengenregel vor: ein konstantes Wachstum der Geldmenge als Zwischenziel (siehe dazu auch Abschnitt 15.4). Der Nominalzinssatz eigne sich nicht als Zwischenziel. Reale Wirkungen gingen vom *Real*zinssatz aus, dem Nominalzinssatz abzüglich der erwarteten Inflationsrate; der Realzinssatz sei aber keine leicht meßbare und vor allem keine wirtschaftspolitisch steuerbare Größe. Die Orientierung am Nominalzinssatz kann sogar destabilisierend wirken: Eine Erhöhung der Geldmenge als Instrument zur Senkung des Zinssatzes und zur Steigerung der Nachfrage erhöht die Inflationserwartung; dadurch steigt der Nominalzinssatz, trotz gleichbleibendem oder sogar sinkendem Realzinssatz. Wählt die Zentralbank den Nominalzinssatz als Zwischenziel, wird sie bei hohem Zins expansiv agieren, was zu stärkerer Inflation und zu einem weiteren Steigen des Nominalzinssatzes führt, den Realzinssatz jedoch nicht senkt und damit auch die Nachfrage nicht anregt - eher das Gegenteil.

Konjunkturpolitik über den automatischen Stabilisator des konstanten Geldmengenwachstums hinaus ist im monetaristischen Modell kaum erforderlich: Die private Wirtschaft neigt zur Stabilität, Schocks kann das System relativ rasch verarbeiten. Erhebliche Abweichungen vom Gleichgewichtspfad entstehen gerade durch diskretionäre Maßnahmen der Wirtschaftspolitik (Brunner/Meltzer 1976c), insbesondere der Stabilisierungspolitik, die infolge ihrer verzögerten Wirkungen prozyklisch wirken; eine mit konstanter Rate wachsende Geldmenge verstetigt hingegen die (Preis-)Erwartungen und wirkt als automatischer Stabilisator, da die Geldmengenausweitung bei hohem Wirtschaftswachstum zu knapp, bei geringem zu reichlich ist.

Eine kritische Diskussion der monetaristischen Innovationen ist in diesem Rahmen nicht möglich; es sei nur darauf hingewiesen, daß die grundlegenden Annahmen auch dieses Modells nicht aus einzelwirtschaftlichem Verhalten abgeleitet werden können und daß daher der diesbezügliche Vorwurf, den die Monetaristen den Keynesianern machen, auf sie zurückfällt. Weiters kann das Modell nicht zwischen monetären Wirkungen auf die Preise und solchen auf den realen Sektor differenzieren; es ist eine Theorie des *nominellen* Volkseinkommens. Auch ist die Kassenhaltungsfunktion keineswegs wirklich stabil und die Geldmenge demgemäß kein perfektes Zwischenziel der Geldpolitik (B. Friedman 1975). Insofern ist verständlich, daß das monetaristische Modell zum NCM-Modell weiterentwickelt wurde.

14.2 Neue Klassische Makroökonomie (NCM)

Das Modell der Neuen Klassischen Makroökonomie stellt eine viel radikalere Herausforderung des traditionellen Modells der Wirtschaftspolitik dar als der Monetarismus, der mit dem traditionellen Modell letztlich doch eine einheitliche Form der Erwartungsbildung und der Transmission wirtschaftspolitischer Impulse teilt, und insofern mit dem „Keynesianismus“ nicht wirklich gebrochen hatte, trotz aller verbalen Attacken M. Friedmans. Die Radikalität der Herausforderung wird von den Vertretern dieser Schule in gut amerikanischer Marketingtradition auch genügend herausgestellt: Lucas/Sargent (1978) bezeichnen das NCM-Modell als „empirical failure on a grand scale“ als „after-Keynesian-Macroeconomics“, sie befänden sich bereits „after the Phillips-Curve“ und „beyond full-employment policy“; das NCM-Modell „...dispenses with the entire meaningless vocabulary associated with full employment, phrases like potential output, full capacity, slack, and so on...“. Lucas (1978, 356).

Die beiden wesentlichen Punkte, in denen sich die Modelle der NCM von den monetaristischen Modellen unterscheiden, sind die Annahmen Rationaler Erwartungen und - noch wichtiger und folgenschwerer - jederzeit-vollständiger Markträumung. Die Annahme *Rationaler Erwartungen*[4] geht davon aus, daß die Wirtschaftssubjekte, die in diesem Modelltyp agents heißen,[5] die gesamte verfügbare Information nutzen, die entscheidenden wirtschaftlichen Zusammenhänge („das Modell“) kennen und daß ihnen bei der Erwartungsbildung keine systematischen Fehler unterlaufen. Die Annahme, daß die Wirtschaftssubjekte die gesamte verfügbare Information nutzen oder jedenfalls zu nutzen versuchen und daß sie bei deren Interpretation auch lernen, sind zweifellos gerechtfertigt. Sie geht allerdings leichtfertig darüber hinweg, daß es in einer Welt der Unsicherheit die betreffende Information oft gar nicht gibt.[6] Das gilt in besonderem Maße für die Information (bzw. die Erwartungen) über die Reaktionen der anderen auf Schocks im allgemeinen und eigenes Verhalten im besonderen. Unterschiedliche Erwartungen können zu sich selbst bestätigenden Ergebnissen führen, sodaß multiple Gleichgewichte - entgegen den Annahmen der NCM (Phelps 1967; B. Friedman 1978) - durchaus möglich sind (Hargreaves Heap 1992, 1f), eindeutige Rationale Erwartungen können auf diese Weise nicht gebildet werden. Auch muß man realistischerweise davon ausgehen, daß „das Modell“ vielfach unbekannt ist und unbekannt sein muß;[7] demgemäß können die Wirtschaftssubjekte selbst systematische Fehler oft nicht vermeiden. Durch die Vernachlässigung dieser Probleme sind die

---

[4] Die Begriffe Rationale Erwartungen oder Natürliche Wachstumsrate werden im folgenden stets mit großen Initialen geschrieben, um darauf hinzuweisen, daß es sich um Fachtermini handelt, sodaß „Rational“ oder „Natürlich“ bloß unter sehr strikten - nicht unbedingt realitätsnahen - Annahmen verstanden werden dürfen.

[5] Damit wird der Unterschied zwischen den Wirtschaftssubjekten und den Trägern der Wirtschaftspolitik bewußt aufgehoben.

[6] „The kind of information gathering and processing that is necessary to make rational expectations an operational concept, as opposed to an abstract idea, is so overwhelming as to remind one the 'can-opener' joke with which we are all familiar“ (Prachowny 1984, 17). Für die Anfänger, die damit noch nicht vertraut sind: Was macht ein bergsteigender Nationalökonom am Gipfel, wenn er Hunger und eine Sardinendose, jedoch keinen Dosenöffner hat? Er nimmt an, die Dose wäre offen und beginnt zu essen.

[7] Es berührt merkwürdig, daß gerade die Schule, die im Bewußtsein lebt, eine Revolution durchgeführt zu haben, und meint, bewiesen zu haben, daß Fachkollegen und praktische Wirtschaftspolitik jahrzehntelang das Falsche dachten und taten, also mit einem falschen Modell operierten, voll davon überzeugt ist, daß jeder Laie das „wahre“ Modell - nämlich das der Revolutionäre - kennt und als das einzig richtige ansieht.

Rationalen Erwartungen die stochastische Analogie zur vollkommenen Sicherheit und zur perfekten Voraussicht des Neoklassischen Modells und sollten daher besser als „stochastic perfect foresight" bezeichnet werden. Rationale Erwartungen sind im Mittelwert (X*) richtig, streuen allerdings um diesen Wert im Ausmaß von

$$E_tX_{t+1} = X^* + \varepsilon_{t+1}$$

$$\varepsilon_t \sim N(0, \sigma_\varepsilon^2).$$

Sehr viel entscheidender noch als die Annahme Rationaler Erwartungen für die Aussagen des Modells der NCM ist jedoch die Annahme *jederzeit-vollständiger Markträumung*: Der Preismechanismus funktioniert demgemäß so effizient, daß Angebot und Nachfrage selbst kurzfristig stets ausgeglichen sind; Preis, Lohn- und Zinssatz werden von den agents so gewählt, daß sie - gegeben die Information im Entscheidungszeitpunkt - die Märkte jederzeit vollständig räumen und so Nutzen und Gewinn maximieren. Da die Annahme jederzeit vollständig geräumter Märkte auch für den Arbeitsmarkt gilt, gibt es ex definitione keine unfreiwillige Arbeitslosigkeit.[8] Beschäftigungs- und Produktionsschwankungen können aus dieser Sicht bloß durch Anpassungsverzögerungen oder durch falsche Erwartungen entstehen, die sich aus unzureichender Information ergeben. Vor allem zwei solcher Irrtümer werden häufig behandelt: Die permanent/transitorisch-Konfusion und die absolut/relativ-Konfusion.[9] Im ersten Fall können die agents nicht unterscheiden, ob eine Entwicklung, etwa eine Preissteigerung, dauerhaft oder bloß vorübergehend ist, im zweiten Fall bleibt ihnen zunächst verborgen, ob die jeweilige Störung das globale Preisniveau betrifft oder bloß die sie betreffenden (relativen) Preise. Nehmen die agents fälschlicherweise an, daß es sich um ganz oder teilweise permanente bzw. relative Erhöhungen der Preise handelt, werden sie ihr Angebot erhöhen, bis sich ihr Irrtum in der nächsten Periode herausstellt. Produktionsschwankungen entstehen also auch im NCM-Modell dadurch, daß in bestimmten Fällen eben doch nicht alle Märkte vollständig geräumt werden.

Ein einfaches Modell dieser Art (McCallum 1980, 740ff) besteht aus einer Angebots-, einer Nachfrage-, einer Geldangebots- und einer Geldnachfragefunktion (alles in Logarithmen). Die aggregierte Güterangebotsfunktion

(1) $$y^s_t = a_0 + a_1(p_t - E_{t-1}p_t) + a_2y_{t-1} + u_t$$

---

[8] Das Fehlen eines Phillips-tradeoff, das Friedman für die lange Frist betont, gilt hier sogar für die ganz kurze Frist. Dem NCM-Modell fehlt jede Dynamik und jedes Element eines Anpassungsprozesses; wegen seiner Zeitlosigkeit müßte es eigentlich als NNCM, als Neue NeoClassische Makroökonomie bezeichnet werden.

[9] Letzlich bedeutet das, daß die agents zwar in den schwierigen Fragen der Bildung langfristiger Erwartungswerte richtig entscheiden, bloß bei zwei einfacheren Entscheidungen jedoch laufend irren und daraus auch keine Konsequenzen bezüglich der Änderung ihres Entscheidungsverfahrens ziehen (siehe dazu die folgenden Fußnoten 12 und 13).

bestimmt die Produktion als Funktion der unerwarteten Preissteigerung $(p_t - E_{t-1} p_t)$, einer Anpassungsverzögerung und einem stochastischen (Angebots-) Störglied u_t. Die aggregierte Nachfrage

(2) $$y^d_t = b_0 + b_1[i_t - E_{t-1}(p_{t+1} - p_t)] + v_{1t}$$

hängt vom erwarteten Realzinssatz[10] und einem weiteren stochastischen Störglied ab. Die Nachfrage nach Realkasse

(3) $$m_t - p_t = c_0 + c_1y_t + c_2i_t + v_{2t}$$

ist eine Funktion von Einkommen, Nominalzinssatz und einem weiteren stochastischen (Nachfrage-)Störglied v_{2t}. Die Geldangebotsfunktion schließlich bestimmt den Logarithmus der Geldmenge

(4) $$m_t = m_0 + e_t$$

als konstantes Wachstum mit stochastischen Störungen e_t. Die Preiserwartungen werden gemäß der Hypothese der strengen Rationalität endogen durch die Lösung des Modells gewonnen, da die agents annahmegemäß die Größen erwarten, die die richtige Lösung des wahren Modells sind.

Zur Lösung des Modells wird der Zinssatz aus (3) errechnet und in (2) eingesetzt. Man erhält dadurch für die Nachfrage

(5) $$\begin{aligned} y^d_t = {} & (b_0c_2 - b_1c_0) / (b_1c_1 + c_2) + \\ & + [b_1/(b_1c_1 + c_2)] (m_t - p_t) - \\ & - [b_1c_2/(b_1c_1 + c_2)] E_{t-1} (p_{t+1} - p_t) + \\ & + (c_2v_{1t} - b_1v_{2t}) / (b_1c_1 + c_2). \end{aligned}$$

Setzt man, um die Märkte zu räumen

(6) $$y^s_t = y^d_t,$$

erhält man für das den Logarithmus des Preisniveaus, also die Inflationsrate:

(7) $$p_t = z_1 + z_2m_0 + z_3E_{t-1}p_t - z_4E_{t-1}(p_{t+1} - p_t) - z_5y_{t-1} + z_6.$$

Dabei ist zu beachten, daß die Koeffizienten z_1 bis z_5 Kombinationen der nichtstochastischen Koeffizienten der Gleichungen (1) bis (3) darstellen; z_6 hingegen enthält zusätzlich die stochastischen Glieder u_t, v_{2t} und e_t:

$$z_1 = (b_1 - a_0b_1c_1 + a_0c_2) / (a_1b_1c_1 + a_1c_2 - b_0c_2 - b_1c_0)$$
$$z_2 = b_1 / (a_1b_1c_1 + a_1c_2 - b_0c_2 - b_1c_0)$$
$$z_3 = b_1c_3 / (a_1b_1c_1 + a_1c_2 - b_0c_2 - b_1c_0)$$

---

[10] Nominalzins i minus der in der Vorperiode erwarteten Inflationsratenänderung $E_{t-1} (p_{t+1} - p_t)$, da die Information für die laufende Periode zwangsläufig fehlt.

$z_4 = a_1 (b_1c_1 + c_2) / (a_1b_1c_1 + a_1c_2 - b_0c_2 - b_1c_0)$
$z_5 = a_2 (b_1c_1 + c_2) / (a_1b_1c_1 + a_1c_2 - b_0c_2 - b_1c_0)$
$z_6 = [(c_2 - b_1c_1 - c_2) u_t - bv_{2t} - (b_1c_1 + c_2)e_t] / (a_1b_1c_1 + a_1c_2 - b_0c_2 - b_1c_o)$

Die Preiserwartungen ($E_{t-1}p_t$) unterscheiden sich von der tatsächlichen Preisentwicklung bloß durch die gewichteten stochastischen Komponenten:

(8) $p_t - E_{t-1}p_t = z_6$.

Die Wachstumsrate (Logarithmus) des Einkommens bzw. der Produktion erhält man durch Einsetzen von (8) in (1):

(11) $y_t = a_0 + a_2y_{t-1} + a_1z_6 + u_t$.

Charakteristisch für die Lösung aller Modelle dieses Typs ist, daß die Abweichungen des Output von seinem Natürlichen Wert a_0, abgesehen von der Anpassungsverzögerung (a_2), bloß von stochastischen Größen abhängen ($a_1z_6 + u_t$), und daß auch die unerwartete Preisänderung (p_t-$E_{t-1}p_t$) von den stochastischen Schocks z_6 bestimmt wird, die auch die unerwartete Geldmengenänderung e_t enthalten; die Inflationsrate hingegen wird von der Geldmengenänderung m_0, den erwarteten Preisänderungen und den Schocks (z_6) bestimmt. Aus dieser Erkenntnis ergeben sich zwei wichtige Konsequenzen:

* Erstens, daß das *Outputniveau nicht durch erwartete Änderungen der Geldmenge* beeinflußt werden kann. Erkannte bzw. erwartete Änderungen der Geldmenge lassen die agents ein bestimmtes, geändertes Preisniveau erwarten und führen zu einer sofortigen Anpassung der Preise und Löhne, bei unverändertem Output.
* Zweitens: Werden *Änderungen der Geldmenge* von den agents infolge einer der vorne erwähnten Konfusionen *nicht als solche erkannt*, kommt es zu einer *temporären* Veränderung von Angebot und Nachfrage in derselben Richtung.

Die Hypothese, daß bloß *unerwartete* Änderungen der Geldmenge die realen Größen beeinflussen können, wird als Politikineffektivitäts-Hypothese (Sargent/ Wallace 1975) bezeichnet. Diese Hypothese setzt außer den vorne erwähnten Annahmen überdies das *Fehlen jedes Informationsvorsprungs der Geldpolitik* voraus; diese Annahme ist jedoch insoweit (aus dem Modell heraus) selbstverständlich, als auch die nicht in der Wirtschaftspolitik tätigen agents *voll* informiert sind, und eine mehr als volle Information natürlich nicht möglich ist. Die Geldpolitik ist unter diesen Bedingungen unwirksam,[11] weil bloß unsystematische Änderungen der Geldmenge die realen Größen beeinflussen können und unsystematische Änderungen natürlich nicht als Geld*politik* bezeichnet werden können. Allerdings muß schon jetzt festgehalten werden, daß der Ausdruck Politikineffekti-

---

[11] Sie ist darüberhinaus sogar schädlich, weil sie das Preisniveau erhöht.

vitäts-Hypothese eine Übertreibung darstellt. Selbst in diesem Modell bleiben einerseits bloß systematische Änderungen der *Geld*politik unwirksam, nicht jedoch systematische Maßnahmen der Steuer- und Fiskalpolitik, die zu einer Änderung des Angebots führen können (Buiter 1980, 39 f); andererseits bezieht sich die Ineffektivität natürlich allein auf die realen Größen, nicht jedoch auf das Preisniveau, ein Aggregat, das die Wirtschaftspolitik sehr wohl und sehr oft beeinflussen möchte.

Doch nicht allein der Ausdruck Politikineffektivitäts-Hypothese ist irreführend, auch der Ausdruck „Konjunkturtheorie der NCM". Denn: Konjunkturschwankungen können in dem Modell der Neuen Klassischen Makroökonomie überhaupt nur entstehen, wenn erstens die erwähnten Informationsmängel zu temporären - weil falschen - Reaktionen der agents führen, also die strengen Annahmen des Modells nicht gelten. Zweitens gibt es das sogenannte persistence-Problem, daß nämlich selbst diese Informationsmängel bloß zu kurzen einperiodigen Abweichungen vom Gleichgewicht führen, nicht jedoch zu länger anhaltenden Auf- oder Abschwüngen (Hall 1975; Modigliani 1977). Es muß daher zusätzlich ein, wiederum nicht in das strenge Modell passender, ad-hoc spezifizierter Fortpflanzungsprozeß (propagation) eingeführt werden, in dem Bestandsanpassungsprozesse, Anpassungskosten, Suchprozesse oder feste Verträge den aus den Fehlinformationen resultierenden Anstoß in eine längerfristige Bewegung umwandeln.[12]

Ein zweite Kritik, die an den Modellen der NCM wie an den monetaristischen Modellen aus politischer Sicht geäußert werden muß, betrifft die Hypothese der *Verursachung der Konjunkturschwankungen durch Irrtümer, ausgelöst durch monetäre Instabilität* (Lucas 1981, 16); diese Hypothese beruht keineswegs auf intensiver Forschung, sondern auf oberflächlichen Annahmen. Schon vom statistischen Informationsstand her ist es höchst unwahrscheinlich, daß gerade „monetary misperceptions" so groß und so entscheidend sind, daß sie die überwiegende Ursache der Konjunkturschwankungen darstellen (McCallum 1988); die monetäre Statistik ist gut ausgebaut, wird in häufigen Abständen und mit geringer Verzögerung bekanntgegeben.[13] Selbst halbrationale Wirtschaftssubjekte müßten

---

[12] Das nimmt der Konjunkturtheorie der NCM einiges von ihrer Originalität, da diese Prozesse der traditionellen Konjunkturtheorie sehr wohl vertraut sind. Der Beitrag des neuen Modells beschränkt sich insoweit auf die genauere Modellierung der Anstöße (Impulse) und die zum Teil exaktere Formulierung des Anpassungsprozesses. Die Annahmen über Fehleinschätzung der Information und Fortpflanzungsprozeß bleiben jedoch ohne genauere theoretische Ableitung („ad hoc"); zum Teil sind sie sogar noch unplausibler als frühere Annahmen, etwa wenn agents immer wieder auf eine der beiden vorne erwähnten Konfusionen hereinfallen, ohne je zu lernen, mit ihrer Angebotsausweitung eine Periode zu warten, bis die Informationslage Unterscheidungen erlaubt.

[13] Selbst wenn Abweichungen der Geldmengenzuwachsrate vom erwarteten Pfad sicherlich nicht die Ursache der Konjunkturschwankungen waren, dürften sie in der ersten Hälfte der achtziger Jahre die kurzfristigen Dispositionen insbesondere auf den Finanzmärkten sehr wohl beeinflußt haben. Die amerikanische Öffentlichkeit scheint dazu zu tendieren, vermuteten Zwischenzielen der Wirtschaftspolitik besondere Beachtung zu schenken. Früher war das der Zinssatz, dann die Geldmenge, dann die Handelsbilanz und zuletzt das Defizit des Bundesbudgets.

aus ihren laufend wiederholten, stets gleichen Irrtümern nach und nach den Schluß ziehen, ihre Entscheidungen doch vielleicht ein oder zwei Perioden (d.h. Monate weil die Geldstatistik monatlich veröffentlicht wird) aufzuschieben, bis geklärt ist, ob es sich bei den „Schocks" um systematische oder um Zufallsentwicklungen handelt. Gleichermaßen versucht die Geldpolitik seit Jahrzehnten, durch systematische Maßnahmen reale Effekte zu erzielen, obwohl jedes theoriegemäße Rationale Wirtschaftssubjekt außerhalb der Mauern der Zentralbank weiß, daß das nicht gelingen kann. Demgemäß müssen die Leiter der Währungsbehörden „schizophren sein, außerhalb ihres Berufs gehören auch sie zum Privaten Sektor und haben als Marktteilnehmer gemäß Modellhypothesen rationale Erwartungen zu bilden" (Schelbert 1984, 26), und der private Sektor muß zumindest in dem weiteren Punkt irrational sein, daß er trotz der Kenntnis der unsinnigen und wohlfahrtsmindernden Reaktionsfunktion der Währungsbehörden keine bessere Besetzung der Notenbankleitung durchsetzt.

Drittens lassen auch neuere Untersuchungen über die Ursachen der Konjunkturschwankungen an dieser Hypothese erhebliche Zweifel aufkommen: Eckstein/Sinai (1986) konnten ein Drittel der Konjunkturbewegungen der Nachkriegszeit auf die Ölschocks und monetäre Ursachen, ein weiteres Drittel auf verschiedene kleinere Angebots- und Nachfrageschocks zurückführen, ein Drittel blieb ungeklärt. Blanchard/Watson (1986) fanden eine etwa gleich große Bedeutung von Angebots-, Fiskal- und monetären Schocks einerseits sowie von kleinen und großen Schocks andererseits; im Durchschnitt wurde jede Nachkriegsrezession von zwei bis drei Schocks verursacht. Wenn jedoch Konjunkturschwankungen nicht (allein) durch falsche Geldpolitik, sondern durch sehr unterschiedliche Ursachen ausgelöst werden, wird sowohl der Prozeß der Erwartungsbildung als auch die Annahme über die jederzeitige Räumung aller Märkte genau überdacht werden müssen.

Schließlich sei viertens noch erwähnt, daß ökonometrische Tests eher gegen als für die Politikineffektivitäts-Hypothese sprechen; diese Frage wird in Abschnitt 15.2 weiter behandelt. Demgemäß folgert Buiter (1989, 5): „the emergence of the New Classical alternative (to Neo-Keynesian models), however, is surprising as the intellectual structure of the new NCM is a house of cards more deficient and vulnerable than the Neo-Keynesian paradigm that preceeded it...".

Die gravierenden Einwände gegen die „monetary misperceptions" als zentralem Auslöser der Konjunkturschwankungen ließen einen zweiten Ansatz der Gleichgewichtstheorie an Bedeutung gewinnen, die *Reale Konjunkturtheorie* (Real Business Cycles: RBC).[14] In diesem Ansatz werden Konjunkturschwankungen durch reale Schocks auf die Angebotsfunktion ausgelöst. Diese - in der Literatur

---

[14] Einen weiteren Anstoß zur Entwicklung der RBC-Theorie gab die Vermutung, der Zeitpfad wichtiger ökonomischer Zeitreihen wäre ein random walk with drift; das bedeutet, daß Schocks den Trend ändern, was angeblich auf Angebotsschocks schließen lasse. Dagegen gibt es verschiedene Einwände (siehe Tichy 1994, 36, 185 f), nicht zuletzt die Korrelation zwischen der Tiefe der Rezession und der Stärke des Aufschwungs (Perry/Schultze 1993).

stets positiven - Schocks erhöhen Produktion, Produktivität und Löhne und führen zu einem höheren Angebot an Produktionsfaktoren (höhere Erwerbsquote, längere Arbeitszeit, zusätzliche Investitionen). Persistenzprobleme überwindet dieses Modell durch die Modellierung des Schocks (T) als Markov-Prozeß[15] und durch eine mehrperiodige Dauer der Investitionsdurchführung,[16] die zunächst zu einer kräftigen Expansion führen. Diese bildet sich zurück, wenn sich der Schock abbaut, die Investitionen abgeschlossen sind und die Wirtschaftssubjekte ihre Arbeitszeit (auch bei anhaltend höherem Lohn) wieder reduzieren.[17] Die Problematik dieser Form der Gleichgewichtskonjunkturtheorie liegt darin,

* daß die Angebotsschocks grundsätzlich nicht direkt beobachtet werden können; nur aus der Entwicklung der Zeitreihen kann auf sie zurückgeschlossen werden;[18]
* ein „Test“ daher bloß dadurch möglich ist, daß in die Modelle „plausible“ Zahlenwerte eingesetzt werden (Kalibrierung) und dann untersucht wird, wieweit die Lösung bestimmte stilisierte Fakten der Konjunktur wiedergeben kann,
* sowie unklar ist, welcher Art die Schocks sind, woher sie stammen, und daß sie sehr stark sein müßten, um die beobachteten Konjunkturschwankungen erklären zu können;
* daß die RBC-Theorie keineswegs alle der üblichen stilisierten Fakten erklären kann;
* und daß eine genügend hohe Substitution zwischen Arbeit und Freizeit nicht beobachtet werden konnte.

Eine umfassende Kritik an der Neuen Klassischen Makroökonomie ist in dem hier gegebenen Rahmen nicht möglich und auch nicht nötig:[19] Auf zwei für die Stabilisierungspolitik besonders wichtige Aspekte aber muß hingewiesen werden: Unter den spezifischen Annahmen des Modells der NCM ist *Nachfragesteuerung* zwar tatsächlich ohne Einfluß auf die realen Größen, sie ist aber auch *völlig unnötig*. Die Annahmen des Modells sichern Vollbeschäftigung (im Sinn der Natürlichen

---

15 $T_{t+1} = aT_t + u_{t+1}$, $u_t = N(0, \sigma^2_u)$.

16 Demgemäß lautet der Titel des Artikels, in dem das erste derartige Modell vorgestellt wurde: „Time to build and aggregate fluctuations“ (Kydland/Prescott 1982).

17 Das Modell beruht wie alle Modelle der Gleichgewichtskonjunkturtheorie auf der Lucas-Rapping (1969)-Angebotsfunktion, derzufolge der repräsentative agent als Arbeitsanbieter auf *temporäre* Reallohnerhöhungen sehr heftig reagiert, wogegen *permanente* Änderungen zu keiner Arbeitszeit/Freizeit-Substitution führen.

18 Costello (1993) fand eher länderspezifische als branchenspezifische Schocks auf die traditionell gemessene Produktivität, was eher mit Nachfrageschocks konsistent ist. Eine Untersuchung der Schocks auf die totale Faktorproduktivität der G7-Staaten durch Evans/Santos (1993) läßt vermuten, daß diese nicht exogen sind, sondern durch Nachfrageschocks ausgelöst werden: Im Sinne von Granger-Kausalität sind sie entweder durch US-Geldpolitik-Schocks (gemessen an Federal Funds Rate oder nonborrowed resources, nicht bei Messung an Geldmengenaggretaten) oder durch heimische Geldpolitik verursacht.

19 Siehe dazu etwa Hargreaves Heap 1992.

Arbeitslosenquote) und eine sehr rasche Anpassung an das Gleichgewicht nach Störungen. Nachfragesteuerung kann weder mehr als (volle) Vollbeschäftigung noch raschere Anpassung bewirken; sie ist daher in jeder Weise überflüssig.

Konjunkturschwankungen sind in diesem Modell die optimale Anpassung „rationaler" agents an Technologieschocks; Stabilisierungspolitik ist daher nicht erforderlich, sie kann die Anpassung nicht verbessern. Ganz im Gegenteil wäre zu überlegen, ob unter Umständen nicht sogar Maßnahmen der Wirtschaftspolitik zur Erreichung der gegenteiligen Effekte nötig wären, nämlich zu einer Verlangsamung der Anpassungsprozesse, dort wo diese zu rasch erfolgen und mit Härten für die Betroffenen verbunden sind (erzwungene Mobilität, Entwertung von Fähigkeiten, Verödung von Regionen usw.). Da das Modell der NCM jedoch keine Struktur hat, kann es diese Fragen auch nicht behandeln. Für Fragen der Stabilisierungspolitik sind die Modelle der Neuen Klassischen Makroökonomie als solche jedoch demgemäß nutzlos, weil Nachfragesteuerung in ihnen weder möglich noch nötig ist; sie werden erst dann relevant, wenn untersucht wird, wie weit Anpassungsprozesse in der Realität vom Modell abweichen und warum; in der Untersuchung der Abweichungen des Modells von der Realität liegt auch der Beitrag dieser Modelle für die Wirtschaftspolitik. Fortschritte auf diesem Gebiet setzen allerdings noch erhebliche Forschungsanstrengungen voraus.

Der zweite für die Stabilisierungspolitik wichtige Aspekt dieser Modelle ist die Eindeutigkeit der Rationalen Erwartungen, aus der zwangsläufig ein einziges Gleichgewicht restultiert. Geht man - realistischerweise - von mehreren Erwartungsgleichgewichten mit unterschiedlichen Erreichungsgraden der Ziele des magischen Fünfecks aus, eröffnen sich sogleich nicht bloß Möglichkeiten „aktivistischen" wirtschaftspolitischen Handelns, sondern auch ein echter Bedarf danach.

Es bleibt die Frage, die in Kapitel 15 noch vertieft werden wird, was wir aus den Anregungen der Neuen Klassischen Makroökonomie für die Stabilisierungspolitik gelernt haben oder noch lernen können: Zunächst einmal ist die Beweislast verschoben worden: Es kann nicht mehr als selbstverständlich gelten, daß Maßnahmen der Wirtschaftspolitik in der beabsichtigten Art und Stärke wirken; das ist beweisbedürftig geworden. Weiters haben wir gelernt, daß die Wirtschaftssubjekte nicht mechanisch-gleichartig auf Änderungen der Wirtschaftspolitik reagieren, sondern die Maßnahmen der Wirtschaftspolitik analysieren, auf ihre Plausibilität und Glaubwürdigkeit prüfen und dann so handeln, wie es ihrem Vorteil entspricht. Schließlich, daß wirtschaftspolitische Maßnahmen stärker noch als das unmittelbare Verhalten der Wirtschaftssubjekte deren Erwartungen beeinflussen und daß - vor allem scharfe - Maßnahmen der Wirtschaftspolitik Brüche in den Verhaltensweisen auslösen können; allerdings dürften diese Brüche von den Vertretern der NCM als häufiger und stärker eingeschätzt werden (Lucas 1976), als daß das tatsächlich der Fall ist.

Alle diese Elemente waren zwar grundsätzlich auch schon vorher bekannt, wurden aber in den Lehrbüchern und zuweilen auch in der angewandten Wirtschaftspolitik übersehen oder jedenfalls nicht genügend berücksichtigt. Die Hinweise der

Neuen Klassischen Makroökonomie legen nahe, der Verstetigung der Maßnahmen der Wirtschaftspolitik und der institutionellen Absicherung bestimmter Ziele oder Zwischenziele (Unabhängigkeit der Zentralbank, Verhinderung extrem hoher Staatsverschuldung) mehr Gewicht beizumessen als bisher. Indirekt zeigen die Modelle der NCM auch, daß die Rückwirkungen nachfragesteuernder Maßnahmen auf das Angebot (etwa über Preiserwartungen) nicht vernachlässigt und bei der Modellierung der Wirkungen wirtschaftspolitischer Maßnahmen längerfristige Anpassungsprozesse nicht übersehen werden dürfen (Bestands- statt Stromgleichgewicht, Vermögenseffekte, usw.).

14.3 Angebotsökonomie (supply-side economics)

Die supply-side-Schule dominierte, jedenfalls in der Form, in der sie einer breiteren Öffentlichkeit bekannt wurde, die wirtschaftspolitische Diskussion der USA in den frühen achtziger Jahren, zu Beginn der Ära Reagan. Ihr wirtschaftspolitisches Credo bestand darin, durch eine erhebliche Senkung der Steuern die Wirtschaft so sehr anzuregen, daß in der Folge die Steuereinnahmen steigen und das Budgetdefizit reduziert wird. Eine etwas differenziertere Betrachtung sollte jedoch zwei Wurzeln und zwei Schulen unterscheiden: Die erste, theoriegeleitete Wurzel der supply-side economics ist die *klassische Tradition*, die stets das Angebot stärker betont hatte als die Nachfrage, da sich das Angebot seine Nachfrage selbst schaffe (Saysches Gesetz). Zumindest in der Form, daß das Angebot eine entscheidende Größe ist, wurde diese Denktradition in Untersuchungen über den Einfluß der Steuerbelastung, der Sozialversicherung oder der relativen Preise auf das Angebot von Produktionsfaktoren stets weitergeführt (siehe dazu z. B. Boskin 1978; Feldstein 1973; 1974). Ideologisch wurde diese Position in den Unternehmerparteien Europas stets vertreten und sie spielte in der Wirtschaftspolitik, insbesondere in der Steuer- und Investitionspolitik, etwa unter Erhard in der Bundesrepublik Deutschland oder unter Kamitz in Österreich, eine erhebliche Rolle. Dieselbe - in Europa liberale - Tradition betonte stets auch die Rolle des freien Unternehmertums und entsprechender staatsfreier Räume (innerhalb eines festen ordnungspolitischen, insbesondere wettbewerbspolitischen Rahmens)[20] für eine günstige Entwicklung von Wirtschaft und Beschäftigung.

Die zweite Wurzel der Angebotsökonomie ist in der Hinwendung zu prononciert *konservativen Ideologien* und in der *Staatsverdrossenheit* der späten siebzi-

---

[20] Auch in diesem Punkt überschätzt jedoch die Angebotsökonomie die selbstregulierenden Kräfte des deregulierten Marktes: „To the question of how many companies an industry needs in order to be competitive, economist Arthur Laffer answers: one. It will compete against the threat of future rivals ... In this sense monopolies are good. The more dynamic and inventive an economy, the more monopolies it will engender“ (Gilder 1981). Eucken etwa hatte diesbezüglich - zu Recht - ganz andere Vorstellungen.

ger Jahre zu suchen,[21] eine Bewegung, die zweifellos durch die geringe Beachtung gefördert wurde, die Lehrbücher, populäre Analysen und selbst die großen ökonometrischen Modelle der sechziger Jahre der Angebotsseite widmeten. Die aus dieser Wurzel sprießende Schule betonte die anregende Wirkung von Steuersenkungen so sehr, daß sie eine daraus resultierende Verringerung der Budgetdefizite versprach. Der ideologische Führer dieser Schule ist G. Gilder (1981), ihre Leitfigur ist A. B. Laffer, dessen „Laffer-curve" den zentralen Tatbestand popularisierte: daß jede Steuer zunächst bei steigenden Sätzen höhere Erträge, ab einem Maximalpunkt jedoch abnehmende Erträge bringt.[22] Natürlich ist dieser Zusammenhang spätestens seit dem 18. Jahrhundert bekannt;[23] Laffers Beitrag konnte daher bloß darin bestehen, zu behaupten, daß sich die amerikanische Wirtschaft bereits am rechten absteigenden Ast der „Laffer-Kurve" befinde. Doch selbst dieser Gedanke wurde bereits zehn Jahre zuvor von Mundell geäußert (Reynolds 1984, 16). Der Schule kann es somit nicht um neue theoretische Ideen gehen, sondern um die Größenordnung von Effekten, die auch vorher schon bekannt waren; überzeugende empirische Beweise für die Richtigkeit der von ihr postulierten Größenordnungen konnte diese Schule der supply-side economics allerdings nicht vorlegen.[24]

Relevant an den supply-side economics ist das Augenmerk, das sie auf das Angebot an Produktionsfaktoren, den Kapitalstock und die Arbeitsbereitschaft lenken, insbesondere auf die Bedeutung von Steuern und Sozialabgaben für Investieren, Sparen, Erwerbsquote und Arbeitszeit. Sie wenden sich zurecht dagegen, die Staatsausgaben bloß als Nachfragekomponente und nicht auch ihre Finanzierung als Kostenelement zu betrachten, Steuern bloß als Verringerung des disponiblen Einkommens und nicht auch als Leistungshemmnis oder Investitionen bloß als Funktion der Kapazitätsauslastung, nicht auch der Gewinnerwartungen. Demgemäß betonen die supply-side economics auch die Verbesserung der Angebotsbedingungen durch deregulation, die Beseitigung hemmender administrativer Vorschriften (Okun 1986). Während es für die Förderung des Angebots durch Steuersenkungen und Investitionsförderung sehr wohl europäische (Erhard, Kamitz) als auch frühere amerikanische Beispiele (Kennedy, Johnson) gibt, sind die Vorschläge der deregulation ein Versuch, einen bisher dominierenden Trend umzukehren. In diesem Punkt richten die Vertreter der Angebotsökonomie ihre Aufmerksamkeit tatsächlich auf einen zu Unrecht vernachlässigten Aspekt theoretischer Überlegungen und wirtschaftspolitischer Aktivität. Allerdings sind die supply-side-Ökonomen auch auf diesem Gebiet ideologisch-einäugig: Sie sehen Angebotsstörungen bloß dort, wo sie aus Regulierung stammen, nicht dort, wo sie durch ungenügendes Funktionieren des Marktes bedingt sind, also etwa im Be-

---

21 Manche dieser Konzepte zielten allerdings primär auf eine Verringerung der Umverteilung und benutzen angebotstheoretische Argumente bloß als Vorwand.

22 Eine Einkommenssteuer von 100 % würde (theoretisch) jede Leistungsbereitschaft zum Verschwinden bringen und insofern ertraglos bleiben.

23 Blinder (1981, 83) zitiert Burke 1774 und Dupuit 1844.

24 Siehe dazu die Diskussion in Meyer 1981.

reich der Strukturprobleme (Tichy 1986b, 74ff). Das Auftreten der supply-side economics als neue Heilslehre bedeutet jedoch, daß Hoffnungen erweckt werden, die nicht eingelöst werden können. So lohnend die Förderung der wirtschaftlichen Aktivität durch Abbau von Hemmnissen sein mag, so wenig kann sie mittel- oder gar kurzfristig die Inflationsrate nennenswert senken oder die Beschäftigung nennenswert erhöhen. Auch sollte nicht übersehen werden, daß Steuersenkungen und Deregulierungen, die ausschließlich die Angebotswirkungen im Auge haben, unangenehme Verteilungs-, Wettbewerbs- und Umweltfolgen haben können. Ausgewogene Deregulierungs-Konzepte sind allerdings nicht leicht zu entwerfen und noch schwerer politisch durchzusetzen.

14.4 Neue Keynesianische Makroökonomik (NKM)

So wie die Neue Klassische Makroökonomie (NCM) das neoklassische Modell weiterentwickelte, nahmen sich die Neue Keynesianische Makroökonomik (NKM) und der Post-Keynesianismus des keynesianischen Modells an. Für beide Schulen ist Keynes nicht nur der Namenspatron, beide agieren auch im keynesianischen Geist, wenn auch im Geist eines jeweils anderen Keynes: Hinter der NKM, die an das Modell der Neoklassischen Synthese anknüpft, steht der „klassische" Keynes, der Hicks' IS/LM-Interpretation seiner General Theory durchaus zustimmte (Keynes 1973, 79ff). Hinter dem Post-Keynesianismus, der an die fundamentalistische Keynes/Kalecki-Tradition von J. Robinson, R. Kahn und N. Kaldor anschließt, steht der unsicherheitstheoretische Keynes, der ein Jahr nach seiner Zustimmung zu Hicks' Interpretation eine radikalere Version publizierte (Keynes 1937), die sich IS/LM-mäßig nicht mehr interpretieren läßt. Die Modelle beider Schulen, der NKM wie des Postkeynesianismus, sind dem Modell der NCM formal-konzeptionell unterlegen, vor allem letzteres ist als solches formal und empirisch derzeit gar nicht implementierbar; beide zeigen aber wichtige Mechanismen auf, die die Modelle der NCM vernachlässigen, und zwar gerade solche, die für die wirtschaftliche Entwicklung und für die Stabilisierungspolitik außerordentlich bedeutsam sind. „Keynesian economics is fundamentally about the macroeconomic externalities of individual decisions and the coordination failures inherent in a free market economy" (Gordon 1990, 117).
Die Neue Keynesianische Makroökonomik hat sich in zwei charakteristischen Schüben entwickelt, die grob mit der zweiten Hälfte der sechziger und den siebziger Jahren einerseits, den achtziger Jahren andererseits abgegrenzt werden können. Der erste Schub von Arbeiten, der hier als NKM I bezeichnet werden soll, konzentrierte sich auf sogenannte Ungleichgewichtsmodelle, in denen Transaktionen zu nicht-markträumenden Preisen stattfinden; aus diesen nominellen Preisrigiditäten entsteht „Keynesianische" Arbeitslosigkeit und damit Aufgaben für die Stabilisierungspolitik. Der zweite Schub, NKM II seit Beginn der achtziger Jahre,

konzentrierte sich auf die Frage, wieso nominelle Schocks reale Folgen haben können, also auf eine mit mikrotheoretischen Überlegungen kompatible Begründung[25] der Preis- und Lohnrigiditäten, und geht dabei von einem Modell des unvollständigen Wettbewerbs aus.[26]

14.4.1 Neue Keynesianische Makroökonomik I

Die *Neue Keynesianische Makroökonomik (NKM I),* deren Entwicklung durch die Namen Clower, Barro/Grossman und Malinvaud charakterisiert ist, wird gerne als Ungleichgewichtstheorie bezeichnet; tatsächlich hat sie mit *echten* Ungleichgewichten so wenig zu tun wie mit *echter* Unsicherheit. Besser kennzeichnet ihren Charakter die Bezeichnung: Temporäre Gleichgewichte mit Mengenrationierung. Mengenrationierung bedeutet, daß auf den Güter-, Arbeits- und Geldmärkten zu den jeweils herrschenden Preisen tatsächlich mehr angeboten oder nachgefragt würde, gäbe es nicht gewisse Beschränkungen. Diese Beschränkungen resultieren daraus, daß sich Preise und Löhne nicht rasch genug anpassen, um die Märkte zu räumen; die Mengendiskrepanzen können geraume Zeit bestehen bleiben, und während dieser Zeit werden Transaktionen zu Nicht-Gleichgewichtspreisen durchgeführt („trading at false prices"). Dennoch bestehen temporäre Gleichgewichte in dem Sinn, daß die Handlungen der Wirtschaftssubjekte miteinander konsistent sind. Besondere Bedeutung erhalten dabei die spill-over-Prozesse von einem rationierten Markt auf die anderen. Sind die Haushalte etwa auf dem Arbeitsmarkt dadurch rationiert, daß nicht die gesamte zum herrschenden Lohn angebotene Arbeit nachgefragt wird, müssen sie ihre Transaktionswünsche auch auf anderen Märkten anpassen: Ihre Nachfrage sinkt, und die Unternehmer werden als Folge davon am Gütermarkt rationiert; sie können nicht mehr die gesamte Produktion absetzen. Durch spill-over-Prozesse können die Ungleichgewichte einander aufschaukeln.

Verglichen zum Modell der Neoklassischen Synthese besteht das Anliegen der NKM I darin, eine mikroökonomisch-entscheidungslogische Fundierung auf der

---

25 Dieser komplexe Ausdruck wurde dem gängigen der „Mikrofundierung" bewußt vorgezogen; abgesehen davon, daß eine vollständige Mikrofundierung schon wegen der Aggregationsproblematik nie möglich sein wird, nimmt der Begriff Mikrofundierung eine logische Priorität der mikroökonomischen Postulate an. „While I am very sympathetic to the quest for microfoundations, the merits of the case are by no means self-evident. In physics, the behaviour of gaseous clouds is not approached via the aggregation of the behaviour of individual gas molecules. Mob behaviour is not in any obvious way expressible as the aggregation of the behaviour of individual yobbos." (Buiter 1989a, 5). Es bedarf einer Makrofundierung der Mikroökonomie ebenso wie einer Mikrofundierung der Makroökonomie: „In fact, I do not believe that microeconomics can be sensibly undertaken without macrofoundations" (Hargreaves Heap 1992, xi).

26 Wie auch in den anderen Abschnitten können hier bloß die für die Stabilisierungspolitik zentralen Aspekte behandelt werden. Für eine breitere Darstellung sei vor allem auf Rothschild (1981), Gordon (1990) und Blanchard/Fischer (1989, Kapitel 8 und 9) verwiesen.

Basis des traditionellen Rationalverhaltens zu bieten sowie die Konsistenz der zugrundeliegenden Hypothesen sicherzustellen; verglichen zur NCM geht es um die Berücksichtigung von Angebotsrestriktionen und um die Konzentration auf den Anpassungsprozeß, der durch die verzögerte Reaktion der Preise große Bedeutung erlangt. Da nämlich Preise und Löhne bloß langsam reagieren und Änderungen exogener Einflüsse („Schocks“) relativ häufig auftreten, befindet sich das System nie in einem Gleichgewicht, sondern stets in einem Anpassungsprozeß, der immer wieder gestört wird, bevor er noch sein Ziel erreicht hat. Weiters wendet sich die NKM I gegen die Ansicht, daß es stets bloß ein einziges Gleichgewicht geben könne (Hahn 1980a, 15), ein Punkt, der für die stabilisierungspolitische Debatte außerordentlich wichtig ist.

Abbildung 14.4/1 stellt die Grundzüge eines Rationierungsmodells der NKM dar.[27] Im linken Diagramm ist der Arbeitsmarkt dargestellt. Arbeitskräfteangebot x^S und Arbeitskräftenachfrage x^D schneiden einander bei Lohn w^* und Beschäftigung x^* in Punkt A, in dem keine unfreiwillige Arbeitslosigkeit besteht. Bei x^S und x^D handelt es sich um notionale (unbeschränkte) Angebots- und Nachfragekurven, die bloß dann zustande kommen, wenn Anbieter und Nachfrager nicht rationiert sind. Demgemäß sind x^* und w^* Gleichgewichtswerte, die bloß bei Fehlen von Rationierung, somit bei Gleichgewicht auf dem Gütermarkt zustandekommen. Ist aber das Güterpreisniveau P^1 (im mittleren Teil der Abbildung) zu hoch, sodaß die effektive Güternachfrage kleiner ist als y^S, dann ist auch die effektive Nachfrage nach Arbeitskräften x^D kleiner als x^S. Ein starres Preisniveau am Gütermarkt führt somit zu unfreiwilliger Arbeitslosigkeit am Arbeitsmarkt im Ausmaß von AB. Selbst ein flexibler Reallohn könnte an dieser Situation nichts ändern: Zwischen w^D und w^C reagiert die Beschäftigung nicht auf Lohnänderungen, ein Beobachter würde auf mangelnde Lohnelastizität des Arbeitsmarkts schließen. Erst bei Löhnen unter w^C sinkt das Arbeitsangebot,[28] bei Löhnen über w^D sinkt die Nachfrage nach den nun teuer gewordenen Arbeitskräften. Zwischen w^D und w^C ist nicht der hohe Lohn, sondern die mangelnde Preisflexibilität des Gütermarkts Ursache der (unfreiwilligen) Arbeitslosigkeit.

Die mittlere Darstellung in Abbildung 14.4/1 zeigt den Gütermarkt.[29] Hier gilt es zu untersuchen, wie es zu der Rationierung der Nachfrage kommt. Mit steigendem Reallohn w sinkt das notionale Angebot an Gütern y^S, die notionale Nachfrage y^D steigt hingegen, weil mit steigendem Reallohn die Freizeit teurer wird (ihr Schattenpreis steigt) und die Haushalte mehr arbeiten (und auch mehr konsumieren). Jedem Preisniveau entspricht eine eigene notionale Nachfragekurve: Mit steigendem Preisniveau verschiebt sich das Nachfrageschema nach links, von

---

27 Die Darstellung folgt weitgehend Barro/Grossman (1971, 85 ff).

28 Die bisher unfreiwillig arbeitslosen Arbeitkräfte werden plötzlich freiwillig arbeitslos, weil sie zu Löhnen von w^C und darunter nicht bereit sind zu arbeiten.

29 Angebot und Nachfrage hängen in dieser Darstellung von den Real*löhnen* ab, sodaß die Kurven anders liegen als bei der üblicherweise dargestellten Abhängigkeit von den Preisen.

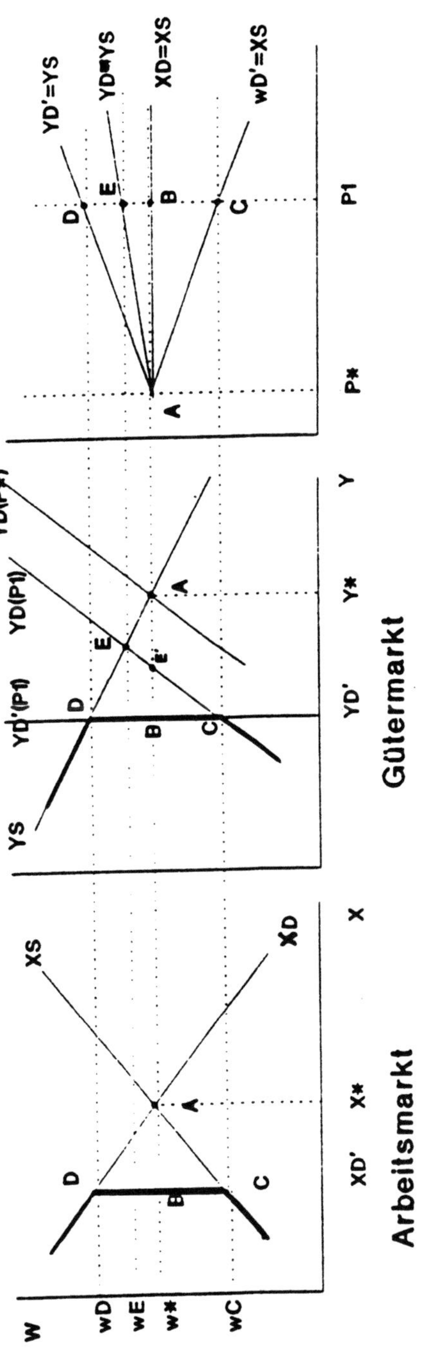

Abbildung 14.4/1: ***Ein einfaches Rationierungsmodell***

$y^D(P^*)$ auf $y^D(P^1)$, weil der Realwert der Kasse (des Vermögens) sinkt und demgemäß weniger konsumiert wird. Die Nachfragekurve $y^D(P^*)$ für den Gleichgewichtspreis P^* schneidet die Angebotskurve beim Gleichgewichtsreallohn w^* (Punkt A); die Nachfragekurve $y^D(P^1)$ für das höhere Preisniveau P^1 schneidet die Angebotskurve in Punkt E, in dem Gütermarktgleichgewicht besteht, wenn der Reallohn auf w^E steigt. Der Gleichgewichtslohn müßte steigen, weil infolge der sinkenden Nachfrage (Vermögenseffekt) die Produktion sinkt und die Grenzproduktivität steigt. Die Beschäftigung ist bei dem höheren Reallohn allerdings niedriger; die Arbeiter, die wegen der Rationierung am Arbeitsmarkt unfreiwillig arbeitslos sind, beschränken ihre Nachfrage nach Gütern. Zwischen w^D und w^C bleiben Lohnänderungen ohne Einfluß auf die Güternachfrage.

Die rechte Darstellung in Abbildung 14.4/1 zeigt das Zusammenspiel beider Märkte: A ist wiederum das allgemeine Gleichgewicht mit dem Reallohn w^* und dem Preisniveau P^*, in dem alle Pläne konsistent sind und keine Rationierung besteht. Die Punkte B, C, D und E sind Folge des hohen Preisniveaus P^1. B entspricht einem Arbeitsmarktgleichgewicht, da gleichermaßen steigende Preise und Nominallöhne, d.h. unveränderter Reallohn, den Arbeitsmarkt nicht beeinflussen; der durch die steigenden Preise ausgelöste Realkasseneffekt drückt jedoch die Nachfrage, sodaß die Unternehmer rationiert sind (Überschußangebot am Gütermarkt). E entspricht einem Gütermarktgleichgewicht: mit dem Preis müssen auch die Reallöhne steigen, um Angebot und Nachfrage gleichermaßen zu reduzieren; doch sind in E die Arbeitskräfte rationiert, weil bei dem hohen Reallohn mehr Arbeitskraft angeboten als nachgefragt wird (Überschußangebot am Arbeitsmarkt). C und D sind die Rationierungsgrenzen: In D ist der Reallohn so hoch, daß es für die Unternehmer nicht mehr rentabel ist, mehr zu produzieren, das notionale Überschußangebot am Gütermarkt verschwindet; in C ist der Reallohn so sehr gesunken, daß die Haushalte weniger Arbeitsleistungen anbieten, aus unfreiwillig Arbeitslosen werden bei Unterschreitung des Reallohns w^C freiwillig Arbeitslose.

Der Anpassungsprozeß nach einer exogenen Preiserhöhung verläuft zunächst von A nach E'. Der Nominallohn ist annahmegemäß mit den Preisen gestiegen, der Reallohn unverändert geblieben. Die Haushalte fragen in E' weniger nach, um ihren Kassabestand anzupassen, die Unternehmer produzieren zu viel und müssen Arbeitskräfte entlassen, die ihrerseits weniger nachfragen und die Unternehmer zu weiteren Entlassungen zwingen; am Arbeitsmarkt verschiebt sich die effektive Nachfrage von A nach B, am Gütermarkt von E' nach B. In B herrscht temporäres Gleichgewicht mit Mengenrationierung, die Handlungen der Wirtschaftssubjekte sind miteinander konsistent, die Situation kann lange anhalten.

Stabilisierungspolitisch relevant an dem Rationierungsmodell ist, daß Arbeitslosigkeit keineswegs aus überhöhten Reallöhnen entstehen muß; sie entsteht auch, wenn sich Nominallöhne und -preise nicht (rasch genug) an die nominelle Nachfrage anpassen. Nicht Lohnpolitik sondern Nachfragesteuerung ist in solchen Fällen somit die adäquate Politik.

Je nach den zugrundliegenden Verhaltensannahmen und Reaktionsmechanismen kann der Arbeitsmarkt oder der Gütermarkt, in weiterführenden Modellen auch der Kreditmarkt, rationiert sein. Beschränkt man sich - wie bisher - auf Arbeits- und Gütermarkt, werden die grundsätzlichen Möglichkeiten in Abbildung 14.4/2 dargestellt. W kennzeichnet das Walrasianische Gleichgewicht, bei dem beide Märkte geräumt sind. Der Kurvenzug WK, entlang dem der Gütermarkt geräumt ist, trennt klassische von keynesianischer Arbeitslosigkeit; bei klassischer (Hochlohn-)Arbeitslosigkeit ist der Reallohn zu hoch, und die Haushalte sind auf dem Arbeits- wie auf dem Gütermarkt beschränkt. Bei keynesianischer Arbeitslosigkeit sind die Preise (und z.T. auch die Löhne) zu hoch, die Haushalte sind auf dem Arbeitsmarkt, die Unternehmer auf dem Gütermarkt rationiert. Der Linienzug HW, entlang dem der Arbeitsmarkt geräumt ist, trennt die klassische Arbeitslosigkeit von der zurückgestauten Inflation, bei der Löhne und Preise zu niedrig sind, sodaß die Haushalte auf dem Gütermarkt und die Unternehmen auf dem Arbeitsmarkt rationiert sind. Das Segment zwischen WM und WL ist leer, da die Unternehmer auf Arbeits- und Gütermarkt rationiert wären; da jedoch bloß eine der Rationierungen greifen kann, fallen WL und WM zu WML zusammen.

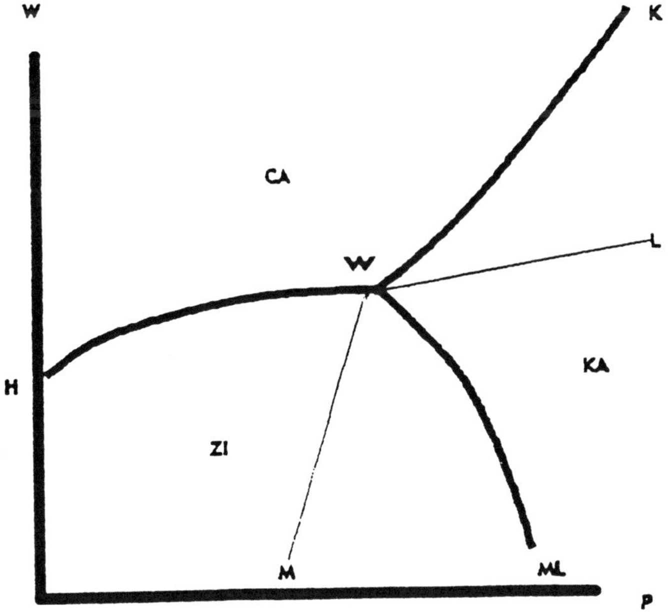

CA: Klassische Arbeitslosigkeit
KA: Keynesianische Arbeitslosigkeit
ZI: Zurückgestaute Inflation

Q: Malinvaud 1980

Abbildung 14.4/2: ***Unterschiedliche Formen temporärer Gleichgewichte***

Auf längere Sicht werden sich die Preise und Löhne unter dem Einfluß der Rationierung natürlich ändern, und es wird zu Bestandsanpassungsprozessen kommen. Malinvaud (1980) nimmt an, daß die Überschußnachfrage auf den jeweiligen Märkten zu Preis- bzw. Lohnsteigerungen führt und daß die Investitionen von Faktorpreisen, Arbeitsproduktivität und von den (adaptiven) Erwartungen über die Kapazitätsauslastung abhängen. Seine Annahmen sind jedoch mehr oder weniger ad hoc, und das Modell reagiert sensibel auf die genaue Spezifikation der Verhaltensgleichungen. Im allgemeinen zeigt sich eine Tendenz zu zyklischer Anpassung durch Regimewechsel, zu einer Persistenz des keynesianischen Regimes und zu einer Bewegung in Richtung Walras-Gleichgewicht bei rascher Preis- und Lohnanpassung.

Tabelle 14.4: ***Typologie der Ungleichgewichte***

		Gütermarkt	
		Angebotsüberschuß (Käufermarkt)	Nachfrageüberschuß (Verkäufermarkt)
Arbeitsmarkt	Angebotsüberschuß (Käufermarkt)	Keynesianische Arbeitslosigkeit R: HA, UG	Klassische Arbeitslosigkeit R: HA, HG
	Nachfrageüberschuß (Verkäufermarkt)	R: UA, UG	Zurückgestaute Inflation R: HG, UA

R Rationierung; H Haushalte; U Unternehmer; A Arbeitsmarkt; G Gütermarkt

Die Bedeutung des Ansatzes der NKM für die Stabilisierungspolitik liegt darin, daß er mangelnde Preisflexibilität, mangelnde Anpassung, Rationierungsphänomene und vor allem das Weiterwirken der Rationierung von einem Markt auf andere (spill-overs) zu erfassen sucht. Seine Mängel liegen darin, daß „realistische" Formulierungen des Modells rasch sehr komplex und nicht mehr handhabbar werden, daß der Begriff der Rationierung eher bildhaft als analytisch verwendet wird,[30] vor allem aber darin, daß es schwer fällt zu formulieren, was unter „temporär" zu verstehen ist, wann es also unter welchen Bedingungen zu einer Anpassung der Preise und Löhne kommt. Schließlich wird auch in diesen Modellen - wie in allen vorher besprochenen - echte Unsicherheit vernachlässigt, und Anpassungsprozesse der rationierten Wirtschaftssubjekte finden unendlich rasch statt (Kromphardt 1987, 174); für die Wirtschaftsubjekte gelten die gleichen Verhaltensannahmen wie im Klassischen Modell, wenn auch durch die Möglichkeit

[30] Bei Rationierung auf dem tatsächlich existierenden Arbeitsmarkt werden natürlich nicht - wie im Modell - alle Arbeitskräfte auf z.B. 90 % ihrer Arbeitsleistung beschränkt, sondern 10 % werden vollständig arbeitslos.

von Transaktionen zu nicht-markträumenden Preisen andere Verhaltensweisen der Wirtschaftssubjekte und des Systems möglich werden.

14.4.2 Neue Keynesianische Makroökonomik II

Zu Beginn der achtziger Jahre setzten intensive Bemühungen ein, plausible Begründungen für die zentrale Annahme langsam reagierender Preise und Löhne zu finden. Zwar ist diese Annahme aus empirischer Sicht[31] sicherlich realitätsnäher als die Annahme jederzeit vollständig geräumter Märkte, doch bietet sie gerechtfertigten Anlaß zur Lucas-Kritik: Wenn man nicht weiß, warum die Preise nicht genügend rasch reagieren, lassen sich Verhaltensänderungen nicht prognostizieren, weil man nicht weiß, wann die Preise rascher und wann sie langsamer reagieren. Jeder Versuch, diese Arbeiten hier zusammenzufassen, wäre wegen der Vielfalt unmöglich und wegen der raschen Weiterentwicklung auf diesem Gebiet auch nicht sinnvoll; es können bloß die wichtigsten Punkte skizziert werden.

Ganz grundsätzlich ist zwischen Reallohn- und Nominallohnrigiditäten einerseits und realen und nominellen Preisrigiditäten andererseits zu unterscheiden. *Reallohnrigiditäten,* also Starrheiten der relativen Löhne, können aus impliziten Kontrakten, aus der Existenz von Gewerkschaften, aus der Struktur des Arbeitsmarktes oder aus Effizienzüberlegungen entstehen.

Die Erklärung von Lohnrigiditäten aus *impliziten Kontrakten* (Baily 1974; Azariadis 1975) geht davon aus, daß die Unternehmer im allgemeinen weniger risikoavers sind als die Arbeitnehmer (sonst wären sie nicht Unternehmer geworden) und daher bereit sind, die Risken von Absatzschwankungen weitgehend selbst zu tragen. Die Lohnzahlungen sind daher um eine hypothetische Versicherungsprämie niedriger als markträumende Löhne zum Zeitpunkt des Abschlusses des Vertrags; die Rigidität der Reallöhne läßt die Varianz der Arbeitslosigkeit steigen, wenn auch nicht notwendigerweise ihr Niveau (Akerlof/Miyazaki 1980).

Zweitens kann die Existenz *formaler Lohnverhandlungen* zwischen Gewerkschaften und Unternehmerverbänden, die einander als Monopolisten gegenüber-

---

31 Siehe dazu Dornbusch/Giovannini (1990, 1256f) und die dort zitierten empirischen Tests. Evidenz ganz anderer Art liefern Oppenländer/Poser (1989, 52ff) aus den vom IFO-Konjunkturtest erhobenen Preis- und Produktionserwartungen: Die Zeitreihe der Preiserwartungen ist viel glatter als die der Produktionserwartungen, d.h. die Preise werden seltener geändert und noch seltener korrigiert (Gegenbewegung in der nächsten Periode). Weiters ergibt eine Korrelation der Preiserwartungen der Unternehmer (betreffend die Erzeugerpreise) mit der tatsächlichen Entwicklung drei Monate danach eine wesentlich bessere Anpassung ($r^2 = 0.98$) und einen geringeren quadratischen Fehler (RMSE = 0.44) als die Korrelation der Produktionspläne mit der drei Monate verzögerten Produktion ($r^2 = 0.72$, RMSE = 2.00). Das bestätigt die Hypothese, daß die Preise längerfristig geplant werden und Überraschungen (Schocks) auf die Mengen durchschlagen. Gleichfalls auf Grund der ifo-Mikrobefragungsdaten zeigen König/Nerlove (1986), daß Nachfrageänderungen zunächst auf Lagerbildung und Auftragsbestände wirken, in weiterer Folge auf die Produktion, weniger auf die Preise.

stehen, zur relativen Stabilität des Reallohns bei starken Beschäftigungsschwankungen führen (McDonald/Solow 1981).

Drittens wird die *Struktur des Arbeitsmarkts* zur Erklärung der Reallohnrigidität herangezogen (Doeringer/Piore 1971; Lindbeck/Snower 1989). Diese sogenannten insider/outsider-Modelle unterscheiden zwischen Gewerkschaftsmitgliedern und Nichtmitgliedern, Stammbelegschaften und Aushilfskräften, Fachpersonal und angelernten Kräften, aber auch zwischen Beschäftigten und Nicht-Beschäftigten (Arbeitslosen). Zwischen den Arbeitskräften der jeweils primären (erstgenannten) Gruppe und dem Unternehmer besteht eine stärkere Vertrauensbeziehung, die sich aus der Kenntnis der Qualifikation ergibt, die nur durch längere Beobachtung erkannt werden kann (es gibt Anlernkosten und nicht leicht feststellbare Qualitätsunterschiede). Die Arbeitnehmer der primary labour-force wehren sich gegen die Neueinstellung von Personal zu Löhnen, die unter ihren eigenen liegen, weil sie dadurch eine spätere Senkung ihrer eigenen Löhne oder ihren Ersatz durch billigere Arbeitskräfte befürchten. Anpassungen werden daher eher durch Kündigung vorgenommen, die ohnedies meist bloß Personen der secondary labour-force betreffen, und jedenfalls einen sehr viel kleineren Teil der Belegschaft als Lohnsenkungen, sodaß sie die implizite Zustimmung der Mehrheit finden.

Die *Effizienzlohn-Hypothese* geht von der Annahme aus, daß die Produktivität der Arbeitskräfte vom Reallohn abhängt; ein höherer Reallohn führt zu größerer Anstrengung und Firmenloyalität, zur Möglichkeit der Auswahl besseren Personals, zu weniger Fehlzeiten und geringerer Fluktuation;[32] die Produktivitätszuwächse nehmen allerdings mit zunehmender Reallohnhöhe ab, sodaß die Firmen den Punkt suchen müssen, bei dem der Lohn der marginalen Produktivität entspricht. Auf Nachfrageänderungen kann die Firma unter den Voraussetzungen der Effizienzlohn-Hypothese nicht mit Lohnkürzungen, sondern bloß mit Entlassungen reagieren. Erfolgt letzteres allerdings häufig, wird sich die Frage stellen, ob das den oben erwähnten produktivitätssteigernden Faktoren nicht entgegenwirkt.

Nominallohnrigiditäten werden meist mit überlappenden Verträgen erklärt (Fischer 1977; Taylor 1980): Ein Teil der Arbeiter schließt zum Zeitpunkt t, ein anderer zum Zeitpunkt (t+1) nicht änderbare Lohnverträge ab. Unter dieser Voraussetzung drückt ein monetärer Schock die Löhne der nächst-verhandelnden Gruppe weniger stark als notwendig wäre, um den Arbeitsmarkt zu räumen, weil die andere Gruppe als Folge ihrer nicht änderbar festgelegten Nominallohnhöhe (teilweise) arbeitslos wird; bei Lohnerhöhungen der zweiten Gruppe nach Ablauf ihres Vertrags wiederholt sich dasselbe für diese Gruppe: Es kommt abermals zu keiner vollständigen Anpassung, und die andere Gruppe wird arbeitslos. Bis

---

[32] Manche dieser Argumente scheinen allerdings eher einen *überdurchschnittlichen* als einen *konstanten* Reallohn vorauszusetzen.

markträumende Löhne erreicht werden, kann ein erheblicher Zeitraum verstreichen.[33]

Noch wichtiger als die Begründung der Lohnrigiditäten ist die Begründung der Preisrigiditäten, weil genügend flexible Preise die Nachteile von Lohnrigiditäten weitgehend beseitigen könnten. *Reale Preisrigiditäten* können aus Preisregulierungen, aus oligopolistischen Strategien, aus Suchkosten, und aus Input-Outputverflechtungen erklärt werden.

Auf *oligopolistischen Märkten* resultieren Preisrigiditäten daraus, daß Preisstrategien deswegen weniger effizient sind, weil Preisänderungen von den Konkurrenten leicht beobachtet und unterlaufen werden können; für alle anderen Strategien (Mengenanpassung, Produktdifferenzierung, Forschung, Werbung usw.) gilt das zumindest nicht in gleichem Maße (Schmidt 1981, 41).

Die *Suchkostenansätze* gehen von der Unterscheidung zwischen Auktions- und Kundenmärkten (Okun 1975; 1981) aus; bei letzteren kann die Qualität des Produkts nicht ohne weiteres erkannt werden, oder es fällt aus anderen Gründen nicht leicht, vollständige Marktübersicht zu gewinnen. Eingespielte Kundenkontakte sind demgemäß von großer Bedeutung und können durch vorübergehende Preisänderungen nicht gestört werden.[34] Eine Preissenkung bringt dem Anbieter unter diesen Voraussetzungen bloß allmählich zusätzlichen Absatz und sie kann sich unter Umständen sogar als problematisch erweisen, da sie bisherige Kunden veranlaßt, wieder einmal in Markterkundung zu investieren und herauszufinden, ob nicht ein anderer Anbieter vielleicht noch günstiger anbietet (die Preise vielleicht noch stärker gesenkt hat) als der bisherige Lieferant.

Anpassungskosten im weitesten Sinn bilden auch die Grundlage. der *Input-Outputerklärungen der Preisrigidität* (Blanchard 1987; Gordon 1990): Sie gehen davon aus, daß jede Firma eine große Zahl unterschiedlicher Kostenpositionen hat, die von unterschiedlichen Firmen zu unterschiedlichen Zeitpunkten geändert werden. Die Firma weiß nicht, welche Änderungen temporär, welche dauerhaft sind, welche Kostenänderungen durch andere kompensiert, welche verstärkt werden. Wegen dieser Unsicherheiten, wegen der Kosten häufiger Preisänderungen und auch wegen der oft langen Durchlaufzeit von Preisänderungen durch die gesamte Input-Outputstruktur kann es relativ lange dauern, sich Preisänderungen bis zum Verbraucher durchschlagen, und selbst unmittelbare Preisanpassungen durch jeden einzelnen Produzenten werden wegen der langen Durchlaufzeit in allmähliche Änderungen des aggregierten Preisniveaus übersetzt. Gerade diese letzte Hypothese zeigt auch deutlicher als alle anderen, daß der häufige Einwand, alle Gründe von Preisrigiditäten könnten durch Indexierung überwunden werden, zahllose und sehr komplizierte Verträge voraussetzen würde, und demgemäß praktisch nicht durchführbar ist oder jedenfalls außerordentlich teuer käme.

---

33 Unter europäischen Bedingungen ist dieses Modell weniger plausibel als unter amerikanischen, weil hier in der Regel ganze Branchen (und nicht einzelne Betriebe!) Lohnverträge abschließen.

34 Vorübergehende Preissenkungen können sogar negativ wirken, wenn dem Käufer die Preiserhöhung stärker bewußt wird als die vorhergehende Preissenkung.

Die Erklärung *nomineller Preisrigiditäten* blieb lange Zeit eine offene Flanke der NKM. Meist wurden fixe Preisanpassungskosten erwähnt, die laufende Preisanpassungen unmöglich machen (Barro 1972). Insofern war die Herausarbeitung der möglichen Ursachen der Preis- und Lohnrigiditäten zwar ein wichtiger erster Schritt, ließ aber jedenfalls zwei Probleme offen. Erstens besteht das zentrale Problem der Konjunkturtheorie darin, daß *nominelle* Schocks reale Folgen haben, sodaß nominellen Rigiditäten zentrale Bedeutung zukommt. Die Begründungen nomineller Rigiditäten sind aber seltener und weniger überzeugend als die für reale und überdies könnten nominelle Rigiditäten oft durch Indexierung überwunden werden.[35] Zweitens gibt es nicht bloß Preisanpassungskosten sondern auch Mengenanpassungskosten, und es wäre plausibel anzunehmen, daß geringe Abweichungen der Preise von den gewinnmaximierenden bloß geringe Gewinneinbußen bewirken. Geringe Abweichungen mögen daher toleriert werden, aber

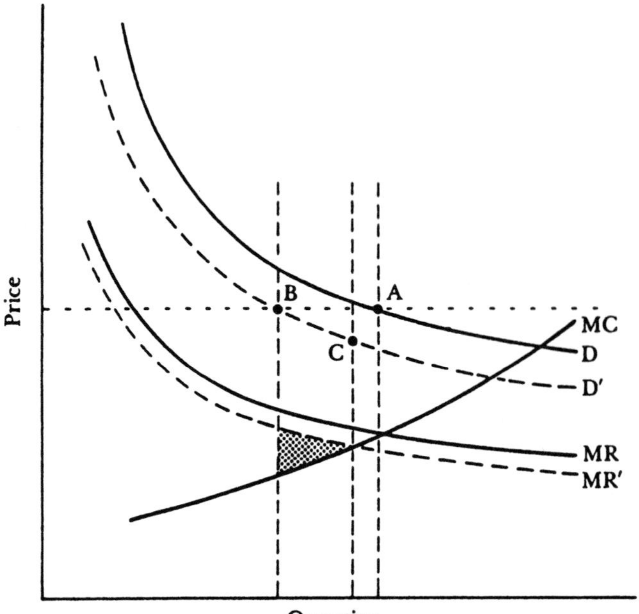

Q: Romer 1993, 9

Abbildung 14.4: ***Outputveränderung und Anreiz zu einer Preisänderung***

[35] Das von der Literatur häufig vorgebrachte Argument der Möglichkeit einer Indexierung mit dem nominellen BIP wird von Gordon (1990, 1161) heftig abgelehnt: „Individual firms maximize profit by setting *their own* marginal cost equal to *their own* marginal revenue. They have no reason whatsoever to care about nominal GNP unless it provides useful information to supplement what they can learn from observing their 'local' cost and demand.“ (Hervorhebung im Original G.T.) und sie könnten daraus wenig lernen, vor allem weil in kleinen offenen Wirtschaften die Kosten vielfach im Ausland bestimmt werden, und die Input-Output-Verflechtung sowie firmenspezifische (und nicht BIP-) Gewichtungen der Komponenten erforderlich wären.

sie hätten auch entsprechend geringe gesamtwirtschaftliche Effekte, große Abweichungen mit erheblichen Effekten könnten hingegen kaum toleriert werden. Akerlof/Yellen (1985) und Mankiw (1985) zeigten jedoch, daß das bei oligopolistischem Wettbewerb nicht richtig ist. Denn die Ableitung der Gewinnfunktion nach dem Preis ist bei einer preissetzenden Firma im Optimum 0, sodaß geringe Abweichungen des Preises von seinem Optimalwert bloß geringe (second order) Gewinneinbußen mit sich bringen (wenn sich auch die anderen nicht anpassen). Eine kleine Erhöhung der Geldmenge wird daher bei Existenz von Preisanpassungskosten kaum Änderungen der Preise auslösen, und die Produzenten werden aus dieser mangelnden Flexibilität kaum nennenswerte (second order) Gewinneinbußen erleiden. Doch die höhere Geldmenge führt zu merklichen (first order) Einkommens- und eventuell Wohlfahrtssteigerungen. Erweist sich eine Erhöhung der Geldmenge als dauerhaft, werden die Preise natürlich früher oder später angepaßt.

Die Gewinneinbußen der Firma bei Verzicht auf eine Preisanpassung nach nachfragevermindernden Schocks (die dunkle Dreiecksfläche in Abbildung 14.4) werden dann klein sein, wenn die marginalen Kosten- und Ertragskurven flach sind und sich die Kostenkurve nicht merklich nach unten verschiebt (Romer 1993, 8ff). Voraussetzung für eine flache Kostenkurve (MC) ist eine flache Arbeitsangebotskurve, also eine geringe Lohnelastizität des Arbeitsangebots und eine schwache Reaktion der Grenzproduktivität der Arbeit auf die Verringerung des Arbeitseinsatzes. Die marginale Ertragskurve (MK) wird sich desto stärker nach links unten verschieben, je stärker die Preiselastizität der Nachfrage (temporär) fällt, wenn die Nachfrage abnimmt. Da das Arbeitsangebot jedoch eher starr ist, müßte eine Verringerung der Güternachfrage und damit auch der Nachfrage nach dem Produktionsfaktor Arbeit zu deutlich sinkenden Löhnen führen, würde das nicht durch andere Faktoren kompensiert. Als einen dieser Faktoren führt Romer (1993, 12) Reallohnrigiditäten an. Weitere sind „thick market externalities“, Änderungen der Nachfrageelastizitäten und imperfekte Kapitalmärkte: *Externalitäten umsatzstarker Märkte* bedeuten Kostenersparnisse bei Einkauf und Verkauf in Zeiten guter Konjunktur, die verloren gehen, wenn der Umsatz abnimmt, es schwieriger wird, Marktpartner zu finden, und die Höhe der Einzelumsätze (Losgröße) abnimmt. Die *Elastizität der Nachfrage* mag zyklisch variieren, weil „dicke“, umsatzstarke Märkte die Vermittlung von Information zwischen Firmen und Kunden leichter machen.[36] Vor allem aber führen *unvollkommene Kapitalmärkte* zu steigenden Kosten bei Nachfrageeinbrüchen: Greenwald/Stiglitz (1987) wenden die Überlegungen von Akerlof/Yellen auf den Kreditmarkt an und erklären Kreditrationierung aus der Inflexibilität der Zinssätze, deren Anpassung für die Banken bloß geringfügig höhere Erträge aber möglicherweise merklich höhere Risiken bedeuten würde. Doch selbst wenn die Firmen vollen Zugang zu perfekten Kapitalmärkten hätten, wären sie nach negativen Schocks, die ihr Kapital angegriffen haben, nicht bereit, in kompensierendem Umfang Kredite aufzunehmen, weil die

---

36 Die Begründung kann in steigenden Skalenerträgen oder in Suchkosten liegen.

Risiken zu groß wären. Das verringerte Kapital führt daher zu einer Reduzierung der geplanten Aktivität während der Periode des Wiederaufbaus des Kapitalstocks. Entsprechend ihrer niedrigeren geplanten Produktion werden die Firmen die Preise nicht senken, weniger investieren, geringere Löhne zahlen und keine zusätzlichen Arbeitskräfte anstellen, alles Entwicklungen, die den stilisierten Fakten durchaus entsprechen.

Eine weitere Begründung für reale Folgen nomineller Schocks resultiert daraus, daß es von den Verhaltensweisen der anderen Wirtschaftssubjekte abhängt, ob nominelle Schocks als nominelle oder als reale wirken: Wenn das Wirtschaftssubjekt erwartet, daß sich die anderen an einen nominellen Schock nicht anpassen, wirkt das infolge der Änderung der relativen Preise wie ein realer Schock (Hargreaves Heap 1992, 103, 111). Nominelle und reale Preis- und Lohnrigiditäten interagieren: Arbeitnehmer und Firmen würden Löhne und Preise an einen nominellen Schock anpassen, könnten sie erwarten, daß sich auch die anderen anpassen. Da das nicht der Fall ist, ist die eigene Bereitschaft zur Lohn- und Preisänderung gering, der nominelle Schock wirkt wie ein realer, und schon geringe reale Lohn- und Preisrigiditäten können erhebliche reale Effekte nomineller Schocks auslösen. Letztlich gilt es auch den, in der Literatur fast völlig vernachlässigten Bogen von diesen partialanalytischen Modellen zurück zu Malinvaud zu schlagen, den Folgen (spill over) von Rigiditäten auf einem Markt für andere: Rigiditäten auf einzelnen Märkten führen zu Rationierungen auf anderen.

Selbst wenn keine der Erklärungen der Lohn- und Preisrigiditäten voll zu befriedigen vermag, muß doch festgehalten werden, daß dank der Bemühungen der Neuen Keynesianischen Makroökonomie die größte Schwäche der fortpflanzungsorientierten Konjunkturtheorien mit verzögerter Anpassung überwunden werden konnte. Allerdings gibt es (noch?) immer kein ausgearbeitetes Standard-Konjunkturmodell dieser Provenienz - und es wird ein solches, angesichts der Komplexität der Materie, möglicherweise auch nie geben.

14.4.3 Postkeynesianismus

Das NKM-Modell stellt insoweit eine neue Neoklassische Synthese dar, als auch in diesem Modell echte Unsicherheit und makroökonomische Aspekte der Erwartungsbildung nicht berücksichtigt werden - die Bestimmungsgründe der Erwartungsbildung über die Handlungen der jeweils anderen unter Berücksichtigung der verschiedenen Rückkopplungsschleifen. Diese Mängel sind der Ausgangspunkt des *post-keynesianischen Ansatzes*, der diesen Fortschritt jedoch um den (hohen) Preis des Verzichts auf ein allgemeines Modell erkauft; ein solches kann nach Meinung der meisten seiner Vertreter allerdings gar nicht spezifiziert werden (Loasby 1976). Als wichtigste Post-Keynesianer sind Shackle, Davidson, Minksy,

Loasby und Kregel zu erwähnen.[37] Im Zentrum der post-keynesianischen Überlegungen steht echte Unsicherheit, die sich vom Risiko der NCM-Modelle durch ihre Nicht-Einschätzbarkeit unterscheidet: Das Risiko mit einem normalen (perfekten) Spielwürfel eine Sechs zu würfeln und damit einen Silberdollar zu gewinnen, läßt sich berechnen und mit Hilfe der Wahrscheinlichkeitstheorie beschreiben. Unsicherheit liegt dann vor, wenn man gar nicht weiß, ob sich im Becher ein Würfel oder ein anderer Gegenstand befindet, wenn es ein Würfel ist, ob seine Seitenflächen überhaupt beschriftet sind, und wenn, womit. Dieses absolute Nichtwissen bedeutet Unsicherheit bei der Einschätzung der Ergebnisse. Dementsprechend ist Unsicherheit - anders als Risiko - auch nicht berechenbar. Unter Unsicherheit lassen sich künftige Ereignisse nicht vorhersehen, sodaß die Wirtschaftsubjekte zu ganz anderen Verhaltensweisen und zu anderen institutionellen Vorkehrungen gezwungen sind: Fremdfinanzierung etwa ist für Kreditgeber wie für Kreditnehmer in einer Welt der Unsicherheit viel gefährlicher, sodaß der Konsum in diesem Fall primär vom laufenden Einkommen und im Aggregat zusätzlich von der Einkommensverteilung abhängt, die Investitionen von den laufenden Gewinnen und von den Erwartungen, die in diesem Fall ein erhebliches Maß an Intuition enthalten („animal spirits"). Preise werden in Zeiten der Unsicherheit sehr viel seltener geändert als bei Sicherheit, weil die Informationen über Notwendigkeit und Folgen von Preisänderungen nicht leicht eingeschätzt werden können[38] und Änderungen (weitere) Verunsicherung bei den Abnehmern hervorrufen. Anstelle der Preise treten demgemäß die Investitionen (Akkumulation) in das Zentrum der Unternehmensplanung; rasches Wachstum wird angestrebt, um über Größenvorteile und Marktmacht (Oligopolisierung) die Profite zu steigern und dadurch die Unsicherheit zu reduzieren. Verträge werden häufig mit unbestimmtem Inhalt geschlossen, um spätere Informationen berücksichtigen zu können; hierarchische Organisationsformen (etwa die Unternehmung) gewinnen gegenüber marktmäßiger Koordinierung an Bedeutung, weil der Inhalt von Verträgen, etwa von Liefer- oder Arbeitsverträgen, nicht im vorhinein festgelegt werden kann. Optimierung ist unter Unsicherheit schon deswegen nicht möglich, weil die (und erst recht nicht alle) Alternativen vielfach gar nicht bekannt sind und auch gar nicht bekannt sein können, geschweige denn, bewertet werden können; satisfiszierendes Verhalten ist unter Unsicherheit das einzig denkmögliche.

Unter diesen Voraussetzungen erstaunt es wenig, daß für den Post-Keynesianismus Ungleichgewicht der Normalfall und nicht bloß ein Übergangsstadium

---

37 Die Darstellung folgt zum Teil Rothschild 1981; daneben seien Kregel (^{2}1975) und Dietrich et al (1987) zur vertieften Information empfohlen.

38 „Man muß berücksichtigen, daß die Festlegung von Preisen eine Entscheidung bei großer Unsicherheit darstellt. Die Sozialpsychologie weiß zu berichten, daß in solchen Situationen das Gewisse im Vergleich zum Ungewissen wenn auch Relevanten eine hervorragende Bedeutung für die Entscheidungsbildung hat. Was aber relativ gewiß ist, das sind die Kosten, und das sind die schon gefallenen Entscheidungen anderer Anbieter. So werden die eigenen Kosten und, über die Imitation anderer, die Kosten in der Branche zu der kurzfristig vielleicht wichtigsten Leitlinie für Preisveränderungen. Das aber bedeutet, daß viele Preise nur langsam auf Änderungen der Nachfragesituation reagieren." (Weizäcker 1975, 10f.)

zwischen Gleichgewichten ist. Das Modell kann aus grundsätzlichen Überlegungen nicht geschlossen werden; die Entwicklung wird von historischen, institutionellen, sozialpsychologischen, politischen und anderen Faktoren mitbestimmt; Machtphänomene spielen eine erhebliche Rolle.[39] Die Erwartungsbildung wird durch Ansteckungseffekte beeinflußt, Wellen des Optimismus und des Pessimismus, Wirtschaftswunder und Finanzkrisen treten mit einer gewissen Wahrscheinlichkeit auf.

Aus den post-keynesianischen Überlegungen folgt für die Theorie, daß es zwangsläufig keine regelhaft modellmäßigen Handlungsabläufe geben kann; sehr wohl aber ergeben sich daraus Hinweise für die Wirtschaftspolitik. Keynes selbst schlug zwei Gruppen von Maßnahmen vor: Erstens Interventionen, um Fehlentwicklungen im Einzelfall entgegenzuwirken, ein Vorgehen, das bei Unsicherheit erhebliche Anforderungen an die wirtschaftspolitischen Instanzen stellt. Zweitens den Einbau stabilisierender Faktoren in das Wirtschaftssystem: Die berühmte „socialization" der Investition,[40] die Beschränkung internationaler Kapitalbewegungen und die Umverteilung zugunsten niedriger Einkommensschichten, deren Konsumneigung schon mangels finanziellem Bewegungsspielraum eher konstant ist als die der Wohlhabenden. Seither wurden verschiedene andere Instrumente und institutionelle Vorkehrungen entwickelt, die in das Wirtschafts- und Gesellschaftssystem etwas weniger kräftig eingreifen: Zu erwähnen wären etwa die Bemühungen um eine Verstetigung der Wirtschaftspolitik,[41] die Verteidigung diskretionärer Maßnahmen gegen Regelbindungen ohne Rückkoppelung,[42] da keine Situation der anderen völlig gleicht und sich die Lage weniger mechanisch als kaleidoskopartig ändert (Shackle 1972, 76);[43] weiters Maßnahmen zur Stabilisierung des (Welt-) Finanzsystems, aber auch die Diskussionen um eine funktionierende Mischung von Regulierung und Deregulierung.

---

[39] Das gilt insbesondere für die Lohnbildung; die Grenzproduktivitätstheorie wird von den Post-Keynesianern abgelehnt. Damit kann einerseits das Phänomen der Lohndruck-Inflation erklärt werden, andererseits bedarf es zusätzlicher Instrumente der Stabilisierungspolitik, wie etwa der Einkommenspolitik (siehe dazu Abschnitt 10.1).

[40] Wegen häufiger Mißverständnisse sei betont, daß unter *socialization* so etwas wie gesellschaftliche Kontrolle zu verstehen ist, nicht hingegen Verstaatlichung, die als *nationalization* bezeichnet wird.

[41] Siehe die Abschnitte 10.3 und 20.2.

[42] Siehe dazu Abschnitt 15.4.

[43] „The business scene can be looked on as ... a kaleidic society, interpreting its moment or intervals of order, assurance and beauty with sudden disintegration and a cascade into a new pattern."

14.5 Neue Politische Ökonomie (NPÖ)

Die Ansätze der Neuen Politischen Ökonomie müssen hier nicht bloß in ihrer - beschränkten - konjunkturtheoretischen Bedeutung skizziert werden, sondern in ihrer sehr viel wichtigeren für den Prozeß der Formulierung wirtschaftspolitischer Ziele; auch gilt es, den Begriff Neue Politische Ökonomie sehr weit zu fassen und nicht auf die Ansätze zu beschränken, die bloß das einfache ökonomische Nutzenkalkül auf politische Entscheidungen übertragen. Ausgangspunkt ist Abschnitt 4.2, der gezeigt hat, daß das traditionelle Modell der Wirtschaftspolitik bei der Festlegung der Ziele im Rahmen eines normativen wie eines deskriptiven Ansatzes ebenso gescheitert ist wie bei der Erstellung einer globalen Wohlfahrtsfunktion; es fehlen dazu so gut wie alle Voraussetzungen. Zumindest im deskriptiven Bereich gab es in den siebziger Jahren einen gewissen Fortschritt; die Ansätze sind etwas breiter geworden. Die entscheidenden Schlagworte sind:

* Satisfiszierendes statt optimierendes Verhalten der Wirtschaftspolitik(er);
* Abstellen auf die Nutzenfunktion des (entscheidenden) Wirtschaftspolitikers (der wirtschaftspolitischen Instanz), anstatt auf eine globale, gesellschaftliche Nutzenfunktion;
* Betonung des strategischen Verhaltens einzelner Träger der Wirtschaftspolitik anstatt einer nicht spezifizierbaren „optimalen" Gesamtwirtschaftspolitik.

Die Hypothese des *satisfiszierenden Verhaltens der Wirtschaftspolitik* geht einerseits von den schon früher entwickelten Modellen entsprechenden Verhaltens in Firmen bzw. in bürokratischen Organisationen aus (Simon 1952; Cyert/March 1963), andererseits von der Beobachtung, daß die Wirtschaftspolitik (Ziele wie Instrumente) kaum je explizit quantitativ formuliert wurde (Mosley 1976, 59), wie das das traditionelle Modell erwarten ließe. Satisfiszierendes Verhalten bedeutet:

* Die Wirtschaftspolitik sucht nicht ununterbrochen nach den optimal erreichbaren Werten, die sie bei Unsicherheit gar nicht kennen kann, sodaß sie auch gar nicht bemerkt, wenn sie diese zufälligerweise erreicht; sie hat grobe Vorstellungen über ein ausreichendes Niveau des zu erreichenden Ziels (aspiration level) und unternimmt nichts, solange dieses Zielniveau nicht nennenswert verfehlt (unterschritten) wird.
* Mehrere Ziele werden nicht simultan, sondern sequenziell verfolgt, und zwar in der Reihenfolge des Verfehlungsgrads der jeweiligen Aspirationsniveaus.[44]
* Das Aspirationsniveau eines Ziels wird verändert, wenn sich seine Erreichbarkeit ändert (flexible Ziele); das Aspirationsniveau wird also hinaufgesetzt, wenn es durch längere Zeit erheblich überschritten wurde, es wird hinuntergesetzt, wenn es durch längere Zeit nicht erreicht werden konnte.[45]

---

[44] Bei Unsicherheit ist das eine rationale Strategie (siehe Abschnitt 14.4 und 16).
[45] Betreffend entsprechende Beobachtungen in der Praxis siehe Abschnitt 5.1 .

* Das Aspirationsniveau kommt in der Regel durch einen Kompromiß zwischen unterschiedlichen Trägern der Wirtschaftspolitik bzw. zwischen unterschiedlichen Abteilungen einer wirtschaftspolitischen Instanz zustande.

Erste Testversuche dieser Hypothese, die sich im wesentlichen auf den ersten Punkt beschränkten (Mosley 1976), erwiesen sich als nicht besonders überzeugend, weil sie den gesamten Prozeß der Zielformulierung vernachlässigten. Bessere Ergebnisse brachte die Berücksichtigung satisfiszierenden Verhaltens im Rahmen der Modelle der Neuen Politischen Ökonomie im engeren Sinn (Frey 1981b, Kapitel X, XI).

Die Modelle der *Neuen Politischen Ökonomie* i.e.S. (NPÖ) untersuchen die wirtschaftspolitischen Entscheidungen im Spannungsfeld von Wirtschaft und Politik, wobei sowohl die wirtschaftspolitische Instanz als auch die von den Entscheidungen Betroffenen ihre jeweils eigenen spezifischen Ziele verfolgen. Sie stehen damit in scharfem Gegensatz zu den Modellen in der Tinbergen-Theil-Tradition (Kapitel 4), in der der Politiker nicht seinen persönlichen Vorteil, sondern das Gesamtwohl zu realisieren trachtet. Die *Ziele* (Nutzenfunkion) *der Regierung*, des wichtigsten Trägers der Wirtschaftspolitik, waren in den ersten Modellen der Neuen Politischen Ökonomie (Downs 1957) ausschließlich die Wiederwahl;[46] spätere Modelle berücksichtigten zusätzlich die Rolle der Ideologie für die Nutzenfunktion der Regierung (und damit der sie tragenden Partei), wobei diese Ideologie im Einklang mit den Zielen der Wähler oder in Widerspruch zu ihnen stehen kann. Im zweiten Fall wird die Regierung diese Ziele bloß in dem Maße verfolgen, als sie sich das ohne Beeinträchtigung ihrer Wiederwahlchancen leisten kann. Neben der politischen Beschränkung (der Wiederwahl) wird die Maximierung der Nutzenfunktion der Regierung durch wirtschaftliche Faktoren (z.B. Wirkung der Instrumente auf andere Variable), administrative Faktoren (z.B. Einfluß der Bürokratie) und finanzielle Faktoren beschränkt. Die Wiederwahlchancen der Regierung hängen von ihrer Popularität und von der Zeit ab, die seit der letzten Wahl verstrichen ist; das impliziert, daß die Regierung mit einem Vergessen der Wähler spekulieren kann, länger zurückliegende Ereignisse also weniger relevant sind. Die Popularität der Regierung wird in diesen Modellen i.d.R. durch die Arbeitslosenrate, die Inflationsrate und die Wachstumsrate des verfügbaren Einkommens bestimmt.

Demgemäß wird die Regierung beim Einsatz wirtschaftspolitischer Instrumente bzw. bei der Erstellung von wirtschaftspolitischen Programmen desto mehr ihrer Ideologie gemäß handeln, je populärer sie ist, und je länger der Zeitraum bis zur nächsten Wahl; sie wird wegen der administrativen Beschränkungen Instrumente nicht allzu rasch ändern, und sie wird die Instrumente desto intensiver einsetzen, je gefährdeter die Ziele sind, von denen ihre Popularität abhängt. Ökonometrische Tests dieser Hypothese haben im großen und ganzen zufriedenstellende Ergebnisse gebracht (z.B. Frey/Schneider 1979).

---

[46] Der Politiker agiert als „entrepreneur selling policies for votes instead of products for money“ (Downs 1957, 137).

Beginnend mit Nordhaus (1975) wurden die Überlegungen der Politischen Ökonomie auch zur *Erklärung von Konjunkturschwankungen* herangezogen: Auf Wiederwahl bedachte Politiker erzeugen durch expansive Wirtschaftspolitik zum Wahlzeitpunkt höheres Wachstum und niedrigere Arbeitslosenquoten, nach der Wahl kompensieren sie die inflatorischen Folgen dieser Politik durch restriktive Maßnahmen. Bis zur nächsten Wahl haben die Wähler die Folgen der restriktiven Politik vergessen und erfreuen sich neuerdings an den „Wahlgeschenken" (und honorieren diese durch Wiederwahl). Zahllose ökonometrische Tests dieser Hypothese konnten zwar häufig (etwas) expansivere Politik vor und (etwas) restriktivere nach der Wahl feststellen, für eine monokausale Erklärung der Konjunkturschwankungen reicht die Evidenz nach Ansicht der meisten Beobachter jedoch nicht aus. Auch hat diese Hypothese wie die Konjunkturtheorie der NCM mit einem persistence problem zu kämpfen.

Die Kritik an den Modellen der Neuen Politischen Ökonomie entzündet sich vor allem an zwei Punkten: an der Tatsache, daß die Wähler bei der Bestimmung der Popularität der Regierung in diesen Modellen mehr auf die (kurze) Vergangenheit als auf die Gegenwart und die Zukunft achten, sowie zweitens, daß die Wähler nicht lernen. Im Zusammenhang mit dieser Kritik ist ein Modell von Ploeg (1985) interessant, das ähnliche Mechanismen auch bei Rationalen Erwartungen in einer kleinen offenen Wirtschaft findet. Wenn eine Partei mit guten Wahlchancen für die Zeit nach der Wahl eine stärker expansive Politik zur Bekämpfung einer (bereits existierenden) Rezession verspricht, werden die Wirtschaftssubjekte eine gewisse Wahrscheinlichkeit höherer Budgetdefizite und steigender Zinssätze antizipieren. Das wird zu steigenden Realzinssätzen und zu einer Aufwertung der Währung führen und damit die herrschende Rezession verstärken. Nach der Wahl muß sich die Erwartung je nach Wahlergebnis ändern: Da die expansive Politik vor der Stimmenauszählung bloß eine gewisse Wahrscheinlichkeit hatte, führt das endgültige Wahlergebnis zu einer neuen Erwartungsbildung, die von der vor der Wahl in *beiden* Fällen des Wahlausgangs verschieden ist.

Ein weiterer Kritikpunkt an den Modellen der Neuen Politischen Ökonomie besteht darin, daß sie meist von einem einzigen wirtschaftspolitischen Entscheidungsträger ausgehen. Selbst dort wo das Modell zwei wirtschaftspolitische Instanzen vorsieht (Frey/Schneider 1981) wird der Grad der Übereinstimmung der beiden Politiken zwar berücksichtigt, aber nicht erklärt. Diese Lücke versuchen *spieltheoretische Modelle* zu füllen, die sich aber in einem noch sehr viel früheren Stadium ihrer Entwicklung befinden als die Modelle der Neuen Politischen Ökonomie. Relativ am häufigsten wurden die Strategien von Regierung und Gewerkschaften auf diese Art untersucht: Die Gewerkschaften verfügen über zwei Strategien: Hoch- und Niedriglohnpolitik, die Regierung gleichfalls über zwei: expansive (Vollbeschäftigungs-) und restriktive (Stabilitäts-)Politik. Ist jeder Partner in Unsicherheit über die Strategie des jeweils anderen, landet die Wirtschaft in der Regel bei Stagflation (Gefangenendilemma). Kooperative Lösungen leiden stets darunter, daß jeder der Partner seine Position erheblich verbessern könnte, wenn er den anderen betrügt. Driffill (1985) zeigte, daß der Staat bei genügend großem

Drohpotential eine Lösung erzwingen kann, die der kooperativen nahekommt. Winckler/Amann (1986) untersuchten im Rahmen eines spieltheoretischen Modells die österreichische Assignation: Preisstabilität durch fixen Schilling/DM-Kurs, Vollbeschäftigung durch Fiskalpolitik, und sie stellten fest, daß diese Assignation bei ausländischen Preisschocks second-best gegenüber einer sofortigen Reduzierung der Reallöhne wäre. Barro/Gordon (1983) und Backus/Driffill (1985) modellierten das Vollbeschäftigungs/Inflations-Problem als Spiel zwischen Regierung und Publikum.

Seither wurde - zum Teil auch als Reaktion auf die siebziger Jahre, in denen regelgebundene Politik und damit passive Politiker im Zentrum der Modelle standen - Wirtschaftspolitik zunehmend spieltheoretisch als principal/agent-Problem modelliert. Besonderer Wert wird dabei darauf gelegt, daß die Maßnahmen der Wirtschaftspolitik glaubwürdig im Sinne von zeitkonsistent sind: Angekündigte Maßnahmen müssen auch noch zum Zeitpunkt ihrer Durchführung optimal sein; sonst wäre es günstiger, von der angekündigten Politik abzuweichen. Weil das aber die von der Wirtschaftspolitik betroffenen agents von vornherein wissen, glauben sie die Ankündigung einer zeitinkonsistenten Politik nicht und ändern ihr Verhalten (Persson/Tabellini 1990). Abschnitt 15.4.1 wird darauf zurückkommen.

14.6 Zusammenfassung

Die neueren konjunkturtheoretischen Konzepte, die das traditionelle Modell der Neoklassischen Synthese in Frage stellten, erwiesen zunächst eine zentrifugale Sprengkraft; die Vertreter der konkurrierenden Schulen teilten so gut wie nichts mehr miteinander. Sie setzten zwar weitgehend an denselben Schwachstellen des traditionellen Modells an - Plangrößen und Erwartungsbildung von Wirtschaftssubjekten und Wirtschaftspolitik, Prozeß der Zielformulierung, Überbetonung der Nachfrage - schlugen aber zur Überwindung dieser Schwachstellen ganz andere Wege ein: Die NCM definierte die letzten im Modell der Neoklassischen Synthese verbliebenen Reste an Unsicherheit weg und stellte rasch reagierende Preise sowie die Bestimmungsgründe des Angebots in das Zentrum ihrer Interessen. Systematische Wirtschaftspolitik ist für sie ineffektiv und unnötig, da sich „das“ Gleichgewicht unter den angenommenen Voraussetzungen rasch und zuverlässig von selbst einstellt. Auch die NKM vernachlässigte Unsicherheit weitgehend, ging aber von verzögerter Reaktion der Preise und Löhne aus; für die Wirtschaftspolitik eröffneten sich dadurch Möglichkeiten, die Anpassungsprozesse effizienter zu gestalten. Der Postkeynesianismus stellte hingegen die Unsicherheit in das Zentrum seiner Analyse, untersuchte die unterschiedlichen Organisationsformen, die dadurch effizient werden (können), betonte den weiten Spielraum für wirtschaftspolitische Maßnahmen und den dringenden Bedarf danach. Die NPÖ schließlich konzentrierte sich auf die Untersuchung der Bestimmung der wirtschaftspolitischen Ziele unter der Annahme, daß die Wirtschaftspolitiker nicht (nur) altruistisch handeln.

Schien zunächst keine Verständigung zwischen diesen neuen Richtungen möglich, bekämpften sie einander mit allen Mitteln, und betonten die Unterschiedlichkeit ihrer wirtschaftspolitischen Rezepte, setzten sich allmählich doch Tendenzen einer Konvergenz durch. Es wurde zunehmend erkannt, daß alle Modelle Idealtypen sind, Referenzmodelle, aus denen *unmittelbar* keine wirtschaftspolitischen Empfehlungen abgeleitet werden können. Auch sind die Theoretiker inzwischen auf zahlreichen Gebieten näher zusammengerückt: Die Bedeutung einer expliziten Formulierung der Erwartungsbildung sowie der Berücksichtigung von Angebots- und Rückkopplungseffekten der Wirtschaftspolitik auf das Verhalten der Wirtschaftssubjekte werden allgemein anerkannt; die verzögerte Anpassung der Preise und Löhne steht weitgehend außer Streit, ebenso, daß ein Programm der isolierten Nachfragesteuerung Wachstum und Beschäftigungsgrad nicht über einen bestimmten Grad hinaus steigern kann, der (wenig zweckmäßig) als Natural Rate bezeichnet wird. Strittig ist nicht mehr, daß Stabilisierungspolitik reale Effekte auslösen kann, sondern unter welchen Bedingungen und in welchem Ausmaß. Diese Frage soll im nächsten Kapitel verfolgt werden.

15 Kann Stabilisierungspolitik reale Effekte auslösen?

Die Frage, ob stabilisierungspolitische Maßnahmen reale Effekte auslösen können, dominierte die wirtschaftspolitische Diskussion der letzten eineinhalb Jahrzehnte. Sie wurde zögernd von den Monetaristen aufgeworfen, betraf zunächst die Höhe der Elastizitäten, also den jeweiligen Anstieg der IS/LM-Kurve, dann die Länge der Verzögerungen, schließlich die Erwartungsbildung und die Flexibilität von Preisen und Löhnen. Die Diskussion gipfelte in der Politikineffektivitäts-Hypothese der Neuen Klassischen Makroökonomie, der dominierenden Schule der siebziger Jahre. Die *Politikineffektivitäts-Hypothese* besagt, daß systematische und demgemäß vorhersehbare Geldpolitik reale Effekte nicht einmal auf kurze Sicht auslösen könne; erst recht könne systematische Fiskalpolitik weder die reale Produktion noch die Beschäftigung beeinflussen. Zufällige, also nicht-systematische Komponenten der Geld- wie der Fiskalpolitik erhöhten üblicherweise die Unsicherheit und verstärkten die Instabilität der Wirtschaft. Dieses Ergebnis erzielte die Neue Klassische Makroökonomie durch die Kombination von drei Annahmen:

* Erstens und am wichtigsten: die Annahme vollständiger Markträumung auch auf kurze Sicht; das der Natürlichen Arbeitslosenrate bzw. der Natürlichen Wachstumsrate entsprechende Outputniveau wird in jedem einzelnen Zeitpunkt erreicht.
* Zweitens: Rationale Erwartungen aller Wirtschaftssubjekte, d. h. Kenntnis der Werte aller relevanten Variablen, ihrer Verarbeitungsregeln und ihrer gegenseitigen Beziehungen (also des „wahren" Modells der Wirtschaft) sowie der Verteilungsgesetze für die Bildung der Zufallsstörungen (nicht jedoch Kenntnis der Zufallsstörungen selbst) und Kenntnis der Gesetzmäßigkeit der Prozesse, die die exogenen Variablen bestimmen.
* Drittens schließlich: Fehlen jedes Informationsvorsprungs der Träger der Wirtschaftspolitik, die in diesen Modellen den von der Wirtschaftspolitik Betroffenen in jeder Weise völlig gleichgestellt werden; dementsprechend wird auch nicht mehr zwischen Trägern der Wirtschaftspolitik und Wirtschaftssubjekten unterschieden, sondern unterschiedslos von agents gesprochen.

Es ist offensichtlich, wurde aber lange nicht erkannt bzw. unterdrückt, daß Stabilisierungspolitik unter diesen Annahmen nicht nur nicht effektiv - also *unwirksam* - ist, sondern auch in jeder Weise *unnötig*: Denn wenn sich die Wirtschaft ohnedies laufend in dem höchsten erreichbaren (und unter den Annahmen der NCM auch dem einzig erreichbaren) Beschäftigungsgleichgewicht befindet und

und sich an eventuelle Störungen optimal rasch anpaßt, wenn alle Beteiligten optimal informiert sind, - was bleibt dann noch als Aufgabe für die Stabilisierungspolitik?

Ungeachtet dieser Einwände, prägte die Politikineffektivitäts-Hypothese nicht bloß die theoretische Diskussion, sondern in den achtziger Jahren auch die öffentliche Meinung und die praktische Wirtschaftspolitik; das äußerte sich in einer zunehmenden Staats- und Politikverdrossenheit und in einem fast schon grenzenlosen Vertrauen in die Fähigkeiten des Marktes. Neue Schlagworte, wie Entmachtung der Wirtschaftspolitiker, starre Geldmengenregeln, Budgetsanierung und Rückkehr zu einer Politik des möglichst ausgeglichenen Budgets, der Deregulierung usw. ersetzten das traditionelle Schlagwort der Feinsteuerung. Die Hypothese der Natürlichen Arbeitslosenquote wurde für viele Regierungen zur Ausrede, mit Hilfe derer sie sich ihrer Verantwortung für einen hohen Beschäftigungsgrad entledigten (Purvis 1983, 6).

Die Reaktionen der Ideologen der Wirtschaftspolitik gingen dabei erheblich weiter als selbst die Politikineffektivitäts-Hypothese impliziert. Denn leichte Modifikationen des Modells hatten bald gezeigt, daß Fiskal- und Geldpolitik die Zusammensetzung des gegenwärtigen Output und damit über die Investition die künftige „Natürliche" Wachstumsrate beeinflussen können; weiters hatte auch das NCM-Modell nie in Frage gestellt, daß etwa Änderungen der Steuersätze für den realen Bereich relevant sind. Auch Wirkungen der Nachfragesteuerung auf das Preisniveau, also eine wirtschaftspolitisch sehr entscheidende Größe, wurden keineswegs ausgeschlossen. Es ging stets bloß um die realen Effekte stabilisierungspolitischer Maßnahmen im engeren Sinn unter ganz bestimmten - vielfach sogar recht eigenwilligen - Verhaltensannahmen.[1]

Im Zuge des wissenschaftlichen Ausbaus und der empirischen Überprüfung des neuen Modells wurden die Implikationen dieser Annahmen zunehmend bewußt, und mit fortschreitender Entwicklung einer passenden ökonometrischen Testmethodik zeigten sich auch zunehmend unbefriedigende Schätzergebnisse. Das bedeutet keineswegs, daß die Erkenntnisse der Neuen Klassischen Makroökonomie nun zum alten Eisen geworfen werden müßten und das traditionelle Modell der Stabilisierungspolitik die Kritik ohne jeden Kratzer überstanden hätte; es bedeutet vielmehr, daß die verschiedenen Verhaltensannahmen sehr viel vorsichtiger formuliert werden müssen, daß den unsicherheitstheoretischen Einwendungen der Keynes nachfolgenden Schulen viel mehr Aufmerksamkeit geschenkt werden muß und daß institutionelle, politische und sozialpsychologische Überlegungen stärker berücksichtigt werden müssen. Die intensive Diskussion hat aber auch dazu geführt, daß sich - wie erwähnt - Elemente eines Kompromisses auf einem höheren Niveau des Nicht-Wissens anbahnen: Zunehmend ähnliche Vorstellungen über Voraussetzungen, Möglichkeiten und Grenzen stabilisierungspolitischer Maßnahmen.

---

[1] Damit soll keineswegs behauptet werden, daß die Neoklassische Synthese auf unbestreitbaren, durchwegs plausiblen und konsistenten Verhaltensannahmen beruht, sondern bloß, daß ihre NCM-Gegner kaum weniger „ad-hoceri" betreiben.

In den folgenden Abschnitten 15.1 bis 15.4 soll zunächst die Diskussion über die vier wichtigsten strittigen Gebiete dargestellt werden. Kapitel 16 wird die noch immer weitgehend vernachlässigte Rolle der Unsicherheit beleuchten; Teil D schließlich soll versuchen, die Elemente des Konsenses im Bereich der Stabilisierungspolitik zu skizzieren.

15.1 Verdrängungseffekte der Fiskalpolitik?

Die Urform der Multiplikatoranalyse, die in Abschnitt 7.1 dargestellt wurde, hatte ebenso wie die einfachen Überlegungen, die dem traditionellen Modell der Neoklassischen Synthese zugrunde liegen, von Finanzierungsüberlegungen zunächst vollständig abgesehen. Sie war - nicht zu Unrecht - davon ausgegangen, daß expansive Maßnahmen der Fiskalpolitik bloß dann ergriffen werden, wenn eine Situation des Nachfragemangels vorliegt und der Kreditapparat relativ liquide ist;[2] die zusätzlichen Staatsausgaben können dann finanziert werden, ohne daß (dadurch) die Zinssätze (merklich) steigen oder die Möglichkeiten der Kreditaufnahme durch andere (nennenswert) beeinträchtigt werden. Das traditionelle IS/LM-Modell berücksichtigte zwar die Zinseffekte bei unveränderter Geldpolitik oder Zentralbankfinanzierung der Staatsausgaben (siehe dazu Übersicht 7.4), Vermögenseffekte, Substitutionseffekte und Erwartungen blieben jedoch nach wie vor unberücksichtigt. Unter dem Druck, zunächst der Monetaristen, später der Neuen Klassischen Makroökonomie, die beide weitgehende Unwirksamkeit der Fiskalpolitik infolge gleich großer Verdrängung privater Ausgaben annehmen, wurde das Modell ausgebaut. Diese Entwicklung soll hier insoweit nachvollzogen werden, als sie die Verdrängung privater durch staatliche Ausgaben betrifft. Im einzelnen soll das transaktionskassenbedingte crowding-out, das portfolio-crowding-out,[3] das internationale crowding-out, das direkte crowding-out durch Nutzeninterdependenz öffentlicher und privater Güter sowie das crowding-out infolge Steuerdiskontierung (Erwartungs-crowding-out) untersucht werden.

15.1.1 Die unterschiedlichen Formen des crowding-out

Eine oft angeführte Form des crowding-out wird hier nicht weiter behandelt, nämlich *das crowding-out infolge voller Kapazitätsauslastung*: In einem bestimmten Typ von Modellen kann es zwangsläufig keine realen Effekte zusätzli-

---

2 Bzw. wenn er nicht schon liquide ist, eine konzertierte Aktion von Fiskal- und Geldpolitik die Vorraussetzungen dafür schafft, daß die expansive Fiskalpolitik nicht zinssteigernd wirkt.

3 Transaktionskassen- und portfolio-crowding-out zusammen werden oft als Finanzierungs-crowding-out bezeichnet.

cher Staatsausgaben geben, nämlich in den Modellen, in denen voll flexible Preise und Löhne, volle Information und Fehlen von Schocks (unerwarteten Änderungen) die Wirtschaft in jedem einzelnen Zeitpunkt in einem der Natürlichen Arbeitslosenquote entsprechenden Gleichgewicht verharren lassen. Jede Steigerung der Nachfrage muß in diesen Modellen mangels freier Produktionskapazitäten zu Preissteigerungen führen. Expansive Politik ist in einem solchen Modell real unwirksam, sie ist aber auch nicht nötig; sie ist ganz im Gegenteil in einer solchen Situation falsch. Im Rahmen der Stabilisierungspolitik werden expansive Maßnahmen der Fiskalpolitik richtigerweise bloß in einer Rezession mit erheblicher Unterauslastung der Kapazitäten gesetzt. In einem solchen Fall ist aber mit nennenswerten Preissteigerungen wohl kaum zu rechnen. Soferne es bereits im frühen Aufschwung zu gewissen Preissteigerungen kommt, hängen diese damit zusammen, daß mit der Besserung der Kapazitätsauslastung Preissenkungen in den am stärksten betroffenen Sektoren aufhören, was - gemeinsam mit den in der Regel auch in der Rezession weiterlaufenden Preissteigerungen im Dienstleistungssektor - zu einem vorübergehenden mäßigen Ansteigen der Inflationsrate führt. Im folgenden werden die Wirkungen zusätzlicher Staatsausgaben *bei Unterbeschäftigung* untersucht; ob Unterbeschäftigung im Einzelfall vorliegt, ist ein Diagnoseproblem.

Das *transaktionskassenbedingte crowding-out* wurde bereits in Abschnitt 7.4 behandelt: Zusätzliche Staatsausgaben und die durch sie multiplikatormäßig induzierten weiteren Ausgaben erhöhen nicht bloß das Volkseinkommen, sondern auch die Transaktionen und erfordern daher mehr Transaktionskasse. Bleibt die Geldmenge konstant (unveränderte Geldpolitik), kann die zusätzliche Transaktionskasse bloß aus einer Verringerung der Spekulationskasse zur Verfügung gestellt werden, was allein zu höheren Zinssätzen möglich ist. Höhere Zinssätze aber bedeuten eine Verringerung der privaten zinsabhängigen Investitionen. Im IS/LM-Diagramm (siehe Abbildung 7.4) bedeutet das eine Verschiebung der IS-Kurve nach rechts (von IS auf IS') und eine Wanderung entlang der LM-Kurve von A nach B. Das Ausmaß des crowding-out hängt vom Anstieg der LM-Kurve ab, also von der Zinselastizität der Geldnachfrage: Je steiler die LM-Kurve, je weniger zinselastisch also die Geldnachfrage, und je flacher die IS-Kurve, je zinselastischer also die Investitionsnachfrage, desto stärker ist die Verdrängung privater Nachfrage durch zusätzliche Staatsausgaben. B. Friedman (1978, 605f) nimmt aufgrund eines Vergleichs verschiedener ökonometrischer Schätzungen an, daß das kurzfristige Transaktions-crowding-out etwa ein Zehntel, das langfristige etwa ein Drittel der zusätzlichen Staatsausgaben kompensieren dürfte. Da für Fragen der Stabilisierungspolitik eher der kurzfristige Wert relevant ist, stellt transaktionskassenbedingtes crowding-out offenbar kein entscheidendes Hemmnis für die realen Wirkungen der Fiskalpolitik dar.[4]

---

[4] Überdies beruhen die ökonometrischen Schätzungen auf unterschiedlichen fiskalpolitischen Maßnahmen in der Vergangenheit, darunter sicher auch solchen, in denen mangels entsprechender Unterauslastung Verdrängungseffekte auftraten.

Beim *portfolio-crowding-out* geht es um die Frage, ob von der Kredit- (Wertpapier-)finanzierung der Staatsausgaben crowding-out-Effekte auf die private Investitionstätigkeit ausgehen. Zur Vereinfachung der Darstellung, wird eine Finanzierung durch Wertpapiere angenommen, die von privaten Haushalten gekauft werden; dieselbe Art von Portfeuilleanpassung würde auch stattfinden, wenn die Staatspapiere von Banken gekauft würden oder wenn Banken statt Staatspapieren (titrierte Kredite) Buchkredite (nicht-titrierte Kredite) an den Staat in ihr Portfeuille nehmen würden. Weiters wird unterstellt, daß die zusätzlichen Staatspapiere von den Privaten als zusätzliches Netto-Vermögen betrachtet werden.[5] Diese Annahme erhöht zwar den Multiplikator, weil das höhere Vermögen zusätzliche Konsumausgaben ermöglicht, zugleich aber auch das Ausmaß des Transaktions-crowding-out infolge der um den Konsumzuwachs höheren Transaktionen. „Normale" IS/LM-Kurven vorausgesetzt, bleibt der Gesamteffekt der zusätzlichen Staatsausgaben aber - zumindest auf die für Stabilisierungspolitik relevante Frist - positiv.

Damit ist aber noch nicht die gesamte Wirkung erfaßt: Eine Erhöhung des Wertpapierbestands in der Höhe der zusätzlichen Staatsausgaben macht eine Portefeuilleanpassung in zweifacher Hinsicht erforderlich. Erstens ist zu untersuchen, wie der Vermögenszuwachs durch die zusätzlichen Staatspapiere auf die einzelnen Anlageformen aufgeteilt wird; zweitens stören die zusätzlich emittierten Papiere das Portefeuillegleichgewicht und lösen Anpassungsprozesse der Bestände und der relativen Preise aus. Es ist offensichtlich, daß das Ergebnis dieser Anpassungsprozesse von der Vermögenselastizität der einzelnen Anlageformen - im vereinfachten Modell: Geld, Staatspapiere und Sachkapital - abhängt, andererseits aber auch davon, ob Staatspapiere Substitute eher für Geld- oder für Sachkapital darstellen. Diese Substitutionsbeziehungen lassen sich durch die relativen Kreuzzinselastizitäten[6] ausdrücken. B. Friedman (1978) leitete diese Beziehungen aus einem einfachen Portfoliomodell ab:

$$M^d = m_0 + m_1 r_M + m_2 r_B + m_3 r_K + m_4 Y + m_5 W$$

$$B^d = b_0 + b_1 r_M + b_2 r_B + b_3 r_K + b_4 Y + b_5 W$$

$$K^d = k_0 + k_1 r_M + k_2 r_B + k_3 r_K + k_4 Y + k_5 W$$

Die Nachfrage nach Geld (M^d), Staatspapieren (B^d) und Sachkapital (K^d) hängt von den jeweiligen Zinssätzen (r_M, r_B, r_K), dem Einkommen (Y) und dem Vermögen (W) ab. Für konstantes Y (um Portefeuilleeffekte zu isolieren) zeigt B. Friedman, daß unter der Bedingung[7]

---

[5] Ob allerdings Staatspapiere als solche tatsächlich Netto-Vermögen darstellen, ist umstritten; diese Frage wird im folgenden unter dem Titel crowding-out als Folge von Steuerdiskontierung abgehandelt.

[6] Also der Abhängigkeit der Geldnachfrage vom Staatspapierzinssatz einerseits, der Abhängigkeit der Staatspapiernachfrage von der Sachkapitalrendite andererseits.

[7] Wegen der Symmetrie ist $m_2 = b_1$ und $b_3 = k_2$; somit ist $(m_2/b_3) = (b_1/k_2)$.

$$(m_2/b_3) < (m_5/k_5)$$

crowding out stattfindet, unter der Bedingung

$$(m_2/b_3) > (m_5/k_5)$$

hingegen crowding in.[8] Somit ist crowding out zu erwarten:

* bei merklicher Vermögensabhängigkeit der Geldnachfrage ($m_5 > 0$), da das höhere Budgetdefizit das Vermögen der privaten Wirtschaftssubjekte und damit ihre Geldnachfrage erhöht, die Zinssäze bei unveränderter Geldmenge somit steigen und private Nachfrage verdrängen;
* wenn Geld und Wertpapiere schlechte Substitute sind (m_2 klein), sodaß trotz der zusätzlichen Staatspapiere mehr Wertaufbewahrungs-Kasse nachgefragt wird;
* wenn Wertpapiere und Sachkapital enge Substitute sind (b_3 groß), sodaß ein höheres Portefeuille an Staatspapieren eine kompensierende Anpassung des Sachkapitalbestands (Desinvestition) bedingt;
* wenn die Vermögenselastizität der Geldnachfrage deutlich höher ist als die der Sachkapitalnachfrage ($m_5 > k_5$).

Unterschiede zwischen r_B und r_K können die Entwicklung desto stärker beeinflussen, je stärker sich die Unternehmungen über den Aktienmarkt finanzieren. Sind die Unternehmungen stark kreditfinanziert und entwickelt sich der Zinssatz ähnlich der Staatsanleihenrendite, gewinnt crowding-out stärkere Bedeutung, es sei denn, die Banken haben sehr strikte Vorstellungen über ihre Portefeuillestruktur.

Die empirische Abschätzung des Portefeuille-Verdrängungseffekts ist schwierig. Grundsätzlich könnte er so hoch sein, daß er den Einkommenseffekt zusätzlicher Staatsverschuldung überkompensiert. B. Friedman (1978, 640f) betont, daß die Stärke des portfolio-crowding-out über die Substitutionselastizitäten vor allem von der Fristigkeit der Staatsverschuldung bestimmt wird: Bei kurzfristiger Verschuldung komme es eher zu crowding-in, bei langfristiger eher zu crowding-out. Nach Frankel (1983) ist das portfolio-crowding-out gering, weil Staatspapiere und Aktien schlechte Substitute sind;[9] auch Sinn (1983a, 479ff) hält den Portfolioeffekt für gering, weil er aus theoretischen Überlegungen eine geringe Vermögensabhängigkeit der Geldnachfrage vermutet.[10] Empirische Untersuchungen stehen dem zumindest nicht entgegen: Zwar findet die größere Zahl der Studien

---

8 Der Ausdruck wurde ursprünglich vom Congressional Budget Office in einem Bericht „Inflation and Unemployment: A Report on the Economy“ (June 30, 1975, GPO 1976) verwendet.

9 Eine Erhöhung der Staatsschuld um 1 % läßt die Aktienrendite bloß um 0,01 Prozentpunkte steigen.

10 Shell (1972) folgend nimmt Sinn an, daß Geld überwiegend für Transaktionszwecke gehalten wird, kaum jedoch zur Wertaufbewahrung, da dafür zinstragende Aktiva zur Verfügung stehen. Eine Erhöhung des Vermögens führt daher zu einer sehr geringen zusätzlichen Geldnachfrage.

für die USA wenigstens eine gewisse Vermögensabhängigkeit der Geldnachfrage, nicht jedoch für Europa; das dürfte damit zusammenhängen, daß die europäischen Haushalte relativ geringere Bestände an Wertpapieren und insbesondere an Aktien halten. Schließlich darf auch nicht übersehen werden, daß zumindest die europäischen Kreditmärkte vielfach rationiert sind. Vor allem in den Ländern mit hoher Haushaltssparquote führen Budgetdefizite in der Rezession schon deswegen nicht zu portfolio-crowding-out, weil der Staat bloß die Ersparnisse aufnimmt, die am Markt (vorübergehend) nicht untergebracht werden können (Price/Chouraqui 1983, 26, 31).

Internationales crowding-out kann - Überlegungen von Mundell (1963) zufolge - bei vollständiger Kapitalmobilität und flexiblen Wechselkursen stattfinden. Die Einkommenseffekte der zusätzlichen Staatsausgaben (Verschiebung der IS-Kurve nach rechts) lassen den Zinssatz steigen, es kommt zu Kapitalimporten und damit zu einer Aufwertung der inländischen Währung. Inlands- und Auslandsnachfrage nach inländischen Produkten nehmen ab und kompensieren die zusätzliche Staatsnachfrage (Verschiebung der IS-Kurve nach links zurück in die Ausgangslage). Allerdings ist diese Analyse unvollständig: denn die Aufwertung führt zu sinkenden Preisen, damit zu höheren Realkassenbeständen und zu steigenden Ausgaben (Purvis 1983, 11). Weiters betont Sinn (1983a, 505ff), daß Internationales crowding-out bloß bei Fehlen spekulativer Wechselkurserwartungen und bei perfekter Substituierbarkeit zwischen in- und ausländischen Anlagen auftritt. Lockert man diese (unrealistischen) Annahmen von Mundell, ist die Verdrängung privater Ausgaben kleiner als der Einkommenseffekt der zusätzlichen Staatsausgaben; Fiskalpolitik ist also wirksam. Denn bei spekulativen Wechselkurserwartungen kommt es als Folge expansiver Staatsausgabenpolitik zwar auch zu einer Aufwertung, die die IS-Kurve zurückverschiebt, sie ist jedoch schwächer. Infolge des Überschießens der Wechselkursanpassung erwarten die Anleger eine Abwertung, und so steigt der Zinssatz, der internationales Kapitalmarktgleichgewicht sicherstellt. Wenn aber der neue Zinssatz über dem ausländischen und damit über demjenigen vor der Staatsausgabenerhöhung liegt, muß sich die IS-Kurve nicht bis zum Ausgangspunkt zurückverschieben, der expansive Effekt der Staatsausgabenerhöhung bleibt erhalten. Hebt man weiters die volle Substituierbarkeit in- und ausländischer Anlagen auf,[11] tritt ein ähnlicher Effekt ein: Erhöht sich der inländische Wechselkurs, steigt auch der Wert und damit der Anteil der inländischen Anleihen am Portfeuille; der Zinssatz muß daher steigen, damit dieser höhere Anteil auch tatsächlich gehalten wird. Auch in diesem Fall erhöhen somit zusätzliche Staatsausgaben den Zinssatz, sodaß eine vollständige Zurückverschiebung der IS-Kurve unterbleibt.

Empirische Untersuchungen zum Internationalen crowding-out fehlen. Krugman (1987) vermutet, daß die US-amerikanische Entwicklung zwischen 1979 und 1984, nicht jedoch seither, mit der Hypothese eines Internationalen crowding-out

---

[11] Bei flexiblen Wechselkursen sind in- und ausländische Anlagen schon wegen des Wechselkursrisikos keineswegs voll substituierbar.

vereinbar wäre. Eine OECD-Studie betont, daß alle drei bisher besprochenen Formen des finanziellen crowding-out den positiven Staatsausgabeneffekt nicht kompensieren: Der Gesamteffekt einer Erhöhung der realen Staatsausgaben für Güter und Dienstleistungen auf das reale Brutto-Inlandsprodukt beträgt nach 8 Quartalen je nach Land das 0.9- bis 1.9-fache der ursprünglichen Staatsausgabe bei nicht-akkomodierender Geldpolitik, das 1.4 bis 2.0-fache bei akkomodierender (Price/Chouraqui 1983, 29); allerdings streuen die Werte von Land zu Land stark, sodaß crowding-out im Einzelfall nicht ausgeschlossen werden kann.

Direktes crowding-out ergibt sich aus der Substituierbarkeit von öffentlichen und privaten Ausgaben. Denison (1958) hatte eine unerklärliche Stabilität der privaten Sparquote gefunden, David/Scadding (1974) hatten dieses Ergebnis auch für den langen Zeitraum 1898/1964 bestätigt gefunden und festgestellt, daß diese Stabilität auf eine Kompensation erheblicher Schwankungen von Haushalts-, Unternehmenssparen und Käufen dauerhafter Konsumgüter zurückgeht. Sie erklärten diese Stabilität mit engen Substitutionsbeziehungen zwischen Haushalts- und Unternehmensersparnis einerseits, zwischen privatem und öffentlichen Konsum (Steuern) sowie privaten und öffentlichen Investitionen andererseits. Das Verhalten der Haushalte, das diesen Substitutionsbeziehungen zugrunde liegt, bezeichneten sie als Ultrarationalität. Selbst wenn nicht ausgeschlossen werden kann, daß die angeführten Aggregate in manchen Fällen tatsächlich Substitute sind, sprechen globale empirische Tests doch eher dagegen (Feldstein 1982).

Crowding-out als Folge von Steuerdiskontierung schließlich beruht auf der vieldiskutierten Barro/Ricardo-Schuldenneutralitäts-Hypothese (Barro 1974). Diese hat eine lange und vertrackte Geschichte: Nachdem sie Barro (1974) in der ersten Hälfte der siebziger Jahre aufgestellt hatte, wies Buchanan (1976) darauf hin, daß diese Hypothese auf Ricardo zurückgehe und in Buchanan (1958) ebenso diskutiert würde wie in der italienischen Literatur (De Viti de Marco 1934). O'Driscoll (1977) hingegen betonte, daß Ricardo in seiner Schrift „Funding System" gemeint hätte, „This argument ... is often used by otherwise well informed people, but we confess we see no weight in it. The people who pay the taxes never so estimate them" (1951, 4:187); dieselbe Ablehnung findet sich auch in den „Principles" (1951, 1:247f). Demgemäß spricht Feldstein (1982) auch von der „pre-Ricardian equivalence-hypothesis". Jedenfalls beruht diese Hypothese auf privatem Nutzenmaximierungsverhalten mit unbeschränktem Zeithorizont (für alle kommenden Generationen) in einem Modell einander überlappender Generationen bei perfekter Voraussicht, jederzeit-vollständiger Markträumung und Beschränkung der öffentlichen Abgaben auf eine Kopfsteuer. In diesem Modell bleibt der Bestand an zinstragender Staatsschuld ohne Bedeutung für das Verhalten der privaten Wirtschaftssubjekte. Da der Wert der Staatsschuld genau dem abdiskontierten Wert der Zinsenzahlungen entspricht und die Zinsenzahlungen identisch sind mit der zusätzlichen künftigen Steuerbelastung, kann die Staatsschuld nicht als Nettovermögen betrachtet werden;[12] Steuer- und Anleihefinanzierung von Ausgaben sind unter diesen Bedingungen äquivalent.

An der Arbeit von Barro entzündete sich eine lange Debatte, die hier nicht einmal in den Grundzügen wiedergegeben werden kann (siehe dazu z.B. Buiter/Tobin 1979). Wichtige Argumente für die Ablehnung der Hypothese sind:

* daß Steuern (mit Ausnahme einer Kopfsteuer) nicht neutral wären;
* daß auch Schulden nicht neutral wären, weil durch die Existenz der Staatstitel das Geschenk-/Erbschaftsverhältnis zwischen den Generationen geändert wird;
* daß die in der Realität bestehende Unsicherheit, insbesondere über die Entwicklung der Steuerbelastung, die vollständige Identifizierung der gegenwärtigen mit späteren Generationen unwahrscheinlich macht;
* daß die Erwartung steigenden Einkommens als Wohlstandsausgleich eher negative Erbschaften[13] als positive nahelegen würde;
* daß Steuer- und Anleihefinanzierung unterschiedliche Liquiditätseffekte hätten;
* daß die Zinssätze auf Staats- und Haushaltsschulden unterschiedlich wären;
* daß keineswegs ein perfekter Kapitalmarkt bestehe, der den Haushalten eine entsprechende Verschuldung ermögliche, sodaß Liquiditätsbeschränkungen angenommen werden müssen.
* Besonders wichtig erscheint schließlich, daß Barro Wachstum und technischen Fortschritt ausdrücklich ausgeschlossen hat und daß demgemäß die Staatsausgaben zwangsläufig ohne Einfluß auf die Angebotsfunktion bleiben.

„However, recent research shows that the public's perception of and response to future tax obligations implied by existing government debt may be exaggerated; the costs both of existing public debt and future social security benefits seem to be viewed by consumers as financiable from future growth" (Price/Chouraqui 1983, 28). Empirische Arbeiten von Yawitz/Meyer (1976) und (Feldstein 1982) konnten die Barro-These nicht bestätigen. Ebensowenig wird sie nach Krugman (1987) durch die amerikanische Entwicklung der achtziger Jahre bestätigt, in denen ein hohes Budgetdefizit mit sinkender Sparquote zugleich auftrat; die These wäre „a triumph of theoretical nicety ... over both macroeconomic evidence and any plausible description of human behaviour." Feldstein (1982, 16ff) allerdings betont, daß Änderungen von Staatsausgaben von den Staatsbürgern als fiscal signals verstanden und zur Abschätzung künftiger Steuerbelastung verwendet würden. Wie diese Abschätzung ausfällt, „will differ from one time to another in a way that depends on the whole history of previous fiscal actions and on the recent and past legislative debates" (Feldstein 1982). Daraus läßt sich die Schlußfolgerung ziehen, daß die Erwartungsbildung langfristigen Schwankungen unterliegen dürfte: In optimistischen Perioden mit Glauben an einen funktionierenden Staat, an

[12] Eine sehr ähnliche Überlegung, daß nämlich zusätzliches Geld nicht als Nettovermögen betrachtet werden dürfe, wenn es aus der Verschuldung inländischer Wirtschaftssubjekte entstanden ist (inside-money), findet sich bei Gurley/Shaw (1960).

[13] D.h. Transfers der künftigen an die gegenwärtige Generation.

sinnvolle Staatsausgaben und damit an deren gesamtwirtschaftlichen Ertrag, wird die Staatsverschuldung sehr wohl als Nettokapital empfunden; die Bevölkerung vertraut darauf, daß die Staatsausgaben zu rascherem Wachstum beitragen und die Steuern zur Schuldentilgung somit aus einem höheren Sozialprodukt gezahlt werden können. In Perioden des Pessimismus, wie sie für die Mitte der achtziger Jahre eher typisch waren, wird die Staatstätigkeit vielfach negativ bewertet und als wirtschaftlich unproduktiv empfunden; die Staatsschuld wird zur Bedrohung, niemand kann sich - mangels Erträgen - vorstellen, woher Zinsen und Rückzahlungen je geleistet werden können. In solchen Perioden wäre es eher wahrscheinlich, daß die Barro-Hypothese tatsächlich (zumindest teilweise) zutrifft.[14] Entsprechende empirische Untersuchungen, die nach Perioden des Optimismus und Pessimismus differenzieren, liegen allerdings nicht vor.

Versucht man die Überlegungen über crowding-out zusammenzufassen, müssen die Vorwürfe der Neuen Klassischen Makroökonomie doch erheblich relativiert werden:

* Transaktions-crowding-out dürfte auf die für stabilitätspolitische Wirkungen relevante Frist kaum mehr als ein Zehntel des Einkommenseffekts der Staatsausgaben kompensieren.
* Die Wirkungen von portfolio-crowding-out hängen erheblich von den Umweltbedingungen ab: Ist die Sparquote hoch, der Kreditapparat liquide und hält das Publikum gerne Staatspapiere zur Portfeuillediversifizierung, dann werden die Verdrängungseffekte sehr gering sein. Überdies ist festzuhalten, daß Transaktions- und portfolio-crowding-out durch unterstützende expansive (akkomodierende) Geldpolitik weitgehend ausgeschaltet werden können.
* Internationales crowding-out durch Sickerverluste via Importe ist ein ernstes aber kein neues Problem; via Kapitalimporte bei flexiblen Wechselkursen wurde es von der Theorie überschätzt, solange die Wirkungen spekulativer Wechselkurserwartungen nicht berücksichtigt wurden. Beide Formen des Internationalen crowding-out können durch internationale Koordinierung der Konjunkturpolitik erheblich verringert werden.
* Direktes crowding-out dürfte bloß bei Mitnahmeeffekten schlecht geplanter Staatsausgaben (etwa Investitionsförderung) eine größere Rolle spielen.
* Steuerdiskontierungs-crowding-out schließlich scheint eher ein psychologisches Problem zu sein, da es höchstens dann auftreten könnte, wenn das Vertrauen in den Staat und seine Wirtschaftspolitik gering ist; insoweit ist es eher ein Unsicherheitsphänomen als ein Phänomen der Nutzenmaximierung über einen unendlichen Zeithorizont.

---

[14] Ähnlich zeigt Hargreaves Heap (1992, 92f), daß eine Geldmengenausweitung in einem Modell überlappender Generationen mit NCM-Erwartungen zu einer sofortigen Preissteigerung führt, mit keynesianischen hingegen nicht.

15.1.2 Die realen Wirkungen der Fiskalpolitik

Es bleibt die Frage zu beantworten, was wir durch die Herausforderung der Neuen Klassischen Makroökonomie in bezug auf die Wirkungen der Fiskalpolitik gelernt haben. Zwar bei weitem nicht so viel, daß Kapitel 7 neu geschrieben werden müßte, aber doch einiges, das es jetzt zu ergänzen gilt:

* Zunächst einmal, daß nationale Fiskalpolitik teils durch die Sickerverluste ins Ausland, teils durch Verdrängungseffekte bei weitem *nicht so effizient* ist, wie man früher glaubte. Ohne akkomodierende Geldpolitik (Abbildung 15.1: USAna, BRDna) liegen die Multiplikatoren im ersten Jahr um 1 und nehmen dann rasch ab (Price/Chouraqui 1983, 29; Larsen et al. 1983, 70; Richardson 1987b,13); mit akkomodierender Geldpolitik (die übrigen Reihen in Abbildung 15.1) steigen sie auf Werte zwischen 1½ und 2 (Price/Chouraqui 1983, 29; Richardson 1987b, 12). Geld- und Fiskalpolitik müssen daher zwar nicht stets in die gleiche Richtung eingesetzt werden, ihre Koordinierung ist aber für die Wirkung auf die Nachfrage außerordentlich wichtig.
* Schwächer als auf das reale Brutto-Sozialprodukt wirken Staatsausgaben auf die *Beschäftigung*: Zusätzliche Staatsausgaben in Höhe von 1 % des Brutto-Inlandsprodukts erhöhen die Beschäftigung im ersten Jahr um ⅓ Prozentpunkt, im zweiten Jahr um ½, im dritten um ¾ Prozentpunkte (Larsen et al. 1983, 70). Das zeigt einerseits, daß zusätzliche Staatsausgaben offenbar die Produktivität erhöhen und die negativen Angebotseffekte jedenfalls in der Untersuchungsperiode (Simulation 1981/83 bzw. 1983/87) außerordentlich gering gewesen sein müssen,[15] andererseits aber, daß Fiskalpolitik *allein* als Beschäftigungspolitik nicht ausreicht.
* Aus ihrer beschränkten Effizienz ergibt sich drittens, daß *fiskalpolitische Maßnahmen teurer* sind, als man früher annahm: Je kleiner der Multiplikator, desto mehr Staatsausgaben sind nötig, um die Nachfrage um einen bestimmten Betrag zu heben. Das bedeutet aber umgekehrt, daß eine gegebene Nachfrageerhöhung durch zusätzliche Staatsausgaben eine höhere Staatsschuld und höhere Zinszahlungen nach sich zieht, was - wenn die Maßnahmen nicht erfolgreich waren, oder überwiegend dem Ausland zugute kamen - zwangsläufig höhere Steuerzahlungen bedeutet.
* Damit aber ist viertens die *Gefahr von negativen Rückwirkungen auf die Angebotsseite* größer, als man früher annahm. Wiederum ist jedoch die Wirtschaftspolitik diesen Widrigkeiten nicht hilflos ausgesetzt. Nach Schätzungen mit Hilfe des OECD-Interlink-Modells (Tabelle 15.1 und Abbildung 15.1) können die Multiplikatoren durch internationale Koordinierung der Fiskalpolitik fast verdoppelt werden (Larsen et al., 1983, 70): Die Koordinierung

[15] Das Ergebnis hängt natürlich davon ab, daß in dieser Zeit die Kapazitäten relativ schlecht ausgelastet waren und daß die meisten OECD-Staaten eine im großen und ganzen antizyklische Fiskalpolitik betrieben (Price/Chouraqui 1983, 36f). Übersicht 15.1 läßt auch erkennen, daß die Multiplikatoren in der Simulation 1983/87 vor allem in den USA (USA1) niedriger sind als in der Simulation 1981/83 (USA 2, BRD 2).

der Fiskalpolitik macht diese somit - grob gesprochen - doppelt so effektiv und damit halb so teuer.

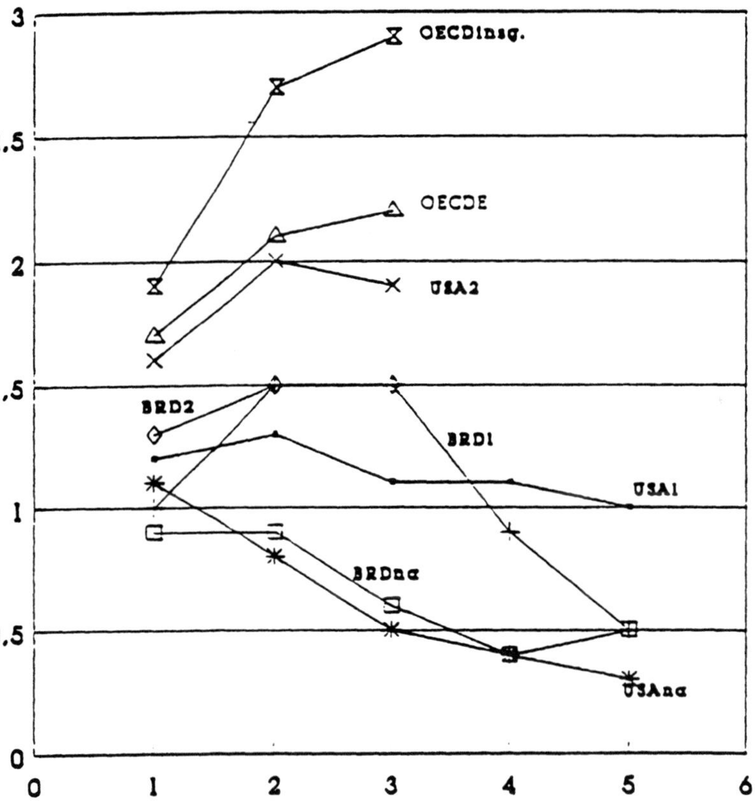

Steigerung der Nicht-Lohnstaatsausgaben im jeweiligen Land (Region) in Höhe von 1 % des BNP; feste Wechselkurse; nicht-akkomodierende (na) bzw. akkomodierende Geldpolitik.

Q: Richardson 1987b (USA 1, USAna, BRD 1, BRDna)
Larsen et al 1983 (USA 2, BRD 2, OECDE, OECD insg.)

Abbildung 15.1: ***Unterschiedliche Staatsausgaben-Multiplikatoren***

* Fünftens ist hervorzuheben, daß die (positive) Multiplikatorwirkung der Fiskalpolitik ab dem dritten Jahr rasch abnimmt, die Wirkungen auf das *Preisniveau* bereits ab dem zweiten Jahr hingegen rasch zunehmen. Gemeinsam mit den auf mittlere Sicht zu erwartenden negativen Wirkungen auf Zinssatz und Angebot deutet das darauf hin, daß Fiskalpolitik zwar als *kurzfristige* Stabilisierungspolitik geeignet ist, sehr viel weniger jedoch für den Ausgleich mittelfristiger Unterauslastung der Kapazitäten. Da in solchen Fällen jedoch wohl kaum Mangel an globaler Nachfrage allein Schuld an der Zielverletzung sein wird, wird eine solche Politik wohl nicht nur wenig effizient sein, sondern

auch gegen das Prinzip der ursachenadäquaten Bekämpfung von Zielverletzungen verstoßen.

* Sechstens schließlich sollten die Überlegungen der Neuen Klassischen Makroökonomie unser Verständnis dafür geschärft haben, daß von einer hohen und rasch steigenden *Staatsschuld* auch *negative Effekte* ausgehen können. Unter den derzeit in Europa herrschenden Bedingungen werden die Staatsbürger als Reaktion auf zusätzliche Staatsausgaben zwar nicht zu sparen beginnen, damit sie oder ihre Kinder die in Zukunft zu erwartenden Steuererhöhungen leichter tragen können; sehr wohl aber können sie sich unter bestimmten Bedingungen von dieser Staatsschuld bedroht fühlen, eine Bürde vor sich sehen, die sie glauben, nicht tragen zu können, ein Gefühl der Ausweglosigkeit, das sich auf Leistungswillen und Effizienz negativ auswirken kann.

Tabelle 15.1: ***Multiplikatoren (Zusätzliche Staatsausgaben in Höhe von 1 % des BIP)***[1]

	Jahr	im Land allein	OECD
USA	1	1.6	1.9
	2	2.0	2.5
	3	1.9	2.4
BRD	1	1.3	2.3
	2	1.5	3.3
	3	1.5	3.6
OECD Europa	1	1.7	2.0
	2	2.1	2.8
	3	2.2	3.0
OECD insgesamt	1		1.9
	2		2.7
	3		2.9

[1] Akkomodierende Geldpolitik, fixer Wechselkurs

Q: Larsen 1983, 70

Fiskalpolitik hat daher durchaus ihre Bedeutung für die Stabilisierungspolitik; expansive Maßnahmen erhöhen in der Regel tatsächlich die Nachfrage, restriktive verringern sie. Allerdings darf Fiskalpolitik nicht mechanisch in der Form angewendet werden, daß *jedes* Sinken der Kapazitätsauslastung und *jedes* Steigen der Arbeitslosigkeit quasi automatisch mit höheren Staatsausgaben beantwortet wird. Es bedarf einer genauen Untersuchung der Ursachen der Zielverletzung einerseits und der Finanzierungsbedingungen andererseits. Über die modellmäßige Analyse hinaus ist aber auch genau zu untersuchen, wie die Wirtschaftssubjekte auf zusätzliche Staatsausgaben reagieren, ob sie als Reaktion darauf ihre Verhaltensweisen ändern werden. Auf diese sehr wichtige Frage wird Abschnitt 15.3 genauer eingehen.

15.2 Wirken bloß unerwartete Maßnahmen der Wirtschaftspolitik?

Die Neue Klassische Makroökonomie stellte durch die Überschätzung der crowding-out-Effekte nicht bloß die Fiskalpolitik, sondern durch die Betonung der Anpassungsreaktionen der Betroffenen auch die Wirkungen erwarteter Geldpolitik in Frage: Gemäß der Politikineffektivitäts-Hypothese können bloß unerwartete Maßnahmen der Wirtschaftspolitik reale Effekte erzielen; erwartete Maßnahmen werden von den „rational“ agierenden Wirtschaftssubjekten voll antizipiert. In der theoretischen Literatur beschränken sich die Argumente der Politikineffektivitäts-Hypothese auf die Geldpolitik; Namensgebung und Argumentation implizieren jedoch eine sehr viel breitere Geltung. Das ist ungerechtfertigt: die Hypothese gilt bestenfalls für bestimmte Formen der Wirtschaftspolitik, und selbst dort bloß dann, wenn eine Reihe von nicht unproblematischen und eher selten zutreffenden Annahmen unterstellt wird.

15.2.1 Die theoretische Basis der Politikineffektivitäts-Hypothese

Die theoretische Basis der Politikineffektivitäts-Hypothese bilden die Modelle der NCM, Modelle somit, die an den Informationsstand der agents hohe Anforderungen stellen, Unsicherheit vernachlässigen und sehr rasche Anpassungen durch Preisflexibilität vorsehen. Im folgenden sollen einige Modelle dieser Art, sowie einige Modelle, in denen die Strenge der Annahmen gelockert wurde, auf die Wirkungsweise geldpolitischer Maßnahmen hin untersucht werden. Das Grundprinzip wurde in Abschnitt 14.2 bereits dargestellt. Eine Lucas/Sargent-Angebotsfunktion,

(1) $y_t = y_n + a_1 (p_t^* - E_{t-1}p_t) + u_t,$

in die die Bestimmungsgleichung der Rationalen Erwartungen (siehe S. 193)

(2) $E_{t-1}p_t = p_t + v_t$

eingesetzt wird, ergibt

(3) $y_t = y_n + a_1 v_t + u_t;$

die Produktion weicht von ihrem Natürlichen Niveau y_v bloß als Folge von Zufallsstörungen (Angebotsschocks u und Nachfrageschocks v) ab. Die Geldpolitik

(4) $m_t = cm_{t-1} + e_t$

besteht aus einer systematischen Komponente cm_{t-1} und einer stochastischen Komponente e_t. Ändert die Währungsbehörde die systematische Komponente, wird das von den Wirtschaftssubjekten sofort bemerkt und in die Erwartungsbildung einbezogen. Keine der Größen, die y_t in (3) bestimmen, wird davon betroffen, systematische Geldpolitik bleibt somit ohne Einfluß auf die realen Größen. Rein stochastische Änderungen der Politik (monetäre Schocks e_t) machen sie weniger vorhersehbar und vergrößern damit den Prognosefehler v_t in (2) und (3); damit verstärken sie die Schwankungen von y um seinen Natürlichen Wert y_n.

Die Bedeutung der Rationalen Erwartungen für die Politikineffektivitäts-Hypothese läßt sich erkennen, wenn man bei sonst gleichen Voraussetzungen adaptive Erwartungen annimmt. An die Stelle von Gleichung (2) tritt dann

$$(2') \qquad E_{t-1}p_t = dp_{t-1} + d(1-d)\, p_{t-2} + d(1-d)^2\, p_{t-3} + \ldots \text{ für } 0 < d < 1.$$

Ist in (t-1) bekannt, daß die Geldmenge steigen wird, steigt zwar $(E_{t-1}p_t)$, doch wegen seiner Vergangenheitsbestimmtheit weniger als p_t; damit wird $(p_t - E_{t-1}p_t)$ in Gleichung (1) positiv, und y steigt. Da jedoch die Preiserwartungen gleichfalls steigen, bedarf es einer Beschleunigung der Geldmengensteigerung und damit einer Beschleunigung der Inflation, um y dauernd über seinem Natürlichen Wert zu halten.

Nachfragesteuerung im traditionellen Sinn ist in Modellen mit Rationalen Erwartungen und jederzeit-vollständiger Markträumung somit nicht nötig; insofern gilt natürlich die Politikineffektivitäts-Hypothese. Nachfragesteuerung ist in solchen Modellen - wie bereits mehrfach erwähnt - aber auch gar nicht möglich, weil die agents systematische Fehlentwicklungen sofort entdecken und sich unverzüglich so anpassen, daß die Märkte auch weiterhin geräumt sind. Die Wirtschaftspolitik braucht und kann die Anpassung weder steuern noch beeinflussen; die Wirtschaft befindet sich annahmegemäß jederzeit in einem stochastischen steady state. Sehr wohl aber ist unter den Annahmen des Modells Angebotspolitik im Sinne der Beeinflussung des potentiellen Output durch Gestaltung der Rahmenbedingungen möglich.

Zusätzliche Möglichkeiten für Stabilisierungspolitik ergeben sich, wenn die Wirtschaftssubjekte auf Änderungen doch nicht sofort reagieren, sei es, weil sie diese nicht bemerken, sei es, weil Anpassungen (insbesondere Bestandsanpassungen) nicht sofort vorgenommen werden können. Dann können Abweichungen länger als eine Periode dauern, und die Wirtschaftspolitik kann durch Informationspolitik oder durch Änderungen der Bedingungen in einer Weise, die die Prognosen verbessern, die Anpassungsgeschwindigkeit erhöhen und zu einer rascheren Annäherung an den Gleichgewichtswert beitragen. Das sind alles Maßnahmen, die zwar nicht zur Nachfragepolitik im engeren Sinn gehören, die aber in Abschnitt B sehr wohl zur Stabilisierungspolitik gerechnet wurden. Als Beispiele seien erwähnt: Erleichterung der Prognosen der Wirtschaftssubjekte durch Verstetigung der Wirtschaftspolitik, sei es durch klar erkennbare Regeln, sei es aber auch dadurch, daß die Betroffenen wissen, daß Störungen (etwa von außen) von der Wirtschaftspolitik rasch und effizient bekämpft werden; Erleichterung der Anpassung durch Förderung der Mobilität, Arbeitsmarktpolitik, Anpassungsbeihilfen, Deregulierung usw.

Stabilisierungspolitik im NCM-Standardmodell (Modell 2)[16]

Das schon in Abschnitt 14.2 dargestellte Standardmodell der Neuen Klassischen Makroökonomie (Modell 1) wird jetzt leicht modifiziert. Die Angebotsfunktion bleibt unverändert

(5) $y^s_t = a_0 + a_1(p_t - E_{t-1}p_t) + a_2y_{t-1} + u_t.$

In die Nachfragefunktion wird ein Realkasseneffekt $[b_1\ (m_t\text{-}p_t)]$ eingebaut:

(6) $y^d_t = b_0 + b_1(m_t - p_t) + b_2\ E_{t-1}(p_{t+1} - p_t) + v_t.$

Die Geldangebotsfunktion

(7) $m_t = f_0 + f_1m_{t-1} + f_2y_{t-1} + e_t$

enthält y_{t-1} als zusätzliche erklärende Variable. Die Lösung ergibt für Preise und Preiserwartungen:

(8) $p_t = [1/(a_1 + b_1)][(b_0 - a_0) + b_1m_t + a_1E_{t-1}p_t - a_2y_{t-1} +$
$+ b_2E_{t-1}(p_{t+1} - p_t) + v_t - u_t]$, und

(9) $p_t - E_{t-1}p_t = [1/(a_1 + b_1)][b_1(m_t - E_{t-1}m_t) + v_t - u_t],$

sowie für die Produktion:

(10) $y_t = a_0 + a_2y_{t-1} + (a_1v_t + b_1u_t + a_1b_1e_t)/(a_1 + b_1).$

Die Produktion hängt somit nicht von den Politikparametern f_n, sondern allein von den Verhaltensparametern a_n und b_n sowie von den Nachfrage-, Angebots- und Geldmengenschocks, v, u und e ab. Unsystematische Geldpolitik (e) kann die reale Produktion beeinflussen; systematische Änderungen der Geldpolitik hingegen ändern Preise und Preiserwartungen gleichermaßen und bleiben ohne Einfluß auf die realen Größen. Der Realkasseneffekt in der Nachfragefunktion. bewirkt jedoch, daß eine höhere Geldmenge über die Erwartung steigender Preise und sinkender Erträge der Kassenhaltung zu einer Portefeuilleumschichtung zugunsten von Realkapital führt. Auch systematische und daher vorhersehbare Geldpolitik kann auf diese Weise zwar zunächst bloß die Zusammensetzung des Output, längerfristig jedoch - über Investition und Kapitalstock - sogar das Niveau des Natural Rate-Output beeinflussen. Bereits die Berücksichtigung eines Realkasseneffekts relativiert die Politikineffektivitäts-Hypothese somit insofern, als sy-

[16] Die folgenden Modelle und die Erklärungen folgen McCallum 1980.

stematische Geldpolitik die Investitionen und damit die künftige Höhe der Natürlichen Wachstumsrate beeinflussen kann.

Berücksichtigung von Kapazitätseffekten (Modell 3)

Um Kapazitätseffekte berücksichtigen zu können, wird Gleichung (5) in Modell 2 durch

(5') $y^s_t = a_0 + a_1(p_t - E_{t-1}p_t) + a_2y_{t-1} + a_3K_t + u_t$

sowie

(11) $K_t = d_1K_{t-1} - d_2r_{t-1}$, mit

(11a) $r_t = i_t - E_{t-1}(p_{t+1} - p_t)$

ergänzt. Für Preise und Preisüberraschungen ergeben sich

(12) $p_t = \pi_0 + \pi_1m_t + \pi_2K_t + \pi_3y_{t-1} + \pi_4E_{t-1}p_t + \pi_5E_{t-1}p_{t+1} + \pi_6u_t + \pi_7v_t$

und

(13) $p_t - E_{t-1} = \pi_1e_t + \pi_6u_t + \pi_7v_t$,

wobei die π-Koeffizienten Kombinationen der a_n- und b_n-Koeffizienten darstellen. Die Produktion y hängt über k und r in diesem Modell sehr wohl von den f-Koeffizienten und damit von (systematischer) Geldpolitik ab. Definiert man den Natürlichen Output[17] als

(14) $y^n = a_0 + a_2y^n_{t-1} + a_3K_t + u_t$,

ist die Differenz $(y_t - y^n)$, die Kapazitätsauslastung

(15) $y_t - y^n = a_1(p_t - E_{t-1}p_t) + a_2(y_{t-1} - y^n_{t-1})$

von der Geldpolitik unabhängig.

Es ist eine terminologische Streitfrage, ob man den gleich starken Einfluß systematischer Geldpolitik auf tatsächliches (BIP) und Potentialprodukt (PO) als Politikineffektivität bezeichnen will oder nicht; Nachfragesteuerung im engen Sinn wird dadurch sicherlich nicht ermöglicht, Wirtschaftspolitik generell natürlich schon.

Berücksichtigung von aktueller Information (Modell 4)

Gibt es auch Modifikationen des Modells, die es der Wirtschaftspolitik erlauben, die Kapazitätsauslastung zu beeinflussen, also Stabilisierungspolitik im engeren Sinn zu betreiben? Das ist möglich, wenn die Annahme des Informationsgleich-

---

[17] Diese Definition ergibt sich, wenn in (5') $p_t = E_{t-1}\ p_t$ und $y_{t-1} = y^n_{t-1}$.

stands zwischen den Trägern der Wirtschaftspolitik und den Wirtschaftssubjekten aufgegeben wird. Geht man wieder von den Gleichungen (5) und (6) aus und ersetzt (7) durch

(7') $m_t = m + e_t$

mit m als einer Konstanten, so kann die Zentralbank die Störungen (Schocks) v_t beobachten, den daraus resultierenden Prognosefehler der Wirtschaftssubjekte berechnen und e_t so wählen, daß es v_t kompensiert:

$$e_t = a_1 v_t.$$

Natürlich muß die Information der Zentralbank richtig sein, und diese muß rasch und ohne Verzögerung handeln können; sonst könnte die Politik die Konjunktur sogar weiter destabilisieren. Dementsprechend wurde auch vorgeschlagen, in diesem Fall nicht die Nachfrage zu steuern, sondern besser die Information an die Wirtschaftssubjekte weiterzugeben, um deren Prognosen zu verbessern. Ein einfacher Ausweg in dem schon in Abschnitt 14.4 erwähnten und im folgenden unter Modell 5 beschriebenen Modell von Fischer (1977) ist allerdings nicht möglich: : Zwei Gruppen von Arbeitnehmern schließen um jeweils eine Periode versetzt bindende Nominallohnverträge für zwei Perioden. Bei Störungen ergeben sich dadurch *zwangsläufig* Anpassungverzögerungen und Schwankungen der tatsächlichen Nachfrage um die Natürliche Rate für die Dauer einer Periode, die von der Regierung durch Stabilisierungspolitik ausgeglichen werden können; Stabilisierungsmöglichkeiten und -notwendigkeiten steigen dabei mit der Laufzeit der Verträge.

Gleichermaßen fällt die Politikineffektivitäts-Hypothese, wenn die Wirtschaftssubjekte generell Informationen der *laufenden* Periode zur Bildung ihrer Inflationserwartungen verwenden können. In dem Modell

(5") $y^s{}_t = a_1(p_t - E_{t-1}p_t) + u_t$

(6") $y^d{}_s = b_1(m_t - p_t) + b_2E_t(p_{t+1} - p_t) + v_t$

(7") $m_t = f_1 m_{t-1} + e_t$

hängt die Inflationsüberraschung $(p_t - E_{t-1}p_t)$ und damit auch die Kapazitätsauslastung $(y_t - y^n)$ vom Politikparameter f_1 ab. Diese Information kann durch den Preis oder Zinssatz eines generell gehandelten Aktivums, der von allen beobachtet werden kann, geboten werden (King 1979, zitiert bei McCallum 1980) .[18]

[18] Der Preis eines generell - über alle relevanten Märkte - gehandelten Aktivums ermöglicht es den agents im NCM-Konjunkturmodell (Abschnitt 14.2), die absolut/relativ-Konfusion zu vermeiden; sie können also erkennen, ob die Störung das globale Preisniveau betrifft (dann ändert sich der Preis des generell gehaltenen Aktivums) oder bloß das relative Preisniveau ihres Marktes.

Die Rolle der Markträumung (Modell 5)

Entgegen ersten Vermutungen ist nicht die Annahme Rationaler Erwartungen sondern diejenige jederzeit-vollständiger Markträumung Ursache der Politikineffektivitäts-Hypothese. Wird sie aufgegeben, wird Stabilisierungspolitik möglich und notwendig. Das läßt sich an einem Modell zeigen, in dem wiederum zwei Personengruppen zeitlich überlappende Lohnverträge abschließen (Begg 1982a). Die Nominallöhne müssen für die gesamte Laufzeit der Verträge in einheitlicher Höhe abgeschlossen werden, die Preise können jederzeit angepaßt werden, sodaß sie die Märkte räumen. Nach einem permanenten negativen Nachfrageschock wird die Gruppe, die als nächste Lohnverträge abschließt, den Lohn so setzen, daß sie vollbeschäftigt ist; ihr Lohn wird über dem Gleichgewichtslohn liegen, weil die andere Gruppe ihren (überhöhten) Lohn nicht anpassen kann und dementsprechend teilweise arbeitslos wird. In der nächsten Periode, wenn die andere Gruppe Lohnverhandlungen führt, wiederholt sich dasselbe: Diese Gruppe wird ihren Lohn zwar zurücknehmen, doch nicht bis auf den Gleichgewichtslohn, weil *ihre* Vollbeschäftigung auch bei einem zwar überhöhten, doch unter dem der anderen Gruppe liegenden Lohn gesichert ist. Bis der Gleichgewichtslohn für beide Gruppen tatsächlich erreicht ist, dauert es sehr lange, streng theoretisch unendlich lange. Interessant dabei ist, daß auch die Kenntnis aller Anpassungsvorgänge und Rationale Erwartungen an dem Zeitbedarf nichts ändern können. Gegeben die Institution der über zwei Perioden laufenden Lohnkontrakte verhalten sich alle Beteiligten völlig rational. Natürlich könnte jede Gruppe sofort zum Gleichgewichtslohn abschließen; damit hätte sie aber für die Periode, bis die andere Gruppe nachzieht, einen erheblichen Reallohnverlust und keine sonstigen Vorteile: Stabilisierungspolitik ist daher notwendig und wirksam. Gegen ihren Einsatz in diesem Fall wird vielfach eingewendet, daß es günstiger wäre, die „falschen" Institutionen zu beseitigen, die die sofortige Anpassung an den Gleichgewichtslohn verhindern, in diesem Fall die langwährenden Lohnverträge; diese wären mikroökonomisch ineffizient. Tatsächlich haben jedoch unzählige Arbeiten gezeigt, daß solche Institutionen auf vielfältige Weise mikroökonomisch begründet werden können: Als Beispiele seien Transaktionskosten, Informationsprobleme bezüglich der Qualität der Arbeit, firmenspezifische Ausbildungskosten oder Unsicherheit, bei der die Arbeitnehmer einen niedrigeren Lohn als Versicherungsprämie für die Sicherheit des längeren Vertrags in Kauf nehmen, erwähnt.[19] Fischer (1980b, 211) weist darauf hin, daß sich die Wirtschaftssubjekte vor den Auswirkungen unerwarteter Störungen durch bedingte Verträge sichern könnten. Vermutlich wären die Kosten der Erstellung und Erfüllung solcher Verträge (ebenso wie die laufende Anpassung der Institutionen) sehr viel kostspieliger als die Übertragung der Stabilisierungsaufgabe als solcher an eine wirtschaftspolitische Behörde. Das Verhältnis Wirtschaftssubjekte/Wirtschaftspolitik wäre in diesem Fall kooperativ, nicht - wie im NCM-Modell - konfligierend zu sehen. Auch

[19] Siehe dazu Abschnitt 14.4.2.

betont Sayers (1957), daß das Geldsystem keineswegs aus sich heraus stabil wäre; die Bank of England etwa wäre in der Geschichte immer wieder, auch gegen ihren Willen, gezwungen gewesen, in den englischen Geldmarkt einzugreifen, um Krisen zu mildern; das gilt insbesondere in bezug auf internationale Geld- und Finanzmärkte offensichtlich auch heute.

15.2.2 Der Spielraum der Wirtschaftspolitik

Die Hypothese der Politikineffektivität beruht auf einem sehr engen Modell; wenn man die Annahmen auch nur wenig lockert, und d. h. in diesem Fall in Richtung Realität verändert, eröffnen sich sofort Wirkungskanäle stabilisierungspolitischer Maßnahmen, wenn auch nicht immer der traditionellen Nachfragesteuerung (im engeren Sinn). Geld- und Fiskalpolitik können auf die Zusammensetzung der Produktion und die relativen Preise und damit auch auf die Aufteilung Arbeitszeit/Freizeit Einfluß nehmen, auf die zeitliche Verteilung des Konsums, auf die Arbeits- oder Kapitalintensität der Produktion, und sie können Verteilungseffekte auslösen. Wenn immer Verträge einander überlappen, können Maßnahmen der Wirtschaftspolitik die Anpassungsprozesse beeinflussen, sie können Informationsvorsprünge ausnützen und vor allem die Folgen von Informationsunterschieden ausgleichen.[20] Volle Möglichkeiten der Stabilisierungspolitik eröffnen sich bei Unsicherheit, weil dann die Wirtschaftssubjekte überhaupt keine Erwartungswerte und demgemäß auch keine Rationalen Erwartungen bilden können, ganz abgesehen von der unerreichbar großen Informationsmenge, die dafür notwendig wäre. Auf die weitgehende ungelöste Frage der Unsicherheit wird Kapitel 16 zurückkommen.

Theoretische Überlegungen, die die strengen Annahmen der der Politikineffektivitäts-Hypothese zugrundeliegenden Modelle herausarbeiten, lassen also bereits vermuten, daß dieser These in der Theorie mehr Bedeutung zukommen dürfte als in der Realität. Empirische Tests brachten hingegen zunächst eine scheinbare Bestätigung: Erwartete Maßnahmen der Geldpolitik beeinflussen allein das Preisniveau, unerwartete Maßnahmen temporär die realen Größen (Barro 1977; Barro/Rush 1980). Die nachfolgende Kritik zeigte jedoch verschiedene Mängel der frühen Tests: daß das Modell ad hoc spezifiziert wäre,[21] daß es die Politikineffektivitäts-Hypothese überhaupt nicht überprüfen könne, da die konkurrierenden Hypothesen zu denselben reduzierten Formen führten (observational equivalence), daß der Test keine Gegenthese spezifiziere und demgemäß bloß die

---

20 Einzelne Marktteilnehmer werden immer besser informiert sein als andere, bzw. auf einzelnen Märkten (z. B. Finanzmärkten) können die Marktteilnehmer generell besser informiert sein als auf anderen (z. B. auf dem Arbeitsmarkt). Siehe dazu Grossmann/Weiss 1982.

21 In der Geldmengengleichung finden sich z.B. ohne zugkräftige Begründung die verzögerte abhängige Variable und die realen Staatsausgaben der laufenden (!) Periode sowie die Arbeitslosenrate; die Natürliche Wachstumsrate wird durch den Zeittrend der vergangenen Entwicklung ersetzt, usw.

generelle Vereinbarkeit der Thesen mit den Daten testen könne, daß eine keynesianische Formulierung mindestens gleich gut passe (Pesaran 1982), vor allem aber daß die Anpassungsprozesse nicht plausibel wären: Die realen Größen werden von den unerwarteten Geldmengenänderungen der letzten 10 Quartale beeinflußt, die Preise von denen der letzten 24 Quartale. Die Anpassungsprozesse dauern damit so lang, daß sehr wohl Spielraum für stabilisierungspolitische Aktivität besteht.

Neuere Testverfahren, die sich neu entwickelter Schätzverfahren bedienen und insbesondere auf die systematische Schätzung und die cross-equation restrictions besonderen Wert legen, konnten die Politikineffektivitäts-Hypothese nicht bestätigen (Gordon 1982; Mishkin 1983). Diese Studien lassen vermuten, daß systematische Geldpolitik Produktion und Beschäftigung kurz- und mittelfristig sehr wohl beeinflussen kann und daß auch erwartete Geldmengenänderungen die reale Entwicklung beeinflussen. Die Annahme Rationaler Erwartungen erwies sich in diesen Tests im allgemeinen als robuster als die Annahme jederzeit-vollständiger Markträumung, intuitiv durchaus plausible Ergebnisse. Eine amerikanische Untersuchung, die genau die für die Stabilisierungspolitik relevante Frage stellte „What ends recessions" (Romer/Romer 1994), fand heraus, daß die Geldpolitik tatsächlich den entscheidenden Beitrag zur Überwindung der acht US-Rezessionen im Zeitraum 1953 bis 1990 leistete:[22] Zwischen dem Konjunkturhöhepunkt und einem Quartal nach dem Tiefpunkt wurden die Zinssätze um durchschnittlich 3½ Prozentpunkte gesenkt, wodurch das reale BIP in den 4 Quartalen nach dem Tiefpunkt um durchschnittlich 2 Prozentpunkte gesteigert wurde.

Die Vermutungen aus der theoretischen Überprüfung der Annahmen werden somit durch die empirischen Tests untermauert: Die Politikineffektivitäts-Hypothese gilt in strenger Form bloß unter sehr eingeschränkten Annahmen, die in der Realität nicht anzutreffen sind. Etwas übertrieben ließe sich sagen, die Politikineffektivitäts-Hypothese besage, daß Stabilisierungspolitik immer dann nicht funktioniere, wenn sie nicht nötig sei, wenn nämlich die Märkte ohnedies jederzeit geräumt sind, die Wirtschaftssubjekte Störungen sofort erkennen, daraus die richtigen Schlußfolgerungen ziehen und durch nichts daran gehindert werden, sofort ihren Erkenntnissen gemäß zu handeln.

Wiederum stellt sich natürlich die Frage, ob die gesamte Diskussion um die Politikineffektivitäts-Hypothese ein langer und teurer Irrweg war oder ob wir daraus gelernt haben. Viele theoretische Arbeiten betonen, die Diskussion hätte uns gelehrt, daß vor allem diejenigen stabilisierungspolitischen Maßnahmen nicht erfolgreich wären, „which rely on systematically fooling the private sector"; das ist zwar richtig, aber irrelevant: Gute Stabilisierungspolitik hat das auch in der Ver-

[22] Die Fiskalpolitik zeigte hingegen die erwartete Verzögerung und agierte meist erst im Aufschwung.

gangenheit nicht versucht.[23] Wenn dieser Eindruck entstanden sein sollte, war es wohl eher so, daß der Wirtschaftspolitik selbst die längerfristigen Folgen ihres Handelns nicht bewußt waren, da auch sie das „wahre" Modell nicht kannte.[24]

Was aber haben wir tatsächlich gelernt? Zunächst einmal, daß in sehr vielen Fällen wirtschaftspolitische Maßnahmen eher zu Preisänderungen als zu realen Effekten führen; zweitens, daß Maßnahmen der Nachfragesteuerung durchaus nicht das einzige und in sehr vielen Fällen durchaus nicht das beste Instrument der Stabilisierungspolitik ist. Drittens, daß der Angebotsseite ungleich mehr Beachtung zu schenken ist als im traditionellen Modell der Stabilisierungspolitik. Alles das war - wie Abschnitt B zu zeigen versucht hat - der guten Wirtschaftspolitik auch schon früher bewußt; dennoch wurde nur zu oft dagegen verstoßen. Noch wichtiger aber ist, daß das Modell der Politikineffektivitäts-Hypothese als Referenzmodell, als Vergleichsmaßstab fungieren kann: Es zeigt unter welchen Bedingungen Stabilisierungspolitik *nicht* funktioniert. Auf dieser Basis kann überprüft werden, ob im Einzelfall jeweils die Voraussetzungen dafür vorliegen, daß Wirtschaftspolitik tatsächlich funktioniert und welche Maßnahmen mit größerer Wahrscheinlichkeit funktionieren als andere. Das Modell ist als Vergleichshypothese deswegen recht gut geeignet, weil es zeigt, wie sich die Wirtschaftssubjekte unter bestimmten „ökonomischen Idealbedingungen"[25] verhalten müßten, und damit Möglichkeiten eröffnet zu untersuchen, welche Hindernisse einer solchen Entwicklung entgegenstehen. Möglichkeiten und Grenzen der Stabilisierungspolitik werden auf diese Weise in Zukunft hoffentlich klarer werden. Die wichtigste Lehre aber liegt darin, daß uns die Politikineffektivitäts-Hypothese gezwungen hat, den durch die Wirtschaftspolitik induzierten Änderungen der Verhaltensweisen der Betroffenen besondere Aufmerksamkeit zu schenken. Dieser Aspekt wird im folgenden weiter behandelt.

15.3 Kompensierende Änderungen der Verhaltensweisen?

Das zentrale Argument der Politikineffektivitäts-Hypothese behauptet, daß die agents als Reaktion auf wirtschaftspolitische Maßnahmen ihr Verhalten ändern, und zwar in der Weise, daß die Verhaltensänderung die Wirkungen der Wirtschaftspolitik voll kompensiert. Welche Bedeutung hat dieser Einwand?

---

23 Orosel (1984) betont, daß „systematic fooling" auch im privaten Wirtschaftsleben wenig zielführend ist. Siehe Kapitel 4, Fußnote 16.

24 Das ist natürlich kein Wunder, weil es leider niemanden gibt, der es kennt; am wenigsten kennen es die Theoretiker, die glauben, es zu kennen, oder das zumindest vorgeben; sonst gäbe es ja nicht konkurrierende Lehrmeinungen (Schulen).

25 Diese Idealbedingungen müssen in anderer Hinsicht zwar keineswegs ideal sein, aber sie stellen Nutzenmaximierung unter dem ökonomischen Rationalkalkül und Anpassung nach Störungen sicher.

Zunächst muß festgehalten werden, daß wirtschaftspolitische Maßnahmen i.d.R. beabsichtigen, Verhaltensweisen zu ändern. Restriktive Geldpolitik etwa soll dazu führen, daß die Wirtschaftssubjekte ihre Ausgabenpläne ändern: Eine Reduktion der Steuersätze soll nicht bloß das verfügbare Einkommen erhöhen, sondern auch die Ausgabebereitschaft steigern. Daß wirtschaftspolitische Maßnahmen über die unmittelbar beabsichtigten Effekte hinaus und vielleicht auch längerfristige, unbeabsichtigte Wirkungen zeitigen, die die Verhaltensweisen und Strategien der Betroffenen prägen, war immer schon bekannt: Eine Senkung der Steuersätze etwa wird nicht nur unmittelbar die Kaufkraft stärken und die Kaufbereitschaft steigern, sondern längerfristig vermutlich auch die Leistungsbereitschaft der Wirtschaftssubjekte erhöhen und so neben der Nachfrage vermutlich auch das Angebot steigern. Aber das kompensiert nicht die beabsichtigte Wirkung der Wirtschaftspolitik, sondern unterstützt sie sogar. Zahlreiche Verhaltensänderungen wirken somit nicht kompensierend, sondern unterstützend; die Zielsetzungen von Wirtschaftssubjekten und Wirtschaftspolitik sind in diesen Fällen nicht konfligierend, sondern kooperativ. Allerdings gibt es natürlich auch konfligierende Ziele und daraus folgend kompensierende Verhaltensänderungen: Eine Vollbeschäftigungsstrategie des Staates etwa wird - wie schon in Abschnitt 12.2 erwähnt wurde - die Strategie der Gewerkschaften ändern: Da hohe und sogar überhöhte Lohnforderungen unter dieser Voraussetzung nicht mehr das Risiko höherer Arbeitslosigkeit in sich bergen, zu niedrige hingegen das Risiko einer sinkenden Lohnquote und des Verlustes von Mitgliedern, muß eine rational handelnde Gewerkschaft beim Übergang der Wirtschaftspolitik zu einer Vollbeschäftigungsstrategie ihrerseits ihre Strategie in Richtung höherer Lohnforderungen ändern. Wollte der Staat daher die Folgen der Einführung einer Vollbeschäftigungsstrategie richtig abschätzen, müßte er das neue Verhalten der Gewerkschaften prognostizieren und in sein Modell (seine Wirkungsprognose) miteinbeziehen; benutzt die staatliche Wirtschaftspolitik zur Evaluierung ihrer Politik ein traditionelles ökonometrisches Modell, das während der Periode des vorangegangenen wirtschaftspolitischen Regimes geschätzt wurde, muß der Effekt der Maßnahmen grob falsch berechnet werden.

Das Problem der Möglichkeit unterschiedlicher Verhaltensänderungen der Betroffenen als Folge wirtschaftspolitischer Maßnahmen ist der Theorie wie der Praxis schon lange bekannt; bereits in den fünfziger Jahren hat insbesondere Marshak (1953) darauf aufmerksam gemacht. In das Zentrum der modernen Stabilisierungsdebatte hat es Lucas (1976) gebracht. Für Lucas ist das Problem deswegen besonders groß, weil in seinem NCM-Modell Wirtschaftspolitik grundsätzlich keine positiven Wirkungen haben *kann,* die Ziele durch sie weder besser noch schneller erreicht werden können, d.h. daß die Zielsetzungen zwangsläufig konfligieren, sodaß die Betroffenen systematisch Ausweichreaktionen suchen, die die Wirtschaftspolitik konterkarieren.

Zwei Fragen gilt es in diesem Zusammenhang zu untersuchen: Erstens, wieweit und in welcher Weise sich die Verhaltensweisen der Betroffenen als Reaktion auf wirtschaftspolitische Maßnahmen ändern (können), insbesondere wieweit sie sich so ändern, daß sie die Ziele der Wirtschaftspolitik unterstützen (kooperativ) oder verhindern (konfligierend); und zweitens, wie die zu erwartenden *Änderungen der Verhaltensweisen* ökonometrisch erfaßt und für die Planung der Wirtschaftspolitik genutzt werden können.

Was die erste Frage nach den Änderungen der Verhaltensweisen betrifft, sind unendlich viele Varianten denkbar. Als die wichtigsten sollen folgende erwähnt werden:

* Zunächst einmal die *unmittelbaren Effekte*, die Grundlage für die Setzung der Maßnahmen waren: Im Falle einer Senkung der Steuersätze etwa die, der Erhöhung des verfügbaren Einkommens folgende, Steigerung der Käufe von Konsumgütern. Dieser Effekt muß allerdings nicht eintreten: In einer schlechten Wirtschaftslage mit sehr unsicheren und ungünstigen Erwartungen kann statt der erwarteten Steigerung des Konsums eine Steigerung der Ersparnis eintreten. Es ist eine Geschmacksfrage, ob man das erstere (Änderung des Konsums) oder das letztere (zusätzliches Sparen als Folge der Änderung der Konsum*funktion*) als Verhaltensänderung bezeichnet. Relevant hingegen ist, daß eine Steuersenkung die Konsumneigung keineswegs zwangsläufig senkt und damit die expansive Politik konterkariert, daß eine solche Verhaltensänderung unter besonderen Umständen aber möglich ist; sehr viel wahrscheinlicher aber ist eine konstante Konsumneigung, die die Politik keinesfalls konterkariert, und auch die dritte Möglichkeit, eine Zunahme der Konsumneigung (also eine kooperative Verhaltensänderung) ist mindestens so wahrscheinlich wie eine Senkung.
* Als zweite wahrscheinliche Verhaltensänderung kann eine *Änderung des Zeitpunkts von Handlungen* eintreten: Wird eine indirekte Steuer gesenkt, werden wohl Käufe bis zum Zeitpunkt der Senkung aufgeschoben, handelt es sich um eine temporäre Reduktion, werden Käufe in die Periode niedriger Sätze hineinverlegt und vielleicht sogar Kredite für die Finanzierung der Vorziehungen aufgenommen. Wiederum ist eine kooperative Verhaltensveränderung wahrscheinlicher als eine kompensierende.
* Weitere Änderungen des Verhaltens gehen indirekt, etwa von *höherem Vermögen* (infolge niedrigerer Steuern) oder von Erwartungen aus. Letztere können sogar dazu führen, daß die Folgen erwarteter Maßnahmen der Wirtschaftspolitik bereits bei ihrer Ankündigung und nicht erst bei ihrem Inkrafttreten wirksam werden. Das gilt insbesondere auf professionellen und daher effizienten Märkten: Die Ankündigung einer Politik des leichten Geldes etwa wird die Wechselkurse sofort abwerten und die Zinssätze sofort sinken lassen. Im NCM-Modell von Lucas (1976) führen wirtschaftspolitische Maßnahmen dazu, daß jedes einzelne Wirtschaftsubjekt sein Optimierungsmodell völlig neu durchrechnet und demgemäß sein Verhalten anpaßt. Auf nicht-professionellen Märkten hingegen kann die Erwartungsbildung und die Verhaltensänderung relativ lange brauchen. Im ökonometrischen FMP-Modell (Modigliani 1975, 258, 261) etwa wird der Multiplikator dadurch erhöht (von 2 auf 2½ im 6. Quartal), daß der Realzinssatz durch nachhinkende Preiserwartungen gedrückt wird, was den expansiven Effekt natürlich verstärkt.

Die Frage nach Art und Ausmaß von Verhaltensänderungen in einer Welt, die im Gegensatz zum NCM-Modell durch *Unsicherheit* geprägt ist, ist somit allgemein nicht zu beantworten. Sicher hat Optimierung in einer unsicheren Welt wenig Bedeutung, weil es dafür an allen Grundlagen mangelt und satisfiszierendes Verhalten eher mit Parameterkonstanz zu vereinbaren ist (konstante Konsumneigung). Andererseits kann gerade unter Unsicherheit das Verhalten leicht umschlagen: Gemäß der permanenten Einkommenshypothese etwa werden Konjunkturabschwünge zunächst nicht zu einer der Einkommensentwicklung entsprechenden Konsumeinschränkung führen; temporär wird ein Sinken der Sparquote in Kauf genommen. Erweist sich der Konjunktureinbruch aber als kräftiger und dauerhafter als erwartet, muß der Konsum nicht bloß an das niedrigere Einkommensniveau angepaßt werden, sondern es müssen auch die verringerten Ersparnisse wieder aufgefüllt werden; die Sparquote wird also über ihren Normalwert steigen müssen, der Konsum wird temporär besonders stark sinken. Die Rezession wird sich deutlich verschärfen. Die Wahrscheinlichkeit rascher Verhaltensänderungen ist bei Unsicherheit deswegen relativ groß, weil das Wirtschaftssubjekt mangels eigener Informationen das Verhalten der anderen genau beobachtet, aus deren Verhaltensänderungen auf neue Informationen schließt und sein eigenes Verhalten danach ausrichtet. Daraus resultiert das für Unsicherheitssituationen typische Lemming- oder band-wagon-Verhalten.

Nicht einmal die *Richtung der Verhaltensänderung* ist somit allgemein gültig anzugeben: NCM-Vertreter nehmen an, daß die Verhaltensänderungen der Politik entgegenwirken (Konflikt zwischen Wirtschaftspolitik und Betroffenen), was in ihrem Modell, in dem die Wirtschaftspolitik funktionslos ist, nicht weiter überrascht; Post-Keynesianer hingegen sehen in ihrer Welt der Unsicherheit einen Bedarf an stabilisierungspolitischen Maßnahmen (Kooperation zwischen Wirtschaftspolitik und Betroffenen), erwarten demgemäß, daß die Wirtschaftssubjekte denselben Bedarf haben und unter der durch die Stabilisierungspolitik reduzierten Unsicherheit weniger zu destabilisierenden Handlungen (etwa runs auf Banken) gezwungen sind (Baily 1978).

Was die zweite der beiden vorne erwähnten Fragen, die eigentliche Lucas (1976)-Frage nach den *Möglichkeiten der (ökonometrischen) Erfassung der Folgen von Verhaltensänderungen,* betrifft, dürfte die Frage in der Lucas-NCM-Welt noch leichter lösbar sein als in einer Welt der Unsicherheit. In der NCM-Welt müßte es durch eine Verbesserung der Modelle möglich sein, die Verhaltensparameter getrennt von den Reaktionen auf wirtschaftspolitische Maßnahmen zu schätzen und die Schätzungen durch moderne ökonometrische Methoden erheblich zu verbessern; es wurden kontrolltheoretische Methoden entwickelt, die die entsprechenden Strategien berücksichtigen können (siehe dazu z.B. Taylor 1979; Wallis 1980; Sargent 1981). In der real existierenden Welt dürften die Fehler der Wirtschaftspolitik, die aufgrund der Lucas-Probleme in der Vergangenheit entstanden sind, überschätzt werden: Denn bei relativ kleinen, in der jeweiligen Vergangenheit üblichen Änderungen der Instrumente, ändern sich die Verhaltensweisen der Wirtschaftssubjekte nicht oder jedenfalls nicht dramatisch stark, und die Ökonometriker haben mit solchen Änderungen Erfahrung; die Verhaltensänderungen spiegeln sich in den für die Vergangenheit geschätzten Verhaltensgleichungen und lassen sich durch Modellsimulation in den Griff bekommen. Große noch nie dagewesene Änderungen der Umwelt oder der Wirtschaftspolitik hingegen wurden als Strukturbrüche auch vor Lucas mit besonderer Sorgfalt behandelt; es war allen Beteiligten stets bewußt, daß man über die Folgen von Strukturbrüchen eigentlich nichts sagen könne, weder ökonometrisch noch mit irgendeiner anderen Methode. Sehr viel ernster als in der NCM-Welt kann das Lucas-Problem in der Realität hingegen werden, wenn bei *Unsicherheit* laufend kleinere Verhaltensänderungen erfolgen. In diesem Fall können ökonometrische Methoden auch bei kleineren Änderungen wenig helfen, weil es leider nicht bloß unterschiedliche Grade von Unsicherheit gibt, sondern vor allem auch unzählige Arten davon, die sich nicht durch einen Index oder durch Hilfsvariable ausdrücken lassen (siehe Kapitel 16 und Abschnitt 20.2). In vielen dieser Fälle wird man um die intuitive Einschätzung der neuen Lage durch den Politiker nicht herumkommen; der Berater kann sich bestenfalls an der (wirtschafts-)politischen Diskussion orientieren und läuft dennoch Gefahr, daß sich die Wirtschaftssubjekte dann doch anders verhalten, als die laut geführte Debatte erwarten ließ (ein Problem, das bei Prognosen von politischen Wahlen häufig auftritt).

Für die angewandte Wirtschaftspolitik ist die Berücksichtigung von möglichen Verhaltensänderungen - wie immer sie diese auch erfassen kann - eine der wichtigsten Voraussetzungen für den Erfolg. Durch genaue Analyse der Besonderheiten jedes Einzelfalls lassen sich unterschiedliche Szenarien erarbeiten und auf ihre Wahrscheinlichkeit überprüfen; spieltheoretische Ansätze könnten dabei der Art nach hilfreich sein. Vor allem aber sollte die Wirtschaftspolitik so entworfen werden, daß konterkarierende Änderungen der Verhaltensweisen weniger wahrscheinlich werden: Dazu gehört die in Abschnitt 10.3 erwähnte Verstetigung der Wirtschaftspolitik ebenso wie eine möglichst schwache Dosierung des Einsatzes der einzelnen Instrumente (Verfolgung von Zielbündeln mit Instrumentenbündeln) und der Verzicht auf allzu häufige Richtungsänderungen des *Instrumenteneinsatzes*. In Österreich ist in diesem Zusammenhang auf die Verstetigungspolitik des Austrokeynesianisms zu verweisen, in der BRD auf die Mittelfristige Orientierung der Geld- und Fiskalpolitik.[26] Andererseits muß bei Unsicherheit über die Verhaltensweisen der Betroffenen auch die Politik lernfähig und damit (längerfristig) flexibel bleiben, um sich an neue Situationen rasch anpassen zu können. Denn trotz allem: Insgesamt scheint es in einer Welt der Unsicherheit nicht so sehr die Änderung des Instrumenteneinsatzes zu sein, die zu Verhaltensänderungen führt, als vielmehr exogene Einflüsse, Änderungen des wirtschaftspolitischen Klimas und *Wechsel der* wirtschaftspolitischen Regime.

Am Rande sei vermerkt, daß in der Vergangenheit gar nicht so sehr die Stabilisierungs- als die Ordnungspolitik destabilisierend gewirkt haben könnte: Cassel/Thieme (1988, 342 ff) verweisen auf laufende Änderungen in bezug auf Sozial-

---

[26] Siehe dazu Abschnitt 20.3.

zialversicherung, Arbeitsmarktregulierung, Bildungs-, Familien- und Umweltpolitik in der BRD. Großbritannien hat eine tragische Tradition des Wechsels von Verstaatlichung und Entstaatlichung. Für die USA und GB ist weiters auf die Umwälzungen durch die Regierungen Thatcher und Reagan zu verweisen (Zurückdrängung des Staatsanteils, Verringerung der Umverteilung, Deregulierung, Wechsel von Über- und Unterbewertung der Währung), die sich zum Teil als zu weitgehend erwiesen haben und wieder zurückgeführt werden müssen und erhebliche Störungen der internationalen und nationalen Allokation nach sich zogen und wohl auch weiterhin ziehen werden.

15.4 Regelgebundener oder diskretionärer Einsatz der stabilisierungspolitischen Instrumente?

Die Möglichkeit konfligierender Zielsetzungen von Wirtschaftssubjekten und Wirtschaftspolitik und damit die Möglichkeit konterkarierender Verhaltensänderungen läßt einen Bedarf an wirtschaftspolitischen Strategien entstehen, die solche Konflikte nach Tunlichkeit vermeiden. Vielfach wird regelgebundene Wirtschaftspolitik für eine solche Strategie gehalten. Die heftige theoretische Diskussion um diese Strategie verdeckt allerdings die Bemühungen der angewandten Wirtschaftspolitik durch die Entwicklung sehr viel komplexerer Regimes zu Stabilisierung der Verhaltensweisen beizutragen (Austrokeynesianismus, Mittelfristige Orientierung; siehe Abschnitt 20.4).

Die Debatte, ob die Wirtschaftspolitik, und insbesondere die Zentralbank, ihre Instrumente je nach Zielverletzung im Einzelfall (diskretionär) oder nach vorherbestimmten Regeln einsetzen soll, ist alt und wurde durch ideologische Elemente zumindest mitgeprägt, wenn nicht sogar bestimmt. Es ist daher für ihr Verständnis nicht unwesentlich, auf L.v.Mises zu verweisen, der sich schon 1926 gegen den „Interventionismus" wandte, sowie auf H.C.Simons, der die Frage „Rules versus authorities" bereits 1936 gestellt hatte, und zwar allein unter dem Gesichtspunkt der Begrenzung der Macht des Staates über die Geldschöpfung. Der Aspekt der Stabilisierungspolitik kommt in seiner Arbeit überhaupt nicht vor, es ging ausschließlich um Fragen, die im deutschen Sprachraum als Ordnungspolitik bezeichnet werden. Der Gedanke von Simons blieb fester Bestandteil der Chicago-Tradition und wurde 1948 von M. Friedman übernommen: 100 % Reservehaltung der Banken, konstante Staatsausgaben und Steuersätze, volle Notenbankfinanzierung der Budgetdefizite, was bei konjunkturell variierenden Staatseinnahmen automatisch antizyklische Geldpolitik bedeutet. 1959 änderte

Friedman sein Konzept[27] und machte einen Automatismus in Form der Regel konstanten Geldmengenwachstums zum zentralen Punkt seines „Program for monetary stability“; das Thema blieb seither unter dem Titel „Rules versus discretion“ fester Bestandteil der geldpolitischen Diskussion. Mit Hilfe der Hypothese der Rationalen Erwartungen und jederzeit-vollständiger Markträumung gelang es der NCM, das Konzept regelgebundener Stabilisierungspolitik auch theoretisch zu untermauern (siehe dazu Abschnitt 15.2); in der zweiten Hälfte der siebziger Jahre hatte sich das Konzept so weitgehend durchgesetzt, daß Sargent (1976, 169) behaupten konnte: „... there is no longer any serious debate whether monetary policy should be conducted according to rules or discretion“. Seither hat man mit Regeln genügend Erfahrung gesammelt, um ihnen sehr viel kritischer gegenüberzustehen.

Mit der Verschiebung des Schwerpunkts der Diskussion von ordnungs- zu stabilisierungspolitischen Aspekten trat zur alten Frage: „Regeln versus diskretionäre Politik“, die neue nach der Art der Regeln: Geldmengen-, Zinssatz-, Wechselkurs, Nominaleinkommensregeln usw. Beide Fragen sollen im folgenden untersucht werden.

15.4.1 Regeln versus diskretionäre Politik

Die alte ideologische Aversion gegen staatliche Entscheidungsspielräume blieb in der modernen stabilisierungstheoretischen Debatte durchaus erhalten, wie schon die Terminologie zeigt: Statt von „rules versus discretion“, sprechen die Verfechter regelgebundener Politik von „rules versus activism“, um den Eindruck ziel- und ergebnisloser Hektik der staatlichen Wirtschaftspolitik[28] zu erwecken. Im allgemeinen beschäftigt sich diese Debatte bloß mit der Geldpolitik, und zwar wohl deswegen, weil für die Abstinenz des Staates von fiskalpolitischen Maßnahmen das (noch) leichter verständliche Schlagwort vom ausgeglichenen Budget existiert, daß der „ordentliche Hausvater“ nicht mehr ausgeben dürfe als er einnehme, um durch Schulden nicht spätere Generationen zu belasten.

---

27 Die Gründe für den Wechsel des Konzepts sind nicht klar: Friedman (1959) beruft sich auf empirische Forschungsergebnisse betreffend destabilisierender Wirkung der Geldpolitik in der Vergangenheit („long and variable lags“). Das überzeugt jedoch wenig, da die Notenbank auch unter dem Simon-Regelsystem keine aktive Politik betreiben könnte. Eher könnte die Kritik von Warburton an der Simon-Regel und dessen Konzept eines (relativ) konstanten Geldmengenwachstums den Wechsel veranlaßt haben (siehe dazu Selden 1962).

28 Dieselbe Art bewußt wertender Namensgebung wurde auch im Falle der „policy ineffectiveness“ und der „rational expectations“ angewendet; wie weiter vorne gezeigt wurde, ist der erste Begriff viel zu weit; ineffektiv sind bloß *bestimmte* Maßnahmen der *Stabilisierungs*politik für *bestimmte* Größen und *bestimmte* Maßnahmen; auch Rationale Erwartungen sind nicht generell rational, sondern bloß unter bestimmten (abstrakten und keineswegs realistischen) Voraussetzungen, wie etwa dem Fehlen von Informations- und Handlungskosten.

Die ideologische Geladenheit dieser Diskussion macht es notwendig, zunächst einmal eine terminologische Klärung vorzunehmen: Diskretionäre Maßnahmen der Wirtschaftspolitik („Aktivismus") sind natürlich nicht irgendwelche stochastischen Einfälle irgendwelcher Beamter, Funktionäre oder Politiker, die keinem erkennbaren Muster folgen.[29] Jeder interessierte Beobachter weiß, daß die Deutsche Bundesbank spätestens dann unruhig wurde, wenn die Inflationsrate 3 % überschreitet (meist sogar schon viel früher), jeder österreichische weiß, daß der kritische Punkt für die Oesterreichische Nationalbank etwas höher lag, man kennt auch die als „tragbar" angesehene Relation der deutschen zu den amerikanischen und der österreichischen zu den deutschen Zinssätzen, und man kennt die Wechselkursvorstellungen der Oesterreichischen Nationalbank; man weiß daher recht genau, wann die Wirtschaftspolitik auf welche Zielverletzungen (diskretionär) reagieren wird. Denn jede vernünftige Wirtschaftspolitik folgt Regeln, die unter Umständen komplex sein können (und vielleicht sein müssen) und die jedenfalls auf Umweltereignisse reagieren; sie sollen im folgenden als Regeln *mit* Rückkopplung bezeichnet werden.[30] Was in der NCM-Literatur als rules bezeichnet wird, sind hingegen Regeln *ohne* Rückkopplung.[31] Ernstlich geht die Diskussion „Regeln versus diskretionäre Politik" daher um die Frage: Flexible Regeln (mit Rückkopplung) versus starre Regeln (ohne Rückkopplung), da regelloser Aktivismus - selbst wenn er hin und wieder vorgekommen sein mag - nicht als Wirtschaftspolitik bezeichnet werden kann. Diese Diskussion aber ist dem Leser bereits wohlvertraut: Sie wurde in Abschnitt 9.3 unter dem Titel „Formelflexibilität versus diskretionäre Maßnahmen" bereits behandelt. Diese Diskussion war in manchen Punkten sogar differenzierter als die gegenwärtige: Denn die Regeln der Formelflexibilität sind nicht ganz so starr wie eine unveränderliche Geldmengenzuwachsrate oder ein konstanter Wechselkurs; es sind zumeist bedingte Regeln, die bloß bei bestimmten Schwellenwerten der Zielverletzung in Kraft treten; es liegt somit eine gewisse Rückkopplung vor. Gegen diese Regeln wurde in Abschnitt 9.2 eingewendet, daß sie zu wenig ursachenadäquat wären, daß sie zwischen den Ursachen der Zielverletzung bloß um den Preis des Verlusts ihrer Vorteile (keine Notwendigkeit der Analyse, automatische Wirkung) differenzieren könnten. Die Probleme der ungenügenden Rückkopplung bleiben auch für die moderne Diskussion relevant.

Die Umbenennung des Problems von „Aktivismus versus Regeln" in „Regeln mit versus Regeln ohne Rückkopplung" macht bereits intuitiv klar, daß im ersten

---

29 Verschiedene der folgenden Punkte sind der Zusammenfassung von Jäger (1984b) entnommen.

30 Andere Ausdrücke sind flexible rules, contingent rules, conditional rules oder closed-loop rules.

31 Auch starre Regeln, fixed rules, oder open-loop rules. Der Leser sei auf die - hier unbeabsichtigte - psychologische Nebenwirkung der Semantik aufmerksam gemacht: Aus „Regeln versus Aktivismus", „Regeln versus unwirksame Aktivität", „feste Regeln versus Chaos", was den ordnungsbewußten Staatsbürger hilfesuchend nach Regeln greifen läßt, ist jetzt „starre versus flexible Regeln" getreten, „Regeln ohne versus solche mit Rückkopplung"; wer zieht nicht Flexibilität der Starrheit, Rückkopplung dem Fehlen einer solchen vor?

Fall infolge der Rückkopplungsschleife auch später anfallende Informationen berücksichtigt werden können, wogegen Regeln ohne Rückkopplung (starre Regeln) bloß die im Zeitpunkt der Regelerstellung vorliegende Information verarbeiten können, bzw. schärfer ausgedrückt: jede in Zukunft anfallende Information wirtschaftspolitisch zwangsläufig irrelevant sein *muß*. Auf die unmittelbare Vergangenheit angewendet, hätten stabilisierungspolitische Regeln, die in den sechziger Jahren entwickelt worden wären, wohl bloß Nachfrageschocks berücksichtigt und wären den Angebots-(Ölpreis-)schocks der siebziger Jahre noch hilfloser gegenübergestanden als die Regeln mit Rückkopplung, die tatsächlich angewendet wurden.[32] Daß zur Maximierung einer Zielfunktion unter Nebenbedingungen flexible Regeln (mit Rückkopplung) starren (ohne Rückkopplung) überlegen sind, kann die Theorie der stochastischen dynamischen Programmierung zeigen (Chow 1975); Deissenberg (1980; 1981) wies nach, daß dieses Resultat sehr allgemein gilt: Es bleibt erhalten, wenn die Strukturparameter des Modells stochastischen Einflüssen unterliegen, bei Erkennungsverzögerungen oder Meßfehlern der Zielvariablen, bei Wirkungsverzögerungen der Maßnahmen, bei nicht exakter Steuerbarkeit der Instrumentvariablen oder bei verzögertem Einsatz der Instrumente. Häufig zugunsten von starren Regeln vorgebrachte Argumente wie Parameterunsicherheit oder -instabilität, lange und variable Wirkungsverzögerungen stabilisierungspolitischer Maßnahmen oder komplexe Rückkopplungsmechanismen verlieren dadurch ihre Gültigkeit; in allen diesen Fällen bleiben flexible Regeln starren eindeutig überlegen.

Viele der Einwände gegen flexible Regeln sind wenig relevant, weil sie grundsätzlich gegen jede Form der Wirtschaftspolitik erhoben werden können. Dazu gehören:

* erstens die Einwände der Politikineffektivitäts-Hypothese, daß systematische (Geld-)Politik unwirksam wäre; dieses Argument ist wenig relevant, weil es nicht nur die Unwirksamkeit flexibler Regeln, sondern auch die Unwirksamkeit (der systematischen Komponente) einer Geldpolitik betont, die starren Regeln folgt;
* zweitens das Argument, daß es unmöglich wäre, eine Zielfunktion zu bestimmen, und daß mangels einer entsprechenden Theorie das wahre Modell nicht bekannt wäre; auch diese Argumente sprechen gegen *jede* Stabilisierungspolitik und nicht bloß gegen flexible Regeln, eher könnte sogar umgekehrt gesagt werden, daß flexible Regeln neue Erkenntnisse leichter berücksichtigen können;

---

32 Zweifellos benötigte auch die nicht an starre Regeln gebundene Wirtschaftspolitik Zeit, bis sie das Problem erkannte, analysierte und geeignete Maßnahmen fand; die Umstellung erfolgte vermutlich dennoch rascher, als das der Fall gewesen wäre, wenn zunächst (falsch gewordene) Regeln ohne Rückkopplung gewirkt hätten und erst dann der langwierige politische Prozeß der Regeländerung eingesetzt hätte (die alten Regeln wirken ja, bis sie durch neue außer Kraft gesetzt werden). Siehe dazu auch Fischer (1980b, 230).

* drittens, daß aktivistische Politik destabilisieren könne: Dieses Argument ist zwar richtig, doch nicht bloß schlechte aktivistische Politik, sondern auch schlechte - oder relevanter: im jeweiligen Einzelfall nicht passende - Regeln können destabilisieren;[33]
* viertens, daß flexible Regeln infolge von Erkenntnis- und Wirkungsverzögerungen destabilisierend wirken könnten. Die Instrumentenverzögerung betrifft allerdings auch starre Regeln, in diesem Fall kommt noch das Problem der möglicherweise nicht ursachenadäquaten Instrumentenauswahl hinzu;
* fünftens wird angeführt, daß sinnvolle flexible Regeln so kompliziert sein können, daß sie von der Bevölkerung nicht verstanden werden und dadurch verunsichernd wirken (Minford 1980); dem ist entgegenzuhalten, daß gute starre Regeln wohl noch viel komplexer sein müßten[34] und daß der aus festen Regeln (Automatismen) resultierende Eindruck des Nicht-Handelns der Regierung und des ungeschützten Ausgesetztseins gegenüber exogenen Störungen vielfach noch stärker verunsichernd wirkt. Abgesehen davon, können Information und Aufklärung der Bevölkerung über wirtschaftliche und wirtschaftspolitische Zusammenhänge das wirtschaftspolitische Potential zweifellos erweitern;
* sechstens werden gerne die institutionellen Kosten einer Stabilisierungspolitik angeführt, die es zweifellos gibt, die aber - in Relation zu wirkungsvoller Stabilisierung - vernachlässigbar klein sein dürften.

Alle bisher angeführten Argumente sprechen entweder für flexible Regeln, oder sie sind indifferent gegenüber der Form der Stabilisierungspolitik. Drei wichtige *Argumente* allerdings lassen sich tatsächlich *gegen flexible Regeln* anführen:

* Erstens *politische Einflüsse*, die verhindern, daß ein entsprechend langer Zeithorizont berücksichtigt wird: Nicht bloß Wirtschaftspolitiker sehen gerne unmittelbare Erfolge und ziehen daher kurzfristig wirkende Maßnahmen vor, selbst wenn diese langfristig weniger wirkungsvoll oder sogar nachteilig sein sollten; auch mögen die Einflüsse von großen Interessengruppen das Gesamtwohl gelegentlich zweitrangig erscheinen lassen. In diesem Fall wird allerdings zu prüfen sein, ob sich diejenigen starren Regeln auch politisch durchsetzen lassen, die das Gesamtwohl besser schützen, die Fernwirkungen berücksichtigen und die den Interessenteneinfluß ausschließen, bzw. ob es nicht andere Lösungen dieser Probleme gibt, die starren Regeln überlegen sind.[35]

---

33 Ein typisches Beispiel wäre eine starre Geldmengenregel im Falle des Ölschocks 1974, die den rezessiven Einfluß noch verschärft hätte.

34 „A good case can be made that behavioral rules derived from explicit optimization subject to constraints are implausible because such a derivation is complex and difficult (starting from the sheer computational complexity of deriving optimal decision rules)" (Buiter 1990a, 8).

35 Eine dieser institutionellen Vorkehrungen ist die Zuweisung solcherart besonders gefährdeter Ziele an unabhängige Organisationen, wie das etwa mit der Zuweisung der Geldwertstabilität an unabhängige Notenbanken vielfach geschehen ist.

* Zweitens das Problem der *zeitlichen Inkonsistenz*: Kydland/Prescott (1977) zeigten, daß die Zentralbank (theoretisch) stets ein Interesse haben müßte, ihre Politik dann zu ändern, wenn der private Sektor seine Pläne aufgrund der vorher angekündigten Politik bereits gebildet hat.[36] Da das für jede weitere Periode genauso gilt, müßte die optimale Politik von der jeweils angekündigten laufend abweichen, was die privaten Wirtschaftssubjekte verunsichern muß.[37] Die Hypothese der zeitlichen Inkonsistenz der Wirtschaftspolitik übersieht jedoch die Lernfähigkeit der Wirtschaftssubjekte: Erkennen sie, daß sie laufend getäuscht wurden, vertrauen sie den Ankündigungen der Wirtschaftspolitik nicht mehr, und die Wirtschaftspolitik wird ineffizient. Demgemäß achtet die Wirtschaftspolitik i.d.R. peinlich genau darauf vertrauenswürdig zu sein - ihre „reputation" zu erhalten - und verzichtet demgemäß auf die von Kydland/Prescott (1977) vorgeschlagenen Maßnahmen (Blanchard/Fischer 1989, 599).[38]
* Drittens der wichtigste Punkt, die *Verhaltensänderungen der Wirtschaftssubjekte*: Lucas (1976) und Kydland/Prescott (1977) weisen darauf hin, daß die Ankündigung einer wirtschaftspolitischen Maßnahme dazu führt, daß die Wirtschaftssubjekte ihre gesamten Pläne zwecks Optimierung neu durchrechnen und demgemäß ihr Verhalten ändern. Weiß die wirtschaftspolitische Behörde das, kann sie die erwarteten Verhaltensänderungen in ihre Maßnahmen miteinbeziehen. Nehmen andererseits die Betroffenen an, daß die Behörde ihre (erwartete) Verhaltensänderung berücksichtigt, dann werden sie das ihrerseits in die Kalkulation miteinbeziehen, und es kommt zu einem unendlichen Regress. Wie realistisch eine solche unendlich lange Kette ist, mag von Fall zu Fall verschieden sein. Der Gedankengang scheint jedoch im theoretischen Modell, und insbesondere im NCM-Modell, ohne Unsicherheit, relevanter zu sein als in der Realität. In der Realität ist in jedem Fall nicht nur *eine* Reaktion möglich, Wirtschaftspolitik wie Wirtschaftssubjekte müssen daher mit der Möglichkeit zahlreicher unterschiedlicher Reaktionen mit unterschiedlicher Wahrscheinlichkeit rechnen; die Entscheidungsbäume werden dadurch schon nach der zweiten oder jedenfalls nach der dritten Verzweigung völlig unübersichtlich. In der Realität werden konterkarierende Änderungen der Verhaltensweisen der Wirtschaftssubjekte bei guter (im Sinne von stabilisierender) Stabilisierungspolitik selten sein. Vor allem bei expansiven Maßnahmen in ei-

---

36 Kydland/Prescott (1977) illustrieren das an der Patentgesetzgebung: Patentschutz führt zu unbefriedigender Allokation (durch Monopolgewinne), Fehlen von Patentschutz zu unzureichender Forschung. Die Wirtschaftspolitik stünde nach Kydland/Prescott daher stets vor der Versuchung, eine „optimale Lösung" dadurch zu erreichen, daß sie zuerst die Forschung durch das Versprechen von Patentschutz motiviert, nach dem Anfallen der Ergebnisse jedoch den Patentschutz aufhebt.

37 Es ist nicht ganz leicht verständlich, wieso die Rationalen Wirtschaftssubjekte nicht auch *das* bei ihrer Planformulierung berücksichtigen, wieso sie auf die Tricks der Wirtschaftspolitik („cheating") jedesmal von neuem hereinfallen.

38 Siehe dazu etwa die österreichische „Hartwährungspolitik" (Tichy 1995).

ner Rezession[39] fallen die Interessen von Wirtschaftssubjekten und Wirtschaftspolitik weitgehend zusammen; sparsamer und vorhersehbarer Einsatz der Instrumente („mittelfristige Orientierung“, „Verstetigung“) können das Problem weiter entschärfen.

Demgemäß steht in der jüngsten Entwicklung dieser Debatte im Zentrum nicht mehr ein Politiker, der die Wirtschaftssubjekte im jeweiligen Einzelfall täuschen will,[40] sondern ein Erwartungsgleichgewicht, das die Erwartungsbildung über einen längeren Zeithorizont berücksichtigt: In jedem einzelnen Zeitpunkt kann die Wohlfahrt durch überraschende Geldmengensteigerung zwar kurzfristig erhöht werden; die Folge sind jedoch spätere Wohlfahrtsverluste durch Inflation. Fallweise unvorhersehbare und daher überraschende Geldmengenausweitungen erwarten die Wirtschaftssubjekte ebenso wie deren negative Spätfolgen. Im Gleichgewicht erwarten die Wirtschaftssubjekte die richtige Inflationsrate, und die marginalen Kosten der Inflation entsprechen dem Grenznutzen der temporären Expansion (Barro 1986, 25). Für eine Übersicht derartiger Modelle sei auf Persson/Tabellini 1990 verwiesen.

Die Frage: Regeln mit oder ohne Rückkopplung reduziert sich damit auf drei entscheidende Teilfragen: nach der Fähigkeit der wirtschaftspolitischen Entscheidungsträger, gesamtwirtschaftliche Interessen in längerfristiger Perspektive zu vertreten, nach der Stabilität des privaten Sektors und nach der Wahrscheinlichkeit von konterkarierenden Verhaltensänderungen der von der Wirtschaftspolitik Betroffenen.

Die erste Frage ist selbstverständlich nicht allgemein zu beantworten; sie differiert zwischen den Ländern und hängt auch von den Institutionen ab: Diese sollten sicherstellen, daß sich die Träger der Wirtschaftspolitik nicht *laufend* Popularitätstests zu unterwerfen haben. Relevant dafür sind die Länge der Wahlperiode, die Regeln über Bildung und Auflösung von Koalitionen und die Entlassung einer Regierung; relevant sind aber auch die Kompetenzverteilung in bezug auf Wirtschaftspolitik (Notenbank, Verbände) sowie Funktionsperioden und Funktionärsbestellung bei den nicht-staatlichen Trägern der Stabilisierungspolitik.

Die zweite Frage ist Gegenstand des derzeit größten Schulenstreits der Nationalökonomie. Die Vertreter des Glaubens an eine inhärente Stabilität des marktwirtschaftlichen Systems hatten in den siebziger Jahren erheblich an Gewicht gewonnen. Spätestens seit Beginn der achtziger Jahre bewegt sich das Pendel - wohl aufgrund der Erfahrungen - wieder in die andere Richtung.

Die dritte Frage hängt eng mit der Beantwortung der ersten und zweiten zusammen: Ist die Wirtschaft inhärent instabil und erweist sich die Wirtschaftspolitik als überwiegend stabilisierend, werden die Verhaltensanpassungen der Wirt-

[39] Anders natürlich im Standard-NCM-Fall einer expansiven Politik bei Vollbeschäftigung!

[40] In den üblichen Modellen war es überraschend, daß die Wirtschaftssubjekte zwar die Sinnlosigkeit aktivistischer Wirtschaftspolitik klar erkennen, aber dennoch Politiker wählen und agieren lassen, die eine solche Politik laufend betreiben und damit die Wohlfahrt mindern.

schaftssubjekte wohl eher in eine Richtung gehen, die die Wirtschaftspolitik unterstützt, und es ist zu erwarten, daß sich das Stackelberg'sche leader-follower-Muster einstellt. Die Anhänger einer regelgebundenen Politik übersehen gerne das Glaubwürdigkeitsproblem, das in diesem Zusammenhang auftritt: Es gibt keine Möglichkeit einer *ewigen* Selbstbindung der (Wirtschafts-)Politik, und eine solche wäre mit einer demokratischen Staatsform auch völlig unvereinbar; die Wirtschaftssubjekte wissen daher genau, daß auch die „festeste“ Regel in ernsten Fällen aufgehoben werden kann. Eine Politik, die ein bestimmtes Zielbündel verspricht und dieses über längere Zeit hinweg konsequent verfolgt, kann daher unter Umständen viel glaubwürdiger sein als eine andere, die ein Geldmengenziel festlegt, von dem die Wirtschaftssubjekte annehmen, daß es in der nächsten Krise aufgehoben wird.[41]

Die Schlußfolgerung, die eine relativ große Zahl von Autoren aus dieser Debatte zieht, ist die, daß sich die Wirtschaftspolitik angesichts der unzähligen Unsicherheiten zwar vom Versuch einer Feinsteuerung fernhalten und die kurzfristige Stabilisierung eher automatischen Stabilisatoren überlassen sollte; auf größere Störungen allerdings müßten die wirtschaftspolitischen Behörden reagieren, und zwar auf eine im vorhinein angekündigte und demgemäß erwartete Weise (conditional targets).[42]

„My ‘contribution’ was to re-emphasize the obvious point that the ‘rule’ or ‘constitution’ that may have to be imposed or legislated (or which emerges in some other ad-hoc manner) to overcome the problem of precommitment and credibility in a non-cooperative sequential game, should be a ‘flexible’, ‘contingent’ rule or constitution. It should permit the instruments of policy to respond (in a known and observable manner) to observable ‘news’ about developments in the exogenous variables that form the environment of the game. Unconditional, non-contingent, open-loop or fixed rules (e.g. k-percent rules) are always suboptimal (except in those uninteresting cases where there is no exogenous state uncertainty or instruments don´t have any effect on economic variables of interest). Any optimal (or merely sensible) constitution should also leave room for ‘discretion’. Not ‘discretion’ in its past-time consistency sense of ability to cheat or to renege on previous commitments, but discretion in the sense of the assignment of a ‘residual’ authority to act in response to unforeseen and/or unspecified contingencies. Exogenous events will occur in the future that cannot be conceived of today, i. e.

---

41 „Wichtiger als die Zahlen (des Geldmengenziels der Deutschen Bundesbank G.T.) war die Überzeugung der Öffentlichkeit, daß die Bundesbank Fehlentwicklungen in anderen Bereichen nicht mit dem Mantel einer inflatorischen Geldpolitik zudecken würde. Wie auch die amerikanische Entwicklung der letzten Jahre bestätigt hat, werden die Erwartungen der Öffentlichkeit viel stärker durch praktische Erfahrungen als durch deklarierte Geldmengenziele und Seelenmassagen beeinflußt. Die in langen Jahren erworbene Glaubwürdigkeit der Stabilisierungspolitik ist wichtiger als der psychologische Effekt einzelner punktueller Geldmengenziele.“ (Emminger 1984, 51). Siehe dazu auch Fischer 1980b, 230.

42 Z.B. Artis/Currie 1981; Buiter 1981; Purvis 1983; Jäger 1984b;, Dornbusch/Fischer [3]1984, 341 f; neuerdings sieht sogar Barro (1986, 28 f) Vorteile von bedingten Regeln, allerdings bloß im Fall von erheblichen Störungen.

that do not belong to the current (subjective) event space. In addition, those future contingencies that do belong to the current event space may be too numerous to be mapped, without unreasonable expenditure of time and other resources, into a grand contingent policy response function. The constitution should delegate to the policy maker the authority to deal with all contingencies not explicitly covered or allowed for in the conditional policy rule or 'contract'. Discretion in this sense as the right to the 'residual' authority to decide on issues not covered by explicit rules or contracts is therefore inevitable and indeed desirable.“ (Buiter 1989a, 35 f). Vorschläge solcher Art dürften von der in vielen Ländern verfolgten Stabilisierungspolitik, insbesondere der potentialorientierten Stabilisierungspolitik in der BRD oder der Verstetigungsstrategie des Austrokeynesianismus, weniger weit entfernt sein als von der theoretischen Diskussion über Regeln versus Aktivismus. Denn auch die von zahlreichen Zentralbanken verfolgten Geldmengenregeln[43] entsprechen keineswegs den von der NCM verlangten Kriterien für Regeln ohne Rückkopplung. Zur Stabilisierung der diesbezüglichen Erwartungen im Sinne von Friedman und der NCM könnten nur Regeln beitragen, die für *lange* Zeit unveränderbar festgesetzt werden und die bestenfalls über eine sehr enge Bandbreite verfügen. Die in der Praxis tatsächlich verwendeten Geldmengenregeln hingegen werden jährlich neu festgesetzt und ermöglichen durch ihre Bandbreite erheblichen diskretionären Spielraum. Demgemäß sind sie kaum als Regeln, sondern eher als Absichtserklärungen über die geplante Richtung der Geldpolitik anzusehen;[44] niemand geht davon aus, daß sie nicht geändert würden, wenn sich die Voraussetzungen ändern. Von den führenden Monetaristen wird diese Art von Geldpolitik daher auch bekämpft.[45]

15.4.2 Wenn Regeln, dann welche?

Die Diskussion: Regeln versus diskretionäre Politik konzentriert sich vielfach auf die Geldpolitik, reicht tatsächlich aber sehr viel weiter. In der Literatur werden und wurden verschiedene Regeln diskutiert: Zinsregeln, Wechselkursregeln, Geldmengenregeln, Nominaleinkommensregeln usw. Traditionellerweise waren Regeln auf Zwischenziele ausgerichtet; in den letzten Jahren werden allerdings zunehmend Regeln diskutiert, die die stabilisierungspolitischen Ziele (Nomi-

---

[43] BRD, seit Ende 1974, wenig später die USA, sodann die Schweiz und andere.

[44] „Obwohl die Nationalbank mit ihren Geldmengenzielen pragmatisch umgeht, wäre es verfehlt, die schweizerische Geldpolitik als diskretionär zu bezeichnen. Abweichungen vom Geldmengenziel sind nicht eine willkürliche Angelegenheit. Die Nationalbank beschränkt sich nicht darauf, ihr Geldmengenziel mit einem Vorbehalt zu versehen, sondern sie bemüht sich auch, im voraus die Bedingungen festzulegen, die Abweichungen vom ursprünglich in Aussicht genommenen Kurs erfordern. Die Nationalbank beherzigt zwar das monetaristische Postulat einer regelgebundenen Politik, doch ist die von ihr befolgte Regel komplizierter als das von den Monetaristen propagierte Prokrustesbett eines starren Geldmengenziels“ (Rich 1987).

[45] M. Friedman in Newsweek vom 15.2. und 23.8.1982 sowie A. Meltzer im Wall Street Journal vom 20.7.1982.

naleinkommen, Preisniveau) selbst betreffen. Aus der Sicht der theoretischen Wirtschaftspolitik ist das wenig verständlich; politisch mag es sich um den Versuch handeln, der - im Ergebnis für manche unbefriedigenden - Zielsetzung im Rahmen eines demokratischen Prozesses[46] eine technokratische Alternative entgegenzusetzen.

Was spricht für die eine oder die andere dieser Regeln bzw. für das eine oder andere dieser Zwischenziele, unbeschadet der Frage, ob es sich um starre oder flexible Regeln handelt?

Zinsregeln werden von den meisten Autoren abgelehnt, da sie nicht eindeutig interpretiert werden können: Steigende Zinssätze können zunehmende monetäre Anspannung oder die Erwartung steigender Inflation zur Ursache haben und daher einen Bedarf an expansiver *oder* an restriktiver Politik signalisieren. Für die Stabilisierung des Output liefern Zins- und Geldmengenregeln vergleichbare Ergebnisse (bei Zinsregeln ist allerdings das Preisniveau unbestimmt: Sargent/Wallace 1975).

Reale Wechselkursregeln wirken vielfach destabilisierend: Steigende Preise im Inland bedeuten bei konstantem nominellen Wechselkurs eine reale Aufwertung; die Regel empfiehlt in diesem Fall daher eine nominelle Abwertung, die ceteris paribus zu weiter steigenden Preisen im Inland, damit zu einer weiteren realen Aufwertung, einem abermaligen Abwertungsbedarf usw. führen würde (Adams/ Gross 1986).

Die heftigste wirtschaftspolitische Debatte der Vergangenheit kreiste jedoch um die Frage *Geldmengen-* versus *nominelle Wechselkursregeln.* Geldmengenziele werden im allgemeinen von den Monetaristen und den Vertretern der NCM forciert; ihre Nachteile gegenüber Wechselkurszielen liegen im operationalen Bereich, da sie statistisch schlechter und später erfaßt werden können und weniger leicht zu kontrollieren sind. Im funktionalen Bereich wird der Zusammenhang zwischen monetärer Basis und Geldmenge bei flexiblen Wechselkursen ebenso in Frage gestellt (Jarchow 1987) wie die Stabilität des Zusammenhangs zwischen Geldmenge und nominellem Volkseinkommen, wenn die Geldmenge zur Zwischenzielgröße wird (OECD 1985, 10).

Wenn jedoch ein Geldmengenziel gewählt wird, stellt sich die weitere Frage, welches der zahllosen möglichen Aggregate (Reserven des Kreditapparats bei der Zentralbank, monetäre Basis, M1, M2, M3 usw.) der Regel unterworfen werden soll;[47] das ist vor allem deswegen relevant, weil in unterschiedlichem Maße von monetären Innovationen betroffen sind, die möglicherweise durch die Regelbindung verstärkt ausgelöst werden (Atkinson/Chouraqui 1986, 22). Auch können

---

46 Siehe dazu Abschnitt 4.2.

47 Tatsächlich zeigten empirische Untersuchungen, daß in der Praxis jeweils das stabilste Aggregat als Zwischenzielgröße gewählt wurde (Atkinson/Chouraqui 1986, 7). Die BRD verfolgte bis 1987 ein Zentralbankgeldmengen-Ziel, danach wählte sie M3 das weniger „bargeldlastig" ist; die schweizerische Nationalbank hielt sich bis in die späten siebziger Jahre an ein M1-Ziel und wechselte 1980 zur bereinigten Zentralbankgeldmenge, weil diese weniger von unvorhergesehenen Wechselkursschwankungen beeinflußt würde.

Geldmengenregeln hohe Anpassungskosten nach sich ziehen: erstens, weil die Anpassung nach Schocks über die Wechselkurse in der Regel überschießend erfolgt (Purvis 1983, 9 f); zweitens schlagen bei starren Geldmengenregeln reale Schocks auf Produktion und Beschäftigung durch, und angekündigte Verringerungen der Geldmenge zur Stabilisierung des Preisniveaus können leicht zu einer erheblichen Depression führen (Poole 1987). Andererseits werden Geldmengenregeln aber auch starke erwartungsstabilisierende Wirkungen in bezug auf Preisstabilität zugebilligt.

Für *Wechselkursziele* spricht, daß Wechselkurse leicht zu beobachten sind, statistisch gut und rasch zu erfassen; sie erfordern aber die Auswahl eines Referenzlandes und den Verzicht auf andere Ziele der Geldpolitik, erzwingen Anpassungen über den offenen Sektor und bringen dadurch strukturelle Nachteile; vor allem aber können nie alle Länder zugleich Wechselkursziele verfolgen.

Tabelle 15.4: ***Vor- und Nachteile von Geldmengen- und Wechselkursregeln***

Art des Schocks		Geldmengenziel	Wechselkursziel (nominell)
Lohn(erhöhung)	V	Inflationsstabilisierung Rasche reale Anpassung	Kleinerer Outputverlust durch teilweise monetäre Anpassung
	N	Großer kurzfristiger Outputverlust	Langsamere reale Anpassung Mögliche Inflationserwartung
(Expansive) Fiskalpolitik	V	Kurzfristige Stabilisierung von Output und Inflation	Reale Aufwertung zunächst schwach
	N	Reale Aufwertung möglich (temporär)	Monetäre Anpassung führt zu Output- und Preiseffekten und zu Inflationserwartung
Höhere Geldnachfrage	V	Keine	Output-, Preis- und reale Wechselkursstabilität
	N	Sinkender Output (tem-porär) Reale Aufwertung	Keine
Höhere Auslandspräferenz für heimische Währung	V	Keine	Reale Aufwertung zunächst schwach
	N	Sinkender Output (temporär) Reale Aufwertung	Keine
Steigender Auslandszinssatz	V	Isolierung von ausländischer Geldpolitik Geringe Output- und Preisreaktion	Stabilität des realen Wechselkurses
	N	Störung des realen Wechselkurses Sinkende Realkasse durch steigende Preise	Monetäre Kontraktion Outputverlust

V: Vorteile N: Nachteile

Q: OECD 1985, 26.

Kriterium für die Auswahl einer Geldmengen- oder Wechselkursregel könnte erstens der Grad der Offenheit der Wirtschaft sein: Für große, weniger offene Wirtschaften empfehlen sich Geldmengenziele, für kleine, stark offene Wechselkursziele. Zweitens erweisen sich Wechselkursziele gemäß den Arbeiten von Sparks (1979), Artis/Currie (1981) und Artis/Karakitsos (1985) vor allem dann als gut geeignet, wenn Kapitalbewegungen nicht sehr zinselastisch und die Leistungsbilanz sehr einkommenselastisch ist. Drittens kommt es auf die Art der Störungen (Schocks) an. Im allgemeinen zeigt sich, daß bei Störungen, die von der Lohnpolitik, der Budgetpolitik oder von der ausländischen Geldpolitik ausgehen, Geldmengenregeln (mit flexiblen Wechselkursen) Wechselkurszielen vielfach vorzuziehen sind. Allerdings kann vor allem bei inflexiblen Reallöhnen der Outputverlust sehr hoch sein, und es kann zu erheblichen Veränderungen des realen Wechselkurses mit der Folge erheblicher Allokationsstörungen kommen. Wechselkursziele hingegen sind unbestritten vorzuziehen, wenn die heimische Geldnachfragefunktion nicht stabil ist.Die oben angeführten operationalen und funktionalen Nachteile von Geldmengenregeln sowie die Enttäuschung, daß die Anwendung von Geldmengenregeln durch die amerikanische Zentralbank keineswegs zu einer größeren Stabilität der monetären Aggregate geführt hat (Barro 1986, 32 f; Tichy 1986a, 90 f), haben zur Suche nach anderen Regeln geführt. Barro (1986, 33 ff) schlägt unter Berufung auf Simons (1936) eine *Preisregel* vor: Die Zentralbank sollte durch Offenmarkt-Operationen einen globalen Preisindex, vornehmlich den des Brutto-Nationalprodukts stabil halten. Dem naheliegenden Einwand, daß das wegen der langen (und möglicherweise variablen) Verzögerungen destabilisierend wirken würde, begegnet Barro mit dem Hinweis auf Erwartungen und stabilisierende Spekulation.[48] Einige Länder, darunter Großbritannien, richten ihre Geldpolitik seit Beginn der neunziger Jahre tatsächlich an einem Preisziel aus. Unvermeidlicherweise treten dabei Probleme der Zielbestimmung (Inflationsprognose) und der langen Wirkungsverzögerungen auf – genau die Probleme, die durch die Formulierung und Festlegung von Zwischenzielen verhindert werden sollten (siehe dazu Abschnitt 8.1).

Nominelle Volkseinkommensziele werden von verschiedenen Theoretikern vertreten[49] und von der Praxis diskutiert;[50] sie werden vielfach auch als „velocity-corrected money-targets" verstanden. Daß die Deutsche Bundesbank bei der Erstellung ihrer Geldmengenziele auch an die Entwicklung des nominellen Volkseinkommens dachte, zeigt Emminger (1984, 54): „Die Tatsache, daß man bei der Aufstellung von Geldmengenzielen gewöhnlich die erwartete Umlaufsgeschwindigkeit miteinbezieht, zeigt, daß man in Wirklichkeit auf die Steuerung der monetären Gesamtnachfrage - Geldmenge mal Transaktionsgeschwindigkeit - hinzielt. Warum dann nicht gleich die Gesamtnachfrage, d.h. praktisch das nomi-

---

48 Am Rande sei erwähnt, daß mit denselben Argumenten in den sechziger Jahren stabile Wechselkurse auch bei Wechselkursflexibilität erwartet wurden, eine Erwartung, die sich inzwischen als falsch herausgestellt hat.

49 Gordon 1983; Tobin 1983a; Landmann 1986; McCallum 1986.

50 Hall 1980b (zitiert in Barro 1986); Atkinson/Chouraqui 1986.

nale Sozialprodukt, zum Zielindikator machen?“ Als Vorteile eines nominalen Einkommensziels werden die größere Transparenz für die Öffentlichkeit, die Verantwortlichkeit der Preis- und Lohnpolitik für die Mengen/Preis-Aufteilung und die Möglichkeit angeführt, mehr Information in die Geldpolitik einfließen zu lassen (Atkinson/Chouraqui 1986, 24). Taylor (1985) findet Nominaleinkommensregeln vor allem bei Nachfrageschocks Geldmengenregeln überlegen, bei Angebotsschocks besteht hingegen erhebliche Gefahr einer Verstärkung der Fehlentwicklung. Probleme ergeben sich weiters aus der beschränkten Kontrollmöglichkeit dieser Größe durch die Geldpolitik, der verzögerten Reaktion auf wirtschaftspolitische Maßnahmen sowie aus der relativen schlechten und lang verzögerten statistischen Erfaßbarkeit; das Nominaleinkommen erfüllt eben eine der Voraussetzungen für ein Zwischenziel äußerst unzureichend, nämlich von der Wirtschaftspolitik maßgeblich beeinflußbar zu sein (siehe dazu Abschnitt 8.1).

Keine der bisher vorgeschlagenen Regeln eignet sich somit für alle Volkswirtschaften und alle Arten von Schocks; es wäre eigentlich auch überraschend, wenn es eine solche Allzweckregel geben könnte, unabhängig von der Ursache der Zielverletzung. Vielfach werden sich gemischte Zwischenziele im Sinne von Poole (1970)[51] empfehlen; in der dynamischen Realität fallen die Ergebnisse allerdings sehr viel weniger eindeutig aus als im statischen Modell (Moore 1972; Turnovsky 1975). Die Wirtschaftspolitik wird daher auf unabsehbare Zukunft um die mühsame Aufgabe der Analyse und der Bemühung um maßgeschneiderte Maßnahmen nicht herumkommen. Ist das Aktivismus? Doch wohl dann nicht, wenn die Wirtschaftspolitik ein klar definiertes Zielbündel längerfristig verfolgt und auf die Ausnützung bloß temporärer tradeoffs verzichtet.

[51] Siehe dazu Abschnitt 8.1.

16 Die vernachlässigte Rolle der Unsicherheit

Die moderne Diskussion über theoretische Basis und Effektivität der Stabilisierungspolitik hat einen Aspekt nahezu völlig ausgeklammert, der für die Begründung stabilisierungspolitischer Aktivitäten geradezu konstitutiv ist, nämlich die Rolle der Unsicherheit. In bezug auf diesen Aspekt war man früher weiter, zumindest in dem Sinn, daß man die Bedeutung der Unsicherheit mitdachte, auch wenn man nicht immer in der Lage war, sie adäquat zu behandeln. Bei Keynes ist die Rolle der Unsicherheit und der langfristigen Erwartungen umstritten; denn man wird davon ausgehen können, daß er die langfristigen Erwartungen zumeist als konstant annimmt (konstante Konsum- und Investitionsneigung - sei es auch bloß als didaktisches Hilfsmittel), daß exogene Einflüsse jedoch das Niveau der Erwartungen und damit der Konsum- und Investitionsneigung sehr erheblich ändern können (Kregel 1976, 212). Dieses Konzept wurde von der Neoklassischen Synthese und damit auch von der traditionellen Theorie der Wirtschaftspolitik implizit übernommen: Das System kann offenbar relativ leicht nahe dem Vollbeschäftigungsniveau gehalten werden, wenn Abweichungen rasch korrigiert werden, sodaß keine kumulativen Prozesse entstehen; solche Prozesse wollte man offenbar deswegen mit allen Mitteln verhindern, weil man als Folge von erheblichen Fehlentwicklungen Erwartungsänderungen und damit schwer korrigierbare kumulative Prozesse befürchtete; die damals überwiegend verwendeten Konzepte der adaptiven und der extrapolativen Erwartungen beinhalten solche Entwicklungsmöglichkeiten. In den NCM-Modellen sind auch die bescheidensten Reste von Unsicherheit durch das Konzept der Rationalen Erwartungen beseitigt worden: Die Wirtschaftssubjekte haben grundsätzlich volle Information, sie können den Erwartungswert aller denkbaren Entwicklungen der Welt nicht bloß ausrechnen, sondern sie tun das auch, sie können damit alle denkbaren Strategien bewerten und die für sie günstigste auswählen. Unsicherheit im Sinne von Knight (1921) kommt in diesen Modellen nicht vor, bestenfalls Risiko. Das bedeutet, daß die Aktivitäten wenn schon nicht absolut sicher, so doch bewertbar sind, wodurch die Auswahl nach Wahrscheinlichkeitskriterien gesichert ist. Die vollständige Vernachlässigung des Phänomens der Unsicherheit durch die Modelle der NCM überrascht vor allem deswegen, weil die bloße Existenz von Unsicherheit Rationale Erwartungsbildung und damit die Formulierung von Strategien unmöglich macht, die zum allgemeinen Gleichgewicht führen.

Dem totalen Unverständnis der Probleme der Unsicherheit in der Neuen Klassischen Makroökonomie steht das benign neglect dieser Phänomene in der Neuen Keynesianischen Makroökonomie nur wenig nach. Allein der Postkeynesianische

Ansatz beschäftigt sich mit der Rolle der Unsicherheit, konnte sich aber nicht einmal zu einer einheitlichen Formulierung des Problems, geschweige denn zu einem formalen Ansatz durchringen. Ein solcher ist allerdings aus der Natur des Problems heraus in absehbarer Zukunft auch nicht zu erwarten; nichtsdestotrotz muß das Problem der Unsicherheit bei der Formulierung der wirtschaftspolitischen Konzepte und Strategien zumindest informell mitgedacht werden. Es müssen solche Institutionen, Verfahren und Instrumente erarbeitet und ausgewählt werden, deren Wirkung durch Unsicherheit möglichst wenig beeinträchtigt wird. Zu diesem Zweck gilt es zunächst den Charakter der Entscheidungen bei Unsicherheit herauszuarbeiten:

* Zunächst einmal muß festgehalten werden, daß es zum Wesen der Entscheidung gehört, bei Unsicherheit getroffen zu werden; ohne Unsicherheit bedürfte es keiner Entscheidungen, sondern bloß Automatismen: Man *entscheidet* sich an einer Straßenkreuzung nicht, den linken Weg zu nehmen, von dem man ganz sicher weiß, daß er rascher und bequemer zum Ziel führt, man nimmt ihn ganz selbstverständlich. Nur wenn man nicht weiß, ob die größere Länge der Alternative durch größere Bequemlichkeit aufgewogen wird oder ob der Stau rechts oder links größer sein wird, muß man eine Entscheidung treffen. Die Unsicherheit, die eine Entscheidung nötig macht, kann aus einem Mangel an Information bestehen, aus einem Mangel an Theorie (Unkenntnis des Modells), der die Interpretation vorhandener Daten unmöglich macht oder zumindest erschwert, oder aus einem Mangel an Kontrolle über künftige Entwicklungen.
* Unsicherheit ist mit dem Wesen der Information untrennbar verbunden. Man weiß nicht, was man erwirbt, wenn man Information kauft, denn wenn man es wüßte, brauchte man diese ja nicht zu kaufen (Shackle 1955, 18). Daher kann man auch fehlende Information nicht bewerten (bevor man über sie verfügt), sodaß das Marginalkalkül - rationaler Verzicht auf die letzte, teuerste Einheit von Information, wenn deren Kosten ihren Nutzen übersteigen - nicht anwendbar ist; da man ja nicht weiß, was diese letzte Einheit überhaupt ist. Demgemäß werden Entscheidungen *nie* bei *voller* Information getroffen. Entscheidungen bei unvollkommener Information implizieren aber andere Strategien, solche nämlich, die einen Ausweg offen lassen, wenn sich die fehlende Information als entscheidend herausstellt (etwa das Halten von Liquidität, um den drohenden Konkurs abzuwenden).
* Das Postulat der Rationalen Wahl setzt kardinale Nutzenvorstellungen voraus, ein Postulat, das bei Unsicherheit nicht realistisch ist; denn bei Unsicherheit kann die Entscheidungstheorie wenig Exaktes und unmittelbar Umsetzbares bieten.
* Bei Unsicherheit besteht vielfach gar kein Interesse der Wirtschaftssubjekte, Rationale Erwartungen im Sinne unverzerrter Erwartungswerte zu bilden. Oft wird das Wirtschaftssubjekt vor dem Problem stehen, daß eine auch erhebliche *Unter*schätzung der Entwicklung vielleicht die Erzielung eines noch höheren Gewinns verhindert, sonst aber wenig stört; eine auch bloß mäßige *Über*schät-

zung der Entwicklung hingegen kann u.U. steigenden Kreditbedarf und bei dessen Nicht-Befriedigung Konkurs bedeuten. Die Wirtschaftssubjekte werden daher in vielen Fällen „vorsichtig" schätzen; der strengen Theorie folgend, sollten sie zwar zunächst unverzerrt schätzen und die asymmetrischen Folgen von Fehlschätzungen erst bei der Entscheidungsfindung berücksichtigen (Aiginger 1987, 18ff); wenn die Unsicherheit jedoch nicht bloß eine sondern mehrere zusammenwirkende Größen betrifft, macht ein solches Vorgehen den Entscheidungsprozeß außerordentlich kompliziert.

* Bei Unsicherheit können auch einige der für das Funktionieren der Neuen Klassischen Makroökonomie nötigen Kontingenz- und Zukunftsmärkte überhaupt nicht existieren, und zwar diejenigen, auf denen Kontrakte gehandelt werden, über die es keine Information in der Volkswirtschaft gibt,[1] sowie solche, für die nicht beide Marktpartner Informationen haben (Radner 1968, 49ff); daraus ergeben sich weitere Unsicherheiten und Mengenbeschränkungen sowie Störungen der intertemporalen Allokation.

Das alles bedeutet jedoch nicht, daß bei Unsicherheit alles möglich wäre. Will man zu substantiellen Aussagen über die Folgen von Unsicherheit kommen, wird man zwischen verschiedenen *Arten von Unsicherheit* unterscheiden müssen. Unsicherheit - als Unfähigkeit des Entscheidenden, den einzelnen Entwicklungsmöglichkeiten Wahrscheinlichkeiten zuzuordnen, - kann die Märkte, technische und Umweltfaktoren, die Pläne der Konkurrenten oder die Wirtschaftspolitik betreffen. Nun können eventuell die Informationen über die Umwelt halbwegs vollständig sein, nie jedoch die Informationen über das strategische Verhalten anderer; das gilt vor allem in einer wachsenden und dem Strukturwandel unterworfenen Wirtschaft, die auf Spot-Märkte nicht verzichten kann. Daraus entsteht ein zusätzlicher Bedarf an Liquiditätshaltung, dessen optimale Höhe jedoch nicht ohne Kenntnis der Strategien der anderen berechnet werden kann (Radner 1968, 35, 54ff).

Andererseits müßte zwischen *Graden der Unsicherheit* differenziert werden. Aiginger (1987, 104) unterscheidet zwischen „severe" und „petty uncertainty", je nachdem ob die Folgen der Entscheidung im Nachhinein in irgendeiner Weise korrigiert werden können oder nicht; doch es müßte wohl auch innerhalb der „severe uncertainty" danach unterschieden werden, ob der zu einer Entscheidung Gezwungene nicht einmal *Vorstellungen* über das mögliche Spektrum der Entwicklung hat, ob ihm zwar die möglichen Alternativen bekannt sind, er aber keine Wahrscheinlichkeiten zuordnen kann, bzw. ob er vielleicht sogar Wahrscheinlichkeiten zuordnen kann, die Alternativen für ihn aber etwa gleich wahrscheinlich sind; weiters natürlich, ob die Entscheidung existentiell oder minder wichtig ist. Je nach der Art der Unsicherheit werden verschiedene Strategien unterschiedlich wahrscheinlich sein: Paralysierung, Aufschieben der Entscheidung, Riskenstreuung, Liquiditätshaltung usw.

---

[1] Das wären natürlich gerade die wichtigsten in bezug auf Reduzierung der Unsicherheit; ihr - unvermeidliches - Fehlen wiegt daher besonders schwer.

Aus den angeführten Gründen, insbesondere den Informationsbeschränkungen und den Strategien anderer, ergibt sich für jedes einzelne Wirtschaftssubjekt eine Unzahl von möglichen Strategien, deren Berechnung selbst dann rein technisch (von den Kosten abgesehen) gar nicht zu bewältigen wäre, wenn eine Bewertung durchgeführt werden könnte. Die Existenz von Unsicherheit macht es den Wirtschaftssubjekten somit unmöglich, Erwartungswerte gemäß der Theorie der Rationalen Erwartungen zu bilden[2] und Strategien zu wählen, die zum allgemeinen Gleichgewicht führen; es gibt nicht bloß einen einzigen Erwartungswert. Damit fehlt aber auch die stabilisierende Tendenz des allgemeinen Gleichgewichts, die Unsicherheit steigt, und die Wirtschaftssubjekte müssen schon deswegen andere Strategien wählen - und zwar solche, die die unangenehmsten Folgen der Unsicherheit minimieren. Das ist auf zahllosen Wegen erreichbar:

Einer der offenkundigsten ist das *Halten von Liquidität.* Da selbstverständlich nicht alle volle Information haben (können) und nicht alle denkbaren Strategien und alle denkbaren Bedingungen durchrechnen können, sichern sie sich durch Liquiditätshaltung zusätzliche Handlungsmöglichkeiten bei Eintreten unvorhergesehener Ereignisse. Daraus resultiert jedoch gesamtwirtschaftlich auf zweifache Weise weitere Unsicherheit: Erstens bewirken die dadurch möglichen zusätzlichen Strategien bei den übrigen Wirtschaftssubjekten die Notwendigkeit weitere Alternativen in ihren Berechnungen zu berücksichtigen und damit - weil das die Abschätzkapazitäten übersteigt - zusätzliche Unsicherheit; zweitens ist - wie bereits weiter oben erwähnt - bei Unsicherheit auch die optimale Höhe der Liquiditätshaltung nicht zu bestimmen. Da volle Absicherung durch Liquiditätshaltung unter diesen Bedingungen unendlich teuer käme, nehmen die Wirtschaftssubjekte ein gewisses *Insolvenzrisiko* bewußt in Kauf. Das aber bedeutet vor allem für die Kreditgeber - doch nicht bloß für diese - zusätzliche Unsicherheit, der sie durch *Kreditrationierung* begegnen. Risikofälle bekommen keinen Kredit (Stiglitz/Weiss 1981), Budgetrestriktionen werden für die kreditrationierten Wirtschaftssubjekte bindend, auch wenn diese bereit wären, höhere Zinsen zu zahlen. Es wird für Konsumenten und Investoren sinnvoll, *langfristige Verträge* abzuschließen, die implizit eine Versicherungsprämie beinhalten (langfristige Arbeitsverträge, Kreditlinien, Eigenkapitalvorsorge). Für jeden einzelnen ist das eine sinnvolle, ja unvermeidliche Lösung; die Summe dieser Lösungen verhindert jedoch die jederzeitige Markträumung. Aus der mangelnden Markträumung - und zwar bereits aus der bloßen Möglichkeit mangelnder Markträumung - entstehen jedoch für Dritte ohne die entsprechenden langfristigen Verträge neue Unsicherheiten, die zu weiteren Absicherungsstrategien führen (Bernanke 1981; Hammond 1984). Die Theorie der Neuen Keynesianischen Makroökonomie (Abschnitt 14.4.1) zeigt, wie die Mengenbeschränkungen von einem Markt auf den anderen übergreifen und dort neue Rationierungen, neue Anpassungen und natürlich neue Unsicherheit schaffen.

---

[2] Dasselbe gilt auch bei Nicht-Stationarität der Zeitreihen, da solche Reihen keinen festen langfristigen Mittelwert haben.

Ein weiterer vielfach beobachteter Verhaltensmechanismus, der aus beschränkter Information resultiert, sind *Massenbewegungen* (band-wagon-Effekt), die zur Selbstverstärkung von Entwicklungen führen: Jeder einzelne Entscheidende erwägt zwar verschiedene Alternativen, kann sich aber infolge der Unsicherheit zwischen ihnen nicht entscheiden; macht jedoch einer den Anfang, so folgen ihm die anderen sehr rasch nach.[3] Sie nehmen (oft zu Unrecht) an, daß der Entscheidende über die ihnen fehlende Information verfügte.

Weiters ist bei Unsicherheit maximierendes Verhalten im traditionellen Sinn schon vom Konzept her unmöglich, *satisfiszierendes Verhalten* das einzig denkbare. Satisfiszierendes Verhalten aber ist für die Partner noch viel schwerer abschätzbar, weil das Befriedigungsniveau unbekannt ist und sich im Zeitablauf, je nach Erreichungsgrad, vermutlich auch ändert.

Schließlich ist es in einer Welt der Unsicherheit durchaus rational, *Entscheidungen hinauszuzögern*, weil zumindest Hoffnung besteht, den Informationsstand im Laufe der Zeit (kostengünstig) zu verbessern, was andererseits wieder das eben erwähnte Herdenverhalten auslöst. Verträge werden mit unbestimmtem Inhalt abgeschlossen, Marktprozesse durch hierarchische Entscheidungen ersetzt; man fixiert eher die Preise und paßt die Mengen an (Rothschild 1981, 113f), versucht Unsicherheit durch Absprachen und Unternehmungszusammenschlüsse zu verringern und strebt sichere Monopolpositionen durch Produktdifferenzierung und Werbung an.

Die Berücksichtigung von Unsicherheit eröffnet einen *neuen Handlungsbedarf der Stabilisierungspolitik*. Es ist fraglich, ob sich unter diesen Bedingungen eine Tendenz zum Gleichgewicht überhaupt einstellt bzw. einstellen kann (Gefangenendilemma), Anpassungsprozesse können sehr lange dauern und kumulative Prozesse zumindest einige Zeit lang vom Gleichgewicht wegführen; exogene Störungen (Schocks) können die Wirtschaft sehr viel leichter aus dem Korridor hinauswerfen, innerhalb dessen marktmäßige Anpassung zu erwarten ist (Leijonhufvud 1973). Die Berücksichtigung von Unsicherheit eröffnet jedoch nicht bloß zusätzlichen Bedarf, sondern auch neue *Handlungsmöglichkeiten* für die Stabilisierungspolitik, weil an die Stelle der simultanen Einmalentscheidung aller Wirtschaftssubjekte - am „Beginn der Welt" für alle künftigen Zustände - sequentielle Entscheidungen treten, die von den Strategien der anderen und damit auch von den Strategien der Wirtschaftspolitik abhängen. Die Wirtschaftspolitik kann dadurch mit den Prozessen der Strategieformulierung der Wirtschaftssubjekte integragieren und kooperieren. Beruhten die „Interaktionen" zwischen agents und Wirtschaftspolitik im NCM-Politikineffektivitäts-Modell ausschließlich auf Täuschung und Überraschung („cheating"), so eröffnen sich in einer Welt der Unsicherheit Möglichkeiten der *Kooperation zwischen Wirtschaftssubjekten und Wirtschaftspolitik*. So etwa kann aus Unsicherheit auf dem Weg über Kreditrationierung, Insolvenzen, zusätzliche Unsicherheit usw. ebenso eine Rezession entstehen

---

3 „...the first success draws other people in its wake and finally crowds of them, which is what the boom consists in" (Schumpeter 1927, 294).

wie auf dem Weg über Investitionszurückhaltung, Nachfragerückgang, Arbeitslosigkeit, weiterem Nachfragerückgang usw. Solche kumulativen Prozesse bedeuten letztlich ein Gefangenendilemma: Die Betroffenen können sich aus eigener Kraft daraus nicht - oder jedenfalls bloß unter sehr hohen Kosten - befreien, auch wenn sie die Entwicklung richtig prognostizieren.

Die Wirtschaftspolitik kann in vielen, wenn auch durchaus nicht in allen Fällen, die Impulse setzen, die aus dem Dilemma herausführen. Gerade die von der NCM immer wieder betonten Fälle stabilisierungspolitischer Ineffektivität verlieren bei Unsicherheit an Relevanz: *Crowding out* (Abschnitt 15.1) verliert an Bedeutung, weil Kredite an Private und Kredite an die Öffentliche Hand in einem diversifizierten Portefeuille bei Unsicherheit eher komplementär als substitutiv sind, weil private und öffentliche Güter unter Unsicherheit kaum Substitute sein werden und weil mangelnde Planungsmöglichkeiten über lange Zeithorizonte die Gefahr von Steuerdiskontierung wohl vernachlässigbar klein machen wird. *Systematische Geldpolitik* (Abschnitt 15.2) kann in der Welt der Unsicherheit wirken, weil sie mangels rascher und automatischer Tendenz zum Vollbeschäftigungsgleichgewicht sehr wohl nachfrage- und beschäftigungssteigernd und nicht bloß preistreibend wirken kann, woraus sich Kooperationsmöglichkeiten zwischen Wirtschaftssubjekten und Wirtschaftspolitik ergeben. Die Reaktion der Wirtschaftssubjekte auf systematische Maßnahmen der Geldpolitik kann vor allem dann die erwünschte Wirkung herbeiführen - statt sie zu verhindern -, wenn die Geldpolitik stabilisierungspolitisch richtige Maßnahmen setzt,[4] also bei Nachfragemangel expansiv wirkt. *Änderungen der Verhaltensweisen* der Wirtschaftssubjekte (Abschnitt 15.3) sind natürlich auch unter Unsicherheit ein Problem und erfordern besonderes Fingerspitzengefühl der Wirtschaftspolitiker. Gerade bei Unsicherheit kann jedoch das *Fehlen* stabilisierungspolitischer Maßnahmen zu besonders gefährlichen Änderungen der Verhaltensweisen führen, nämlich zu Attentismus oder zu den oben erwähnten band-wagon-Effekten. Mit Hammond (1984, 72) ist daher zu schließen: „It is the models that are ineffective, not systematic stabilization policy."

Natürlich stellt sich das Problem der *Unsicherheit auch für die Wirtschaftspolitik* selbst. In der Welt der Unsicherheit steht auch die Wirtschaftspolitik - anders als die agents im Modell der NCM - vor dem Problem, daß sie das wahre Modell der Wirtschaft nicht kennt, daß sie ihre Informationen aus unzureichenden und verspäteten Statistiken schöpfen muß, daß sich eventuelle Verhaltensänderungen nicht leicht prognostizieren lassen, weiters, daß sich auch die Stabilisierungspolitik politischen Reaktionen und damit unterschiedlicher Durchsetzbarkeit unterschiedlicher Strategien gegenübersieht. Dazu kommt die Schwierigkeit, daß die Wirtschaftspolitik ihre Maßnahmen im allgemeinen nicht überdimensionieren darf, eine Strategie, die etwa die Technik gegen die sie betreffende Unsicherheit der Materialfehler oder der geologischen Beschaffenheit des Untergrunds stets

---

[4] Das mag trivial klingen, gilt für das NCM-Modell, aus dem die Politikineffektivität resultiert, jedoch *nicht*!

verwendet. Die Technik dimensioniert eine Brücke etwa auf 10 Tonnen, wenn sie 5 Tonnen tragen soll; außer höheren Kosten entstehen dabei keine weiteren unangenehmen Nebenwirkungen. Ganz anders bei der Wirtschaftspolitik, die bei Überdimensionierung von Maßnahmen zur Inflationsbekämpfung natürlich erhebliche Nachfrageeinbrüche und hohe Arbeitslosigkeit und damit u.U. noch stärkere (andere) Zielverletzungen auslösen würde. Unter Unsicherheit gilt daher: „Policies that avoid disastrous consequences under a broad range of models are preferable to policies that are optimal for a strict interpretation of one model but would serve very badly for other plausible models" (Shafer/Loopesko 1983, 64). Das aber ist eine Art des Ansatzes, die gerade den akademischen Nationalökonomen wenig liegt und demgemäß zwangsläufig zu Konflikten zwischen akademischen und angewandten Wirtschaftspolitikern führt.

Wie aber müßte *Wirtschaftspolitik bei Unsicherheit* gestaltet werden? Einige Grundregeln lassen sich durchaus formulieren, wenn auch eine befriedigende Behandlung dieses Themas derzeit nicht möglich ist:[5] Einerseits deswegen, weil Unsicherheit eben in unzähligen Formen auftreten kann, die sich nicht einfach generalisieren lassen, andererseits aber auch deswegen, weil die Beschäftigung der Volkswirte mit diesem Thema seiner Bedeutung nicht annähernd entspricht. Als Minimalprogramm sollte folgendes beachtet werden:

* Die wohl wichtigste Grundregel für Wirtschaftspolitik bei Unsicherheit besteht darin, einen *Ordnungsrahmen* zu setzen, der hilft krisenhafte Entwicklungen möglichst hintanzuhalten: Dazu gehört etwa eine Ordnung des Geldwesens, die Finanzierungskrisen vermeidet, ein Wechselkurssystem, das stark überschießende Anpassungen vermeidet, eine Begrenzung allzu weitgehender Möglichkeiten der Spekulation, die Sicherung einer ausgewogenen Relation zwischen Geldkapital- und Realkapitalbildung, eine Regelung des Vertragswesens im weitesten Sinn, die die unsicherheitsvermeidende Absicherung durch langfristige Verträge (Lohnverträge, Pensionsverträge, Kreditverträge, Indexklauseln) ermöglicht, ohne dadurch die Anpassungsfähigkeit der Wirtschaft zu gefährden.
* Zweitens muß die Wirtschaftspolitik selbst dazu beitragen, unsicherheitsschaffende *Konflikte nicht eskalieren* zu lassen. Gefahrenherde dieser Art liegen etwa im Bereich der Verteilungspolitik, der Einkommenspolitik, der Strukturpolitik usw.
* Drittens muß die Wirtschaftspolitik über den *Instrumenteneinsatz sequentiell* entscheiden, um die unerwarteten Nebenwirkungen des ersten Instrumenteneinsatzes einschließlich eventueller Änderungen der Vorraussetzungen bei der Planung des zweiten Schrittes berücksichtigen zu können. Die Praxis und die Zwischenziel-Debatte berücksichtigen dieses Postulat eher als die NCM-Modelle.
* Viertens gilt es, Instrumente nicht stark dosiert einzusetzen, um nicht ungewollte Nebenwirkungen und Verhaltensänderungen auszulösen; diese schwä-

[5] Siehe allerdings auch Kapitel 20.

chere Dosierung kann durch konzentriert gleichzeitigen Einsatz mehrerer Instrumente erreicht werden.

* Fünftens sollte die Wirtschaftspolitik im stabilisierungspolitischen Bereich versuchen, möglichst viele *Größen vorhersehbar zu machen* (und nicht exzessiv schwanken zu lassen), die für die Entscheidung der Konsumenten und Investoren wichtig sind. Dazu gehören vor allem die Löhne als bedeutendste Kostenkomponente für die Unternehmer wie zugleich als Budgetgröße für die Arbeitnehmer, weiters die Wechselkurse und die Zinssätze.
* Das aber bedeutet sechstens, daß (Zwischen-)Ziel-Regeln ohne Rückkopplung meist nicht unsicherheitsverringernd wirken werden: Starre Geldmengenregeln etwa können unter bestimmten Voraussetzungen die Zinssätze außerordentlich stark steigen lassen und Finanzierungskrisen auslösen, starre Wechselkursregeln können die Wettbewerbsverhältnisse erheblich verzerren. Die Möglichkeit solcher Entwicklungen schafft bei den davon potentiell Betroffenen Unsicherheit. Sicherheit hingegen gewinnen die Betroffenen daraus, daß sie die wirklichen *Ziele der Wirtschaftspolitik* kennen und sich darauf verlassen können, daß die Wirtschaftpolitik diese Ziele unter Bedachtnahme auf die Stärke der Fehlentwicklung und der unvermeidbaren Nebenwirkungen verfolgt. Stabilisierungspolitische Strategien werden in einer Welt der Unsicherheit von den Betroffenen aber wohl bloß dann (längerfristig) geglaubt, wenn sie als *bedingte Handlungssequenzen* formuliert sind, die auf gleitender Planung und Zielbereichsvorgaben beruhen, die mit Augenmaß einen „vernünftigen“ Kompromiß zwischen dem Wünschenswerten und dem Möglichen finden. Die Verstetigungsstrategie des Austrokeynesianismus (Tichy 1984) hat diesen Voraussetzungen ebenso entsprochen wie die potentialorientierte Politik in der Bundesrepublik Deutschland. Auf diese beiden Möglichkeiten wird Kapitel 20 noch zurückkommen.

17 Zusammenfassung

Das Standardmodell der Neoklassischen Synthese, das der Wirtschaftspolitik der fünfziger und sechziger Jahre zugrunde lag, konnte aus der Sicht der Theorie in verschiedener Weise nicht befriedigen: Sein Zeithorizont war unklar formuliert, insbesondere war umstritten, auf welchen Zeithorizont sich die wirtschaftspolitischen tradeoffs beziehen, Bestandsgrößen wurden vom Modell kaum berücksichtigt, die Bildung der Erwartungen blieb ebenso unbestimmt wie die Motivation hinter der mangelnden Räumung der Märkte; wirtschaftspolitische Maßnahmen wirkten zum Teil - jedenfalls in der angenommenen Stärke - bloß deswegen, weil Finanzierungsüberlegungen vernachlässigt wurden und in den Wirtschaftssubjekten falsche Erwartungen, insbesondere Geldillusion, genährt wurden. Dazu kam, daß das Modell und die auf ihm basierende Wirtschaftspolitik mit der zunehmenden Offenheit der europäischen Volkswirtschaften nicht zurande kam und dem Phänomen der Stagflation hilflos gegenüberstand. Demgemäß entwickelte sich zuerst im Rahmen des Monetarismus, dann im Rahmen der Neuen Klassischen Makroökonomie ein Gegenmodell, das aufgrund der Hypothese jederzeit vollständig geräumter Märkte, Rationaler Erwartungen und Natürlicher (Wachstums- und Arbeitslosen-)Raten zur vollständigen Ineffektivität erwarteter Maßnahmen der Wirtschaftspolitik führte.

Ganz andere Reparaturversuche am Modell der Neoklassischen Synthese versuchte die Neue Keynesianische Makroökonomie, die die Konsequenzen von Mengen- statt von Preisanpassungen untersuchte und die Postkeynesianische Schule, die die Folgen der Unsicherheit zu berücksichtigen suchte. Während die wirtschaftspolitischen Konsequenzen der letzten beiden Ansätze nicht detailliert ausgearbeitet wurden und demgemäß auch keine weitere Verbreitung fanden,[1] beeinflußte die Politikineffektivitäts-Hypothese die Wirtschaftspolitik der frühen achtziger Jahre, insbesondere in den USA und Großbritannien, recht erheblich.

Bereits zur Zeit ihrer weitverbreiteten praktischen Anwendung hatte die Kritik an der NCM und der Politikineffektivitäts-Hypothese voll eingesetzt; Theorie, Plausibilitätsüberlegungen und empirische Einwände wurden in rascher Folge

---

1 „Subsequent work on 'general disequilibrium' has become a specialized European activity in macroeconomics, with near-total invisibility in a recent survey I conducted of first-year graduate macro reading lists at top-ten American economics departments" (Gordon 1988, 33). Drei Jahre später findet sich fast dieselbe Fußnote doch mit der Erklärung, daß es gelte, zuerst die mikroökonomischen Grundlagen zu erarbeiten, und mit der Qualifikation (im Volltext): „Nevertheless I find that even the most perceptive new-keynesian commentators tend to forget the central message of these models." (Gordon 1990, 1138).

vorgebracht. Die Hypothese, daß systematische Geldpolitik nicht wirken *könne*, muß inzwischen als falsifiziert betrachtet werden. Umgekehrt konnte aber noch nicht in befriedigender Weise herausgearbeitet werden, welche Maßnahmen der Wirtschaftspolitik unter welchen Bedingungen welche kurz-, mittel- und langfristigen Wirkungen zeitigen. Die zunehmende Offenheit der Volkswirtschaften wurde vom NCM-Modell ebensowenig adäquat berücksichtigt wie von seinem Vorgänger. Zurückblickend lassen sich allerdings zahlreiche Argumente finden, warum die Neoklassische Synthese als Basis einer auf commonsense beruhenden Wirtschaftspolitik doch gar nicht so schlecht geeignet war: Die von ihr untersuchten und für wichtig gehaltenen Effekte beziehen sich auf die für stabilisierungspolitische Maßnahmen besonders wichtige mittlere Frist; sie betonen Verhaltensweisen, die sich zwar nicht bei Sicherheit als optimal erweisen, in sehr vielen Fällen aber bei Unsicherheit, und sie versuchte, Fehlentwicklungen genügend rasch gegenzusteuern, um Verhaltensänderungen aufgrund dramatischer Fehlentwicklungen und massiver wirtschaftspolitischer Eingriffe ausschalten zu können; Ansatzpunkte für die Lucas-Kritik lassen sie also erst gar nicht entstehen zu lassen.

Unter diesem Aspekt überrascht es wenig, daß die Erkenntnisse, die die Stabilisierungspolitik in den letzten vier Jahrzehnten erarbeitet hat, im Grunde nicht obsolet geworden sind und demgemäß in Teil B auch zu Recht wiedergegeben werden konnten; allerdings müssen sie in verschiedener Weise etwas vorsichtiger angewendet werden als es früher geschehen ist. Diese Modifikationen sollen im abschließenden Teil D besprochen werden.

TEIL D

ANSÄTZE EINER NEUEN KONSENSSTRATEGIE DER STABILISIERUNGSPOLITIK

18 Die wiedererkannte Bedeutung der Stabilisierungspolitik

Die späten siebziger und frühen achtziger Jahre markierten die stärkste Verbreitung wirtschaftspolitischer Ansätze, die am NCM-Politikineffektivitäts-Modell orientiert waren: Die Wirtschaft fände nach Störungen von selbst genügend rasch zu einer Natürlichen Auslastungsrate der Kapazitäten zurück, wenn bloß der Preismechanismus nicht behindert würde; die Aufgabe der staatlichen Wirtschaftspolitik bestünde allein darin, Hemmnisse abzubauen, die die genügend rasche Anpassung der Preise und Löhne verhindern, also zu deregulieren, den Gewerkschaftseinfluß zurückzudrängen,[1] die Leistungsbereitschaft durch Steuersenkungen und Verringerung der Sozialleistungen zu erhöhen und den Staatsanteil ganz generell zurückzuführen. Stabilisierungspolitik des „aktivistischen" Typs könne die von ihr angestrebten Ziele gar nicht erreichen, sehr wohl aber könne das ein entsprechend gestalteter ordnungspolitischer Rahmen.

Die *Kritik* an der Konzeption dieses NCM-Politikineffektivitäts-Modells hat inzwischen zu einem weitgehenden Konsens geführt, den man als „Neuklassische Synthese" bezeichnen könnte. Die Kritik betraf, wie Abschnitt C gezeigt hat, die Empirie, die Plausibilität und die zugrundeliegende Theorie, und jeder Kritikpunkt zeigte Ansatzpunkte und Notwendigkeit stabilisierungspolitischer Maßnahmen.

18.1 Empirische Argumentation

Die *empirischen Tests* der monetären Version der Politikineffektivitäts-Hypothese zeigten, daß nicht-erwartete Änderungen der Geldmenge die reale Entwicklung erst nach 2 bis 2½ Jahren, die Preisentwicklung erst nach 5 bis 6 Jahren beeinflussen (Barro/Rush 1980).[2] Es gibt also sehr lange Anpassungsverzögerungen, die mit anderen stilisierten Fakten der Konjunktur (wie Arbeitslosigkeit, die nicht

---

1 Ohne daß dem eine gleich scharfe Anti-Konzentrationspolitik im Bereich von Produktion und Handel entspräche.

2 Auf die übrigen Probleme der empirischen Schätzung, wie ad-hoc-Spezifikation, Verwendung von Variablen, die auch Rationale Wirtschaftssubjekte zum gegebenen Zeitpunkt gar nicht kennen können, usw., wird hier nicht weiter eingegangen; siehe dazu Abschnitt 15.2 .

leicht als freiwillig erklärt werden kann, überschießende Anpassung der Wechselkurse oder Instabilität der Finanzmärkte) sehr wohl vereinbar sind, nicht jedoch mit der Annahme der jederzeit-vollständigen Räumung der Märkte: Wenn aber die marktmäßigen Anpassungsprozesse so lange dauern, besteht ein dringender Bedarf an einer Stabilisierungspolitik, die diese Prozesse beschleunigt; der Zeithorizont von 2 bis 5 Jahren ist genau der Zeitraum, den die traditionelle Stabilisierungspolitik stets im Auge hatte. Verbesserte *ökonometrische Schätzansätze und -methoden* (Gordon 1980; Mishkin 1983) zeigten weiters, daß auch erwartete Maßnahmen der Geldpolitik die reale Entwicklung (Brutto-Inlandsprodukt, Arbeitslosenrate) beeinflussen und daß die These der jederzeit-vollständigen Räumung der Märkte bei den Tests im allgemeinen sehr viel schlechter wegkommt als die These der Rationalen Erwartungen. Demgemäß besteht inzwischen weitgehend Konsens darüber, daß die Frage nicht lauten kann, ob Märkte effizient im Sinne der NCM-Hypothese sind oder nicht, sondern *welche Märkte* in *welchem Grade* ineffizient sind. Und natürlich stellte sich heraus, daß diejenigen Märkte am ehesten effizient sind, auf denen Spezialisten agieren, auf denen homogene Produkte gehandelt werden und auf denen die Transaktionskosten gering sind; im besonderen gilt das für Börsen, auf denen vertretbare Produkte gehandelt werden, Finanzmärkte usw. Arbeitsmärkte hingegen stehen stets am anderen Ende des Effizienzspektrums. Wirtschaftspolitisch bedeutet das, daß gerade die Märkte, die traditionell im Zentrum der Stabilisierungspolitik standen, tatsächlich nicht zur raschen Räumung tendieren und insoweit wirtschaftspolitischer Unterstützung tatsächlich bedürfen.

Die empirische Kritik an der realen Variante (RBC) der Gleichgewichtskonjunkturtheorie ist weniger gut entwickelt, einerseits weil diese erheblich jünger ist, andererseits aber auch weil sie sich empirischer Kritik weitgehend entzieht: Was ein Schock ist bzw. als solcher empfunden wird, ist nicht leicht beobachtbar und statistisch nicht erfaßbar. Die monetäre Variante behalf sich damit, eine mehr oder weniger beliebig ausgewählte Geldangebotsfunktion zu schätzen[3] und deren unsystematische Komponente als (unerwarteten) Schock zu erklären. Die reale Variante hingegen bezeichnet unerklärte Bewegungen der totalen Faktorproduktivität als Folge von grundsätzlich unbeobachtbaren Schocks, stößt jedoch auf das Problem, daß diese Entwicklung der totalen Faktorproduktivität noch schwerer zu erklären ist als das Geldangebot. Daß gerade reale Schocks auf die Produktionsfunktion dafür verantwortlich wären, begründet die RBC-Schule damit, daß die Schocks den Trend verschieben (unit-root-Hypothese), was für Angebotsschocks, nicht jedoch für Nachfrageschocks typisch wäre. Als weitere Begründung versucht die RBC-Schule Modelle mit hypothetischen Gleichgewichtskoeffizienten zu kalibrieren und die Ergebnisse mit der tatsächlichen Entwicklung zu vergleichen. Zahlreiche stilisierte Fakten der Konjunktur können auf diese Weise zwar erklärt werden, nicht jedoch z.B. die bloße mittelstarke Korrelation zwischen Output und Produktivität oder die schwache Konjunkturabhängigkeit der Real-

---

[3] Z.B. Gleichung 7 in Abschnitt 15.2.1.

löhne (Christiano/Eichenbaum 1992). Vor allem aber gehen die RBC-Ansätze von einer sehr hohen intertemporalen Substitutionselastizität von Arbeit und Freizeit aus, für die es kaum empirische Evidenz gibt. Die Kritik betont, daß die unit-root-Hypothese statistisch keineswegs gesichert wäre, Trendverschiebungen sehr wohl auch anders als durch reale Schocks ausgelöst (z.B. Hysterese-Phänomene) und gerade zentrale stilisierte Fakten der Konjunktur von den RBC-Modellen nicht befriedigend erklärt werden könnten (Tichy 1994, Kap. 6.2). Die RBC-Hypothese: Konjunkturschwankungen seien eine „self-interested response of economic agents to productivity disturbances" (Long/Plosser 1987, 333) und Stabilisierungspolitik daher überflüssig, ist keineswegs in einem Maße belegt, daß sie eine ernste Herausforderung für die Stabilisierungspolitik sei darstellen würde.

Außer der Politikineffektivitäts-Hypothese hat auch ein anderer Eckstein des NCM-Modells den empirischen Tests nicht Stand gehalten, nämlich die Hypothese der Natürlichen Arbeitslosenquote: Versuche, sie zu operationalisieren, hatten zum Konzept der non-accelerating-inflation-rate-of-unemployment (NAIRU) geführt, einer dynamisierten Version der Phillips-Kurve; deren empirische Schätzung zeigte einen erheblichen Einfluß der jeweils vergangenen Arbeitslosenquote auf die NAIRU (Solow 1986b; Franz 1987). Dieses als Hysteresis oder Persistenz bezeichnete Phänomen ist inzwischen statistisch genügend dokumentiert, keinesfalls jedoch befriedigend erklärt; die Erklärungshypothesen reichen von der Vernichtung des Humankapitals durch die Arbeitslosigkeit über geringe Kapitalbildung in Zeiten der Unterauslastung, die den Kapitalstock veraltern lassen, bis zu Eintrittsbarrieren in den Arbeitsmarkt. Wie immer jedoch die Erklärung lauten mag, ist jedenfalls festzuhalten, daß es nicht eine einzige Natürliche Arbeitslosenquote gibt, die nach Störungen sehr rasch wieder erreicht wird; die Abhängigkeit der Arbeitslosigkeit von ihrem eigenen Niveau in der Vergangenheit ist wohl kaum mit dem NCM-Modell vereinbar, sehr wohl aber mit Postkeynesianischen Erklärungen, die den Einfluß der Entstehungsgeschichte und der Ursachen der Arbeitslosigkeit auf ihr Niveau stets betont haben. Wiederum ergeben sich daraus Einflußmöglichkeiten und -notwendigkeiten der Stabilisierungspolitik, um Anpassungsprozesse zu beschleunigen und Wege aus dem Gefangenendilemma der Hysterese aufzuzeigen.

18.2 Plausibilitätstheoretische Argumentation

Neben diesen empirischen Aspekten wird auch die Plausibilität des NCM-Modells in beiden Varianten in Frage gestellt und daraus Argumente zugunsten von Möglichkeiten und Notwendigkeiten stabilisierungspolitischer Maßnahmen abgeleitet: Zahlreiche stilisierte Fakten der Konjunktur können mit dem NCM-Politikineffektivitäts-Modell nicht leicht in Übereinstimmung gebracht werden, insbesondere solche die in letzter Zeit erheblich an Bedeutung gewonnen haben: Daß die Arbeitsmärkte geräumt sind und die große Zahl von Arbeitslosen freiwillig arbeitslos wäre, daß es keine Unterauslastung der Kapazitäten aus Mangel an globaler Nachfrage gäbe, läßt sich in den achtziger und neunziger Jahren auch mit Hilfe komplexer NCM-Modelle kaum noch plausibel erklären; die NCM-Hypothese, daß Anpassungen nach Störungen rasch und effizient erfolgen, wird durch das fast schon hysterische Überschießen der Wechselkurse, die kräftigen Schwankungen der Zinssätze und das gut ein Jahrzehnt währende extrem hohe Realzinsniveau ad absurdum geführt.[4]

Selbst wenn das NCM-Modell daher in den sechziger und frühen siebziger Jahren der Struktur der Wirtschaft entsprochen haben sollte, gilt das nun keineswegs mehr; die Instabilität hat aus zahlreichen Gründen zugenommen: Unter den destabilisierenden Faktoren ist an erster Stelle sicherlich die zunehmende Offenheit der Volkswirtschaften bei Weiterbestehen erheblicher nationaler Unterschiede zu erwähnen, die (dadurch und durch verschiedene Deregulierungsmaßnahmen bedingt) zunehmende Mobilität, insbesondere des Kapitals, die durch technische (Elektronik) und organisatorische Innovationen („Finanzinnovationen", neue Organisationsmodelle) noch verstärkt wurde. Destabilisierend wirkt wohl auch die erheblich gewachsene Bedeutung multinationaler Konzerne, die in der Lage sind, auf geänderte Bedingungen rasch zu reagieren, und die in einer Periode erheblicher Unsicherheit Finanzinvestitionen und Firmenkäufe (take-overs) Ausrüstungsinvestitionen vorziehen. Weiters wirkt gegenüber den sechziger Jahren destabilisierend, daß die Einkommen - zumindest des beschäftigten Teils der Bevölkerung - trotz des langsameren Wirtschaftswachstums in Europa doch erheblich gewachsen sind, sodaß über den lebensnotwendigen Konsumbedarf hinaus zunehmend frei disponible Mittel übrig bleiben: für Käufe dauerhafter Konsumgüter, die aufgeschoben werden können, für Impulskäufe und für Finanzinvestitionen, selbst spekulativer Art, die sogar für den Durchschnittskonsumenten möglich geworden sind. Der private Konsum ist somit instabiler und inhaltlich unsicherer geworden.

Alle diese größeren Entscheidunsspielräume und die institutionellen Änderungen bedingen, daß zu jedem Zeitpunkt mehrere Entwicklungswege möglich sind, daß die Entwicklung weniger prognostizierbar und die Welt daher unsicherer geworden ist. Eine unsicherere Welt stellt jedoch nicht das NCM-Modell dar, nicht einmal ein NKM-Modell, sondern eher ein Postkeynesianisches, in dem Wirtschaftspolitik unabdingbar ist, um Fehlentwicklungen zu vermeiden. Demge-

---

4 Angebotsschocks dürften z.T. nicht exogen, sondern durch (ungesteuerte) Anpassungsprozesse induziert, entstanden sein: So führten etwa z.B. die überschießenden Wechselkursanpassungen zu Angebotsschocks - besser wohl Allokationsstörungen -, die auch in Zukunft fortwährend Angebotsschocks nach sich ziehen werden: Die Überbewertung des Dollar in den frühen achtziger Jahren hat zu einer Deindustrialisierung der USA und zu einer besonders starken Expansion im pazifischen Raum geführt; die darauffolgende Unterbewertung des Dollar in der zweiten Hälfte der achtziger Jahre läßt die Gegenbewegung wieder zu kräftig ausfallen und führt zu einer Wiederansiedlung letztlich nicht lebensfähiger Industrien im Dollarraum zulasten des pazifischen Raums.

mäß muß auch erwähnt werden, daß eine der impliziten Annahmen des NCM-Politikineffektivitäts-Theorems, nämlich ein *grundsätzlich* konfligierendes Verhältnis von Wirtschaftspolitik und Wirtschaftssubjekten, vielleicht zeitweise für die USA, sicherlich nicht generell für Europa, keinesfalls für die BRD, die Schweiz und Österreich zutrifft, und zwar nicht einmal in den sechziger und siebziger Jahren. Insbesondere die Notenbanken und demgemäß die Geldpolitik genießen in diesen Ländern ein hohes Maß an Ansehen, man billigt ihnen Kompetenz und im Zweifel Informationsvorsprung[5] zu; die Beziehung zwischen Wirtschaftspolitik und Wirtschaftssubjekten ist hier im allgemeinen als kooperativ, bloß selten als konfligierend zu bezeichnen.

18.3 Schwächen der NCM-Theorie als Ansatzpunkt der Wirtschaftspolitik

Die aus stabilisierungspolitischer Sicht schwerstwiegenden Argumente setzen am NCM-Modell selbst an. Die relativ einfachste Kritik wurde schon erwähnt: Die Vertreter der NCM behaupten vielfach die Ineffektivität *jeder* Maßnahme der Stabilisierungspolitik, wogegen der formale Beweis stets bloß für die Geldpolitik geführt wurde (McCallum 1988). Tobin/Buiter (1980) und andere zeigten jedoch, daß selbst voll antizipierte Maßnahmen der Fiskalpolitik reale Effekte haben können: Änderungen der Steuersätze beeinflussen Arbeitsangebot und Kapitalbildung, Staatsausgaben beeinflussen kurzfristig Konsum- und Kapitalbildung, langfristig Produktionskapazitäten und realen Output. Weiters geht das NCM-Modell von Homogenität nullten Grades[6] in bezug auf Geldmenge und laufende wie erwartete Preise aus, eine Voraussetzung, die in einer Wirtschaft mit nominellen Schulden und progressiven Steuern nicht zwangsläufig gegeben sein muß, da Preisänderungen unter diesen Bedingungen zu Umverteilungen führen (können); wenn die Geldpolitik jedoch die Vermögenszusammensetzung einer Volkswirtschaft ändern kann, kann sie auch reale Effekte bewirken (Hahn 1980a, 2ff).

Tiefer greift die Kritik an der Bildung der Rationalen Erwartungen; selbst in einem Modell mit vollständiger Konkurrenz und jederzeitig vollständiger Markträumung bedarf es dafür sehr spezifischer Annahmen über den Lernprozeß der Wirtschaftssubjekte: Entweder ist die Gewinnung von Information völlig kostenlos - was sicherlich unrealistisch ist - oder es muß ein Anreiz zur Informationssammlung bestehen, d.h. der Informationstransfer zu denen, die sich der Mühe der Informationssammlung nicht unterziehen, darf nicht perfekt sein, und die Infor-

---

5 Der Informationsvorsprung ergibt sich natürlich nicht - wie die NCM implizieren könnte - aus größerer Intelligenz, sondern aus der Informationsverarbeitungskapazität einer umfangreichen Bürokratie, die genau aus diesem Grund aufgebaut wurde.

6 D.h. die abhängige Variable ändert sich bei gleicher Änderung *aller* unabhängigen Variablen überhaupt nicht.

mierten müssen am Markt dominieren. Da das Verhalten der Uninformierten am Markt überdies die beobachtbaren Beziehungen zwischen den Variablen („das wahre Modell") verzerrt, ist der Lernprozeß schwierig, langwierig, und muß keineswegs konvergieren; er wird durch das Modell der adaptiven Erwartungen unter Umständen besser abgebildet als durch das der Rationalen (Hargreaves Heap 1992, 79ff). Im Modell der adaptiven Erwartungen ist Stabilisierungspolitik jedoch - wie gezeigt wurde - notwendig und wirksam.

Schließlich gibt es keine wie immer geartete Begründung für die NCM-Annahme eines einzigen Gleichgewichts. So etwa betonte schon Hahn (1980b, 286), daß etwa durch die Eröffnung eines zusätzlichen Kontingenzmarktes ein neues Gleichgewicht geschaffen werden könnte; seither wurden zahlreiche Alternativen entwickelt: Etwa sich selbst erfüllende Preiserwartungen (speculative bubbles: Azariadis 1981), oder verschiedene Varianten sich selbst erfüllender Erwartungen im Rahmen eines Modells einander überlappender Generationen (bootstraps equilibria, sunspot cycles, permanent recessions).[7] In allen solchen Modellen mit multiplen Gleichgewichten stehen die Wirtschaftssubjekte, die Rationale Erwartungen bilden wollen, vor dem Problem, welches Gleichgewicht sie erwarten sollen; insoweit hängt die Art des Gleichgewichts von den Ansichten der Wirtschaftssubjekte über das wahre Modell der Wirtschaft ab: „Agents brought up in Chicago will verify Chicago predictions and agents who grew up in the sober landscape of Cambridge (England) will verify the Cambridge prediction" (Hahn 1980b, 291).[8] Insbesondere mag es von Bedeutung sein, ob die Wirtschaftssubjekte ihr Verhältnis zur Wirtschaftspolitik kooperativ sehen oder erwarten, daß sie die Wirtschaftspolitik hineinlegt („cheating"). Welche Erwartungen die Wirtschaftssubjekte hegen, wird daher in einem komplexen Rückkoppelungsprozeß auch von der Wirtschaftslage selbst abhängen, sodaß keineswegs auszuschließen ist, daß Rationale Erwartungsbildung für die siebziger Jahre (in den USA) tatsächlich relevant war. Im allgemeinen werden die Lernprozesse eher verzögert erfolgen an das Modell der adaptiven Erwartungsbildung angelehnt. Wiederum ergeben sich daraus Notwendigkeiten und Möglichkeiten der Stabilisierungspolitik, einerseits aus der adaptiven (= verzögerten) Erwartungsbildung, andererseits daraus, daß bei multiplen Gleichgewichten die Koordinierung der Erwartungsbildung exogen erfolgen muß.

Die NCM-Gleichgewichtskonjunkturtheorie ist also keineswegs die einzige und insbesondere keine unumstrittene Basis stabilisierungspolitischer Überlegungen; ganz im Gegenteil: Sie ist in vielen Punkten extrem unplausibel, und es gibt viel mehr theoretische und empirische Evidenz gegen sie als für sie. Ihre Stellung verdankt sie vor allem der Tatsache, daß es kein genügend ausgearbeitetes Alternativ-Modell gab (und zum Teil auch noch immer nicht gibt). Hahn (1982, 13) charakterisiert die Unplausibilität des NCM-Modells und seinen Mangel wirt-

---

7 Auf sie näher einzugehen, ist in diesem Rahmen nicht möglich; als Einführung sei auf Blanchard/Fischer 1989, Gabisch/Lorenz ²1989, Geanakoplos 1987 oder Hargreaves Heap 1992 verwiesen.

8 Ähnlich Hargreaves Heap 1992, 92 ff.

schaftspolitischer Aussagekraft mit dem ihm eigenen Sarkasmus: „Suppose, for instance, it is possible for an egg to stay standing on its tip until it is disturbed. We should not attach great practical significance to this equilibrium of the egg until we were told some causal story of how it comes to be in that state." Wie es zu diesen Gleichgewichten, wenn überhaupt, kommt, ist das eigentlich interessante und wirtschaftspolitisch relevante Thema. Die Struktur einer Wirtschaft wird weniger durch das Gleichgewicht als solches, als durch Anpassungsprozesse an sich ändernde Gleichgewichte geprägt (Helliwell/Higgins 1976, 221); bloß ein Modell, das solche Anpassungsprozesse grundsätzlich zuläßt, kann Ausgangspunkt für wirtschaftspolitische Überlegungen sein.

19 Ein neues Konsensmodell?

Mit dem zunehmenden Zweifel an den Annahmen der Gleichgewichtskonjunkturtheorie kristallisiert sich ein *Konsensmodell* immer stärker heraus, das auf unvollständigem Wettbewerb und langsam reagierenden (sticky) Preisen, somit auf mengenbeschränkten Gleichgewichten, beruht. Vom traditionellen Modell der Neoklassischen Synthese unterscheidet sich dieses Modell dadurch, daß es keine beliebigen tradeoffs, insbesondere zwischen Arbeitslosigkeit und Inflation zuläßt; es existieren unterschiedliche Niveaus „natürlichen" Einkommenswachstums und unterschiedliche „natürliche" Arbeitslosenquoten, die etwa von unterschiedlichen wirtschaftspolitischen Regimes oder von unterschiedlichen Vorstellungen der privaten Wirtschaftssubjekte über das Funktionieren der Wirtschaft abhängen. Als eines der prominentesten Beispiele für solche Einflüsse wurde in den letzten Jahren der Einfluß der tatsächlichen Arbeitslosenrate auf die „natürliche" unter dem Schlagwort Hysteresis diskutiert (Coe 1985; Blanchard/Summers 1987; Franz 1987). Weiters besteht eine weitgehende Übereinstimmung darüber, daß in diesem Konsensmodell über die Strombeziehungen des traditionellen Modells hinaus Bestandsanpassungsprozessen und Finanzierungsüberlegungen breitere Beachtung geschenkt werden muß, weiters daß Änderungen der Verhaltensweisen der Wirtschaftssubjekte als Reaktion auf wirtschaftspolitische Maßnahmen nicht vernachlässigt werden dürfen. Allerdings bereitet der letzte Punkt erhebliche Schwierigkeiten beim Einbau in Verhaltensmodelle und wird daher desto stärker betont, je abstrakter die Überlegungen sind.

Auch einige weitere Punkte, die eigentlich Bestandteil eines Konsensmodells sein müßten, fanden bisher bloß oberflächliche Beachtung: die grundsätzliche Offenheit der Wirtschaft, die zwar in Spezialuntersuchungen behandelt wird (siehe dazu die folgenden Abschnitte 19.2 und 19.3), nicht aber im Standard-Konsensmodell; die Imperfektheit der Märkte und das Fehlen wichtiger Kontingenzmärkte, mehr noch der unterschiedliche Grad der Imperfektheit dieser Märkte und ihres Fehlens in unterschiedlichen Teilen der Wirtschaft (insbesondere die zwangsläufig unterschiedliche Effizienz von Finanzmärkten, Gütermärkten und Arbeitsmärkten) - alles das müßte zu unterschiedlichen Arten der Vorsorge, der Geldhaltung, der Insolvenzgefahr und letztlich auch zur grundlegenden Berücksichtigung von Unsicherheit führen; schließlich fehlt auch eine entsprechende Behandlung der Beziehungen zwischen Wirtschaftssubjekten und Wirtschaftspolitik (wie sie die Neue Politische Ökonomie wenigstens in Ansätzen versucht), die in unterschiedlichem Grade kooperativ oder konfrontativ empfunden und gestaltet werden können.

19.1 Der neue Grundkonsens

Die Grundlinien des neuen Konsensmodells zeichnen sich in der theoretischen und wirtschaftspolitischen Zeitschriftenliteratur der letzten Jahre deutlich ab,[1] es ist allerdings keineswegs auch bloß annähernd so ausgearbeitet wie das NCM-Politikineffektivitäts-Modell. Zwar konnte klar herausgearbeitet werden, daß ein solches Modell konsistent und mindestens so plausibel sein kann wie das NCM-Konkurrenzmodell, insbesondere seine Dynamik ist jedoch noch keineswegs zureichend entwickelt; darunter leidet auch die Möglichkeit, aus dem Konsensmodell klare wirtschaftspolitische Handlungsanweisungen abzuleiten. Das allerdings ist gegenüber dem Konkurrenzmodell kein besonderer Nachteil, weil die wirtschaftspolitischen Empfehlungen des NCM-Modells wegen seiner realitätsfernen Annahmen zwar klar und eindeutig, in einer Welt der Unsicherheit und der verzögerten Anpassung jedoch vielfach falsch sind.

Die wichtigste Annahme des sich abzeichnenden Konsensmodells, die *Annahme bloß langsam reagierender (sticky) Preise,* bildete lange Zeit eine offene und sehr verletzliche Flanke. Sie konnte inzwischen durch das Zusammenspiel realer und nomineller Preis- und Lohnrigiditäten halbwegs befriedigend begründet werden; Abschnitt 14.4.2 hat die diesbezüglichen Überlegungen dargestellt. Die langsam reagierenden Preise und Löhne, die eine rasche Markträumung verhindern, bewirken *Rationierungsphänomene*, die zwangsläufig die Nicht-Räumung anderer Märkte nach sich ziehen. Daraus können - je nach den jeweiligen historischen und institutionellen Voraussetzungen - multiple Gleichgewichte entstehen, Finanzierungsprobleme, Insolvenzrisken, daraus wieder die vorne (Kapitel 16) erwähnten Kreditbeschränkungen usw.

Manche, wenn auch keineswegs alle dieser Risken könnten theoretisch durch Aktivitäten der Wirtschaftssubjekte abgesichert werden: durch Transaktionen auf Zukunftsmärkten, Indexierungen, Optionen, bedingte Verträge ganz generell. Diese Lösungen wären aber außerordentlich kompliziert und praktisch kaum durchführbar; es geht ja in einer Welt der Unsicherheit nicht bloß darum, daß der Zustand A oder non-A eintreten kann, sondern es sind unzählig viele Alternativen mit unterschiedlichen Eintrittswahrscheinlichkeiten zu berücksichtigen, wobei jede einzelne dieser Alternativen unzählige weitere Konsequenzen nach sich zieht. Die Entscheidungsbäume würden damit schon in der zweiten oder dritten Runde völlig unübersichtlich, die Entscheidungssituation wäre nicht mehr bloß kompliziert, sondern völlig undurchschaubar; damit kann es nicht zu Lernprozessen kommen. Auch käme die Entscheidung durch die unzähligen Absicherungsmaßnahmen außerordentlich teuer zu stehen. Die Alternative, eventuelle Störungen durch Maßnahmen der *Wirtschaftspolitik* im Aggregat zu bekämpfen, ist mit großer Wahrscheinlichkeit einfacher und billiger (Fischer 1980b, 212; McCallum

---

1 Zu erwähnen sind neben anderen Autoren insbesondere Blanchard, Blinder, Buiter, Dornbusch, Fischer, Hahn, Hargreaves Heap, Prachowny, Solow und Tobin.

1988, 12f). Damit aber wird die Wirtschaftspolitik von einem Instrument der Täuschung („cheating") zu einem Instrument der Hilfe; es geht nicht mehr um ein Nullsummenspiel, in dem die Wirtschaftspolitik die Renten kontrolliert (Thurow 1980), sondern um eine Kooperation zwischen Wirtschaftssubjekten und Wirtschaftspolitik, durch die die Auszahlungssumme gesteigert wird.

Neben unvollständiger Konkurrenz, verzögert reagierenden Preisen, mangelnder Markträumung und kooperativer Wirtschaftspolitik ist als weiteres Element des Konsensmodells zu erwähnen, daß es Maßnahmen der Wirtschaftspolitik auf Situationen beschränkt, die durch *erhebliche Zielverletzungen* charakterisiert sind, die Märkte in der Regel also nicht geräumt sind und zu erwarten ist, daß die *inhärenten Tendenzen zu einer Überwindung der Situation bloß langsam und schwach wirken.* Art und Stärke der Maßnahmen orientieren sich am mittelfristigen Entwicklungspfad und legen besonderes Gewicht auf die Verstetigung der Erwartungen. Das Modell steht damit in deutlichem Gegensatz zum NCM-Politikineffektivitäts-Modell, in dem, infolge der optimal raschen Anpassung des Systems nach Zielverletzungen, überhaupt kein Spielraum für die Wirkung stabilisierungspolitischer Maßnahmen besteht; noch größer ist in dieser Hinsicht allerdings der Gegensatz zum traditionellen Modell der Feinsteuerung, in der auf jede, auch die kleinste Fehlentwicklung wirtschaftspolitisch reagiert werden sollte.[2]

Der Zeithorizont der Stabilisierungspolitik beträgt im neuen Konsensmodell wie im traditionellen Modell ein bis drei Jahre; angesichts der üblichen Dauer von Konjunkturschwankungen (siehe Abschnitt 2.1) und der üblichen Wirkungsverzögerung stabilisierungspolitischer Maßnahmen (siehe Kapitel 9.3) hat sich danach die Lage mit großer Wahrscheinlichkeit bereits gewandelt. Soweit das nicht der Fall ist, handelt es sich meist nicht um Stabilisierungs- sondern um Wachstums- oder um Strukturprobleme. Angesichts dieses relativ kurzen Zeithorizonts spielen Rationale Erwartungen auch keine besondere Rolle: erstens, weil sich diese auf den, wohl erst in längerer Zeit erreichbaren, Gleichgewichtszustand und nicht auf den Anpassungsprozeß beziehen, und zweitens, weil die für die Bildung Rationaler Erwartungen nötige Sammlung von Informationen zu lange dauern würde und zu teuer käme. Da die jeweils neueste Information am teuersten zu beschaffen ist, kann es sehr wohl rational sein, ältere, billigere Informationen zu verwenden; der Anpassungsprozeß entspricht dann weitgehend dem Modell der adaptiven Erwartungen, das bekanntlich sehr viel mehr Spielraum für wirtschaftspolitische Maßnahmen bietet (siehe Abschnitt 15.2.1).

Anlaß zu Fehlentwicklungen geben im Konsensmodell meist *„Schocks"*, Störungen, die trotz ihres Namens keineswegs stochastisch, einmalig und kurzwir-

---

[2] Zur Ehrenrettung des traditionellen Modells sei allerdings angeführt, daß dahinter nicht nur übertriebener Perfektionismus, sondern auch die richtige Überlegung stand, daß sich Fehlentwicklungen verstärken können. Wehrt man in diesen Fällen den Anfängen, ist eine Korrektur mit schwacher Dosierung der Instrumente möglich; entsprechend der erst bescheidenen Fehlentwicklung und des mäßigen Instrumenteneinsatzes sind keine Verhaltensänderungen der davon (kaum) Betroffenen zu erwarten, und demgemäß besteht auch wenig Anlaß zur Lucas-Kritik.

kend sein müssen. Üblicherweise wird zwischen Nachfrage- und Angebotsschocks unterschieden, wobei erstere etwa autonome Änderungen der Sparneigung, Veränderungen der Investitionen, der Exporte usw. darstellen, letztere Veränderungen der Arbeitsproduktivität, der Güterpreise, der Stückkosten usw. Nach Blanchard/Watson (1986) traten pro amerikanischer Nachkriegsrezession im Durchschnitt drei Schocks auf, wobei Angebots-, Fiskal,- monetäre und sonstige Nachfrageschocks etwa gleichen Anteil hatten; Malinvaud (1977, 95) hält für Europa Nachfrageschocks für viel relevanter als Angebotsschocks, doch ist diese Frage theoretisch wie empirisch keineswegs geklärt (Tichy 1994, 184 ff).

In der *Einschätzung der Folgen von Nachfrageschocks* weicht das neue Konsensmodell von der Einschätzung der Neoklassischen Synthese nicht nennenswert ab: Eine automatische Senkung der Nachfrage führt zu einer Rationierung der Anbieter auf dem Gütermarkt, also zu unfreiwilliger Lagerbildung und zu Produktionseinschränkungen, und greift über Entlassungen von Arbeitskräften auf den Arbeitsmarkt über, wo gleichfalls die Anbieter rationiert werden. Die Rationierung der Anbieter auf Güter- wie Arbeitsmarkt wird als Keynesianische Arbeitslosigkeit bezeichnet (Malinvaud 1977). Bei genügend langsamer Preisanpassung ist es durchaus möglich, daß die kontinuierliche Mengenanpassung stets neue Preisanpassungen nötig macht, sodaß der Prozeß relativ lang in restriktiver Richtung laufen oder geraume Zeit in einer Unterbeschäftigungssituation verharren kann. Insoweit besteht ein Bedarf an expansiver Wirtschaftspolitik, die die Nachfrageschwäche überwindet. Solche Maßnahmen werden nach dem neuen Konsensmodell jedoch bloß dann erfolgreich sein können, wenn die jeweilige Ursache des ursprünglichen Nachfrageausfalls beseitigt und nicht bloß seine Folgen überdeckt werden. Da Nachfrageschocks selten isoliert auftreten und meist mit anderen rezessiven Anstößen verbunden sind (Strukturprobleme, Verzerrungen der relativen Preise), wird vielfach eine kombinierte Strategie erforderlich sein.

Angebotsschocks trugen die wirtschaftspolitische Diskussion der späten siebziger und frühen achtziger Jahre und waren in dieser Periode auch tatsächlich außerordentlich wichtig[3]; vor- und nachher dürfte die Bedeutung von Angebotsschocks sehr viel geringer gewesen sein. Ihre Wirkung läßt sich folgendermaßen skizzieren: Eine Erhöhung etwa der realen Inputpreise verringert in einer vollbeschäftigten Wirtschaft Produktion und Kapitalbildung; bei gegebener Geldmenge müssen die übrigen Preise sinken. Längerfristig müssen sich die relativen Preise anpassen und die realen Lohneinkommen müssen sinken. Bei bloß verzögert reagierenden Preisen und Löhnen kann daraus eine erhebliche und langanhaltende Fehlentwicklung entstehen, die durch die deflatorische Wirkung der unveränderten Geldmenge unangenehm verstärkt werden kann. Die Wirtschaftspolitik kann die erforderlichen Anpassungsprozesse erleichtern, etwa durch eine einmalige Erhöhung der Geldmenge, die den Zwang zur Anpassung aller

---

3 Nahrungsmittel- und Rohstoffpreisexplosion zu Beginn der siebziger Jahre, die beiden Ölschocks von 1973 und 1979 sowie die großen und rasch wechselnden Stückkostendifferenzen zwischen den Kontinenten in den achtziger Jahren.

übrigen Preise nach unten vermeidet, durch Maßnahmen der Einkommenspolitik, die einen lang anhaltenden Kampf um die endgültige Aufteilung der realen Einkommensverluste verhindert, oder durch Strukturpolitik, die die Anpassung an die höheren Inputpreise nicht allein den Löhnen überläßt, sondern durch Anpassungen der Produktion unterstützt. Aktivistische Maßnahmen der Stabilisierungspolitik sind bei Angebotsschocks u.U. deswegen erforderlich, weil die automatischen Stabilisatoren in solchen Situationen destabilisierend wirken.

Strukturpolitik im weitesten Sinn ist im Konsensmodell aber auch aus zwei anderen Gründen erforderlich: Erstens muß jedes realistische Modell einer tatsächlich existierenden Wirtschaft davon ausgehen, daß der *Auslastungsgrad der Produktionsfaktoren auf den einzelnen Märkten unterschiedlich* ist und daß undifferenzierte Maßnahmen der Nachfragesteuerung bereits lange vor einer befriedigenden Auslastung der gesamtwirtschaftlichen Kapazitäten zu Preissteigerungen auf einzelnen Märkten führen können. Abhilfe kann durch Förderung der Faktormobilität, durch Angebots-(Struktur-)politik oder durch selektive Nachfragesteuerung erfolgen (Lindbeck 1979a, 8f). Weiters läßt sich zeigen, daß die *klassischen Gründe für Marktversagen* (Unsicherheit, externe Effekte, Unteilbarkeiten) gerade im Bereich des Strukturwandels in besonderem Maße vorliegen (Tichy 1986b, 74f), sodaß der Strukturwandel daher ohne bewußt unterstützende Maßnahmen zu langsam ablaufen würde.

Vom traditionellen Modell der Neoklassischen Synthese unterscheidet sich das neue Konsensmodell sehr viel weniger als von dem NCM-Politikineffektivitäts-Modell. Sicherlich ist das Modell reicher ausgestattet und theoretisch weniger unbefriedigend: Es berücksichtigt Vermögenseffekte und Bestandsanpassungsprozesse, macht das zugrundeliegende Finanzierungsmodell explizit und betont, daß IS- und LM- Kurve voneinander nicht unabhängig sind; Stabilisierungspolitik kann die langfristige Wachstumsrate und Arbeitslosenquote nicht ohne weiteres verändern,[4] wenn das Modell - im Gegensatz zum NCM-Modell - auch mehr als ein einziges Gleichgewicht zuläßt; Fehlentwicklungen können nicht bloß von der Nachfrage, sondern auch vom Angebot ausgehen; an die Stelle der überwiegenden Bekämpfung der Folgen bereits eingetretener Fehlentwicklungen (kurative Wirtschaftspolitik - Mosley 1976) ist die Forderung nach einer ursachenadäquaten Wirtschaftspolitik getreten: Es genügt nicht mehr, etwa die anhaltende Schwäche der privaten Investitionsnachfrage fortlaufend durch zusätzliche Staatsausgaben zu kompensieren; es gilt, die Ursachen der Investitionsschwäche zu beseitigen.

---

4 Einen direkten Einfluß der Stabilisierungspolitik auf die Natürliche Wachstums- oder Arbeitslosenrate (die damals Vollbeschäftigung hieß) hatte auch die Neoklassische Synthese nicht angenommen. Sie war bloß davon ausgegangen, daß Unsicherheit über künftige Einkommen und Nachfrage (der Höhe und der Struktur nach), die Möglichkeit von Horten und Enthorten sowie verzögerte Anpassungen und deren Kreislauffolgen die Erreichung der normalen Rate von Wachstum und Kapazitätsauslastung nicht zulassen. Ziel der Stabilisierungspolitik im traditionellen Modell war daher nicht so sehr die *Veränderung*, als die *Erreichung* der „natürlichen" Wachstumsrate, obwohl nicht übersehen werden darf, daß lange Perioden unbefriedigender Kapazitätsauslastung Investitionen und Kapitalstock drücken und auf diesem Weg auch die „natürliche" Wachstumsrate senken.

Auch schiene es zweckmäßig, Fehlentwicklungen entgegenzuwirken, bevor sie noch eine merkbare Unter- oder Übernachfrage ausgelöst haben. Weiters bemüht sich das Konsensmodell, Verhaltensänderungen zu berücksichtigen, die sich als Folge der wirtschaftspolitischen Maßnahmen ergeben; nennenswerte Erfolge auf diesem Gebiet sind allerdings noch nicht erzielt worden. Sicherlich aber ist die Ideologie der Feinsteuerung zu Grabe getragen worden, das überhebliche Ansinnen, beliebige Zielvorgaben exakt erreichen und Rückkopplungseffekte voll berücksichtigen zu können. Die traditionelle Stabilisierungspolitik sollte sich - den neuen Vorstellungen folgend - eher um eine Ausrichtung an einem mittelfristig orientierten Pfad bemühen. Das neue Modell sieht aber auch neue Aufgaben: Die Verschiebung der Wirtschaftsaktivität zum günstigeren von mehreren multiplen Gleichgewichten, und - bis zu einem gewissen Grad - auch die Optimierung des Wirtschaftswachstums durch Vermeidung rezessionsbedingter Verringerung des Kapitalschocks oder struktureller Fehlentwicklung.[5]

Zumindest in drei Punkten ist aber auch das Konsenmodell noch (?) höchst unbefriedigend: Erstens fehlen wesentliche Elemente der Dynamik, ein Mangel, den es allerdings mit allen anderen Modellen teilt, insbesondere mit dem NCM-Politikineffektivitäts-Modell (Hahn 1980b, 295). Zweitens fehlen nach wie vor wichtige Aspekte der Unsicherheit; in die Begründung der Ursachen der verzögerten Preis- und Lohnanpassungen gehen zwar Argumente der Unsicherheit ein, eine durchgehende Berücksichtigung fehlt jedoch nach wie vor. Drittens schließlich fehlt eine intensive Beschäftigung mit Fragen der Durchsetzbarkeit: wann welche Maßnahmen mit welchen Folgen durchzusetzen sind. Letzterer Punkt hat zahllose Aspekte, die zum Teil eher in den Bereich der Soziologie und Politologie als in den der Volkswirtschaftslehre fallen. Er reicht von der Frage der Zielpräferenzen (siehe dazu Abschnitt 4.2) über die Frage des Eigenwerts der Instrumente bis zu solchen der Zumutbarkeit. (Siehe dazu etwa Corden (1974, 107), dessen conservative social-welfare function darauf basiert, signifikante absolute Realeinkommensverluste von Gruppen zu vermeiden).

[5] Das darf nicht mit früheren Vorstellungen verwechselt werden, die langfristige Wachstumsrate durch monetäre Expansion zu erhöhen. Vielmehr geht es um dynamische Überlegungen, wie sie etwa Baldwin (1993) als Folge der Integration angestellt hat.

19.2 Stabilisierungspolitik in der Kleinen Offenen Wirtschaft (SOE)

Ein wesentlicher Bestandteil des neuen Konsenses ist die Berücksichtigung der Offenheit der Wirtschaft; allerdings reicht der Konsens diesbezüglich nicht nennenswert über die bloße Anerkennung der Tatsache hinaus: „There is yet no 'received' eclectic model applicable to a wide variety of circumstances and capable of dealing with the whole range of policy issues." (Prachowny 1984, 1). Zwar ist selbstverständlich geworden, daß die Zahlungsbilanztheorie und die Theorie der Internationalen Finanz ebenso in die Theorie der offenen Wirtschaft integriert sind, wie die Konjunkturtheorie in die Makroökonomie; es konnte aber noch keine Übereinstimmung darüber gefunden werden, von welchen Charakteristika der offenen Wirtschaft die analytische Behandlung abstrahieren darf und soll: Der Grad der Substituierbarkeit von in- und ausländischen Gütern, von in- und ausländischen Finanzaktiva, Ausmaß und Tempo der Angleichung von in- und ausländischen Zinssätzen, Preisen und Löhnen, Notwendigkeit der Unterscheidung von handelbaren und nicht handelbaren, internationalen und nationalen Gütern, Grad der Flexibilität der Wechselkurse usw. Das Ergebnis, insbesondere in bezug auf die Auswirkung stabilisierungspolitischer Maßnahmen, ist demgemäß verwirrend: „A quick glance at the burgeoning literature on open-economy macroeconomics ... reveals that very few conclusions have been generalized to the point where policy advice can be straightforward and effective. Is an outcome derived for fixed exchange rates applicable to flexible rates? Can we be sure that a result from a model in which purchasing power parity is assumed prevails in other contexts? What difference does the degree of capital mobility make? Are impact effects sustained or reversed in the long run? To these and other questions we do have no readily available answers." (Prachowny 1984, 4).

Aufgabe dieses Abschnitts kann daher bloß sein, anhand von einigen wenigen, wichtigen und charakteristischen Modellen die wesentlichen Bausteine für Antworten auf stabilisierungspolitische Fragen zusammenzutragen. Als wichtige Schlußfolgerung wird sich zeigen, daß in allen Modellen der Kleinen Offenen Wirtschaft die Wirkungsmöglichkeiten isolierter Maßnahmen der Stabilisierungspolitik gegenüber solchen in geschlossenen Wirtschaften erheblich eingeschränkt sind: In Keynesianischen Modellen läßt Kapitalmobilität die monetären Impulse ebenso im Ausland versickern, wie Importe die fiskalischen Impulse; im Modell der Neuen Klassischen Makroökonomie, in dem es infolge der einheitlichen Preise und Zinssätze ohnedies kein „Ausland" gibt, bleiben auch unerwartete Maßnahmen der Wirtschaftspolitik für das Inland unmerklich, weil sie bloß die Weltgrößen beeinflussen. Aber - wie so häufig - gehen auch in diesem Punkt alle Modelle der offenen Wirtschaft viel zu weit: Daß Preisunterschiede zwischen in- und ausländischen Gütern auch über längere Zeitperioden hinweg bestehen bleiben können und daß die Gütersubstitution demgemäß beschränkt ist, zeigen unzählige fehlgeschlagene Versuche, die Kaufkraftparitäten-Theorie strikt zu beweisen (Hill 1986); Grenzen der Kapitalmobilität ergeben sich zwangsläufig aus den unvorhersehbaren Wechselkursrisken; Rationierungsphänomene treten auch in der offenen Wirtschaft stets dann auf, wenn es sich nicht um vertretbare Güter handelt, die auf anonymen Märkten behandelt werden; in allen anderen Fällen gibt es - wie jeder Exporteur weiß - erhebliche Markterschließungskosten, und demgemäß können, zumindest auf mittlere Sicht, Rationierungsphänomene auftreten. Alle Mobilitätshemmnisse und Rationierungsphänomene aber eröffnen wiederum Aktionsspielraum für stabilisierungspolitische Maßnahmen.

Im folgenden soll die Sensitivität der Modelle in bezug auf unterschiedliche Annahmen anhand von wenigen, einfachen Modelltypen gezeigt werden. Dabei beschränkt sich dieser Abschnitt auf die Modelle der Kleinen Offenen Wirtschaft. Bei ihnen fehlt jeder Einfluß eigenen Handelns auf die Welt: Kleine offene Volkswirtschaften sind Preisnehmer, und das Modell entspricht auch sonst dem Modell eines Anbieters bei vollständiger (atomistischer) Konkurrenz. Abschnitt 19.3 wird sich mit Zwei-Länder-Modellen befassen, in denen die Welt aus dem jeweiligen Land und einem homogenen rest-of-the-world besteht, die Rückwirkungen also voll berücksichtigt werden; in diesem zweiten Modelltyp sind die stabilisierungspolitischen Möglichkeiten natürlich größer.

Die Theorie der Kleinen Offenen Wirtschaft (Small Open Economy: SOE) resultiert nicht aus dem Übergreifen der Kleinheitseuphorie des small-is-beautiful auf die Theorie der Stabilisierungspolitik, sondern aus modelltechnischen Überlegungen: Das SOE-Modell geht von einem Land aus, das so klein ist, daß seine Maßnahmen andere Länder nicht meßbar beeinflussen,[6] sodaß keine Rückkoppelungsschleife modelliert werden muß. Dabei handelt sich keineswegs um neue Überlegungen; in Form der Zahlungsbilanztheorie, der Wechselkurstheorie, der Theorie der Internationalen Finanz hatten solche Überlegungen bereits Eingang in das traditionelle Modell der Wirtschaftspolitik gefunden, wurden aber eher in Speziallehrbüchern behandelt. Als Bausteine komplexerer Modelle der Kleinen Offenen Wirtschaft haben diese traditionellen Überlegungen nichts an Bedeutung eingebüßt, müssen aber vernetzt werden. Dafür ist die um die ZZ-Kurve ergänzte IS/LM-Darstellungsweise jedoch nicht geeignet. Erstens wegen der Problematik der ZZ-Kurve, die Abschnitt 9.2 bereits dargestellt hat: Entgegen monetarischer Ansicht kommt es nicht allein auf den Ausgleich der Zahlungsbilanz an, auf dem sich die ZZ-Kurve konzentriert, sondern auf längere Sicht i.d.R. auch auf den Ausgleich der Leistungsbilanz. Zweitens verliert die LM-Kurve in einer offenen Wirtschaft mit festen Wechselkursen ihre Bedeutung: Die Geldmenge ist nicht mehr exogen, also durch die Politik der Notenbank gegeben, sondern wird zu einer endogenen Größe. In der (vereinfachten) Bilanz von Tabelle 19.2 kann die Notenbank nicht mehr die Zentralbankgeldmenge und - gegeben das Grundkapital - damit ihre Bilanzsumme beeinflussen, sondern nur noch die Zusammensetzung der Aktivseite; die Größenordnungen der einzelnen Bilanzposten zeigen jedoch

---

6 Denselben Trick wendet das Modell des Vollständigen Wettbewerbs an, bei dem das einzelne Wirtschaftssubjekt so klein ist, daß seine Handlungen die anderen nicht beeinflussen.

auch dafür Grenzen. Im folgenden sollen einige der wichtigsten Modelle vorgestellt werden, wobei die Darstellung im wesentlichen Dornbusch (1980, Kapitel 10 und 11) folgt.

Tabelle 19.2: ***Bilanz der Notenbank (Österreich)***

Aktiva	1997, Mrd. S		Passiva
Auslandsaktiva	210	Grundkapital	134
Inlandsaktiva	66	Zentralbankgeld	197
Sonstige	99	Sonstige	44
	375		375

19.2.1 Feste Wechselkurse und perfekte Kapitalmobilität

Das erste Modell keynesianischen Typs ist durch feste Wechselkurse, einen kurzen Zeithorizont (Fehlen von Bestandsanpassungen) und perfekte Kapitalmobilität gekennzeichnet. Die Geldnachfrage L hängt vom Zinssatz r und vom Einkommen Y ab:

(1) $L = L(r,Y)$.

Es herrscht jederzeit Gleichgewicht zwischen Geldnachfrage und Geldangebot, das jedoch in der offenen Wirtschaft mit festen Wechselkursen nicht mehr exogen - durch die Notenbank - bestimmt wird, sondern der Summe von Auslandsreserven R und heimischem Kreditangebot D entspricht, wobei bloß letzteres von der Notenbank gesteuert wird:

(2) $R + D = L(r,Y)$.

Bei kurzfristig gegebenem Y und D entspricht das Gleichgewichtsniveau der Reserven

(2') $R = L(r, Y_0) - D_0$.

Diese Beziehung zwischen R und r stellt die LM-Kurve in der offenen Wirtschaft dar. Der Inlandszinssatz r entspricht infolge der perfekten Kapitalmobilität dem Auslandszinssatz r*:

(3) $r = r^*$.

Der Gleichgewichtsoutput wird durch Inlandsnachfrage E und den Leistungsbilanzsaldo T bestimmt:

(4) $Y = E(r,Y) + T(Y)$.

Abbildung 19.2/1 zeigt links das Geldmarktgleichgewicht (LM), rechts das Gütermarktgleichgewicht (IS). Beim Zinssatz r* werden Output Y_0 und Reserveniveau

R_0 erreicht. Expansive Fiskalpolitik verschiebt die IS-Kurve nach rechts auf IS'; da es sich um ein kleines Land handelt, bleibt der Weltzinssatz r* und damit - infolge der unbeschränkten Kapitalmobilität - auch der nationale Zinssatz r unverändert. Das Outputniveau steigt auf Y_1. Zur Finanzierung der höheren Transaktionen ist allerdings auch eine höhere Geldmenge erforderlich. Da die heimische Kreditmenge D annahmegemäß unverändert ist, werden die privaten Wirtschaftssubjekte Wertpapiere an das Ausland verkaufen; die daraus stammenden Devisen werden von der Zentralbank angekauft, um den Wechselkurs konstant zu halten. Das Reserveniveau steigt von R_0 auf R_1. Die LM-Kurve verschiebt sich auf LM'.

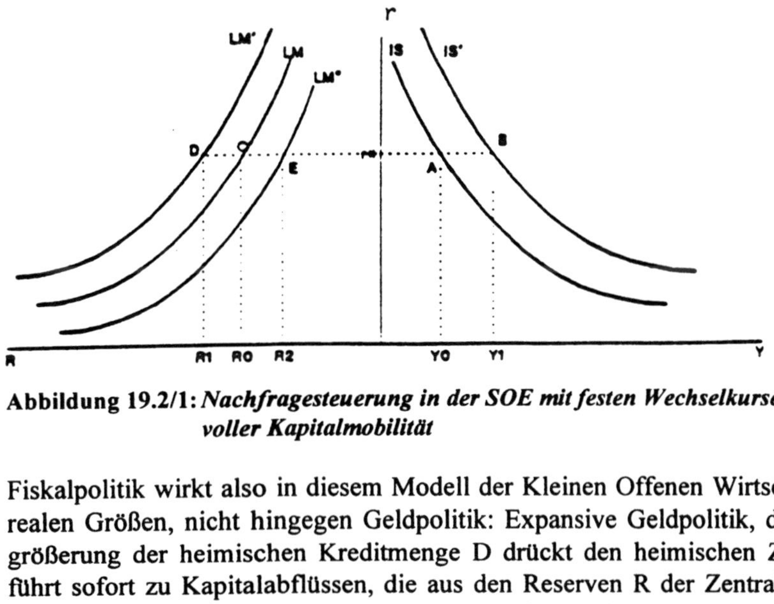

Abbildung 19.2/1: ***Nachfragesteuerung in der SOE mit festen Wechselkursen und voller Kapitalmobilität***

Fiskalpolitik wirkt also in diesem Modell der Kleinen Offenen Wirtschaft auf die realen Größen, nicht hingegen Geldpolitik: Expansive Geldpolitik, d.h. die Vergrößerung der heimischen Kreditmenge D drückt den heimischen Zinssatz und führt sofort zu Kapitalabflüssen, die aus den Reserven R der Zentralbank finanziert werden müssen, um den Wechselkurs halten zu können. Das Reserveniveau sinkt auf R_2, Zinssatz und Einkommen bleiben unverändert. Die Geldpolitik kann Output und Beschäftigung somit nicht beeinflussen.

19.2.2 Feste Wechselkurse, beschränkte Kapitalmobilität

Dieses Modell unterscheidet sich von Modell 1 bloß dadurch, daß inländische Wertpapiere keine perfekten Substitute für ausländische sind. Das bedeutet, daß der Wertpapiermarkt nicht mehr automatisch geräumt ist und daher explizit modelliert werden muß. An die Stelle der Gleichung (3) tritt die Gleichgewichtsbedingung für den inländischen Wertpapiermarkt

(5) $K = s(r, r^*, Y, W) + s^*(r, r^*, Y^*, W^*)$,

die von der heimischen (s) und der ausländischen Nachfrage (s*) nach heimischen Wertpapieren abhängt, die ihrerseits Funktionen von Zinssatz, Einkommen und Vermögen sind. Die KK-Kurve in Abbildung 19.2/2 gibt das Ausmaß der Substitution zwischen in- und ausländischen Wertpapieren an. Ist diese perfekt, verläuft die KK-Kurve im rechten Teil der Übersicht horizontal - der Zinssatz bleibt unverändert, und im linken Teil der Abbildung bleibt ihre Position unverändert. Je geringer die Substitutionselastizität, desto steiler wird die KK-Kurve im rechten Teil, desto stärker verschiebt sie sich im linken Teil.

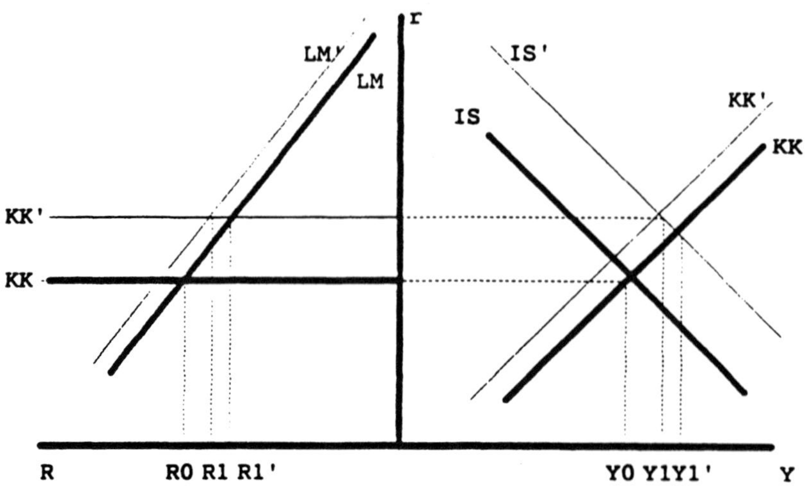

Abbildung 19.2/2: ***Fiskalpolitik in der SOE mit festen Wechselkursen und beschränkter Kapitalmobilität***

Expansive *Fiskalpolitik* verschiebt die IS-Kurve nach rechts auf IS'. Y würde von Y_0 auf Y'_1 steigen. Die Finanzierung der Staatsausgaben und der Bedarf an Transaktionskassa bei höherem Y lassen jedoch den inländischen Zinssatz steigen; die KK-Kurve verschiebt sich im rechten Teil von Abbildung 19.2/2 nach links oben, die Nachfrage verschiebt sich von Gütern zu Wertpapieren, Y steigt nur auf Y_1. Im linken Teil von Abbildung 19.2/2 ließe das steigende Y bei unveränderter LM-Kurve die Reserven von R_0 auf R'_1 sinken, da die steigende Nachfrage die Leistungsbilanz passiviert und die Notenbank das Leistungsbilanzdefizit aus den Reserven finanzieren muß, um den Wechselkurs zu halten. Tatsächlich wird der höhere Zinssatz aber die LM-Kurve verschieben, wobei das Ausmaß von der Einkommens- und Zinselastizität der Geldnachfrage einerseits und der Geldpolitik andererseits abhängt. In der Abbildung wurde angenommen, daß sich die LM-Kurve leicht nach links verschiebt, sodaß der Verlust an Reserven auf R_1 verringert werden kann. Verglichen mit perfekter Kapitalmobilität hat die Fiskalpolitik an Wirksamkeit eingebüßt.

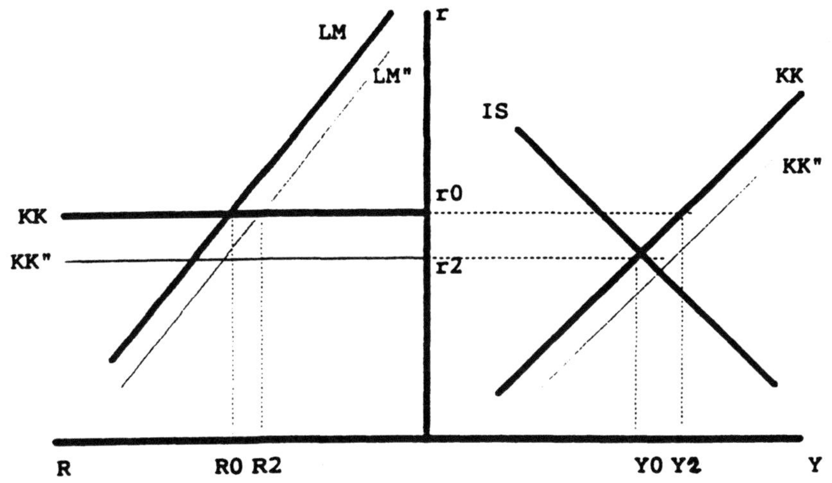

Abbildung 19.2/3: ***Geldpolitik in der SOE mit festen Wechselkursen und beschränkter Kapitalmobilität***

Geldpolitik ist bei beschränkter Kapitalmobilität nicht mehr völlig unwirksam. Eine Ausweitung der heimischen Kredite D verschiebt die LM-Kurve in Abbildung 19.2/3 auf LM", senkt den Zinssatz auf r_2 (und die Reserven auf R_2). Die KK-Kurve verschiebt sich auf KK", und das Einkommen steigt von Y_0 auf Y_2.

19.2.3 Flexible Wechselkurse, volle Kapitalmobilität

Modell 3 entspricht Modell 1, in dem wiederum volle Kapitalmobilität und volle Substituierbarkeit von in- und ausländischen Wertpapieren angenommen wird; die Produktion ist nachfragebestimmt, die Preise sind für den zeitlichen Horizont des Modells gegeben. Das Modell unterscheidet sich von Modell 1 aber durch flexible Wechselkurse. Dadurch ändert sich - wie Mundell (1961) und Fleming (1963) gezeigt haben - die Wirkungsweise der wirtschaftspolitischen Instrumente völlig.

Das Modell geht von einem - logarithmischen[7]- IS-Schema

(6) $y = y[(e-p), r, u, y^*]$

aus, wobei die reale Produktion von Wechselkurs, Preisniveau, Zinssatz (nicht logarithmisch), autonomer inländischer und ausländischer Nachfrage abhängt. Die reale Geldnachfrage wird von Zinssatz und Einkommen bestimmt:

---

[7] Die Darstellung folgt der Einheitlichkeit halber Dornbusch (1980, Kapitel 11), obwohl in diesem Zusammenhang die Verwendung von Logarithmen nicht erforderlich wäre.

(7) $l = l(r,y)$

und der Zinssatz entspricht dem ausländischen:

(3) $r = r^*$.

In Abbildung 19.2/4 befindet sich das System in Punkt A im Güter- und Geldmarktgleichgewicht. Expansive Geldpolitik verschiebt die LM-Kurve auf LM'. Gütermarktgleichgewicht würde nun ein Sinken des Zinssatzes auf r_1 erfordern, was als Folge der perfekten Kapitalmobilität zu Kapitalabflüssen bei unverändertem Zinssatz führt. Die zunehmende Devisennachfrage für Zwecke des Kapitalexports führt zur Abwertung der heimischen Währung, diese zu zusätzlichen (Netto)-Exporten, damit zu einer Verschiebung der IS-Kurve auf IS' und zu einer Erhöhung von y. Im Gegensatz zu festen Wechselkursen wirkt Geldpolitik daher bei flexiblen Wechselkursen sehr wohl, und zwar allein über das Ausland (Kapitalbewegungen, Wechselkursänderungen, Auslandsnachfrage).

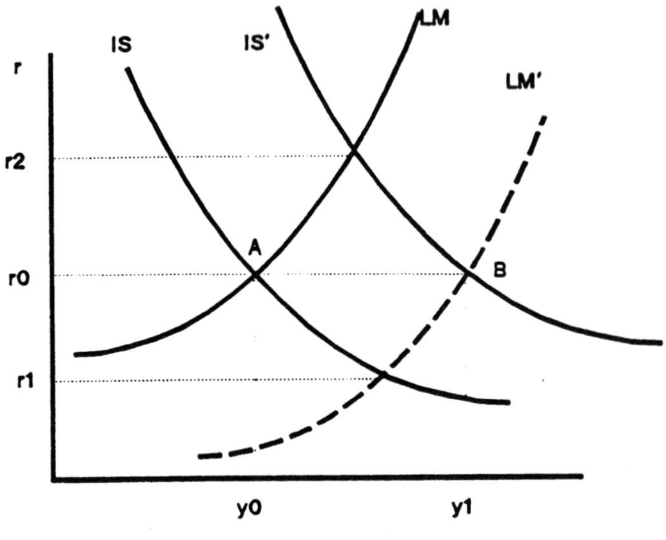

Abbildung 19.2/4: ***Nachfragesteuerung in der SOE mit flexiblen Wechselkursen und voller Kapitalmobilität***

Umgekehrt ist Fiskalpolitik in diesem Modell völlig wirkungslos. Expansive Fiskalpolitik in Punkt A von Abbildung 19.2/4 würde die IS-Kurve nach rechts oben auf IS' verschieben. Bei unveränderter Geldpolitik müßte der Zinssatz tendenziell auf r_2 steigen, was wegen (3) nicht möglich ist; es kommt demgemäß zu Kapitalzuflüssen und zu einer Aufwertung der heimischen Währung infolge zunehmenden Devisenangebots. Damit sinken die Nettoexporte, wodurch sich die IS-Kurve nach links unten verschiebt, und zwar solange, bis sie wieder durch Punkt A verläuft. In der neuen Position entsprechen die Höhe von Realeinkommen und Zinssatz genau den früheren Werten, die Kapitalimporte sind aber erheblich höher und die Nettoexporte erheblich niedriger.

Mundell und Fleming haben aus den Modellen 1 und 3 ihre berühmte Assignation abgeleitet: Bei festen Wechselkursen sollte Geldpolitik zum Zahlungsbilanzausgleich und Fiskalpolitik zur Nachfragesteuerung (Vollbeschäftigung) eingesetzt werden, bei flexiblen Wechselkursen sollte Geldpolitik zur Nachfragesteuerung und Fiskalpolitik zur Aufteilung der Nachfrage auf Inland und Ausland verwendet werden (siehe Kapitel 11). Diese Regeln gelten heute allerdings als bereits überholt: Das Modell ist rein nachfrageorientiert und vernachlässigt das Angebot; die Regeln für feste Wechselkurse stellen allein auf die Zahlungsbilanz als Ganzes ab, ohne zu berücksichtigen, daß etwa hohe Leistungsbilanzdefizite bei gleich großen Kapitalbilanzüberschüssen bloß unter sehr spezifischen Voraussetzungen als außenwirtschaftliches Gleichgewicht betrachtet werden können.[8] Die Assignation im Fall flexibler Wechselkurse hingegen vernachlässigt die Rückwirkungen von Wechselkursänderungen auf Preisniveau und Konkurrenzfähigkeit.

19.2.4 Zusammenfassung

Das traditionelle Modell der Kleinen Offenen Wirtschaft kann natürlich erweitert werden, um die beschriebenen und andere Mängel zu überwinden. So wurden in den achtziger Jahren zunehmend die Struktur der Zahlungsbilanz und der spezifische Einfluß der Leistungsbilanz berücksichtigt (z.B. Dornbusch 1980, Teil 5), Bestandsanpassungsprozesse in der Kleinen Offenen Wirtschaft untersucht und verzögerte Anpassungen berücksichtigt. Die Modelle werden dadurch in der Regel rasch so kompliziert, sodaß es nicht möglich ist, alle diese Faktoren gleichzeitig zu berücksichtigen. Überdies hängt das jeweilige Ergebnis wirtschaftspolitischer Maßnahmen meist erheblich von den Werten bestimmter Relationen, Substitutionselastizitäten usw. ab; allgemeine Lösungen sind daher unbestimmt, bloß für konkrete Fälle lassen sich numerische Lösungen erarbeiten.

Alles in allem ist der Aktionsspielraum der Stabilisierungspolitik im Modell der Kleinen Offenen Wirtschaft erheblich geringer als in dem der geschlossenen Wirtschaft. Die Wirkungen der Instrumente sind viel schwieriger zu bestimmen, Verzerrungen der Wirtschaftsstruktur, insbesondere der Relation zwischen offenem und geschütztem Sektor sind zu berücksichtigen, kontinuierliche Kapitalströme können in- und ausländische Bestandsanpassungsprozesse auslösen, die das Modell der Kleinen Offenen Wirtschaft obsolet machen, einer Wirtschaft nämlich, die die Rückwirkungen ihres Handelns nicht beachten muß. Allerdings gilt hier - wie auch sonst - zu beachten, daß die Modelle, an Hand derer die Ergebnisse abgelei-

---

8 Etwa dann, wenn die Zinsdifferenz zwischen den beiden Ländern, die zu den Leistungsbilanzausgleichenden Kapitalzuflüssen Anlaß gibt, einer gleich großen Differenz der Investitionsrenditen entspricht, die Kapitalimporte somit Investitionsgüterimporte finanzieren, die in der Exportproduktion eingesetzt werden (Fall des „Entwicklungslandes").

tet wurden, idealtypische Vereinfachungen darstellen. Wie schon Abschnitt 10.2 gezeigt hat, sind in der Realität weder feste noch flexible Wechselkurse, sondern Mischtypen zu finden, und die Kapitalmobilität ist de facto sehr viel geringer, als die volle Liberalisierung - jedenfalls zwischen den Industriestaaten - erwarten ließe. Nationale Maßnahmen der Geldpolitik neutralisieren internationale Kapitalbewegungen (offset-Koeffizient) bloß etwa zur Hälfte (Dornbusch/Giovannini 1990, 1258f), wofür Informationsprobleme, politische Risken aber auch Wechselkursrisken aus imperfekter Güterarbitrage maßgebend sein dürften (Frankel/MacArthur 1988).

Die Mischsysteme erleichtern und erschweren die Stabilitätspolitik: Sie eröffnen einerseits Interventionsspielräume, machen die Wirkungen jedoch viel schwerer abschätzbar; vor allem besteht die Gefahr von schlagartigen Änderungen der Verhaltensweisen bzw. des Systems. Die Schlußfolgerung, die aus dieser Erkenntnis zu ziehen ist, ist allerdings nicht die, daß Stabilisierungspolitik unter solchen Umständen eben unterlassen werden sollte, sondern vielmehr die, daß *isolierte* Stabilisierungspolitik in Kleinen Offenen Volkswirtschaften auf besondere Schwierigkeiten stößt. Unangenehm ist das vor allem bei Schocks, die allein diese Volkswirtschaft treffen. Denn Schocks, die auch andere Volkswirtschaften treffen, sollten ohnedies gemeinsam von allen betroffenen Staaten bekämpft werden, und auf größere Gruppen von Volkswirtschaften ist eher das Modell der geschlossenen Wirtschaft anzuwenden. Probleme ergeben sich allerdings dann, wenn eine Kleine Offene Volkswirtschaft andere Ziele zu erreichen sucht als ihre Nachbarn; in diesen Fällen treten die in diesem Abschnitt beschriebenen Probleme in voller Schärfe auf.

19.3 Stabilisierungspolitik im Zwei-Länder-Modell

In nicht ganz kleinen Volkswirtschaften, oder wenn es um konzertierte Maßnahmen mehrerer Länder geht, erhebt sich die Notwendigkeit, die Rückwirkungen stabilisierungspolitischer Maßnahmen auf andere Länder zu berücksichtigen, die in Abschnitt 19.2 durch die Annahme der Kleinen Offenen Wirtschaft vernachlässigt werden konnten. Das erfolgt am einfachsten mit Hilfe der Zwei-Länder-Modelle, die zwischen „Inland" und „Rest-of-the-World" (ROW) unterscheiden. Im konventionellen Fall ist das relativ einfach; die Berücksichtigung von Zwei-Länder-Überlegungen im neuen Konsensmodell wird jedoch rasch außerordentlich schwierig.

Das konventionelle Modell entspricht Modell 1 in Abschnitt 19.2.1; es ist vom keynesianischen Typ mit kurzem Zeithorizont, perfekter Kapitalmobilität und fixen Wechselkursen. Der Gleichgewichtsoutput wird von der Inlandsnachfrage (E) und der Leistungsbilanz (T) bestimmt, die ihrerseits wieder vom Zinssatz (r) sowie von Inlands- (Y) und Auslandseinkommen (Y^*) abhängen:

(1) $Y = E(r,Y) + T(Y,Y^*)$

(2) $Y^* = E^*(r,Y^*) + T(Y,Y^*)$

Die Weltgeldmarkt-Gleichgewichtsbedingung setzt die Weltgeldmenge ($D + D^* + R$) der in- und ausländischen Geldnachfrage gleich:

(3) $D + D^* + R = L(r,Y) + L^*(r,Y^*)$.

Löst man Gleichung (2) nach dem Gleichgewichtsniveau des ausländischen Einkommens

(4) $Y^* = \theta^*(Y,r)$

und setzt in (1) und (3) ein, erhält man die IS-Kurve:

(5) $Y = E(r,Y) + T[Y,\theta^*(Y,r)]$

sowie die LM-Kurve:

(6) $D + D^* + R - L^*[r,\theta^*(r,Y)] = L(r,Y)$.

Das IS-Schema in (5) ist negativ geneigt und flacher als im Fall des kleinen Landes ohne Rückkopplung, das LM-Schema ist positiv geneigt.

Expansive *Geldpolitik* (Kreditexpansion im Inland) erhöht die Geldmenge und verschiebt die LM-Kurve in Abbildung 19.3/1 nach rechts auf LM'; im neuen Gleichgewichtspunkt B ist der (Welt-)Zinssatz niedriger und das Inlandseinkommen (wie auch das Auslandseinkommen) höher. Geldpolitik wirkt also auf die realen Größen beider Länder; allerdings muß das Land, das die Kreditausweitung durchgeführt hat, mit Verlusten von Währungsreserven rechnen.

Expansive *Fiskalpolitik* verschiebt die IS-Kurve nach rechts auf IS', der (Welt-) Zinssatz steigt infolge der unveränderten Geldmenge. Das Einkommen steigt im Inland von Y_0 auf Y_2. Im Ausland trifft ein expansiver Einfluß höherer Nachfrage des expandierenden Landes mit einem restriktiven Einfluß des höheren (Welt-) Zinsatzes zusammen; das Nettoergebnis ist unbestimmt.

Im konventionellen Zwei-Länder-Modell wirken also Geld- wie Fiskalpolitik stärker als in der Kleinen Offenen Wirtschaft ohne Rückwirkungen (SOE), weil die Sickerverluste (Nachfrage- und Kapitalabfluß ins Ausland) nicht verloren sind, sondern über die im Ausland bewirkte Nachfragesteigerung auf das Inland zurückwirken. Diese einfache Aussage bleibt zwar grundsätzlich erhalten, wenn die Modelle realistischer und komplizierter werden; die Lösung kann dann nicht mehr formal sondern bloß noch numerisch oder durch Simulation gefunden werden. Das gilt vor allem für das Konsensmodell, das kurzfristig eher keynesianisch, langfristig eher NCM-gemäß ist. „Anything more complicated - even linear models with stochastic coefficients, let alone non-linear stochastic models - would mean entering the mathematical or computational stratosphere. The modelling language one would like to use just does not exist yet.“ (Buiter 1986, 575). Es überrascht daher nicht, daß es befriedigende Zwei- bzw. Mehr-Länder-Modelle der Wirtschaftspolitik nicht gibt. Für die Abschätzung wirtschaftspolitischer Maßnahmen - oder auch die Abschätzung wirtschaftspolitischen Nicht-Handelns - sind

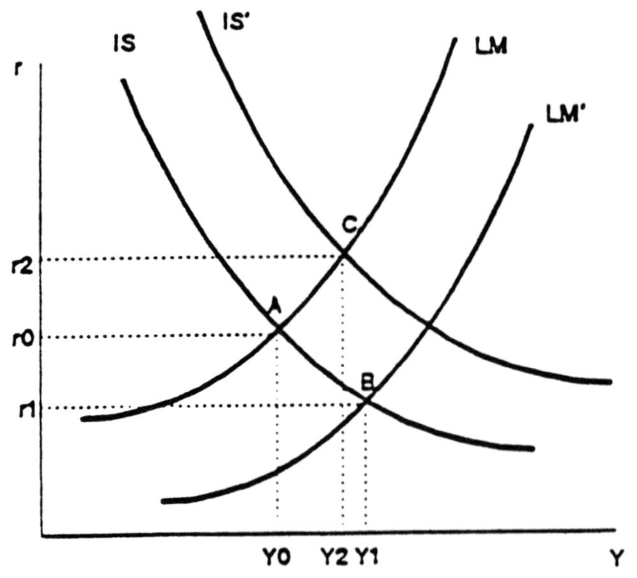

Abbildung 19.3/1: ***Nachfragesteuerung im Zwei-Länder-Modell***

sie aber unverzichtbar, da jedenfalls in den USA, in Europa und in Japan weitgehend unabhängig voneinander Wirtschaftspolitik betrieben wird. Lösungsansätze dieses Problems können in zwei Entwicklungsrichtungen gesucht werden:

* Erstens in abstrakten, extrem vereinfachten theoretischen Modellen, die auf konkrete Einzelfälle angewendet, die *Art* der Rückwirkungen zeigen und damit auch Art und Richtung der Wirkung der Maßnahmen; sie können diese allerdings nicht quantifizieren.
* Zweitens in ökonometrischen Weltmodellen, die allerdings große Schwierigkeiten haben, überschaubar zu bleiben und dennoch die entscheidenden Übertragungskanäle spezifizieren zu können; mit ihrer Hilfe können aber auch Simulationen, also quantitative Abschätzungen vorgenommen werden. Für beide Lösungsversuche wird im folgenden ein Beispiel skizziert.

Als Beispiel für das *theoretische Modell* soll Buiter (1986) dienen. In diesem Modell werden zwei Länder, die USA und der Rest der Welt (ROW) völlig symmetrisch abgebildet. Das Modell besteht aus je vier Bestimmungsgleichungen für Realkasse, Output, Preisniveau und realen Zinssatz für jedes der beiden Länder, je einer Bestimmungsgleichung für Nominalzinssatz und realen Wechselkurs, sowie aus zwei Definitionsgleichungen für den Realkassenbestand. Die Wechselkurserwartungen und die Inflationserwartungen der Investoren sind vom Typ der Rationalen Erwartungen, der Vollbeschäftigungsoutput ist exogen; kurzfristig zeigt das Modell keynesianische, langfristig klassische Ergebnisse. Vereinfachend wird angenommen, daß beide Länder gleich groß sind und völlig identische Strukturen (gleiche Koeffizienten) haben. Mit Hilfe dieses Modells werden die Auswirkungen von drei „Schocks" untersucht: Einer restriktiven Fiskalpolitik in den USA, eines Zusammenbruchs des Dollar-Kurses und einer Verlangsamung der globalen Wirtschaftsaktivität.[9] Es zeigt sich, daß der Anpassungsprozeß in (fast) allen Fällen durch „aktivistische" Wirtschaftspolitik erleichtert werden könnte.

Eine *restriktive amerikanische Fiskalpolitik* würde - ohne jede weitere Maßnahme der Wirtschaftspolitik in den USA oder anderswo - zu einer vorübergehenden Weltrezession, einer weltweiten Zinssenkung und zu einer nominellen wie realen Abwertung des Dollar führen. Zinspolitische Maßnahmen zur Verhinderung der Abwertung oder feste Wechselkurse würden am Ausmaß der Weltrezession nichts ändern, wohl aber wäre der ROW weniger betroffen als die USA. Eine Ergänzung der amerikanischen Fiskalpolitik durch expansive Fiskalpolitik in der ROW bzw. durch expansive Geldpolitik in beiden Ländern (einmalige Erhöhung des Welt-Geldbestands) hingegen könnte die beabsichtigte Verbesserung der amerikanischen Wettbewerbsfähigkeit *ohne* weltweite Rezession erreichen, da es in diesem Fall zu keinem weltweiten Transaktionskassen-crowding-out käme.

Die *optimale wirtschaftspolitische Reaktion* auf ein plötzliches Sinken des Dollarkurses hängt im Buiter-Modell von den Ursachen ab: Ist das Sinken Folge einer vorhergehenden spekulativen Überbewertung, ist völlige Abstinenz der Wirtschaftspolitik zu empfehlen. Geht der Zusammenbruch des Dollarkurses hingegen auf (plötzlich) steigende Liquiditätspräferenz in den USA zurück, sollte die Geldmenge dort einmalig erhöht werden; geht sie auf eine Verschiebung der Präferenzen zugunsten der ROW-Währung zurück, sollte die Geldmenge in den USA durch Offenmarktverkäufe eingeschränkt und in der ROW durch Offenmarktkäufe erhöht werden;[10] geht der Kursverlust auf eine Erhöhung der amerikanischen Risikoprämie zurück, empfiehlt sich eine differenzierte Besteuerung der Kapitalerträge in beiden Ländern.

Gegen eine *Verlangsamung der weltweiten Wirtschaftsaktivität* als Folge eines *Angebotsschocks* muß die Nachfrage in beiden Ländern verringert werden, bei einem temporären Schock vorübergehend, bei einem permanenten auf Dauer. Geht die Aktivitätsverlangsamung hingegen auf einen *Nachfrageschock* zurück, ist eine fiskalische Stimulierung angemessen bzw. eine einmalige Erhöhung der Welt-Geldmenge, wenn die Liquiditätspräferenz gestiegen ist.

Trotz verschiedener Einschränkungen, auf die Abschnitt 19.4 noch zurückkommen wird, gibt das Modell von Buiter deutliche Hinweise darauf, daß der An-

---

9 Die Identifizierung des einen Landes mit den USA und des anderen mit der übrigen Welt ist zugleich hilfreich und verwirrend: Sie ist hilfreich, weil auf diese Weise die wirtschaftspolitische Bedeutung des Modells zum Ausdruck gebracht wird, daß somit Fragen gestellt werden, die tatsächlich intensiv diskutiert werden. Die Gleichsetzung ist andererseits verwirrend, weil die USA und die übrige Welt keineswegs gleich groß sind: Die Bevölkerung der USA macht bloß 5 % der Weltbevölkerung aus, der Außenhandel der USA rund 15 % des Welthandels, das Brutto-Inlandsprodukt der USA gut 20 % des Welt-Nationalprodukts.

10 Berücksichtigung der Präferenzverschiebung bei gleicher Weltgeldmenge.

passungsprozeß nach Störungen durch unterstützende Maßnahmen aktivistischer, aber koordinierter Wirtschaftspolitik durchaus erleichtert werden kann. Besonders zu beachten - weil ungewohnt - ist, daß die Geldpolitik in allen erwähnten Fällen nicht durch eine Veränderung der *Zuwachsrate* der Geldmenge, sondern durch eine Anpassung des Geld*bestands* eingreift, ein Konzept, das von den üblichen Regeln ohne Rückkopplung deutlich verschieden ist.

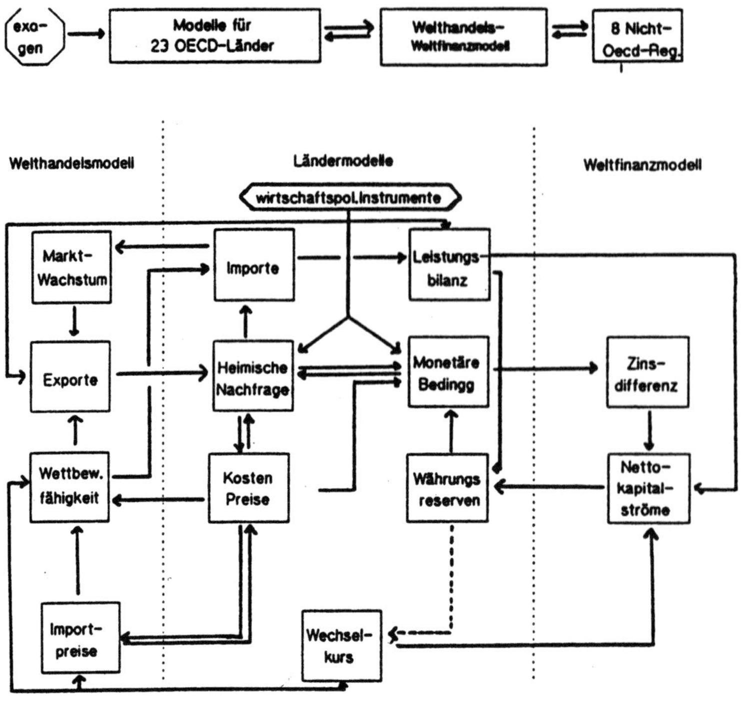

Q: Larsen et al 1983, 65,67

Abbildung 19.3/2: ***OECD-Interlink-Modell***

Als Beispiel eines *ökonometrischen Simulationsmodells* soll das OECD-Interlink-Modell vorgestellt werden (Larsen et al. 1983, Annex; Richardson 1987a).[11] Das Modell besteht aus 23 Teilmodellen für jedes einzelne der OECD-Mitgliedsländer und acht aggregierten Regionsmodellen für die Nicht-OECD-Mitgliedsstaaten. Die (23) Ländermodelle sind weitgehend nachfrageorientiert und enthalten Gleichungen zur Bestimmung der Nachfrageaggregate, der Preise und Löhne, der Einkommensverteilung, der Produktion und Beschäftigung sowie der wichtigsten

[11] Das Interlink-Modell empfiehlt sich in diesem Zusammenhang auch deswegen, weil es im Vergleich mit 11 anderen ökonometrischen Modellen mittlere Ergebnisse liefert, die, wenn überhaupt, leicht in Richtung Neoklassik verzerrt sind, also die Wirkungen der Wirtschaftspolitik leicht unterschätzen (Chouraqui et al. 1987, Fußnote 35).

finanziellen Variablen; die Angebotsseite enthält Gleichungen zur Bestimmung der aktuellen und potentiellen Produktion und der Faktorpreise. Die (8) Regionsmodelle sind sehr viel einfacher und konzentrieren sich auf die für den Außensektor relevanten Variablen. Verbunden werden die Länder- und Regionsmodelle untereinander durch ein Welthandels- und ein Weltfinanzmodell. Importmengen und Exportpreise werden in jedem einzelnen der Ländermodelle endogen bestimmt, Importpreise und Welthandelswachstum sind in den Ländermodellen exogen. Das Welthandelsmodell schätzt einen konsistenten Satz von Exportmengen und Importpreisen, die in die Ländermodelle in einem iterativen Prozeß zurückgespeist werden. Die Aufteilung der Weltimporte auf Exportländer orientiert sich an den Weltmarktanteilen und Wachstumselastizitäten und dürfte eher als Konsistenzsicherungsmechanismus denn als theoretisches Modell zu betrachten sein. Ähnliches gilt für das Weltfinanzmodell, das gleicherweise Zinssätze, Wechselkurse und Kapitalströme konsistent macht.

Tabelle 19.3/1: ***Expansive Fiskalpolitik in den USA***[1]

	1. Jahr	2. Jahr	3. Jahr
Reales BIP			
USA	+ 1.2 %	+ 1.0 %	+ 0.6 %
Übrige OECD	+ 0.2 %	+ 0.3 %	+ 0.3 %
Leistungsbilanz			
USA	- 10 Mrd.$	- 11 Mrd. $	- 12 Mrd. $
Übrige OECD	+ 1 Mrd.$	+ 2 Mrd. $	+ 2 Mrd. $
Eff. Wechselkurs			
USA	- 0.0 %	- 0.6 %	- 1.1 %

1 Erhöhung der Nicht-Lohn-Staatsausgaben in Höhe von 1 % des realen BIP, unverändertes Geldangebot, endogener Wechselkurs; Abweichungen von der Basisprognose.

Q: Richardson 1987b, 39

Simulationen mit Hilfe des Interlink-Modells ermöglichen es, die Folgen wirtschaftspolitischer Maßnahmen eines Landes oder ganzer Ländergruppen auf einzelne Länder oder die gesamte OECD zu studieren; die publizierten Ergebnisse ermöglichen es, manche der mit Hilfe dieses ökonometrischen Modells simulierten Folgen mit den, aus dem theoretisch-analytischen Modell von Buiter (1986) abgeleiteten, zu vergleichen. Dabei ist allerdings zu beachten, daß die Simulationsergebnisse von der Ausgangslage abhängen und als Folge der Struktur des Modells nach Ansicht der OECD selbst bloß für etwa drei Jahre verläßlich sind; der „klassische" Endzustand, den das theoretisch-analytische Modell herausarbeitet, wird in dieser Periode offensichtlich nicht erreicht.

Nach Buiter (1986) hatte - wie weiter vorne beschrieben - eine restriktive Fiskalpolitik in den USA zu einer raschen Abwertung des nominellen und realen

Wechselkurses geführt und eine weltweite Rezession ausgelöst. Eine Fixierung des nominellen Wechselkurses hätte an der Weltrezession nichts geändert, hätte allerdings die Rezession in der ROW zulasten der USA gemildert; expansive Fiskalpolitik in der ROW oder eine einmalige Erhöhung des Geldbestands in den USA und im ROW hätte die Weltrezession hingegen erheblich mildern und verkürzen können. Das Interlink-Modell zeigt andere Wirkungskanäle: Eine Einschränkung der Budgetausgaben in den USA dürfte zwar zu einer weltweiten Wachstumsverlangsamung führen, die in den USA etwa doppelt so stark ausfällt wie in der übrigen OECD (siehe dazu Tabelle 19.3/1);[12] es kommt jedoch im Interlink-Modell nicht zu einer Abwertung des Dollar, sondern ganz im Gegenteil zu einer leichten Aufwertung.[13] Die Leistungsbilanz verbessert sich in den USA merklich und verschlechtert sich in der übrigen OECD geringfügig (das impliziert eine merkliche Verschlechterung in den Nicht-OECD-Staaten).

Tabelle 19.3/2: ***Abwertung des US-Dollar um 10 %***[1]

	1. Jahr	2. Jahr	3. Jahr
Reales BIP			
USA	+ 0.5 %	+ 0.3 %	+ 0.0 %
Übrige OECD	+ 0.2 %	+ 0.1 %	+ 0.0 %
Leistungsbilanz			
USA	- 4 Mrd. $	+ 13 Mrd. $	+ 17 Mrd.$
Übrige OECD	+ 6 Mrd. $[2]	- 13 Mrd. $	- 17 Mrd.$
Terms of Trade			
USA	- 4.7 %	- 3.5 %	- 2.9 %

1 Unverändertes Geldangebot, unveränderte reale Nicht-Lohnausgaben; Abweichungen von der Basisprognose.
2 Im Original Druckfehler.

Q: Richardson 1987b, 45.

Eine Abwertung des Dollar bei unveränderter Geldmenge (Tabelle 19.3/2) verschlechtert die terms of trade der USA merklich, verbessert aber ab dem zweiten Jahr die US-Leistungsbilanz und verschlechtert die der übrigen OECD etwa im gleichen Ausmaß. Das OECD-Brutto-Inlandsprodukt steigt durch die amerikanische Abwertung, wovon zwei Drittel auf die USA und ein Drittel auf die übrige OECD entfallen.

---

12 Die OECD simuliert bloß eine Staatsausgabenerhöhung, doch dürfte es nicht falsch sein, anzunehmen, daß die Multiplikatoren bei einer Staatsausgabensenkung dieselben mit umgekehrten Vorzeichen sind, also Symmetrie vorliegt.

13 Toyoto/Hireno (1987) erhielten mit Hilfe des japanischen EPA-Modells Buiter-Ergebnisse für die USA (expansive Fiskalpolitik → Aufwertung), OECD-Ergebnisse für die BRD und Japan. Die Unterschiede ergeben sich aus der relativen Stärke von Leistungsbilanz- und Kapitalbilanzreaktionen.

Nachfragesteuerung wirkt im Interlink-Modell auf Produktion und Beschäftigung und erwartungsgemäß sind die Multiplikatoren desto größer, je weniger offen die Einheit ist, die Nachfragesteuerung betreibt (Tabelle 19.3/3): Expansive Fiskalpolitik in der BRD allein hat einen Multiplikator von 1,3 im ersten Jahr, der auf 1,5 im dritten Jahr ansteigt. Betreibt ganz Europa zugleich expansive Fiskalpolitik, ist der Multiplikator um etwa ein Drittel höher (1,7 im ersten, 2,2 im dritten Jahr); betreibt die gesamte OECD zugleich expansive Fiskalpolitik, ist der Multiplikator fast doppelt so hoch wie bei isolierter Fiskalpolitik der BRD (1,9 im ersten, 2,9 im dritten Jahr). Die Wirkung auf die einzelnen Länder ist allerdings

Tabelle 19.3/3: ***Rezessionsbekämpfung***[1]

	1. Jahr	2. Jahr	3. Jahr
Expansive Fiskalpolitik[2]			
BRD	1.3	1.5	1.5
OECD Europa	1.7	2.1	2.2
USA	1.6	2.0	1.9
OECD Total	1.9	2.7	2.9
(Total)[3]	(1.9)	(2.5)	(2.5)
(auf BRD)	(2.3)	(3.3)	(3.6)
Expansive Geldpolitik[4]			
BRD	0.1	0.2	0.3
OECD Europa	0.1	0.2	0.3
USA	0.1	0.3	0.5
OECD Total	0.1	0.3	0.5

1 Abweichungen des realen BIP des jeweils angeführten Landes (Ländergruppe) von der Basisprognose bei der jeweiligen Maßnahme in demselben Land (Ländergruppe).
2 Nicht-akkomodierende Geldpolitik.
3 Erhöhung der Nicht-Lohn-Staatsausgaben in Höhe von 1 % des realen BIP, akkomodierende Geldpolitik, feste Wechselkurse.
4 Senkung der kurzfristigen Zinssätze um 2 %-Punkte.

Q: Larsen et al. 1983, 70, 75.

unterschiedlich: Von expansiver Fiskalpolitik der gesamten OECD profitiert die BRD überdurchschnittlich (Multiplikator im dritten Jahr 3,6), England und die USA hingegen deutlich unterdurchschnittlich (Multiplikator im dritten Jahr 2,4). Expansive Geldpolitik wirkt in den USA kräftiger als in der BRD, und die Vorteile konzertierten Vorgehens sind bei der Geldpolitik weniger ausgeprägt als bei der Fiskalpolitik; das hängt wohl damit zusammen, daß eine Zinssenkung etwa in der BRD kaum ohne eine entsprechende Zinssenkung in den übrigen entscheidenden Finanzzentren Europas möglich sein wird.

Bei der Simulierung flexibler Wechselkurse sind die Wirkungen der Fiskalpolitik im OECD-Interlink-Modell unbestimmt; in manchen Ländern kommt es zu einer Auf-, in anderen Ländern zu einer Abwertung, je nachdem, ob der Einfluß auf die Kapitalbilanz oder auf die heimische Nachfrage dominiert. Isolierte Geldner Auf-, in anderen Ländern zu einer Abwertung, je nachdem, ob der Einfluß auf die Kapitalbilanz oder auf die heimische Nachfrage dominiert. Isolierte Geldpolitik hingegen wirkt bei flexiblen Wechselkursen überaus kräftig. Eine Senkung der kurzfristigen Zinssätze um 2 Prozentpunkte in der BRD läßt ihr Brutto-Inlandsprodukt um 1,7 Prozentpunkte steigen (gegen nur 0,3 Prozentpunkte bei festen Wechselkursen); für die gesamte OECD hingegen ist der Effekt mit 0,5 Prozentpunkten bei flexiblen Wechselkursen gleich hoch wie bei festen. Es zeigen sich somit genau die Effekte, die das Mundell-Modell erwarten läßt (siehe dazu Abschnitt 19.2).

Das Buiter- und das Interlink-Modell der OECD stimmen darin überein, daß Nachfragesteuerung sehr wohl reale Effekte haben kann; die Anpassungsprozesse laufen allerdings in beiden Modellen verschiedenartig ab. Das scheint auf mehrere Ursachen zurückzuführen zu sein: Zunächst einmal sind die Symmetrieannahmen des Buiter-Modells offensichtlich irreführend; die Unterschiede zwischen den USA und der übrigen OECD sind beachtlich, von der übrigen Welt nicht zu reden. Zweitens dürfte der Anpassungsprozeß an das „klassische" Gleichgewicht noch sehr viel länger dauern, als üblicherweise angenommen wird, und jedenfalls vom OECD-Modell nicht erfaßt werden; wie erwähnt sind ja im OECD-Modell wichtige Prozesse der Erwartungsbildung und der Bestandsanpassung vernachlässigt. Drittens scheint die Annahme Rationaler Wechselkursbildung ungerechtfertigt; zumindest in den achtziger Jahren, auf die sich die Simulationen der OECD beziehen, dürften sich die Marktkräfte als Folge von Interventionen erst verzögert durchgesetzt haben („leaning against the wind"), und die Entwicklung der Wechselkurse dürfte auch durch spekulative Übersteigerungen („bubbles") beeinflußt worden sein.

Einfache Antworten auf einfache Fragen im Bereich der Stabilisierungspolitik in einer offenen Wirtschaft wird es somit noch geraume Zeit nicht geben. Aber es gibt inzwischen (wieder) genügend Evidenz dafür, daß stabilisierungspolitische Maßnahmen möglich sind; sie wirken vor allem dann kräftig, wenn sie international koordiniert eingesetzt werden. Stabilisierungspolitisches Nicht-Handeln (benign-neglect) kann sehr viel unangenehmere Folgen haben als „Aktivismus".

19.4 Internationale Koordinierung der Wirtschaftspolitik?

Wenn international koordinierte Maßnahmen der Stabilisierungspolitik die Multiplikatoren tatsächlich so sehr erhöhen, wie Abschnitt 19.3 und insbesondere Tabelle 19.3/3 vermuten lassen, und damit die Effizienz der Maßnahmen erheblich steigern, warum gibt es dann nicht erheblich stärkere Bemühungen um eine internationale Koordinierung der Stabilisierungspolitik? Neben zahlreichen weniger wichtigen können vor allem fünf zentrale Faktoren dafür verantwortlich gemacht werden:

* Erstens ist die Interdependenz der Volkswirtschaften ein relativ neues Phänomen, und demgemäß besteht ein Koordinierungsbedarf erst seit relativ kurzer Zeit. Cooper (1985b, 1196) zufolge wurde der Begriff Interdependenz der Volkswirtschaften 1940 von Brown zum ersten Mal erwähnt, und eine ernsthafte Beschäftigung mit diesem Begriff gibt es überhaupt erst seit den fünfziger Jahren. Die Vorteile, Voraussetzungen und Grenzen koordinierter Wirtschaftspolitik sind noch nicht genügend bekannt und ausgearbeitet.
* Zweitens differieren die Institutionen und mehr noch die wirtschaftspolitischen Ziele zwischen den einzelnen Staaten so stark, daß derzeit vielfach kaum Einigung über die Ziele, geschweige denn über die zu ihrer Erreichung nötigen Methoden erzielt werden kann. Man denke in diesem Zusammenhang bloß an die unterschiedliche Bewertung der Ziele Preisstabilität und Vollbeschäftigung, oder des Zwischenziels Budgetausgleich selbst durch die europäischen Industriestaaten, vom Stellenwert der Umverteilung oder der Wirtschaftsordnung nicht zu reden.
* Drittens sind die Vorteile der Koordinierung der Wirtschaftspolitik gerade zwischen den Ländern, zwischen denen sie politisch am meisten diskutiert werden, eher bescheiden: Der Außenhandel zwischen den USA, Japan und der Bundesrepublik Deutschland ist relativ zum Brutto-Nationalprodukt so gering, daß die aus der Koordinierung zu erwartenden Vorteile Bruchteile eines Prozents des Brutto-Nationalprodukts ausmachen würden (Oudiz/Sachs 1984, 49ff). Die Vorteile stünden also in keinem Verhältnis zum Koordinierungsaufwand.[14]
* Viertens ergeben sich Kooperationsprobleme aus der Oligopolsituation und der Nicht-Ausschließbarkeit Dritter von den Vorteilen gemeinsamen Handelns: Da wirtschaftspolitische Maßnahmen (etwa die Überwindung einer Weltrezession) den Handelnden Kosten verursachen, von den Vorteilen (der Überwindung der Weltrezession) aber auch die profitieren, die sich an den Maßnahmen und damit an den Kosten nicht beteiligt haben, besteht - wie weiter unten gezeigt wird - die Gefahr eines Gefangenendilemmas, einer nicht kooperativen suboptimalen Lösung; aber auch eine kooperative Lösung bedarf unter diesen Voraussetzungen langer Verhandlungen um die Aufteilung eventueller Kosten und Gewinne. Internationale Koordinierung der Wirtschaftspolitik ist daher langwierig und schwierig, Stabilisierungspolitik aber muß rasch erfolgen.
* Fünftens müßte sich die Koordinierung nicht nur auf die Maßnahmen der Stabilisierungspolitik beziehen, sondern schon vorher auf die Ziele, die Information und die Prognosen, sowie im Bereich der Maßnahmen auf die

---

[14] Ganz anders unter den kleinen und sehr offenen Volkswirtschaften Europas, die mit geringerem Koordinierungsaufwand gemeinsam Stabilisierungspolitik betreiben könnten, was ihnen isoliert de facto nicht mehr möglich ist.

Auswahl der Instrumente sowie auf Stärke und Zeitpunkt des Instrumenteneinsatzes.

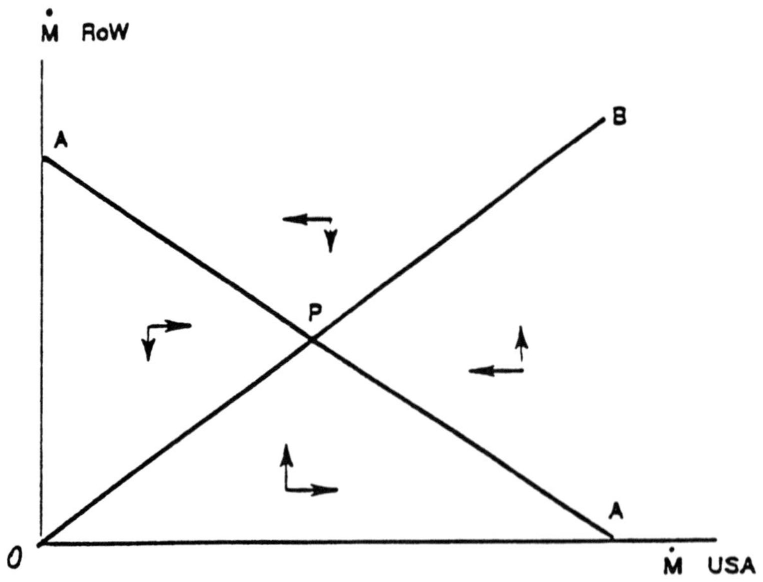

AA: Preisstabilität
OB: Zahlungsbilanzausgleich

Abbildung 19.4/1: ***Mundell-Assignation***

Koordinierung der Stabilisierungspolitik ist somit wesentlich mehr - und demgemäß auch wesentlich komplizierter - als Absprachen von Ministerpräsidenten oder Notenbankpräsidenten über gemeinsames Vorgehen auf irgendwelchen publicity-trächtigen Gipfeln. Doch unbeschadet aller Schwierigkeiten besteht ein erheblicher Koordinierungsbedarf der Wirtschaftspolitik, insbesondere unter den eng verflochtenen europäischen Volkswirtschaften: Er ergibt sich aus ihrer strukturellen Abhängigkeit,[15] aus der gegenseitigen Abhängigkeit der Ziele der Wirtschaftspolitik, die sie verfolgen,[16] aus der Tatsache, daß exogene Störungen diese Länder vielfach zugleich treffen,[17] aber auch aus der Tatsache, daß die eigenständige Verfolgung interdependenter Ziele durch mehrere Länder, wie bereits erwähnt, meist suboptimale Ergebnisse liefern wird.

Eine Koordinierung der Wirtschaftspolitik im weitesten Sinn kann auf verschiedene Arten erfolgen:[18] Mundell' (1963), und ihm folgend Swoboda/Dornbusch

---

[15] Z.B. Übernachfrage oder Inflation in einem Land greift auf die anderen Länder über.

[16] Der Wechselkurs von A gegenüber B ist identisch mit dem Wechselkurs von B gegenüber A; Nachfragedämpfung in einem Land läßt auch die Nachfrage nach Importen sinken.

[17] Z.B. der Ölschock.

[18] Die folgenden Ausführungen stützen sich auf Hamada (1979).

(1973), schlagen Assignationsregeln nach dem Schwerpunkt der Instrumentenwirkung vor, das vielzitierte „principle of effective market classification“: Fiskalpolitik zur Outputsteuerung, Geldpolitik zur Zahlungsbilanzsteuerung. Diesem Prinzip entspricht auch, daß jedes Land seine Instrumente primär zur Erreichung der *eigenen* Ziele einsetzt, weil sie dort effizienter wirken. Diese Assignationsregeln gelten jedoch nicht ohne Ausnahme: Ein Beispiel ist die Mundell-Assignation für den Dollar-Standard, nach der die USA ihre Geldpolitik zur Steuerung des Weltpreisniveaus verwenden sollte, die übrigen Staaten hingegen zum Ausgleich ihrer Zahlungsbilanzen. In Abbildung 19.4/1 wird die Geldmengenausweitung der USA auf der waagrechten Achse, die der übrigen Länder auf der senkrechten gemessen. Die Linie AA gibt die Kombination von Geldmengenwachstum (der USA und der übrigen Welt) wieder, die das (Welt-) Preisniveau konstant hält; die Linie OB gibt diejenigen Kombinationen an, die die Zahlungsbilanzen im Gleichgewicht halten. Rechts oberhalb der AA-Linie herrscht Inflation, links darunter Deflation, rechts unterhalb der OB-Linie hat die USA ein Zahlungsbilanzdefizit und die übrigen Länder (ROW) einen Überschuß, links oberhalb haben die USA einen Überschuß und der ROW ein Defizit. Die oben angeführte Assignation (US-Geldpolitik stabilisiert das Weltpreisniveau, die Geldpolitik der übrigen Länder die Zahlungsbilanzen) führt, wie die Pfeile andeuten, zum Gleichgewicht; die umgekehrte Assignation würde hingegen destabilisierend wirken.

Dennoch funktioniert diese Assignation nicht zwangsläufig, weil für die übrigen Länder zwar ein Zwang besteht, bei Zahlungsbilanzdefiziten ihre Geldmengenausweitung zu reduzieren, nicht hingegen sie bei Zahlungsbilanzüberschüssen zu erhöhen.[19] Zweitens entsteht das Problem des strategischen Verhaltens, da die USA nicht zwangsläufig und unbeschadet ihrer eigenen Wohlfahrt die Aufgabe der Stabilisierung des Weltpreisniveaus übernehmen wird. Die aus dem strategischen Verhalten resultierenden Probleme zeigt Abbildung 19.4/2, in der die Achsenbezeichnungen sowie AA- und OB-Linie die gleiche Bedeutung haben wie in Abbildung 19.4/1. Zusätzlich sind die Indifferenzkurven der beiden Länder sowie die Reaktionskurven R_1 für die USA und R_2 für die übrige Welt eingezeichnet. Die Indifferenzkurven geben die Kombinationen von Geldmengenzuwachsraten an, die für das jeweilige Land in bezug auf seine Nutzenfunktion äquivalent sind; sie sind in Abbildung 19.4/2 unter der Annahme gezeichnet, daß beide Länder Zahlungsbilanzdefizite anstreben. Die Indifferenzkurven bedeuten desto günstigere Kombinationen, je näher sie bei S_n liegen. Die Reaktionskurven sind der geometrische Ort aller wohlfahrtsmaximierenden Strategien des jeweiligen Landes, gegeben die Geldmengenausweitung im jeweils anderen Land.[20]

---

[19] Diese Asymmetrie trug nicht unerheblich zum Untergang des Bretton-Woods-Systems des Dollar-Standards bei.

[20] Das heißt, daß die Tangenten an die Indifferenzkurven horizontal (Land 1) bzw. vertikal (Land 2) sind.

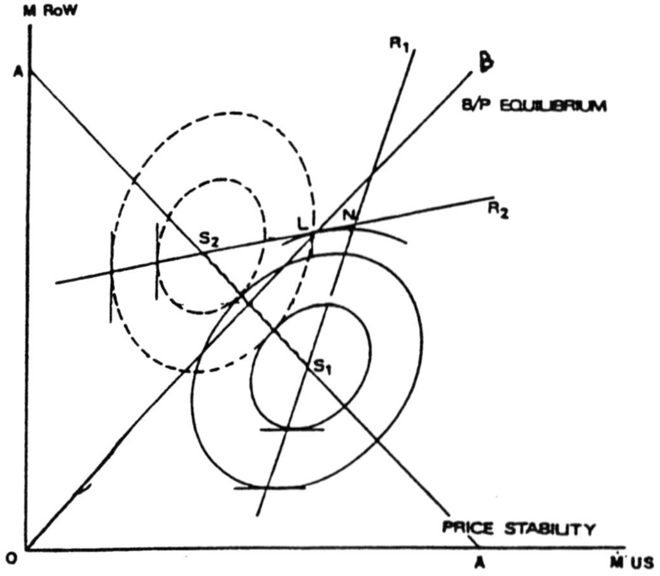

AA: Preisstabilität
OB: Zahlungsbilanzgleichgewicht
R: Reaktionskurve
S_1S_2: Kontraktkurve

Q: Hamada 1979 (modifiziert)

Abbildung 19.4/2: ***Duopol-Lösung***

Verfolgt jede Ländergruppe ihre Ziele völlig unabhängig, ergibt sich die Cournot-Nash-Lösung N als Schnittpunkt der beiden Reaktionskurven; es herrscht Inflation,[21] und die USA hat ein Zahlungsbilanzdefizit (Zuwachs der Welt-Währungsreserven). Ist Land 1, die USA, ein Stackelberg-Führer,[22] ergibt sich Punkt L, eine gleichfalls nicht pareto-optimale Lösung. Die pareto-effiziente Kombination der beiden Geldmengenzuwachsraten liegt auf dem geometrischen Ort aller Tangentialpunkte der beiden Indifferenzkurvensysteme, der Kontraktkurve S_1S_2. Hier herrscht Preisstabilität und die jeweilige Zahlungsbilanzposition wird kontraktmäßig zwischen den beiden Ländern festgelegt. Die kooperative Lösung ist den beiden anderen eindeutig überlegen; nicht kooperative Lösungen sind suboptimal, zumindest solange die *Kooperation kostenlos* ist.

Theoretische Überlegungen lassen daher erwarten, daß Koordinierung der Stabilisierungspolitik häufig bessere Ergebnisse bringen wird als unkoordiniertes Vorgehen; Simulationen ökonometrischer Modelle bestätigen diese Erwartun-

---

21 Würde man die Präferenzen und damit die Indifferenzkurven so annehmen daß beide Länder Zahlungsbilanzüberschüsse anstreben, läge das Nash-Gleichgewicht links unterhalb der AA-Linie im Bereich der Deflation.

22 Er sucht einen für ihn optimalen Punkt auf der Reaktionskurve des anderen Landes.

gen.[23] Koordinierung darf und kann sich aber nicht bloß auf den Instrumenteneinsatz beschränken, sondern muß mehr umfassen:

* Eine Koordinierung der *Ziele*, weil ohne Verpflichtung auf gemeinsame Ziele die Versuchung für jeden einzelnen Staat zu groß wäre, als Trittbrettfahrer die Vorteile der besseren Situation ohne Mitwirkung am Instrumenteneinsatz zu genießen.
* Eine Koordinierung der *Information* über Art und Ausmaß der Zielverletzung, über die angenommene Struktur der beteiligten Wirtschaften (das „wahre" Modell) und über die vermutete Weiterentwicklung ohne wirtschaftspolitische Eingriffe (status quo-Prognose); weiters gemeinsame Vorstellungen über die Wirkungen der Instrumente (Wirkungsprognose).
* Eine Koordinierung der *Auswahl und der Dimensionierung der Instrumente*, im Hinblick auf die Handlungen der anderen, aber auch im Hinblick auf die weitere Entwicklung. Gerade in einer Welt der Unsicherheit wird weder die status-quo-Prognose noch die Wirkungsprognose die tatsächliche Entwicklung voll treffen; es muß daher von vornherein festgelegt werden, unter welchen Bedingungen welche Nachbesserungen und/oder zusätzlichen Maßnahmen getroffen werden.

Bereits der Umfang der Liste der Koordinationserfordernisse läßt politische wie sachliche Schwierigkeiten erwarten, auf die die Koordinierungsversuche stoßen werden. Dazu kommen Vertrauensprobleme zwischen den Regierungen, die sich aus der möglichen Verhüllung der Präferenzen zwecks Abschiebung der Kosten auf andere ergeben (Trittbrettfahrerproblem) und die bei asynchronen Regierungswechseln stets neu überwunden werden müssen; weitere Probleme entstehen aus der Unbestimmtheit des Lösungspunkts auf der Kontraktkurve. Auch mag es nationale Aversionen gegen den Verzicht auf volle nationale Handlungsfreiheit geben, und es mag - infolge der Verhüllung der Präferenzen zwecks Besserung der eigenen Verhandlungsposition - kein Staat bereit sein, den ersten Schritt zur Koordinierung zu setzen, weil er dadurch sein besonderes Interesse an einer Lösung bekundet und damit seine Verhandlungspositon schwächt (Cooper 1985b, 1228f).

In den USA resultiert daraus und aus der in dieser relativ wenig offenen Wirtschaft überdies eher schwachen ökonomischen Wirkung der Koordinierung ein erheblicher Widerstand gegen Versuche solcher Art. Fischer (gemäß Feldstein 1987a, 7f) führt als weitere Nachteile von Koordinierungsversuchen an: daß bei internationaler Koordinierung eher die politisch als die ökonomisch passenden Maßnahmen ergriffen werden; daß sie von notwendigen aber unangenehmen nationalen Maßnahmen ablenken und insbesondere den darauf gerichteten politischen Druck vermindern; daß sie die Gefahr zu expansiver Politik in sich bergen, und daß sie sich auf die leichter koordinierbare Geldpolitik beschränken.

---

23 Siehe dazu etwa Hughes-Hallett (1986), dessen Simulationen eine Ausnützung der differenzierten Wirkung von Geld- und Fiskalpolitik in USA und Europa empfiehlt, oder die OECD-Simulationen in den Abschnitten 15.1.2 und 19.3.

Alle diese Einwände spiegeln die Probleme einer großen Volkswirtschaft, die mit den anderen Ländern, mit denen sie ihre Politik koordinieren könnte, relativ wenig verflochten ist und die gegenüber den übrigen Staaten (Südamerika und Pazifischer Raum ohne Japan) eine Stackelberg-Strategie spielen kann. Für Europa, dessen Volkswirtschaften sehr viel stärker interdependent sind und die demgemäß aus der Koordinierung der Wirtschaftspolitik viel größere Vorteile ziehen können, gelten diese Argumente viel weniger. Insbesondere darf nicht übersehen werden, daß der Koordinierungsbedarf bei Unsicherheit besonders groß ist, und zwar aus zwei Gründen: erstens, weil bei Unsicherheit die wirtschaftspolitischen Maßnahmen der anderen Länder weder bekannt noch leicht prognostizierbar sind (das andere Land mag ja die Lage ganz anders einschätzen, und es steht ihm ein breites Spektrum von Strategien zur Verfügung), und zweitens, weil die, für Unsicherheitssituationen typischen, sequentiellen Entscheidungsprozesse besonders komplexe Entscheidungsmuster entstehen lassen, wenn davon mehrere Länder betroffen sind.

Angesichts der Schwierigkeiten der Koordinierung empfiehlt es sich zu überlegen, welche Maßnahmen ähnliche Ergebnisse erzielen könnten wie (diskretionäre) Koordinierung im Einzelfall, ohne auf dieselben Schwierigkeiten zu stoßen. Cooper (1985b) erwähnt Desintegration, regelgebundene Regimes und neue Instrumente. *Desintegration* senkt den Koordinierungsbedarf, wird aber in vielen Fällen - wenn auch nicht zwangsläufig in allen Fällen - wohlstandsmindernd wirken. Desintegrative Maßnahmen, die in den letzten Jahren tatsächlich ergriffen wurden, sind mengenmäßige Beschränkungen des Handelsverkehrs, Beschränkungen des Geld- und Kapitalverkehrs oder der Übergang zu flexiblen Wechselkursen bzw. größeren Bandbreiten. *Regelgebundene Regimes* setzen einen Rahmen für konsistente Handlungen der einzelnen Staaten. Als Beispiel dafür wären das GATT oder das Bretton Woods-Abkommen über das Währungssystem zu erwähnen. Da solche Regeln nicht in jedem Detail festgelegt werden können, bedarf es zum guten Funktionieren solcher Systeme einer Bereitschaft, sich an den „Geist der Abkommen" zu halten.[24] Schließlich mag es auch *neue Instrumente* geben, die den Bedarf an Koordinierung senken: Cooper erwähnt Maßnahmen der Steuerpolitik, die speziell auf bestimmte Sektoren wirken und insofern eine spezifisch nationale Politik ermöglichen, doch wäre zu prüfen, ob sich daraus nicht letztlich ein weiterer, vielleicht noch größerer internationaler Koordinierungsbedarf ergeben könnte.

24 Als Beispiele für solche Verstöße gegen den „Geist" der Kooperation siehe die Aushöhlung des Bretton Woods Systems im Laufe der siebziger Jahre bzw. das teilweise Unterlaufen des GATT durch mengenmäßige Restriktionen in den achtziger Jahren.

19.5 Zusammenfassung: Möglichkeiten und Grenzen der Stabilisierungspolitik im neuen Konsensmodell

Das starre NCM-Modell mit seinen Eckpfeilern jederzeit-vollständiger Räumung aller Märkte, Rationalen Erwartungen und Natürlicher Arbeitslosenrate ist in den achtziger Jahren zunehmend aufgegeben worden, und damit fiel auch die auf ihm basierende Politikineffektivitäts-Hypothese. Das neue Konsensmodell geht von unvollständigem Wettbewerb sowie von Preis- und Lohnrigiditäten aus, es berücksichtigt, daß die Anpassung an ein eventuelles neues Gleichgewicht unter Umständen relativ lange dauern kann; der Glaube an die eine, kaum beeinflußbare Natürliche Rate ist geschwunden: Je nach Konstellation der anderen Größen mag es mehrere Gleichgewichte geben, und die historische Entwicklung scheint - auf welchem Wege auch immer - deren Niveau nicht unerheblich zu beeinflussen (Hysterese). Daß es auch in bezug auf Informationsstand und „Rationalität" der Erwartungsbildung erhebliche Abstriche zu machen gilt, ist allgemein bekannt, wenn es auch bisher nicht gelungen ist, diese Probleme analytisch-formal zu bewältigen.

Im *neuen Konsensmodell* gibt es wieder *Raum für Stabilisierungspolitik*: Bei Nachfrageschocks wird der Anpassungsprozeß durch Maßnahmen der Wirtschaftspolitik vielfach überhaupt erst in die Wege geleitet, jedenfalls aber erleichtert und beschleunigt, bei Angebotsschocks können unangenehme Nebenwirkungen und Spätfolgen (Deflation, Verteilungskämpfe) vermieden werden. Dazu bedarf es allerdings nicht bloß des traditionellen Globalinstrumentariums der „Nachfragesteuerung", sondern des differenzierten Einsatzes der einzelnen Instrumente der Geld- und Fiskalpolitik, und darüber hinaus auch der Einkommens-, Angebots- und Wechselkurspolitik. Die Differenzierung des Einsatzes der Instrumente ist vor allem deswegen wichtig, weil die einzelnen Zielverletzungen ursachenadäquat bekämpft werden müssen, wenn die Instrumente voll wirksam werden sollen. Weiters besteht im neuen Konsensmodell Übereinstimmung darüber, daß die Stabilisierungspolitik nicht bloß die kurzfristigen Primäreffekte des Instrumenteneinsatzes bedenken muß, sondern auch die Spätfolgen, die sich aus verzögerter Anpassung, Anpassungsreaktionen der Betroffenen und Bestandseffekten ergeben. Von der Praxis wurde dieses Postulat unter dem Schlagwort mittelfristige Orientierung oder Verstetigung bereits zur Kenntnis genommen.

Im neuen Konsensmodell, das in vielen Punkten dem alten Konsensmodell der Neoklassischen Synthese gar nicht so unähnlich ist, wirkt Stabilisierungspolitik somit, wenn auch die Instrumentenwirkung differenzierter gesehen wird als früher und die Wirkungen über einen längeren Zeithorizont verfolgt werden müssen. Noch immer nicht genügend berücksichtigt werden im neuen Konsensmodell die *Probleme*, die sich aus der Offenheit der Wirtschaft, der möglichen Änderung der Verhaltensweisen und insbesondere aus dem Vorliegen von Unsicherheit ergeben. Die *Offenheit der Wirtschaft* umfaßt eine Reihe alter Probleme, deren neuere Analyse auch keine wesentlich anderen Erkenntnisse gebracht hat: In der Kleinen

Offenen Volkswirtschaft, die die Rückwirkungen ihres eigenen Handelns vernachlässigen kann, wirken stabilisierungspolitische Maßnahmen erheblich weniger stark; daß stabilisierungspolitische Alleingänge von Kleinstaaten kaum erfolgreich sein können und daß es in solchen Fällen einer Koordinierung der Stabilisierungspolitik bedarf, ist die selbstverständliche und keineswegs neue Konsequenz. Dieselben Schlußfolgerungen gelten grundsätzlich auch für Weltmodelle (Zwei-Länder-Modelle), wenn auch mit sehr abgeschwächter Bedeutung. Weniger geläufig hingegen ist die Erkenntnis, daß in der offenen Wirtschaft von der Stabilisierungspolitik auch strukturpolitische Wirkungen ausgehen, daß sie auf offenen und geschützten Sektor unterschiedlich wirkt, woraus zusätzliche Probleme entstehen.

Änderungen der Verhaltensweisen der Betroffenen als Folge von stabilisierungspolitischen Maßnahmen haben im NCM-Modell mehr Bedeutung als im neuen Konsensmodell. In diesem geht es ja nicht darum, daß die Wirtschaftspolitik bloß durch Täuschung der Betroffenen wirken kann, vielmehr wird der kooperative Fall dominieren, in dem Wirtschaftspolitik und Betroffene gleichgerichtete Interessen haben, vor allem bei mittelfristiger Orientierung der Stabilisierungspolitik.

Unsicherheit schließlich wird im neuen Konsensmodell weiterhin so gut wie völlig vernachlässigt. Das betrifft sowohl die Unsicherheit der Wirtschaftssubjekte, die den Bedarf an Stabilisierungspolitik eher steigern und ihre Wirkungen verbessern dürfte, als auch für die Unsicherheit der Träger der Wirtschaftspolitik selbst, die - wie die Wirtschaftssubjekte - weder das „wahre" Modell kennen, noch über unzweifelhafte Prognosen und Diagnosen verfügen. Den Problemen der Wirtschaftspolitik in einer Welt der Unsicherheit wendet sich Kapitel 20 zu.

19.6 Stabilisierungspolitik in der Europäischen Währungsunion

Die Erkenntnisse des neuen Konsensmodells sind deswegen von besonderer Relevanz, weil die Integration Europas und vor allem der Übergang zur Europäischen Währungsunion Anfang 1999 neue Voraussetzungen geschaffen haben: Anders als die kleinen offenen nationalen Volkswirtschaften zuvor ist die Europäische Union eine große, weitgehend geschlossene Volkswirtschaft; ihre Außenhandelsquote liegt – ebenso wie die der USA oder Japans – bei etwa einem Zehntel, verglichen mit etwa zwei Fünftel der einzelnen Mitgliedsstaaten. Dementsprechend wurden durch den Übergang von den kleinen offenen Volkswirtschaften zu dem großen weitgehend geschlossenen Wirtschaftsblock[25] die Sickerverluste stabilisie-

[25] Die volkswirtschaftlich-modelltheoretische Terminologie der offenen versus geschlossenen Volkswirtschaft darf nicht politisch verstanden werden: „Geschlossene Volkswirtschaft" bezieht sich auf die Höhe der Außenwirtschaftsquote, die mit der Größe der Staaten zwangsläufig abnimmt: je größer ein Gebiet desto geschlossener ist es im all-

rungspolitischer Maßnahmen reduziert; Stabilisierungspolitik wurde damit potentiell effizienter. Ob sie auch notwendiger wurde, ist umstritten: Geringerer Bedarf an stabilisierungspolitischen Maßnahmen wird aus der Kompensation exogener Schocks in dem größeren Gebiet und aus dem Fehlen ungewollter Nebenwirkungen nationaler Stabilisierungspolitik auf Nachbarstaaten abgeleitet. Größerer Bedarf könnte sich daraus ergeben, daß Nachfrageschwankungen in dem wenig auslandsabhängigen großen Wirtschaftsblock kaum gedämpft werden; dazu können stärkere Spekulationswellen zwischen den beiden großen (Reserve-)Währungsblöcken treten.

Für die *Geldpolitik* von 11 der derzeit 15 EU-Mitglieder[26] ist seit Anfang 1999 die unabhängige Europäische Zentralbank (EZB) zuständig. Die währungspolitischen Entscheidungen werden vom EZB-Rat getroffen, in dem neben den sechs Mitgliedern des EZB-Direktoriums die elf Präsidenten der teilnehmenden nationalen Notenbanken vertreten sind. Wichtigstes Instrument ist die Offenmarktpolitik, primär in Form kurzfristiger Wertpapierpensionsgeschäfte (Repos), die wöchentlich mit jeweils zweiwöchiger Laufzeit abgeschlossen werden; daneben gibt es auch dreimonatige Repos. Als weitere Instrumente stehen Lombardpolitik (unter dem Namen Spitzenrefinanzierungsfazilität) und Einlagenpolitik (Einlagenfazilität) sowie Devisenswaps, nicht jedoch Diskontpolitik zur Verfügung. Verzinsliche Mindestreserven im Ausmaß von 1 ½ bis 2 ½ % sind vorgesehen; die Verpflichtungen müssen jedoch bloß im Monatsdurchschnitt erfüllt werden, sodaß die Mittel für die Banken kurzfristig disponibel sind. Strategisch schwankt die EZB zwischen Geldmengen- und direktem Inflationsziel; Wechselkursziele werden dezidiert abgelehnt.

Die Ablehnung eines Wechselkurs(zwischen-)ziels ergibt sich nicht bloß aus dessen beschränkter Eignung für große Volkswirtschaften (siehe Abschnitt 15.4), sondern vor allem aus der spezifischen Weltwährungssituation, die durch zwei konkurrierende Währungen gekennzeichnet ist. Vor der Einführung des Euro wurde ein großer Teil der (Fremd-)Währungsreserven von Zentralbanken, Banken und Wirtschaft in Dollar gehalten, und der Dollar war auch die wichtigste Fakturierungs- und Transaktionswährung. Mit der Einführung des Euro wird – schon aus Gründen der Portefeuillediversifizierung ein Teil der Dollar-Reserven in Euro umgeschichtet, was ceteris paribus den Dollarkurs drücken wird; schon aus diesem Grund wird die EZB in der Übergangsphase außerordentlich vorsichtig agieren müssen, um wirtschaftliche und politische Komplikationen zu vermeiden. Dazu kommt, daß ein Reservewährungs-Duopol ohne Kooperation unstabil und extrem gefährdet in bezug auf selbsterfüllende Spekulationswellen ist, auch und gerade dann, wenn diese keine realen Basis haben, sondern bloß auf Gerüchten

---

gemeinen. „Geschlossen“ bedeutet keineswegs autarkistische Politik im Sinne einer „Festung Europa“, die weder den Intentionen noch der Realität der europäischen Integration entspricht: Die außenwirtschaftliche Verflechtung mit der übrigen Welt hat im Zuge der Integration sogar zugenommen.

26 Dänemark, Schweden und Großbritannien haben sich vertraglich ausbedungen an der Währungsunion nicht teilzunehmen; Griechenland kann derzeit die Beitrittsvoraussetzungen nicht erfüllen.

beruhen. Unter diesen Bedingungen würde ein Wechselkursziel der EZB die Spekulationsrisken drastisch reduzieren und damit destabilisierende Spekulation fördern. Die EZB muß daher einerseits die Möglichkeit starker Kursausschläge offen halten, um die Spekulation abzuschrecken, andererseits mit der amerikanischen Notenbank Kooperationsstrategien gemeinsamer Intervention für den Krisenfall entwickeln; anderenfalls wäre ihr Aktionsspielraum äußerst begrenzt – sie könnte sich nicht primär der internen Preisstabilität sondern müßte sich vor allem der Vermeidung von Wechselkursspekulation widmen.[27]

Tabelle 19.6: ***Finanzierungssalden der Sektoren***

	Haus-halte	Firmen	Öffentl. Hand	Ausland	Welt
Einnahmen	.	.	.	.	.
- Ausgaben	.	.	.	.	.
Finanzierungssaldo	+ 10 %	- 4 %	- 6 %	+ 0 %	0 %
Finanzaktiva	.	.	.	.	.
- Finanzpassiva	.	.	.	.	.
Finanzierungsaldo II	+ 7 %	- 4 %	- 3 %	+ 0 %	0 %
Finanzierungssaldo III	*+ 10 %*	*- 7 %*	*- 3 %*	*+ 0 %*	*0 %*

Eine *nationale* Geldpolitik kann es angesichts der gemeinsamen Währung in den Mitgliedsstaaten der europäischen Währungsunion nicht mehr geben; an ihre Stelle tritt die EU-Geldpolitik der EZB, die – wie das amerikanische Beispiel im unteren Teil von Tabelle 19.3/3 zeigt, grundsätzlich wirksamer sein könnte. Aber auch der Spielraum der EU-Geldpolitik ist beschränkt, nämlich durch die beschriebene spezifische Weltwährungssituation. Anders als die Geldpolitik bleibt die *Fiskalpolitik* in der Kompetenz der Einzelstaaten, obwohl gerade sie – gemeinsam eingesetzt – infolge der geringen Offenheit der EU und der – verglichen zu den Kapitalströmen – geringeren Preiselastizität der Warenströme durchaus wirksam sein könnte. Wie Tabelle 15.1 gezeigt hat, kann man bei *gemeinsamer* Politik mit einer Verdopplung des Staatsausgaben-Multiplikators (etwa von 1 ½

[27] Dagegen wird gerne eingewendet, daß Preisstabilität die beste Sicherheit gegen spekulative Attacken wäre; dabei wird übersehen, daß auch größere Preisstabilität (als in den USA) zu Umschichtungen von Reserven und – angesichts deren Begrenztheit – zu spekulativen Übersteigerungen führen kann.

auf 3) rechnen. Eine *nationale* Fiskalpolitik hingegen muß ineffizient bleiben, da sie weiterhin mit hohen Sickerverlusten rechnen muß; eine freiwillige Koordinierung der nationalen Politiken im Einzelfall stößt jedoch auf alle die Probleme, die in Abschnitt 19.4 besprochen wurden: Unterschiedliche Zielvorstellungen, Trittbrettfahrerprobleme und vor allem der Zeitbedarf der Koordinierung, der verzögerungsbedingt eher prozyklische Wirkungen befürchten läßt. Hauptproblem einer europäischen Stabilisierungspolitik sind daher weniger die vielfach kritisierten Kriterien des Stabilitätspakts[28], sondern die mangelnde Koordinierung, einerseits der Fiskalpolitik der Mitgliedsstaaten, andererseits von Fiskal- und Geldpolitik.

Der Koordinierungsbedarf von Geld- und Fiskalpolitik läßt sich an Hand einer saldenmechanischen Betrachtung zeigen. Tabelle 19.6 illustriert die Situation der EU-Mitglieder vor Geltung der Maastricht-Kriterien: Der Ausgabenüberschuß (negativer Finanzierungssaldo) der Öffentlichen Hände machte rund 6 % der Brutto-Nationalprodukts (BIP) aus, der der Firmen 4 %,[29] wogegen die Haushalte einen Einnahmenüberschuß (Netto-Sparen) von rund 10 % des BIP ausweisen. Wenn nun der Ausgabenüberschuß der öffentlichen Hände gemäß dem Maastricht-Vertrag von 6 % auf 3 % reduziert werden soll, muß – bei weiterhin etwa ausgeglichener Leistungsbilanz – entweder der Ausgabenüberschuß der Unternehmen vergrößert oder der Einnahmenüberschuß der Haushalte verringert werden.[30] Ersteres (Finanzierungsdaldo III in Tabelle 19.6), also verstärkte fremdfinanzierte Investition, ist in einer rezessiven Situation schwacher Nachfrage und wenig ausgelasteter Kapazitäten wenig wahrscheinlich; wenn überhaupt setzt es aber sehr niedrige Zinssätze, also expansive Geldpolitik voraus. Eher könnte es möglich sein, den Einnahmenüberschuß der Haushalte zu verringern (Finanzierungssaldo II): Niedrige Zinssätze könnten die Haushalte veranlassen, weniger zu sparen und mehr Konsumkredite aufzunehmen; wiederum jedoch bedürfte dafür expansiver Geldpolitik. Bleibt die Geldpolitik hingegen restriktiv, bleiben also die Zinssätze hoch, bleiben auch die Reaktionen der Investoren und Konsumenten aus; die verringerten Staatsausgaben müssen zu Einnahmeausfällen der übrigen Sektoren führen, damit zu kompensierenden Ausgabenkürzungen, zu Produktionseinschränkungen und letztlich zu Arbeitslosigkeit. Die verfügbaren Einkommen sinken. Der Einnahmenüberschuß der Haushalte geht zwar auch auf diese Weise zurück, allerdings auf dem wenig attraktiven Weg verminderter Sparfähigkeit durch Einnahmenverluste und Arbeitslosigkeit.

Aus der spezifischen Assignation der Ziele zu Instrumenten und Trägern resultiert ein weiteres Problem der Europäischen Stabilisierungspolitik: Der Mangel an Instrumenten zur Sicherung der Beschäftigungsziele und zur Bekämpfung anderer als EU-weiter Probleme, also nationaler und regionaler Probleme im weitesten Sinn. Auf das Ziel *interne Geldwertstabilität* ist die Europäische Zentralbank

---

28 Siehe dazu Abschnitt 11, Fußnote 2.

29 Der negative Finanzierungssaldo (Ausgabenüberschuß) der Firmen ergibt sich aus der (partiellen) Fremdfinanzierung der Investitionen.

30 Anderes ist trivial-arithmetisch nicht möglich, da die Summe aller Salden stets Null sein muß.

verpflichtet und sie kann dieses Ziel auch verfolgen, soweit es gelingt spekulative Attacken zu verhindern. Das Ziel *Außenwirtschaftliches Gleichgewicht* spielt angesichts der geringen Offenheit der EU eine untergeordnete Rolle und kann – wieder unter der Bedingung fehlender spekulativer Attacken – durch flexible Wechselkurse gesichert werden. Für die Ziele eines *hohen Beschäftigungsgrads* und *ausreichenden Wirtschaftswachstums* hingegen mangelt es an Instrumenten: Die nationale Fiskalpolitik ist infolge der hohen Sickerverluste ineffizient, und die dafür grundsätzlich geeignete gemeinsame Fiskalpolitik gibt es nicht; Maßnahmen der Angebotspolitik sind in einer großen weitgehend geschlossenen Wirtschaft noch weniger wirksam als in einer kleinen offenen, da sie überwiegend die außenwirtschaftliche Wettbewerbsfähigkeit verbessern. Verbesserung der Wettbewerbsfähigkeit aber führt in einer großen Wirtschaft mit flexiblem Wechselkursen zu einer kompensierenden Aufwertung (im Sinne von appreciation).[31]

Nationale Probleme konnten vor der Schaffung der Währungsunion innerhalb gewisser Grenzen durch nationale Stabilisierungspolitik, vor allem Fiskal- und Wechselkurspolitik gelindert werden, regionale Probleme durch Transfers. Durch die Währungsunion erhalten die früheren nationalen Probleme den Stellenwert von regionalen, ohne jedoch die für die Nationalstaaten typischen Ausgleichsmechanismen: regionale Mobilität und Transfersystem (fiscal federalism). In der größenmäßig vergleichbaren Ökonomie der USA existieren beide Mechanismen: Es besteht erhebliche regionale Mobilität und ein Einkommensausfall in einem der Bundesstaaten führt pro Dollar Einkommensausfall zu einer Reduzierung der Steuerzahlungen an den Zentralstaat um 0,30 $ sowie zu einer Erhöhung der Transfers um 0,10 $; 40 % des Einkommensausfalls werden somit durch automatische Stabilisatoren kompensiert (Eichengreen 1990, 140). In Europa fehlt – schon wegen der Sprachenprobleme – ein ähnliches Ausmaß personeller Mobilität, und es gibt weder EU-Steuern noch zwischenstaatliche Transfers (etwa im Wege einer übernationalen Arbeitslosenversicherung). Die EU-Transferzahlungen sind bescheiden[32] und dienen strukturellen Zwecken, stehen also für konjunkturelle Variation nicht zur Verfügung.

Zusammenfassend ist daher festzuhalten, daß durch die Europäische Integration und vor allem durch die Schaffung der Europäischen Währungsunion ein erhebliches Potential für effizientere Stabilisierungspolitik geschaffen wurde. Die Möglichkeiten wurden bisher jedoch nicht genutzt; es mangelt an den entsprechenden Institutionen. Insgesamt ist daher eher eine Verschärfung der konjunkturellen Probleme zu erwarten; die Hilflosigkeit der nationalen Wirtschaftspolitik wie derjenigen der EU bei der Bekämpfung der beispiellos hohen Arbeitslosigkeit in den späten neunziger Jahren zeigt das mit großer Deutlichkeit.

---

[31] Sie wäre auch bei festen Wechselkursen nicht wirksam, da der entstehende Leistungsbilanzüberschuß zu entsprechenden Leistungsbilanzdefiziten der Partner und als deren Gegenmaßnahme zu einer Abwertung (depreciation) der Auslandswährung führen würde.

[32] Das EU-Budget macht bloß 1 % des EU-BIP aus; davon fließen 7 % dem Sozialfonds und 3 % dem Strukturfonds zu.

20 Stabilisierungspolitische Strategien bei beschränkter Kenntnis des „wahren“ Modells

Die Ansichten über den Stellenwert der Stabilisierungspolitik, die Möglichkeiten und Grenzen ihres Einsatzes sowie ihre kurz- und mittelfristigen Wirkungen sind selbst zyklischen Schwankungen unterworfen: Auf Zeiten, in denen die Stabilisierungspolitik von Erfolg zu Erfolg eilt, folgen Perioden, in denen überhaupt nichts geht; auf das selbstbewußte „Konjunktur ist nicht unser Schicksal, Konjunktur ist unser Wille“ (Karl Schiller) der sechziger Jahre folgte mit einer gewissen Zwangsläufigkeit der Katzenjammer des „überhaupt nichts mehr geht“ der späten siebziger und der achtziger Jahre. Maßgebend für diese Wellen ist der wechselnde Grad an Unsicherheit, an Vorhersehbarkeit von Entwicklungen wie Verhaltensweisen. Beides sind sich selbst verstärkende Prozesse: In Phasen relativer Sicherheit lassen sich Entwicklungen und Verhaltensweisen relativ leicht vorhersehen, das „Modell“ ist „bekannt“; Entwicklungen und Verhaltensweisen ändern sich vor allem deshalb wenig, weil kaum etwas Unerwartetes, Nicht-Vorhergesehenes eintritt, und selbst wenn das einmal der Fall sein sollte, werden diese Störfaktoren als zufällige force majeure betrachtet, die zu keinen Verhaltensänderungen Anlaß gibt. Ganz anders in Perioden großer Unsicherheit, in denen sich Entwicklungen und Verhaltensweisen eben nicht vorhersehen lassen, die Akteure demgemäß laufend von unerwarteten Entwicklungen getroffen werden, auf die sie hektisch oder gar nicht, konventionell oder unkonventionell reagieren können; dadurch aber perpetuieren sie die mangelnde Vorhersehbarkeit von Entwicklung und Verhaltensweisen. In diesem Sinne ist Stabilisierungspolitik stets dann unumstritten und auch wirksam, wenn sie eigentlich gar nicht nötig wäre oder jedenfalls nicht dringend nötig ist, wogegen sie immer dann höchst umstritten und fragwürdig ist, wenn sie am dringendsten benötigt wird. Mit anderen Worten: Bei Sicherheit, selbst bei Vorliegen von Risiko, kennt die Wirtschaftspolitik das Modell der Volkswirtschaft und die Verhaltensweisen der Betroffenen und kann mit Hilfe des kontrolltheoretischen Instrumentariums die optimale Stabilisierungspolitik konzipieren; die Modelle mögen kompliziert sein (siehe etwa Preston/Pagan 1982), aber das Problem ist modelltheoretisch grundsätzlich lösbar. Bei *Unsicherheit* kennt hingegen auch die wirtschaftspolitische Instanz Modell- und Verhaltensweisen bloß beschränkt, und selbst die Analyse, geschweige denn die Prognose ist unsicher; selbst welche Ziele zu welchem Grad erreicht werden sollen und können, ist strittig. Welche Strategien kann und soll die Stabilisierungspolitik in einer solchen Situation wählen?

Das ist weder eine neue Frage, noch gibt es auf sie eine einfache Antwort. Denn auch wenn alle Lehrbücher und Modelle diese Frage vernachlässigen, die praktische Wirtschaftspolitik mußte gerade in Phasen der Unsicherheit immer wieder Entscheidungen treffen. Daher gilt auch für die folgenden Überlegungen, was Hicks (1974, 7f) in ähnlichem Zusammenhang sagte und was diesem Band als Motto vorangestellt wurde: „For what results is not far from what is implicit in the work of practical economists at the present time. When I read the surveys of the wiser economic commentators, I recognize that much of what I shall be saying is well known to them; they have been finding it out by experience. It is nevertheless possible that it may be of use to them ... to have it set out in fairly formal terms. Economics, Keynes himself said, is a 'technique of thinking'; perhaps it is just as important that it is a language - a means of communication. A theory which is up-to-date - which does not forget the most pressing problems of the present day - should make communication easier." Alle diese Kommunikationsversuche dürfen aber nie vergessen - was allerdings fast immer vergessen wird -, daß es keine eindeutige und allzeit gültige Antwort auf diese Frage nach der Strategie der Stabilisierungspolitik bei Unsicherheit geben kann. Jede Zeit wird für *ihre* Probleme die jeweils passende und auch akzeptierte Form finden müssen, und die jeweilige Form wird von Land zu Land, oder vielleicht besser von Ländergruppe zu Ländergruppe differieren, je nach der Verteilung von politischer und wirtschaftlicher Macht und je nach den bestehenden Institutionen. Abstrakt-allgemeingültig lassen sich bestenfalls einige Prinzipien angeben.

20.1 Unterschiedliche Arten beschränkter Kenntnis der stabilisierungspolitischen Instanz

Im allgemeinen werden die Schwierigkeiten der Stabilisierungspolitik auf zwei Arten von Unsicherheit zurückgeführt: Die Öffentlichkeit betont vor allem das Prognoseproblem, das Problem der Ungewissheit der Zukunft. Stärker theoretisch ausgerichtete Arbeiten konzentrieren sich auf Unsicherheit in bezug auf das „wahre" Modell der Wirtschaft, die es schwierig mache, die Folgen des Instrumenteneinsatzes richtig abzuschätzen. Tatsächlich umfaßt die Unsicherheit einen noch viel weiteren Bereich. Geht man von dem entscheidenden Wirtschaftspolitiker aus, sind folgende Arten von Unsicherheit zu unterscheiden:

* Zunächst einmal die *Unsicherheit im politischen Bereich* über die von den Wählern im Einzelfall angestrebte Zielkombination, die Reaktion anderer Träger der Wirtschaftspolitik auf vorgeschlagene oder ergriffene Maßnahmen und die Strategien der politischen Konkurrenten um die Wählergunst. Sie soll im folgenden als „politische Unsicherheit" bezeichnet werden.

* Zweitens *Unsicherheit über das Verhalten der von der Wirtschaftspolitik Betroffenen*: Werden sie sich kooperativ oder feindlich verhalten, werden sie ihr gewohntes Verhalten fortsetzen oder werden sie es ändern, und wenn, in welcher Weise und wie stark? Soll die Stabilisierungspolitik vermutete Verhaltensänderungen von vornherein in ihr Maßnahmenpaket miteinbeziehen oder zunächst abwarten, um dann Art und Ausmaß der Reaktion besser berücksichtigen zu können?
* Drittens *Unsicherheit über das „wahre" Modell der Wirtschaft*: Dieses Problem ist vielschichtig, weil einerseits Volkswirte unterschiedliche „wahre" Modelle vorlegen und darüber heftige Schulenstreite abführen, andererseits aber für die wirtschaftspolitische Entscheidung nicht bloß das „wahre" Modell relevant ist, sondern zu einem erheblichen Teil das von den Betroffenen (mit Handlungsspielraum) *geglaubte* Modell. In das für die Wirtschaftspolitik relevante Modell gehen wieder die aufgrund ökonomischer Sachzwänge („wahres Modell") und der Erwartungen der Betroffenen (geglaubtes Modell) eintretenden Verhaltensänderungen ein. Unsicherheit besteht also nicht bloß über das „wahre" und geglaubte Modell, sondern auch über die Gewichtung der beiden für das jeweilige Ergebnis.
* Viertens besteht wegen beschränkter Kenntnis des „wahren" Modells *Unsicherheit in bezug auf die Ziele* und, über deren sachlogische Hierarchie; diese muß keineswegs identisch sein mit der Wertung der Ziele durch die Wähler, die das „wahre" Modell ebenso wenig oder noch weniger kennen als die Wirtschaftspolitiker. Weiters sind die Zielkonflikte und die kurz- und längerfristigen Folgen von Zielverletzungen nicht bekannt.
* Fünftens besteht, gleichfalls aus beschränkter Kenntnis des „wahren" Modells, *Unsicherheit über die Wirkung der Instrumente*, insbesondere die Aufspaltung der Wirkungen nachfragesteuernder Instrumente auf Mengen- und Preiseffekte, über die Nebenwirkungen und über eventuelle Schwellenwerte, die Diskontinuitäten in der Reaktionsfunktion auslösen.
* Sechstens besteht die schon erwähnte *Diagnose- und Prognoseunsicherheit*: Da das „wahre" Modell nicht bekannt ist und Zielverletzungen meist nicht bloß auf eine, sondern auf mehrere Ursachen zurückzuführen sind, bleibt zumindest der Beitrag der einzelnen Ursachen strittig. Aus der Unsicherheit der Analyse ergeben sich daher zwangsläufig unsichere Status quo- und Wirkungsprognosen. Es ist wichtig, festzuhalten, daß diese Unsicherheit auf der Unsicherheit vergangener Entwicklungen und ihrer Interpretation beruht, daß sie also auch dann bestehen würde, wenn die zukünftigen Ereignisse richtig vorhergesagt werden könnten (was natürlich in einer Welt, in der selbst die Vergangenheit nicht eindeutig interpretiert werden kann, nicht denkbar ist).

20.2 Stabilisierungspolitik bei beschränkter Information

Welche Strategien empfehlen sich nun für eine Stabilisierungspolitik, die mit diesen sechs Arten der Unsicherheit konfrontiert ist? Um wenigstens grobe Anhaltspunkte zu gewinnen, müssen Politische Unsicherheit, Unsicherheit der Verhaltensänderungen, Modellunsicherheit und beschränkte Kenntnis der Instrumentenwirkungen getrennt behandelt werden.

20.2.1 Politische Unsicherheit

Was die Politische Unsicherheit betrifft, so ist zunächst festzuhalten, daß ohne *Festlegung* des wirtschaftspolitischen Entscheidungsträgers *auf eine Zielhierarchie* und auf - wenn auch bedingte - Zielprioritäten jede Basis für eine Stabilisierungspolitik bei Unsicherheit wie bei Sicherheit fehlt. Diese Festlegungen können in Regierungs- oder Parteiprogrammen erfolgen, sie können sich aber auch aus einer langjährigen Praxis (etwa der Deutschen Bundesbank) konkludent ableiten lassen. Die Festlegung der Zielhierarchie muß langfristig erfolgen und darf nicht rasch wechseln. Was wechseln kann, ist die Intensität der Verfolgung der einzelnen Ziele, die natürlich von deren relativem Verletzungsgrad abhängt. Zwar nicht explizit in Zahlenwerten aber doch der Art nach müssen auch die Niveaus der Zielvariablen festgelegt werden, die als befriedigend empfunden werden und somit keinen stabilisierungspolitischen Handlungsbedarf auslösen. Diese Festlegung erfolgt in der Regel bedingt, nämlich in bezug auf andere Zielverletzungen. In einer Zeit besonders hoher Arbeitslosigkeit wird man z.B. eine höhere Inflationsrate in Kauf nehmen, wenn deren Bekämpfung mit einer weiteren Steigerung der Arbeitslosigkeit verbunden wäre. In einer Welt der Politischen Unsicherheit empfiehlt es sich daher, eher Zielhierarchien als feste Werte von Einzelzielen festzulegen.

Weiters bedarf es einer grundlegenden *Kompetenzverteilung* im Sinne einer *politischen Assignation* (Black 1979). Je nach der Machtverteilung zwischen den einzelnen sozialen Gruppen muß die Wirtschaftsordnung bestimmt und Institutionen wie stabilisierungspolitische Kompetenzen so verteilt werden, daß eine sinnvolle Arbeitsteilung und Zusammenarbeit grundsätzlich möglich ist. Ist etwa die Gewerkschaft sehr stark und die Zentralbank schwach, wird die Hauptaufgabe der Preisniveaustabilisierung bei der Einkommenspolitik liegen müssen; ist die Geldpolitik stark und unabhängig, wird sich empfehlen, ihr die Aufgabe der Preisniveaustabilisierung zu übertragen möglicherweise mit flexiblen Wechselkursen usw. In diesem Sinne ist es ganz besonders wichtig, die entsprechenden Institutionen und Instrumente zu schaffen, die für die Durchführung einer Stabilisierungspolitik in der jeweiligen politischen Machtkonstellation notwendig sind. Als ein - in den meisten Staaten verwirklichtes - Beispiel sei auf die Unabhängigkeit der Notenbank verwiesen, die als Institution geschaffen wurde, als bewußt wurde, daß gewählte Regierungen das Ziel Geldwertstabilität nicht mit dem nötigen Nachdruck verfolgen (können). Ähnlich könnten zahlreiche Staaten davon profitieren, wenn es gelänge, Institutionen der Einkommenspolitik oder der Strukturpolitik zu schaffen.

Bei der Gestaltung der Institutionen darf aber nicht bloß an die Kompetenzverteilung im Sinne der Gründung oder Beseitigung von Trägern der Wirtschaftspolitik gedacht werden, sondern ebenso an die Rechtsordnung, die stabilisierenden oder destabilisierenden Kräften mehr oder weniger Raum geben mag: Die Erhöhung der Mobilität am Arbeitsmarkt wird in der Regel eher stabilisierend wirken, die Erhöhung der Mobilität, insbesondere des kurzfristigen Kapitalverkehrs, hingegen eher destabilisierend.[1]

Alle diese Einrichtungen wären in einer sicheren Welt nicht nur nicht nötig, sondern sogar hinderlich; sofern die Wirtschaft nach Störungen von selbst und rasch genug zum Gleichgewicht zurückkehrt, wäre jede Aufsplitterung von Kompetenzen, jede Selbstbindung der Entscheidenden usw. unzweckmäßig; sie würde bloß die Bildung und Durchführung der einen einzig richtigen Entscheidung behindern. In einer Welt der Unsicherheit ist das allerdings ganz anders.

20.2.2 Unsicherheit in bezug auf Verhaltensänderungen

Wenn die Stabilisierungspolitik durch Änderungen der Verhaltensweisen der Betroffenen selbst verunsichert wird, was kann sie dann dazu beitragen, eben diese Verhaltensweisen zu stabilisieren? Zunächst soll noch einmal darauf hingewiesen werden, daß das auf Sicherheit basierende NCM-Modell diese Gefahr dramatisch überschätzt: Nur bei *Sicherheit* (und zusätzlich: wenn es unmöglich ist, die Situation durch Wirtschaftspolitik längerfristig zu verbessern) kann die Ankündigung von Maßnahmen der Wirtschaftspolitik die davon Betroffenen veranlassen, ihr Verhalten in konterkarierender Weise zu ändern, und damit eine Kette von Anpassungen auszulösen. Die Wirtschaftspolitik muß ihre Maßnahmen auf Basis des Wissens um diese geänderten Verhaltensweisen neu formulieren, worauf die Wirtschaftssubjekte abermals ihre Verhaltensweisen ändern usw. (siehe dazu Abschnitt 15.3). Bei *Unsicherheit* ist eine Verhaltensänderung, vor allem in konterkarierender Richtung, wenig wahrscheinlich, und überdies kann die Verhaltensänderung des jeweils anderen nicht ohne weiteres prognostiziert werden, da viele unterschiedliche Reaktionen denkbar sind. Anstatt der aufeinanderfolgenden, einander wechselseitig konterkarierenden Verhaltensänderungen ist unter Unsicherheit eher ein Stackelberg-Verhalten wahrscheinlich: Zwar berücksichtigt die Wirtschaftspolitik (als leader) die Verhaltensänderungen der davon Betroffenen (follower), nicht aber diese die neuerliche Reaktion der Wirt-

---

[1] Wie sich gezeigt hat, kann die Mobilität des Kapitalverkehrs nicht bloß durch Transferverbote gesteuert werden, sondern auch durch die mehr oder weniger leichte Zulassung von Finanzinnovationen, wie Swaps, Optionen, Futures, durch Steuern (Börsenumsatzsteuer), usw.

schaftspolitik. Unbeschadet der geringen Wahrscheinlichkeit mehrfacher gegenseitiger Verhaltensanpassungen muß die Wirtschaftspolitik in einer unsicheren Welt dennoch mit möglichen - und in einer unsicheren Welt ihrer Art nach nicht leicht prognostizierbaren - Anpassungsreaktionen der von stabilisierungspolitischen Maßnahmen Betroffenen rechnen; es muß daher gelten, diese so gut wie möglich berechenbar zu machen. Das kann durch eine Kombination verschiedener Maßnahmen erfolgen:

An erster Stelle ist eine *Verstetigungsstrategie der Wirtschaftspolitik* zu nennen. Verstetigung bedeutet einerseits, daß die Stabilisierungspolitik ihre Maßnahmen selbst verstetigt und damit für die Betroffenen vorhersehbar macht. Wenn die Betroffenen wissen, in welcher typischen Situation die Notenbank überlicherweise beginnt, sich um den Geldwert Sorge zu machen und entsprechende Maßnahmen zu ergreifen, werden sie zwar möglicherweise versuchen, bestimmte Transaktionen vorzuziehen - was meist nicht gelingen wird, weil sich dafür kein Partner finden läßt,[2] - sie sind aber andererseits nicht gezwungen, sich gegen ein kräftiges Ansteigen der Inflationsrate abzusichern (und dieses dadurch vielfach erst herbeizuführen). Andererseits bedeutet Verstetigung über das Transparentmachen der Wirtschaftspolitik hinaus, die *Verstetigung der Entscheidungsgrundlagen der Unternehmer und Konsumenten*, also etwa der Löhne als Kostenfaktor und als wichtigster Einkommensbestandteil, der Wechselkurse, der Finanzierungsbedingungen usw. Je mehr es der Wirtschaftspolitik gelingt, die (im allgemeinen auch richtige) Erwartung zu erwecken, daß sie die wichtigsten Größen - unbeschadet aller Schocks - verstetigen kann, desto weniger oft und weniger markant werden sich die Verhaltensweisen der Wirtschaftssubjekte ändern (müssen), desto mehr stabilisiert sich das System selbst. Die Verstetigungsabsichten der Wirtschaftspolitik können die Verhaltensweisen der Unternehmer und Haushalte allerdings bloß dann stabilisieren, wenn sie auch geglaubt werden. Voraussetzung dafür ist, daß alle *Machtträger in das jeweilige stabilisierungspolitische Konzept eingebunden werden* und daß *wirtschaftspolitische Interessenkonflikte mit den Betroffen vermieden werden*: Wenn sich der öffentliche Sektor in einem Verteilungskonflikt mit dem privaten befindet, wird das nötige Vertrauen in die stabilisierungspolitischen Absichten wohl kaum geschaffen werden können.

Zu guter Letzt hängt es von der Art der stabilisierungspolitischen Ziele ab, ob Verhaltensänderungen der Betroffenen mehr oder weniger wahrscheinlich sind: Konzentriert sich die Wirtschaftspolitik auf *protektive Zielsetzungen*, versucht sie also die Folgen von exogenen Schocks zu mildern, wird die Wahrscheinlichkeit von Verhaltensänderungen sehr viel geringer sein als bei interventionistischer Politik, die den Wirtschaftsablauf als solchen beeinflussen möchte (Prachowny 1984, 73).

Zur Verstetigung trägt bei, wenn die Wirtschaftspolitik *private Absicherungsstrategien* unterstützt bzw. sogar vorschreibt, die die Unternehmungen und die

---

2 Zwar mag es dem Investor sinnvoll erscheinen, eine Kreditlinie noch rasch vor der erwarteten Kreditrestriktion zu bekommen, doch werden die Banken in einer solchen Situation kaum bereit sein, zusätzliche Kreditlinien einzuräumen.

Haushalte weniger krisenanfällig machen, und dadurch potente Verstärkungsmechanismen einer Krise beseitigt. Als Beispiel dafür wären etwa Mindesteigenkapitalvorschriften, Verschuldungsgrenzen, Einlegerschutzeinrichtungen zu erwähnen. Die neuere Diskussion hat vielfach vernachlässigt, daß es der Stabilisierungspolitik um die Verstetigung der Indikatoren der *endgültigen Ziele* (z.B. Vollbeschäftigung, Preisstabilität) gehen muß. Die Verstetigung der Zwischenziele (z.B. Geldmengenwachstum, Budgetsaldo) oder der Wirtschaftspolitik selbst wird dafür oft wichtige Voraussetzung sein; in vielen anderen Fällen aber wird Stabilität der Zielwerte auch *wechselnde* Politik erfordern. In solchen Fällen erwarten die Wirtschaftsubjekte ein Handeln der Politik, und es kommt gerade dann *nicht* zu Verhaltensänderungen, wenn die Wirtschaftspolitik agiert bzw. reagiert.

Notwendige Voraussetzung für eine Verstetigungsstrategie der Wirtschaftspolitik ist ein *langfristiger Horizont*. Es gilt, nicht bloß die unmittelbaren, sondern auch die längerfristigen Wirkungen wirtschaftspolitischer Maßnahmen zu bedenken, Zielverletzungen nicht eskalieren zu lassen, weil sie dann bloß durch sehr starke Dosierung des Instrumentariums bekämpft werden können; sich nicht auf Zielkosmetik zu beschränken, sondern *Zielverletzungen ursachenadäquat zu bekämpfen*, also die eigentlichen Ursachen der Zielverletzungen zu beseitigen. Gerade letzteres muß besonders betont werden, weil die theoretische Diskussion wirtschaftspolitischer Vorschläge in letzter Zeit dagegen oft verstoßen hat: Natürlich kann man (theoretisch) jede Inflation geldpolitisch, durch Verweigerung ihrer Finanzierung, beenden, möglicherweise allerdings bloß auf einem sehr viel niedrigeren Niveau der gesamtwirtschaftlichen Aktivität. Ursachenadäquate Inflationsbekämpfung hingegen wird meist sehr viel tiefer greifen müssen; sie wird die wahren Ursachen der Zielverletzung im Gewerkschaftsverhalten, in sozialen Konflikten, in der Verteuerung ausländischer Produkte oder in überhöhter Nachfrage finden. Gelingt es, *diese* Ursachen zu beseitigen, läßt sich die Inflation meist mit sehr viel geringeren gesamtwirtschaftlichen und sozialen Kosten beseitigen.

Vielfach werden auf diesem Weg der ursachenadäquaten Bekämpfung in einer Welt der Unsicherheit auch *psychologisch bedingte Umwege* in Kauf genommen werden müssen: Eine Verteuerung nicht substituierbarer Importprodukte etwa setzt in der Regel einen inflatorischen Prozeß in Gang und kann wegen der Verschlechterung der terms of trade i.d.R. bloß durch eine Reallohnsenkung zum Stillstand gebracht werden. Die Einkommenspolitik aber wäre mit der Forderung einer Reallohnsenkung in einer Periode sich beschleunigender Inflation restlos überfordert. Es gilt daher zunächst die Inflationsrate auf ein vertretbares Maß zu drücken, was in diesem Fall etwa durch Aufwertung geschehen kann, und damit die Voraussetzung für eine endgültige Lösung des Problems durch Einkommenspolitik zu schaffen (Tichy 1984, 373).

Langfristiger Horizont bedeutet aber auch, daß die wirtschaftspolitischen Programme nicht bloß auf ihre wirtschaftlichen sondern gleichermaßen auf ihre *politischen Konsequenzen* überdacht werden müssen: „Recent experiences suggest that there are political economy aspects of stabilization that have received insufficient attention. Stabilizations that are costly in terms of output lost are for that reason politically vulnerable to the temptation of abandoning them in midstream. Because they are vulnerable they are likely to be attacked and hence are more likely to fail. Programs that build a strong support may generate a stronger potential for basic policy reform and hence for ultimately achieving the changes in fundamentals that warrant lower inflation (Dornbusch/Giovannini 1990, 1295). Der italienische Versuch, die Währung zwischen 1987 und 1992 trotz überdurchschnittlicher Inflationsraten nicht abzuwerten, in der Hoffnung dadurch Glaubwürdigkeit in bezug auf Stabilität zu erlangen („to borrow credibility"), mußte aus eben diesen Gründen seiner Verletzlichkeit, und daraus folgend der (spekulativen) Angreifbarkeit, scheitern (Tichy 1995).

20.2.3 Beschränkte Kenntnis des „wahren" Modells

Beschränkte Kenntnis des „wahren" Modells bedeutet natürlich in der Regel nicht, daß die wirtschaftspolitischen Instanzen keine Ahnung über das Funktionieren der Wirtschaft haben, sondern daß ihnen bei der Diagnose Fehler unterlaufen, daß sie vor allem Strukturänderungen nicht rechtzeitig erkennen und die alten „Daumenregeln" weiter verwenden, obwohl sie auf die geänderte Situation nicht mehr passen; diese Probleme haben sich besonders deutlich in den siebziger Jahren beim Übergang zu langsamerem Wachstum, zu einem neuen Wechselkurssystem und gleichzeitig erheblichen Änderungen der relativen Preise gezeigt. Wiederum gibt es natürlich kein Patentrezept, weil kaum ein Träger der Wirtschaftspolitik freiwillig auf bessere Kenntnis verzichtet. Dennoch lassen sich ein paar Regeln ableiten, deren Einhaltung auch in der Vergangenheit wohl bessere Ergebnisse gebracht hätte.

Zunächst einmal gilt in einer solchen Situation, daß „policies that avoid disastrous consequences under a broad range of models are preferable to policies that are optimal for a strict interpretation of one model but would serve badly for other plausible models" (Shafer/Loopesko 1983, 64).[3] Es gilt also, den *kleinsten gemeinsamen Nenner zu suchen und die Politik relativ breit anzulegen.* Feinsteuerung und sehr differenzierter Instrumenteneinsatz ist unter diesen Bedingungen natürlich nicht möglich; diese beschränken sich auf die Fälle, bei denen die Ursache der Zielverletzung und die Wirkung des Instrumenteneinsatzes unumstritten sind. Weiters sollte die Politik auf Grund einer status quo- und einer Wirkungsprognose einen Zeitpfad der Instrumentenwirkung festlegen, und anhand dessen laufende *Erfolgs- und Wirkungskontrollen* der Maßnahmen vornehmen. Auf diese Weise können Fehler relativ frühzeitig erkannt werden. Drittens ist es

[3] Dieses Ergebnis stellt sich vielfach automatisch ein, wenn wirtschaftspolitische Konzepte in größeren Gremien - Wirtschaftsforschungsinstituten oder Regierungskommissionen - diskutiert und erarbeitet werden; der Nachteil ist, daß dabei oft unverbindliche Programme entstehen. Universitätsökonomen hingegen versuchen sich meist durch besonders originelle Erklärungen und Maßnahmenpakete zu profilieren, die dann zwar erfolgreich wirken, wenn Theorie und Prognose exakt stimmen, anderenfalls aber sehr negative Folgen haben.

wichtig, daß die Träger der Wirtschaftspolitik die *Wirtschaftslage* durch entsprechend qualifizierte Stabsabteilungen *laufend analysieren* und Modelluntersuchungen anstellen, um einerseits der Diagnoseunsicherheit entgegenzuwirken und andererseits ein Gefühl für das Wirken von Maßnahmen zu bekommen. Das trägt dazu bei, das Modell der Wirtschaft wenn schon nicht vollständig, so doch so gut wie möglich kennenzulernen, die Qualität des Instrumenteneinsatzes generell zu verbessern und vor allem auch einen *Informationsvorsprung der Wirtschaftspolitik* zu schaffen. Dieser wiederum vergrößert das Vertrauen der Unternehmer und Haushalte in die Wirtschaftspolitik, ermöglicht der Wirtschaftspolitik ein Stackelberg-Führerverhalten und verringert die Wahrscheinlichkeit abwehrender Verhaltensänderungen. Dieses setzt aber wiederum voraus, daß die Wirtschaftspolitik *sinnvolle und erreichbare Zielwerte setzt und anstrebt*: „Intelligent macroeconomic policy consists of making decisions on what is important and achievable“ (Prachowny 1984, 14). Gegen beide Voraussetzungen, *wichtig* und *erreichbar*, wird immer wieder verstoßen: Statt ökonomisch-sozialer Ziele bloß Zwischenziele (Geldmenge, Budgetsaldo) oder Ziele, die nicht die globale Wohlfahrt, sondern den nationalen Stolz oder den Zahlenfetischismus befriedigen (absolute Preisstabilität, was immer das angesichts der statistischen Meßprobleme bedeutet) auf der einen Seite, übertriebene Zeitpläne (Budgetsanierung binnen zwei Jahren) oder Festhalten an überholten Zielvorstellungen (Aufrechterhaltung eines bestimmten Wechselkurses) auf der anderen Seite.

Ein mögliches, wenn auch nicht unproblematisches, Hilfsmittel schließlich ist der Einsatz von *automatischen Stabilisatoren*. Da diese unabhängig von diskretionären Maßnahmen der Wirtschaftspolitik arbeiten, wirken sie auch dann, wenn die Wirtschaftspolitik das Modell nicht kennt und völlig falsche Diagnosen stellt. Dieser Vorteil wird allerdings dadurch erkauft, daß die Wirkungen bloß bei bestimmten Zielverletzungen (in der Regel Nachfrageschocks) richtig funktionieren, bei anderen (insbesondere bei Angebotsschocks) hingegen vielfach in die falsche Richtung wirken.

20.2.4 Beschränkte Kenntnis der Instrumentenwirkungen

Die Wirkung stabilisierungspolitischer Instrumente kann den Trägern der Wirtschaftspolitik nicht voll bewußt sein, weil diese - wie bereits erwähnt - das „wahre“ Modell nicht, oder jedenfalls nicht zur Gänze, kennen, weil sich die Verhaltensweisen der Betroffenen ändern (können), und weil es selbst - wenn die beiden anderen Gründe nicht vorliegen - zwangsläufig einen Unschärfebereich gibt: Unzählige der für die Wirkung im Einzelfall entscheidenden Faktoren sind nicht bekannt oder können jedenfalls nicht erfaßt werden. Es ist unklar, wie stark die Instrumente im Einzelfall wirken und welche Nebenwirkungen bei ihrem Einsatz auftreten, wie rasch sie wirken, ob die Wirkungen möglicherweise bloß begrenzte Zeit anhalten, eine Frage, die insbesondere die NCM-Theorie stark beschäftigt hat, die aber relativ leicht zu beantworten ist: Im stabilisierungspolitischen Bereich geht es primär um einen kurz- bzw. mittelfristigen Horizont, um Zeitperioden von einem bis zu drei Jahren, und es geht in der Regel nicht darum, den längerfristigen Trend zu ändern, sondern Abweichungen von diesem Trend zu beseitigen. Nebenwirkungen, die erst nach Erreichen der „Normalwerte" eintreten, können daher weitgehend vernachlässigt werden, ebenso solche Wirkungen, die bloß aus einem Dauereinsatz der Instrumente resultieren, weil Stabilisierungspolitik in aller Regel bloß temporäre Wirkungen anstrebt.

Die wichtigste Schlußfolgerung, die sich aus der bloß beschränkten Kenntnis der Instrumentenwirkungen durch die wirtschaftspolitischen Instanzen ergibt, ist eine bloß *mäßige Dosierung der Instrumente*, die die ungewollten Haupt- und vor allem Nebenwirkungen in Grenzen hält. Eine mäßige Dosierung ist aber natürlich bloß möglich, wenn mehrere Instrumente gemeinsam eingesetzt werden können, die sich in ihrer Wirkung gegenseitig stützen. Es empfiehlt sich daher, *Zielbündel mit Instrumentenbündeln* zu verfolgen, bei denen die Zahl der Instrumente merklich größer ist als die der Ziele. *Gemischte Strategien* (siehe dazu Abschnitt 8.1) sind - gerade bei Unsicherheit - starren Regeln deutlich überlegen: Wenn die Flexibilität in einem Teil eines interdependenten Systems beschränkt wird, müssen die nicht beschränkten Größen desto stärker schwanken, und sie werden besonders stark zu anfänglichen Überreaktionen neigen. Die *Strategien* müssen *bedingt formuliert* werden, da sie der Öffentlichkeit bekannt sein müssen, um Verhaltensstetigkeit zu ermöglichen; die Bedingungen werden sich einerseits auf die Ursache der Zielverletzung beziehen müssen (Art des „Schocks"), andererseits wird zwischen kurz- und langfristigen Zielen zu unterscheiden sein müssen, da die Stabilisierungspolitik - wie schon vorne erwähnt wurde - ihre Ziele oft bloß indirekt, auf Umwegen, erreichen kann.

20.3 Die besondere Bedeutung der Assignation

Wenn in einer Welt der Unsicherheit Zielbündel mit Hilfe von Instrumentenbündeln angepeilt werden, wenn aus Gründen der Akzeptanz der Politik durch die Betroffenen und ihrer Mitwirkungsbereitschaft Ziele oft nicht direkt, sondern bloß auf Umwegen verwirklicht werden können, wenn wegen der Kosten der Informationssammlung und -verarbeitung eine dezentralisierte Wirtschaftspolitik erfolgversprechender ist und wenn schließlich auch aus Gründen der wirtschaftlichen und politischen Machtverteilung die stabilisierungspolitischen Kompetenzen aufgeteilt sind, dann tritt das Problem der *Assignation* in besonderem Maße auf; dabei handelt es sich - wie erwähnt - um die Frage, welche Instrumente und damit zum Teil auch welche Träger welchen wirtschaftspolitischen Zielen zugeordnet werden. Das Assignationsproblem ergibt sich zwangsläufig aus der gleichzeitigen Wirkung jedes Instruments auf mehrere Ziele und der Unsicherheit darüber, unter welchen Bedingungen welche Wirkungen wie stark sind; ohne diese Unsicherheit über die Transmission von Instrumenten zu Zielen wäre das Problem trivial (Worswick 1985, 12).

Tabelle 20.3: ***Unterschiedliche Assignationsregeln***

Konzeption	Preisstabilität	Wachstum, Beschäftigung	Außenwirtschaftl. Gleichgewicht
Neoklassische Synthese (Mundell-Fix)		FP	GP
Fundamentalkeynesianismus	EP	NS	
Meade	EP, NS		
Mundell-Flex		GP	FP
New Cambridge	FP	WK	IR
Monetarismus	GP		WK
Sachverständigenrat	GP	FP, LP	WK

EP Einkommenspolitik
FP Fiskalpolitik
GP Geldpolitik
IR Importrestriktion
LP Lohnpolitik
NS Nachfragesteuerung
WK Wechselkurspolitik

Die gesetzliche Kompetenzverteilung der meisten Staaten sagt über die Assignation außerordentlich wenig; außer einer eher allgemeinen und keineswegs ausschließlichen Zuweisung des Ziels Geldwertstabilität, manchmal auch des außenwirtschaftlichen Gleichgewichts, an die Zentralbank läßt sich kaum etwas finden. In den theoretischen Arbeiten gibt es verschiedenartige Vorschläge:

* Mundell (1963) schlug bei festen Wechselkursen Fiskalpolitik zur Steuerung von Beschäftigung bzw. Wirtschaftswachstum vor und Geldpolitik zur Sicherung des außenwirtschaftlichen Gleichgewichts, eine Assignation, die zur Standard-Assignation der Neoklassischen Synthese wurde.
* Der fundamentale Keynesianismus (Matthews 1982) schlug Nachfragesteuerung (worunter er vor allem Fiskalpolitik verstand, da er die Geldpolitik für wirkungsschwach hielt) zur Steuerung des Output, Einkommenspolitik zur Steuerung der Inflation vor.
* Die Neuen Keynesianer (Meade nach Worswick 1985, 12) empfehlen Nachfragesteuerung zur Beeinflussung der nominellen Nachfrage, Einkommenspolitik zur Aufteilung auf Mengen- und Preiseffekte.
* Bei flexiblen Wechselkursen schlug Mundell (1963) Geldpolitik zur Steuerung von Output bzw. Beschäftigung vor, Fiskalpolitik zu deren Aufteilung der Nachfrage auf inländische und ausländische Güter, und damit zur Steuerung der Leistungsbilanz.
* Die New-Cambridge-School (Artis 1978, 173) empfahl Wechelkurspolitik zur Erhöhung des Wirtschaftswachstums via Exportnachfrage, Fiskalpolitik zur

Steuerung der Preise und Importrestriktionen zur Sicherung des außenwirtschaftlichen Gleichgewichts.
* Der Monetarismus empfahl regelgebundene Geldpolitik zur Sicherung der Geldwertstabilität, flexible Wechselkurse zur Sicherung des außenwirtschaftlichen Gleichgewichts und vertraute im übrigen auf Marktmechanismen.
* Der Deutsche Sachverständigenrat schlägt eine potentialorientierte Geldpolitik zur Preisstabilisierung vor, eine potentialorientierte Fiskalpolitik zur Versorgung mit Öffentlichen Gütern, Lohnpolitik zur Beschäftigungssicherung, und flexible Wechselkurse zur außenwirtschaftlichen Absicherung.

Wie kann es zu einer solch breiten Palette von Vorschlägen kommen? Tabelle 20.3 zeigt, daß fast keine der möglichen Kombinationen ausgelassen wurde. Die Erklärung dafür ist relativ einfach: Ohne daß das von den verschiedenen Autoren entsprechend klar gemacht wurde und in manchen Fällen wohl auch ohne daß es den Autoren völlig bewußt war, bezieht sich jede der vorgeschlagenen Assignationen auf eine bestimmte Konstellation von Zielverletzungen und, dadurch bedingt, auf unterschiedliche Wirkungen der Instrumente: Mundell und die Neoklassische Synthese gehen von Unterauslastung der Kapazitäten aus, Inflation ist für sie demgemäß kein ernstes Problem. Die fundamentalen Keynesianer, die einen sehr hohen Beschäftigungsgrad anstreben, sahen dessen schwierige Vereinbarkeit mit stabilem Geldwert und betonten die Bedeutung der Einkommenspolitik als zusätzliches Instrument. New Cambridge war mit der englischen Wachstums- und Exportschwäche konfrontiert, der Monetarismus mit sich beschleunigender Inflation in einer weitgehend ausgelasteten Wirtschaft, usw.

Die eine, allgemeine, Assignationsregel, die sich ableiten läßt, ist weder schwierig noch neu, sie wird bloß immer wieder übersehen: *Zielverletzungen* müssen *ursachenadäquat* bekämpft werden: Inflation etwa ist durch Nachfragedämpfung zu bekämpfen, wenn sie auf überhöhte Nachfrage zurückgeht, und zwar primär durch Staatsausgabenpolitik, wenn es eher zweckmäßig ist, die Ausgaben der Öffentlichen Hand zu kürzen, durch Geld- oder Staatseinnahmenpolitik, wenn es zweckmäßiger ist, die private Nachfrage zu dämpfen. Durch Aufwertung ist einer Inflation beizukommen, die überwiegend importiert ist, durch Einkommenspolitik ist eine Inflation zu bekämpfen, die Verteilungskämpfe zur Ursache hat.[4] Mit einer Verringerung der Geldmengenzuwachsrate ist Inflation dann zu bekämpfen, wenn überhöhtes Geldmengenwachstum die *einzige* Ursache ist; das wird allerdings eher selten der Fall sein; meist liegen die Ursachen tiefer, und dann ist es zweckmäßiger, diese Ursachen direkt zu beseitigen, als den Prozeß über die Verweigerung der Finanzierung abzuwürgen. Ähnliches läßt sich natürlich auch für andere Zielverletzungen zeigen, und zwar noch sehr viel differenzierter. Denn so wie es unzweckmäßig ist, Geld- und Fiskalpolitik zu *einem* Instrument der Nachfragesteuerung zu aggregieren, so ist es unzweckmäßig, die unterschiedlichen

[4] Allerdings ist Einkommenspolitik besser in der Lage, Verteilungskämpfe zu verhindern als bereits bestehende zu dämpfen oder gar zu beseitigen.

Möglichkeiten der Steuerpolitik und der Staatseinnahmenpolitik zur Fiskalpolitik, oder der Offenmarkt- und Bankrefinanzierungspolitik zur Geldpolitik zu aggregieren. Es gilt jeweils zu untersuchen, welche Zielverletzungen mit Hilfe welcher Instrumentenkombinationen mit den geringsten ungewollten bzw. unangenehmen Nebenwirkungen bekämpft werden können. Dabei dürfen nicht bloß Instrumente in Betracht gezogen werden, die unproblematisch in beide Richtungen verwendet werden können. Gute Erfahrungen konnten etwa mit Steuersenkungen als Instrument der Stabilisierungspolitik gemacht werden, die infolge des fiscal drag von Zeit zu Zeit ohnedies erforderlich sind und zweckmäßigerweise zum stabilisierungspolitisch passenden Zeitpunkt vorgenommen werden; ähnlich kann die Wahl des Zeitpunkts strukturpolitischer Maßnahmen stabilisierungspolitisch günstig oder ungünstig gewählt werden. Auch bleibt festzuhalten, daß bei jeder Assignation nicht bloß kurzfristige, sondern auch längerfristige Wirkungen der Instrumente zu beachten sind, insbesondere Wirkungen auf Allokation und auf Bestandsgrößen, die später Anpassungsprozesse bewirken.

20.4 Drei Beispiele stabilisierungspolitischer Strategien

Abschließend soll an Hand von drei Beispielen angedeutet werden, auf welch unterschiedliche Art Stabilisierungspolitik verwirklicht werden kann. Alle drei Beispiele beziehen sich zwangsläufig auf die Vergangenheit: Vielfach ist es erst ex post möglich, den Charakter und die Kohärenz einer Strategie zu erkennen, und auch der Erfolg kann erst ex post beurteilt werden; in der jüngeren Vergangenheit wurde aber in den meisten (europäischen) Staaten auch kaum Stabilisierungspolitik im Sinn der Verfolgung eines ausgewogenen Zielbündels betrieben: Abbildung 20.4/1 zeigt deutlich die Konzentration auf Inflationsminimierung zu Lasten von Wachstum, Kapazitätsauslastung und Beschäftigung.[5] Die Skizzierung der unterschiedlichen Ansätze soll (und kann) nicht dazu dienen, die Überlegenheit des einen oder anderen Ansatzes herauszuarbeiten; die Abbildungen und Tabellen dieses Abschnitts zeigen, daß das gar nicht möglich wäre. Vielmehr soll demonstriert werden, daß *konsistente Strategien* möglich und erfolgreich sind. Die Unterschiedlichkeit der Strategien läßt sich aus dem unterschiedlichen strukturellen und institutionellen Aufbau der jeweiligen Volkswirtschaft und aus der Verteilung der wirtschaftlichen und politischen Macht erklären. Gut ist eine Stabilisierungspolitik stets dann, wenn sie den jeweiligen Voraussetzungen angepaßt ist.

Die *potentialorientierte Stabilisierungspolitik in der BRD* kam dem Konzept des NCM-Modells am nächsten. Die Geld- und Fiskalpolitik wird (dem Konzept

[5] Auch die davon durchaus verschiedene Politik in den USA ist in der Abbildung deutlich erkennbar.

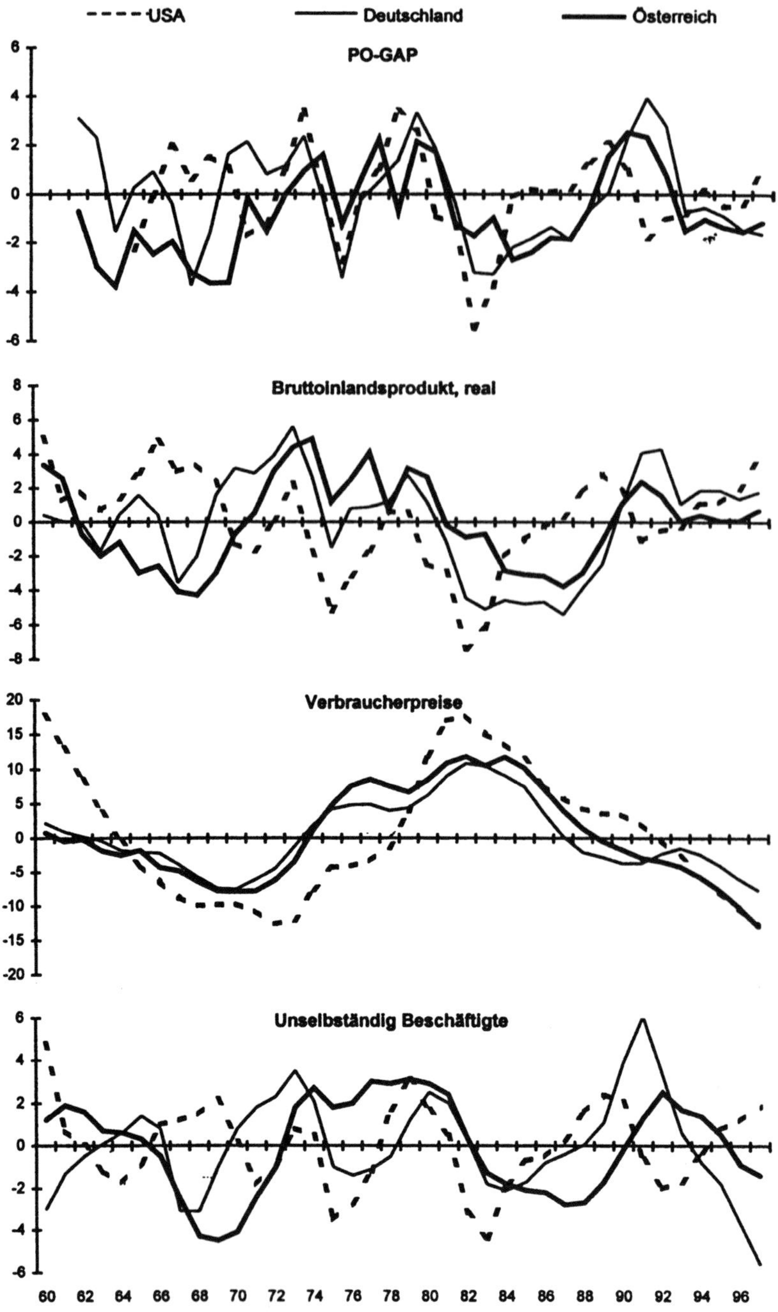

PO-GAP in %, Abweichungen vom linearen Trend in %, VPI: Abweichungen vom exponentiellen Trend in %

Q: DBB, OECD, WIFO

Abbildung 20.4/1: ***Amplitude der Schwankungen***

nach) mittelfristig ausgerichtet, auf Einkommenspolitik wird verzichtet, die Wechselkurse bilden sich marktmäßig. Insbesondere nach dem Verständnis des Sachverständigenrats (Sievert 1979, 838f) sind die Aufgaben streng auf die einzelnen Träger der Wirtschaftspolitik aufgeteilt: Die Deutsche Bundesbank verfolgt mit Hilfe der Geldpolitik das Ziel Preisstabilität, die Regierung mit Hilfe des Instruments Fiskalpolitik die Versorgung mit Öffentlichen Gütern und sie sorgt über die Wettbewerbspolitik für ein Funktionieren der Märkte; die Tarifparteien bestimmen den Beschäftigungsgrad durch die Relation ihrer Lohnforderungen zu dem durch die Geldpolitik abgesteckten Verteilungsspielraum.[6] Man vertraut auf die, der potentialorientierten Politik inhärenten, automatischen Stabilisatoren, diskretionäre Maßnahmen haben die Aufgabe größere Abweichungen der Aggregate von ihrem potentialorientierten Pfad zu verhindern.

Im Rahmen der potentialorientierten Geldpolitik setzte die Deutsche Bundesbank jeweils zu Jahresbeginn die Zuwachsrate der Geldmenge M3[7] für den Verlauf des Jahres fest (für 1996 z.B.: 4 bis 7 % – siehe Abbildung 20.4/2); da die jeweilige Zuwachsrate von Jahresanfang bis -ende galt, entstand ein sogenannter Zieltrichter. Bei seiner Festlegung berücksichtigte die Bundesbank das jeweils erwartete Wachstum des Potentialprodukts, die unvermeidliche Inflationsrate („normative Preisvorgabe") und eventuell zu erwartende Änderungen der Umlaufsgeschwindigkeit. Der Zieltrichter war zumeist so breit, daß er diskretionären Maßnahmen der Geldpolitik erheblichen Spielraum ließ, wurde aber in etlichen Jahren dennoch nicht oder bloß sehr knapp eingehalten (1981, 1983, 1986, 1994, 1996). Wie das Zitat von Emminger in Abschnitt 15.4.2 zeigt, war das Konzept viel „neoklassischer" als die Praxis, der zahlreiche der Überlegungen des neuen Konsensmodells, die im vorangegangenen Abschnitt abgehandelt wurden, keineswegs fremd waren.

Die Fiskalpolitik der Bundesrepublik Deutschland ist gleichfalls potentialorientiert. Die Zuwachsrate der Staatsausgaben soll sich an der Potentialwachstumsrate orientieren; die Steuern wachsen kurzfristig mit der tatsächlichen Wachs-tumsrate und sollten längerfristig mit der Potentialwachstumsrate wachsen, was periodische Anpassungen der Steuersätze erforderlich macht. Selbst wenn das Konzept der potentialorientierten Finanzpolitik strikt eingehalten würde, ergäben sich doch diskretionäre Gestaltungsmöglichkeiten durch die Wahl des Zeitpunkts der Steueranpassungen.

---

[6] Wie weit diese Assignation auch bei ernsten Verteilungskonflikten funktionieren kann, soll hier nicht diskutiert werden.

[7] Der Sachverständigenrat verfolgt gleichfalls ein Konzept potentialorientierter Geldpolitik, wählte als Zwischenzielvariable allerdings die (um Änderungen der Mindestreservensätze) bereinigte Zentralbankgeldmenge, da das Aggregat M3 seiner Meinung nach zu stark von Substitutionsvorgängen (zwischen Sicht- und sonstigen in M3 enthaltenen Einlagen) beeinflußt wird.

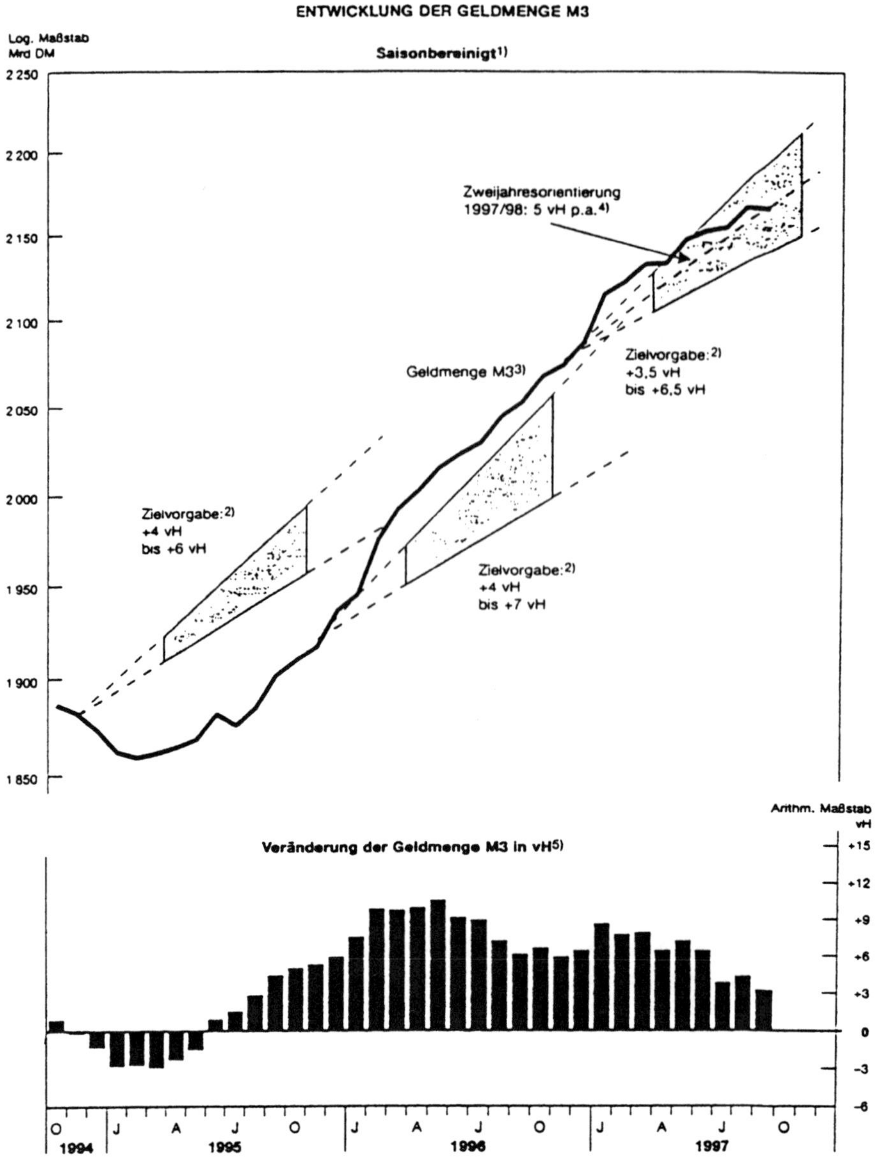

1) Saisonbereinigung Deutsche Bundesbank nach dem Census-Verfahren II, Version X-11.- 2) Zielvorgabe/-korridor der Deutschen Bundesbank: Zunahme der Geldmenge M3 jeweils vom 4. Vierteljahr des vorangegangenen Jahres bis zum 4. Vierteljahr des laufenden Jahres. Der Zielkorridor wurde jeweils bis März nicht schraffiert, weil M3 um die Jahreswende in der Regel stärkeren Zufallsschwankungen unterliegt.- 3) Monatsdurchschnittsbestand aus fünf Bankwochenstichtagen (Ultimostände jeweils zur Hälfte angerechnet).- 4) Zunahme der Geldmenge M3 vom vierten Quartal 1996 bis zum vierten Quartal 1998 Endpunkt 2 289,3 Mrd DM. Nähere Erläuterungen siehe Monatsbericht der Deutschen Bundesbank, 49. Jg., Nr. 1, Januar 1997, Seiten 17ff.- 5) Veränderung in den letzten sechs Monaten auf Jahresrate umgerechnet. Statistisch bedingte Veränderungen sind ausgeschaltet.
Quelle: Deutsche Bundesbank

Abbildung 20.4/2: ***Geldmengenziel der Deutschen Bundesbank***

Tabelle 20.4/1: ***Geldmengenziel der Deutschen Bundesbank***

	Zuwachsrate von M3	
	geplant	tatsächlich
1985	3 - 5 %	7.6 %
1986	3.5 - 5.5 %	6.6 %
1987	3 - 6 %	5.9 %
1988	3 - 6 %	6.9 %
1989	~ 5 %	5.5 %
1990	4 - 6 %	19.7 %[1]
1991	3 - 5 %[2]	6.3 %
1992	3.5 - 5.5 %	7.6 %
1993	4.5 - 6.5 %	10.9 %
1994	4 - 6 %	1.6 %
1995	4 – 6 %	3.6 %
1996	4 – 7 %	8.7 %
1997	3.5 – 6.5 %	3.6 %
1998	5 % [1)]	.
	[1)] bereits im Dez. 1996 festgesetzt	

[1] Einbeziehung der Neuen Bundesländer
[2] Zuerst 4 - 6 %

Baut das deutsche Stabilisierungskonzept somit auf Potentialorientierung auf und schmuggelt die tatsächlich stattfindenden diskretionären Mechanismen bloß zur Hintertür hinein, ist das *Austrokeynesianische Konzept Österreichs* (Tichy 1984; 1988) an der Oberfläche interventionistisch, tatsächlich aber sehr stark mittelfristig orientiert. Der Austrokeynesianismus ist eher als Grundkonsens der Entscheidenden und ihrer Berater über wichtige Funktionszusammenhänge und Reaktionsmechanismen der österreichischen Wirtschaft zu verstehen, denn als ausgebautes wirtschaftspolitisches Konzept. Die Übereinstimmung besteht darüber, daß es höchste Aufgabe der Wirtschaftspolitik sein muß, Unsicherheit zu vermeiden und Entwicklungen möglichst vorhersehbar zu machen, daß hektische Wirtschaftspolitik aber gerade das Gegenteil davon erreichen kann. Andererseits ergab sich aus dem konsensualen Charakter der österreichischen Wirtschaftspolitik, daß die Verminderung der Unsicherheit durch Wirtschaftsplanung nie als Ausweg angepeilt wurde. So versuchte man als marktwirtschaftlichen Weg der Verringerung der Unsicherheit, die wichtigsten Entscheidungsgrundlagen von Unternehmern und Arbeitnehmern vorhersehbar zu machen: Die Löhne als wichtigste Kostenkomponente für die Unternehmer und als Einkommensbestimmungsgröße der Unselbständigen; die Preisentwicklung als Voraussetzung für eine ruhige Lohnpolitik, die Investitionsförderung und die monetäre (Zins-) Entwicklung als Basis der Investitionsentscheidungen der Unternehmer, sowie schließlich den Wechselkurs als entscheidende Komponente im Auslandsgeschäft.

Tabelle 20.4/2: ***Rangziffern stabilisierungspolitischer Indikatoren***

		D	A	USA	GB	CH	S	NL
BIP real	ϕ	2	1	6	7	5	2	4
	σ	3	1	4	7	5	6	3
Verbraucherpreise	ϕ	1	4	2	6	2	5	7
	σ	3	2	5	6	7	1	4
Beschäftigung	ϕ	7	6	1	5	4	2	3
	σ	6	3	4	6	4	1	1
Gesamtw. Kap.ausl.	ϕ	3	1	2	4	.	.	.
Zentralbankgeld	σ	6	4	1	5	6	1	3
Geldmenge	σ	2	3	1	7	6	4	5
Budgetdefizit/BIP	σ	2	2	4	5	1	7	5
Wechselkurs	σ	2	3	7	6	1	5	4

1 höchstes Wachstum, bzw. geringste Schwankung
7 geringstes Wachstum, bzw. stärkste Schwankung
ϕ Durchschnitt
σ Streuung

Q: Tichy 1986a; Coen/Hickman 1987

Auf der Basis dieses verstetigenden Grundcharakters, der die Intensität der Schwankungen bereits verringert, werden die verbleibenden Schwankungen durch diskretionäre Maßnahmen verringert. Die Nachfragesteuerung stützt sich relativ stärker auf Fiskalpolitik, weil die Geldpolitik infolge ihrer Wechselkursorientierung bloß beschränkt einsatzfähig ist und im übrigen lange Zeit der Zinsstabilisierung vor der Konjunktursteuerung Priorität gab. Wesentlich für das Konzept des Austrokeynesianismus ist neben Verstetigung und Nachfragesteuerung drittens, daß Zielverletzungen ursachenadäquat bekämpft werden, sodaß nicht - wie das Zerrbild Keynesianischer Politik vermuten ließe - jede Nachfrageschwäche zwangsläufig zusätzliche Staatsausgaben nach sich zog. Inflation etwa oder außenwirtschaftliche Ungleichgewichte wurden je nach ihrer Ursache mit Nachfragesteuerung, Einkommenspolitik oder Wechselkurspolitik bekämpft. Schließlich ist als vierte Besonderheit des Austrokeynesianismus der Einsatz von Instrumentenbündeln zur Erreichung von Zielbündeln zu erwähnen, wodurch infolge der Möglichkeit schwächerer Dosierung der Instrumente die Gefahr ungewollter Nebenwirkungen verringert wurde. Fünftens ist als besonderes Austriacum die Berücksichtigung psychologischer Überlegungen beim Instrumenteneinsatz zu erwähnen. Der Austrokeynesianismus ging von der Grundeinstellung aus, daß etwa einkommenspolitische Mäßigung erreicht werden kann, wenn zuvor die Inflation unter Kontrolle gebracht wurde bzw. wenn eine Nachfrageüberhitzung vermieden werden kann. Einkommenspolitik kann daher im Konzept des Austrokeynesianismus die Nachfragesteuerung nicht ersetzen und Nachfragesteuerung ihrerseits nicht eine Verstetigungsstrategie; andererseits aber würde sich auch die Verstetigungsstrategie rasch totlaufen, wenn sie nicht durch eine sinnvolle Nachfragesteuerung unterstützt würde.

Abschließend sei als drittes Beispiel kurz auf die ***strukturorientierte Stabilisierungspolitik*** verwiesen, die sich - wenn schon nicht als Konzept, so doch ansatzweise - in Frankreich oder Japan erkennen läßt. Diese beiden Länder setzen nicht auf strikte Wettbewerbspolitik wie die BRD, sondern ganz im Gegenteil auf Zusammenarbeit zwischen den Unternehmungen einer Branche untereinander wie mit der Öffentlichen Hand zur Überwindung von Strukturproblemen. Offensive und defensive Maßnahmen gehen dabei Hand in Hand, ihr Ziel ist aber in allen Fällen, Strukturanpassungen zu erleichtern, die damit verbundenen Nachfrageausfälle zu minimieren, und durch Stärkung des Wachstums und der Wettbewerbsfähigkeit Nachfrageschwächen erst gar nicht entstehen zu lassen.

Tabelle 20.4/3: ***Streuung von Produktion und Arbeitslosenquote***

x	USA	I	BRD	A	CH	F	OECD[1]
Produktion[2]							
1960/91	0.97	1.49	0.82	0.80	1.17	0.79	1.13
1970/91	1.02	0.94	0.84	0.86	1.13	0.68	1.02
Arbeitslosenquote[3]							
1960/91	0.99	0.20	0.65	0.35	0.17	0.47	0.74
1970/91	1.12	0.20	0.73	0.39	0.20	0.50	0.83

1 Ungewichteter Durchschnitt
2 Standardabweichung der logarithmierten 1. Differenzen mal 100
3 Standardabweichung

Q: Elemeskov 1993, Tab. 7; Elemeskov/Pichelmann 1993 Tab. 1

Vergleicht man die Entwicklung mit derjenigen in den USA oder der gesamten OECD zeigt Tabelle 20.4/3 in den untersuchten Ländern mit expliziten Stabilisierungsstrategien markant schwächere Schwankungen von Produktion und Arbeitslosigkeit. In Österreich schwanken sowohl die Produktion wie Arbeitslosigkeit unterdurchschnittlich schwach, in Deutschland und Frankreich die Produktion, in Japan die Beschäftigung. Was die in der Tabelle nicht gezeigten Niveaus betrifft, konnten Deutschland und Österreich einen hohen Grad an Preisstabilität und - vor allem Österreich - einen relativ hohen Beschäftigungsgrad erreichen; Frankreich liegt bei diesen beiden Indikatoren weniger günstig, wuchs allerdings kräftig.

Literatur

Adams, Ch., Gros, D., 1986, „The consequences of real exchange rate rules for inflation: some illustrative examples". *Staff Papers* 33(3), 439-76.

Adelman, I./Adelman, F., 1959, „The dynamic properties of the Klein-Goldberger model". *Econometrica* 27(4), 596-625.

Aiginger, K., Hrsg., 1986, *Weltwirtschaft und unternehmerische Strategien. Wirtschaftspolitik im Spannungsfeld zum Innovationsprozeß*. Stuttgart, Wien: G. Fischer, Wifo.

Aiginger, K., 1987, *Production and decision theory under uncertainty*. Oxford: Basil Blackwell.

Akerlof, G.A., Yellen, K.L., 1985, „A near-rational model of the business cycle with wage and price intertia". *Quarterly Journal of Economics 100, Suppl.*, 823-38.

Akerlof, G.A., Miyazaki, H., 1980, „The implicit contract theory of unemployment meets the wage bill argument". *Review of Economic Studies* 47(2), 321-338.

Allen, M., 1984, „Recent experience with funds-supported adjustment programs". In: Simonis 1984, 55-67.

Allen, R.G.D., [2]1965, *Mathematical economics*. London: MacMillan, New York: St. Martin.

Arrow, K. J., [2]1951, *Social choice and individual values*. New York: Wiley.

Artis, M.J., 1978, „Fiscal policy and crowding out". In: Posner 1978, 167-79.

Artis, M.J., Currie, D., 1981, „Monetary targets and the exchange rate: A case for conditional targets" *Oxford Economic Papers* 33 *(July-Supplement)*, 176-200.

Artis, M.J., Karakitsos, E., 1985, „Monetary and exchange rate targets in an optimal control setting". In: Bhandari 1985, 212-46.

Assenmacher, W., [4]1990, *Lehrbuch der Konjunkturtheorie*. München, Wien: Oldenbourg.

Atkinson, P., Chouraqui, J.-Cl., 1986, „The formulation of monetary policy: A reassessment in the light of recent experience". *OECD Working Paper* 32, Paris: OECD.

Azariadis, C., 1975, „Implicit contracts and underemployment equilibria". *Journal of Political Economy* 83(6), 1183-1202.

Azariadis, C., 1981, „Self-fulfilling prophecies", *Journal of Economic Theory* 25, 380-96.

Backus, D.K., Driffill, J., 1985, „Inflation and reputation". *American Economic Review* 75(3), 530-38.

Backus, D.K., Kehoe, P.J., 1992, „International evidence on the historical properties of business cycles", *American Economic Review* 82(4), 864-88.

Baily, M.N., 1974, „Wages and employment under uncertain demand". *Review of Economic Studies* 41(1), 37-50.

Baily, M.N., 1978, „Stabilization policy and private economic behavior". *Brookings Papers on Economic Activity* 1/1978, 11-59.

Baldwin, R., 1993, „On the measurement of dynamic effects of integration". *Empirica* 20, 129-45.

Ball, L., Mankiw, N.G., Romer, D., 1988, „The New Keynesian Economics and the output-inflation trade-off". *Brookings Papers on Economic Activity* 1/1988, 1-82.

Ball, R.J., Burns, T., Miller, G.W., 1975, „Preliminary simulations with the London Business School macro-economic model". In: Renton 1975, 183-212.

Barro, R.J., 1972, „Theory of monopolistic price adjustment". *Review of Economic Studies* 39(1), 17-26.

Barro, R.J., 1974, „Are government bonds net wealth?" *Journal of Political Economy* 82(6), 1095-1117.

Barro, R.J., 1977, „Unanticipated money growth and unemployment in the United States". *American Economic Review* 67(2), 101-15.

Barro, R.J., 1986, „Recent developments in the theory of rules versus discretion". *Economic Journal* 96 *(Suppl)*, 23-37.

Barro, R.J., Gordon, D.B., 1983, „Rules, discretion, and reputation in a model of monetary policy". *Journal of Monetary Economics* 12(1), 101-21.

Barro, R.J., Grossman, H.I., 1971, „A general disequilibrium model of income and employment". *American Economic Review* 61(1), 82-93.

Barro, R.J., Rush, M., 1980, „Unanticipated money and economic activity". In: Fischer 1980a, 23-48.
Baxter, M., 1991, „Business cycles, stylized facts, and the exchange rate regime: Evidence from the United States". *Journal of International Money and Finance 10(1), 71-88.*
Begg, D.K.H., 1982, „Rational expectations, wage rigidity, and involuntary unemployment". *Oxford Economic Papers* 34(1), 23-47.
Bender, D. et al., [3]1988, *Vahlens Kompendium der Wirtschaftstheorie und Wirtschaftspolitik*, Band 2, München: Vahlen.
Berg, H., Cassel, D., 1985, „Theorie der Wirtschaftspolitik". In: Bender et al. 1985, 155-229.
Bernanke, B.S., 1981, „Bankruptcy, liquidity, and recession". *American Economic Review* 71(2), 155-59.
Bernholz, P., 1974, „Logrolling, Arrow-Paradox and decision rules - a generalization". *Kyklos* 27(1), 49-62.
Beveridge, W.H., 1944, *Full employment in a free society. A report.* London: Allen & Unwin.
Bhandari, J.S., ed., 1985, *Exchange rate management under uncertainty.* Cambridge Mass., London: MIT Press.
Black, St. W., 1979, „The political assignment problem and the design of stabilization policies in open economies". In: Lindbeck 1979b, 249-267.
Blanchard, O.J., 1987, „Aggregate and individual price adjustment". *Brookings Papers on Economic Activity*, 1/1987, 57-109.
Blanchard, O.J., Dornbusch, R., Buiter, W., 1986, „Public debt and fiscal responsibility". In: Blanchard/Dornbusch/Layard 1986, 125-153.
Blanchard, O.J., Dornbusch, R., Layard, R., eds., 1986, *Restoring Europe's prosperity.* Macroeconomic Papers from the Centre for European Policy Studies. Cambridge Mass., London: MIT Press.
Blanchard, O.J., Fischer, St., 1989, *Lectures on macroeconomics*, Cambridge, Mass., London: MIT Press.
Blanchard, O.J., Summers, L.H. 1987, „Hysteresis in unemployment". *European Economic Review* 31(1/2), 288-95.
Blanchard, O.J., Watson, M.W., 1986, „Are business cycles all alike?" In: Gordon 1986, 123-179.
Blinder, A.S., 1981, „Thoughts on the Laffer Curve". In: Meyer 1981, 81-92.
Blundell-Wignall, A. et al., 1984, „Monetary policy in the OECD Interlink model". *OECD Working Paper 16.*
Böhm St., 1982, „Die Keynes'sche Renaissance". *Wirtschaftspolitische Blätter* 29(3), 65-77.
Boltho, A., ed., 1982, *The European economy. Growth and crisis.* Oxford: Oxford UP.
Bombach, G., Gahlen, B., Ott, A.E., Hrsg., 1981, *Zur Theorie und Politik internationaler Wirtschaftsbeziehungen.* Tübingen: Mohr/Siebeck.
Bombach, G., Gahlen, B., Ott, A.E., Hrsg., 1984, *Perspektiven der Konjunkturforschung.* Tübingen: Mohr/Siebeck.
Borchardt, *K., 1976*, „Wandlungen des Konjunkturphänomens in den letzten hundert Jahren. Bayerische Akademie der Wissenschaften". Sitzungsberichte der philosophisch-historischen Klasse, Jg. 1976, H 1. München. Zitiert nach dem Wiederabdruck in: Borchardt, K. 1982, *Wachstum, Krisen Handlungspielräume der Wirtschaftspolitik. Studien zur Wirtschaftsgeschichte des 19. und 20 Jahrhunderts.* Göttingen: Vandenhoeck.
Boskin, M.J., 1978, „Taxation, saving, and the rate of interest". *Journal of Political Economy* 86 (2, part 2), S3-S27.
Boyer, R.S., 1975, „Commodity markets and bond markets in a small, fixed exchange rate economy". *Canadian Journal of Economics* 8(1), 1-23.
Brandner, P., Neusser, K., 1992, „Business cycles in open economies: Stylized facts for Austria and Germany". *Weltwirtschaftliches Archiv* 128(1), 67-87.
Breuss, F., 1982, „Potential Output und gesamtwirtschaftliche Kapazitätsauslastung". *Monatsberichte des Österreichischen Instituts für Wirtschaftsforschung* 55(2), 104-18.
Breuss, F., 1983, „Terms of Trade und Reallohnspielraum". Monatsberichte des Österreichischen Instituts für Wirtschaftsforschung 56(2), 107-25.

Brunner, K., 1973, „Die 'Monetaristische Revolution' der Geldtheorie". In: Kalmbach 1973, 70-103.
Brunner, K., Meltzer, A.H., eds., 1976a, *The Phillips Curve and labor markets.* Carnegie-Rochester Conference on Public Policy, Volume 1, Amsterdam, New York, Oxford: North Holland.
Brunner, K., Meltzer, A.H., eds., 1976b, *The economics of price and wage control.* Carnegie-Rochester Conference Series on Public Policy, Volume 2, Amsterdam, New York, Oxford: North Holland.
Brunner, K., Meltzer, A.H., 1976c, „An aggregate theory for an closed economy". In: Stein 1976, 69-103.
Brunner, K., Meltzer, A.H., eds., 1977a, *Stabilization of the domestic and international economy.* Carnegie-Rochester Conference Series on Public Policy, Volume 5, Amsterdam, New York, Oxford: North Holland.
Brunner, K., Meltzer, A.H., eds., 1977b, *Optimal policies, control theory and technology exports.* Carnegie-Rochester Conference Series on Public Policy, Volume 7, Amsterdam, New York, Oxford: North Holland.
Brunner, K., Meltzer, A.H., eds., 1981, *The cost and consequence of inflation.* Carnegie-Rochester Conference Series on Public Policy, Volume 15, Amsterdam, New York, Oxford: North Holland.
Brunner, K., Meltzer, A.H., eds., 1985, *Understanding monetary regimes.* Carnegie-Rochester Conference Series on Public Policy, Volume 22, Amsterdam, New York, Oxford: North Holland.
Bruno, M., Sachs, J., 1985, *Economics of worldwide stagnation.* Cambridge Mass.: Harvard University Press.
Bryant, R.C., 1983, *Controlling money. The Federal Reserve and its critics.* Washington: Brookings.
Buchanan, J.M., 1958, *Public principles of public debt. A defense and restatement.* Homewood, Ill., Irwin.
Buchanan, J.M., 1976, „Barro on the Ricardian equivalence theorem". *Journal of Political Economy* 84(2), 337-42.
Buiter, W.H., 1980, „The macroeconomics of Dr Pangloss: A critical survey of New Classical Macroeconomics". *Economic Journal* 90(1), 34-50.
Buiter, W.H., 1981, „The superiority of contingent rules over fixed rules in models with rational expectations". *Economic Journal* 91(3), 647-70.
Buiter, W.H., 1986, „Macroeconomic policy design in an interdepentent world economy: An analysis of three contingencies". *Staff Papers* 33(3), 541-82.
Buiter, W.H., 1989a, „After the New Classical Macroeconomics". In: Buiter, 1989b, 1-53.
Buiter, W.H., Ed., 1989b, *Macroeconomic theory and stabilization policy.* Manchester: Manchester University Press.
Buiter, W.H., [1984], 1990a, „Allocative and stabilization aspects of budgetary and financial policy". In: Buiter 1990b, 25-46.
Buiter, W.H., Ed., 1990b, *Principles of budgetary and financial policy.* New York et al.: Harvester.
Buiter, W.H., Miller, M.H., 1983, „Changing the rules: Economic consequences of the Thatcher regime". *Brookings Papers on Economic Activity* 2/1983, 305-65.
Buiter, W.H., Tobin, J., 1979, „Debt neutrality: A brief review of doctrine and evidence". In: Furstenberg 1979, 39-63.
Burns, A.F., Mitchell, W.C., 1946, *Measuring business cycles*, New York: NBER.
Caesar, R., 1985, „Crowding out in der BRD. Eine empirische Bestandsaufnahme", *Kredit und Kapital* 18(2), 265-276.
Calmfors, L., Driffill, J., 1988, „Centralization of wage bargaining and macroeconomic performance." *Economic Policy* 4, 13-61.
Campell, J., Mankiw, G., 1987, „Are output fluctuations transitory?", *NBER Working Paper 1916.*
Carson, D., ed., 1983, *Banking and monetary studies.* Homewood, Ill.: Irwin.
Cassel, D., Thieme, J.H., 1988, „Stabilitätspolitik". In: Bender et al., [3]1988, 293-360.
Casson, M., 1982, *The entrepreneur. An economic theory*, Oxford: Martin Robertson.
Caves, R.E., Johnson, H.G., Ed., 1968, *Readings in international economics.* London: Allan & Unwin.

Chan-Lee, J.H., 1986, „Pure profits and Tobin's q in nine OECD countries". *OECD Economic Studies 7*, 205-232.

Chipman, J.S., Kindleberger, L.P., eds., 1980, *Flexible exchange rates and the balance of payments*. Amsterdam et al.: North Holland.

Chouraqui, J.Cl., Clinton, K., Montador, R.B., 1987, „The medium-term macroeconomic strategy revisited". *OECD Working Paper 48*. Paris: OECD.

Chow, G., 1975, *Analysis and control of dynamic systems*. New York: Wiley.

Christiano, L.J., Eichenbaum, M., 1992, „Current real-business-cycle theories and aggregate labor-market fluctuations". *American Economic Review* 82(3), 430-50.

Clemenz, G., 1986, *Credit markets with asymmetric information*. Berlin et al.: Springer.

Clinton, K., Chouraqui, J. Cl., 1987 „Monetary policy in the second half of the 1980s: How much room for manoeuvre?" *OECD Working Paper* 39, Paris.

Coddington, A., 1976, „Keynesian economics: The search for first principles". *Journal of Economic Literature* 14, 1258-1273.

Coe, D.T., 1985, „Nominal wages, the NAIRU, and wage flexibility". *OECD Economic Studies 5*, 87-126.

Coe, D.T., Holtham, G., 1983, „Output responsiveness and inflation: An aggregate study". *OECD Economic Studies 1*, 93-145.

Coen, R.M., Hickman, B.G., 1987, „Keynesian and classical unemployment in four countries". *Brookings Papers on Economic Activity* 1/1987, 123-93.

Connolly, M.B., Swoboda, A.K., eds., 1973, *International Trade and Money*. London: Allen & Unwin.

Cooper, R.N., 1985a, „Foreword". In: Bhandari 1985, vii-xi.

Cooper, R.N. 1985b, „Economic interdependence and coordination of economic policies" In: Jones/Kenen 1985, 1195-1234.

Corden, W.M., 1974, *Trade policy and economic welfare*. Oxford: Clarendon.

Costello, D., 1993, „A cross-country, cross-industry comparison of productivity growth." *Journal of Political Economy* 101(2), 207-22.

Culbertson, J.M., 1974, „Stabilization policy in an evolutionary economy". In: Smith/ Culbertson 1974, 237-68.

Cyert, R.M., March, J.G., 1963, *A behavioral theory of the firm*. Englewood Cliffs: Prentice Hall.

Danthine, J.P., Girardin, M., 1989, „Business cycles in Switzerland. A comparative study". *European Economic Review 33, 31-50.*

David, P.A., Scadding J.L., 1974, „Private savings: Ultrarationality, aggregation and 'Denisons's Law'". *Journal of Political Economy* 82(2/1), 225-50.

De Viti de Marco, A., 1934, *Principi di economie finanziarie*, [3]1953, Torino: Einaudi.

Deissenberg, Ch., 1980, „Optimale Stabilisierungspolitik mit gelegentlich anwendbaren Instrumenten und Informationsverzögerungen". *Zeitschrift für die gesamte Staatswissenschaft* 136, 327-41.

Deissenberg, Ch., 1981, „Optimal stabilization policy with control lags and imperfect state observation". *Zeitschrift für Nationalökonomie* 41(3/4), 329-52.

Denison, E.F., 1958, „A note on private saving". *Review of Economics and Statistics* 40(3), 261-67.

Desai, M., Keil, M., Wadhwani, S., 1984, „Incomes policy in a political business cycle environment: a structural model for the U.K. 1961-1980". In: Hughes-Hallett 1984, 121-44.

Dewald, W.G., Johnson, H.G., 1963, „An objective analysis of the objectives of American monetary policy 1952-61". In: Carson 1963, 171-89.

Dietrich, K., et al., 1987, Postkeynesianismus. Ökonomische Theorie in der Tradition von Keynes, Kalecki und Sraffa. Marburg: Metropolis.

Doeringer, P.B., Piore, M.J., 1971, *Internal labor markets and manpower analysis*. Lexington: Heath.

Domar, E., 1944, „The 'burden of debt' and the national income". *American Economic Review* 34, 798ff.

Dornbusch, R., 1980, *Open economy macroeconomics*. New York: Basic Books.

Dornbusch, R., Fischer, St., [3]1984, *Macroeconomics*. New York et al.: McGraw Hill.

Dornbusch, R., Frenkel, J.A., eds, 1979, *International economic policy. Theory and evidence*. Baltimore, London: John Hopkins University Press.

Dornbusch, R.., Giovannini, A., 1990, „Monetary policy in the open economy". In: Friedman/Hahn, eds., 1990, 1231-1303.
Downs, A., 1957, *Economic theory of democracy*. New York: Harper. Deutsch: *Ökonomische Theorie der Politik*. Tübingen: Mohr/Siebeck, 1968.
Driffill, J., 1985, „Macroeconomic stabilization policy and trade union behaviour as a repeated game". *Scandinavian Journal of Economics* 87(2), 300-26.
Dürr, E., Hrsg., 1969, *Geld- und Bankpolitik*. Köln, Berlin: Kiepenheuer & Witsch.
Duijn, J.J. van, 1983, *The long wave in economic life*. London: Allen & Unwin.
Duwendag, D., 1976, „Die neue Geldpolitik der Deutschen Bundesbank: Interpretation und kritische Anmerkungen". *Konjunkturpolitik* 22(5), 265-306.
Eatwell, J., Milgate, M., Newman, P., eds., 1987, *The New Palgrave: A Dictionary of Economics*. London: Macmillan.
Eckstein, O., Sinai, A., 1986, „The mechanism of the business cycles in the postwar era". In: Gordon 1986, 39-122.
Ehrlicher, W., et al., 1975, *Kompendium der Volkswirtschaftslehre*, Göttingen: Vandenhoeck.
Ehrlicher, W., Richter, R., Hrsg., 1981, *Probleme der Währungspolitik*. Schriften des Vereins für Socialpolitik, NF Band 120, Berlin: Duncker & Humblot.
Ehrlicher, W., Simmert, B.B., Hrsg., 1982, „Geld- und Währungspolitik in der Bundesrepublik Deutschland". *Beihefte zu Kredit und Kapital*, Heft 7.
Elmeskow, J., 1983, „High and persistent unemployment: Assessment of the problem and its causes." *OECD Working Paper* 132, Paris: OECD.
Eichengreen, B., 1990, „One money for Europe?" Lessons from the US currency union. *Economic Policy* 10, 117-87.
Elmeskow, J., Pichelmann, K., 1993, „Unemployment and labour force participation - Trends and cycles." *OECD Working Paper* 130, Paris: OECD.
Emminger, O., 1984, „Deutsche Geldpolitik im Zeichen des Monetarismus". In: Hampe 1984, 43-65.
Enke, H., Köhler., W., Schulz, W., Hrsg., 1983, *Struktur und Dynamik der Wirtschaft*. Freiburg/B.: Rudolf Haufe.
Eucken, W., 1952, *Grundsätze der Wirtschaftspolitik*, Tübingen: Mohr/Siebeck.
Evans, Ch.L., Santos, F., 1993, „Productivity shocks in the G-7 countries". *Mimeo.*
Evans, H.P., Riley, C.J.U., 1975, „Simulation with the treasury model". In: Renton 1975, 213-36.
Evans, M.K., 1969, *Macroeconomic activity. Theory, forecasting, and control. An econometric approach*. New York et al.: Harper.
Evans, M.K., Haitovsky, Y., Treyz, G.I., 1972, „An analysis of the forecasting properties of U.S. econometric models". In: Hickman 1972, 949-1139.
Faxén, K.-O, 1982, „Incomes policy and centralized wage formation". In: Boltho 1982, 365-89.
Federal Reserve Bank of Boston, ed., 1978, *After the Phillips curve: Persistence of high inflation and high unemployment*. Boston.
Feldstein, M., 1973, „Tax incentives, corporate saving, and capital accumulation in the United States". *Journal of Public Economics* 2, 159-171.
Feldstein, M., 1982, „Government deficits and aggregate demand". *Journal of Monetary Economics* 9(1), 1-20.
Feldstein, M., 1984, „Can an increased budget deficit be contractionary?" *NBER Working Paper 1434*.
Feldstein, M., 1987a, „Introduction". In: Feldstein 1987b, 6-11.
Feldstein, M., ed., 1987b, *International economic cooperation*. Summary Report. Washington: NBER.
Fellner, W., et al., 1961, *The problem of rising prices*. Paris: OECD.
Filc, W., 1982, „Monetäre Wechselkurstheorie, makroökonomische Portfoliotheorie und wechselkursorientierte Geldpolitik". In: Ehrlicher/Simmert 1982, 499-524.
Fischer, St., 1977, „Long-term contracts, rational expectations, and the optimum money supply rule". *Journal of Political Economy* 85(1), 191-205.
Fischer, St., ed., 1980a, *Rational Expectations and economic policy*. Chicago, London: The University of Chicago Press.

Fischer, St., 1980b, „On activist monetary policy with rational expectations". In: Fischer 1980a, 211-47.
Fischer, St., Modigliani, F., 1978, „Towards an understanding of the real effects and costs of inflation", *Weltwirtschaftliches Archiv* 114, 810-33.
Fleming, J.M., 1962, „Domestic financial policies under fixed and floating exchange rates", *Staff Papers* 9, 369-80.
Fox, K.A., Sengupta, J.K., Thorbecke, E., 1973, *The theory of quantitative economic policy with applications to economic growth.* Amsterdam et al.: North Holland.
Frankel, J., 1983, „A test of portfolio crowding out and related issues in finance." *NBER Working Paper 1205.*
Frankel, J., MacArthur, A., 1988, „Political vs currency premia in international real interest differentials". *European Economic Review* 32, 1083-1114.
Franz, W., 1983, „The past decade's natural rate and the dynamics of German unemployment: A case against demand policy?" *European Economic Review* 21, 51-76.
Franz, W., 1986, „Towards an evaluation of the costs and benefits of a (dis-)inflationary policy in the Federal Republic of Germany". In: Frisch/Gahlen 1986, 13-44.
Franz, W., 1987, „Hysteresis, persistence, and the NAIRU: An empirical analysis for the Federal Republic of Germany". In: Layard/Calmfors 1987, 91-122.
Franz, W., Ed., 1990, *Hysteresis effects in economic models.* Heidelberg: Physica.
Franz, W., 1991, *Arbeitsmarktökonomik.* Berlin et al.: Springer.
Frey, B.S., 1981a, *Modern political economy.* Oxford: M. Robertson.
Frey, B.S., 1981b, *Theorie demokratischer Wirtschaftspolitik.* München:Vahlen.
Frey, B.S., Meissner, W., Hrsg., 1974, *Zwei Ansätze der Politischen Ökonomie.* Frankfurt: Athenäum.
Frey, B.S., Schneider, F., 1979, „An econometric model with an endogenous government sector", *Public Choice* 34(1), 29-43.
Frey, B.S., Schneider, F., 1981, „Central bank behavior. A positive empirical analysis". *Journal of Monetary Economics* 7, 291-315.
Friedlaender, A.F., 1973, „Macro policy goals in the post-war period: A study in revealed preference". *Quarterly Journal of Economics* 87(1), *25-43.*
Friedman, B.M., 1975, „Targets, instruments, and indicators of monetary policy". *Journal of Monetary Economics* 1 (Oktober), 443-73.
Friedman, B.M., 1978, „Crowding out or crowding in? Economic consequences of financing government deficits". *Brookings Papers on Economic Activity* 3/1978, 593-641.
Friedman, B.M., Hahn, F.H., eds., 1990, *Handbook of monetary economics.* Amsterdam et al.: North Holland.
Friedman, M., 1948, „A monetary and fiscal framework for economic stability". *American Economic Review* 38, 245-64; wiederabgedruckt in: Friedman 1953a.
Friedman, M., ed., 1953a, *Essays in positive economics.* Chicago, London: Chicago University Press.
Friedman, M., 1953b, „The effects of a full-employment policy on economic stability: A formal analysis". In: Friedman 1953a, 117-32.
Friedman, M., ed., 1956a, *Studies in the quantity theory of money.* Chicago et al.: University of Chicago Press.
Friedman, M., 1956b, „The quantity theory of money - A restatement". Friedman 1956a, 3-21.
Friedman, M., 1959, *A program for monetary stability.* New York: Fordham University Press.
Friedman, M., 1970, *Die optimale Geldmenge und andere Essays.* München: Moderne Industrie.
Friedman, M., 1976, „Comments on Tobin and Buiter". In: Stein 1976, 310-17.
Friedman, M., 1977, „Nobel lecture. Inflation and unemployment", *Journal of Political Economy* 85(3), 451-72.
Friedman, M., Schwartz, A.J., 1982, *Monetary trends in the U.S. and the United Kingdom.* Chicago, London: University of Chicago Press.
Frisch, H., Hrsg., 1984, *Symposium: Diskretionäre versus regelgebundene Wirtschaftspolitik.* PSK Schriftenreihe Volkswirtschaft, H.3.
Frisch, H., Gahlen, B., Hrsg. 1986, *Causes of contemporary stagnation.* Berlin et al.: Springer.

Frisch, R., 1933, *Propagation problems and impulse problems in dynamic economics*. In: Essays in honour of Gustav Cassel. London.
Furstenberg, G.M.v., 1979, *Social security versus private saving in post-industrial democracies*. Cambridge: Ballinger.
Furstenberg, G.M.v., 1980, *The government and capital formation*. Cambridge, Mass.: Ballinger.
Gabisch, G., Lorenz, H.W., ^{2}1989, *Business cycle theory. A survey of methods and concepts*. Berlin: Springer.
Gäfgen, G., 1975, „Theorie der Wirtschaftspolitik". In: Ehrlicher et al., 1975, Bd. 2, 1-94.
Gahlen, B. 1984, „Relative Preise - Theorie und Empirie". In: Helmstädter 1984, 63-77.
Gandenberger, O., 1983, „Thesen zur Staatsverschuldung". In: Hansmeyer 1983, 843ff.
Gandolfo, G., 1986, *International economics*. Berlin et al.: Springer.
Geanakoplos, J., 1987, „Overlapping generations model of general equilibrium". In: Eatwell et al., eds, 1987, Vol. 3, 767-79.
Giavazzi, F., Pagano, M., 1987, „The advantage of tying one's hands: EMS discipline and central bank credibility". *European Economic Review* 32, 1055-74.
Gilder, G., 1981, *Wealth and poverty*. New York: Basic Books.
Gordon, R.J., 1980: „Comment". In: Fischer 1980a, 55-63.
Gordon, R.J., 1982, „Price inertia and policy ineffectiveness in the United States, 1890-1980". *Journal of Political Economy* 90(6), 1087-1117.
Gordon, R.J., 1983, „Using monetary control to dampen the business cycle: A new set of first principles." *NBER Working Paper 1210*.
Gordon, R.J., 1988, „Postwar development in business cycle theory: an unabashedly New-Keynesian view." In: Oppenländer/Poser 1988, 22-50.
Gordon, R.J., 1990, „What is new in New Keynesian Economics". *Journal of Economic Literature* 28, 1115-71.
Gordon, R.J., ed., 1986, *The American business cycle: Continuity and change*. Chicago, London: University of Chicago Press.
Greenwald, B., Stiglitz, J.E., 1987, „Keynesian, New Keynesian and New Classical Economics", *Oxford Economic Papers* 39(1), 119-32.
Grossmann, S.J., Weiss, L., 1982, „Heterogeneous information and the theory of the business cycle". *Journal of Political Economy* 90(4), 699-727.
Guger, A., Hrsg., 1987, *Umverteilung durch öffentliche Haushalte in Österreich*. Wien: Österreichisches Institut für Wirtschaftsforschung.
Gurley, J.G., Shaw, E.S., 1960, *Money in a theory of finance*. Washington: Brookings.
Gutowski, A., 1987, *Geldpolitische Regelbindung: theoretische Entwicklungen und empirische Befunde*. Berlin: Duncker & Humblot.
Haberler, G., 1937, *Prosperität und Depression* (^{2}1955). Tübingen, Zürich: Mohr/Siebeck.
Hahn, F., Walterskirchen, E., 1992, „Konjunkturschwankungen in Österreich, Westdeutschland und in den USA.". *Monatsberichte des Österreichischen Instituts für Wirtschaftsforschung* 65(12), 655-62.
Hahn, F.H., 1972, *Selected essays on employment and growth*. Cambridge, UK: Cambridge University Press.
Hahn, F.H., 1980a, „Monetarism and economic theory". *Economica* 47, 1-17.
Hahn, F.H., 1980b, „Unemployment from a theoretical viewpoint". *Economica* 47, 285-98.
Hahn, F.H., 1982, „Reflections on the invisible hand." *Lloyds Bank Review* 144, 1-21.
Hahn, L.A., 1967, „Ende der Aera Keynes?" *Kyklos* 20(3), 270-286.
Hall, R.E., 1975, „The rigidity of wages and the persistence of unemployment". *Brookings Papers on Economic Activity* 2/1975, 301-35.
Hall, R.E., 1980a, „Employment fluctuations and wage rigidity". *Brookings Papers on Economic Activity* 1/1980, 91-123.
Hall, R.E., 1980b, *Monetary policy for disinflation - remarks prepared for the Federal Reserve Board*. Mimeo.
Hamada, K., 1979, „Macroeconomic strategy and coordination under alternative exchange rates". In: Dornbusch/Frenkel 1979, 292-324.
Hammond, P.J., 1984, „What to do about business cycles?" In: Seidl 1984b, 59-75.
Hampe, P., Hrsg., 1984, *Friedman contra Keynes. Zur Kontroverse über die Konjunktur- und Beschäftigungspolitik*. München: Olzog.

Handler, H., 1983, „Crowding-out in einer kleinen offenen Volkswirtschaft". *Monatsberichte des Österreichischen Instituts für Wirtschaftsforschung* 56(4), 260-68.
Handler, H., 1987, „Geldwertstabilität, Phillipskurve und Unsicherheit". Wien: *Mimeo.*
Hansen, A., 1941, *Fiscal policy and business cycles.* New York: Norton.
Hansmeyer, K.H., Hrsg., 1983, *Staatsfinanzierung im Wandel.* Schriften des Vereins für Socialpolitik, NF Band 134, Berlin: Duncker & Humblot.
Hardes, H.-D., 1981, *Arbeitsmarktstrukturen und Beschäftigungsprobleme im internationalen Vergleich.* Tübingen: Mohr/Siebeck.
Hargreaves Heap S.P., 1992, *The New Keynesian Macroeconomics. Time, belief and social interdependence.* Aldershot: Elgar.
Hayek, F.A., 1929, *Geldtheorie und Konjunkturtheorie.* Wien, Leipzig: Hölder-Pichler-Tempsky.
Heal, G.M., 1973, *The theory of economic planning.* Amsterdam: North Holland.
Heller, W. et al., eds., 1986, *Equilibrium analysis. Essays in honor of K.J. Arrow*, Cambridge et al.: Cambridge UP.
Helliwell, J.F., Higgins, C.I., 1976, „Macroeconomic adjustment processes". *European Economic Review* 7, 221-38.
Helmstädter, E., Hrsg., 1984, *Die Bedingungen des Wirtschaftswachstums in Vergangenheit und Zukunft.* Gedenkschrift für Walter G. Hoffmann. Tübingen: Mohr/Siebeck.
Hesse, H., Streißler, E., Tichy, G., Hrsg., 1985, *Außenwirtschaft bei Ungewißheit.* Tübingen: Mohr/Siebeck.
Hickman, B.D., ed., 1972, *Econometric models of cyclical behavior* (2 volumes), New York: Columbia University Press.
Hicks, J.R., 1950, *A contribution to the theory of the trade cycle.* London: Clarendon.
Hicks, J.R., 1974, *The crisis in Keynesian economics.* New York: Basic Books.
Hill, P., 1986, „International price levels and purchasing power parities". *OECD Economic Studies* 6, 133-59.
Hirsch, F., 1977, *Social limits to growth.* London: Routledge & Kegan Paul.
Hoffmann, W.G., 1965, *Das Wachstum der deutschen Wirtschaft seit der Mitte des 19. Jahrhunderts.* Berlin et al.: Springer.
Holly, S., Corker, R., 1984, „Optimal feedback and feedforward stabilization of exchange rates, money, prices and output under rational expectations". In: Hughes-Hallett 1984, 33-60.
Hood, W.C., Koopmans, T.G., eds., 1953, *Studies in econometric methods.* New York: Wiley.
Horwich, G., ed., 1967, *Monetary process and policy: A symposium.* Homewood, Ill.: Irwin.
Howrey, E.Ph., 1972, „Dynamic properties of a condensed version of the Wharton modell". In: Hickmann 1972, 601-632.
Hughes-Hallett, A.J., ed., 1984, *Applied decision analysis and economic behavior.* Dordrecht et al.: M. Nijhoff.
Hughes-Hallett, A.J., 1986, „Autonomy and the choice of policy in asymmetrically dependent economies", *Oxford Economic Papers* 38, 516-44.
International Monetary Fund (IMF), 1984, „Exchange rate volability and world trade". *Occasional Paper 28,* Washington D.C.
International Monetary Fund (IMF), 1993, „Exchange arrangements and exchange restrictions". *Annual Report 1993.* Washington.
Jaeger, A., Parkinson, M., 1994, „Some evidence on hysteresis in unemployment rates", *European Economic Review* 38(2), 329-42.
Jäger, K., 1984a, „Die Konjunkturtheorie der Neuen Klassischen Makroökonomik". In: Bombach/Gahlen/Ott 1984, 25-60.
Jäger, K., 1984b, „Diskretionäre versus regelgebundene Stabilisierungspolitik: (K)eine Alternative". In: Frisch 1984, 36-56.
Jarchow, H.J., [4]1983, *Theorie und Politik des Geldes II. Geldmarkt und geldpolitische Instrumente.* Göttingen: Vandenhoeck & Ruprecht.
Jarchow, H.J., 1987, „Devisenmarkteinflüsse auf Geldmenge, Zins und Wechselkurs". In: Gutowski 1987, 133-62.
Johannes, J.M., Rasche, R.H., 1979, „Predicting the money multiplier". *Journal of Monetary Economics* 5, 301-25.

Johansen, L., 1974, „Establishing preference functions for macroeconomic decision models". *European Economic Review* 5(1), 41-66.
Johnson, H.G., 1972, *Further essays in monetary economics*. London: Allen & Unwin.
Jones, R.W., Kenen, P.B., 1985, *Handbook of international economics*. Vol. II. Amsterdam, New York, Oxford: North Holland.
Kalchbrenner, J.H., Tinsley, P.A., 1976, „On the use of feedback control in the design of aggregate monetary policy". *American Economic Review* 66(2), 349-55.
Kaldor, N., 1967a, *Strategic factors in economic development*. New York/Ithaka: Cornell University.
Kaldor, N., 1967b, „The role of increasing returns in industry". In: Kaldor 1967a, 3-23.
Kalecki, M., 1943, „Political aspects of full employment". *Political Quarterly* 14, 322-21. Deutsch in: Frey/Meissner 1974, 176-85.
Kalmbach, P., Hrsg., 1973, *Der neue Monetarismus*. München: Nymphenburger.
Karp, L., Havenner, A., 1984, „Towards the resurrection of optimal macroeconomic policies". In: Hughes-Hallett 1984, 23-32.
Keynes, J.M., 1937, „The general theory of employment." *Quarterly Journal of Economics* 51, 209-23.
Keynes, J.M., 1973, *The collected writings of John Maynard Keynes* (Moggridge, B., ed.), *The general theory and after, Part II: Defence and development*, Volume XIV, London, Basingstoke: MacMillan, St. Martin's Press.
Kienzl, H., 1973, „Gewerkschaftliche Lohnpolitik und Stabilität". In: März-Festschrift 1973, 225-36.
Kindley, R.W., Good, D.F., eds., 1997, *The challenge of globalization and institution building. Lessons from small European states*. Boulder, Col.: Westview Press.
Kirschen, E.S. et al., [1964] ^{2}1968, *Economic policy in our time*. 3 volumes, Amsterdam: North Holland.
Knight, F.H., 1921, *Risk, uncertainty, and profit*. Boston, New York: Houghton Mifflin.
Köhler, Cl., ^{2}1977, *Geldwirtschaft. Band 1: Geldversorgung und Kreditpolitik*. Berlin: Duncker & Humblot.
König, H., Nerlove, M., 1986, „Price flexibility, inventory behaviour and production responses". In: Heller et al., 1986, Vol. II, 179-218.
Körner, J., 1983, „Zur Aufkommenselastizität des deutschen Steuersystems 1959-1980". In: Enke/Köhler/Schulz 1983, 409-422.
Kravis, I.P., Lipsey, R.E., 1971, *Price competitiveness in world trade*. New York: NBER.
Krawietz, W. et al., Hrsg., 1984, *Theorie der Normen. Festgabe für Ota Weinberger zum 65. Geburtstag*. Berlin: Duncker & Humblot.
Kregel, J.A., ^{2}1975, *The reconstruction of political economy. An introduction to Post-Keynesian economics*. London, Bastingstoke: MacMillan.
Kregel, J.A., 1976, „Economic methodology in the face of uncertainty: The modelling methods of Keynes and the Post-Keynesians". *Economic Journal* 86(2), 209-25.
Krelle, W. et al., 1969, *Ein Prognosemodell für die wirtschaftliche Entwicklung in der Bundesrepublik Deutschland*. Meisenheim: Hain.
Kromphardt, J., 1987, „Die Neue Keynesianische Makroökonomie". In: Dietrich et al., 1987, 165-81.
Krugman, P., 1987, „Adjustment in the world economy". *The Group of Thirty, Occasional Paper 24*, New York.
Kuznets, S.S., 1930, *Secular movements in production and prices. Their nature and their bearing upon cyclical fluctuations*. Boston, New York: Houghton.
Kydland, F.E., Prescott, E.C., 1977, „Rules rather than discretion: The inconsistency of optimal plans". *Journal of Political Economy* 85(3), 473-91.
Kydland, F.E., Prescott, E.C., 1982, „Time to build and aggregate fluctuations", *Econometrica* 50(6), 1345-70.
Landmann, O., 1986, „International portfolio-shifts and the choice of a monetary rule". In: Frisch/Gahlen 1986, 86-125.
Larsen, F. et al., 1983, „International economic linkages". OECD *Economic Studies 1*, 43-91.
Lawrence, C., Lawrence, R.Z., 1985, „Manufacturing wages dispersion: An end game interpretation". *Brookings Papers on Economic Activity* 1/1985, 47-106.

Layard, R. et al., 1986: „Europe: The case for unsustainable growth". In: Blanchard/Dornbusch/Layard 1986, 34-94.
Layard, R., Calmfors, L., eds., 1987, *The fight against unemployment. Macroeconomic papers from the Centre for European Studies.* Cambridge, Mass., London: MIT Press.
Lehner, G., 1987, *Steuerpolitik in Österreich.* Wien: Manz.
Leibfritz, W., Roseveare, D., Noord, vd. P., 1994, „Fiscal policy, government debt and economic performance". *OECD Working Paper No 144.* Paris: OECD.
Leijonhufvud, A., 1973, „Effective demand failures", *Swedish Journal of Economics;* wiederabgedruckt in: Leijonhufvud 1981, 103-129.
Leijonhufvud, A., 1981, *Information and coordination.* New York, Oxford: Oxford University Press.
Lerner, A., 1944, *The economics of control.* New York: MacMillan.
Lijphart, A., Crepaz, M.M., 1991, „Corporation and consensus democracy in eighteen countries: conceptual and empirical linkages." *British Journal of Political Scienes* 21, 235-46.
Lindbeck, A., 1974, „Is stabilization policy possible? Time-lags and conflicts of goals". In: Smith/Culbertson 1974, 269-307.
Lindbeck, A., 1979a, „Stabilization policy in open economies with endogenous politicians". *American Economic Review* 66(2), 1-19.
Lindbeck, A., ed., 1979b, *Inflation and employment in open economies.* Amsterdam et al.: North Holland.
Lindbeck, A., Snower, D., 1989, *The insider-outsider theory of employment and unemployment.* Cambridge Mass.: MIT Press.
Lipsey, R.G., Lancaster, K., 1956/57, „The general theory of the second best". *Review of Economic Studies* 24, 11-32.
Lipsey, R.G., Parkin, J.M., 1970, „Incomes policy: A re-appraisal". *Economica* 37(2), 115-38.
Loasby, B.J., 1976, *Choice, complexity, and ignorance.* Cambridge: Cambridge University Press.
Long, J.B., Plosser, C.J., 1983, „Real business cycles". *Journal of Political Economy* 91(1), 39-69.
Long, J.B., Plosser, Ch.I., 1987, „Sectoral vs. aggregate shocks in the business cycle." *American Economic Review* 77(2), 333-36.
Lucas, R.E., 1973, „Some international evidence on output-inflation tradeoffs". *American Economic Review* 63(3), 326-34 und *American Economic Review* 66(3), 985ff; wiederabgedruckt in: Lucas 1981, 131-145.
Lucas, R.E., 1975, „An equilibrium model of the business cycle". *Journal of Political Economy* 83(6), 1113-44; wiederabgedruckt in: Lucas 1981, 179-214.
Lucas, R.E., 1976, „Econometric policy evaluation: A critique". In: Brunner/Meltzer 1976a, 19-46; wiederabgedruckt in: Lucas 1981, 104-130.
Lucas, R.E., 1977, „Understanding business cycles". In: Brunner/Meltzer 1977a, 7-29; wiederabgedruckt in: Lucas 1981, 215-239.
Lucas, R.E., 1978, „Unemployment policy", *American Economic Review* 68(2), 353-57; wiederabgedruckt in: Lucas 1981, 240-247.
Lucas, R.E., 1981, *Studies in business-cycles theory.* Oxford: Blackwell.
Lucas, R.E., Rapping, L.A., 1969, „Real wages, employment, and inflation", *Journal of Political Economy* 77(5), 721-54.
Lucas, R.E., Sargent, T., 1979, „After Keynesian economics". *Federal Reserve Bank of Minneapolis Quarterly Review* 3, 1-16.
Machlup, F., 1964a, *International payments, debts, and gold. Collected essays by Fritz Machlup.* New York: Scribner's.
Machlup, F., 1964b, „The mysterious numbers game of balance-of-payments statistics". In: Machlup 1964a, 140-66.
Malinvaud, E., 1977, *The theory of unemployment reconsidered.* Oxford: Basil Blackwell.
Malinvaud, E., 1980, *Profitability and unemployment.* Cambridge: Cambridge University Press.
Mankiw, G., 1985, „Small menu cost and large business cycles: A macroeconomic model of monopoly". *Quarterly Journal of Economics* 100, May, 529-37.

Mankiw, G.N., Summers, L.H., 1984, „Are tax cuts really expansionary?" *NBER Working Paper 1443.*

Markowitz, H.M., 1959, *Portfolio selection. Efficient diversification of investments.* New York: Wiley.

Marshak, J., 1953, „Economic measurements for policy and prediction". In: Hood/Koopmans 1953, 1-26.

März-Festschrift, 1973, *Sozialismus, Geschichte und Wirtschaft.* Wien: Europa Verlag.

Matthews, R.G.D., Feinstein, C.H., Odling-Smee, J.C., 1982, *British economic growth, 1856-1973.* Stanford: Stanford University Press.

McCallum, B.T., 1980, „Rational expectations and macroeconomic stabilization policy". *Journal of Money, Credit and Banking* 12(4/2), 716-46.

McCallum, B.T., 1986, „On 'real' and 'sticky price' theories of the business cycle". *Journal of Money, Credit and Banking* 18(4), 397-414.

McCallum, B.T., 1988, „Postwar developments in business cycle theory: A moderately classical perspective". In: Oppenländer/Poser 1988, 3-20.

McDonald, I., Solow, R.M., 1981, „Wage bargaining and employment". *American Economic Review* 71(5), 896-908.

Meade, J.E., 1948, *Planning and the price mechanism. The liberal-socialist solution.* Toronto: MacMillan/Nelson.

Metcalf, D., 1987, „Labour market flexibility and jobs: A survey of evidence from OECD countries with special reference to Europe". In: Layard/Calmfors 1987, 51-76.

Meyer, L.H., ed., 1981, *The supply-side effects of economic policy.* Boston, The Hague, London: Kluwer.

Minford, P., 1980, „Memorandum on monetary policy". *Memoranda on monetary policy* Vol. 1. London: HMSO, 131-37.

Minsky, H.P., 1977, „The financial instability hypothesis: An interpretation of Keynes and an alternative to 'standard' theory". *Challenge* 20(1), 20-27.

Minsky, H.P., 1980, „Capitalist financial processes and the instability of capitalism". *Journal of Economic Issues* 14(2), 505-23.

Mises, L. v., 1926, „Interventionismus". *Archiv für Sozialwissenschaft und Sozialpolitik* 56, 610-653.

Mishkin, F.S., 1983, *A rational expectation approach to macroeconometrics. Testing policy ineffectiveness and efficient-market models.* Chicago, London: NBER Chicago University Press.

Mitter, P., Wörgötter, A., Hrsg., 1988, *Austrokeynesianismus.* Heidelberg: Physica.

Modigliani, F., 1975, "The channels of monetary policy in the Federal Reserve-MIT-University of Pennsylvania econometric model of the United States". In: Renton 1975, 240-67.

Modigliani, F., 1977, „The monetary controversy or, should we forsake stabilization policies?" *American Economic Review* 67(2), 1-19.

Moore, B.J., 1972, „Optimal monetary policy". *Economic Journal* 83, 116-39.

Mosley, P., 1976, „Towards a 'satisficing' theory of economic policy. *Economic Journal* 86(1), 59-72.

Mundell, R. A., 1963, „Capital mobility and stabilization policy under fixed and flexible exchange rates". *Canadian Journal of Economics and Political Science* 29, 476-85.

Musgrave, R.A., 1959, *The theory of public finance. A study in public economy.* New York, Toronto, London: MacGraw-Hill.

Musgrave, R.A., Musgrave, P.B., 1974, *Public finance in theory and practice.* New York et al.: MacGraw-Hill.

Myrdal, G., 1933, „Das Zweck-Mittel-Denken in der Nationalökonomie". *Zeitschrift für Nationalökonomie* 4(3), 305-29.

Neusser, K., 1986, „Eine Zeitreihenabbildung des österreichischen Arbeitsmarktes". *Quartalshefte der Girozentrale* 20/21 (4/1), 155-67.

Niehans, J., 1975, „Some doubts about the efficacy of monetary policy under flexible exchange rates". *Journal of International Economics* 5(3), 275-81.

Niehans, J., 1981, „Volkswirtschaftliche Wirkungen alternativer geldpolitischer Instrumente in einer kleinen offenen Volkswirtschaft". In: Ehrlicher/Richter 1981, 55-111.

Nordhaus, W.D., 1975, „The political business cycle". *Review of Economic Studies* 42(2), 169-90.

O'Driscoll, G.P., 1977, „The Ricardian nonequivalence theorem". *Journal of Political Economy* 85(1), 207-10.
Oberhauser, A., 1985, „Das Schuldenparadox. Paradoxial effects of the public debt". *Jahrbücher für Nationalökonomie und Statistik* 200(4), 333-48.
OECD, 1980, „Incomes policy in theory and practice". *Occasional Studies*, July, 33-50.
OECD, 1982, „Budget financing and monetary control". *Monetary Studies Series*, Paris.
OECD, 1985, „Exchange rate management and the conduct of monetary policy." *Monetary Study Series*, Paris.
OECD, 1989, *Economies in transition. Structural adjustment in OECD-countries*. Paris.
OECD, 1994: *Beschäftigungsstudie. Fakten, Analyse, Strategien. Arbeitslosigkeit im OECD-Raum 1950-1995*. Paris.
Okun, A.M., 1962, „Potential GNP: Its measurement and significance". *American Statistical Association, Proceedings of the Business and Economics Statistics Section*, 98-104.
Okun, A.M., 1975, „Inflation: Its mechanism and welfare costs". *Brookings Pappers on Economic Activity* 2/1975, 351-390.
Okun, A.M., 1981, *Prices and quantities. A macroeconomic analysis*. Washington: Brookings.
Okun, A.M., 1986, „The benefits of deregulation". *Policy Review*. Winter 1986.
Olson, M., 1965, *The logic of collective action. Public goods and the theory of groups*. Cambridge, Mass.: Harvard University Press.
Olson, M., 1982, *The rise and decline of nations. Economic growth, stagflation and social rigidities*. New Haven, London: Yale University Press.
Oppenländer, K.H., Poser, G., Hrsg., 1988, *Contributions of business cycle surveys to empirical economics*. Aldershot et al.: Avebury.
Oppenländer, K.H., Poser, G., 1989, *Handbuch der IFO-Umfragen*. München: Duncker & Humblot.
Orosel, G., 1984, „Koreferat". In: Frisch 1984, 57-59.
Ott, A.E., 1967a, „Magische Vielecke", In: Ott 1967b, 93-114.
Ott, A.E., Hrsg., 1967b, *Fragen der wirtschaftlichen Stabilisierung*. Tübingen: Mohr/Siebeck.
Oudiz, G., Sachs, J., 1984, „Macroeconomic policy coordination among the industrial economies". *Brookings Papers on Economic Activity* 1/1984, 1-64.
Parkin, M., Sumner, M.T., eds., 1972, *Incomes policy and inflation*. Manchester: Manchester University Press.
Parkin, M., Sumner, M.T., Jones, R.A., 1972, „A survey of the econometric evidence of the effects of incomes policy on the rate of inflation". In: Parkin/Sumner 1972, 1-29.
Perry, G.L., Schultze, Ch.I., 1993, „Was this recession different? Are they all different?" *Brookings Papers on Economic Activity* 1/1993, 145-211.
Persson, T., Tabellini, G., 1990, *Macroeconomic policy, credibility and politics*. Chur et al.: Harwood.
Pesaran, M.St., 1982, „A critique of the proposed tests of the natural rate-rational expectations hypothesis". *Economic Journal* 92(3), 529-54.
Phelps, E., 1967, „Phillips curves, expectations of inflation and optimal unemployment over time". *Economica* 34, 254-81.
Phillips, A.W., 1954, „Stabilization policy in a closed economy". *Economic Journal* 64(2), 290-323.
Phillips, A.W., 1958, „The relation between unemployment and the rate of change of money wage rates in the United Kingdom, 1861-1957". *Economica* 25(4), 283-99.
Ploeg, F.v.d, 1985, „Optimal government policy in a small open economy with rational expectations and uncertain election outcomes". Centre for Labour Economics, London School of Economics, *Discussion Paper 221* (August).
Pollan, W., 1980, „Wage rigidity and the structure of the Austrian manufacturing industry - An econometric analysis of relative wages". *Weltwirtschaftliches Archiv* 116(4), 697-728.
Pollan, W., 1983, „Lohnunterschiede nach Qualifikationsstufen in der Industrie". *Monatsberichte des Österreichischen Instituts für Wirtschaftsforschung* 56(11), 688-695.
Poole, W., 1970, „Optimal choice of monetary policy instruments in a simple stochastic macro model". *Quarterly Journal of Economics* 84(2), 197-216.

Poole, W., 1987, „Monetary policy lessons of recent inflation and disinflation." *NBER Working Paper 2300.*
Posner, M., ed., 1978, *Demand management.* London: Heineman.
Prachowny, M.F., 1975, *Small open economies.* Lexington: Lexington Books.
Prachowny, M.F., 1984, *Macroeconomic analysis for small open economies.* Oxford: Clarendon.
Prescott, E.C., 1977, „Should control theory be used for economic stabilization". In: Brunner/Meltzer 1977b, 13-38.
Preston, A.-J., Pagan, A.R., 1982, *The theory of economic policy. Statics and dynamics.* Cambridge et al.: Cambridge University Press.
Price, R.W.R., Chouraqui, J.Cl., 1983, „Public sector deficits: Problems and policy implications". *OECD Occasional Studies,* June, 13-44.
Purvis, D., 1983, „Perspectives on macroeconomic performance in the 1970s: A report on a workshop on macroeconomic policy effectiveness". *OECD Occasional Studies,* June, 5-12.
Radner, R., 1968, „Competitiveness equilibrium under uncertainty". *Econometrica* 36(1), 31-58.
Ramser, H.J., 1984, „Konjunkturtheorie auf der Grundlage temporärer Gleichgewichte bei Mengenrationierung". In: Bombach/Gahlen/Ott 1984, 61-84.
Ramser, H.J., 1987, *Beschäftigung und Konjunktur. Versuch einer Interpretation verschiedener Erklärungsansätze.* Berlin et al.: Springer.
Renton, G.A., ed., 1975, *Modelling the economy.* London: Heinemann.
Reuber, G.L., 1964, „The objectives of Canadian monetary policy, 1949-61: Empirical 'trade-offs' and the reaction function of the authorities". *Journal of Political Economy* 72(2), 109-132.
Reynolds, A., 1984, „How the supply-side triumphed". *Challenge* 27(5), 12-18.
Ricardo, D., 1951, *The works and correspondence of David Ricardo.* Edited by P. Sraffa. Cambridge: Cambridge University Press.
Rich, G., 1987, „Währungspolitik in der Schweiz: Hat der Monetarismus versagt?" Referat gehalten am 8. Hochschulkurs für Geld- und Bankwesen in Pertisau/Achensee.
Richardson, P., 1987a, „Recent developments in OECD's international macroeconomic model". *OECD Working Paper 46,* Paris.
Richardson, P., 1987b, „A review of the simulation properties of OECD's interlink model". *OECD Working Paper 47,* Paris.
Richter, R., Schlieper, U., Friedmann, W., 31978, *Makroökonomik. Eine Einführung.* Berlin, Heidelberg, New York: Springer.
Riese, H., 1972, „Ordnungsidee und Ordnungspoltik - Kritik einer wirtschaftspolitischen Konzeption". *Kyklos* 25(1), 24-48.
Robinson, J., 1935, „Full employment". In: Robinson 1973, Vol. 4, 174-98.
Robinson, J., 1973, *Collected economic papers.* Oxford: Basil Blackwell.
Romer, Ch., Romer, D., 1994, „What ends recession." *NBER Working Paper 4765.* Cambridge Mass.
Romer, D., 1993, „The New Keynesian synthesis", *Journal of Economic Perspectives* 7(1), 5-22.
Rothschild, K.W., 1981, *Einführung in die Ungleichgewichtstheorie.* Berlin, Heidelberg: Springer.
Sachs, J., 1980, „Wages, flexible exchange rates, and macroeconomic policy". *Quarterly Journal of Economics* 94(4), 731-46.
Sachverständigenrat zur Begutachtung der gesamtwirtschaftlichen Entwicklung, *Jahresgutachten 1987/88.* Deutscher Bundestag, 11. Wahlperiode, Drucksache 11/1317, 24.11.87.
Saint-Paul, G., 1993, „Productivity growth and the structure of the business cycle". *European Economic Review* 37(4), 861-83.
Samuelson, P.A., 1939, „Interaction between the multiplier analysis and the principle of acceleration". *Review of Economics and Statistics* 23(3), 75-78.
Samuelson, P.A., Solow, R.M., 1960, „Analytical aspects of anti-inflation policy". *American Economic Review* 50(2), 177-94.
Sargent, Th.J., 1976, „The observational equivalence of natural and unnatural rate theories of macroeconomics." *Journal of Political Economy* 84(3), 631-40.

Sargent, Th.J., 1979, *Macroeconomic theory*. New York et al.: Academic Press.
Sargent, Th.J., 1981, „Interpreting economic time series". *Journal of Political Economy* 89(2), 213-48.
Sargent, Th.J., Wallace, N., 1975, „'Rational' expectations, the optimal monetary instrument, and the optimal money supply rule". *Journal of Political Economy* 83(2), 241-54.
Sargent, Th.J., Wallace, N., 1982, „The real-bills doctrine versus the quantity theory: A reconsideration". *Journal of Political Economy* 90(6), 1212-1236.
Sayers, R.S., 1957, *Central banking after Bagehot*. Oxford: Oxford University Press.
Schebeck, F., Suppanz, H., Tichy, G., 1980, „Die mittelfristigen Folgen der Wechselkurspolitik für Leistungsbilanz und Inflationsrate". *Empirica* 2/1980, 139-67.
Schebeck, F., Thury, G., 1982, „Economic policy facing exogenous shocks - a simulation experiment for the Austrian economy". *Empirica* 2/1982, 205-30.
Schebeck, F., Tichy, G., 1984, „Die 'Stylized Facts' in der modernen Konjunkturdiskussion". In: Bombach/Gahlen/Ott 1984, 207-224.
Schelbert, H., 1984, „Stabilisierungspolitik und rationale Erwartungen: Theorie und empirische Evidenz". In: Frisch 1984, 15-31.
Schmidt, I., 1981, *Wettbewerbstheorie und -politik*. Stuttgart: Fischer.
Schmitz, W., ed., 1972, *Convertibility, multilateralism, and freedom. World economic policy in the seventies*. Essays in honour of Reinhard Kamitz. Wien, New York: Springer.
Schmölders, G., 1969, „Von der 'Quantitätstheorie' zur 'Liquiditätstheorie' Geldes". In: Dürr 1969, 77-94.
Schumpeter, J.A., 1927, „The explanation of the business cycle". *Economica* 7, 286-311.
Schumpeter, J.A., 1939, *Business cycles: A theoretical, historical, and statistical analysis of the capitalist process*. 2 volumes. New York: McGraw Hill.
Seidel, H., 1978, *Unsere Staatsfinanzen - Finanzbericht 1978 - Analysen und Perspektiven*. Wien: Bundesministerium für Finanzen.
Seidl, Ch., 1984a, „Die Krise der keynesianischen Ökonomie". In: Krawietz 1984, 151-73.
Seidl, Ch., ed., 1984b, *Lectures on Schumpeterian Economics*. Berlin et al.: Springer.
Selden, R.T., 1962, „Stable monetary growth". In: Yeager, ed., 1962.
Shackle, G.L.S., 1955, *Uncertainty in economics and other reflections*. Cambridge: Cambridge University Press.
Shackle, G.L.S., 1972, *Epistemics and economics*. Cambridge: Kelley.
Shafer, J.R., Loopesko, B.E., 1983, „Floating exchange rates after ten years". *Brookings Papers on Economic Activity* 1/1983, 1-70.
Shell, K., 1972, „Selected elementary topics in the theory of economic decision-making under uncertainty". In: Szego/Shell 1972, 65-76.
Sherman, H., 1979, „A Marxist theory of the business cycle". *Review of Radical Political Economy* 11(1), 1-37.
Sievert, O., 1979, „Die Steuerbarkeit der Konjunktur durch den Staat". In: Weizäcker 1979, 809-46.
Simon, H.A., 1952, „A behavioral model of rational choice". *Quarterly Journal of Economics* 66(1), 99-118.
Simonis, U.E., Hrsg., 1984, *Externe Verschuldung - interne Anpassung. Entwicklungsländer in der Finanzkrise*. Schriften des Vereins für Socialpolitik, NF Band 144, Berlin: Duncker & Humblot.
Simons, H.C., 1936, „Rules versus authorities in monetary policy". *Journal of Political Economy* 44(1), 1-30.
Sinn, H.W., 1983a, „Pro und contra Crowding-Out. Zur Stichhaltigkeit dreier populärer Argumente". *Kredit und Kapital* 16(4), 488-512.
Sinn, H.W., 1983b, „Die Inflationsgewinne des Staates". In: Wille 1983, 111-66.
Smith, W.L., 1974, „On the conduct of monetary policy". In: Smith/Culbertson 1974, 203-29.
Smith, W.L., Culbertson, J.M., 1974, *Public finance and stabilization policy*. Essays in honor of Richard A. Musgrave. Amsterdam et al.: North Holland, Elsevier.
Smithies, A., 1957, „Economic fluctuations and growth". *Econometrica* 25(1), 1-52.
Socher, K., 1987, „Die Erfahrung der Geldpolitik mit Wechselkurszielen am Beispiel Österreichs". In: Gutowski 1987, 31-62.

Solow, R.M., 1986a, „Macroeconomic theory and government action". In: Aiginger 1986, 19-30.
Solow, R.M., 1986b, „Unemployment: Getting the questions right". *Economica* 53, *Suppl.*, S23-S34.
Sparks, G.R., 1979, „The choice of monetary policy instruments in Canada". *Canadian Journal of Economics* 12(4), 615-24.
Stein, J.L., ed., 1976, *Monetarism*. Amsterdam, New York, Oxford: North Holland.
Stiglitz, J., Weiss, A., 1981, „Credit rationing in markets with imperfect information". *American Economic Review* 71(2), 393-410.
Streißler, E., 1972, „Investment stimulation and the hierarchy of individual plans". In: Schmitz, 1972, 49-65.
Summers, L.H., 1983, „The non-adjustment of nominal interest rates: A study of the Fisher effect". In: Okun 1983, 201-41.
Suppanz, H., 1971, „Die österreichische Einkommenspolitik". *Konjunkturpolitik* 17(4), 248-67.
Suppanz, H., Robinson, D., 1972, *Price and incomes policy. The Austrian experience.* Paris: OECD.
Swoboda, A.K., Dornbusch, R., 1973, „Adjustment, policy, and monetary equilibrium in a two-country model". In: Connolly/Swoboda 1973, 225-61.
Szego, G.P., Shell, K., eds., 1972, *Mathematical methods in investment and finance.* Amsterdam: North Holland.
Taylor, J.B., 1979, „Estimation and control of a macroeconomic model with rational expectations". *Econometria* 47(5), 1267-86.
Taylor, J.B., 1980, „Aggregate dynamics and staggered contracts". *Journal of Political Economy* 88(1), 1-23.
Taylor, J.B., 1981, „On the relation between the variability of inflation and the average inflation rate". In: Brunner/Meltzer 1981, 57-86.
Taylor, J. B., 1985, *What would nominal GNP targetting do to the business cycle*? In: Brunner/Meltzer 1985, 61-84.
Tewes, T., 1982, „Kreditfinanzierte Staatsausgaben und private wirtschaftliche Aktivitäten in der Bundesrepublik Deutschland. Eine Analyse mit Hilfe des ökonometrischen Modells des IfW". *Die Weltwirtschaft* 1982(1), 38-47.
Theil, H., 1958, *Economic forecasts and policy*. Amsterdam: North Holland.
Theil, H., 1964, *Optimal decision rules for government and industry.* Amsterdam: North Holland.
Thirlwall, A.P., 1978, „The balance of payments constraint as an explanation of international growth rate differences". *Banca Nazionale del Lavoro Quarterly Review* 128, 45-53.
Thurow, L.C., 1980, *The zero-sum society*. New York: Basic Books.
Tichy, G., 1970, „Währungspolitische Zielfunktionen und die Ziele der österreichischen Währungspolitik". *Zeitschrift für Nationalökonomie* 30, 327-56.
Tichy, G., 1976, *Konjunkturschwankungen. Theorie, Messung, Prognose.* Berlin et a.l.: Springer.
Tichy, G., 1981, „Leistungsbilanzausgleich oder Inflationsbekämpfung als Ziele der Wechselkurspolitik in großen und kleinen Ländern". In: Bombach/Gahlen/Ott 1981, 421-41.
Tichy, G., 1984, „Strategy and implementation of employment policy in Austria". *Kyklos* 37(3), 363-86.
Tichy, G., 1985a, „Die endogene Innovation als Triebkraft in Schumpeters Konjunkturtheorie". *IFO-Studien* 31(1), 1-27.
Tichy, G., 1985b, „Wie funktioniert die österreichische Wechselkurspolitik?" *Wirtschaftspolitische Blätter* 32(5) 493-506 und (6) 630-40.
Tichy, G., 1985c, „Die Folgen von Wechselkursänderungen für Terms of Trade und Verteilung". In: Hesse/Streißler/Tichy 1985, 213-41.
Tichy, G., 1986a, „Die Amplitude der österreichischen Konjunkturschwankungen im internationalen Vergleich". *Empirica* 13(1), 69-96.
Tichy, G., 1986b, „Neue Anforderungen and die Industrie- und Innovationspolitik in Österreich". In: Aiginger 1986, 65-90.

Tichy, G., 1987, „Das Altern von Industrieregionen. Unabwendbares Schicksal oder Herausforderung für die Wirtschaftspolitik?“ *Berichte zur Raumforschung und Raumplanung* 31(1-2), 3-10.
Tichy, G., 1988, „Von Glanz und Ende des Austro-Keynesianismus“, In: Mitter/Wörgotter 1988, 76-101.
Tichy, G., 1991, „The product-cycle revisited: Some extensions and clarifications.“ *Zeitschrift für Wirtschafts- und Sozialwissenschaften* 111(1), 27-54.
Tichy, G., 1994, *Konjunktur, Stilisierte Fakten, Theorie, Prognose.* Berlin et al.: Springer.
Tichy, G., 1997, „The credibility of monetary integration. Implications of European experience for Monetary Union.“ In: Kindley/Good, 55-86.
Tinbergen, J., 1952, *On the theory of economic policy.* Amsterdam: North Holland.
Tobin, J., 1980a, *Asset accumulation and economic activity. Reflections on contemporary macroeconomic theory.* Oxford: Basil Blackwell.
Tobin, J., 1980b, „Stabilization policy ten years after“. *Brookings Papers on Economic Activity* 1/1980, 19-71.
Tobin, J., 1983a, „Monetary policy: Rules, targets, and shocks“. *Journal of Money, Credit and Banking* 15(4), 506-18.
Tobin, J., ed., 1983b, *Macroeconomics, prices, and quantities.* Essays in memory of Arthur M. Okun. Oxford: Basil Blackwell.
Tobin, J., Buiter, W., 1980, „Fiscal and monetary policies, capital formation, and economic activity“. In: Furstenberg 1980, 73-151.
Toyoto, T., Hireno, M., 1987, „International transmission of economic policies: An analysis by the EPA world economic model“. Paper presented to the Tokyo-Conference on „Coordination of economic policies between Japan and the United States“. March 25-27, 1987.
Turnovsky, S.J., 1975, „Optimal choice of monetary instrument in a linear economic model with stochastic coefficients“. *Journal of Money, Credit and Banking* 7(1), 51-80.
Turnovsky, S.J., 1977, *Macroeconomic analysis and stabilization policy.* Cambridge et al.: Cambridge University Press.
Url, Th., 1997, „Die Kosten des Pakts für Stabilität und Wachstum“. *Monatsberichte des Österreichischen Instituts für Wirtschaftsforschung* 70(6), 373-83.
Verdoorn, P.J., 1951, „On an empirical law governing the productivity of labour“. *Econometrica* 19(2), 209-210.
Wallich, H.C., Gray, J.A., 1980, „Stabilization policy and vicious and virtuous circles“. In: Chipman/Kindleberger 1980, 49-65.
Wallis, K.F., 1980, „Econometric implications of the rational expectations hypothesis“. *Econometrica* 48(1), 49-73.
Walterskirchen, E., 1987, „Lohnunterschiede nach Betrieben und Branchen“. In: Guger 1987, 429-46.
Weizsäcker, C.Ch.v., 1975, „Grenzen der traditionellen Globalsteuerung“. *Jahrbücher für Nationalökonomie* 189(1), 1-41.
Weizsäcker, C.Ch.v., Hrsg., 1979, *Staat und Wirtschaft.* Schriften des Vereins für Socialpolitik, NF Band 102, Berlin: Duncker & Humblot.
Wille, E., Hrsg., 1983, *Beiträge zur gesamtwirtschaftlichen Allokation.* Frankfurt, Bern, New York: P. Lang.
Winckler, G., Amman, E., 1986, „Exchange rate policy in the presence of a strong trade union“. *Zeitschrift für Nationalökonomie, Suppl. 5*, 259-80.
Woll, A., 1984, *Wirtschaftspolitik.* München: Vahlen.
Wood, J.H., 1967, „A model of Federal Reserve behavior“. In: Horwich 1967, 135-66.
Worswick, D., 1985, „Jobs for all?“ *Economic Journal* 95(1), 1-14.
Yawits, J.B., Meyer, L.H., 1976, „An empirical investigation of the extent of tax discounting - A comment. *Journal of Money, Credit and Banking* 8(2), 247-55.
Yeager, L.B., ed., 1962, *In search of a monetary constitution.* Cambridge Mass.: Harvard University Press.
Zarnowitz, V., 1985, „Recent work on business cycles in historical perspective: A review of theories and evidence“. *Journal of Economic Literature* 23(2), 523-80.
Zarnowitz, V., Moore, G.H., 1984, „Major changes in cyclical behavior.“ *NBER Working Paper 1395.*

Namenverzeichnis

Adams 257
Adelman 23
Aiginger 263
Akerlof 16, 209, 213
Allen 15, 70
Amann 180, 220
Arrow 34
Artis 92, 98, 255, 259, 325
Assenmacher 15
Atkinson 131, 257, 259f
Azariadis 209, 278

Backus 10, 220
Baily 55, 209, 246
Baldwin 285
Ball 63, 84
Barro 67, 203f, 212, 220, 229, 241, 254f, 259, 273
Baxter 10
Begg 240
Berg 27
Bernanke 264
Bernholz 34f
Beveridge 46f, 49
Black 318
Blanchard 17, 91, 97ff, 188, 197, 203, 211, 253, 278, 280f, 283
Blinder 200, 281
Böhm 13
Borchardt 10, 41
Boskin 200
Boyer 169
Brandner 10
Breuss 59, 149f
Breyer 34f
Brown 303
Brunner 15, 94, 191
Bruno 63
Bryant 109
Buchanan 229
Buiter 55, 91, 97ff, 180, 196f, 203, 230, 252, 255f, 277, 281, 295ff, 299
Burke 201
Burns 9, 84

Calmfors 152
Campbell 63
Cäsar 98
Cassel 13, 27, 247
Casson 62
Catchings 13
Caves 5
Chan-Lee 106
Chouraqui 89, 127ff, 131, 228ff, 232, 257, 259f, 298
Chow 17, 251
Christiano 275
Clark 13
Clemenz 107
Clinton 127ff
Clower 203
Coddington 21
Coe 55, 62f, 67, 280
Coen 46, 54, 332
Cooper 157, 303, 307f
Corden 285
Corker 39
Costello 198
Crepaz 152
Culbertson 38
Currie 255, 259
Cyert 217

Danthine 10
David 229
Davidson 214
De Viti de Marco 229
Deissenberg 251
Denison 229
Desai 150
Dewald 35
Dietrich 215
Doeringer 210
Domar 99
Dornbusch 49, 91, 97ff, 209, 255, 281, 288, 291, 293f, 304, 322
Downs 32, 218
Driffill 36, 39, 152, 180, 219
Duijn 61
Dupuit 201
Duwendag 121

Eckstein 185, 197
Eichenbaum 275
Eichengreen 314
Elmeskow 333
Emminger 131, 255, 259, 329
Erhard 200f
Eucken 163, 200
Evans 23, 52, 55, 84, 198

Faxén 147, 149, 152, 165
Feldstein 200, 229f, 307
Fellner 147
Filc 156
Fischer 17, 49, 65, 188, 203, 210, 239f, 251, 253, 255, 278, 281, 307
Fleming 167, 291
Foster 13
Fox 38
Frankel 227, 294
Franz 51, 54f, 63, 149, 275, 280
Frey 32, 34ff, 218f
Friedlaender 35
Friedman B. 192, 225ff
Friedman M. 51, 54, 58, 63, 67, 107, 131, 189, 191, 248f, 256
Frisch 14, 35

Gabisch 12, 188, 278
Gäfgen 27
Gahlen 67
Gandenberger 99
Gandolfo 158, 160
Geanakoplos 278
Giavazzi 160
Gilder 200f
Giovannini 209, 294, 322
Girardin 10
Goldberger 23
Gordon 202f, 211f, 220, 242, 259, 269, 274
Gray 160
Greenwald 16, 213
Gross 257
Grossman 203f, 241
Gurley 230

Haberler 12, 14
Hahn 3, 10, 49f, 177, 179, 189, 204, 275f, 281, 285
Haitowsky 23
Hall 196, 259
Hamada 304, 306
Hammond 264, 266
Handler 98, 157
Hansen 17
Hardes 46
Hargreaves Heap 192, 198, 203, 214, 231, 278, 281
Havenner 39
Hayek 12, 162
Heal 32
Helliwell 139, 144, 279
Hickman 46, 54, 332
Hicks 14, 22, 162, 202, 316
Higgins 139, 144, 279
Hill 287
Hireno 300
Hirsch 61
Hoffman 41
Holly 39
Holtham 55, 62f, 67
Howrey 23
Hughes-Hallet 307

IMF 158

Jäger 15, 55, 250, 255
Jarchow 109, 122, 257
Johannes 121
Johansen 35
Johnson 5, 35, 57, 201
Jones 150

Kalchbrenner 39
Kaldor 58, 202
Kalecki 13, 202
Karakitsos 259
Karp 39
Kehoe 10
Keil 150
Keynes 13, 41, 49f, 202, 256
Kienzl 150, 155
King 239
Kirschen 33
Klein 23
Knight 261
Köhler 132
König 209

Körner 89
Kravis 65
Kregel 215, 261
Krelle 23
Kromphardt 27, 208
Krugman 228, 230
Kusnetz 8
Kydland 16, 39, 198, 253

Lancaster 180
Landmann 259
Larsen 84, 93, 95, 232ff, 298, 301
Lawrence 58
Layard 51
Lehner 89
Leibfritz 89f, 92, 145
Leijonhufvud 23, 265
Lerner 79, 90, 159
Lijphart 152
Lindbeck 97, 145, 210, 284
Lipsey 65, 150, 180
Loasby 214
Long 16, 275
Loopesko 267, 322
Lorenz 188, 278
Lucas 8, 10, 15, 39, 63, 179, 192, 196, 198f, 235, 244ff, 253
Lundberg 14

MacArthur 294
Machlup 70
Malinvaud 16f, 203, 207f, 283
Mankiw 63, 86, 213
March 217
Markowitz 107
Marshak 244
Matthews 325
McCallum 17, 193, 196, 237, 239, 259, 277, 281
McDonald 210
Meade 49, 325
Meltzer 94, 191, 256
Metcalf 152, 154
Meyer 201, 230
Miller 55, 84
Minford 252
Minsky 23, 214
Mises 178, 248
Mishkin 242, 274
Mitchell 9
Miyazaki 209
Modigliani 65, 129, 196, 245
Moore 10, 260
Mosley 180, 217f, 284
Mundell 167, 201, 228, 291, 302, 304, 325f
Musgrave 91, 94, 145
Myrdal 37

Nerlove 209
Neusser 10, 54
Niehans 157, 169
Nordhaus 15, 219

Oberhauser 99
O'Driscoll 229
OECD 45, 89, 151, 154f, 257f
Okun 55, 58, 201, 210
Olson 34, 62
Oppenländer 209
Orosel 38, 243
Ott 27
Oudiz 303

Pagan 315
Pagano 160
Parkin 150
Parkinson 55
Perry 10, 197
Persson 220, 254
Pesaran 242
Phillips 30, 38, 52, 177
Phelps 192
Pichelmann 333
Piore 210
Ploeg 15, 219
Plosser 16, 275
Pollan 58
Poole 109, 180, 258, 260
Poser 209
Prachowny 36, 158, 169, 192, 281, 286, 320, 323
Prescott 16, 38f, 198, 253
Preston 315
Price 89, 228ff, 232
Purvis 223, 228, 254, 258

Radner 263

Ramser 12, 16, 188
Rapping 198
Rasche 121
Reuber 35
Reynolds 201
Ricardo 229
Rich 256
Richardson 84, 138, 161, 232f, 298, 300
Richter 58
Riese 4
Riley 84
Robertson 14
Robinson 52, 149, 202
Romer 63, 212f, 242
Roth 109
Rothschild 203, 215, 265
Rush 241, 273

Sachs 63, 168, 303
Sachverständigenrat 59, 65, 91, 156, 171
Saint-Paul 180
Samuelson 14, 55
Santos 198
Sargent 132, 192, 195, 235, 246, 249, 257
Sayers 241
Scadding 229
Schebeck 10, 84, 161
Schelbert 197
Schiller 316
Schlieper 58
Schmidt 211
Schmölders 132
Schneider 36, 218f
Schultze 10, 197
Schumpeter 8, 13, 265
Seidel 91
Seidl 38, 179
Selden 249
Sengupta 38
Shackle 216, 214, 262
Shafer 267, 322
Shaw 230
Shell 227
Sherman 13
Sievert 329
Simon 180, 217
Simons 178, 248, 259
Sinai 185, 197
Sinn 67, 227f
Smith 109
Smithies 22
Snower 210
Socher 157
Solow 54f, 109, 210, 275, 281
Sparks 259
Spiethoff 13
Stemp 39
Stiglitz 16, 213, 264
Streißler 144
Sumner 150
Summers 86, 100, 280
Suppanz 149, 161
Swoboda 304

Tabellini 220, 254
Taylor 38, 210, 246, 260
Tewes 98
Theil 17, 26, 30, 37, 218
Thieme 247
Thirlwall 57
Thorbecke 38
Thurow 282
Thury 84, 161
Tichy 8ff, 35, 62, 72, 77, 148, 150, 156f, 160f, 165, 172, 179, 197, 202, 253, 259, 268, 275, 283f, 321f, 331f
Tinbergen 4, 17, 29, 32, 218
Tinsley 39
Tobin 10, 54, 107, 136, 189, 230, 259, 277, 281
Toyoto 300
Treyz 23
Turnovsky 39, 260

Url 172

Verdoorn 58

Wadhwani 150
Wallace 132, 195, 257
Wallich 160
Wallis 246
Walterskirchen 10, 46
Warburton 249
Watson 197, 283
Weiss 241, 264

Weizäcker 174, 215
Wicksell 12
Winckler 180, 220
Woll 28, 63
Wood 35
Worswick 325

Yawitz 230
Yellen 16, 213

Zarnowitz 8, 10

Sachverzeichnis

Abwertung 159, 161, 300
Aktienkurse 9
Änderungen, erwartete 195
unerwartete Änderungen 195
Andrangziffer 49
Angebotsökonomie 186, 188, 200
-politik 162, 166, 236
-schocks 77, 166, 186, 274, 283, 297
Anpassung, verzögerte 21
Anpassungsgeschwindigkeit 144
Arbeitslosenquote 9, 47, 48, 49
natürliche 51, 189, 275
Arbeitslosigkeit 9f, 69
lohnbedingte 45
nachfragebedingte 45
strukturelle 45, 47
versteckte 48
Arbeitszeit 9f
Assignation 141, 167, 169, 170ff, 220, 304f, 324f,
politische 318
ursachenadäquate 155, 284
Assignationsregel 305, 326
Asymmetrie 101, 130f, 174, 176
Auftragseingänge 9
Außenwirtschaftliche Absicherung 175
Außenwirtschaftliches Gleichgewicht 57, 69ff, 142, 314
Austrokeynesianismus 247, 256, 268, 331f

Bankliquidität 112, 121
Beschäftigung 9, 73, 314
Beveridge-Kurve 46f
Budgetsaldo 90

Crowding-in 227
Crowding-out, 96f, 132, 134, 224, 227, 231, 266
direktes 229, 231
internationales 228, 231
Kapazitätsauslastungs- 224
portfolio- 226, 227, 231
Steuerdiskontierungs- 229, 231
Transaktions- 225, 231

Deflator 64
Devisenpolitik 118

Effizienzlohn-Hypothese 210
Eigenwert der Instrumente 175
Einkommenspolitik 69, 142, 147, 161, 165f, 172
kooperative 152
Einkommens-Selbstverwaltung 148, 155
Einkommensverteilung 58, 69
gerechte 63, 73
Einlagenpolitik 115
Erwartete Maßnahmen 235, 274
Erwartungen 165, 185
adaptive 178, 236, 278
Inflations- 68
rationale 178, 192f, 199, 219, 222, 236, 242, 262ff, 277f, 282
regressive 178
superrationale 98
Erwartungsbildung 178, 216
Europäische Währungsunion 157, 162, 172, 310, 314
Europäische Zentralbank 157, 311
Externalitäten umsatzstarker Märkte 213

Feinsteuerung 23
Finanzierungsbedingungen 103
Fiskalpolitik 79, 167, 169, 171f, 232, 234, 289f, 293ff, 329, 332
Aktionsspielraum 95
flexible 293, 301
konjunkturneutrale 165
potentialorientierte 329
Träger 93
Formelflexibilität 145, 250

Geldmenge 9, 113, 121f
erwartete Änderungen 242
unerwartete Änderungen 273
Geldmengenregel: siehe Regel
Geldmengenzuwachsrate, konstante 145
Geldpolitik 103, 167, 169, 171f, 195f, 266, 289ff, , 311, 312, 329, 233

akkomodierende 140, 232
Funktionsprobleme 130
nicht-akkomodierende 139, 169
Träger der 104
unsystematische 237
vorhersehbare 237
Wirkung der 128
Geldschöpfungsmultiplikator 119
Geldwertstabilität 313
Gewinne 10
Giralgeldschöpfung 118
Gleichgewichte, mengenbeschränkte 280
temporäre 203

Haavelmo-Theorem 85
Hartwährungspolitik 160, 165
Hysteresis 55, 275, 280

Importneigung 87
Indexklauseln 149
Indikatoren 121
gleichlaufende 9
nachhinkende 9, 15, 174
vorauseilende 9
Industrieproduktion 9
Inflation, importierte 68
Kosten- 68, 69, 142
Nachfrage- 68, 69
Inflationsbekämpfung 160
Inflationsrate 67, 128
Information 262, 277
Inkompatibilität der Ziele 26, 27, 73
quantitative 52, 57, 62, 74
Inkonsistenz, zeitliche 253
Insider/outsider-Modelle 210
Instabilität, monetäre 196
Instrumente 26, 29, 140, 307
Bündel 4, 247, 324
Dosierung 324
Einsatz, sequentiell 267
Zuordnung 30
IS/LM-Analyse 21, 96, 136, 141, 225

Juglar-Wellen 8

Kapazitätsauslastung,
gesamtwirtschaftliche 59, 61, 122
Kapitalmärkte, unvollkommene 213
Kapitalmobilität 288, 291, 292
Kitchin-Wellen 8
Kleine Offene Volkswirtschaft 219, 286ff, 293, 310
Kondratieff-Wellen 8, 61
Konjunkturmuster 8ff, 274f
konjunkturneutraler Haushalt 91, 165
Konjunkturpolitik 22
Trägervielfalt 180
Konjunkturschwankungen 8, 12
Amplitude 8, 9, 11
Konjunkturtheorie
Konsensmodell 280ff, 281, 284f, 285
monetäre 12
NCM-Gleichgewichts- 276ff
neoklassische Synthese 14, 22, , 76, 167, 261, 269, 284
Neue Keynesianische 16, 188, 202f, 264, 269
Neue Klassische 15, 191, 196, 198f, 231ff, 269
reale 197, 274
Wahlzyklen 15
Kontrakte, implizite 209
Kontrolltheorie 38f, 181
Kooperation 219, 265, 306
Koordinierung 169, 308
der Information 307
der Stabilisierungspolitik 175, 304, 306
der Ziele 307
internationale 302f
Koordinierungsbedarf 313
Kredit,
-plafondierung 117
-rationierung 264
-schöpfungsmultiplikator 119
Verfügbarkeit 106

Laffer-curve 201
Lagerinvestitionen 10
Leistungsbilanz 65, 70f, 142, 161
Liquidität 264
Liquiditätssaldokonzepte 132
Lohnleitlinien 149

Magisches Vieleck 27f, 73f, 43, 52, 62

Markträumung 240
mangelnde 264
jederzeit-vollständige 193, 222, 242
Marshall/Lerner-Bedingung 159
Maßnahmen, diskretionäre 34, 131, 216, 250
Mengenrationierung 203
Mikrofundierung 203
Mindestreservepolitik 117
Mittelfristige Orientierung 165, 247
Monetäre Basis 121, 113
Monetarismus 188, 189
Multiplikator 83ff, 101, 139f, 174, 233f, 301
-analyse 80, 81

Nachfragesteuerung 76, 136, 146, 198, 302
NAIRU 51, 54f, 63
Nebenwirkungen 267, 323f
Neue Politische Ökonomie 36, 188, 217f
Nutzenfunktion der Regierung 218

Offene Stellen 10
Offenmarktgeschäfte 116
Ordnungsrahmen 267

Pareto-Kriterium 37
Parteien, politische 33, 35, 74
Persistenzprobleme 196ff
Phillipskurve 21, 52f, 57, 69, 190
Politikineffektivitäts-Hypothese 16f, 39, 188, 195ff, 222f, 235ff, 241, 251, 269, 273
Popularitätsfunktionen 32
Postkeynesianismus 202, 214, 269
Potentialorientierung 268
der Geldpolitik 165
der Stabilisierungspolitik 256, 327
Potentialprodukt 59, 122
Präferenzen 33, 34
bekundete 35
Preis
-leitlinien 149
-rigidität, Input-Outputerklärungen 211
-stabilität 64, 69, 73
-überhang 65f
Preise
langsam reagierende (sticky) 281
Produktionserwartungen 9

Quantitätstheorie 189

Rationierung 204, 206, 208, 281ff
Realkasseneffekt 237
Reallohnrigidität 152, 209, 213
Refinanzierungspolitik 113
Regel
bedingte 250
-bindung 216, 248f, 255
Geldmengen- 131, 171, 191, 256f, 259, 268
mit Rückkopplung 250f
nominelle Wechselkurs- 257
ohne Rückkopplung 250f, 268
Preis- 259
reale Wechselkurs- 257
Wechselkurs- 258f, 268
Regelgebundene Regimes 308
Rigiditäten, nominelle 212
Nominallohn- 210
Nominalpreis- 212
reale Preis- 211
Risiko 215

Satisfiszierendes Verhalten 40, 49, 74, 215ff, 246, 265
Schock 282, 294
Außen- 166
monetärer 68, 190, 197
Nachfrage- 23, 77, 197, 274, 283, 297
nomineller 212, 214
Preis- 166
realer 16, 214
Technologie- 199
Schubladenprogramme 94, 144
Schuldendienst 98
Schuldenneutralitäts-Hypothese 229
Schuldenstrukturpolitik 132, 134
Sickerverluste 95, 176, 232, 295
Simulationsmodelle 298
Sparneigung 87
Spieltheorie 219
Staatsausgaben 80
Staatsausgaben-Multiplikator 312

Staatseinnahmen 83ff
Staatsschulden 99f
Stabilisatoren, automatische 34, 87f, 96, 144f, 191, 323, 314
Stabilisierungspolitik 4, 6, 26, 174ff, 189, 199, 222, 236, 240f, 265, 274f, 294, 302, 311ff
  aktivistische 185f
  strukturorientierte 333
  Zeithorizont der 282
Stabilitätspolitik 4
Stagflation 147
Steuersätze, Variation der 96
Stilisierte Fakten: siehe Konjunkturmuster
Strategien, gemischte 324
  konsistente 327
Strategisches Verhalten 305
Strukturpolitik 284
Suchkostenansätze 211
Systemstabilisierung 4, 180

Tax bribery 149
tradeoff 28, 57f, 75
Transferausgaben 84
Transmissionsmechanismus 106, 128, 132
  kreditkostentheoretischer 105
  portefeuilletheoretischer 107, 131
  über die Bankliquidität 108

Überinvestitionstheorie 12
Überlappende Verträge 210
Umlaufsgeschwindigkeit 122
Unsicherheit 185, 215f, 241, 246, 261ff, 276, 281, 285, 308, 310, 315ff, 324
  Arten von 263
  Grad der 263
  Politische 318
Unterkonsumtionstheorien 13
Unternehmer, politischer 15, 33ff
ursachenadäquate Bekämpfung 163, 176, 234, 321, 326, 332

Verbraucherpreise 9, 64
Verdrängungseffekte 232
Verhaltensänderungen 86, 130, 178, 185, 243, 245f, 253, 266f, 310, 315, 319
  konterkarierende 247f, 253
Verlustfunktion: siehe Zielfunktion
Verstetigung 332
  der Erwartungen 163, 165, 282
  der Wirtschaftspolitik 216, 247
Verstetigungsstrategie 320, 333
Verzögerung 76, 93, 96, 131, 143f
  der Instrumentenwirkung 178
  Erkennungs- 143
  Handlungs- 143
  Wirkungungs- 15
Vollbeschäftigung 44, 50, 69
Vollbeschäftigungssaldo 91

Wachstum 62
Wachstumsrate, natürliche 43, 63
Wechselkursänderungen 162
Wechselkurse
  feste 156, 168, 288, 293
  flexible 156, 169, 291
Wechselkurspolitik 165, 166
Wirtschaftspolitik bei Unsicherheit 267
Wirtschaftswachstum 58f, 69, 73, 128
  ausreichendes 314
Wohlfahrtsfunktion, gesamtwirtschaftliche: siehe Zielfunktion

Zahlungsbilanz 70
Zentralbank 104, 112
  -geldmenge 113, 118, 121, 122
  -multiplikator 122
Ziel
  -bestimmung 30, 32
  -bündel 4, 247, 260, 324
  -festlegung 217
  -hierarchie 27
  -indikator 59, 64
  -Instrumenten-Beziehung 42
  -kombination 31
  -kompatibilität 72
  -konflikte 69
  -prioritäten 318
  -setzung 74
  -verletzung 282
Ziel-(Nutzen-)Funktion 29, 35ff, 181
  Ziele 28f, 35, 42f, 74, 294, 323
  der Stabilisierungspolitik 26, 32, 40
  feste 17

flexible 17, 30, 37, 217
konfligierende 244, 248
nominelle Volkseinkommens- 259
Operationalisierung der 31
Wechselkurs- 109, 172
Zinselastizität 105
Zinsregeln 257
Zinssatz 71, 105, 121f, 128, 132
Zinsschwankungen 41
Zwei-Länder-Modelle 294
Zwischenziel 43, 104ff, 112, 121, 191
Bankliquidität 109
der Stabilisierungspolitik 90
Geldmengenwachstum 109
Kreditvolumen 109, 113, 121
Zinssatz 108

Lightning Source UK Ltd.
Milton Keynes UK
17 September 2009

143806UK00003B/59/A

9 783540 659105